LA MIRADA INDISCRETA

Alejandro Ríos (La Habana, Cuba, 1952). Periodista, crítico de arte y de cine. Se ha desempeñado como reportero, jurado y conferencista en diversos festivales y eventos internacionales de cine y ha colaborado con una amplia variedad de publicaciones periódicas y libros especializados. Con frecuencia es consultado y citado por diarios, revistas, programas de radio y televisión, sobre temas referidos a la cultura cubana. Ríos se desempeña como especialista en los medios de comunicación hispanos para la Oficina de Prensa del Miami Dade College desde el año 1992, cuando se exilió en los Estados Unidos. En el 2003 dirigió el primer Festival de Cine Cubano Alternativo en el Teatro Tower del MDC, experiencia que luego repitió exitosamente en el 2009. Es parte del Comité de Autores Iberoamericanos de la Feria Internacional del Libro de Miami. Dirigió y presentó dos programas sobre cine cubano en TV Martí *La Pantalla de Azogue* y *Pantalla TVM*. Desde hace diez años escribe una columna semanal en *El Nuevo Herald* y conduce y produce el espacio de televisión *La Mirada Indiscreta*, sobre cine cubano, en el Canal 41, AmericaTeVe. *La Mirada Indiscreta* es también el título de este libro, el cual compila sus columnas publicadas en *El Nuevo Herald* entre los años 2007 y 2017. Es licenciado en Historia del Arte por la Universidad de La Habana.

Alejandro Ríos

LA MIRADA INDISCRETA

De la presente edición, 2017:

© Alejandro Ríos
© Editorial Hypermedia

Editorial Hypermedia
www.editorialhypermedia.com
www.hypermediamagazine.com
hypermedia@editorialhypermedia.com

Edición: Ladislao Aguado
Diseño de colección y portada: Herman Vega Vogeler
Corrección y maquetación: Editorial Hypermedia

ISBN: 978-1-948517-32-4

Quedan prohibidos, dentro de los límites establecidos en la ley y bajo los apercibimientos legalmente previstos, la reproducción total o parcial de esta obra por cualquier medio o procedimiento, ya sea electrónico o mecánico, el tratamiento informático, el alquiler o cualquier otra forma de cesión de la obra sin la autorización previa y por escrito de los titulares del copyright.

Dedicatoria extendida

Este libro pertenece a mis seres queridos:

La prima Dalia, quien nos regaló el viaje a la libertad
Mis padres, Ramón y Migdalia, cimiento de la más hermosa familia
Mis hijos, Sandor y Alejandro, asombro, magia y poder de la creación
Mis nietos, Carlos y Lucas, garantía del legado
Mis hermanos Ramón, Franky, Willy y mi hermana, Massiel, una fiesta de cariño insospechado
Sobrinos, sobrinas, cuñadas, cuñados y nueras
Mis suegros, Esther y Abelardo
Al Dr. Eduardo J. Padrón, por confiar en un desconocido
Mis entrañables amigos y amigas
A Esther, la luz de mis ojos, el amor de mi vida

PALABRAS PREVIAS

El concepto que me ha servido para identificar el programa de televisión, que he conducido durante los últimos diez años, a lo largo de más de 500 emisiones, en el Canal 41 —AmericaTeVe—, se ha transfigurado en este libro *La Mirada Indiscreta*.

Sus páginas, por otra parte, convocan el décimo aniversario de las columnas que cada semana escribo para *El Nuevo Herald*, gracias a la gentileza de sus editores, los amables lectores y de Andrés Hernández Alende, quien se ocupa, diligentemente, de las páginas de opinión.

Pienso que la accidentada aventura cubana necesita de todas las historias posibles para que la verdad —concepto abierto y exploratorio a mí entender—, no siga secuestrada por unos patanes que se han creído dueños de nuestros destinos.

He disfrutado mucho llamando las cosas por su nombre, sin eufemismos, porque una rosa es una rosa, pero una dictadura es una dictadura, y me avergüenza que amigos en la isla se pregunten el porqué de tanta fijeza y sinceridad a la hora de dilucidar aspectos de un proceso histórico—social malsano, que mucho daño le ha propinado a la nación.

No tengo que mirar sobre los hombros cuando escribo, ni bajar la voz al expresar lo que siento. No hay amargura ni resentimiento en opiniones libres que trato de formular de la forma más atractiva posible y con cierta dramaturgia, como mínimas cápsulas cinematográficas de apenas 600 palabras.

El cine, clásicos del rock, los viajes, La Habana, de los recuerdos, Miami, salvadora, y la aventura inspirada y fascinante de la historia familiar integran, entre otros capítulos, estas columnas que espero pueden ser leídas, con la complicidad y el libre albedrío del lector.

Mi entrañable hermano Frank solía hablar de lo feliz que se sentía cada mañana, al amanecer, cuando partía al trabajo en su camión, enfilando el congestionado *expressway* miamense oyendo alto la radio, con música o dilemas políticos del momento pero libre, pensando, como prioridad, en el bienestar de los suyos, que hoy honran puntualmente su legado.

Las columnas manifiestan también esa felicidad que ha sido nuestro blasón en una segunda oportunidad sobre la tierra.

Mis padres nos enseñaron que la patria estaba donde quiera que la familia estableciera morada. Los textos aquí reunidos tratan de rendir pleitesía a tan sabia y simple filosofía. Ensalzan los valores de armonía, justicia y bienestar, que estuvimos a punto de perder pero que hemos recuperado y reproducido donde quiera que conviva un cubano emancipado.

2007

CÁMARAS INDISCRETAS

No sin cierta sorpresa se constata la insistencia de agencias de prensa extranjeras laborando en La Habana en considerar el «nacimiento» del cine crítico realizado por jóvenes directores como un fenómeno social de cierta presunta nueva Cuba. Dado que el propio diario Granma publicó una breve nota ensalzando esta circunstancia como «poniendo el parche antes de que salga el grano» y el flamante Ministro de Cultura Abel Prieto también dedicara un esquivo elogio a los realizadores en una entrevista para el periódico *La Jornada*, estamos a un instante de considerar que la época de Raúl Castro será de apertura y bonanza para la libre expresión.

Una vez más queda demostrado que no pocos de estos corresponsales foráneos viven en el pueblo y no ven las casas, como afirma el sabio refrán. Los filmes inscritos en la Sexta Muestra de Jóvenes Realizadores, recientemente terminada y que ahora se vuelve a exhibir en el Centro Cultural Hispanoamericano de La Habana, los ha sorprendido fuera de base porque no han sabido hacer la tarea elemental de hurgar en el pasado reciente y averiguar de dónde sale esta generación espontánea de temerarios artistas. También les faltó una operación matemática elemental: ¿Qué aconteció en las cinco muestras anteriores?

El destape de las artes plásticas en la compleja década del ochenta que concluyó con la efigie «sagrada» de Ernesto Guevara sirviendo de alfombra en una exposición, rápidamente clausurada, y con el *performance* de otro artista defecando encima de un diario *Granma* durante la muestra *El objeto esculturado*, gesto que le costó unos meses en prisión, trajo aparejado un renacer de cineastas jóvenes sumamente críticos de la realidad circundante.

Entre los años ochenta y noventa, por ejemplo, Jorge Luis Sánchez reveló en *El Fanguito* que los marginados habían proliferado en la revolución y que una juventud abandonada a su suerte pululaba sin rumbo por la isla como lo muestra en otro de sus documentales: *Un pedazo de mí*.

Emilio Oscar Alcalde, graduado de cine en Moscú, hizo su primer filme de ficción sobre la devastación de las aventuras bélicas africanas para la familia cubana en su filme *El encanto del regreso*, mientras Aarón Yelín se refería a la improcedencia de la educación del llamado hombre nuevo en el documental *Muy bien*.

Ni decir que Marco Antonio Abad y Jorge Crespo guardaron prisión por su obra *Un día cualquiera*, donde desafiaron la figura intocable del «Comandante en Jefe» y muchos otros de sus colegas debieron afrontar las duras consecuencias de enfocar sus cámaras a cotos vedados del paraíso proletario en franca bancarrota.

De alguna manera, estos hijos de la desazón socialista continuaban el legado de los primeros que se atrevieron a comentar asuntos inconvenientes del entorno cubano y terminaron marginados, detenidos o excomulgados en el exilio: Fausto Canel, Alberto Roldán, Fernando Villaverde, Nicolás Guillén Landrián, Néstor Almendros, Sabá Cabrera Infante, Roberto Fandiño, Sara Gómez y Orlando Jiménez Leal, entre otros realizadores debieron, en algún momento, responder por sus infidencias estéticas y conceptuales ante la intolerancia de las autoridades. No sospecharon, sin embargo, que allanaban el camino para el cine cubano del siglo XXI, mordaz y sin concesiones, realizado por alumnos del Instituto Superior de Arte, principalmente, y de la Escuela Internacional de Cine y Televisión de San Antonio de los Baños.

La decadencia del Instituto Cubano del Arte e Industria Cinematográficos, el legendario ICAIC, y la introducción de nuevas tecnologías, han dado impulso, sin proponérselo, a un movimiento que no comienza con la Sexta Muestra de Jóvenes Realizadores este año sino que viene evolucionando de manera cautelosa pero segura y ya exhibe obras de notable importancia, parte activa de la memoria no oficial y ciertamente del país.

En sus despachos recientes, la amnesia de los corresponsales asentados en Cuba obvian filmes de años anteriores de gran significación como el cortometraje *Utopía*, que en apenas unos minutos, pone en solfa de modo cruento la cacareada idea del país más educado del mundo; el documental *Existen*, donde locos ilustres de La Habana dan soluciones para la debacle cubana actual con más lucidez que los perturbados mentales que mal conducen su destino y *De buzos, leones y tanqueros*, donde criollos de toda índole social hurgan en los latones de basura para su desesperado sustento.

Desde foros que los antecedieron, hasta las seis muestras de jóvenes realizadores en este milenio que recién comienza, los nuevos directores del cine cubano, que no son pocos y aislados, sino un grupo considerable de talentosos y valientes artistas, están documentando para el futuro la historia de una infamia que no cesa. En esta orilla del drama cubano, que es Miami, ya han sido justamente reconocidos en diversos medios de prensa. Ahora reciben el beneplácito tardío pero oportuno de las agencias de prensa que funcionan dentro de la isla, una conveniente internacionalización que los protegerá de tenebrosas e insospechadas consecuencias.

Por otra parte, informaciones llegadas de La Habana hablan de un plan del gobierno para invitar a un grupo de estos realizadores a una gira por zonas empobrecidas de América Latina y puedan aprender, de primera mano, que Cuba no es un caso aislado en el contexto del subdesarrollo continental. Otros mensajes más subrepticios de la misma procedencia, dicen que los artistas darán gustosos los viajes pero no cejarán en su empeño de reflejar, con sus cámaras indiscretas, la decadencia del edén socialista heredado de sus mayores.

2008

COMO UNA PIEDRA RODANTE

Entre las circunstancias provocadas por los desafueros de la dictadura de Castro, habría que estudiar en la historia de la cultura contemporánea cubana, el porqué de la manifiesta obsesión por el grupo británico los Beatles, sobre todo entre los escritores de la isla.

Una primera aproximación pudiera derivar del hecho de haber sido prohibidos en los medios de comunicación cuando estaban en el pináculo lo de su carrera y, como es sabido, lo vedado siempre resulta sumamente atractivo, sobre todo cuando responde a una medida sin fundamento, otro disparate del «censor en jefe».

Con un poco más de astucia y menos arrogancia, los Beatles y no los epítomes que debimos sufrir en Cuba por esa época: grupos españoles y mexicanos que trataban desesperadamente de emularlos, hubieran servido los despropósitos ideológicos de la dictadura. Siendo los niños buenos del rock, en contraposición a los malos Rolling Stones, coincidieron, en no pocas ocasiones, con el anticapitalismo del discurso oficial cubano.

Cierta vez pidieron a los ricos que asistían a uno de sus conciertos que se limitaran a tintinear sus joyas en vez de aplaudir y se mofaron de Jesucristo afirmando que eran más famosos que el Mesías. Ni decir que el más político y majadero de los talentosos cuatro de Liverpool, John Lennon, se hizo de una sólida carrera política en la arena pacifista y sus pasos fueron rigurosamente vigilados por el FBI, como se supo años después.

Los Beatles pudieron haber sido aliados del gobierno castrista si no hubiera sido por el rock, música siempre sospechosa de infidencia para el comunismo; algún que otro consumo de droga, ingenuas e impecables melenitas a lo «príncipe valiente» y pantalones ajustados como patas de grullas, conceptos que nunca fueron del agrado del severo dictador.

El sistema no supo sobreponerse a esas limitaciones y correspondió a algunos escritores y artistas cubanos alimentar el mito del conjunto británico aún sin comprender el idioma inglés y muchos de los guiños culturales escondidos en sus poéticos textos.

Es una tarea pendiente revelar el menoscabo que la fascinación por los Beatles ha provocado en alguna zona de la literatura cubana, por simular una artimaña de vanguardia cuando en realidad se alude a un legado pop, libre de riesgos, decorativo, casi pequeño burgués, al decir de los agobiantes preceptos marxistas.

The Beatles acabaron vaciados de contenido en una operación mojigata: el desafío nudista y «empericado» de Lennon fue vestido, sentado en un parque habanero en forma de estatua y encomiado por su propio inquisidor tropical en ceremonia pública; los intelectuales les dispensan un extemporáneo evento teórico anual como en ningún otro lugar del mundo y Paul McCartney terminó haciendo un viaje discreto a la calle Heredia en Santiago de Cuba para elogiar a los viejos soneros de la Casa de la Trova.

Todo esto pensaba, deslumbrado, durante dos horas ante el reciente estreno del documental Shine a Light, concierto de los Rolling Stones en el teatro Beacon de Nueva York, registrado por 18 cámaras, operadas por los más famosos directores de fotografía, bajo la dirección del genio Martin Scorsese.

Sentado junto a mi hijo de once años, quien, sumamente concentrado en la experiencia, solo movía una de sus piernas siguiendo el ritmo contagioso de la banda de rock más famosa de todos los tiempos, integrada por sexagenarios que son el compendio de la libertad, me di cuenta, tal vez con algún retraso en mi cronología de afectos, que la sola presencia desafiante de los Stones resulta suficiente para desacreditar todos los eufemismos esgrimidos por la naturaleza totalitaria.

Tal vez sin proponérselo, Scorsese ha logrado filmar el libre albedrío en su forma menos contaminada y en el intento nos ha proporcionado el deseo secreto de ser músicos de rock por un día, tanta es la cercanía y la identificación que logra con sus protagonistas mediante los artilugios del cine.

Hoy me parece que mejor le hubiera ido a ciertos creadores cubanos patrocinando el desparpajo y los principios de los Rolling Stones que nunca se han dejado manipular por tendencias políticas al uso y mucho menos por castraciones a su libertad de expresión y comportamiento.

Los apergaminados músicos proporcionan diversión a granel y han hecho lo que les ha venido en gana durante las últimas cuatro décadas de su reino, sin jubilación anunciada en el horizonte, algo que echan mucho de menos los intelectuales cubanos durante el mismo período de tiempo atrapados en un mundo de imposiciones, temor y sobrevivencia.

AUSENCIA QUIERE DECIR OLVIDO

Me cuenta un amigo llegado de La Habana que está ocurriendo lo que no pocos presumían: con su desaparición física del ruedo político, Fidel Castro ha adelantado el olvido a donde algún día lo confinará definitivamente la historia. Dice que nadie lo menciona en medio de las tribulaciones del diario vivir y su invisibilidad se ha vuelto una suerte de alivio luego de cincuenta años de presencia omnímoda. La muerte tal vez hubiera detenido esta justa operación de ablución espiritual donde cada día que pasa las personas comunes y corrientes se desprenden de una mala memoria de su paso triturador por la isla.

Es ciertamente un respiro que el pueblo cubano pueda disponer de su tiempo libre y encender el televisor luego de la transmisión de la Mesa Redonda y escapar en alas de las telenovelas sin la eventualidad perenne de un discurso entrometido de Castro de cuatro o seis horas, donde la vida solía quedar en vilo en espera de sus mensajes mesiánicos. Si algo se puede agradecer al nuevo Castro en el poder es su apatía para convocar a las masas cada vez que el «espíritu combativo» es puesto en solfa, lo cual está ocurriendo cada vez con más frecuencia.

Así como los carteles murales llamando a la combatividad y lealtad a la revolución se van destiñendo y deteriorando por falta de mantenimiento y la crispada campaña «Batalla de Ideas», implementada luego de los acontecimientos caóticos del retorno del niño Elián a Cuba, ya no dicta ninguna pauta a seguir por esa falta de «fijador» y seguimiento que tiene el socialismo caribeño, sobre todo sin su atribulado motor principal el comandante y ministro omnisciente. El sano olvido extiende su manto de cordura sobre un pueblo empachado de consignas y convocatorias huecas.

El cubano aboga, justamente, por un poco de levedad y sosiego luego de tanta rigidez y grisura eslava. Las antenas de televisión apuntando a programaciones alternativas que solían ser desmanteladas por los agentes del orden cada vez que oteaban el horizonte, ahora se instalan en el interior de las casas en unos artilugios que emulan con escenas de la más sofisticada ciencia ficción. Curiosamente ya no buscan canales en inglés, como hace algunos años, sino que sintonizan las estaciones locales en español de Miami, gusto que comparten con sus compatriotas exiliados. Paradójicamente y a pesar de tantos obstáculos, durante las noches, las dos Cubas suelen integrar una patria virtual en las ondas hertzianas.

Tal vez el capítulo más curioso de esta disolución paulatina de la revolución sucede en el lugar donde está refugiado el dictador. Una fuente cercana asegura que se trata de la versión cubana del excelente filme alemán *Good Bye Lenin!*, mostrado en Cuba apresuradamente durante un festival de cine, donde un hijo reproduce para su madre militante que ha salido de un coma luego de la caída del Muro de Berlín, el sistema socialista en los estrechos límites de su habitación de convaleciente para que no muera del corazón con la buena nueva.

Algo similar le han diseñado a Castro. Sus diligentes asistentes le escogen los cables con noticias alentadoras para la izquierda internacional, le hablan de las magníficas ventas de su libro de memorias y de los planes agrícolas que sobrepasan todos los pronósticos. Su hermano le deja saber lo que le conviene y nadie que vaya a perturbar su limbo comunista es autorizado a visitarlo, principalmente su sobrina Mariela con tan libertina obsesión por travestis y homosexuales.

Tiene un reproductor de DVD donde disfruta de los clásicos del oeste norteamericano, su género cinematográfico predilecto, y dos televisores alimentados con noticias fatídicas del capitalismo e imágenes placenteras del pueblo que lo adora y espera por su regreso. Aunque dicta sus llamadas reflexiones por sugerencias de un paje que apenas se mueve de la habitación, se mantiene encendida una computadora que no sabe manipular y también está controlada por un servidor que impide la entrada de información inconveniente.

Así transcurren los días finales de Castro y su engendro social de casi medio siglo. Los primeros versos de cierta vieja canción de amor parecen prefigurar los deseos del pueblo antes de que caiga el telón: «Ausencia quiere decir olvido, decir tinieblas, decir jamás...».

DOS GUEVARAS PARA TI

Hubo un tiempo en que Alfredo Guevara, el presidente fundador del Instituto Cubano del Arte e Industria Cinematográficos (ICAIC) debió tomar el camino del exilio revolucionario en París, al frente de la representación diplomática del gobierno cubano ante los organismos de la UNESCO, luego de la controversia provocada por la producción y estreno del filme *Cecilia* (1982), versión libérrima de la novela de Cirilo Villaverde llevada a la pantalla por Humberto Solás y trucidada, en bloque, por la crítica de cine oficial que no solo cuestionaba el gasto cuantioso de la superproducción, sino las libertades que el director se había tomado con la más importante novela del siglo XIX cubano.

Una histórica amistad con el poder lo había eximido hasta ese momento de pagar con su importante puesto político otros desaciertos que habían incomodado, involuntariamente, a su apreciado Comandante en Jefe.

Recuerdo haberlo escuchado decir, poco antes de grabarle una entrevista para la televisión, que había padecido, estoicamente, la cruel indiferencia de Fidel Castro durante esos años hasta que en una fiesta de cumpleaños celebrada en Casa de las Américas, el astuto dictador le volvió a dirigir la palabra para decirle que su secretario Chomy (Miyar), lo llamaría para tratar un asunto urgente. Fue el momento en que lo quería de vuelta al frente del cine para que solucionara la crisis provocada por el estreno de *Alicia en el pueblo de Maravillas* (1991).

También lo vi, ensimismado, tratando de convencer al famoso cineasta Costa Gavras, el mismo que elogiaron en Cuba por su film *Z*, sobre una dictadura de derecha, y luego prohibieron por *La confesión,* sobre los procesos stalinistas, para que realizara un filme sobre la llamada Operación Mangoose, intento temprano y fallido de la CIA encaminado a cambiarle el estado de salud a Castro. Para tal encomienda le prometía acceso a los archivos del Ministerio del Interior así como el asesoramiento del General Fabián Escalante, tenebroso personero de la contrainteligencia de la isla quien estuvo al tanto de estas intrigas de la Guerra Fría. Todo parece indicar que Gavras, inteligentemente, declinó tal honor.

Además de ser uno de los primeros marxistas cubanos devotos de Castro, pues a otros les tomó algún tiempo descifrar quién era el jefe, Guevara no solo se ocupó de crear un instituto de cine que coqueteara con la intelectualidad internacional de izquierda sino que, tras bambalinas, ejerció muchas otras responsabilidades gubernamentales como atender asuntos relativos a Estados Unidos y colaborar en la redacción de no pocas de las primeras leyes revolucionarias.

Ahora Alfredo Guevara vuelve por sus fueros mediáticos a propósito de los dos filmes que Steven Soderberg ha dedicado a la controvertida figura de Ernesto «Che» Guevara. «Si tiene un ataque a Fidel, no viene» ha dicho, rotundo, en otro de sus bríos censores, a propósito de que la saga cinematográfica de cuatro horas y media sea presentada por sus productores a la trigésimo tercera edición del Festival del Nuevo Cine Latinoamericano el próximo mes de diciembre en La Habana.

El argentino y *Guerrilla*, solamente se han exhibido en el pasado Festival de Cannes donde obtuvieron, en conjunto, el premio de actuación por el desempeño del actor Benicio del Toro, quien encarna al Che.

Tanto Soderberg como el intérprete, de origen puertorriqueño, han insistido en la necesidad de obtener la bendición de Fidel Castro para el buen desempeño del filme en los mercados del mundo, donde aún no cuenta con distribución.

Como artistas que se desenvuelven en total libertad, al parecer, no tenían idea de que en Cuba existen «divinos guiones» con respecto a figuras y capítulos de la revolución de Castro que no pueden ser puestos en solfa y como Guevara (Alfredo) piensa que la libre expresión tiene ciertos límites, ha dicho que Soderberg pudo haberse confundido con tantas fuentes de información y que no aceptará jamás la deformación de la historia, ni será cómplice de algo semejante.

Daniel Alarcón (Benigno), uno de los guerrilleros sobrevivientes de la debacle en Bolivia, apuntó en el documental, *Benigno, adiós a la revolución* (2005), que cuando llegaron a Vallegrande nadie los estaba esperando con la logística prometida y sintieron que habían sido enviados a un fracaso seguro. También dice que se quedaron esperando desde La Habana una suerte de llave para poder enviar, y no solo recibir, mensajes desde la isla mediante un aparato de radio habilitado al efecto.

Recientemente, el joven director cubano Aram Vidal fue a Bolivia para testimoniar la ayuda del gobierno de Castro (Raúl) en la campaña de alfabetización y aprovechó su estancia haciendo una visita a Vallegrande. Regresó con un revelador documental titulado *XXXX años despué*s, donde pobladores de todas las generaciones desestiman y hasta rechazan la intervención «comunista» de Guevara (Ernesto) en su tranquilo paraje.

Guevara (Alfredo) confiesa no haber visto los filmes de Soderberg y parece que tampoco los documentales mencionados, pero alguien le ha alertado sobre el hecho de que los personajes del Che y Fidel Castro no comparten una relación placentera en la historia, algo parecido a lo que adelantó Benigno desde su exilio parisino.

Soderberg y del Toro, simpatizantes del proceso revolucionario cubano, se ven ante la disyuntiva de reformular su épica guevariana o no ir a La Habana, mientras Guevara (Alfredo) bien pudiera pedirle a Jorge Perugorría, quien desempeña el papel de Joaquín en la película, otro de los guerrilleros de la partida del Che, que le cuente si es verdad que estos americanos han vuelto a tergiversar la especulativa amistad entre el hoy convaleciente dictador y su fracasado agente exportador de revolución.

BREVE VISITA DE SOLZHENITSEN A CUBA

En los atribulados años ochenta, el escritor Manuel Cofiño (*La última mujer y el próximo combate*) me confió en baja voz y con cierto temor, que había sostenido una conversación con el poeta ruso Evgueni Evstushenko, a la sazón de visita en Cuba, y que él hombre seguía siendo sumamente crítico del socialismo. Pocos días después pude atestiguarlo, de primera mano, cuando lo entrevisté para una revista y no pocas de sus respuestas quedaron fuera de la publicación.

Luego de un diferendo con Nicolás Guillén, que lo alejó de la isla durante mucho tiempo, Evstushenko se tropezó con el Ministro de Cultura Armando Hart en Nicaragua y se quejó de que no había vuelto a ser invitado a Cuba. Hart lo animó a la visita, no sin antes hacer los arreglos pertinentes para que la Seguridad del Estado tomara cartas en el asunto. Se cuenta que el difunto Cofiño era la cara más amable de la atención que le dispensó la policía política.

Acostumbrado a leer sus poemas ante multitudes, el escritor debió conformarse con un recital, rigurosamente vigilado, para los obreros de la fábrica Amistad Cubano Soviética. En el 2006 regresó a La Habana, invitado a un encuentro de poetas, recordó a Yuri Gagarin y alabó «la derrota del imperialismo en las playas de Girón», lo cual parece haberle granjeado la confianza perdida de los suspicaces comisarios.

No todos los escritores rusos, sin embargo, han merecido la misma pleitesía. Alexander Solzhenitsin, murió sin ser redimido y el diario *Granma*, órgano oficial del Partido Comunista de Cuba, lo despachó en un sucinto obituario de sesenta y tantas palabras donde todavía hubo espacio para denostarlo. Nada extraño a los designios de la publicación que, en su momento, dedicara similar cantidad de palabras para despedir a José Lezama Lima y a Virgilio Piñera, rescatados muchos años después en lo que se conoce como una infame operación de «tumbas blanqueadas».

Para hacer honor a la verdad, el conocimiento, muy parcial, de la literatura de Solzhenitsin en Cuba se debe a los buenos oficios del ensayista Ambrosio Fornet en su labor de editor durante los años sesenta. En un momento de aparente apertura, poco antes de que el caso Padilla hiciera apretar las tuercas de la represión, fue cuando el Instituto del Libro acogió su idea de fundar una serie editorial, de primorosos libros de bolsillo, diseñados en su gran mayoría por el pintor Raúl Martínez, bajo el criollo título de Cocuyo. La selección inicial no pudo ser mejor para el lector cubano que entró en contacto con los más grandes escritores contemporáneos de Europa y Estados Unidos.

Aunque luego Fornet devino aliado de causas menos loables poniendo su inteligencia al servicio de las postrimerías de la dictadura que alguna vez cuestionó con sus gestos culturales, lo cierto es que el primer libro publicado por Cocuyo fue *Un día en la vida de Iván Denisovich*. Novela breve, autobiográfica en no pocos sentidos y crítica de los desatinos estalinistas, algunos cubanos la leyeron temiendo la predestinación de su espeluznante argumento, mientras otros pensaban que el socialismo con pachanga nunca llegaría a los extremos descritos por el patriarca literario ruso. En algún momento, ambos criterios se cruzaron en el camino dando como resultado el engendro castrista que ya dura medio siglo.

Con la llegada de Leonid Brezhnev al poder en la Unión Soviética de 1964 y el establecimiento de una mayor alianza con el gobierno de Cuba, el destino de Solzhenitsin quedó sellado para el público de la isla. Nunca más se supo de él y cuando alguna noticia circulaba sobre su persona venía amparada por la desidia y la distorsión del periodismo salido del llamado campo socialista, donde el gran escritor pasó a ser un paria entre sus lectores naturales.

Fue así como los libros de Solzhenitsin, llegados subrepticiamente al país, pasaron a integrar la digna lista de autores prohibidos que circulaban enfundados en portadas de la revista *Bohemia*. Aunque me consta que en la oficina del burócrata que dirigía el Instituto del Libro, hoy devenido escritor de mamotretos que quieren ser novelas históricas, descansaban en sus libreros, vistosas ediciones en español de *Pabellón del cáncer* y *El archipiélago Gulag*.

Luego de veinte años de exilio forzado, Solzhenitsin murió en su casa como era su deseo, según dio a conocer la viuda. En vida recibió todos los homenajes y redenciones posibles. Tanto Gorbachev como Putin lo consideran un héroe de su tiempo por haberse enfrentado al fascismo, el estalinismo y al llamado capitalismo salvaje. Fue profeta en su tierra.

Mientras tanto, Lezama y Piñera, homólogos cubanos sin la temeraria vocación del ruso, esperan por el perdón oficial del gobierno que los hundió en el abismo del miedo y la intransigencia.

EL GENERAL EN SU LABERINTO

Los amaneceres no son muy apacibles en el espacioso apartamento que el General Raúl Castro comparte con su familia en lo que fuera la vistosa Avenida 26 del Nuevo Vedado. Las hijas, sus asistentes y el servicio doméstico tratan de no importunarlo cuando la cubertería es prolijamente dispuesta para el desayuno que prefiere frugal con tostadas, jugo de naranja y alguna mermelada. El zumbido del aire acondicionado sustituye cualquier otro sonido no autorizado en su celosa privacidad.

Le ha solicitado con urgencia a cada ministro, dependencia partidista y altos mandos del ejército soluciones impostergables para paliar la tragedia desencadenada por los impertinentes huracanes que han detenido, abruptamente, el buen curso de sus calibradas reformas. Cuando ya había logrado una eventual invisibilidad, delegando funciones del gobierno a sus más ambiciosos adláteres, se siente impelido a figurar en algún que otro evento vinculado a la destrucción causada por las tempestades para cumplir con los disparatados reclamos de su hermano, el escribiente, y para que el pueblo lo imagine interesado en los destinos inciertos del país.

Nada está saliendo bien. Hasta Juanita, la hermana exiliada, quien había mantenido meses de discreto silencio, ahora vuelve a imprecarlo mediante la prensa enemiga para que facilite, de modo expedito, el tránsito de la ayuda que Cuba precisa de los Estados Unidos.

Menos mal que Mariela, la hija más visible y locuaz, ha pactado una tregua en su cruzada mediática por la comunidad gay cubana. Hace días que no se atreve a mencionarle el dichoso tema.

El hermano tampoco colabora mucho con sus erráticas redacciones. En una, cita textualmente la carta de un tal Kcho, reconocido artista y parlamentario por la Isla de la Juventud, que le escribe de cómo el pueblo caerá en una depresión insondable cuando descubra que salvó la vida para no encontrar alicientes de la propia vida en un páramo devastado por la tormenta. Y en otra acotación incluida al comienzo de una carta dirigida a Randy Alonso de La Mesa Redonda, el convaleciente explica que la destrucción y el esfuerzo por menguarlo no han podido ser vistos por millones de cubanos que no tienen ni tendrán servicio eléctrico. Serán los desvaríos de la enfermedad o se trata de una sutil conspiración para hacerlo lucir peor.

Tanto Raúl como su hermano suelen pensar que los artistas son gente complicada y sin los pies sobre la tierra. No ha terminado el desayuno cuando abre el file con los paliativos para la catástrofe y se encuentra con un proyecto de Abel Prieto, Ministro de Cultura, quien propone el envío de una brigada cultural a las zonas más golpeadas, empezando por Pinar del Río, de donde es oriundo. Esto se parece a la gira de Silvio (Rodríguez) por las prisiones. Para este nuevo plan, los cantautores Amaury Pérez y Vicente Feliú hablan de manera descabellada sobre las virtudes del arte como sanación del alma cuando el mundo se viene abajo, desde sus cómodos hogares habaneros, abundantes en parafernalia capitalista traída de sus numerosos viajes al exterior.

¿Pero acaso no fue el propio Marx quien abogaba primero por el pan antes de abrirle el camino a la justicia y a la cultura? Estos trovadores se han creído lo del arte como arma de la revolución y en vez de enviar sacos de arroz, reclutan poetas y a falta de frijoles tendrán una orquesta de cámara sobre el lodazal perpetrando a Debussy.

El General piensa que cuando amaine la atención de la prensa internacional y Cuba vuelva a quedar sola con sus asuntos, como debe ser, las aguas rebosadas regresarán a su cauce y se harán muchas promesas, como siempre, y ganará más tiempo que es lo que necesita para tratar de dilucidar el rompecabezas heredado de su pariente

Tal vez tienen razón los artistas, mientras las famosas reservas de alimentos del estado se desvanecen, las espirituales se reproducen y enriquecen el alma. Un poco de humor y guitarra hará que este capítulo concluya y él podrá seguir, reclusivo, convenciendo al mundo de su programa de reformas.

PARAISO

El director de cine cubanoamericano León Ichaso convocó a un grupo de amigos para una proyección de su filme *Paraíso*, todavía en proceso de terminación pero prematuramente desbordante de una fotogenia que sustrae el resuello desde el primer fotograma.

No quería un festival de patadas, dijo enfático al comienzo de la especial ocasión. Nos había citado porque necesitaba opiniones constructivas, bien intencionadas, que contribuyeran, de algún modo, a pulir las aristas o ajustar los cabos de su urticante película.

Dijo que *Paraíso* terminaba la trilogía que ha consumado sobre la circunstancia cubana, siendo *El Super* (1979), la primera y *Azúcar amarga* (1996) la segunda. Cualquier otra, aseguró, será realizada en una Cuba libre por la cual siente una marcada ansiedad de exploración. En el ínterin, su cinematografía, dedicada a la isla, realizada con magros recursos pero ejemplar perseverancia, lo ha anclado a la nacionalidad aplazada de modo casi feroz.

Ichaso ostenta reconocidos créditos en la competitiva industria cinematográfica y televisiva de Hollywood que le permitirían soslayar el quemante tema de su país de origen, tan expuesto a la incomprensión, la disyuntiva y hasta el rechazo en ese medio mercantil de glamour y frivolidad. Ya se sabe lo que ha sido Cuba para el cine comercial norteamericano e incluso para unos pocos intentos fuera del sistema: un manojo de filmes condescendientes, en los peores casos, de la dictadura de los Castros y, en los mejores, caricaturas y estereotipos usurpando verdades y sondeos algo más profundos.

Uno de los valores de Ichaso como artista cubano exiliado es el de no categorizar o excluir a sus congéneres por orden de llegada o expediente político. En el reparto de su nuevo filme, por momentos *thriller* o historia de horror, los protagónicos se reparten entre actores recién llegados a estas costas, los cuales imprimen una autenticidad casi documental a la hora de decir y gestualizar.

El grupo integrado, entre otros, por Adrián Mas, Tamara Melián Ariel Texido, Miguel Gutiérrez y Lily Rentería dan cuenta de sus variados y complejos personajes cubano—miamenses con una convicción deslumbrante. Todos cómplices de un director que los consulta a cualquier hora del día y de la noche sobre el proceso creativo y los insta a improvisar y participar en una experiencia conocida que les pertenece por derecho propio.

Del argumento solo es dable apuntar que aborda la llegada de un balsero joven y apuesto, quien viene en busca de su padre, una figura importante de la radio local. Ambos son dos lobos solitarios que han debido sobrevivir, con máscaras y artimañas, los obstáculos de vidas quebradas por represiones y desplazamientos involuntarios. Los dos medirán sus fuerzas y terminarán devastados en el intento.

Ichaso logra bajarle el humo hedonista y arrogante a cierto estamento de la sociedad miamense y por momentos nos devuelve una imagen, casi desconocida, que recuerda algunos sitios apabullados de Nueva York donde recibió, de muy joven, su intensa educación sentimental.

La visualidad y composición enervantes del filme, sello que distingue el cine del director, se refiere en blanco y negro y en colores, como retazos de pesadilla. Por momentos, es la visión de un poeta maldito; en esencia, la crónica del llamado «hombre nuevo» cuando escapa del «paraíso proletario» en busca de otra tierra prometida, que apenas entiende, y trata de doblegar con su formación marginal. *Paraíso* es un shock cultural en pantalla, pródigo en chispazos reflexivos e hirientes, acápite de la tarea pendiente de un país que espera por la apremiante reconstrucción material y espiritual.

BATALLAS DEL INFANTE

La primera vez que di con él fue en una adorable librería de viejos en La Habana de sus sueños, esos santuarios inconscientes de democracia donde todavía la censura no había dejado su marca indeleble y existía la posibilidad de encontrar, en desordenadas estanterías, títulos y autores que ya no eran del beneplácito editorial oficial, donde todo se depuraba con saña y premura.

Un oficio del siglo XX, primorosamente publicado por Ediciones R, con las críticas de cine de un tal G. Caín, alter ego de Guillermo Cabrera Infante, me puso en contacto con la más acerada, burlona y desenfada prosa cubana. También me reveló el comentario cinematográfico como disquisición estética.

En medio de la grisura socialista que ya encapotaba la festividad insular, encontrar a un escritor popular y sofisticado, con una expresión de libertad envidiable, me hizo indagar los pormenores de lo que ya se erigía como leyenda.

Rápidamente supe que Guillermo Cabrera Infante era persona non grata en Cuba, su país de origen. Uno de los intelectuales más vilipendiados por el régimen, que nunca ha tenido una pizca de buen humor en su aproximación a la realidad, algo que le sobraba al escritor, hombre ciertamente bizarro.

La segunda vez que me encontré con él fue en alas de una novela deslumbrante que debíamos pasarnos de mano en mano con la cubierta conveniente forrada para esquivar los diligentes informantes. Tres tristes tigres provocó infartos y zozobra entre los amanuenses de la UNEAC (Unión de Escritores y Artistas de Cuba), quienes habían apostado a la disolución del autor lejos de La Habana, su musa constante.

Con la aparición de la novela se instaló un paradigma en la literatura hispanoamericana al margen del manoseado «boom». Desde entonces, la policía política sabía que debía redoblar su esfuerzo para desacreditar el portador de tanta cubanidad hecha arte universal y se dio a la tarea de obstaculizar cualquier intento mundial por legitimarlo.

En la isla fue borrado con alevosía de publicaciones, diccionarios y otras consultas bibliográficas. No tuvo ficha en la Biblioteca Nacional durante mucho tiempo y pobre del alumno que se le ocurriera estudiarlo en una universidad donde no figuraba en los planes académicos.

Antiguos colegas fueron reclutados para desmontar su prestigio contando chismes personales de su pasado como comadres rencorosas. El Ministro de Cultura, con toda la autoridad de su rango, tuvo la osadía de salvar para la posteridad una de sus novelas y desestimó el resto de un cuerpo literario ejemplar del siglo XX.

La tercera vez que lo vi, ya con buena parte de su bibliografía en mi haber, fue casi un encuentro cercano del tercer tipo. En el escenario del proverbial teatro Olympia, disertaba sobre el cineasta Abbas Kiarostami, antes de proyectarse uno de los filmes del prestigioso artista iraní en el Festival Internacional de Cine de Miami.

Pocos años después, volvió a cruzar el Atlántico y devino el invitado estelar de la Feria Internacional del Libro de Miami. La noche memorable de su comparecencia fue presentado por Reinaldo Bragado, quien aprovechó la ocasión para regalarle un texto donde quiso simular su inimitable estilo. No puedo olvidar la dicha de un poeta amigo cubano, quien a la sazón se encontraba de visita en la ciudad y tuvo la suerte de ver disertar, en persona, un escritor invisible para sus coterráneos en la isla, como había afirmado Bragado.

Al día siguiente me tocó en suerte acompañar al novelista a un almuerzo informal. Al encuentro, que fue en una cafetería del centro comercial Bayside, concurrió uno de los más importantes poetas españoles contemporáneos, también invitado al evento, y todo parecía una fiesta hasta que salió a relucir el tema de Cuba.

Al parecer el poeta ibérico había coqueteado con representantes oficiales de la cultura cubana y Cabrera Infante se lo mencionó en uno de sus originales juegos de palabras a lo cual el otro respondió airado que no empleara su literatura para regañarlo. Y la discusión se fue acalorando y alguno que otro comensal miraba con curiosidad y recelo aquella escena de dos atildados señores debatiendo con ahínco, casi hasta los puñetazos. Nunca olvidaré la picardía y el brillo de los ojos de Cabrera Infante, atacando con el sable de su verbo implacable, defendiendo, como siempre, su postura anticastrista sin concesiones.

Pero la sangre no llegó al río, los ánimos se calmaron y todos regresamos en silencio a los predios de la Feria, donde este año Guillermo Cabrera Infante vuelve a tener una cita con sus lectores naturales cuando su compañera de toda la vida, la actriz Miriam Gómez, presente la primera de sus novelas inéditas, La ninfa inconstante, en una velada que promete ser memorable, animada por Nat Chediak, entrañable amigo de la familia Infante.

ACTUAR EL CHE

El actor se siente indispuesto con una tremenda resaca luego de la fiesta que siguió el estreno de su película sobre el Che. Ya le ha tocado celebrar en varias ocasiones rodeado de un glamour inimaginable para el guerrillero que fue ultimado solo y abandonado por su mentor en la intrincada geografía boliviana hace cuarenta años.

Ahora repara en una mujer de cuerpo imponente que ha amanecido, desnuda, junto a él en la cama. Trata de alcanzar el Blackberry y se da cuenta que olvidó cargar la batería y se siente un poco como su nuevo alter ego cinematográfico, sin comunicación posible en la jungla de Hollywood. Reclama por ayuda a la criada, y entra a la habitación una mexicana silenciosa que lo ayuda a incorporarse y le trae un café que no ha tenido que pedir.

Qué diría Ernesto Guevara de la Serna de su estilo de vida, de este derroche incontrolable. Aquel hombre austero que luchó, denodadamente, contra la diferencia de clases y llegó hasta fusilar para hacer cumplir su evangelio.

Siente una suerte de cargo de conciencia tratando de hacer dinero con una figura histórica que llegó a abogar por la eliminación de pesos y monedas en las transacciones diarias de aquella isla a donde fue a parar imbuido por ideales de igualdad. El estímulo moral por encima del material. Pero no queda otro remedio, tiene que recuperar su inversión. El director lo convenció de que apostara dinero propio en la empresa y luego lo recuperaría por seguro. Así que todos los esfuerzos en ese sentido son legítimos.

Una pesquisa preliminar en el Internet le reveló que se trata de un ícono rentable. Le dio vergüenza constatar hasta la existencia de ropa interior con la famosa foto de Korda impresa tanto en la parte de alante como en la que corresponde a las nalgas. De hecho, la modelo que ahora yace en su cama la tiene tatuada en la ingle. Pero esa circunstancia es perdonable porque el Che parece haber sido bastante seductor. Hasta la selva boliviana lo siguió la joven alemana Tamara Bunke, Tania la Guerrillera, quien también fue cruelmente diezmada por la CIA.

Tengo que cuidarme de las suspicacias de la prensa. Estoy concediendo entrevistas en todos los medios y algunos amigos me dicen que trato de defender lo indefendible, que una cosa es la imagen ensoñadora con la boina y la estrella y otra es el hombre que abogaba por crear «dos, tres, muchos vietnams», un promotor del cambio social mediante la violencia. Me parece exagerado relacionar al Che con Los Macheteros en mi país de origen, los guerrilleros colombianos y los Montoneros en su Argentina natal, entre otros luchadores por la libertad.

Eso sí, gracias a su legado, varios presidentes latinoamericanos se enfrentan hoy a la arrogancia imperial de los Estados Unidos. El indio Evo Morales le debe al Che su presidencia, no queda duda al respecto.

Por suerte ya se van despejando algunas incógnitas. Otro Guevara, el de La Habana, ya dio, finalmente, su visto bueno para que los filmes se exhiban en el Festival del Nuevo Cine Latinoamericano. Debe haber consultado con el Castro convaleciente. Hubiera sido lamentable esa prohibición, más leña al fuego de la controversia. Lo cual no es del todo negativo en términos de publicidad pero es mejor que Cuba sea tolerante porque parece que su contraparte o sea Miami, nos va a dar un *hard time*.

Educaremos a esos cubanos. Por momentos se olvidan que viven en una democracia. Estrenamos los filmes y luego hacemos la fiesta de rigor para que todos rindan pleitesía al Guerrillero Heroico en la boca del lobo.

Qué empecinamiento, cuántos libros y documentales tratando de desacreditar a un Quijote que abandonó sus comodidades de gobierno para luchar por el bien común en las peores de las circunstancias y fue traicionado por muchos de sus congéneres y luego cazado como un animal. Pero su lucha no fue en vano, la revolución socialista que se expandiría desde Bolivia al resto de los países colindantes ya está ocurriendo.

Confieso que no sé mucho de política. Tengo entendido que los cubanos son felices en su isla con el mismo gobierno por medio siglo. Sistema que el Che ayudó a implantar a sangre y fuego, como son las gestas históricas auténticas. Estás películas me han enseñado mucho. Ya no seré la misma persona.

Ahora me apresto a dar la batalla en Miami por la dignidad de un gran hombre. «Teresa —le dice a su criada— prepárame el *tuxedo* Armani que estrené en Cannes cuando me premiaron por interpretar el Che y revísame el pasaje a ver si es primera clase, por favor».

COSECHA ROJA

Luego de afirmar que ofender a Fidel Castro era recriminar a Cuba, en el momento más oscuro de su enfermedad, dicen que Tomás Gutiérrez Alea blasfemaba contra el dictador que lo mantuvo en vilo durante buena parte de su destacada carrera cinematográfica, incluso después de muerto.

Se acerca la efemérides de medio siglo de miedo y desplantes con intelectuales y artistas cubanos. El hombre que ahora convalece de no se sabe qué enfermedad, ha sido y es indiferentemente despiadado con los representantes de la cultura cubana y casi nadie, incluso los que escaparon al exilio, han podido esquivar su oscuro sortilegio.

José Lezama Lima y Raúl Hernández Novás, dos poetas insaciables, penaron por una buena comida hasta los momentos finales de su vida, mientras los miembros de la nomenclatura recibían, durante la prohibida Navidad, unas cestas abundantes en productos españoles y otros delicatesen.

El Maestro de Trocadero 162 le habló de añoradas croquetas a Julio Cortázar, quien sin vergüenza y olvido siguió apoyando al castrismo, en lo que su amigo debía sufrir la violación de su correspondencia privada y el acoso de un médico y un mediocre editor que lo vejaba tratando de enmendarle la plana, ambos comisionados a la infausta tarea por la policía política. Murió reivindicando oxígeno en la sala de un hospital y su obituario fue despachado en la prensa oficial con deleznables palabras.

Novás terminó descerrajándose un tiro en la cien con un revolver antiguo y oxidado después de simular infames almuerzos como empleado de Casa de las Américas en la cercana sede del Instituto de Turismo, donde le correspondía por orientaciones burocráticas. Ni sus ejemplares versos pudieron evitar que naufragara en el mar proceloso de una sociedad soliviantada que su sensibilidad se resistía a entender.

El susto le fue horadando el corazón a Virgilio Piñera. Desandaba las calles de El Vedado, jaba en ristre, cual personaje de su teatro, buscando como paliar sus frugales necesidades alimentarías. Escribía y guardaba en la gaveta que luego los personeros del Ministerio del Interior violaban a su antojo. El sueldo lo percibía traduciendo del francés y el director del Instituto del Libro, junto a otros escritores, se mofaban cruelmente de su deferencia gálica.

El espíritu burlón de René Ariza todavía nos alerta sobre el Castro que todos los cubanos llevamos dentro. Él lo aprendió *the hard way*, cuando terminó en un calabozo con presos comunes por su narrativa irreverente y sarcástica donde el dictador era objeto de escarnio. Cuando el vanguardista movimiento teatral cubano fue parametrado y hecho añicos por exceso de sospechosos y afeminados, los colegas de Ariza deambulaban a la deriva, con el terror inminente de ser encausados sin culpa alguna.

Olga Andreu voló como un ave antes de estrellarse en el pavimento. Ya no soportó tanta ignominia porque Heberto Padilla se la había jugado, conjugando los más infidentes verbos en su poesía y lo hicieron olvidar el tiempo y su propia persona en las mazmorras de la Seguridad del Estado. El circo que le dispensaron a torturadores de la dictadura precedente lo reeditaron con el poeta y sus amigos, en ronda de mutuas acusaciones, para disfrute del morbo de Fidel Castro, quien desconfía totalmente de la integridad de los intelectuales y disfruta la humillación de sus enemigos.

Reinaldo Arenas fue un desconcierto desde el comienzo. Pensaron que no había guajiros homosexuales y mucho menos que contaran sus desvaríos. Lo acorralaron y le dieron caza como un animal. Cortaron por lo sano para evitar el contagio. Le colgaron el sambenito de la pederastia y lo encerraron en una celda de castigo de una vieja fortaleza colonial. No pudieron doblegarlo. Le removieron todas sus musas y diablos. Lo eternizaron con tanta malevolencia. Al quitarse la vida culpó a Fidel Castro de su liberación.

El influyente tío no fue en su ayuda cuando cayó en desgracia. Nicolás Guillén Landrián era director de cine a destiempo. Pensó que haciendo malabares con la imagen y el sonido podía obnubilar a la torpe censura para meter de contrabando su inconformidad con el statu quo. Un *enfant terrible* que cruzó varias veces la barrera de lo permisible y fue parado en seco con una temporada a la sombra y una tanda de electroshocks para amortiguar su ingenio insolente.

He aquí parte de la cosecha roja de cincuenta años de revolución. La vida de los otros que un día se abrirá como un gran archivo secreto para revelar los trasiegos de un despotismo cruento todavía agradable al paladar de cierta inconciencia mundana.

2009

LA BOMBA H

Resulta difícil pensar que fue Ministro de Cultura por más de veinte años en Cuba, entre las décadas setenta y noventa, época ciertamente complicada y no menos aciaga para los artistas y escritores, quienes ya habían padecido las primeras andanadas de intolerancia y represión, entre 1959 y 1976, cuando asume la cartera.

Dogmático donde los hubiera, el funcionario y burócrata devenido *self-made* polemista marxista, Armando Hart Dávalos, tuvo la infausta tarea de «institucionalizar» a los irredentos creadores, con los cuales su mentor en jefe no sabía lidiar, así como blanquear la fachada de sus predecesores, causantes de tantos descalabros: UMAPS (Unidades Militares de Ayuda a la Producción), parametraciones, quinquenios grises, progroms callejeros, congresos culturales homofóbicos y otros desmanes que contaron siempre con la anuencia del Dr. Castro y, paradójicamente, hasta con la del propio Hart, quien entonces fungía como Ministro de Educación, alfabetizando, militarizando escuelas y perpetrando curriculums revolucionarios para crear el hombre nuevo vaticinado por su colega Ernesto Guevara.

Hart no fue guerrillero de la Sierra sino agente del clandestinaje en la ciudad durante sus años mozos, hoy roza los ochenta, lo cual le hace padecer el cargo de conciencia de no haber subido a la loma. Tal vez, por lo mismo, no puede encadenar tres ¿ideas? sin mencionar al Fidel que «vibra en su montaña», característica que lo coloca entre los dirigentes históricos más vergonzosamente adulones.

Ningún esfuerzo físico parece haber mellado su textura. Cuando otros congéneres de la nomenclatura se hacían filmar y retratar en breves incursiones al llamado trabajo voluntario, Hart siempre se las agenció para ni siquiera simular su compromiso con la clase obrera, mocha o carretilla de construcción en mano. Transpiraba a borbotones cuando ciertas obligaciones políticas lo colocaban a temperatura ambiente.

Hart parece estar siempre en trance, henchido de magníficos proyectos en peligro de ser abortados por la plebe, incapaz de entender lo trascendente. En sus reuniones del Ministerio de Cultura parecía un obispo oficiando misa sobre el misterio del espíritu santo aunque algo más críptico, no obstante su agnosticismo.

Detrás de su apariencia de burgués gentilhombre, todo blancura y buenos modales, se escabulle un hombre ambicioso y sin escrúpulos en estrechas componendas con la policía política que agobiaba el rebaño cultural que le tocó velar. Su tarea principal era servir de valladar entre el poder supremo y los impertinentes intelectuales y creadores cubanos.

Su administración no estuvo exenta de tropiezos pero, en honor a la verdad, supo responder puntual a las infidencias como corresponde a un funcionario de su categoría: prohibiendo libros y escritores, podando filmes, poniendo zancadillas, impidiendo viajes al exterior, enseñando los instrumentos de tortura a los más tozudos, borrando del mapa a los que abandonaban el paraíso terrenal por propia voluntad. Tuvo, eso sí, la habilidad de transferir a sus amanuenses la ejecución de tanto trabajo obsceno.

Creó el disparate de las 10 instituciones básicas de la cultura en cada municipio de la isla, lo cual dio lugar a incongruencias antológicas insalvables y donde debió haber un círculo de decimistas campesinos se fundó un cuarteto de cuerdas, sin cuerdas.

Nunca pudo vencer la obstinación de Alfredo Guevara, quien siempre soñó con su ministerio y debió conformarse con presidir el Instituto Cubano de Arte e Industria Cinematográficos, para que formara parte activa de la institución, ni de su esposa Haydée Santamaría, quien se atrincheró en Casa de las Américas hasta que se quitó la vida, según la leyenda por el drama del éxodo del Mariel aunque una teoría más prosaica asegura que fue por la infidelidad matrimonial extemporánea del impoluto Hart.

Como todos los de su estirpe, es dado a la buena mesa y los trabajadores del Ministerio de Cultura recuerdan el aroma de exquisitas carnes a la hora del almuerzo, circunvalando su generosa oficina en la que fuera residencia de la familia Sarrá en el maltrecho Vedado habanero.

Cuando al parecer ya Castro no sabía qué hacer con él, sus requiebros y tantos desatinos, como aquel de dejar que los Estados Unidos hiciera una exposición de libros en el Capitolio Nacional, futura sede del Parlamento castrista, le buscó una apartada colocación para propagar el pensamiento de José Martí.

La incontinencia verbal de Hart, sin embargo, no encuentra sosiego. Tal vez sea una de las pocas personas que reconoce públicamente, sin pudor, la importancia de las reflexiones de Fidel Castro y a cada rato publica columnas en la prensa cubana, que son una suerte de ajiacos desabridos donde es capaz de anunciar el armagedón para la civilización Occidental, excluyendo del fin inminente, por supuesto, el eficiente proyecto cubano sobre el cual afirma que «con la cultura que el Apóstol (Martí) y Fidel representan se pueden encontrar los caminos del socialismo en Cuba y en el mundo».

Hart no ha perdido las esperanzas de seguir encaminando a los cubanos por el fracaso más anunciado de su historia, lo hizo antes en la cultura y ahora lo ejecuta estropeando la herencia de José Martí. Recientemente le dijo a un periódico mexicano, sin pestañar, que hay que reinventar el socialismo y estudiar a Marx, Engels y Lenin.

Se suele incriminar a los Pavones, Sergueras y otros funcionarios de semejante ralea sobre épocas oscuras vividas por las distintas expresiones de la cultura cubana. El legado pernicioso de Hart más extenso y perdurable, es una tarea pendiente en nuestra historia de la infamia que ya dura medio siglo.

CUECA POR CHILE

Fue un día de la década del ochenta, que la cineasta chilena Camila Guzmán ha calificado de «dorada» aquí en Miami durante una presentación de su filme *El telón de azúcar*, cuando fui apresado en una calle del Vedado habanero junto a mi hermana por deambular con una extranjera chilena luego de salir de una llamada diplotienda en el vetusto edificio Focsa. Blanca era el nombre de mi compañera de trabajo que con gusto y riesgo me ayudaba a consumir mis dólares clandestinos, pues su circulación era penada con años de cárcel antes de la llamada dolarización.

La chilena había sido de la oficina de prensa del presidente Salvador Allende y se casó con un realizador de cine cubano. Luego del golpe de estado de Pinochet, como tantos otros, terminó de exiliada en La Habana. Cada año, cuando la viuda del presidente, Hortensia Bussi de Allende, llegaba a Cuba para pasar sus vacaciones en Varadero, Blanca tomaba un respiro y se incorporaba a la distinguida y privilegiada comitiva.

El día que nos apresaron en plena calle fue frente al hotel Nacional. Hombres de civil nos pidieron la identificación y, sin más, nos entraron a un apartamento habilitado como comandancia de un nuevo operativo para capturar a cubanos en posesión de la maldita moneda del enemigo. De nada le valió a Blanca esgrimir su estatus de extranjera. Era la primera vez, me decía atribulada, que se montaba en un carro de policía. Tampoco conmovió a los hombres inflexibles del Ministerio del Interior que Blanca debía llamar a alguien para que recogiera a su hija en la escuela, pues ya se había divorciado del director de cine.

En el viaje hasta la calle Monserrate, donde estaba la tenebrosa sede del Departamento Técnico de Investigaciones de la Policía (DTI), tuvimos el tiempo justo para ponernos de acuerdo en cuanto a que Blanca era la dueña del dinero y nos estaba dispensando unos regalos. También ella me hizo saber, muy rápido, que por esos días la viuda de Allende se encontraba de visita en Cuba hospedada en el hotel Riviera y habría que avisarle para que nos sacara del embrollo. Con ese guion aprendido nos separaron en tres oficinas habilitadas para interrogatorios.

Este capítulo humillante de mi vida de cubano regresa como una pesadilla al ver tan campante a la presidenta Bachellet romper su ajustado protocolo para decirle al mundo, como en improvisada obra de Ionesco, que Castro se encontraba bien de salud y que era un hombre muy inteligente capaz de hablar seguido una hora y media.

Todas las inquisiciones de la policía, enervantemente serenas, como quien tiene todo el tiempo del mundo, estaban dirigidas a lograr que mi hermana, con menos de 15 años de edad, y yo confesáramos que éramos los dueños de los dólares para poder incriminarnos y librarse de la chilena, una extranjera no tan extranjera por residir en Cuba.

Pasaron horas, llegó la noche y nuestro destino era incierto. Nadie sabía dónde estábamos y no había como la intención de procesarnos y liberarnos bajo algún tipo de fianza. Fue entonces cuando reparé en uno de los policías, quien resultó ser un amigo de la escuela secundaria. Le dije que llamara a mi suegro y le contara la situación en que nos encontrábamos. Además, le apunté el nombre de la viuda de Allende y dónde ubicarla en el hotel Riviera.

Bien avanzada la noche fuimos conminados a la entrada de la estación y ahí pudimos ver como un alto oficial del Ministerio del Interior se consumía en atenciones ante una anciana pequeña y frágil. Según mi suegro, quien la había trasladado en su viejo automóvil americano desde el hotel Riviera, la Allende exigió ver a su coterránea y a sus amigos detenidos y enseguida le contó al gendarme de su encuentro con Fidel Castro, hacía unas pocas horas, para que entendiera con quién estaba lidiando.

Entonces los dólares y los regalos le fueron amablemente devueltos a mi amiga Blanca y nuestros records policiales desestimados. Todos montamos cabizbajos en el «almendrón», felices aunque desconcertados.

Blanca murió años después de regreso a su país. La Allende ya no va a Varadero porque en algún momento emplazó a su amigo Castro para que democratizara la isla. Camila no supo de estos desmanes en su feliz adolescencia cubana, la presidenta Bachelet no sabe dirimir entre dictaduras de distinto signo y su admirado comandante le jugó una mala pasada apenas puso un pie fuera del recinto donde lo exhiben como un fenómeno de feria.

PEQUEÑAS REPRESIONES

La gentil enfermera que me atiende en la consulta de mi médico de cabecera vive con su esposo, también vinculado a los servicios de salud, en Miami donde esperan que el gobierno de Cuba les entregue a sus hijos la llamada «tarjeta blanca» o permiso para poder salir del país.

Son dos jóvenes que ya tienen la visa de los Estados Unidos y añoran reencontrarse con sus padres, quienes son considerados «desertores» por haber abandonado misiones médicas en el extranjero y deben pagar su infidencia a los Castro con la separación familiar.

Quebrar la familia ha sido, desde el comienzo, una de las armas más eficaces de la revolución. Por las calles de Miami abundan las personas que sufrieron, desde el principio, la práctica deleznable heredada de la filosofía estalinista.

Una secretaria, ya anciana, me contó como en los años sesenta, luego de purgar por un año en una granja agrícola el deseo de partir de Cuba, su familia fue autorizada a viajar a los Estados Unidos.

El día no lo olvida porque a punto de partir el avión subió un gendarme, invocó el nombre de su esposo, le dijo que había un error en el pasaporte y lo instó a que lo siguiera. El avión partió sin el pasajero y el matrimonio se reencontró en el exilio siete años después.

Durante los años noventa mi padre decidió regresar a los Estados Unidos, donde vivió desde los años cincuenta hasta 1962 que regresó a Cuba, para reunirse con sus hijos que ya habían partido o escapado de la isla por las más singulares vías. Entonces tuvo que llenar una de esas planillas que los cubanos llaman «cuéntame tu vida» para poder recibir la tarjeta blanca porque ya obraba en su poder la visa de los Estados Unidos. Siendo un hombre honesto, no se abstuvo de responder la pregunta sobre la deserción de un algún familiar y, si así fuera, en qué circunstancias había acontecido el hecho.

Mi hermano mayor, empleado de la línea Aerocaribbean, se había escurrido durante un viaje a Nicaragua y apareció luego en Miami. Mi padre asentó el dato porque consideró que la fuga obraba en los archivos de la policía y no quería que entorpecieran su salida por mentir o esconder evidencia de lo que en Cuba se considera un delito.

Pasó mucho tiempo desde que entregara la documentación y no recibiera ningún tipo de respuesta. Le escribió al Ministro del Interior, a la sazón el siniestro Ramiro Valdés, pero nunca sus reclamos fueron atendidos de manera oficial. Luego de mucho insistir, lo recibió un oficial de esa dependencia que tuvo a bien informarle que el permiso de salida estaba pospuesto al menos por los próximos cinco años debido a la deserción de su hijo.

En vano trató de argumentar con el militar. Le dijo que su vástago era un adulto con familia propia y él no conocía de sus planes. Se atrevió a preguntarle bajo qué ley lo castigaban a él por un supuesto delito cometido por su hijo y el guardia, imperturbable, le ripostó que se trataba de una «resolución».

La ordalía absurda de mi padre duró unos cuantos años. Cada cierto tiempo visitaba las dependencias represoras y la respuesta era la misma: cinco años de escarmiento

En 1994, el mismo año que la escritora cubana María Elena Cruz Varela fue autorizada a salir de Cuba, al parecer durante una amnistía no escrita que mucho depende de la presión internacional, mis padres recibieron la dichosa tarjeta blanca y pudieron reencontrarse con sus hijos en Miami para continuar siendo personas honestas y felices en su tercera edad.

Transcurren las décadas que ya suman el medio siglo, se demandan cambios drásticos en el diferendo entre Cuba y los Estados Unidos y la naturaleza de la bestia no ha variado ni un ápice su forma taimada de operar. En su afán pragmático y mercantil, antes de hacer concesiones apresuradas, la alta política no debe olvidar las pequeñas y diarias represiones que hacen difícil y denigrante la vida de los cubanos comunes.

CAMARAS DILIGENTES

Debe ser su proverbial sentido del humor lo que hizo decir al Ministro de Cultura cubano, Abel Prieto, que el ICAIC «homenajea a Fidel Castro en cada uno de sus proyectos», al conmemorar cincuenta años del controversial instituto de cine en La Habana. El convaleciente en jefe no parece haber prestado mucha atención a esta nueva e insólita andanada de lisonjas, ocupado con la narración deportiva y las defenestraciones de antiguos compañeros de viaje.

Ahora que el filo de las destituciones ha estado cortando por lo bajo, Prieto aprovechó la oportunidad de la efemérides para convocar un espectáculo en el teatro Karl Marx con la magna presencia de Raúl Castro donde se repartieron medallas a diestra y siniestra, siendo la principal aquella que fue a parar al saco sobre los hombros del aciago Alfredo Guevara, fundador y primer presidente del ICAIC.

Se sabe lo proclive que son los dictadores por el cine. Lenin dijo que era la principal de las artes; Hitler reclutó el talento de Leni Reifenstahl para sus documentales grandilocuentes y propagandísticos sobre el nazismo y Castro, ni corto ni perezoso, hizo lo mismo con los servicios de Santiago Álvarez, habilidoso artesano que lo siguió en sus más disparatadas aventuras, cual juglar ensimismado.

Castro, sin embargo, no ha sido muy recíproco en afectos con los cineastas cubanos a quienes considera, con escasas excepciones, como un grupo de pretenciosos y conflictivos intelectuales, quienes desde temprano, en 1961, lo hicieran perder varias jornadas de su importante agenda para justificar la censura de un documental mínimo sobre decadentes bares de La Habana donde no se hablaba del fervor revolucionario que ya contagiaba a la población.

Antes de la existencia de las cintas de video y los DVD, se sabe que el dictador tenía una sala de proyecciones a su disposición en el edificio del ICAIC del Vedado donde, en las madrugadas, Guevara le dispensaba atención especial con sus filmes predilectos: los oestes norteamericanos, cuando estos solían estar prohibidos para la población.

La penúltima vez que Castro habló de cine cubano, públicamente, fue para denostar el filme Guantanamera y su realizador Tomás Gutiérrez Alea, tiempo después que este falleciera y la más reciente fue en una de sus reflexiones donde se refirió a las virtudes de la película Kangamba, un bodrio bélico sobre la intervención cubana en Angola dirigida por Rogelio París.

Durante el aniversario del ICAIC Prieto siguió cultivando su reconocida vis cómica cuando habló de «recuperar la producción nacional y dar espacio y prioridad a los realizadores jóvenes». Los directores noveles de la isla cuentan, a duras penas, con un festival anual de cine y luego la obra resultante del evento es olímpicamente olvidada. Ni decir que la televisión, bajo el control de los militares, no programa estos materiales que suelen escarbar duramente la realidad nacional sin el velo disuasivo del noticiero y la Mesa Redonda.

Si el dictador supiera de la habilidad de los nuevos realizadores para desmontar con ficciones y documentales su infausta y aburrida revolución, declinaría el honor de ser homenajeado como afirma el ministro.

Resulta evidente que sus pajes le han creado una suerte de mundo imaginario, en su extensa convalecencia, donde le muestran la película sobre las conquistas africanas o le repasan documentales de Santiago Álvarez, en vez de presentarle *Los dioses rotos*, donde el hombre y la mujer «nuevos» han quedado reducidos a proxenetas y prostitutas en una sociedad que los pintorescos personajes del excelente filme de Ernesto Daranas llaman «la selva», donde hay que sobrevivir a toda costa.

Sin duda, no ha visto *Buscándote Habana*, el documental de Alina Rodríguez, que retrata a congéneres orientales del propio Castro como apestados cuando tratan de asentarse en la capital; o *Model Town* sobre el otrora pueblo modelo fundado en Cuba por el creador del chocolate Hershey, regreso triunfal del pasado que trató de borrar en aras de sus aberraciones arquitectónicas y sociales. Sin duda no le han dicho que Jorge Mañach, el distinguido intelectual anticomunista del siglo XX, ha vuelto como un fantasma impertinente en alas del documental *Rara avis: el caso Mañach*, y que negros cubanos se quejan del racismo irritante de su revolución en otro filme inusual titulado *Raza*.

El ministro Prieto pone en solfa su carrera política al dedicarle estos tributos amañados a su dilecto comandante en un arranque poco creíble de admiración. Los héroes de la jornada no estuvieron en la ceremonia del Karl Marx porque sus cámaras diligentes registran, ahora mismo, los intersticios de un proyecto social que presentan como un fracaso irremediable.

TORRES DE MARFIL

La elite cultural cubana se insubordina en Europa a la sombra de los Campos Elíseos. Cual burgués gentil hombre, el trovador oficial, Silvio Rodríguez, no escatima la ira desde un café de París porque el gobierno de los Estados Unidos demoró su visa para asistir al cumpleaños de un viejo cantante norteamericano.

Invocó no se sabe cuántos de sus derechos violados en el e—mail que estaba supuesto a ser leído solamente por su hermana, quien funge como administradora de sus intereses en Cuba y luego se diera a conocer públicamente, según él, a solicitud de los organizadores de las festividades de Pete Seeger.

Una amnesia repentina lo hizo olvidar a cuántos de sus congéneres, nacidos en la isla, les está vedado el ingreso a su propio país. También relegó de su memoria la tarjeta blanca y el permiso de salida que requieren quienes desean «abandonar» o simplemente viajar fuera de la insoportable insularidad. Días después, hincado por una carta dada a conocer desde el exilio, aclaró que la eliminación de esos procedimientos haría de Cuba una mejor nación.

El actor Jorge Perugorría, por su parte, quien sí concurrió a un festival de cine en Nueva York, haciendo uso tal vez de su ciudadanía española, disertó sobre las virtudes del presidente Obama y de cuan esperanzados se sentían los cubanos con su gestión para terminar las desavenencias entre ambos países.

Un amigo llegado hace unas horas de Cuba me hace saber que esa es la nueva expectativa de cambios: un probable entendimiento entre el primer presidente negro de los Estados Unidos y los dos ancianos blancos que rigen el destino de millones de cubanos, sin posibilidades de ver París o desandar las calles de la ciudad de los rascacielos.

Con raras salvedades, los representantes de este estamento cultural se mantienen silenciosos y gentiles en espera del próximo viaje o de la siguiente posibilidad de encontrar un patrocinio para la producción de sus obras.

Según mi colega, casi todos apuestan a la instauración de una economía similar a la de China una vez que se levante el embargo para tratar de despejar la indigencia de las calles porque ellos, de cierta manera, se han creado nichos de bienestar en sus cerrados hogares donde, me asegura, que el consumo es comparable al de un país capitalista.

Claro que, mientras llega ese momento ansiado, donde no serán más libres pero si algo más solventes, están muy al tanto de lo que acontece en Miami mediante programas humorísticos o de noticias que se transmiten por los canales de televisión locales y que son puntual y clandestinamente bajados por antenas ocultas, infructuosamente buscadas por la policía.

Los cautivos artistas de la isla se dan el lujo de ser sumamente críticos con la imagen y los conceptos que emiten esos canales de televisión. «Miren en lo que ha caído fulanita para ganarse la vida», «Cuánta vulgaridad», «Qué falta de cultura» «Qué mal gusto» son las voces que circulan en La Habana desvencijada y reprimida, donde nadie parece sintonizar la Mesa Redonda y el Noticiero y toda la parafernalia kitsch del socialismo mal vestido, mediocre y miserable de la pequeña pantalla cubana, con aires de falso culteranismo, donde proyectos que han valido la pena terminan cercenados por al hacha de la policía política tan pródiga en atenciones a la televisión y demás manifestaciones de la cultura.

En lo que el pueblo desfila entusiasta el primero de mayo, y luego no tiene nada que almorzar, como apunta Pánfilo el popular personaje que clama por comida en el Internet. Mientras un disidente es ignorado en prisión o en su huelga de hambre y otras mujeres que protestan en un pueblo distante de la isla son arrastradas y golpeadas por primitivos agentes del orden, los representantes de la cultura cubana, con contadas excepciones, degustan el té de la tarde arropados entre sedas y chinerías como Julian del Casal, en espera de tiempos mejores.

REQUIEM POR BENEDETTI

Alamar fue uno de los grandes despropósitos urbanísticos cubanos de los años setenta. Era la vitrina de la solución para la apremiante escasez de viviendas. Fue erigida mediante las llamadas microbrigadas: grupos de 33 trabajadores, de las más diversas procedencias, construyendo edificios de 20 o 30 apartamentos que luego serían distribuidos en asambleas de méritos en los propios centros laborales que habían contribuido con empleados desprovistos de hogar propio.

Ser miembro de la brigada donde se trabajaba entre 12 o 13 horas diarias bajo un régimen militar de expulsión a la tercera llegada tarde o a la primera ausencia injustificada, no garantizaba la obtención del inmueble que podía ir a parar a manos de la familia de un combatiente internacionalista. Quien no obtuviera un apartamento en la primera repartición podía quedarse otros tres años hasta que se construyera un nuevo edificio.

Además, cada obra terminada debía entregar al plan de Alamar, dos apartamentos que serían distribuidos entre los exiliados latinoamericanos, principalmente procedentes de Chile, Uruguay y Argentina. Muchos de estos desdichados optaron por la calidez del trópico ante el temor de congelar sus huesos en Estocolmo o la República Democrática Alemana.

El día que al poeta le entregaron las llaves de su apartamento en Alamar parecía sobrecogido por la humildad del aposento amueblado de modo austero y muy rústico en su terminación. Miró perplejo a su esposa, con quien había comenzado otras tantas vidas de exilios, aquella fecha primigenia en el corazón del paraíso proletario que siempre había defendido por el mundo.

Era una suerte de intelectual tardío en algunas de las más aciagas jornadas de la revolución cubana que había despachado el caso Padilla sin pudor, encarcelado a Arenas, sin piedad, ya estaba parametrando a sus congéneres y luego los declararía «escorias» cuando partieron por el Mariel.

El poeta nunca alzó la voz contra estos desmanes. No era cuestión de involucrarse en los asuntos internos del país, además de estar muy agradecido por el apartamento que no le costaba un centavo y por el trabajo que le habían agenciado en la legendaria Casa de las Américas.

En aquella dependencia gubernamental publicitaria del socialismo cubano para Latinoamérica, dirigida por una mítica guerrillera que luego, desilusionada, se quitaría la vida de un pistoletazo, esperó más pleitesía por su prestigio internacional y nunca pensó que lo harían marcar un reloj de entrada y salida. El imprevisible escenario llegó a simular uno de sus propios poemas de oficina.

Se dio cuenta, sin embargo, al igual que otros escritores y artistas acogidos en la Casa, que el no haber estado en el frente guerrillero de la Sierra Maestra, los hacía entes menores en el proceso político, les dispensaba un cargo de conciencia que no habían previsto.

Aprendió, como sus colegas cubanos, a no confiar en el prójimo porque supo que cualquier comentario desatinado sobre la revolución y sus protagonistas cimeros, era rápidamente recogido y reportado por delatores que fungían como hombres de letras. Se hizo revolucionario y participó activamente de su miedo.

Cada día abordaba, lo más puntual posible, el ómnibus atestado que lo conducía temprano a su colocación en un viaje casi interplanetario desde Alamar al Vedado. Sudaba copiosamente, no se adaptaba al bochorno del Caribe. Esquivaba con donaire los codazos y empujones mientras sonreía ante el vocabulario barriotero y altisonante que hería su sensibilidad lírica.

Pero en el fondo sufría, no se explicaba por qué no le habían facilitado un auto y todavía sus escasos derechos de autor en dólares ilegales en Cuba no le permitían comprarlo por su cuenta luego de infinidad de permisos y trámites burocráticos.

En la Casa de las Américas sus ingentes esfuerzos investigativos eran constantemente interrumpidos por mítines relámpagos, asambleas de servicio, celebración de efemérides patrióticas y otros sinsabores pero el poeta aguantó con estoicismo el calvario de un sistema que desde un café de Montevideo o Barcelona parecía ser atractivo y esperanzador.

Al final no pudo más. Recogió sus bártulos y se fabricó otro exilio más amable y apropiado entre Europa y su Uruguay natal. De lejos fue testigo del descalabro paulatino de la dictadura que le dio cobijo cuando más lo necesitaba. Nunca dejó de ser cómplice involuntario de sus desafueros porque ninguna entrevista pública logró arrancarle la más mínima crítica a un proceso represivo que contradecía sus ansías de libertad y democracia para todos menos para sus vecinos de la isla.

Mario Benedetti murió hace algunos días en Montevideo y en su desvencijado apartamento de Alamar una familia cubana lo olvida tratando de lidiar con la supervivencia.

PEREGRINAR A MIAMI

Hubo un momento durante la administración Clinton que Miami devino la tierra de peregrinación para muchos representantes de la cultura cubana residentes en la isla. Unos de visita familiar, otros de tránsito para eventos en sitios diversos de los Estados Unidos.

Cada cual venía con sus argumentos, curiosidades y justificaciones. Un escritor me dijo que prefería ver el final de la ordalía nacional desde una buena luneta en Cuba y luego, tal vez, decidía abandonar el país, donde fuera perseguido por gay y por escribir textos inapropiados. Además, aprovechó la oportunidad para recordarme que era un autor de tantos libros, me dio una cifra que ya no recuerdo, por lo cual solo aceptaría trabajos en asuntos referidos a la escritura literaria.

Otro, que después también terminaría siendo Premio Nacional de Literatura, seguía ironizando como siempre con su verbo cortante. No lo habían hecho callar antes con todos los atropellos que sufrió y ahora mucho menos se acogería al silencio.

Hubo una poeta que no sabía si quedarse o no, difícil dilema. Su rostro era la estampa del estrés que convocan las grandes decisiones. Al final regresó y luego supe de su activa participación en los asuntos oficiales de la cultura, como si fuera revolucionaria.

Luego casi todos resultaron atrapados en el vendaval del caso Elián y de un vergonzoso incidente que debieron suscribir: el fusilamiento sumarísimo de tres jóvenes negros que intentaron secuestrar una lancha del puerto de La Habana para escapar a los Estados Unidos.

Los representantes de la cultura cubana tienen una vida azarosa. Los cineastas, por ejemplo, pueden demorar años entre la producción de un filme y otro. Los escritores, ni se diga, pues forman parte de algo llamado «colchón editorial» donde sus originales duermen el sueño eterno mientras se priorizan libros de poemas o biográficos de los cinco espías que cumplen condenas en prisiones estadounidenses o se determina si el contenido de sus textos es susceptible de ser publicado.

Sin embargo no pocos cultivadores del arte y la cultura en Cuba han encontrado fórmulas de supervivencia en el entramado de la picaresca nacional.

Directores de cine que hacen publicidad o documentales turísticos; escritores que perpetran guiones para coproducciones cinematográficas con otros países, deplorables en el abuso de estereotipos requeridos por los patrocinadores o, incluso, libros sórdidos sobre el bajo mundo habanero. Hay creadores de las artes plásticas que pintan paisajes bucólicos o rumberas carnavaleando para vender en las plazas a visitantes extranjeros.

Esta labor se combina con la búsqueda desesperada de invitaciones a otros países donde se puede tomar un aire así como renovar enseres personales y satisfacer necesidades domésticas.

Recuerdo a uno que se llevaba un cargamento de sábanas y toallas para un Bread & Breakfast que había abierto en una parte de su casa durante una breve etapa de permisibilidad del gobierno cubano para esos menesteres.

Las incursiones al otro mundo requieren de aprobaciones que se extienden solamente a quienes mantienen un comportamiento discreto con los asuntos de la revolución. Si luego en la prensa de los países que visitan se ven conminados a criticar, aunque sea de modo subliminal, el vetusto proceso socialista donde han malvivido durante años, seguidamente tienen que denostar sobre alguna circunstancia de ese llamado despreciable nido de mafiosos que es Miami, incluso aunque no hayan sido emplazados al respecto.

Ahora con la nueva administración norteamericana, se vuelven abrir «las grandes alamedas» para las incursiones culturales y artísticas a la capital del exilio cubano. La avanzada resultó funesta con timberos de ciudadanía italiana reclamando algo tan ajeno al desempeño de sus profesiones en Cuba como la libertad de expresión. Luego estuvo la más grande de las vedettes, acosada en visitas anteriores y ahora invitada a programas estelares de la televisión local.

Esto es solo el avance de próximos estrenos. En lo que piden exilio tres directores de cine y dos actrices de las más nuevas generaciones, con ideas muy distantes de los avatares del convaleciente dictador cubano, otros creadores desembarcan discretamente por cierto tiempo en Miami y comparten sus frustraciones con amigos y familiares. Ya a nadie se le ocurre defender lo indefendible. Las conversaciones parecen fechadas en una Cuba del futuro, cuando todos seamos parte de un mismo proceso nacional.

LA COMPARSA

Cuando el poeta Raúl Rivero se consumía en una celda de la Seguridad del Estado, luego de la oleada represiva de la llamada Primavera Negra, los intelectuales, y artistas cubanos miraban hacia otro lado. Lo mismo había acontecido, años atrás, con René Ariza, Heberto Padilla, María Elena Cruz Varela o Reinaldo Arenas, por solo citar casos connotados.

Luego tres jóvenes negros trataron de escapar del país, secuestrando un remolcador en la bahía de La Habana y al final fueran apresados, juzgados sumariamente y fusilados, sin compasión, mientras una cantidad sustancial de esos mismos representantes de la cultura cubana debieron firmar una carta de apoyo a tamaña fechoría gubernamental.

Ahora han vuelto a ser convocados para suscribir la labor de cinco espías que cumplen sus largas penas en cárceles federales de los Estados Unidos debido a que la Corte Suprema de este país desestimó volver a considerar el caso.

La infausta tarea estuvo perpetrada por dos escritores que en el pasado debieron sufrir los ramalazos de la parametración y se les prohibió publicar ni siquiera un verso durante años y por una locutora de televisión, arengadora de desfiles masivos, devenida directora de la sección de cine, radio y televisión de la Unión de Escritores y Artistas de Cuba (UNEAC). La puesta en escena resultaba patética en un país donde los creadores tienen tantas reclamaciones pendientes.

La carta de la UNEAC a intelectuales de Estados Unidos habla de «cadena de arbitrariedades», «reclamo universal» «un proceso judicial manipulado por la ultraderecha cubanoamericana» y de que el «presidente Barack Obama tiene la potestad de liberar a los Cinco».

Habría que recordarle a esos mismos intelectuales que a una de las blogueras más famosas del mundo, según atestigua la revista *Time*, no le permiten salir de su país ni a recoger un premio y que el escritor Angel Santiesteban, dueño del blog *Los hijos que nadie quiso*, con entradas sumamente críticas de la realidad cubana, de obra multipremiada, tanto por organizaciones de la cultura oficial cubana como por instituciones de otros países, recibió recientemente una golpiza callejera como para frenar sus infidencias.

Ni decir que las Damas de Blanco, han sido vilipendiadas y arrastradas por porras callejeras «espontáneas» cuando ejecutan sus silenciosas caminatas de desagravio a personas presas por pensar distinto.

Hay varios aspectos reveladores, sin embargo, del cónclave en la UNEAC a favor de los Cinco. En las fotos aparecidas en la prensa electrónica del régimen solamente se identifican los cabecillas de la farsa y la carta se publica con la firma de la Presidencia de la UNEAC, no con la lista comprometedora como es lo usual, donde a veces aparecen personas que no han sido consultadas para figurar en la misma.

Faltan declaraciones de otros intelectuales comprometidos con los designios de la dictadura o de simuladores que tanto abundan. Los dos que sí se explayan durante la celebración del evento, el actual presidente de la UNEAC, Miguel Barnet y la poeta Nancy Morejón, insisten en diplomar a los espías como escritores y artistas dedicados a la pintura, vocaciones que parecen cultivar con todas las comodidades en las prisiones donde hace ya diez años purgan sus condenas.

Haciendo uso de un lugar común de las relaciones públicas del castrismo, Morejón, de raza negra, dice que habló con su amiga Alice Walker, la famosa autora de *El color púrpura*, y terminaron editando un libro que resume la vocación de los Cinco para sensibilizar al público estadounidense y concluye diciendo que se trata de un «caso político» manipulado por los enemigos.

Barnet, por su parte, quien recientemente declaró, sin mover una ceja, que él viajaba mucho a otros países porque en Cuba había libertad para hacerlo, enumeró parte de la comparsa que estaban citando para la conga solidaria donde también se incluye a la Walker y a Danny Glover, a quienes nadie les ha dicho que el pacifista Dr. Oscar Elías Biscet, de piel tan oscura como la de ellos, se pudre en una celda de la dictadura sin contar con facilidades para escribir o pintar.

Barnet afirma que los espías son «intelectuales, artistas, de formación filosófica, con profundo sentido de los valores éticos, de visión universal y humanista que honrarán las filas de la UNEAC cuando vuelvan», como dijo Castro el reflexivo.

Queda a la imaginación la cantidad de ausencias justificadas y aquellos reportados como enfermos entre los representantes de la cultura cubana cuando fueron conminados a una cita tan bochornosa.

Barnet y Morejón han llegado tarde a la marquesina de la dirigencia cultural revolucionaria en bancarrota y no temen ser recordados como juglares maduros de una dictadura.

PREPARATIVOS DEL CONCIERTO POR LA PAZ

El Ministerio, como le dicen en Cuba, convocó una reunión urgente de altos oficiales para dirimir, con toda la antelación posible, el asunto del concierto del colombiano en la Plaza de la Revolución. Además del Ministro del ramo, quien ostenta los grados de General de Ejército, en el encuentro figuró el de Cultura.

Al del Interior, lidiar con artistas es lo menos que le gusta de su trabajo. A los cubanos comunes sabe cómo apretarles las tuercas y, de cierta manera los ha mantenido bajo control. Últimamente, con enseñar los «instrumentos de tortura» ha sido suficiente, se tranquilizan. Pero los extranjeros siempre son una incógnita como ese dichoso Papa que abogó por la «apertura» de Cuba en plena Plaza de la Revolución.

«Bueno, entremos en el orden del día. ¿Quién se ocupa por la parte nuestra?», pregunta el Ministro esperando una rápida respuesta.

«Amaury y Silvio, gente de absoluta confianza. Aunque el primero ha hablado algo más de la cuenta dando nombres de artistas de otros países que no habían confirmado y luego declinaron la invitación, además de conceder entrevistas a los medios enemigos.

«Abel, adviértele a Amaury que esto es un asunto de Estado. Que le deje la paz, el apoliticismo, el color blanco y la incontinencia verbal a los colombianos para que puedan lidiar con la mafia de Miami que no ha dejado de ladrar.

«Tienen que comenzar a instalar la técnica en el hotel donde se van a hospedar. Quiero conversaciones y fotos. Si viene Bosé, que es flojito, le ponen a uno de los muchachos y a la Tañón traten de exacerbarle el espíritu independentista.

«No voy a tolerar improvisaciones. Ya sabemos que Enrique Iglesias y Ricky Martin no vienen aunque nunca se sabe, hay que estar preparados para casos de última hora. Ahora mismo Bill Murray estuvo aquí tan campante, haciendo el ridículo, y es socio de Andy García y a Robert Duval lo teníamos en la lista de los desafectos y con su reciente visita ya parece haber cambiado de opinión.

«Se acuerdan de la negra que atendió a Robert De Niro hace algunos años, úsenla como instructora para el nuevo equipo así como a los intelectuales que le dieron tratamiento a Almodóvar y le hicieron creer que todo el pueblo lo admiraba mucho. Necesitamos gente que sepan trabajar los egos y los cuerpos, como masajistas ideológicos.

«Hablen con el personal que atiende Casa de las Américas y el ICAIC, que son expertos en atajar sorpresas y abrir expedientes a los revoltosos. Si los artistas quieren bebida, no escatimen e incluso, si necesitan hierba se la consiguen. Cuando haga falta, que el operativo parezca de la bolsa negra. Que se crean inteligentes, superiores a nosotros.

«Recuerden que casi todas las experiencias anteriores de conciertos grandes han sido con americanos o ingleses, quienes son fáciles de disuadir. Havana Jam, Rick Wakeman, Audioslave, aquel Bridge to Havana y hasta los Buena Vista Social Club, con algunos de sus viejitos dando problemas, ya por suerte del otro lado. Todos terminaron con camisetas del Che, fumando tabaco y cantando la Guantanamera. Les dimos la vuelta.

«Para este hay que perfilar cuanto dispositivo de inteligencia tengamos disponible y si no, lo compramos porque se trata de hispanos, lo entienden todo y son más vivos, menos idealistas e ingenuos que los yanquis, además muchos mantienen amistad con los cubanos de Miami y allí es donde consiguen el dólar.

«A la prensa me la pasan por siete filtros. Ante la más mínima duda, no den la credencial que luego vienen a reportar nuestras necesidades o cualquier pelandrujo que se le ocurra sacar un cartelito inapropiado. Desde ya me empiezan a formar el contingente de jóvenes que van a cubrir las cuatro esquinas de la Plaza. Quiero más gente de nosotros que público presente.

«Siempre vamos a quedar bien. Si se da el concierto, ganamos y si lo suspenden por la presión de los reaccionarios también la victoria es nuestra. Nos volvemos a reunir dentro de una semana. Manos a la obra».

CONTRACULTURA

En el hermoso filme *Taking Woodstock*, el director Ang Lee es capaz de idealizar los pormenores que dieron lugar al más legendario y significativo de los conciertos de rock que se hayan celebrado a cielo abierto.

Se trata de la historia de un pueblo de provincias y sus pintorescos personajes que afrontan, un buen día, los rigores de un evento para el cual no estaban preparados. El dilema resulta encantador, más cuando ya es de todos conocidos el resultado: «Tres días de paz y música».

Cuando Woodstock celebró su primer decenio me acuerdo haber visto en un ejemplar de la revista *The New Yorker*, llegada furtivamente a Cuba, la caricatura donde los otrora participantes ya brindaban con champagne en ambiente de lujo. Era el chiste, algo cínico, de cómo los utópicos hippies se habían transformado en presidentes de grandes corporaciones. De cierta manera, también, la anécdota cifraba un elogio del dinámico capitalismo norteamericano.

En 1970, un año después de haberse celebrado el concierto, yo estaba en el campamento Venceremos, donde un grupo de muchachos cubanos tratábamos, infructuosamente, de emular a nuestros congéneres norteamericanos, abogando por la paz, la música y el amor, al mismo tiempo que debíamos cortar caña para hacernos respetar por los estamentos oficiales.

Cierto día, uno de los más conspicuos miembros de aquella aventura, rigurosamente vigilada por miembros de la Juventud Comunista, Silvio Rodríguez (sí, el mismo del concierto de la paz en la plaza de la revolución, cuando simulaba ser un forajido), se apareció en el campamento con un ejemplar de la revista *Life* dedicada a Woodstock. La publicación pasó desesperadamente de mano en mano hasta casi desaparecer. Hoy sospecho de tanta sinceridad y me parece que tras su sorpresiva promoción del concierto, se ocultaba un operativo de la policía política.

Aquellas fotos espléndidas de un mundo vedado, sin embargo, quedaron para siempre fijadas a mi imaginación.

Cuando en 1969 medio millón de jóvenes se arremolinaban ante sus dioses musicales tutelares en el pináculo del movimiento hippie, en aquel ignoto pueblo de Nueva York, los cubanos que intentaban imitarlos en la isla del desencanto eran acosados en las calles por diligentes policías y sus auxiliares civiles desmochando melenas y abriendo pantalones ajustados a golpe de tijeretazos.

Carlos Rafael Rodríguez, uno de los funcionarios más astutos entre los seguidores de Fidel Castro, se reunía temprano con los alumnos de las escuelas de arte, semillero potencial de desórdenes sociales, y celebraba el aire de protesta de los hippies, sus guitarras y hasta el pelo largo en el seno del imperio, al mismo tiempo que reafirmaba la improcedencia de una actitud de ese tipo en Cuba donde casi todas las contradicciones estaban resueltas.

Rodríguez llegó a decir que Castro era el «protestante» en jefe, suerte de máximo hippie y que a partir de esa premisa cualquier queja de la juventud cubana no tenía sentido.

En los accesos de las escuelas se apostaban funcionarios y profesores voluntarios para no dejar entrar a quienes ostentaran unas pulgadas más de pelo o se enfundaran en estrechos pantalones.

La tradicional devoción de la juventud por las manifestaciones culturales de Estados Unidos, nada nuevo en Cuba donde Presley y Paul Anka hicieron las delicias de muchos durante los años cincuenta, pasó definitivamente a la clandestinidad, impelidos por la intolerancia del socialismo criollo en franca imitación de sus iguales en Europa.

Los músicos de Woodstock fueron escuchados a escondidas en primitivos radios de batería capaces de sintonizar estaciones en Miami como WQAM o Arkansas y su legendaria KAAY con el programa nocturno Beaker Street donde supimos de lo mejor del rock. Uno de ellos, Santana (sí el mismo del t—shirt con Ernesto Guevara durante una ceremonia televisada), fue expresamente prohibido por el gobierno revolucionario.

La contracultura en Estados Unidos obedeció a una época de grandes transformaciones sociales signadas por la guerra en Asia. Muchas de sus insospechadas derivaciones artísticas hoy forman parte del patrimonio cultural de la nación.

La injusta represión contra la cultura foránea en Cuba tuvo consecuencias nefastas y todavía se habla de diversionismo ideológico o desviaciones cuando los jóvenes miran hacia el norte, más allá del malecón, para sacudirse la letanía de cincuenta años de batallas de ideas, resistencia, patria o muerte y otros disparates de similar género.

HIGIENE PERSONAL

Debe haber sido en *Archipiélago Gulag* o en otro libro sobre los totalitarismos de similar importancia donde leí la anécdota que refiere la comparecencia de Stalin durante un acto político y de cómo al final los aplausos se extendieron más allá de la norma porque nadie se atrevía a ser el primero en dejar de hacerlo.

Muchas personas se preguntan por qué un hombre con la fortuna de Fidel Castro y todo el sistema médico de Cuba a su disposición, exhibe, desde hace años, una dentadura tan mal construida que, incluso, deja mucho que desear en términos higiénicos. Circunstancia que se agravó en su más reciente presentación en video, donde, al parecer ya no ostenta ni la carrilera dental superior.

Muchos aseguran que, quienes lo rodean, nunca se han atrevido a llamarle la atención sobre el precario estado de su dentición postiza porque la reacción pudiera ser contraproducente. Los dictadores suelen no escuchar consejos y los amanuenses solo le dicen lo que quieren oír.

Otro asunto que llama poderosamente la atención sobre la higiene personal del anciano gobernante jubilado son sus uñas extremadamente largas. No pudiera ser que las usa para rasgar la guitarra porque se sabe que el hombre tiene el oído totalmente cuadrado, además de ser patón y rechazar casi patológicamente la música popular, el arte más universal de sus congéneres.

Más allá de asistir a una función del ballet de su longeva aliada Alicia Alonso, impelido por el Ministro de Cultura, me atrevería asegurar que no existen referencias de Castro sobre Benny Moré, Ernesto Lecuona o los Van Van, que, incluso, tuvieron la deferencia de nombrar la orquesta con uno de sus tantos fracasos económicos y sociales.

Ni hablar de la barba que siempre fue rala y descuidada y hoy exhibe unos pocos vellos atomizados. El corte de cabello parece hecho por un agente de la CIA y le da un viso diabólico a su frente que se ha ensanchado. La desequilibrada imagen personal entre la cabeza y su fragilidad corpórea indica que nadie le ha sugerido al comandante la posibilidad de domar lo hirsuto de sus mechones con un poco de brillantina a la vieja usanza.

La «cáscara guarda el palo» dice el refrán sobre la posibilidad de simular cierta limpieza aún sin haber jugado agua. La cáscara de Castro durante años fue su aburrido traje verde olivo donde tantos sudores y hedores habrán quedado a buen resguardo del ojo público.

El disfraz épico, sin embargo, dejó de usarlo con la dolencia que lo aqueja desde hace tres años. El planchado atuendo militar ha dado paso a trajinados monos deportivos de diversas marcas capitalistas.

La más reciente aparición, sin embargo, ensaya una aproximación más familiar al tirano, como de abuelo buena gente. Aparece enfundado en una vulgar camisa Yumurí, que solía ser la marca más distinguida de la moda cubana, las que podían ser compradas en caso excepcionales como los de un viaje al exterior al integrar una delegación oficial o raras veces en las tiendas por el cupón F-2 de la desaparecida libreta de racionamiento de productos industriales.

Que el implacable dictador termine sus días delgado como un esqueleto flotando en una Yumurí, con una dentadura que parece una caja de bolas y el cabello en desorden, resulta ser una de las más curiosas y bienvenidas paradojas de la historia. Expresa también su estado de decadencia.

CARLOS Y LA DANZA DEL FUEGO

En 1970 estuve involucrado en un capítulo curioso de los desatinos de la dictadura de Castro. Por entonces éramos un grupo de jóvenes melenudos y émulos en desventaja de sus contrapartes en el distante y, a la vez, cercano Estados Unidos, los llamados hippies, quienes, como se sabe, abogaban por el amor y rechazaban la guerra.

Solíamos reunirnos en el Carmelo de la Calle Calzada frente al teatro Amadeo Roldán (antiguo Auditórium), en la Ciudad de La Habana, con la peregrina certidumbre de que podíamos significar, al menos, un mínimo cambio en el rigor autoritario que aquel gobierno impuso desde temprano a las nuevas generaciones. Era una manera ingenua de llamar la atención y allí nos dábamos cita cada noche hablando sobre temas ciertamente desaprobados por la cultura oficial como el rock o la literatura de Allen Gingsberg, por solo mencionar dos al azar.

Fue el ladino Carlos Rafael Rodríguez quien, reunido con alumnos de las escuelas de arte recordó que en Cuba los jóvenes no tenían razones para protestar porque el primero y único que lo hacía era Fidel Castro y con eso era suficiente. Para Estados Unidos, dijo, le parecían bien los pelos largos y las canciones rebeldes a lo Dylan (Bob) pero no para los muchachos cubanos, pobladores del mejor de los mundos posibles.

Desde temprano las «conductas impropias» fueron descalificadas por personeros del régimen, como Rodríguez, o perseguidas con saña por militantes furibundos como la actriz Ana Lasalle quien, tijera en mano y en plena calle, se ocupaba, con certeros cortes, de despeluzar cabezas y desajustar pantalones apretados.

Fue en ese contexto que representantes de la Unión de Jóvenes Comunistas (UJC) nos emplazaron para que fuéramos a la llamada Zafra de los 10 Millones y desde allí, mocha en mano, hiciéramos nuestras reclamaciones pertinentes.

La idea de estar todos reunidos de manera bucólica en el campo, aun trabajando como bueyes, nos parecía sumamente tentadora y no alejada de las comunidades que los hippies de Estados Unidos fundaban en precoces arranques ecológicos.

Para el campamento Venceremos en el Central Habana Libre partimos y allí fuimos diseccionados como insectos de laboratorio por comisarios y psicólogos que no salían de su asombro con aquellos jóvenes que no cortaban mucha caña pero sí trataban de comportarse como si estuvieran en la era de Acuarios cuando realmente formaban parte de la más testaruda dictadura del continente.

Al sitio idílico concurrieron personalidades algo rebeldes como los trovadores Silvio Rodríguez y Vicente Feliú que hoy sospecho se encargaban de otros menesteres informativos. Fue allí también donde conocí a alguien que me pareció entonces un auténtico hippie, un muchacho medio encorvado con el pelo lacio y largo a semejanza de esos otros que veíamos en fotos de una revista *Life*, donde se cubría el Festival de Woodstock, que Silvio mostraba con sospechoso deleite.

Activo, siempre sonriente, con agudas observaciones e informado como nadie de lo que acontecía en la contracultura de los Estados Unidos, hasta su nombre: Carlos Victoria, nos daba la esperanza de que tendríamos éxito en nuestra imberbe aventura.

Aquel famoso lema «Prohibido prohibir» de las revueltas estudiantiles del llamado Mayo francés aparecía inscrito en las paredes del experimental campamento. Así como el que rezaba: «Soy marxista, de la tendencia Groucho», aludiendo a los humoristas Hermanos Marx. Sin ser aún el escritor o el profundo intelectual que después fue, Carlos Victoria siempre andaba rodeado de acólitos entre los que me encontraba, por su punto de vista actualizado, optimismo y deseos de vivir la insólita experiencia hasta las últimas consecuencias.

Recuerdo con qué placer casi degustábamos un LP del grupo Jefferson Airplanes, que un amigo extranjero le había regalado a Carlos, quien conocía pelos y señales de cada integrante, así como de los textos de las canciones protestas que se sabía al dedillo.

El campamento hippie Venceremos terminó de manera abrupta cuando enviaron brigadas de la UJC para entrarnos en cintura porque otros métodos disuasorios de nuestro comportamiento no habían tenido resultado.

Lejos de ataviarnos como héroes concluimos aquella quimera fichados por la Seguridad del Estado y con un expediente que luego entorpeció cualquier intento de estudiar o trabajar en áreas de la cultura durante largo tiempo en nuestras vidas.

Después supe que a Carlos Victoria lo habían expulsado de la Universidad y que su literatura fue incautada y esfumada por la policía política. La maquinaria represiva lo había agraviado de tal modo que cuando volví a verlo en Miami en los años noventa, diez después de haber escapado de la isla vía Mariel, era una persona callada y taciturna, celador de una tragedia abismal. Siempre me agradecía que no lo convocara a la televisión o a la radio para promover su literatura, en asuntos de la Feria del Libro, y que tratara de utilizarlo como presentador de otros colegas lo menos posible. La vida pública lo incomodaba. Se había retraído a una soledad que todos terminamos por respetar.

Hoy que ya no está e imaginándome cuánto se hubiera ruborizado, quiero recordar a Carlitos Victoria como lo vi una noche de fogata en el campamento Venceremos, sin camisa, melena al viento, ejecutando una danza alrededor del fuego, en ritual de futuro, rodeado de otros jóvenes que lo seguían desenfrenados como un canto de fe en el mejoramiento humano, el mismo que nos legó su ética y su obra literaria imperecedera.

LOS BEATLES Y LA LIBERTAD

Las dictaduras crean ansiedades suspicaces. Al prohibir a los Beatles, desde que surgieron en 1962 hasta mucho después que se disolvieran en 1970, el régimen de Fidel Castro fabricó una desesperación cruel e innecesaria entre la juventud cubana de la época que no podía estar al tanto, como el resto del mundo, de las incidencias personales y musicales de una carrera artística prodigiosa.

Esta semana se cumplen cuarenta años de la salida al mercado del paradigmático álbum *Abbey Road* que se está celebrando con la edición de la colección definitiva de la música grabada por los cuatro compositores e intérpretes: *The Beatles Remastered Box Set*, que incluye, tal como fueron saliendo, los 13 discos originales, 217 canciones de una obra todavía no superada por ningún otro grupo contemporáneo.

Los nuevos discos compactos, verdadera fiesta para los oídos y el alma, por la cantidad de detalles sonoros que emergen, casi inadvertidos en otras grabaciones, así como por toda la parafernalia gráfica y escrita de la envoltura, terminan por ser, al mismo tiempo, una suerte de viaje a la nostalgia.

El repaso de tantas canciones alojadas en el corazón me ha hecho recordar a dos de mis amigos entrañables que emulaban a Lennon y McCartney armonizando algunas de sus más recordadas composiciones sobre una azotea de la Habana del Este, en un inglés totalmente imaginado.

Me viene a la mente, también, cierta tarde sentados a la salida de la escuela secundaria básica, cuando trinábamos de alegría con el álbum *Meet the Beatles* recién traído por el padre marino mercante de un miembro del grupo de estudiantes.

Habitualmente nuestro barrio era mostrado por Castro a delegaciones extranjeras como un plan de viviendas ejemplar aunque su gobierno no lo hubiera construido. Ese día el dictador llegó con su alboroto de autos y seguridad personal, fue directo a congraciarse con los alumnos y no atinamos a esconder el LP de marras. Noté que supo simular su sorpresa y luego de algunas boberías condescendientes dijo, mirando al disco, que hacían buena música aunque no le gustaba el pelo largo.

Cada álbum de los Beatles que llegaba, milagrosamente, a nuestras manos era motivo de fiesta. Atuendos, pelados, actitudes, se analizaban de modo minucioso para luego tratar de ser imitados. También perseguíamos las fotos con cierta desesperación porque ni pensar que las numerosas filmaciones y programas de televisión que ya les dispensaban por el universo pudieran llegar a la atrincherada isla.

De la censura participaban, con tesón, todos los medios de comunicación cubanos. La radio y la televisión estaban autorizados, solamente, a divulgar las versiones de canciones de los Beatles hechas por grupos españoles y para hacer honor a la verdad fue el Noticiero ICAIC, que a la sazón dirigía Santiago Álvarez, el primero en presentar unos fotogramas esquivos de los famosos de Liverpool que disfrutábamos una y otra vez en proyecciones de los cines de barrio junto a películas soviéticas o búlgaras.

Luego en 1968, el iconoclasta director de cine Nicolás Guillén Landrián se le ocurrió la temeraria idea de poner en su documental *Coffea Arábiga*, la imagen de Castro en camino a su tribuna de la plaza de la revolución mientras se escucha en la banda sonora El tonto de la colina (*The Fool on the Hill*).

Dice el escritor y sociólogo ruso Artemy Troitsky, a propósito de un concierto memorable de Paul McCartney en la Plaza Roja el 24 de mayo del año 2003, luego de estar prohibidos como en Cuba durante los años nefastos de la Unión Soviética, que «Los Beatles, Paul, John, George y Ringo, hicieron más por la caída del comunismo que ninguna otra institución occidental». A lo cual agregó uno de los más conspicuos asistentes al evento, el por entonces presidente Putin: «Fue como un trago de libertad. Su música abrió una ventana al mundo».

No obstante, la isla caribeña parece tener mala suerte. Hace un par de años McCartney hizo una visita privada a la ciudad de Santiago de Cuba y sus alrededores donde elogio las melodías de la llamada vieja trova. Lennon está sentado en un parque habanero a manera de estatua aguantando sol y sereno y a los rateros que insisten en robarle sus famosas gafas de aritos. Los Beatles se escuchan en la radio cubana y hasta se celebran eventos debatiendo su legado. La libertad sigue pospuesta, sin embargo, aunque las canciones inolvidables del Abbey Road cumplan cuarenta años.

SIN CARGO DE CONCIENCIA

Serguéiv Mijalkov, clásico de la literatura infantil rusa y autor de las letras de los himnos de la otrora Unión Soviética y de Rusia actualmente, falleció tranquilamente, como un impune jefe de la mafia, en Moscú a la provecta edad de 96 años.

El escritor, quien fungió con mano de hierro como presidente de la Unión de Escritores durante 30 años desde el nefasto estalinismo hasta casi el último secretario del Partido Comunista que detentó el poder antes de la Perestroika de Gorbachev, participó activamente en las crueles campañas orquestadas contra figuras tan prominentes de la cultura eslava como, Boris Pasternak y Alexandr Solzhenitsyn.

Lo cual quiere decir que el venerable anciano contribuyó a la marginación social de ambos escritores, a la vigilancia permanente de sus actos interpuesta por la tristemente célebre KGB y a todo lo que fuera dañar la impecable reputación de los dos intelectuales.

A propósito de su fallecimiento, el vigente Partido Comunista ruso emitió una declaración donde afirma que «muchas generaciones de soviéticos maduraban con sus versos que de inmediato quedaban por largo tiempo en la memoria». Sin mencionar a cuantos de sus colegas delató o enredó en intrigas políticas para hacerlos desaparecer en los desolados Gulags siberianos, algo que, sin duda, sí quedó en la memoria de los hijos de tantos defenestrados.

Incluso el actual presidente ruso Dmitri Medvédev describió al letrado, sin una pizca de piedad para sus víctimas, como alguien que «vivió los intereses de la patria a la que sirvió sin reservas y en la que siempre creyó». Cualquiera pensaría que está describiendo las obligaciones de un militar en combate, llamado a cumplir órdenes y no a un esbirro de la peor calaña empeñado en disfrutar del poder desde su fecunda mediocridad, eliminando toda competencia de talento real por medio de artimañas policiales.

El sistema comunista es un raro engendro de conveniencias y compromisos. Sino de qué otro modo se puede explicar que los relevantes hijos cineastas de Serguéi Mijalkov, Nikita y Andréi Konchalovski, este último, incluso, con una carrera en Hollywood, hayan podido hacer filmes memorables y hasta contestatarios, metafóricamente hablando, en momentos de máxima represión en la Unión Soviética. La mano protectora paterna, en menoscabo de otros artistas, mucho tuvo que ver con esta eventualidad. De tal modo la impecable obra cinematográfica de los Mijalkov está empañada por la voluntad criminal del torcido dirigente que fue su padre.

Para poder haber disfrutado de los favores de Stalin, componer el himno de la URSS a su solicitud, donde escribió, sin un ápice de vergüenza: «El gran Lenin nuestro camino iluminó, Stalin nos educó en lealtad al pueblo, al trabajo y las hazañas nos inspiró» y, al mismo tiempo, seguir esquivando las sucesivas purgas del sistema manteniendo todos sus privilegios, el autor del famoso *El tío Stiopa*, tiene que haber sido uno de los directivos más taimados de la cultura soviética.

Cuando cumplió 90 años fue visitado por el entonces presidente Putin quien le otorgó la Orden por Méritos ante la Patria de segunda clase, destacando sus contribuciones a la cultura de Rusia. Antes le había encargado el himno de la actual nación, donde el viejo zorro suprime las alusiones a Stalin y a Lenin y ensalza a la Rusia independiente

Lo increíble es que el tránsito a la democracia no lo haya perturbado en lo más mínimo. No tuvo que rendirle cuentas a nadie por sus crímenes y vivió, como el mismo dijo cierta vez, cual personaje de un cuento, largamente y feliz.

LA CONVERSION DE CINTIO VITIER

En las fotos del entierro divulgadas por la prensa cubana una indigencia lastimosa enfunda a la comitiva que acompaña el féretro de Cintio Vitier, destacada figura intelectual del siglo XX en la isla.

En pocos años su obra, una ensayística que se mueve entre la fe religiosa y la militancia política, será una tesis universitaria o un simposio, si acaso, antes de irse en *fade* como ha ocurrido con otros de sus coterráneos famosos.

Vitier, de noble estirpe cultural e independentista, es el canon del pensador cubano convertido ferozmente al castrismo luego de sufrir en carne propia las excomuniones de la cultura oficial.

Hubo un tiempo que su filiación católica y «origenista» hizo que lo pusieran a trabajar junto a su esposa Fina García Marruz en anodinos cubículos de la Biblioteca Nacional, que él llamaba «celdas de trabajo», en horarios de ocho horas que eran controlados, con cierta saña, por quien entonces fungía como director de turno de la institución, el historiador Julio Le Riverend, un hombre de confianza del régimen sin la altura intelectual de Vitier pero con el poder de perturbarlo.

A la sazón, la Biblioteca Nacional era un coto de castigados recelosos que hablaban mirando sobre los hombros y esperaban, mansamente, la redención del sistema.

En 1972 el poeta y cura nicaragüense Ernesto Cardenal publica el libro testimonio *En Cuba*, donde refiere su visita de tres meses a la isla en 1970. Allí cuenta el regocijo de Vitier cuando el gobierno de Castro parecía separarse de la órbita soviética en una de sus pocas desavenencias con «el imperio del mal».

El poeta cubano hablaba de una suerte de nueva y real independencia que muy poco duró pues luego las relaciones con la URSS quedaron grabadas con caracteres indelebles en la constitución de la República y los afanes revolucionarios de Vitier siguieron puestos en solfa por su incapacidad de comulgar con los dictados del castrismo.

En el Instituto del Libro le disputaban las ediciones de sus libros. Muchos agonizaban en el llamado «colchón editorial» de dónde solo salían para las prensas los títulos afines al régimen.

Mediocres y vengativos funcionarios de la entidad, con aires intelectuales, le ninguneaban sus originales y su presencia en espera de textos y actitudes más comprometidos. Uno que ahora Eusebio Leal propone como libro de texto *Ese sol del mundo moral*, conoció primero la edición mexicana de 1975 antes de recibir, veinte años después, el beneplácito de la burocracia cubana para ver la luz.

Aterrado e impotente debió atestiguar, en silencio, cómo atormentaron hasta la muerte en 1976 a su amigo y maestro José Lezama Lima, con quien compartiera momentos de gloria como parte del grupo de la revista *Orígenes*. De igual modo, vio partir al exilio al padre Gaztelu, otro miembro relevante del grupo.

Tres años después no menos inquietante le resultó el fallecimiento de su archienemigo intelectual Virgilio Piñera, en las antípodas del catolicismo, y otro de los escritores acosados por la policía política hasta el final de sus días.

En algún momento Vitier debió pensar que no tenía madera de mártir, no obstante su acendrada fe y comenzó a abdicar de algunas de sus creencias, sobre todo políticas, como había hecho su concuño Eliseo Diego para salvar a la familia del naufragio.

De tal suerte le otorgaron el Premio Nacional de Literatura en 1988, comenzaron a publicarlo, ya no era un pecado ser católico y Fidel Castro le empezó a hacer guiños personales hasta ganar su devoción.

El conocido oportunismo del régimen lo puso eventualmente al frente de la edición crítica de las obras completas de José Martí que, en términos editoriales, tampoco fue un paseo intelectual con la intromisión de Armando Hart y otros siniestros burócratas con la capacidad de la mortificación.

Sobre sus sinsabores con el régimen apuntó en cierta ocasión: «Fueron momentos de confusión. Mire... las revoluciones son revoluciones, y significan una convulsión. Y a veces se desatan las pasiones buenas y las malas. Pero afortunadamente todo eso se ha superado. Yo creo que una de las virtudes más grandes de esta Revolución, al revés de las demás que yo conozco al menos, es que ha tenido el buen sentido de rectificar y superar sus propios errores.»

Pasó los años finales de su vida como un relacionista público del mismo régimen que lo mantuvo en jaque. Puso la otra mejilla a cada manotazo e ignoró la ordalía de católicos presos y fusilados. Debe haber sido difícil rendirle cuentas a su creador celestial.

INSOLIDARIDAD

Los intelectuales cubanos no parecen ser muy solidarios con sus semejantes durante estos tiempos de incertidumbre donde el anticipado futuro de la isla no acaba de asomar la cabeza y el espíritu parece ser el de «sálvese quien pueda».

La famosa guerra de los e—mails, una reacción en cadena de oposición que se produjo hace cerca de dos años cuando represores indeseables del llamado quinquenio gris eran reconocidos como paladines de la cultura en la televisión nacional cubana, no ha tenido un seguimiento sustancial. Fue coartada en su momento por una declaración unívoca de la unión que representa a los creadores.

La lista de los apartados en la geografía artística y literaria crece sin un gesto de acercamiento por parte de quienes han logrado un nicho oficial en la sociedad. Pedro Luis Ferrer, Yoani Sánchez, Los Aldeanos, Gorki, Silvito el Libre, Angel Santiesteban, Frank Delgado, entre otros, figuran entre los autores y músicos indeseables en los circuitos de presentaciones o publicaciones estatales.

Todo prebenda tiene un diezmo político a no ser que se asuma una actitud abiertamente fidelista, pues ya no se necesita ni la filiación socialista, como la del pintor y escultor Kcho, la del escritor Miguel Barnet, la del trovador Silvio Rodríguez o la del compositor y director de orquesta Juan Formell, verdaderos relacionistas públicos de una dictadura en sus postrimerías.

Recientemente, la delegación oficial cubana que asistió al Providence Latin American Film Festival estuvo a un instante de cancelar su participación cuando la directora de relaciones internacionales del Instituto Cubano del Arte e Industrias Cinematográficas (ICAIC), supo que de Estados Unidos concurrirían cineastas del exilio como el director del notable cortometraje *Model Town*, Laimir Fano, además del realizador Rodrigo Lehtinen quien presentó un documental sobre los presos políticos en la isla *Libre entre estas paredes*.

La participación cubana la integraban el director y otros artistas del popular filme *Los dioses rotos*, llegados de La Habana, a quienes se unieron integrantes del reparto como Claudia Valdés, ahora residente en Miami y Héctor Noas, en España. Los funcionarios y miembros de la policía política que suelen acompañar estos grupos se mantuvieron expectantes aguardando las supuestas provocaciones de los «apátridas» que nunca se produjeron. Muy por el contrario, el recelo de los burócratas terminó en un ambiente desenfadado y de jarana, distante del rigor revolucionario.

Ya el propio Festival había ignorado como potenciales invitados a otros directores exiliados como Orlando Rojas y Sergio Giral, cuyas obras figuraron en un programa especial de filmes traídos desde Cuba para la ocasión, del primero *Una novia para David*, y de Giral *El otro Francisco*.

En la misma tesitura de la insolidaridad y el miedo entre intelectuales y artistas de la isla, por estos días circula en Internet, sobre todo en la blogosfera cubana, una supuesta carta del actor Luis Alberto García al director del diario oficial *Granma*, en respuesta a un artículo del periodista donde este, otra vez, vuelve a culpar al pueblo de casi toda la improcedencia del sistema.

Lo raro de esta circunstancia es que el actor, sobre el cual se ha especulado de una cierta cercanía a Raúl Castro en algún momento de su vida, no ha reclamado la autoría de la misiva, ni el resto de sus colegas ha oprimido siquiera una tecla para respaldarlo o tildarlo de traidor o libertino.

AQUÍ Y ALLÁ

Tan pronto aterrizan empiezan a sentir los destellos benéficos de la libertad que no disfrutan en su propio país. Ningún aduanero trata de congraciarse para ver si les «tumba» algunos dólares. Han pisado el mítico suelo del llamado «imperio», el de la confrontación de medio siglo, en la ciudad satanizada por su gobierno. No se les ocurre seguir viaje a otro sitio donde serán unos desconocidos y la prensa impertinente no les hará preguntas inoportunas. Los familiares están aquí, los amigos que no piensan como ellos y a veces debieron abandonar el país seguidos por hordas vocingleras y revolucionarias son felices de este lado del conflicto.

Allá se ven crispados y hasta envalentonados. Aquí se relajan y disipan, pueden jugar a la civilización, simular que son artistas apolíticos, religiosos, civiles que no necesitan un permiso para salir de su país y que nunca deben rendirle cuentas a la policía política directamente o a funcionarios oficiales que desempeñan esos menesteres. Cuestión de sacar pasaje, cerrar la casa y montarse en un avión.

OMARA

Tiene pose de diva y acepta la entrevista del maldito periódico. Por suerte la reportera es americana aunque el fotógrafo es un cubanito impredecible. Le celebran sus virtudes y la longevidad del oficio. Pero luego la arrinconan y sale a la palestra la dichosa carta que alguien le firmó donde se enuncian medidas extremas en aras de salvaguardar la revolución, licencia del gobierno para fusilar a tres jóvenes de su propio color que intentaron secuestrar una embarcación con rumbo norte. En el video de la entrevista hace como una mueca, se perturba. No quiere que le recuerden ese capítulo. Prefiere hablar de Buena Vista Social Club, ni siquiera de su hermana. Luego de recibir un premio Grammy le dice a una agencia de prensa que todos seríamos más felices sin el bloqueo.

Juan

Al director de orquesta nadie le hace un cuento. Es un guapo de seda nacido y criado en el barrio. Su orquesta tiene nombre de zafra fracasada. Al finalizar el concierto del colombiano en La Habana tuvo un exabrupto poco elegante, de oficial tocando a degüello. Ya sereno, dispuesto a celebrar el triunfo, una corresponsal de Miami lo sigue con su cuestionario incisivo y para quitársela de encima, termina por confesarle que los periodistas de la Primavera Negra del 2003 estaban presos porque algo malo habían hecho. Luego quiso lucirse y agregó una perla de su propia inspiración: «En los Estados Unidos también hay periodistas presos».

Pero el encarne de la muchacha cruza el estrecho de la Florida. Cuando llega tranquilo a Miami, abraza a sus familiares, luego de algunos años sin encontrarse, aparece la dichosa periodista y su cámara indiscreta.

La estrategia es no pararse, seguir caminando por el pasillo del aeropuerto para ver si se cansa. Dice que no tiene nada que ver con el colombiano, ni con el cantante y compositor cubano que por esos días se encontraba también de visita familiar en Miami. Esta última afirmación la hace con un dejo de contrariedad, como si no le cayera bien su colega. Sobre la libertad y los periodistas presos prefiere acogerse al «*no comment*» yanqui porque la lengua comenzó a trastabillarle y lo de él es la música, no la política.

Amaury

Siempre quiso ser Barry Manilow lo cual resultaba incongruente y diversionista con la Nueva Trova que terminó por expulsarlo de sus filas aguerridas. En una entrevista reciente concedida en Cuba, luego de su experiencia miamense, aparece en un sofisticado atuendo, como su ídolo americano, y afirma que todo se lo debe a Silvio Rodríguez, el hombre que fuera su implacable victimario.

Antes había dicho que era hijo de Fidel Castro, ahora asegura que no pudiera dejar de ser su amigo, como si el dictador lo echara de menos cuando está de viaje. En Miami se mantuvo a buena distancia de los medios de prensa que él llama anticubanos, dados a la «patraña», «artimañas» y «amenazas» los mismos que tuvieron la gentileza de hacerle eco cuando promovía desde La Habana el concierto del colombiano. Calculó bien sus intervenciones, una breve para esa exitosa periodista cubana llegada por el Mariel, y otra ciertamente glamorosa con el conductor mexicano de un noticiero nacional.

Arrobado por el viaje a la boca del lobo, en La Habana, el cantante arriesgó una poetización de la realidad: «... el amor será lo que nos salvará de la desidia, la maledicencia y el espanto», al mismo tiempo que, mediante su antena parabólica, veía un noticiero de Miami donde, un bloguero anticubano, según su calificativo, era abusado, muy cerca de su casa, a golpes y empujones propinados por la turba enardecida de su amigo, el Castro convaleciente.

VALS PARA UN MILLÓN

En el preuniversitario José Martí, de Centro Habana, estudiaba un checo, llamado Pablo, hijo de españoles que debieron buscar refugio al otro lado de la cortina de acero luego de la guerra civil. No recuerdo cómo fueron a parar al experimento socialista del Caribe pero, con el paso del tiempo, la cubanización de Pablo resultó ostensible.

En la primavera de 1968 cuando las tropas del Pacto de Varsovia entraron en Praga, para abortar un ensayo de socialismo con rostro humano, algo menos represivo, debimos atenernos a las noticias de la prensa oficial cubana que alteraba los acontecimientos a su antojo. Por entonces, la última palabra para el cierre del diario *Granma* lo daba en persona el llamado Comandante en Jefe, tarde en la madrugada.

En nuestra ingenuidad pensamos que el gobierno cubano, por entonces, presencia prominente en el Movimiento de Países no Alineados, aprovecharía la ocasión para distanciarse otra vez y para siempre de los soviéticos y emprendería una suerte de independencia parecida a la que disfrutaba Yugoslavia o la que pretendía iniciar Checoslovaquia.

En el Pre habíamos creado alrededor del checo un grupo espontáneo y solidario atento a cada paso de la infausta intervención militar, consultando, en ocasiones, emisoras de radios extranjeras por entonces bien prohibidas en Cuba. Durante estas sesiones fuimos descubriendo, para nuestro asombro, que no había tales hermanos socialistas y que Pablo manifestaba una aversión total por las ambiciones geopolíticas del imperio del mal.

Aunque el gobierno de la isla prefería decir que el modelo de socialismo al cual aspiraba Cuba era el de la «desarrollada» República Democrática Alemana, lo cierto es que, por caprichosas razones, la cultura checa tuvo una presencia más notoria en el quehacer del comunismo con pachanga.

Durante años estuvo en cartelera el filme musical *Vals para un millón*, con la adorable Karla Chadimova, sueño mojado de tantos adolescentes, y el cantante Karel Gott, excéntrico como el español Rafael, hizo las delicias del público criollo en más de un festival.

Una de las pocas ventajas de pertenecer al sistema era que nos correspondía descifrar todas las dobles lecturas contestatarias de grandes cineastas checoeslovacos como: Milos Forman, Vera Chytilova, Ivan Passer y Jiri Menzel, entre otros.

No olvido la noche que mi padre llegó a la casa rebosante de felicidad, con fe manifiesta en el provenir de Cuba, por haber asistido a una degustación de embutidos y cervezas checas en el hotel Nacional organizada por la embajada del país europeo para obreros vanguardias del patio.

Ni la Unión Soviética contaba en La Habana con un centro como la Casa de la Cultura Checa, en plena Rampa, calle 23, edificio grande y vistoso, donde se hacían brindis en efemérides históricas y se podía adquirir bisutería, cristales de Bratislava y discos clásicos y populares con algún que otro intérprete occidental famoso incluido.

Cuando Castro se pronunció, finalmente, sobre la invasión a Praga se puso del lado de las malas causas como suele hacer y cerró filas con lo peor de la filosofía hegemónica soviética. El esperanzador embutido nunca llegó a las mesas cubanas y Pablo, el checo, lloraba como un niño y rezongaba contra el dictador cuando supo la noticia.

Un pequeño grupo de sus compatriotas que residía en la isla y unos pocos cubanos, se atrevieron a ensayar una protesta contra la intervención bélica frente a la Casa de la Cultura Checa en El Vedado, que fue rápidamente disuelta.

El testimonio impresionante de la coacción militar que no pudimos ver en su momento los cubanos de mi generación cuelga por estos días en un salón de la Torre de la Libertad, aquí en Miami, como parte de la exposición Invasión Praga 68. Son las fotos fortuitas que tomó el artista checo Josef Koudelka, quien regresaba a su patria luego de documentar la vida de los gitanos en Rumanía y tropezó con uno de los momentos de la historia universal de la infamia, donde su heroico pueblo fue capaz de dar una lección de dignidad pocas veces vista en los predios de un sistema social desacreditado que, por entonces, le quedaban poco más de veinte años para derrumbarse.

ADELA Y EL REPUDIO

En la foto, Adela, una negra enjuta, aparece con la boca desmesuradamente abierta que revela una dentadura en franco deterioro. Le encanta que la movilicen temprano porque se escapa por un tiempo del taller donde tratan, a duras penas, de arreglar televisores.

Es el único momento también que monta un ómnibus y se sienta, sin empujadera ni bronca. Le dan un rango de persona importante que la convoquen y le faciliten el viaje y la cuiden durante la manifestación los muchachos fuertes, vestidos de civil, la parte oficial del operativo, tan solícitos y comprensivos.

Tiene un hijo que se hizo médico gracias a la revolución y ahora está en Venezuela, el otro es su frustración como madre, se dejó influir por el mal elemento del barrio y se fue del país en una balsa. Por eso le satisface tanto castigar esa estirpe de persona, poco agradecida con los logros de la revolución.

Cada vez que la citan dice presente. Puede ser para impedir una manifestación de gusanos, vendepatrias, o para rodear una casa y no dejarlos salir porque la calle es de Fidel.

El acto se divide en grupos. Cada cual asume una tarea. Los compañeros que dirigen insisten en que eviten la confrontación física con la contrarrevolución aunque se puede escapar algún que otro pescozón, siempre que no haya una cámara presente. Lo cual es difícil porque ahora hasta los teléfonos graban imágenes.

Todo el movimiento debe parecer espontáneo, los ómnibus parquean a cierta distancia de los acontecimientos. Adela es de las que grita con ganas. Le gusta, descarga sus frustraciones sin que nadie se entere.

Hoy parece que la convocatoria es importante, arremeten otra vez contra las mercenarias que se visten de blanco, mosquitas muertas que se hacen las pacíficas y van con una flor en la mano. Reciben dinero de Miami y se visten bien, muy limpias y perfumadas. Ella disfruta halarle los pelos bien peinados. A veces se queda con algunos mechones en la mano y ni chistan. No tienen sangre en las venas. Son unas muertas sin espíritu combativo.

Las últimas instrucciones siempre la reciben en los ómnibus fuera de la vista pública. Hay un Mayor del Ministerio vestido de civil, muy elegante, que suda habituado el aire acondicionado y les dice que el Furry se siente orgulloso de ellos tan prestos para salirle al paso a la gusanera y que un día serán reconocidos públicamente pero que por ahora en silencio ha tenido que ser.

Como hoy la jornada es larga, al final les toca la cajita con comida. Menos mal, porque en la casa es pueblo embrujado. La escasez sigue siendo aguda por el maldito bloqueo. Los yanquis no aflojan. Por la mañana se aseó con un cubo de agua y se lavó los dientes con bicarbonato que también le sirve de desodorante.

Estos días han sido muy activos. Hace poco le dieron su merecido a cierto periodista que había desafiado a uno de los muchachos del ministerio. Se hizo el machito, se paró en una calle de El Vedado a esperarlo, solo para conversar, según él, pero así se empieza y allá fueron las guaguas con Adela y sus camaradas simulando ser estudiantes universitarios y lo empujaron contra una reja hasta que se lo llevaron y lo soltaron lejos para que no le hicieran mayor daño. Porque el grupo se va calentando y nunca se sabe si alguien va a salir con un mal golpe.

En su modesto apartamento donde el esposo la abandonó hace ya algunos años, Adela tiene unos muebles desvencijados. Para las manifestaciones se pone sus mejores galas, una blusita azul celeste de punto con tirantes. Su prima Yusleidy la vio en el noticiero de la televisión y dice que no luce mal.

Espera que su hijo el médico le traiga algunas cosas de Venezuela como ropa interior porque la suya está desecha. Con el otro no se puede contar, igual que su padre.

Mañana temprano para el taller y si la escoria vuelve a asomar la cabeza, duro con ella, que la revolución se respeta.

EXTRANJERO

Un conocido periodista español de visita hace unos meses en La Habana tuvo la primicia accidental de encontrar al famoso pornógrafo Nacho Vidal de paso por la ciudad procedente de Colombia y camino a otro sitio en Latinoamérica donde pensaba abrir un llamado puticlub en compañía de su compatriota, el cantante Miguel Bosé

Era su segunda estancia en la isla. Durante la primera, hace doce años, grabó y luego comercializó un patético video haciendo sexo con jóvenes cubanas en los más lúgubres escenarios.

El libertino Vidal se queja de cuanto lo habían revisado en el aeropuerto José Martí, porque provenía de Colombia y parecía apestar a ciertas drogas. Llegaron, incluso, a practicarle una radiografía para ver si transportaba algo en el estómago, según confesó de modo divertido.

Nacho Vidal es un extranjero que ha arrastrado por el fango el decoro de la mujer cubana en la rentable industria internacional del sexo y lo dejaban entrar tan campante. La suspicaz policía política cubana no tenía record del personaje en sus atribuladas computadoras ocupadas en otros menesteres más represivos.

El extranjero sigue teniendo patente de corso en el país, incluso para delinquir, sin ser requerido a no ser que se interese por los opositores o insista en filmar la connotación política de las ruinas físicas o morales de la sociedad.

La doble vida de «señor» y «compañero» ha sido una de las más humillantes prácticas a las cuales se haya sometido al pueblo de Cuba y aunque ya es legítimo entrar a un centro turístico que antes era solamente para extranjeros, sigue vigente el concepto de considerar de segunda a las personas que hayan tenido la mala fortuna de nacer allí y no haber podido escapar en busca de la dignidad perdida.

Recuerdo que cierta vez caminaba con mi hijo por la Plaza de la Catedral y tuve la urgencia de utilizar un baño y enrumbé mis pasos al restaurante El Patio. Le pregunté a un individuo que cuidada la entrada si podía acceder al servicio sanitario y me dijo que era para extranjeros. Claro que me enfurecí, lo esquivé y entré buscando el lugar con mi hijo adolescente quien, atemorizado, trataba de hacerme desistir. Alcancé desesperado el urinario, mientras el deleznable «compañero» me imprecaba no se sabe cuántas amenazas por mi falta de urbanidad ciudadana.

En un incidente menos personal, corrían los años setenta y un grupo de críticos de cine había sido invitado a una proyección especial del contestatario filme de Andrzej Wajda *El hombre de mármol,* durante un Festival del Nuevo Cine Latinoamericano en La Habana. La operación era muy discreta considerando la naturaleza del argumento que refería la formación del Sindicato Solidaridad en Polonia. Entre nosotros se encontraba el patriarca comunista de la crítica cinematográfica, el Dr. Mario Rodríguez Alemán.

Cuando se apagaron las luces de la pequeña y confortable sala y comenzaron los créditos iniciales, la función fue interrumpida, abruptamente, por un funcionario quien, sin el más mínimo tacto, ordenó salir a todos los cubanos de la exhibición, incluyendo al reconocido crítico oficialista. Los extranjeros presentes se ofuscaron un poco por tan extraño comportamiento pero ninguno protestó y terminaron, como siempre, asumiendo este tipo de maltrato con los nacionales como la cosa más natural.

Una última anécdota que resume, de algún modo, esta terrible circunstancia de la preponderancia del foráneo sobre el cubano. Estoy en el lobby de un hotel habanero junto a Julio Le Riverend famoso historiador y a la sazón director de la Biblioteca Nacional, esperando a un invitado de otro país.

Al parecer el anciano historiador estaba ajeno a ciertas limitaciones conocidas por todos y se le ocurre pedir una caja de cigarros a la venta en un estanquillo del lugar. Es entonces cuando el empleado lo mira de arriba abajo comprueba su nacionalidad, no obstante la prestancia burguesa de Le Riverend, y le espeta en pleno rostro: «Es solamente para extranjeros», sin siquiera un «disculpe» al comienzo de la frase.

2010

PRIMERA DAMA

En la foto, Dalia tiene el mismo collar que Rosario. Son esas prendas que se intercambian como regalo de gratitud las primeras damas. No es que le guste mucho esa piedra azul pero debe usarla como cortesía. Ella es primera dama en Cuba desde que «la boba» se murió. Así le decía la gente de la seguridad personal porque no entendían que Vilma Espín se había educado en Boston.

Ahora parece tarde, está en el ocaso de su vida y no le gusta como se ve en las imágenes algo fatigada. Cuando lo conoció era una rubia esplendorosa y no podía imaginarse que pasaría el resto de su vida encerrada en casonas protegidas, pariendo y criando hijos. Siempre pensó que era una mujer para ser mostrada con orgullo.

En su reclusión domiciliaria se perdió todo el glamour de los europeos que solían rendir pleitesía a su marido. Presidentes que ya son historia como Gorbachev lo visitaban y ella parecía una empleada del servicio doméstico.

El nunca la presentó como esposa y no pudo disfrutar las dádivas que le correspondían: relojes caros, ropas exclusivas de diseñador y joyas de verdad, no de piedra volcánica. Eso sí, debía cumplir al pie de la letra con sus obligaciones maritales cuando a él se le ocurría dormir en casa, algo que no hacía frecuentemente por sus numerosas obligaciones y por todas esas mujeres perjuras que trataron en vano de robárselo.

La lista es larga y peligrosa. Ella no conoció a la alemana que dice haber estado embarazada, aunque el asunto se liquidó rápido. Sí supo de Gina, la diva italiana que lo sonsacó cuando se hizo fotógrafa al terminar su carrera en el cine y hasta del flirteo de la hija de aquel loco nórdico que cruzó el Pacífico en una balsa.

Como le hubiera gustado ir a las recepciones del Festival de Cine o de la Casa de las Américas para ver aquellos respetables artistas y grandes intelectuales casi de hinojos ante su esposo, queriendo conversar o estrecharle la mano.

Qué lástima, no pudo intercambiar sonrisas con: Jack Lemon, Gregory Peck, Jack Nicholson o Robert Redford, el Hollywood privado que Alfredo siempre le proporcionó a su marido para congraciarse y marcarle su estatura de estrella.

Si acaso ha disfrutado de la compañía del Gabo, el único que la trata como lo que es, la esposa oficial del comandante en jefe. Cuando la visita se despide, va con Mercedes a la cocina y hablan cosas de mujeres importantes, casadas con famosos. Pero la colombiana le cuenta de sus vacaciones en lugares exóticos de Europa y ella se tiene que conformar con Varadero, que la tiene obstinada.

Ciertamente la caterva de mandatarios que convocan ahora dista mucho de los tiempos de gloria. El los soporta mientras lo escuchen ensimismados y no se atrevan a interrumpirlo. Pero cuando empinan el codo comienzan las lisonjas y entonces mira el reloj y se inquieta en la silla de ruedas. Tiene como el cargo de conciencia del padre refinado que ha traído al mundo una prole insufrible de vástagos parlanchines, vagos y vulgares. El semblante se le oscurece hasta que se despiden.

Las fotos de familia están guardadas como secreto de estado por eso ahora trata de salir en casi todas las que se hace con los convidados excepcionales. Es una suerte de dulce venganza. Se nota altanera, dueña de su destino por primera vez. Siempre enhiesta, lo mira desde arriba. El sentado, sobrellevando la mala racha. Como depende de ella hasta para ir al baño no se limita en sus intervenciones y opina y dispone. A veces hasta se olvidan de él y los invitados la escuchan con atención.

Ahora sí parece una primera dama. Le faltan las entrevistas o el documental de Estela que le haga justicia porque ha sido la gran mujer detrás del gran hombre. Simpatiza con la Obama, le recuerda su juventud. Tiene la ilusión de sentarse un día con ella para contarle su experiencia. Tal vez le sirva de algo.

VAN, BANG EN MIAMI

El día que entrevisté a Juan Formell, creador y líder del grupo Los Van Van, no tuve que perseguirlo por los pasillos de un aeropuerto, ni verlo esquivando las preguntas con un extraño comportamiento, mezcla de temor y arrogancia. Fue en su casa de la Habana por los años ochenta para el programa de televisión *Entre Nosotros* y resultó ser amable aunque siempre cauteloso en sus respuestas.

Me dijo que el conjunto era tan popular no solo por lo pegajoso de su ritmo entre los bailadores sino por ser cronistas del día a día, de lo que acontecía en el barrio. Pero que todo no había sido siempre así y en ese afán de referir una realidad ajena a los triunfalistas medios de prensa no pocas veces había recibido llamados de atención por las historias y los textos de sus canciones. Mencionó como ejemplos aquello de que: «La Habana no aguanta más...» o su emblemático: «Nadie quiere a nadie, se acabó el querer».

Los Van Van nacieron en un tiempo difícil, la década del setenta, y con un nombre a la larga inconveniente porque la prometida zafra azucarera de los diez millones de toneladas, de donde tomó el apelativo, luego resultó ser uno de los más rotundos fracasos de los proyectos faraónicos de la economía cubana.

En esos años aciagos no ocurría como ahora con los nuevos soneros y regüetoneros, quienes suelen disfrutar de vidas disipadas con automóviles, buenos atuendos y ciudadanías extranjeras adquiridas de modos diversos que les permiten entrar y salir de la isla así como visitar los propios Estados Unidos, sin tropezar con las suspicacias del Ministerio del Interior.

En los setenta y los ochenta, todavía los lugares para bailadores seguían constreñidos y el gobierno promovía la nueva trova y sus canciones militantes así como grupos que les dio por imitar la música andina en solidaridad con los llamados pueblos hermanos latinoamericanos sometidos a las dictaduras de derecha.

Los Van Van y otras pocas orquestas cubanas, sin embargo, mantuvieron el sentido del gozo nacional en franca contradicción con el falso puritanismo verde olivo oficial. En medio de estaciones de miedo y represión, para empeorar el panorama, Israel Kantor, una de las voces más reconocidas del grupo, tomó el camino del exilio.

No hay constancia de que en esa época Juan Formell expresara abiertamente su inconformidad con la policía política que lo vapuleaba ni con los funcionarios del Ministerio de Cultura que lo catalogaban en caprichosas categorías Orquesta «A» o «B», con sueldos fijos, en empresas llamadas a controlar sus recitales y presentaciones públicas. En la cultura cubana no abundan soneros o rumberos con vocación de mártires o disidentes.

En tal caso, el bajista, compositor y director de orquesta Formell estaría usurpando las funciones de los intelectuales que por entonces tampoco, con raras excepciones, eran muy pródigos en manifestar su inconformidad.

Los más famosos productores cubanos de deleite nunca se han caracterizado por dejar para la posteridad reflexiones políticas o filosóficas de valor perdurable. No lo requieren. De hecho, antes de 1959 no solían manifestar públicamente sus simpatías partidistas para no perder sectores del público que pudieran ser antagónicos.

Estas especificidades, sin embargo, han sido desvirtuadas por el castrismo y, por ejemplo, Mayito, uno de los solistas de Los Van Van se declara comunista en un video subido a You Tube donde enseña a su hijo la canción de Carlos Puebla dedicada al Che Guevara, pocos días antes de presentarse en Miami, mientras su director, Juan Formell, tampoco siente recato para manifestar sus simpatías por un régimen que mantiene a su propia familia dividida.

Circula un chiste popular sobre el acápite «Fidel Castro» en un futuro diccionario enciclopédico donde se puede leer: «Cruel dictador que vivió en el tiempo de Los Van Van..»., donde se expresa lo perdurable que puede ser la buena música en la historia de los pueblos.

Juan Formell pudiera tener el decoro, como táctica de relaciones públicas, de manifestar su apoyo a los Castro sin algarabía, en círculos íntimos, y disfrutar el privilegio de contar con hijos talentosos en la música, a buen resguardo, así como nietos y un numeroso grupo de seguidores, en el país donde el querer, sencillamente, no se ha acabado.

EDUCACION SEXUAL

Las dos primeras décadas de la revolución fueron burdas y desaliñadas en cuanto a las tramas del sexo entre las nuevas generaciones que debieron conocerlo en los montes de la campaña de alfabetización o en los albergues de las becas. Hay tempranos documentales del Instituto Cubano de Cine que atestiguan el embarazo precoz y la deserción escolar, por el nacimiento de niños no deseados, como problemas tempranos en las familias y las escuelas.

La práctica de la intimidad erótica se amplió a estudiantes con profesores o con los alfabetizados. Fue también el comienzo de un recurso extremo que se extiende hasta nuestros días y le ha costado la cárcel al Dr. Oscar Elías Biscet por condenarlo: abortos practicados a la ligera sin distinción de circunstancia.

Para remediar el olvido involuntario, pues los rebeldes se ocupaban de otras emergencias patrióticas, primero tuvo que venir, a finales de los años setenta, cierta alemana enamorada de un capitán de barco cubano para ir persuadiendo al gobierno de guerrilleros impenitentes que la educación sexual era necesaria en la nueva sociedad.

La traductora Monika Krause fue designada «a dedo» por la presidenta de la llamada Federación de Mujeres Cubanas (FMC), como la máxima sexóloga del país. No obstante provenir de un lugar como la República Democrática Alemana, donde se impartían cursos de tormento y represión, era ciertamente una nación más adelantada en la divulgación de estudios y bibliografía sobre el comportamiento sexual humano. Al menos disfrutaban el consenso de que la homosexualidad no era una enfermedad en lo que el empecinado castrismo ya los había internado en campos de trabajo forzado para que purgaran sus desafueros.

Krause antecede a Mariela Castro en estos menesteres y su nómina de intereses resultó mucho más democrática porque debió lidiar con la barbarie de un país machista y revolucionario donde la sexualidad femenina era poco menos que tabú y el homosexualismo una tragedia, no obstante la manifiesta sensualidad de los cubanos.

En muchos sentidos estuvo más cerca de la población que la elusiva Castro, quien hace guiños constante a la prensa extranjera, se asegura una posición en un futuro gobierno alternativo y no se baja de los aviones divulgando por el mundo todo lo bueno que hace en pro del universo gay cubano.

Krause aventuró comparecencias por radio sobre el tema, algo no habitual en los medios de la isla, y hasta un espacio en televisión donde resultaron memorables aquellos capítulos que dedicara al arte de poner correctamente el condón con una serie de primitivos artilugios ayudada por el Dr. Celestino Álvarez Lajonchere.

Luego de aquel hecho recibió el apelativo burlón de la Reina del Condón, algo que, según ha confesado en un documental sobre su vida en Cuba, no le preocupó mucho para continuar su cruzada.

La estrategia del gobierno de nombrar a una extranjera para estos asuntos daba la oportunidad de considerar cualquier comportamiento excesivo como un exotismo, además de poder jubilarla en el momento más oportuno y así sucedió.

Krause se quedó sola con sus dos hijos varones, uno de ellos homosexual, cuando fue abandonada por el capitán de barco. Comenzó a ser criticada por funcionarios intransigentes del Partido Comunista y Vilma Espín, la presidenta de la FMC, le fue retirando su beneplácito. Al final, no tuvo otro remedio que regresar a Alemania donde todavía recuerda, con triste nostalgia, todo lo bueno que hizo por Cuba en materia de educación sexual.

Su sucesora ejercita otras estratagemas y se le notan las ambiciones. Usa a los homosexuales de comodín, lo cual funciona muy bien en los medios de prensa internacionales. Alienta las operaciones de cambio de sexo en un sistema de salud devastado por la inoperancia del régimen, es capaz de descender de su clase social para arrollar en una conga gay, además de patrocinar comedidos espectáculos de travestis.

Toda una puesta en escena fríamente calculada porque cuando la confrontan políticamente pierde su aparente dulzura y comprensión, se pone la «chancleta» castrista y defiende la dictadura de su parentela con uñas y dientes.

Mariela Castro vive ajena a la promiscuidad sexual que provoca el hacinamiento habitacional, el aumento de enfermedades que causa la prostitución y todo el entramado de corrupción que convoca. Apenas influye para que la policía no hostigue a los homosexuales quienes no solo necesitan cambios físicos para sentirse más acordes con sus preferencias sino medios de convivencia más humanos sin condicionamientos políticos. La carta que ahora mismo planea escribir a su padre para que el Partido sea tolerante con sus miembros homosexuales debiera hacerla extensiva al resto de sus atormentados congéneres.

MEDIO SIGLO DE CINEMATECA

La Cinemateca de Cuba actual cumple cincuenta años. En la isla el aniversario vuelve a borrar toda posibilidad de considerar los antecedentes de la institución como el ingente esfuerzo de dos jóvenes cinéfilos, Ricardo Vigón y Germán Puig, quienes fundaron la primera en 1951 en La Habana con la ayuda del director de la Cinemateca Francesa Henry Langlois.

Peligrosos y tempranos oponentes, el profesor universitario José Manuel Valdés Rodríguez y Alfredo Guevara, a la sazón miembro del grupo Nuestro Tiempo, ambos de reconocida filiación izquierdista, además del hecho de no acatar los postulados de la revolución de 1959, hicieron que los precursores fueran excomulgados para siempre de la historia oficial.

Cuando Guevara asumió los destinos del Instituto Cubano del Arte e Industrias Cinematográficas (ICAIC) en 1959, fundó y entregó un año después la otra Cinemateca a Héctor García Mesa, hombre de su entera confianza y miembro también de Nuestro Tiempo, quien perdiera la razón poco antes de morir y fuera, de alguna manera, olvidado en su ordalía hasta algún homenaje precedente y el que actualmente se organiza.

Quienes trabajaron a su lado durante los treinta años que estuvo al frente de la institución hablan de que sufrió las incomprensiones del poder, no se aclara, sin embargo, si de Guevara o el dirigente ideológico del Partido Comunista de turno.

Sin duda, fue difícil para el director de una Cinemateca que se respete atenerse a una larga nómina de filmes y temas absolutamente prohibidos por el gobierno, entre los cuales vale la pena subrayar toda la producción de cine cubano producido antes de 1959 que se conservaba en las bóvedas de la entidad.

Resulta ilustrativo que en la más extraña de las circunstancias, ese mismo gobierno condecoró a García Mesa con la Medalla de Combatiente Internacionalista (sin disparar un tiro), según afirma una de sus más cercanas colaboradoras, la historiadora María Eulalia Douglas no se sabe si por crueldad o por querer escarbar algún mérito político en la magra hoja biográfica revolucionaria de quien fuera su jefe.

La Cinemateca de Cuba también debió censurar no solamente los filmes de Ninón Sevilla o Blanquita Amaro, sino todos aquellos dirigidos por cineastas nacionales que fueron tomando, paulatinamente, el camino del exilio como: Eduardo Manet, Roberto Fandiño, Alberto Roldan, Fausto Canel, Nicolás Guillén Landrián y Fernando Villaverde, entre otros.

Aunque casi todos estos realizadores han sido rescatados para la cultura nacional en años recientes durante voluntariosos ciclos conmemorativos, lo cierto es que la Cinemateca de Cuba, por ejemplo, tiene pendiente hacer justicia a directores como: León Ichaso, Jorge Ulla, Néstor Almendros, Orlando Jiménez Leal o Camilo Vila, quienes han desarrollado una filmografía loable en el destierro.

Hace algunos años, mi buen amigo Ivo Sarría, empleado de la Cinemateca fallecido a temprana edad, pasó por Miami rumbo a una universidad del norte de los Estados Unidos para disertar sobre el pasado de La Habana. Al regresar nos vimos y me dejó una copia de *23, un Broadway Habanero*, documental turístico de 1958 sobre la emblemática avenida de El Vedado, como si me entregara un secreto de estado con mil recomendaciones y salvedades porque era uno de los materiales que la Cinemateca de Cuba tenía prohibido divulgar al presentar una ciudad vital y moderna poco antes de la debacle ocasionada por los barbudos de la Sierra Maestra.

Es cierto que la institución instaurada en el antiguo cine Atlantic, donde se cruzan las calles 12 y 23 de El Vedado fue, de alguna manera, un oasis cultural donde mi generación aprendió el ABC del cine clásico mundial y podíamos, por no se sabe que infrecuente patrón de tolerancia, opinar sobre temas espinosos en su espléndido lobby antes y después de cada función.

Pero fue también en aquel recinto que un funcionario del ICAIC tan torcido como Francisco León organizaba exclusivos cine clubs donde llegó a afirmar que en Cuba se ponían tantas películas de samuráis para mantener el espíritu combativo del pueblo y que los filmes de Antonioni debían ser analizados como productos de la decadencia burguesa, nunca como obras de arte.

Hoy que la institución participa de la inoperancia económica del sistema, sin apenas aire acondicionado y otros recursos de conservación necesarios, pidiendo ayuda internacional para no perder definitivamente sus valiosos fondos, dirigida por un cineasta anodino, vale la pena recordar que durante los reinados de Guevara, García Mesa y otros funcionarios genuflexos, la Cinemateca llegó a prohibir a Pasolini, Polanski, la película Persona de Ingmar Berman y El resplandor de Kubrick, las filmografías de Samuel Fuller y aquellas que tenían a Tarzán como protagonista, entre otras obras que el gobierno consideraba nocivas para su ideología castrista, además de ser y seguir siendo una tribuna de reafirmación revolucionaria cuando así se ha requerido en su medio siglo de existencia.

LA OLA

En el documental *Cuba la bella*, de Ricardo Vega hay una secuencia donde el por entonces prospecto de dictador Fidel Castro, recién arribado al poder, arenga a las masas para crear los Comités de Defensa Revolucionaria, encargados de iniciar la vigilancia y la represión a nivel de cuadra en cada barrio. El pueblo reunido frente al Palacio Presidencial responde con enardecida aprobación. Poco antes había convencido a la misma masa, ensimismada, que el paredón de fusilamiento era necesario y legítimo.

El año pasado, representantes de la crítica cinematográfica cubana eligieron entre las mejores películas estrenadas en el país, la alemana *La Ola*, del director Dennis Gansel, lo cual no tendría mayor significación si no fuera porque se trata de una historia donde un profesor de bachillerato, impelido a dar un curso sobre autocracia, termina por crear un régimen dictatorial artificial en los predios de su clase que luego tendrá consecuencias funestas para el resto de la comunidad donde funciona la escuela.

Los tiempos en que los críticos cinematográficos temían votar por filmes que disgustaran a la nomenclatura gubernamental parecen haber quedado atrás. El año pasado también prefirieron distinguir *El premio flaco*, de Juan Carlos Cremata antes que otros filmes más complacientes alentados por el Instituto de Arte e Industrias Cinematográficas (ICAIC).

Con el esperado estreno de *La Ola* en el sur de la Florida en el Teatro Tower del Miami Dade College, tendremos la oportunidad de compartir con nuestros compatriotas, en la distancia, una lección preclara de los errores que no debemos volver a cometer los cubanos para exorcizar por siempre la maldición de las dictaduras en la mayor de Las Antillas.

Resulta inquietante cómo el profesor de *La Ola* va condicionando el pensamiento de sus alumnos —ciudadanos de una democracia desarrollada que les aburre hacia el oprobioso pasado nazi de su historia, la idea de volver a tener un líder carismático, uniformes, saludo militar y el sentido de atrincheramiento que conllevan las sociedades totalitarias.

Los estudiantes asumen el experimento como un juego pedagógico porque están seguros que una dictadura ya no podría ocurrir en Alemania, sin embargo van sucediendo hechos que les anulan sus convicciones y muchas de sus propias necesidades sociales y personales no satisfechas pareciera que pueden solucionarse mediante comportamientos populistas y paternalistas invocados por el profesor tiránico.

Del mismo modo que pocos imaginaron el derrumbe del sistema comunista como un castillo de naipes en Europa, el avance del llamado socialismo del Siglo XXI en países claves de América Latina es otra de las sorpresas que ha deparado la historia contemporánea y pudiera arrojar fatales consecuencias para la estabilidad futura del hemisferio.

Ver en Miami *La Ola* como un ejercicio conceptual y estético sobre las probabilidades del regreso de un gobierno totalitario a una democracia sólidamente establecida, de hecho el filme se basa en un incidente real ocurrido nada más y nada menos que en una escuela de Palo Alto, California en 1981, no es lo mismo que disfrutarla en Cuba donde un régimen similar sobrevive su primer medio siglo y amenaza con no cejar en su enfermiza continuidad.

En un país libre, la lección del filme deviene sana advertencia de cuánto se deben defender las conquistas sociales y políticas del contagio de una imposición contra natura, mientras que en Cuba se asiste al desmontaje de los componentes del totalitarismo, explicado de modo atractivo y entretenido con buenos actores, mientras se especula un margen reflexivo para liquidarlo por siempre.

Que los críticos cubanos hayan subrayado la importancia de *La Ola* es un pequeño pero nada despreciable gesto de reproche e independencia en un grupo social distante de las tribulaciones populares.

SIN PIEDAD

Corría el año 1990 cuando fungí como jurado de un festival de jóvenes cineastas en La Habana junto al reconocido director de cine Fernando Pérez. Entre las numerosas obras que debimos repasar, una descollaba sobre las demás por su originalidad, humor y sarcasmo. El título era también como para premiar: *Oscuros rinocerontes enjaulados, muy a la moda*. Sin apenas discutir, decidimos que aquel cortometraje tan irreverente, suerte de homenaje a los años sesenta cuando se engendró el caos de la revolución, sería la obra distinguida.

Algunas horas después de conceder el galardón se formó el corre, corre, porque el funcionario que se ocupada del Departamento Ideológico del Partido Comunista, a la sazón el poderoso Carlos Aldana, quien además era enemigo acérrimo de Alfredo Guevara, presidente del Instituto Cubano del Arte e Industria cinematográficos (ICAIC), preguntaba por los pasillos del palacio de gobierno, según testigos: «¿A quién coñ... se le ocurrió premiar esa película?».

Juan Carlos Cremata había tenido un bautismo de fuego algo peliagudo pero la sangre no llegó al río. Ciertamente no era para tanto y Aldana se calmó los nervios. En definitiva se trataba del cortometraje de un cineasta principiante que tal vez terminaría por doblegarse como otros de su generación.

Pero no fue así, desde el interior del sistema, haciendo uso de nuevas tecnologías para abaratar y acelerar las producciones, Cremata siguió haciendo cine como lo idearon aquellos famosos realizadores del otrora socialismo europeo, con dobles y triples lecturas a lo cual habría que agregar el choteo cubano y la vocación surrealista del discurso político y social de la isla.

Numerosos obstáculos que se le han interpuesto, como a otros directores en similares circunstancias, no lo han hecho desistir de seguir haciendo cine en Cuba y de continuar ayudando a muchas figuras que ya descuellan entre las novísimas generaciones. Su nombre aparece en no pocos créditos de agradecimiento.

Recientemente acaba de finalizar, casi al mismo tiempo, dos largometrajes basados en obras de teatro, una imaginativa versión cinematográfica de *El Premio Flaco*, de Héctor Quintero, sobre avatares de los pobres antes de 1959 que termina, no obstante, con la icónica efigie de Consuelito Vidal y su «Hay que tener fe que todo llega», y la perturbadora *Chamaco*, del joven dramaturgo Abel González Melo.

Chamaco tuvo una suerte de pre—estreno, «ensayo general con público» lo llamó Cremata, durante la Novena Muestra de Jóvenes Realizadores, en La Habana, hace apenas unos días. Aunque se presentó a primeras horas de la tarde, el cine Chaplin estuvo sumamente concurrido y según noticias llegadas electrónicamente, al finalizar la proyección los vítores y aplausos fueron atronadores. Todo hace indicar que la Muestra en su programación contó con valiosas obras de los noveles. Las noticias en la prensa cubana no fueron muchas, sin embargo, y según un reconocido crítico de cine de la isla: «…ciertos círculos de poder hicieron lo indecible por alterar el feliz desenvolvimiento del evento, torpedeándolo de principio a fin o invisibilizando su celebración con una pobre cobertura».

En una nueva operación al uso donde a todas luces se intenta no añadir más artistas desafectos, el crítico oficial del diario *Granma* dedicó elogios al filme *Chamaco*, subrayando su universalidad, pues el tema de la prostitución masculina no es consustancial a los predios de la isla, así como su carácter de tragedia griega.

Para el crítico, los tremebundos personajes de la noche habanera que presenta *Chamaco*, extraviados y practicantes de la doble moral, son aplastados por las carencias materiales y las dificultades económicas. Ni un mínimo apunte sobre el sistema que los empuja hacia distintas maneras extremas de la supervivencia y la desesperanza, por su incapacidad para producir bienestar social.

Ni una letra sobre el hecho cierto de que los cuatro actores jóvenes del filme ya viven fuera de Cuba, como tantos otros que han partido y hacen decir a los oficialistas Silvio Rodríguez y Graziella Pogolotti, que el éxodo de las nuevas generaciones es un hecho grave en la sociedad cubana actual que merece ser analizado.

Chamaco es un filme sin piedad, de seres desprotegidos y abandonados a su suerte por un gobierno que no tiene mucho tiempo para esas nimiedades, obstinado en mantenerse en el poder.

El próximo martes 9 de marzo a las 9:30 p.m, el público de Miami tendrá el raro privilegio de asistir al estreno mundial de *Chamaco* en el teatro Gusman del *downtown* como parte del Festival Internacional de Cine de Miami. Tal vez sea una experiencia perturbadora pero es así como el arte ha decidido interpretar esta época sombría para la posteridad.

WILLY, EL COMEDIANTE

Willy, es un famoso actor español, ferviente militante de los procesos antiimperialistas. Hoy ha decidido invitar a un grupo de amigos a cenar en su casa, quienes están preocupados por el maltrato mediático que ha recibido luego de repetir lo que supo en el diario *Granma* digital, su lectura regular a la hora del desayuno: que el hombre que murió por una huelga de hambre en una prisión cubana era un delincuente común y no un opositor, como insiste en afirmar la conspirativa derecha internacional.

Ya Javier, otro actor solidario, vivió la angustia de interpretar al escritor Reynaldo Arenas en una película, donde por poco se gana el Oscar. Luego fue una ordalía para convencer a las críticas huestes de izquierda que se trataba solamente de un personaje en el cual no creía. Otro forajido encaprichado en publicar sus libros fuera de Cuba que tuvo el mal gusto de suicidarse y echarle las culpas a Fidel Castro.

A Willy le gusta reunirse, comer y tomar vino. De hecho, tiene que tratar de mantener la línea aguantándose la boca porque las cámaras lo hacen aumentar de peso y él se debe a su público y a la actuación.

Es capaz de cualquier sacrificio para hacer llegar su mensaje, sobre todo haciendo uso de la fama, pero le resultaría muy difícil declararse en huelga de hambre para llamar la atención de la prensa. No concibe que pueda estar ni un día sin disfrutar de los placeres de la buena mesa.

Recuerda con pavor, cuando le practicaron una colonoscopia en ayuno y por poco se desmaya por la inanición eventual.

Desde pequeño siempre tuvo buen apetito y no guarda memoria de que en su casa haya faltado la comida, incluso durante la cruel dictadura de Francisco Franco que, afortunadamente, terminó cuando él era un niño de cinco años.

A Willy le gustaría escribir como Eduardo Galeano que le echa la culpa de todo lo malo al colonialismo y al imperialismo con muchas anécdotas pintorescas e históricas de indios y campesinos, pero la literatura no se le da fácil.

No obstante, le envió una larga carta a La Jiribilla, publicación cultural cubana en el Internet, para dejar bien clara su situación de ser acosado por los grandes intereses de la manipuladora prensa de derecha.

Los editores trataron de retocarla para que fuera comprendida por todos, sin embargo, no pudieron evitar el exabrupto siguiente, donde Willy destila su filosofía militante: «...mienten abiertamente sobre todo lo que tenga que ver con Cuba y su derecho irrenunciable a la determinación frente a la apisonadora del sistema financiero demócrata—fundamentalista del capital».

Ya Willy está impaciente porque sus invitados no acaban de llegar. Tiene hambre ciertamente y le preocupa que representantes de su defendida Cuba acaban de arrastrar por las calles a unas señoras mayores, mercenarias dice *Granma*, esposas de delincuentes que también se hacen llamar presos políticos.

Además, hay otro negro en huelga de hambre e incluso uno en su patria, España. Espera que durante la cena, Miguel el cantante, quien ya estuvo en Cuba durante aquel famoso concierto, le pueda aconsejar cómo lidiar con asuntos tan complejos entre bocado y bocado.

ITALIA

En un momento del filme de Eduardo del Llano *Pas d'quatre* el protagonista dice que viajar es uno de los derechos humanos más importantes para luego concluir con esta otra frase no menos inquietante en un contexto represivo: «No hay concepto más libertario y subversivo que el de un cubano turista».

Ciertamente no hay turistas cubanos. El presidente del parlamento de la isla dijo alguna vez, que allí no se viajaba tanto porque entonces los cielos estarían congestionados, mientras otro presidente, el de la Unión de Escritores y Artistas, no se explicaba la indiferencia de sus compatriotas por viajar porque él lo hacía mucho a costa de invitaciones y del erario público.

En una reciente gira a numerosas ciudades de Italia, totalmente atiborradas de nosotros los turistas que parecíamos los nuevos visigodos, empeñados en desarticular, sanamente. el imperio romano, conocí a una anciana mexicana de Puebla llamada Josefina que cobró fama cuando se nos perdió, eventualmente, durante la visita dirigida a la fastuosidad vergonzante del Vaticano.

Josefina todavía usa cámaras de rollos que va depositando en un sobre de nylon a medida que completa sus fotos. Es viuda y toda la vida sostuvo a su familia lavando ropa. Tiene hijas en Canadá que visita de vez en cuando y cual «vieja dama indigna» le dio por conocer sitios históricos de Italia, con sus ahorros, durante los nueve días que duró el intenso recorrido.

En nuestro ómnibus otros turistas eran de Venezuela que dedicaban sus plegarias a la desaparición de Chávez, para poder seguir andando por el mundo; argentinos, dominicanos, peruanos y un enjambre de brasileños que a veces demoraban las visitas programadas no para ver más catedrales y monumentos, sino para comprar compulsivamente en famosas cadenas de tiendas que, al parecer, no ostentan todavía en su país.

Mientras disfrutábamos la libertad de ser turistas internacionales en espléndidas ciudades donde se originó la civilización occidental, los miembros de esta pequeña Babel motorizada se dedicaban, como norma, a la crítica feroz de la inoperancia y corrupción de sus respectivos gobiernos en Latinoamérica. Por su parte, las guías italianas la emprendían contra Berlusconi y su apego a las madonas en flor.

En las ruinas de Pompeya, la guía nos llamó la atención sobre pinturas que eran restos de propaganda electoral. Nos dijo que quienes aspiraban a los cargos públicos usaban su dinero para esos menesteres y si luego fracasaban con lo prometido eran puestos tras las rejas.

En la calle alguien detectó el acento de mi familia y nos preguntó si éramos de Cuba. Le dije que sí pero de Miami a lo cual respondió con entusiasmo ¡Ah, la parte buena de los cubanos! Igualmente debí explicarles a otros interlocutores por qué mis compatriotas de la isla no podían viajar libremente desde hace medio siglo. Muchos se desayunaban con la noticia que consideraban muy injusta.

Poco antes de abordar el barco que nos llevaría a Venecia, en una suerte de mercado repleto de souvenirs, tuve la satisfacción de ver, por primera vez, la oblicua efigie de Ernesto Che Guevara impresa donde siempre debió estar: en la parte trasera de un calzoncillo.

Ni decir que la mayor cantidad de turistas desandando las ciudades eran de otras regiones de Italia. De todas las edades y procedencias.

Claro que me enjugué alguna que otra lágrima furtiva ante el escenario y los protagonistas de mis estudios universitarios y agradecí, en silencio, a mi profesora de la Escuela de Letras de la Universidad de La Habana, Rosario Novoa, encaramada en la mesa del aula, a una edad provecta, por habernos inculcado el amor a todo el esplendor del Renacimiento.

Y me acordé de mis compañeros de clase todavía atrapados en los confines agobiantes de la dictadura, cuando estuve frente a la mítica fuente de Trevi donde Marcelo trató de hacerle el amor a Anita Ekberg.

Las experiencias para los cubanos suelen ser extremas. Las comparaciones y el pasado nos embrujan irremediablemente. Pero las sombras se disipan cuando veo a mi hijo adolescente de 13 años, el mismo que tuvo la discreción de no hablar más inglés durante la gira para entenderse con su buen español, en la foto que lo eterniza con su encantadora sonrisa frente a la casa de Dante Alighieri como para recordarme que el futuro promisorio de Cuba ya se escribe en total libertad.

SILVIO, EL CAUTIVO

El cantante poeta llenó de esperanza a toda una generación. Se apareció en un show de variedades de la televisión cubana con espejuelitos a lo John Lennon, desgarbado, unas greñas ralas por donde asomaban sus orejas y botas cañeras. Era una presencia insólita en un programa de lentejuelas y glamour cabaretero. Parecía que no sobreviviría el susto de estar ante una cámara.

En esa época, años sesenta, la informalidad estaba de moda, era un canon impuesto por la llamada contracultura norteamericana. Luego le dieron hasta su propio espacio en la pequeña pantalla, tanta había sido la aceptación. Quizás, desde entonces, la policía política, siempre hacendosa, pensó que podía moldearlo a sus intereses.

Su generación no había encontrado un lugar estable en las jerarquías revolucionarias cubanas, lo cual era muy necesario para abrirse paso, sobre todo en el campo de la cultura artística. Algunos de sus amigos cercanos como el Chino Heras y el Rojo Nogueras fueron duramente castigados en sitios laborales hostiles.

Mientras labró su carrera, no libre de obstáculos políticos, tuvo la sagacidad de hacerse el lobo solitario porque supo, desde temprano, que los grupos en aquella sociedad no eran bien mirados.

Tal vez pensó que su humilde origen campesino y la temporada infernal que pasó en el llamado Servicio Militar Obligatorio, habían sido el bautismo de fuego que el proceso revolucionario le exigiría para progresar. Pero no fue así.

Un atorrante de apellido Serguera se hizo con los destinos de la televisión de donde el cantante fue vetado de manera ominosa. Su programa Mientras Tanto se acabó e incluso su presencia durante una transmisión del Festival de Varadero fue duramente cuestionada. A Serguera lo dejaron hacer. Nadie, durante un tiempo, defendió al desprotegido músico. El miedo era una buena manera de hacerlo entrar por el aro.

Al final, dos castristas ortodoxos con disfraz de liberales, la Santamaría, de linaje moncadista, y Guevara, el del cine no el guerrillero, terminaron por salvaguardarlo de la tormenta que se avecinaba. El trovador tenía madera de redención, no había que aplastarlo como hicieron con otros creadores tozudos empeñados en cultivar la libertad y la rebeldía. La vida les dio la razón.

Todavía en el año 1970 el cantante se fue para una aventura hippie convocada por la Unión de Jóvenes Comunistas en el Campamento Venceremos del central azucarero Habana Libre. Antes de que aquella utopía florida fuera abruptamente interrumpida con cierta violencia, el famoso trovador ya había escapado como si alguien lo hubiera mantenido al tanto de los acontecimientos por venir.

En el año ochenta repudió públicamente a un colega que le dio por irse del país como una escoria cualquiera. Y a otro, un tal Pérez, lo llevó contra la pared por asociarse con apátridas.

De un largo recorrido que hiciera en el barco de pesca Playa Girón regresó totalmente eximido. Con el éxito que estaban teniendo sus canciones en otros países y al constatar lo bien que vivían trovadores de su misma filiación en España y América Latina, el cantante poeta decidió que ya no sufriría más calamidades y se mantuvo distante del pueblo que un día lo aclamó.

Al renunciar a su supuesta rebeldía, se hizo de toda la libertad que necesitaba en medio de una tiranía agobiante. Nunca más debió abordar un ómnibus. No supo que eran las libretas de racionamiento. Sus hijos siguieron tomando leche después de los siete años. Viajó todo lo que quiso para poder respirar. Se hizo de una buena casa y hasta de un estudio de grabaciones mientras a su amigo Pablo le prohibían una Fundación. Todas las represiones a intelectuales y artistas amigos o conocidos le resbalaron por el lomo de la guitarra.

A todas estas debió esperar bien entrado los años ochenta para recibir la bendición personal del dictador que lo había ignorado ex profeso. El encuentro se produjo en Casa de las Américas en medio de tremendo corre, corre. Castro se sentó a conversar con él y Pablo. Realmente ellos enmudecieron y el comandante monologó como siempre.

No lo hicieron partícipe de las tertulias en casa de Antonio Nuñez Jiménez con Gabriel García Márquez, como le hubiera gustado.

Ha hecho lo indecible por ganarse la confianza del poder, hasta se alistó en el parlamento, que aún hoy lo vigila y acosa porque nunca se sabe con los artistas. Basta saber que tiene un hijo rapero al borde de la disidencia

Cierta vez, para defender la revolución, hasta se dejó entrevistar por un impertinente periodista gay peruano que lo hizo lucir muy mal en televisión y ahora acaba de interrumpir una polémica pública con otro enemigo que hubiera puesto en peligro su buena vida y el concierto que tiene programado para el prestigioso Carnegie Hall el próximo mes de junio.

CUBANO UNIVERSAL

En un programa de televisión de la oficialista Unión de Escritores y Artistas de Cuba (UNEAC) se trata de demostrar que la cultura cubana es una sola y no puede ser dividida por «los de aquí» y «los de allá».

El espacio llamado El Hurón Azul utiliza una voz en *off* leyendo un texto insufriblemente largo para el medio y aguijoneado de adjetivos laudatorios donde se trata de explicar cómo muchos de los grandes artistas cubanos de todos los tiempos y géneros han explorado la universalidad.

La cacofónica palabrería es ilustrada con imágenes de clásicos viajeros cubanos como Alejo Carpentier y Wifredo Lam, entre los más reconocidos, siempre a buena distancia física entre la revolución que encomiaban con ahínco y sus vidas placenteras en Europa.

En un arranque de tacañería suprema, sin embargo, Lam terminó sus días en Cuba para curarse una dolencia que lo llevó a la tumba no sin antes participar en silla de ruedas en una marcha del pueblo combatiente empujado por Carmen María, la funcionaria del Ministerio de Cultura y segurosa aficionada que lo hacía dibujar sobre cartulina para hacerse de la colección postrera del gran pintor.

Carpentier se mantuvo firme en su trinchera revolucionaria de París hasta su muerte, con breves y contadas incursiones a la isla distante donde le pergeñaron una fundación y un Centro Cultural entre los palacios de la Habana Vieja rescatados por Eusebio Leal. La fundación fue dirigida por la viuda del novelista con la ayuda de unos cuantos amanuenses gubernamentales, hasta que falleció hace dos años no sin antes afirmar que Fidel Castro era «el más grande cubano de nuestra época».

El reportaje incluye las entrevistas, entre otros, de actores tan reconocidos como Jorge Perugorría y Vladimir Cruz quienes hablan de lo duro que es alejarse de la patria, pero que en definitiva el resultado de salir con la posibilidad privilegiada de volver, como es el caso de ellos, era positivo para la cultura cubana que se nutría de estas excursiones esporádicas al exterior. Perugorría llega a decir que tanto los de afuera como los de adentro tenían el mismo derecho, sin reparar en el hecho de que el gobierno parece no coincidir con ese precepto.

Últimamente Miami, la intolerante, se ha vuelto el traspatio de cuanta orquesta o intérprete, reconocido en la isla, quiere probar fuerza en esta orilla, otrora inalcanzable. Una misma jornada convoca a Lucrecia y Carlos Varela, en las antípodas, dilucidando nostalgias de épocas pasadas, mientras cierta orquesta de timba y un grupo de reggaeton marcan el compás de los bailadores que descendieron de la balsa o del avión que los trajo por el llamado «bombo».

La Habana de la UNEAC, sin embargo, no entiende de reciprocidad y sus escenarios no se abren para Chirino, Estefan, Albita, Verena, Amaury (Gutiérrez, por supuesto) y Porcel, entre otros, por el fatigante lugar común de que son militantes de la llamada mafia anticastrista.

Cabría preguntarse por qué el castigo se extiende a intérpretes que hasta ayer hicieron las delicias de su público natural como: Malena y Lena Burke, de estirpe fundacional, Mirta Medina, Gema Corredera, Annia Linares, Maggie Carlés, Meme Solís, Xiomara Laugart, Marcelino Valdés, Carlos Manuel, Manolín, que incluso opta por los llamados puentes, e Isaac Delgado, quien acaba de declarar, a propósito de su nuevo CD L—O—V—E, que desde hace cuatro años no lo programan en Cuba.

Al final del reportaje televisivo oficial, la locutora afirma que: «Cuba es de todos los cubanos que desde dentro y fuera de sus fronteras geográficas defiendan una obra artística universal porque como dijo Eusebio Leal el mundo debe sentir que se cumplen aquellas bellas palabras de Martí cuando dijo 'qué misterio dulcísimo tiene esa palabra, cubano'».

LOS SOBREVIVIENTES

En un precursor documental de Alberto Roldán *Una vez en el puerto*, del año 1963, ya una familia cubana se queja del mal estado de su casa donde del techo asoman amenazantes vigas oxidadas a punto de desprenderse. En otro testimonio esencial, el filme *Havana* de Jana Bokova, que data de 1990, el vecino que vive en un segundo piso de cierto solar habanero amanece en la primera planta luego de un derrumbe.

En un audiovisual más cercano, *Hogar dulce hogar*, de los directores Hansel Leyva y Christian E. Torres, realizado en el 2009, sobre el estado precario en que se encuentra la arquitectura de Guanaboca, una de las ciudades históricas más ilustres de Cuba, la persona que trata de colar café en su cocina siente que el piso sede y aparece magullado en la primera planta de la otrora distinguida Casa de las Cadenas.

Ajena a la arrogancia y distancia de los intelectuales cubanos oficiales, quienes tratan, denodadamente, de convencer a no se sabe quién que Cuba está sometida a una feroz campaña mediática con capitales en los Estados Unidos y España y que cuando ceda la presión foránea todo va a regresar a los mejores años del patrocinio socialista internacional, se encuentra la mayoritaria población cubana que trata de evitar, a toda costa, que el techo le caiga encima.

Muchos de esos sobrevivientes es ahora que se enteran del desafío semanal de las Damas de Blanco y de la entereza de Guillermo Fariñas y su legendaria huelga de hambre porque la prensa oficial y otra que se filtra los ha mencionado a propósito de unas conversaciones con representantes de la iglesia católica que no van a variar la naturaleza incómoda y represiva del régimen.

Han estado muy ocupados en vencer el día a día y sus agudas carencias que nunca llegan a la hambruna africana, por supuesto, pero que incapacitan para considerar la libertad como un concepto respetable y posible.

Ya olvidaron las promesas incumplidas del primer Castro y pierden las esperanzas con las tenues alternativas de cambios del segundo. No los dejan intervenir en impostergables transformaciones económicas o sociales y luego son acusados, públicamente, de ser constructores o agricultores incompetentes, esperando las cada vez más limitadas dádivas de papa—estado.

Las remesas de los que se fueron y las redes del mercado sumergido suplen necesidades perentorias, como el aceite o el jabón y hasta algún que otro gusto petulante, para la situación, como un ajuar de Dolce y Gabbana.

La ansiedad por consumir es como una olla de presión a punto de estallar luego de cincuenta años del catecismo social austero al cual nunca se atuvieron ni se atienen las clases dirigentes de primer nivel.

Hace rato que los jóvenes abjuraron del credo revolucionario donde no obtienen ningún beneficio ni espiritual ni material. La vida está en otra parte y tanto Silvio Rodríguez como Carlos Varela pertenecen al período Jurásico de la simulación, el primero para ser denostado por el exilio consecuente y el segundo para ser admirado por los emigrantes.

Puestos a escoger entre el impresentable Machado Ventura, representante de la más rancia militancia partidista, y Alexander, líder del grupo de reguetón Gente de Zona, la opción más que nunca sigue estando en la acera del vacilón porque los jóvenes ya han perdido bastante tiempo con tanto inmovilismo, entre los mayores, y guardan la no tan secreta esperanza de que algún día serán dueños de su destino.

Los sobrevivientes hacen su murumaca de subsistencia cotidiana mientras la fijeza insufrible de un sistema comienza a dar señales de un giro dramático en esta tragicomedia costumbrista sin fin.

MEDIO AMBIENTE

La prensa cubana tan dada a buscar la paja en el ojo ajeno ha venido abordando el derrame de petróleo en el Golfo con particular objetividad. Cada día le ofrecen al lector cubano los pasos que se están dando para cancelar el potencial desastre ecológico.

Cualquier incauto pensaría que la preocupación es legítima. Entre las razones reales de esta excepcionalidad pudiera estar el hecho de que se han establecido conversaciones entre los gobiernos de Estados Unidos y Cuba sobre respuestas emergentes para futuras eventualidades similares y este tipo de acercamientos resultan esperanzadores para la supervivencia del castrismo.

También pudiera ser que en el campo de la protección ecológica el techo de la isla suele ser de vidrio y es mejor no ventilar el tema de manera mediática, al menos por ahora.

Hay un documental que circula bajo el nombre de *Amoníaco puro*, donde se ven peces flotando en un río Almendares que dista mucho de ser aquel que la poeta Dulce María Loynaz dedicara algunos de sus hermosos versos. En el video se informa que maltrechas fábricas habaneras descargan sus desechos químicos en su acompasada corriente, destruyendo todo lo que encuentran a su paso.

Ni hablar de los disparatados experimentos biotecnológicas que han producido un pez agresivo y repugnante como la claria, para incrementar el alimento a población, capaz de sobrevivir días fuera del agua como un anfibio donde calma su insaciable apetito diezmando la fauna auténtica de ríos, represas y tierra firme.

Mientras el petróleo del Golfo amenaza a las costas norteamericanas y varias industrias que dependen de las bondades del mar se preparan para lo peor, haciendo ingentes esfuerzos que aminoren los daños, en el litoral habanero, la descarga de las aguas albañales de la ciudad, a poca distancia del histórico Morro, así como otros contaminantes insensiblemente vertidos por buques extranjeros y nacionales atracados en la bahía, han aniquilado las más elementales señales de flora y fauna submarinas en los arrecifes de la costa.

Hubo un momento que se pensó recuperar para el disfrute público las pocetas del Malecón que habían servido de baños públicos desde el siglo XVIII pero al comprobar la enorme contaminación de las aguas, el proyecto se malogró aunque buena parte de la población citadina sigue chapoteando en el lugar a falta de transporte para llegar a las playas del este.

Aprendí a nadar en la costa que baña la ciudad de la Habana del Este, durante los años sesenta, hoy conocida como Camilo Cienfuegos, uno de los últimos proyectos urbanísticos del gobierno de Batista, de envidiable funcionalidad y esmerada jardinería hasta en los techos de algunos edificios.

Fui testigo no ya de su destrucción material sino ecológica hasta finales de los años noventa cuando el último miembro de mi familia logró escapar de aquella debacle.

El daño que un pozo petrolero accidentado pudiera ocasionar en territorio norteamericano y zonas adyacentes, es un proceso que la dictadura de los Castros ha provocado con saña e indiferencia, en su propio traspatio durante décadas de indolencia.

Hubo días de esparcimiento en la costa cuando debíamos salir rápidamente del agua ante la llegada de la llamada «mojonera», excrementos de la ciudad, cual monstruo de la laguna negra. En otros, nuestras magras trusas terminaban manchadas de petróleo o alquitrán cuando arribaba la marea negra.

Fuimos testigos de la desaparición de erizos, ciguas, pulpos, algas, cangrejos y coloridos peces tropicales, entre otros pobladores acuáticos. No pocas veces debimos huir presurosos con la cabeza gacha porque el ejército tenía a la orilla del mar un campo de tiro y las balas silbaban antes de entrar al agua.

Este hostil acoso a la naturaleza es consecuente con un sistema que parece haber bombardeado la capital de los cubanos que no ha sufrido una guerra real a no ser aquella del régimen contra su propio pueblo, abundante en disparates medioambientales.

En estos momentos, cuando la contaminación accidental amenaza es bueno recordar que hay otra más sistemática y duradera a noventa millas, sin domos, ni inyección de lodo o concreto que la contenga, ni medios de prensa que la reporte.

IMPRESENTABLES

Silvio Rodríguez se ha vuelto el vocero de Bruno Rodríguez, el Ministro de Relaciones Exteriores de una longeva dictadura. Tiene hasta la libertad de discrepar con la severidad del sistema en algunos asuntos aunque la prensa cubana no cubra estos deslices, solamente se ocupa del fervor que provoca su gira exitosa por territorio enemigo como si fueran despachos desde el frente de batalla.

En el concierto inicial de Puerto Rico estuvo su amigo Benicio del Toro, quien padece de doble personalidad porque no sabe deslindar entre ser el buen actor que es o el guerrillero Ernesto Che Guevara que interpretó en el filme de Steven Soderbergh

Durante su presentación en el Carnegie Hall, Silvio no pudo sustraerse a la tentación de celebrar con todos los presentes el cumpleaños de uno de los espías de la red Avispa, quien purga larga condena en una prisión federal de los Estados Unidos. La prensa española y mexicana acreditada consideró que fue el momento más emotivo de su concierto «despolitizado».

Otra pieza de museo de los Castros estuvo celebrando en Nueva York su 90 cumpleaños. La bailarina Alicia Alonso ha cumplido a cabalidad la misión de sus protectores: dirigir con mano de hierro su Ínsula Barataria: el Ballet Nacional de Cuba.

Afirmó no tener sustituta y aspira a durar 200 años. Generaciones de talento de la férrea escuela que todavía encabeza, ridiculizada recientemente por la prensa británica debido a sus anquilosados motivos estéticos, han escapado de su maleficio en busca de libertad.

En la entrevista que concediera a *The New York Times*, a propósito de la visita, se negó rotundamente a opinar sobre política y no dijo cómo quiere que la recuerden aunque si aspira a que no la olviden. Las futuras generaciones tendrán la responsabilidad de dilucidar tal dilema: ¿Invalidará su arte magistral tanta componenda con la tiranía?

Recientemente Alfredo Guevara hizo padecer a los estudiantes de periodismo en La Habana con una estrambótica y eterna conferencia donde reconoce que durante su juventud, él y José Antonio Echevarría, quien ya no puede desmentirlo, intentaron robar materiales fílmicos de los noticieros del director Manolo Alonso para montarlos de cierta manera y hacer una suerte de documental propagandístico de la revolución. Dice que el proyecto se frustró, en un principio, porque apareció en el bolsillo de un asaltante al cuartel Goicuría.

Luego asegura que finalmente lo realizó y convirtió materiales filmados a favor de la dictadura de Batista en un documental sobre el proceso revolucionario de Castro, todavía en ciernes. Afirma que el filme se mostró en otros países y que actualmente se encuentra perdido en los archivos del ICAIC. Habló en su conferencia de lo fácil de este proceso de conversión cinematográfica con una buena edición y algo de talento como lo ha conseguido ahora Oliver Stone en su elogiosa cinta sobre Chávez y, aprovecha la ocasión para aclarar que es un Chavista rabioso contra su voluntad porque admira la obra del estrafalario presidente venezolano pero no soporta su lenguaje.

En su desvarío, donde se confiesa ladronzuelo sin una pizca de vergüenza, Guevara, el «cineasta de vacaciones» como se califica ante los estudiantes, olvidó que hace unos pocos años el realizador cubano exiliado Ricardo Vega, residente en París, perpetró el magnífico documental *Cuba la bella*, donde sigue minuciosamente los dislates y la perversidad de Fidel Castro montando fragmentos de noticieros propagandísticos de su régimen.

El resultado es ya un material de consulta obligada para quienes estudien la psiquis del impresentable en jefe, el mismo que enfrió el hipotálamo del ganado vacuno para que produjera más leche, aquel que dio por exitosa la realización de la zafra de los diez millones de toneladas de azúcar y aseguró que podía ser un buen terrorista si la situación lo ameritaba.

JUGLAR DE LA DEVASTACIÓN

Una de las tantas revelaciones incluidas en la correspondencia del director de cine Tomás Guitérrez Alea, cuidadosamente editadas por su viuda, la actriz Mirtha Ibarra, es aquella donde monta en cólera porque el documentalista Santiago Álvarez, a la sazón director del Noticiero ICAIC (Instituto Cubano de Arte e Industria Cinematográficos), se atribuía la paternidad del documental *Muerte al invasor* (1961), sobre el desembarco de la Brigada 2506 en Bahía de Cochinos.

En varias cartas trata de razonar con el presidente histórico del cine cubano, Alfredo Guevara, sobre la usurpación de sus legítimos derechos pero recibe la callada por respuesta.

Álvarez y Guevara ya pertenecían a la nomenclatura cinematográfica del régimen y se especializaron en llevar a cabo las encomiendas del «cineasta en jefe», mientras Titón era poco menos que un artista incómodo con la burocracia, por entonces, chivo expiatorio de toda la inoperancia temprana del sistema socialista que se estrenaba en la isla.

Traigo a colación la referencia porque el Noticiero ICAIC, parte de la Memoria del Mundo según lo estipuló recientemente la UNESCO (Organización para la Educación, la Ciencia y la Cultura de las Naciones Unidas), cumple cincuenta años y el aniversario se ha estado festejando con no pocos ditirambos.

Como tantas otras efemérides que se celebran en Cuba, sin embargo, esta también es letra muerta y mediatizada por la parcialidad ideológica porque el Noticiero dejó de hacerse por los años noventa, al filo del período especial, debido a la falta de recursos, según el ICAIC, o porque ya sus más jóvenes realizadores les había dado por criticar duramente el deterioro de la sociedad en vez de culpar al imperialismo de todo lo mal hecho en el mundo como siempre fue el caso, durante la etapa más floreciente de la dirección de Álvarez.

Todo el entrenamiento cinematográfico que le faltó a Santiago Álvarez le sobró como militante comunista, hombre de confianza, según el decir de la dirigencia cubana y de su viuda en reciente entrevista. Lo cierto es que para suplir esa carencia supo rodearse de talentosos colaboradores.

Durante mis estudios universitarios tuve de colega a Jorge Pucheaux, el artífice de un aparato llamado truca, primitivo artilugio de efectos especiales, al servicio del noticiero y de los documentales de Álvarez. Sin atreverse a demeritar a su director, Pucheaux me confió que, por ejemplo, el famoso documental *Now*, sobre la historia del racismo en los Estados Unidos, había sido solucionado totalmente en la truca.

Álvarez también se benefició de otras circunstancias para avanzar en su carrera. Nicolás Guillén Landrián, por ejemplo, fue castigado por su irreverencia y sus documentales terminaron engavetados hasta hace unos pocos años, no sin antes dejar un legado en la utilización de la tipografía, la gráfica, la edición y el sonido que luego florecería del mismo modo en los noticieros del ICAIC.

Ni decir que Álvarez pudo utilizar, sin pagar derechos de autor, porque para el gobierno cubano era una majadería pequeño burguesa, toda la imagen y sonido de otros artistas internacionales vedados al público cubano. Recuerdo la formidable pieza psicodélica In—A—GaddaDa—Vida de Iron Butterfly, como banda sonora de *79 primaveras* (1969), el documental que dedicara a la vida de Ho Chi Minh, así como una secuencia de los Beatles, haciendo de las suyas, que el director equiparaba con payasadas simiescas.

A diferencia de Leni Riefenstahl, marginada y criticada hasta su muerte por ser la cronista cinematográfica excelsa del nazismo, la izquierda internacional ha puesto a buen recaudo al juglar de Castro y su revolución, el mismo que contribuyera al descrédito de sus congéneres ingresados en la Embajada del Perú en 1980 antes del éxodo del Mariel, con imágenes manipuladas, para que fueran «la escoria» ingeniada por el gobierno. Realmente, Santiago Álvarez nunca dedicó un pie de película que contraviniera los fundamentos de la dictadura.

A finales de los años ochenta fueron jóvenes de su equipo como José Padrón y Francisco Puñal, entre otros, quienes hicieron despertar a Álvarez de su largo letargo fidelista y antimperialista. Algunos de los noticieros resultaron censurados por el mismo gobierno que siempre glorificó

Al dejar de servir a los propósitos propagandísticos de Fidel Castro, Santiago Álvarez perdió algunas de sus prebendas, el noticiero fue cancelado y ya no tuvo más acceso directo al poder. Murió, sin ser recibido por el soberbio dictador, en 1998. Quedan más de 1,500 noticieros que ahora celebran medio siglo, materia prima para futuros historiadores con intenciones de dilucidar la más larga tiranía del Hemisferio Occidental.

ADIÓS A CARLOS MONSIVÁIS

De tránsito en México para escapar a los Estados Unidos, me tocó vivir en casa de la editora de Carlos Monsiváis, uno de los más respetados intelectuales latinoamericanos contemporáneos. Supe aquel año de 1992 de cómo se deshizo totalmente su simpatía por la revolución cubana cuando escuchó al dictador Castro afirmar que las prostitutas cubanas eran las más ilustradas del mundo, porque solían ser graduadas universitarias.

Ya hacía años que Monsiváis no se prestaba para la comparsa de escritores que convoca la Casa de las Américas durante la entrega de su premio literario anual cada mes de enero. Ni se le veía tampoco entre los invitados de la Embajada Cubana en el Distrito Federal, conocido como uno de los centros de espionaje más grandes de la isla fuera de sus fronteras.

Sin duda la desilusión de la poderosa izquierda intelectual mexicana con el régimen cubano, actualmente un hecho consumado, tomó tiempo en producirse. En este sentido es de encomiar la figura solitaria de Octavio Paz quien alertó, desde temprano, sobre el rumbo totalitario que tomaba la que fuera una esperanzadora utopía.

En su desdén al régimen cubano, sin embargo, Carlos Monsiváis no incluyó a los amigos que había cultivado durante años, sobre todo a figuras que sufrieron en carne propia la llamada parametración de los años setenta, como Reynaldo González y Antón Arrufat o escritores más jóvenes y no menos irreverentes como Abilio Estévez, hoy exiliado en España.

Desde entonces, hasta su muerte acaecida hace algunos días, Monsiváis no dejó ni de escribir ni de hablar en contra de la dictadura de los Castros con el gracejo y la comunicabilidad que siempre caracterizó su escritura periodística y literaria.

Curiosamente, a propósito de su fallecimiento, uno de los pajes de la cultura oficial, Miguel Barnet, presidente de la Unión de Escritores y Artistas de

Cuba (UNEAC), se deshizo en elogios, olvidó el anticastrismo acendrado de Monsiváis y afirmó que lo iban a «extrañar mucho por su agudeza y sus juicios afilados y certeros».

Claro que su opinión aconteció en sitios del Internet a los cuales no tienen acceso los lectores comunes cubanos porque los llamados «órganos oficiales» ignoraron el obituario, mientras dedicaban todas sus loas a la desaparición de José Saramago, Premio Nobel de Literatura, afiliado al partido comunista.

Lo cierto es que Monsiváis aceptó, con gusto, la invitación de la Feria Internacional del Libro de Miami en dos ocasiones donde departió sobre su vasta bibliografía, tuvo encuentros con escritores exiliados que habían sido presos políticos y dejó bien claro su apoyo a todo lo que fuera contribuir a la libertad de Cuba.

Sarcástico, con una modestia no muy frecuente entre pensadores de su rango, lo recuerdo interesándose por el destino del escritor cubano Raúl Rivero, a la sazón cumpliendo condena por la batida represiva de la llamada Primavera Negra.

Ahora mismo, la Feria del Libro se aprestaba a invitar a Monsiváis, una vez más, a su magna cita literaria del mes de noviembre. Sin duda que lo echaremos de menos por honrar el evento con su sabiduría y por ser el amigo que tanto necesita la causa de la libertad cubana para hacerse entender entre artistas y escritores que todavía se resisten a confrontar la lamentable realidad que vive el pueblo de la isla.

100 SONES CUBANOS

El son no se fue de Cuba, luego de 1959, como asegura la nostálgica canción pero su pureza y encanto lo usurparon, paulatinamente proyectos de feroz militancia revolucionaria llamados a desvirtuar con nueva canción aquellas orquestas e intérpretes que eran como mensajeros inconscientes del pasado, que el nuevo gobierno se propuso empañar con su perpetua turbulencia ideológica.

Muchos de los grandes, Celia, Olga, Laserie, Bebo, se despidieron para siempre de su tierra, camino al exilio, el Benny Moré murió temprano y la fastuosa vida nocturna, caldo de cultivo de tanta creatividad, se fue cuesta abajo cuando cabarets y night clubs terminaron siendo clausurados por órdenes superiores.

La nueva trova y agrupaciones que interpretaban música andina hicieron el resto para obnubilar tan ostentoso legado histórico en lo que, internacionalmente, la llamada salsa, hija bastarda del son, contagiaba a bailadores del mundo desde Nueva York a Tokio.

Mientras los veteranos seguían languideciendo, como piezas de museo, algunas orquestas de música bailable, con nuevas sonoridades, se habían impuesto a contracorriente durante los años setenta.

En medio de tantas penas y olvidos, en los ochenta, se apareció un venezolano llamado Oscar de León que les recordó a los cubanos que la música original de la isla era un regalo de los dioses. Hubo protestas de personeros de la Nueva Trova que tildaron de excéntrico al extraordinario showman quien lloraba al afirmar que Barbarito Diez era su papá.

A finales de los años noventa se produce un fenómeno insospechado: Buena Vista Social Club, etiqueta conceptual y comercial que revivió para la posteridad un grupo de ancianos compositores e intérpretes de la música tradicional cubana que habían perdido toda esperanza de redención. Aunque ya los protagonistas del Club han fallecido, les sobreviven otros menos notables que se han encargado de mantener vivo el concepto.

Buena Vista fue también un acto de justicia largamente añorado, abrió el camino de otros rescates similares y puso la música popular cubana en el mapa mundial donde siempre había estado.

Mientras Buena Vista terminó por ser un producto de exportación y lucro, la escena local reaccionó con las orquestas de la enervante «timba», luego casi barrida del mapa por el llamado «cubatón», versión criolla del importado y procaz reggaeton.

En este panorama hostil para retornar a las raíces, el reconocido músico e intérprete Edesio Alejandro, quien ostenta exitosa carrera tanto en el rock, como en la fusión rítmica y en bandas sonoras para cine, se aparece con una joya de la musicología cubana que ha titulado *100 Sones Cubanos*, verdadero cofre de grabaciones que contiene 5 CDs y un DVD con piezas clásicas interpretadas por auténticos celadores del son.

Armado con los resultados de una encuesta a 500 personas del pueblo común, de donde salió la selección final del centenar de canciones, Edesio se dio a la tarea de grabarlas con agrupaciones que convocó para la ocasión, en unos casos, y en otros, redescubriendo interpretes legendarios al estilo Buena Vista poniendo ante los micrófonos, por primera vez, a conjuntos familiares campesinos de larga tradición tocando lo suyo con la transparencia del arroyo de la sierra.

De tal modo salen del olvido cantantes que hicieron su agosto junto Benny Moré o Celia Cruz, como Adriano Rodríguez y Alfonsín Quintana, pianistas celestiales como Pepecito Reyes y trovadores de pura sepa como Eduardo Batista, vital a sus 92 años.

Así sabemos del nengón y la melcocha, parientes lejanos del son, y del changüí, su eterna competencia. Se presentan instrumentos admirables de cañabrava o barro, órganos de Manzanillo y cuerdas de tripa de jutía. Todo mezclado con reconocidos talentos de nuevas orquestas o de las que ya dejaron herencia en el rico pentagrama de la isla.

En la historia de la discografía y el documental sobre música cubana producidos durante los últimos tiempos es, sin dudas, *100 Sones Cubanos* uno de los empeños más ambiciosos en cuanto a deleite y sabiduría. Sumergirse en este monte rítmico sin parangón en el mundo, es como constatar que el corazón del país está a buen recaudo en espera de tiempos más preclaros.

RESACA SOCIALISTA

En un documental sin pretensiones de apenas 20 minutos de duración y hasta con visos de humor, titulado *Yamada prdida* (las faltas ortográficas son ex profeso pues simulan el lenguaje del envío de textos por teléfono), se aborda el tema de la tenencia de celulares en la sociedad cubana actual.

Dirigido por Javier Arévalo Felipe, el video nos informa sobre algunas particularidades sociales que ha provocado el aumento de la presencia del moderno y ya indispensable artilugio de la comunicación personal.

Por un lado se cuenta la historia imaginada de cierta joven estudiante que se frustra por no poseer un celular. Vemos cómo le ruega a su madre por el dinero para comprarlo y luego termina su transacción en el mercado negro donde los distintos modelos son menos costosos y más modernos que los ofrecidos por las tiendas del gobierno. En el final feliz de la fábula la vemos dueña del celular aunque después su uso estará limitado por numerosas imposiciones financieras.

La otra parte del documental es puramente testimonial y habilidosamente el director irá marcando los distintos estratos de la sociedad cubana a partir de la posibilidad de ser dueño o no de un celular.

Como las llamadas se cobran tanto al realizarse como al recibirse, muchos móviles funcionan como los antiguos *bíperes*: la persona mira a quién llama y busca un teléfono público para responder.

Entre los ejemplos que considera el documental está la muchacha de bien que tiene a su padre en otro país y ostenta el celular último modelo. Hay otra a la orilla de una piscina que, sin duda, lo ha obtenido con el esfuerzo de sus atributos físicos. Varias personas dicen que no pueden cambiar celular por comida, mientras otros aseguran que vale la pena. También se presenta el caso de los celulares que son habilitados por familiares residentes en el exterior (léase casi siempre Estados Unidos).

La reconocida escasez perentoria del socialismo va creando una ansiedad de consumo, sobre todo entre las nuevas generaciones, que ya no creen en la probabilidad de un futuro igualitario donde esas premuras sean satisfechas. Los cubanos, aún aislados, saben que en el mundo real, los teléfonos celulares han dejado de ser un lujo para convertirse en una necesidad casi ineludible

La realidad de tal indigencia, de la perspectiva del «resolver» a como dé lugar y del falso paternalismo e ilegalidad en que están envueltas muchas de estas operaciones en la Cuba actual, trae a colación el espanto que me causó ver el controversial filme polaco *Galerianki* o *Chicas del mall*, ópera prima de la directora Kasia Roslaniec donde, veinte años después de la caída del muro de Berlín, un grupo de adolescentes cambian favores sexuales en los *malls* de Varsovia por celulares, ropas de moda o cenas en un buen restaurante.

Más allá de abundar en las inconveniencias de un capitalismo sin recato, lo cual pudiera ser una de las lecturas para quienes no hayan vivido el socialismo en carne propia, la directora parece querer subrayar la herencia del sistema que tanto daño infringiera a Polonia, luego de la Segunda Guerra Mundial.

Los padres de las niñas prostituidas mal viven en un limbo de insatisfacción e inestabilidad desde que el universo donde crecieron y fueron adoctrinados se derrumbó de manera abrupta. En esa incertidumbre, escasean los principios y la ética sostiene un peligroso vínculo con la necesidad. Son los fantasmas del tránsito, contaminando con su pesimismo y desparpajo a las nuevas generaciones.

La picaresca de supervivencia que ahora mismo se entroniza en Cuba, con prácticas de prostitución similares y marcada por la corrupción y la doble moral, pervive, con otros visos, en la otrora socialista Polonia, según dilucida el filme, lo cual revela que el ocaso de las dictaduras no significa, necesariamente, un cambio radical en los modelos de comportamiento social, viciados por tantos atavismos

LA ETERNIDAD POSIBLE

Temprano en los sesenta se exilió y mientras cantantes y músicos de renombre le hacían la corte a la naciente revolución, donde solo brillaba una estrella tribunicia, Olga Guillot devino verdadera aguafiestas porque su popularidad continuó inmaculada y cada vez que la oportunidad se ofreció en escenarios internacionales, la emprendía contra los tempranos desafueros de la dictadura, sin amilanarse por las consecuencias.

El castrismo apostó por su desaparición artística temprana como el rezago de un pasado demasiado sofisticado para tanto populismo al uso. La borró de su cultura original. Nunca más su nombre se mencionó ni en libros, ni prensa, ni cine. Otras figuras importantes del exilio fueron recuperadas en vida o al fallecer, no así la intérprete de *Miénteme*.

Con el paso de los años, por ejemplo, el gobierno cubano permitió, a regañadientes, que hicieran referencias aisladas a Celia Cruz, otro clásico excomulgado, a quien creyeron castigar con un obituario vergonzoso de pocas líneas en la prensa oficial.

Ahora, esa misma prensa solamente ha sido autorizada a publicar dos notas y un resumen de su vida en sitios electrónicos, a los cuales no tienen acceso los lectores comunes de la isla. Los magros periódicos no recibieron el permiso para dar la noticia.

La del escribano del *Granma*, publicada en *La Jiribilla,* cuenta que la Guillot se presentaba en la emisora Mil Diez del Partido Socialista Popular, durante los años cuarenta, por cierto, al igual que tantos otros músicos e intérpretes (Bebo Valdés, Pérez Prado, Celia Cruz), como para ensayar, mediante lo irrelevante de este y otros detalles biográficos, un descrédito a su largo compromiso antidictatorial que se formula, mucho antes de que comenzaran a nacionalizarle sus bienes.

El texto del poeta Sigfredo Ariel, también aparecido en La Jiribilla, es exhaustivo y respetuoso, sin embargo. No responde por qué fue suprimida con tanta alevosía, asegura que el público la siguió escuchando de modo casi clandestino en discos traídos por marinos mercantes y especula sobre el deseo de la cantante de regresar a su país. Algo, por supuesto, que no hubiera hecho durante la dictadura de los Castros.

Las reverencias e invitaciones nunca le faltaron desde el amplio circuito de fanáticos que la veneraban en numerosos países. Almodóvar, por ejemplo, la incluyó en una de sus bandas sonoras de ensueño junto a Bola de Nieve, otro de sus colegas defenestrado por comisarios de la cultura oficial de la isla.

Era una suerte de antidiva en su franqueza y accesibilidad. Podía entrar, intempestivamente, en un programa radial de micrófono abierto o en la televisión si consideraba que algo no quedaba claro en algún debate sobre la ordalía de su patria. Tenía la ventaja de conocer y practicar el arte de la buena conversación.

Cuando el comediante Carlucho, quien tiene a la cantante entre los personajes de su galería humorística, se encontró con ella afirma que el miedo lo paralizó hasta que la escuchó decir que disfrutaba su personificación no sin antes advertirle que nunca pusiera una palabra soez en su boca y que, por favor, mejorara el vestuario, porque ella siempre se vanaglorió de su excelsa elegancia.

No se dejó anonadar por la nostalgia. Disfrutó de toda la fama y fortuna de su rango porque, además de ser una artista sin parangón, fue la expresión superior de una emprendedora empresaria, muy adelantada a su tiempo, en el manejo y noción del mundo del espectáculo.

La ideología que quiso extinguirla encarna hoy un vejete decadente, vulgar, mal vestido, lleno de muecas, resabios y maldad, que la historia ya sanciona con el más absoluto desdén.

En su gloria, Olga Guillot ostenta la entereza y satisfacción que traslucen los rostros soberbios de Bebo Valdés o Celia Cruz, quienes, como ella, en los momentos más inciertos del destierro, siempre estuvieron seguros de ser parte ineludible del firmamento de la cultura cubana, uno de los pocos sitios donde la eternidad es posible.

ELOGIO DEL PIRATA

Cambió el extemporáneo atuendo deportivo de marcas reconocidas por camisas a cuadros de producción nacional que lo hacen parecer más indigente y anodino.

En sus tropelías de escribano ha perpetrado dos cartas de amor recientemente. Una a Nelson Mandela y la otra a su escudero mediático Randy Alonso.

Al primero comienza por felicitarlo por ser un paladín de la libertad y, apenas sin transición, aventura un paralelo entre sus dos años en el Presidio Modelo, de Isla de Pinos, donde hasta practicaba sofisticadas artes culinarias y las 27 largas jornadas de doce meses que padeció el ex presidente sudafricano bajo duro régimen carcelario.

Recuerda en su carta la similitud de la ordalía de Mandela con la de Martí, ambos hicieron trabajo forzados en canteras, algo similar al castigo que el dictador dispensara a sus enemigos políticos al principio de la revolución. No le contó que mantuvo a Chanes de Armas mucho más de 27 años preso.

Aprovecha la misiva para hacerle memoria sobre la deuda que guarda con los soldados cubanos y su contribución al derrocamiento del Apartheid y luego lo atormenta con la presunta guerra nuclear que se desatará en suelo africano donde necesitarán de los conocimientos científicos y los avances de la tecnología para poder sobrevivir el golpe demoledor.

Conspirador e intrigante innato, le desliza que no confíe de quienes hoy lo celebran después de haberlo denostado.

¿Qué pensará el célebre Mandela de los desvaríos de su distante e insólito aliado? ¿Habrá considerado bajarse del tren de la revolución como Saramago ahora que sabe, otra vez, del trasiego de presos políticos entre el gobierno de Cuba y una potencia extranjera? ¿O ya es tarde para algo de sensatez con respecto al tirano amigo y prefiere seguir empeñado con su oportuna intervención militar?

La otra epístola pertenece a la zona del dislate. Aunque se la remite a Randy Alonso, la hace pública, imprudentemente, en el *Granma*. Le dice que leyendo al poeta español Espronceda se recuerda de sus años de estudiante de secundaria cuando se deleitaba con los «simpáticos» versos de la «Canción del Pirata».

Reflexiona sobre lo peyorativo del concepto pirata que él relaciona con círculos dirigentes de Washington pero aclara que el poeta, sin embargo, habla de normas de conducta que son dignas de encomio, como cuando escribe: «En las presas/yo divido/lo cogido/por igual;/solo quiero/por riqueza/la belleza/sin rival» y le copia todo el poema, como un escolar sencillo, a su siempre atento interlocutor.

Termina el elogio al pirata emprendiéndola otra vez contra sus eternos enemigos del norte porque «ninguno tuvo por Dios la libertad, ni sacudir el yugo de la esclavitud, ni pensó jamás repartir 'lo cogido por igual'».

Su última frase a Randy es oscura y autoritaria: «Te lo cuento para que cuentes». Y así, cuando el mundo trata de dirimir la desvergonzada componenda que (mal) trata a los presos políticos cubanos como piezas de trueque en un panorama neo—feudalista, el dictador hace unas pocas incursiones públicas en su finca de pesadillas para recordarles a todos que no ha muerto y todavía puede llegar a vestir el traje de batalla.

RETAZOS

Cuba se va manifestando de manera incierta. En lugares públicos me encuentro personas que observan con atención los retazos de país que muestro cada domingo en el programa de televisión La Mirada Indiscreta y quieren saber de esperanzas. El drama se ha banalizado más allá de lo que aconseja la cordura.

En el documental *De dónde son los cantantes* el reguetonero Baby Lores se expresa como un inquieto pensador de barrio cuando dice que no se explica por qué el ritmo que ahora mismo arrebata multitudes está prohibido en lugares como el Parque Lenín y el Teatro Karl Marx, casualmente dos fundadores del comunismo, cuando ellos no tienen un marcado interés en protestar en sus textos sino reflejar la realidad tal cual. Agrega, sin embargo, que esa realidad incluye prostitución y drogas. Si se dedicaran a la protesta, amenaza después, entonces sí sería un problema social por la cantidad de seguidores que convocan.

Lo cierto es que el reguetón promueve un hedonismo en las antípodas de la austeridad socialista rayana en la indigencia. Los numerosos intérpretes del género se desenvuelven como si el derrumbe circundante no fuera con ellos. Se ajustan sus *t-shirts* rocambolescos, lustran el *blingbling* de aretes y gafas de sol hiperbólicas y limpian el piso con la otrora mujer revolucionaria y laboriosa preconizada por la difunta Vilma Espín y su ya maltrecha Federación de Mujeres Cubanas con letras de canciones donde las féminas son objetos sexuales y de consumo: a unas «le gustan los artistas» y a otras los celulares motorolas.

Ni decir que al no participar abiertamente de la infidencia revolucionaria como el talentoso dúo de hip—hop Los Aldeanos, dueños de canciones mordaces contra las humillaciones que sufren los cubanos en su propio país, los reguetoneros se han vuelto embajadores de la música de la isla y un día se presentan en Miami y al siguiente en Roma.

En esta simplificación y atomización de la realidad, las excarcelaciones de prisioneros políticos en Cuba no son noticia más allá de un reducido círculo de conocedores del tema y familiares agraviados.

En la isla existen cientos de portales oficiales que simulan aires de democracia informativa pero ya se sabe el poco acceso que tiene el cubano común a la Internet. Solo en esos sitios se habla abiertamente de la necesidad urgente de transformaciones en la sociedad para salvar el proyecto socialista. Un conocido columnista ha llegado a decir que la situación pasa «de la carne a la ceniza» si no se actúa con premura.

Otros, como el profesor y escritor universitario Guillermo Rodríguez Rivera, a quien le prohibieran un volumen de poemas titulado *El libro rojo*, de 1970, en su temprana juventud, hoy es el adalid de las causas culturales oficiales proponiendo también fórmulas desesperadas de cambio, en las direcciones electrónicas mencionadas, al mismo tiempo que la emprende, con ahínco, contra pensadores de esta orilla como Emilio Ichikawa y Duanel Díaz.

Afirma Rodríguez Rivera, sin ápice de pudor, que él y otros intelectuales cubanos propugnaron la liberación de los presos políticos ignorando, olímpicamente, los desvelos de Guillermo Fariñas, el calvario de Zapata y la perseverancia de las Damas de Blanco.

Recuerdo que años antes de sufrir semejante metamorfosis vi al profesor de visita en Miami en casa de un amigo común, descompuesto por el alcoholismo y rezongando contra el maltrato que había recibido desde los días que estuvo entre los iniciadores de *El Caimán Barbudo,* revista cultural que alguna vez se vanaglorió de ser liberal.

Sin duda la situación del planeta Cuba no es muy esperanzadora que digamos, al saber que a una periodista recién graduada le sudan las manos y llora de emoción ante la presencia del dictador resucitado, quien, por otra parte, le da un tapabocas al cantante Amaury Pérez cuando le hace una pregunta que, en su adulonería, trasciende las más disparatadas teorías conspirativas, mientras, en el mismo aquelarre, Silvio Rodríguez le toma las fotos cándidas al vejete y asegura que él nunca quiso tumbar al gobierno.

El panorama es ciertamente vergonzoso, turbio. Si una valla en la calle anuncia que «Fidel es un país», la nación está, eventualmente, dislocada sin remedio a corto plazo.

INTERCAMBIO

Miami se sigue poniendo interesante, mucho antes que el gobierno federal abra otras anunciadas compuertas del llamado contacto de pueblo a pueblo. Se ha vuelto uno de esos cruces de caminos que hicieron famosa a la antigüedad.

Cierta noche cálida, bajo las estrellas, en una finca de las afueras, Edesio Alejandro presenta su CD y documental 100 Sones Cubanos ante una multitud de 500 personas, en su gran mayoría de origen cubano. Unos llevan medio siglo por estos lares, otros se acaban de bajar de la escalerilla del avión.

Entre los invitados de la velada cultural figura, triunfante, Rosita Fornés, toda una institución viva del universo que la revolución quiso arrasar, y el carismático actor Albertico Pujols, quien acababa de dejar inaugurada una muestra de su pintura en una residencia en otro sitio de la ciudad.

Un encontronazo de esta categoría es poco probable, sino imposible, en La Habana, que sigue presumiendo de una ostentosa vida cultural, mediatizada, sin embargo, por la indigencia, la falta de recursos y estímulo, así como por las recientes y, al parecer, continuas convocatorias oficiales para rendir pleitesía al «espectro en jefe» en su cínico y devastador regreso de entre los muertos.

Después de haber sido mancillados durante años, en la isla viejos poetas son conminados a perpetrar canciones al verdugo. La fémina del cónclave, alguna vez hasta recibió «paditas de rosa» por parte de un operativo del Ministerio del Interior en su Matanzas natal, otro era escribano fantasma de Antonio Núñez Jiménez, quien no sabía redactar, y al santiaguero le asaltaban su casa con vista al malecón en operativos policiales atribuidos luego a la delincuencia de barrio para mantenerlo atemorizado.

El ambiente cultural habanero se ha ido enrareciendo irremediablemente. El único cine ceremonial de La Habana con atisbos de aire acondicionado es la Cinemateca en 23 y 12 de El Vedado. Lugar donde la Seguridad del Estado se atribuye el derecho de impedir la entrada a blogueros indeseables cuando se estrena un documental sobre el dúo de hip—hop Los Aldeanos y un grupo de teatro tan famoso como El Público, que hiciera una presentación exitosa en Miami recientemente, lleva seis años sin el mencionado sistema de enfriamiento en su sede habitual que es el cine Trianón en la calle Línea, en un acto de resistencia inaudito.

Cuenta un actor de visita en el sur de la Florida, que durante grabaciones de telenovelas en el otrora legendario Estudio 17 del Edificio Focsa han debido parar, en muchas ocasiones, porque al quitar los paneles de aislamiento de sonido hasta los pasos de vecinos se sienten en el set. Ni hablar de la decadencia técnica y estructural del famoso inmueble.

Por eso Miami va dejando de ser el campo de batalla donde se debe vencer en pro del arte revolucionario, tal como lo apremia el Ministerio de Cultura, para aupar un remanso, con el que no se cuenta en la isla, de reposo y buenas costumbres.

Ahora mismo en la Galería del Campus Oeste del Miami Dade College, Alejandro Moya, entre los más significativos y valientes cineastas jóvenes cubanos, expone sus fotos luego de dirigir dos largometrajes, uno de ficción Mañana, y otro documental Ahora, donde las nuevas generaciones, las de Cuba y las que han logrado escapar, manifiestan, sin cortapisas, las numerosas frustraciones que sobrellevan o sufrieron por un gobierno que los ignora y un país disfuncional para sus ambiciones. Ni decir que esta filmografía ha padecido todos los traspiés de la censura real y la subrepticia.

Fascinado con el fenómeno estético y conceptual que son Los Aldeanos, a quienes dedicará su próximo documental, actualmente en espera de edición, Moya ha prometido que los traerá en concierto a Miami antes de que finalice este año.

Será entonces que el accidentado intercambio cultural alcanzará una nueva dimensión, algo que nos haga olvidar, al menos por un par de horas, la abyección de confundir la nación y su esencia con los tejemanejes de una gerontocracia que se resiste al naufragio inevitable de sus afanes por mantenerse en el poder.

DILEMA

El profesor universitario cubano Guillermo Rodríguez Rivera ha increpado, parcialmente, una de mis columnas (Retazos), aparecida en este diario, con un texto que publica en el portal electrónico de la Unión de Escritores y Artistas de Cuba (UNEAC) bajo el nombre de «El dilema de Alejandro Ríos».

Pensé mucho en responder su reprimenda porque era darle la importancia, que no tiene, a un sitio que pocos consultan y al cual sus propios compatriotas no tienen acceso. Me satisfizo, sin embargo, constatar que el profesor era uno de los privilegiados que podía consultar la prensa extranjera sobre todo al vilipendiado *Herald*.

La columna Retazos no era sobre Rodríguez Rivera y lo menos que pudo haber hecho en su diatriba era mencionar el origen de su ira. Pero el profesor, al parecer no practica ese protocolo elemental para el debate y empieza por mentir cuando me atribuye una combativa membresía al equipo de redacción del diario de los jóvenes comunistas cubanos, *Juventud Rebelde*, donde publiqué, por única vez, una crítica al cortometraje de mi buen amigo Orlando Rojas, *La espera*, bajo el título de «El que espera desespera».

Recuerdo haber recibido la carta de un lector ofendido por mi punto de vista liberal, que a la sazón tuvo la amabilidad de entregarme, otro amigo, José Antonio Evora, quien sí trabajó en el periódico de marras hasta que fuera expulsado por contravenir el ideario del libelo.

Al profesor le inquieta que yo me refiera a su porfiada defensa de la revolución como una metamorfosis y que olvide, por ejemplo, cuando le dijo al escritor y director cinematográfico Jesús Díaz, con el humor corrosivo que lo caracterizaba, que no le hablara más de documentales revolucionarios pues «el cine era en colores y americano». O que no me acuerde de esa noche en Miami, en casa de un amigo común, cuando denostaba de su entrañable revolución antes de caer inconsciente por la ebriedad.

He consultado a no pocos de sus amigos de la época del *Caimán Barbudo* y no se explican este cambio tan radical de la persona que, con suma agilidad e inteligencia, podía formular críticas implacables al sistema que a todos atormentaba, principalmente a los miembros de su generación.

El profesor no solo miente sino pide lo imposible: que abogue, en reciprocidad, por la liberación de los cinco espías cubanos detenidos en cárceles federales de los Estados Unidos y que reconozca las gestiones de la iglesia cubana y de Moratinos para la excarcelación que se produce ahora mismo a cuenta gotas y sin alternativas en la isla, sin considerar las presiones de las Damas de Blanco, la exitosa huelga de hambre de Fariñas y la inmolación lamentable de Zapata. Ni decir que ha trastocado las categorías de valientes patriotas por infames informantes.

Dice el profesor que satanizo a Cuba y comete otra pifia. Escribo sobre los obstáculos que impiden que mi querido país de nacimiento deje de ser la sucursal de una ideología en bancarrota. Cuba somos él y yo y no la gerontocracia que usurpa la nacionalidad y nos pone tan ríspidos cuando queremos discutir nuestras razones e impide que seres humanos comunes y corrientes decidan sus destinos sin que nadie los haga profesar una nefasta ideología de patria o muerte.

El profesor asegura que ahora no tengo nada que hacer y que, como un Fariñas al revés, me declararé en huelga de hambre hasta que la policía cubana vuelva a encarcelar a los presos que han sido liberados.

Ya no es el mismo humorista de antes. En su desvarío, se olvida que los excarcelados están lejos de esa posibilidad pero comete el desliz de anunciar que la historia se puede repetir.

Descuide profesor, no tengo madera de mártir y aunque respeto mucho a quienes toman tan extrema decisión, cada jornada de vida la empleo para hacer felices a mis seres queridos, encomiar los valores que ahora mismo sacan la cara por la cultura cubana y rogar por tener el privilegio de asistir al final de una temporada tenebrosa en la historia que Cuba, y me refiero a toda la isla, no merece.

ASIDERO

Una notable vedette cubana, luego de muchos años de ausencia, regresó a la isla para ver a su padre enfermo. Había sido favorita de Rodney, el mítico artífice de Tropicana, y muchos de los otros grandes cabarets de la Habana refulgente de los años cincuenta la tuvieron entre sus hermosas atracciones.

Me dijo haberse sentido impresionada por la devastación que se observa desde el aeropuerto al lugar donde debía concurrir y apuntó una idea rotunda: «Cada vez que oigo que Cuba está como detenida en el tiempo me ofendo». Se supone que esa época congelada es, precisamente, la prodigiosa década de los años cincuenta, cuando la capital era un hervidero de sueños y posibilidades y en una noche, las carteleras ostentaban tanta cultura artística y diversión como las de París o Nueva York.

La revolución triunfante de 1959 descartó clínicamente esos llamados «rezagos del pasado» mediante golpes de efecto que contaron con respaldo popular y Cuba fue cayendo, paulatinamente, por el declive de la indigencia.

La historia siempre guarda capítulos de tiempos pasados dignos de añoranza por glorias diversas, pero no recuerdo otro país que deba recurrir a una referencia de época para echar de menos hasta el olor de una fragancia.

Demasiados recuerdos en Cuba comienzan con la frase: «Te acuerdas de...» y la lista ya se ha vuelto enciclopédica. En el ingenioso cortometraje *Gozar, comer, partir*, de Arturo Infante, un personaje habla de chorizos de «antes, antes, antes...»

Si se consulta ahora mismo la dirección electrónica de la prestigiosa escuela de arte Tisch de Nueva York, donde se organizan programas académicos con Cuba referidos al cine documental y la fotografía, causa vergüenza ajena como la contraparte cubana del proyecto, Helmo Hernández, director de la Fundación Ludwig en La Habana, se afana en su quebrado inglés para convencer a potenciales participantes de venir a La Habana.

Anuncia que los estudiantes se hospedan en un bello hotel de los años cincuenta, década donde, asegura, se encuentra detenida la legendaria ciudad. Dice, sin simular su ansiedad por la moneda del enemigo, que esa circunstancia no se produce en ningún otro lugar del mundo y que La Habana es un sitio «algo destruido» y Cuba, la más pro americana de las naciones.

Luego termina su torpe comercial hablando sobre el especial sentido del humor del criollo, como si viniera al caso, y afirma que «nos gusta burlarnos de nosotros mismos» porque solamente así hemos podido sobrevivir en este lugar diferente al que muestran los periódicos y la televisión. No aclara, sin embargo, de qué país son esos medios de prensa.

Algunos de los documentales derivados del programa, que pueden ser consultados en la vastedad del Internet, no muestran precisamente una ciudad congelada en los años cincuenta, con todo su mítico glamour y contradicciones, sino las consecuencias malsanas de haber interrumpido, abruptamente, un proceso social que distaba mucho de ser perfecto pero que contaba con incentivos de transformación y desarrollo.

Durante la épica de la revolución, los años cincuenta fueron esgrimidos como el espectro de una época que no regresaría a Cuba. No solo se estigmatizaron políticos corruptos y militares represores sino que en la misma bolsa de desecho se descartó, desde la frita cubana hasta la voz tronante de Celia Cruz.

Sin embargo, los años cincuenta siguen regresando como un referente inoportuno cada vez que se intenta encomiar algún rasgo del devenir de la cultura cubana y su sociedad.

Es un sitio mágico y distante que no se detuvo en el tiempo, como arguyen sus detractores, cuando tratan de justificar las ruinas prematuras de su esplendor, sino que pervive en la nostalgia, como el asidero de un naufragio, para saber que fuimos y que podremos ser otra vez.

GRAMMYS CUBANOS

Un representante cultural del gobierno de Cuba como Silvio Rodríguez, ha dicho que en términos artísticos no hay cubanos de aquí y de allá a propósito de las nominaciones a los premios Grammys latinos que se dieron a conocer recientemente en Los Angeles.

El diario *Granma*, órgano oficial del Partido Comunista de Cuba, no coincide, sin embargo, con la prédica librepensadora del trovador y veinte líneas le son suficientes para barrer de un plumazo a notables cubanos nominados, dispersos por el mundo, con la rara excepción de Descemer Bueno. Valga aclarar que el cantante y compositor no reside en La Habana, aunque ha regresado a la ciudad para colaborar en proyectos con otros colegas.

Según el periódico, los cubanos «legítimos» son el propio Silvio, quien ha expresado complacencia porque su álbum nominado, *Segunda cita*, se refiere a lo que sucede en Cuba actualmente; Leo Brouwer en el apartado de Música Clásica y las agrupaciones tradicionales Sierra Maestra y El Septeto Habanero, ambos en la categoría de Música Tropical.

A propósito, Silvio respondió una pregunta formulada por el bloguero Ernesto Hernández Bustos de Penúltimos Días sobre tan lamentables omisiones, donde enfatiza una razón poderosa: «Por la mediocridad política de algunos que deciden, por eso alguna prensa de Cuba no pone entre los Grammys a los que viven fuera». Para luego agregar cual mambí extemporáneo: «Pero ya verán como en estos días alguna prensa nuestra se empina y nos hace crecer».

Rodríguez no ha reparado en el hecho de que el *Granma* no solo ha desdeñado de la información a intérpretes y compositores que viven fuera de Cuba sino a un productor, cantante y compositor tan conocido como Edesio Alejandro, residente en la isla, a quien debemos una obra de obligada consulta, la caja que contiene 5 álbumes irreprochables y un documental que tituló *100 Sones*

Cubanos, rescate riguroso del alma mater de la música popular cubana, nominada en la categoría Mejor Álbum Tropical Tradicional.

Edesio estuvo por Miami y Nueva York contribuyendo de manera personal con la promoción de esta producción y cabe especular que el silencio de la prensa oficial cubana sobre su nominación es una suerte de jalón de orejas para que contenga sus ímpetus de independencia.

100 Sones Cubanos comparte sus palmares con El Septeto Habanero y el grupo Sierra Maestra, ambos conjuntos de la isla, y con *Tributo a Orlando Contreras «El Jefe del Despecho»*, homenaje a un clásico del bolero del joven cantante cubano radicado en los Estados Unidos Pedro Jesús.

Era de esperarse que Arturo Sandoval y su nuevo álbum *A Time for Love*, con varias nominaciones, no figurara en la información oficial cubana pues es reconocida su manifiesta militancia anticastrista, por lo cual no es considerado una gloria de la música de la isla sino un enemigo. Otras exclusiones del *Granma* no dejan de ser menos vergonzosas.

Se trata de pequeñas oportunidades que el gobierno de Cuba pierde para pulir un espíritu de intransigencia que empaña su imagen pública y desdice cualquier intento de armonía cultural entre las dos orillas, que sigue siendo de una sola vía: Habana—Miami.

De tal modo ignoran a Lucrecia y su *Álbum de Cuba* y al Chévere de la Salsa, Isaac Delgado, venerado en su país, nominado por el CD *L-O-V-E* de los productores de Calle 54, Nat Chediak y Fernando Trueba, frecuentes ganadores del Grammy.

No se supo tampoco que Chucho Valdés haya salido a la palestra pública para felicitar a su hijo Chuchito, visitante frecuente de la Calle Ocho, seleccionado por su álbum *Cuban Dreams*.

Ni decir que los cubanos ostentan una nominación en música clásica contemporánea a la talentosa Tania León e incluso en la categoría Mejor Álbum de Música Latina para Niños donde figura *Insectos y bicharracos* de Rita Rosa, así como en la de Mejor Nuevo Artista, a Alex Cuba.

Mientras Silvio Rodríguez espera por la prensa que se empine, el silencio en Cuba sobre las recientes nominaciones a los Grammys Latinos demuestra que el triunfo de la música cubana no se circunscribe a los creadores de isla, ya que ahora mismo se produce una eclosión creativa de los artistas en libertad, e ignorar tal circunstancia solo puede ser la expresión de un sistema obcecado con quienes decidieron no rendirle más pleitesía a su política de coacción e ineficiencia.

REY DEL CINE INDEPENDIENTE

Reinventó el cine independiente en Cuba cuando era un gesto de lesa revolución. La intrepidez de involucrarse en el séptimo arte como realizador la tomó en los tempranos sesenta al asistir, ensimismado, al estreno de *La infancia de Iván*, el primer largometraje del ruso Andrei Tarkovsky. En su actuar comedido, Tomás Piard ostenta la impronta de los sobrevivientes. Ha recorrido casi todos los sinsabores de un artista en un régimen totalitario.

Ahora llega a Miami y se reencuentra con muchos de quienes fueran fieles colaboradores para presentar su filmografía más reciente donde no se ha separado un ápice de la poética alegórica que lo ha hecho legendario. No esperen declaraciones infidentes, ni citas para la historia, pues Piard siempre ha preferido responder a preguntas indiscretas con la avalancha de su imaginería, inusual en el cine cubano oficial, más dado a la inmediatez prosaica y la mensajería efímera.

Al principio de los tormentosos años sesenta, sin escuelas de cine que hoy son amparo y frente a una institución poderosa como el Instituto Cubano del Arte e Industria Cinematográficos (ICAIC), soberbia y elitista, Piard y un grupo de allegados delirantes, les dio por hacer cine a semejanza de los grandes clásicos europeos.

Utilizó cámaras de 8 y 16 milímetros bien primitivas donde los rollos de películas hechos en la Unión Soviética se compraban por un cupón de la libreta de productos industriales.

Guardo entrañables memorias de aquellas aventuras cinematográficas donde aspirábamos a la diferencia dentro del igualitarismo que ya nos agobiaba y algunas veces fungí como extra en raras manifestaciones como de protesta, incluidas en aquellas primigenias obras de su mística filmografía. Hacer cine era la consagración de todo un grupo de fanáticos de la Cinemateca de El Vedado.

La industria oficial tardó años en tomarlo en serio. Lo ningunearon y fue objeto de mofa por más de un director que hoy nadie recuerda. No estuvo entre los elegidos de Alfredo Guevara quien lo mandó a estudiar Historia del Arte, como para hacerlo desistir de su empeño, y cinco años más tarde le dijo que no tenía plaza para él en su olimpo de directores. Fue salvando casi todos los obstáculos que encontró en su camino. Bajo su perseverancia el cine aficionado fue, finalmente, respetado.

Siempre le faltaron las credenciales de ciudadano revolucionario en términos pedestres porque le sobraban las de artista. Ningún otro director de la cinematografía cubana ha utilizado el desnudo de modo tan renacentista. En un mismo filme se presentan como Dios los trajo al mundo e integrados absolutamente a la trama, actores que hoy son estrellas internacionales como: Francisco Gattorno, Jorge Perugorría y Héctor Noas.

Por un tiempo lo obligaron a oficios nada cinematográficos pues las instituciones oficiales no confiaron en su transparencia y sinceridad. Había algo sospechoso en este hombre que solo pensaba en cine.

Cuando muchos sentimos el peso de la madurez y nos retiramos a oficios menos inciertos, Piard sedujo a otros productores y siguió sus andanzas en el cine; se casó con su novia de siempre y tuvo un hijo, Terence, quien falleció temprano no sin antes inquietar el panorama del cine joven en Cuba con una obra feroz, en las antípodas de su padre.

Tanto en sus nuevas películas, como en las de antes, está cifrado el drama de su país, en argumentos peliagudos como para hacerlos más perdurables.

Tomás Piard viene de regreso con sus fantasmas y esperanzas. Le queda el encargo de filmar el guion de *Accidente*, filme que no pudo hacer su hijo, así como su visión de *Hamlet*. Se entrega con su capacidad de demiurgo todavía virgen y aquella sonrisa de niño grande que las inclemencias de la vida no han podido borrar.

MEROLICO

El hombre que reinventó el uso de la vieja palabra merolico ahora discursea sobre el fin del mundo en medio de la noche eterna de los Comités de Defensa de la Revolución (CDR). Para el diccionario de la Real Academia el término califica al charlatán o vendedor callejero, para Fidel Castro, descalificador en jefe, los merolicos fueron el mal de vendedores y productores que comenzaron a satisfacer, por los años ochenta, las numerosas penurias del pueblo cubano, al margen del ineficiente estado.

Luego de ser abatidos por resoluciones, leyes, disposiciones, redadas policiales, delaciones y todo tipo de obstáculos, el gobierno cubano ha vuelto a permitir la operación de los merolicos. Está por ver si la nueva categoría «cuentapropista» alcanza el estatus comercial que ostentaban los últimos negocios privados en Cuba cuando fueron prohibidos en 1968 con la llamada «ofensiva revolucionaria».

Los merolicos, siempre tan habilidosos en su supervivencia, se transmutaron en artesanos y tomaron por asalto la emblemática Plaza de la Catedral, poco antes de que Castro los fulminara. Aquello fue un tiempo de esplendor mercantil. Hubo artífices con talleres y empleados en el corazón del más rancio socialismo.

La «Operación adoquín», sin embargo, dio al traste con el pequeño feudo y los medios de prensa se ensañaron hablando de enriquecimiento ilícito y de explotadores del hombre por el hombre. Lo cierto es que desde entonces hubo menos zapatos, ropas exclusivas y hasta joyas que eran ofertadas, sin libretas de control, en la famosa Plaza. Entre los artesanos apresados, entonces, estuvo Osvaldo Castilla, afamado orfebre que había hecho piezas exquisitas para mujeres de la nomenclatura. Se cuenta que Vilma Espín tuvo que intervenir, con cierta premura, para que lo liberaran.

Al pasar el tiempo, prestigiosos artistas plásticos, sobre todo pintores y ceramistas, han regresado a la Plaza de la Catedral y otros sitios públicos de la ciudad, como merolicos, no con las obras que caracterizan sus respectivos estilos, sino con piezas costumbristas para complacer la frivolidad del mercado turístico.

Una versión ampliada del merolico pudiera incluir las artes culinarias y de hotelería. Cierta vez estuvo de paso por Miami un intelectual cubano de «ocho libros», según le gustaba alardear, en trámites culturales de gran importancia. Al regresar a Cuba, sin embargo, se pertrechó de cubertería plástica, sábanas y fundas, entre otras vituallas para el Bed & Breakfast que tenía montado en algunos cuartos de su mansión en El Vedado.

El esplendor y caída estrepitosa de los paladares integra otro capítulo de las andanzas del merolico. Hubo un momento que hasta la realeza español disfrutó del más famoso, La guarida, y luego el acoso gubernamental dio al traste con tan próspera cadena de negocios gastronómicos aunque la procedencia de los insumos, como en casi toda la producción alternativa cubana, siempre resultó de dudosa procedencia para el gobierno.

Después de tanta hostilidad histórica el merolico desconfía de las nuevas previsiones que ahora lo ponen en el centro salvador de la tambaleante economía cubana. Resulta, sospechoso, no obstante, cuando el periódico *Granma* enumera las «actividades autorizadas» en vez de referirse a oficios. Todavía son tratados con desdén.

En esta ocasión la tregua parece más amplia y espléndida con la ventaja de que al aguafiestas histórico no le preocupa lo que ocurre en el país. Está por ver cómo el carpintero se agencia su madera; el aguador, su líquido preciado para distribuir entre los necesitados y el zapatero, un pedazo de cuero para producir el calzado. Por lo pronto, aquellos otrora despreciados merolicos han conseguido la autorización para «resolver». Esperemos, por el bien de todos los cubanos, que cuando progresen no vuelvan a caer en la misma trampa de siempre.

EL ESCRIBIDOR PROHIBIDO

En la oficina del por entonces director del Instituto Cubano del Libro, Rolando Rodríguez, quien hoy funge como uno de los historiadores de la nomenclatura, se apilaban los títulos extranjeros, casi todos prohibidos, entre los cuales siempre sobresalían los de un narrador que había caído en desgracia luego de llamar a la dictadura por su nombre.

La escena pertenece a los años setenta, hoy pocas personas consultan los aburridos mamotretos de Rodríguez, por su empeño en justificar históricamente un sistema que, entre otros desmanes, ha censurado espacios de la cultura mundial por considerarlos nocivos a la revolución. Muchas personas, sin embargo, siguen siendo tocadas por la magia literaria de Mario Vargas Llosa.

Siendo estudiante de la Escuela de Letras en la Universidad de La Habana cometí la imprudencia de mostrar a mi profesor Guillermo Rodríguez Rivera el libro de poesía Salamandra, de Octavio Paz, que había sustraído en alguna oficina del Instituto Cubano del Libro, donde siempre laboré y no en el diario Juventud Rebelde donde él insiste en colocarme sabiendo que miente. Contrariado miró para ambos lados como quien comete un crimen y me dijo: «Es un buen poeta pero aquí está vetado». Y, por supuesto, no pude hacer ningún trabajo de clase con el afamado volumen de versos.

Ahora mismo, parte de la vieja guardia literaria cubana (Pablo Armando Fernández, César López, Reynaldo González), quienes fueran amigos del escritor peruano, se deshacen en elogios sobre el nuevo Premio Nobel, no sin antes aclarar que no comparten su ideología. Uno de ellos abunda: «Se estableció una distancia por su postura, no solamente respecto a Cuba, sino respecto a nuestra América y al mundo».

A esa edad provecta resulta lamentable la necesidad de reafirmación política para emitir una opinión. Vargas Llosa, por su parte, confiesa haber conocido la noticia del premio releyendo un clásico de la literatura como El reino de este mundo, que recomendó a todos públicamente sin verse en la obligación de afirmar que no comulgaba con la conocida militancia comunista de Alejo Carpentier.

En Sables y utopías, la más reciente compilación de sus artículos periodísticos, Vargas Llosa no excluye aquellos textos celebratorios de la revolución cubana que escribiera en los años sesenta, donde ya se vislumbraba alguna que otra nota discordante con los anuncios tempranos del rumbo totalitario que comenzaba a tomar el proceso.

Ni con él, ni con el otro premio Nobel latinoamericano anterior, Octavio Paz, la Casa de las Américas ha podido perpetrar su taimada labor de rescate, como lo hiciera, subrepticiamente, Roberto Fernández Retamar con Jorge Luis Borges, poco antes de que falleciera. Retamar dice haberlo entrevistado para lograr el permiso de publicar una antología de su literatura, luego de tantos años de desprecio.

Vargas Llosa fue prohibido cuando se «bajó», definitivamente, del tren de la revolución y nunca se volvió a subir. Sigue censurado porque sus criterios sobre libertad y dictadura no son negociables con un viaje a Varadero y los órganos de la policía política cubana no poseen en sus archivos alguna situación incómoda de su vida personal con la cual lo puedan chantajear.

Por mucho tiempo, otros escritores cubanos caídos en desgracia y luego rehabilitados, como es el caso de Eduardo Heras León, han sido devotos manifiestos del estilo del gran narrador peruano, aunque públicamente han debido ser discretos a la hora de los elogios.

En Cuba, cada nuevo libro que nos agenciábamos de Vargas Llosa era una verdadera fiesta que hacíamos circular, convenientemente enfundados en portadas de revistas. De este lado, me ha tocado en suerte verlo personalmente durante sus no pocas y gentiles presentaciones en la Feria Internacional del Libro de Miami.

Una de las mismas coincidió con el tributo que le ofrecimos a la poeta cubana Serafina Núñez, marginada durante años por no comulgar con el sistema que impera en la isla de donde viajó para la ocasión. Recuerdo que aquella vez, al terminar las respectivas presentaciones, le pedí a Vargas Llosa que conversara, al menos, por un momento con la escritora. En su apremio no lo dudó ni un instante, se le acercó cordialmente, la saludó, le habló de su lírica y se tomó una foto.

Núñez se sintió halagada por tanta caballerosidad y decencia y al retirarse el escritor comentó «Ojalá que Abel Prieto (Ministro de Cultura de Cuba) no me regañe por esta foto».

ALTA CULTURA

Amaury Pérez se acicala los rayitos del tinte que le hace presumir su nueva imagen antes de entrevistar en la televisión cubana una personalidad de la alta cultura. En la presentación reitera el hecho de que la conversación no se produce en los destartalados estudios de la otrora CMQ sino en los que él llama «legendarios» estudios de grabación del Instituto Cubano de Arte e Industrias Cinematográficos (ICAIC) en la calle Prado cerca de donde viviera el poeta José Lezama Lima.

En esto, Pérez reproduce, involuntariamente, el sarcasmo del cortometraje *Utopia*, de Arturo Infante, donde un grupo de «aseres» comunes y corrientes juegan dominó en un solar mientras sostienen la improbable conversación del origen del barroco hispanoamericano.

Lezama es traído por los pelos en su introducción, se ha vuelto una suerte de comodín para aliviar un cargo de conciencia común y todos lo mencionan a la ligera como si fuera el Beny Moré y no un intelectual profundo, devastado en vida por el desprecio y el acoso de la policía política.

Ahora la celebración de la alta cultura se enfoca en octogenarios que fueran combativos revolucionarios como Armando Hart y Alfredo Guevara e incluso en una nonagenaria que antes bailaba y ahora balbucea algunas frases inconexas donde invita al presidente Obama a una de las funciones de ballet de la compañía que todavía dirige, dictatorial, desde la penumbra.

La alta cultura en Cuba es un terreno seguro para especular sobre las mejorías que necesita el apuntalado sistema político de la isla como si le quedara algún remedio milagroso para sobrevivir.

Desde sus esquinas resabiosas y aburguesadas, pues estos compañeros y compañeras apenas saben de carencias elementales, cifran sus esperanzas en la juventud cubana pero, a la vez, la eluden de modo vergonzoso porque presumen que es una bomba de tiempo.

No conocen, ni Amaury Pérez les pregunta, por qué hubo jóvenes que no pudieron entrar al estreno del documental sobre Los Aldeanos, donde cierto seguroso de nombre pavoroso: Pavón (lamentable deja vu del Pavón de las parametraciones en los años setenta) les impidió el acceso a un lugar público como la Cinemateca de Cuba donde era exhibido.

De hecho, prefieren no saber quiénes son Los Aldeanos con sus agresivos textos, ni el resto del movimiento hip hop, ni los festivales de la Rotilla, en la playa de Jibacoa donde esos mismos jóvenes han impuesto un reino de libertad de 72 horas una vez al año y descargan su indiferencia y aversión contra la gerontocracia que los ignora.

Guevara, Hart, (Alicia) Alonso, parte de la alta cultura cubana, desconocen que en la calle G de El Vedado habanero se dan cita nocturna las tribus urbanas bisoñas más infidentes de la sociedad. Los hay góticos, suicidas, vampiros, raperos, rockeros, freakies, repas, nunca revolucionarios, entre otros estratos sociales que pululan a la sombra, en espera del cambio que no acontece y los agobia.

Por Amaury Pérez nos enteramos, sin embargo, que Guevara tiene hijos y nietos y ha descubierto que es abuelo de todos los niños y de todos los adolescentes de Cuba. Menuda paternidad, ha usurpado el hábito nefasto de su mentor en jefe considerado padre de todos los cubanos.

En una de sus recordadas canciones, Pedro Luis Ferrer habla de un abuelo majadero, armado y peligroso, a quien hay que rendirle pleitesía por haber construido «la casa» ladrillo a ladrillo. Y termina con un estribillo que dice «... aunque sepas que no, dile que sí, si lo contradices, peor para ti».

Recientemente Pedro Luis Ferrer, quien no figura en la lista de entrevistados de Amaury, conversó con un miembro de la prensa independiente y, entre otras cosas, dijo algo en las antípodas de lo que piensan los representantes añejos de la alta cultura sobre la realidad cubana actual: «Nosotros vivimos en una sociedad que está diseñada por el estado con un estilo totalitario y como se sabe el totalitarismo también es diverso. Lo que mata no es el plomo, sino la velocidad, la fuerza con la que llega a uno. Y es con esa fuerza o con esa intensidad con la que puede hacer daño cualquier tipo de diseño totalitario. Lo digo sin intención de faltarle el respeto a nadie: vivimos en una sociedad totalitaria con una concepción caudillista del estado que no ha permitido que las instituciones se desarrollen».

MAL HUMOR

En el documental *Las cosquillas y el martillo* (2006), del realizador canadiense Ben Lewis, se hace un exhaustivo e ilustrativo recorrido por el humor y su significado social y político en el llamado socialismo real de Europa antes de que el sistema desapareciera en alas de la perestroika.

El filme incluye suficientes pruebas testimoniales para afirmar que si de algo se puede vanagloriar el comunismo es el de haber creado un enjundioso cuerpo de chistes dirigidos a desacreditar su parafernalia gubernamental.

Eriza los pelos saber que hubo etapas en que más de 100,000 personas guardaron prisión por escribir o decir una broma considerada contrarrevolucionaria. Basta leer *La broma*, de Milán Kundera, para tener una idea de la paranoia y el miedo que generaba el sarcasmo y de cuantos aberrantes mecanismos se crearon para coartar su divulgación.

Se le atribuye a Leopoldo Fernández, Trespatines, su última broma en Cuba antes de partir para el exilio cuando en una obra de teatro sostiene una foto de Fidel Castro enmarcada y dice: «A este lo cuelgo yo» antes de suspenderlo sobre una pared.

En el siguiente medio siglo, la comedia cubana no recuerda una línea, ni un concepto tan subversivo. Según el documental *Las cosquillas y el martillo*, el humor contribuyó a la caída del comunismo en Europa. Cuando se sabe que aquellos chistes iban directo a la yugular del sistema: el mundo tenebroso de la policía política y otros modos de la represión cotidiana no es de extrañar la certidumbre de tal idea.

En Cuba, con raras excepciones como fue la literatura de Rene Ariza que le costó la cárcel, el humor se movía más en la zona segura del costumbrismo, rara vez fue dirigido contra el pecado original de tantas desavenencias. No estremeció ni un ápice al sistema imperante.

El legendario Programa de Ramón, debido al ingenio del poeta Ramón Fernández Larrea, fue un loable y burlón intento de emprenderla contra la dictadura en la radio habanera de los años ochenta.

El siglo XXI trajo a la escena humorística de la isla una versión puesta al día de Liborio, el cubano sufrido por antonomasia, en los cortos cinematográficos de Eduardo del Llano, donde Nicanor O'Donnell, personaje principal de toda la serie, se las tendrá que ver hasta con miembros de la Seguridad del Estado encaprichados en lograr cierta complicidad para conectarle micrófonos de escucha en su propia casa.

Burlarse abiertamente del Ministerio del Interior tal vez haya sido la más alta cota lograda por un humorista popular cubano desde que Trespatines sugiriera un fin posible de Castro.

Por estos días ocurre una de las operaciones más paradójicas de la historia del humor cubano en el socialismo, algo de lo cual no deben haber disfrutado sus congéneres europeos y es el traslado de sus más notables representantes a la televisión y centros nocturnos de Miami sin haber «desertado» como ha sido el caso de otros comediantes que les precedieron.

Las presentaciones, al menos las de televisión, no están exentas de cierto patetismo y pobreza conceptual. Se aguardan gags más sediciosos de estos artistas pero las propuestas siguen sin glorias y muchas penas en el campo de la chabacanería y el travestismo.

Uno de los comediantes llegó hasta hilvanar una historia de prostitución en Miami haciendo caso omiso de la saga de las jineteras en La Habana.

Para estos humoristas el riesgo es muy alto. En Cuba no los aguardan con los brazos abiertos por haber actuado en «la boca del lobo» como ha sido el caso de otros intérpretes más comprometidos políticamente, sino con recelo porque fueron condescendientes o apáticos con el «enemigo».

Sin embargo, por muy breve que haya sido esta unción de libertad en sus circunscritas carreras y la hayan podido disfrutar sin practicarla completamente, los humoristas cubanos regresan a la isla con la idea de que el cambio es una necesidad impostergable porque no solo de chistes vive el hombre y «el futuro no pertenece por entero al socialismo», como quiso anticipar durante décadas uno de los lemas revolucionarios en bancarrota.

EL ÚLTIMO MAGNATE

Las dos veces que visité en mi vida el Museo Napoleónico en El Vedado habanero era muy bisoño para imaginarme que toda aquella impresionante colección, la más grande sobre el tema fuera de los predios franceses, había sido incautada por la revolución a su legítimo dueño, figura mítica de un exitoso universo empresarial cubano, perdido en la memoria de los tiempos, el multimillonario azucarero Julio Lobo.

La historia de sus éxitos y fracasos viene contada, como una novela, en un libro fascinante recién publicado The Sugar King of Havana, The Rise and Fall of Julio Lobo, Cuba's Last Tycoon, escrito por John Paul Rathbone, donde es fácil concluir que el magnate perdió mucho más que el producto de su afición napoleónica, cuando Ernesto Che Guevara lo llamó en 1960 para darle dos opciones: o colaboraba con la industria azucarera revolucionaria o tomaba el camino del exilio. Ni decir que Lobo, con 62 años de edad, se fue sin mirar atrás y terminó los días de su vida en un modesto apartamento madrileño.

En sus años de esplendor, la fortuna personal de Julio Lobo se estimaba en $200 millones de dólares, $5 billones al cambio de hoy. En esa época era considerado el hombre más rico de Cuba. Controlaba catorce centrales azucareros, era dueño de miles de acres de tierra y tenía oficinas comerciales en Nueva York, Londres, Madrid y Manila. También le pertenecía el Banco Financiero y una compañía de seguros. Además, poseía intereses en navieras y en la firma de telecomunicaciones Inalámbrica.

Su carrera profesional contradice la insidia que el régimen de La Habana ha divulgado sobre las clases pudientes. Fue un hombre de gustos refinados y opuesto a la corrupción gubernamental, lector de obras literarias clásicas y no solo se hizo de la colección de objetos napoleónicos sino de una de pinturas que ostentaba los nombres de Rembrant, Dali, Tintoretto, Renoir, Murillo y Diego

Rivera, entre otros. Poco antes de 1959, algunas de esas obras Lobo las había cedido en préstamo al Museo Nacional de Bellas Artes y años después, supo que estaban siendo vendidas en una subasta canadiense.

En otro capítulo del despojo a que fue sometido perdió dos cajas de documentos sobre Napoleón que una de sus hijas había dejado a resguardo en la embajada de Francia en La Habana cuando partieron al exilio. Al final, los franceses quisieron cobrar años de almacenaje y luego, a regañadientes, cedieron las cajas que fueron a parar al propio Museo de Bellas Artes en tanto se arreglara el envío a Inglaterra donde vivía una de las hijas de Lobo.

Los documentos nunca los recuperó debido a los malos oficios e intrigas de Marta Arjona, a la sazón directora del Museo, y de la poderosa Celia Sánchez, quien, según algunos de sus asistentes, deseaba quedarse con cartas de Napoleón sobre su campaña en Rusia y otras dirigidas a Simón Bolívar.

La persona que lidió con la fracasada operación de rescate de los documentos durante los años setenta fue una de las dos hijas del magnate, María Luisa Lobo, quien tuve el placer de conocer al principio de la década de los noventa cuando arribé a Miami.

Al terminar el libro de Rathbone, descubrí de dónde provenía el empecinamiento, la independencia y el poder de convocatoria que asistía a María Luisa en su incansable acercamiento a Cuba.

Sin pensarlo dos veces organizó varias tertulias cinematográficas en su legendario apartamento de Key Biscayne donde yo ponía al tanto de lo que ocurría en el cine de la isla a distintas generaciones de exiliados que se daban cita en esos encuentros fecundos. Fueron jornadas espléndidas de encendidas discusiones e inolvidables comidas criollas. Para mí resultó ser como una suerte de «presentación en sociedad» que mucho le agradezco.

María Luisa Lobo falleció en 1998, sin haber visto publicado su tributo a la capital cubana, *La Habana, historia y arquitectura de una ciudad romántica*, que sus hijos se encargaron de publicar pocos años después.

Fue la hija más privilegiada de Cuba y todo lo que perdió tuvo que ir reconstruyéndolo con los años, sin rencor, ni nostalgia aparente, siempre mirando al futuro aunque fuera incierto.

Cuando María Luisa falleció sus cuatro hijos viajaron a la isla para esparcir sus cenizas en el central Tinguaro, el predilecto de la familia. Allí supieron del bien que había hecho Julio Lobo a los pobladores del batey. De cómo dio becas y oportunidades de estudio y recordaron a María Luisa haciendo la ronda con su padre por las escuelas y clínicas que fundara a beneficio de los trabajadores.

Cuando esparcían las cenizas invitaron al antiguo administrador del central a que participara de la ceremonia y, ante el asombro de todos, introdujo sus manos en el recipiente y se restregó las cenizas por la cara, el pecho y su blanca camisa, como si quisiera agradecer tantas buenas acciones.

Hoy gobierna una familia que ha hecho de Cuba un lugar desesperanzador. La estirpe de los Lobos, creadora de riquezas, hizo a la isla más cubana y perdurará cuando vuelva a ser el país que prefiguraron con su gestión incansable de trabajo y amor.

CONTRASTES

Cuba es un país de fuertes contrastes. En el rudo interior de la isla, la madre de un mártir es sometida a golpes y escarnios por querer visitar la tumba de su hijo muerto en una huelga de hambre mientras en la capital mal iluminada y maltrecha los balletómanos se dan cita en el teatro Karl Marx para ver una función inusual de la famosa compañía American Ballet Theater que desde hace 15 años cuenta entre sus figuras principales con un bailarín cubano.

El artista es entrevistado por CBS al filo de su presentación y habla de cómo lo conocen en Cuba mediante la distribución de videos de sus actuaciones y que lleva años aguardando esta oportunidad de ser presentado en vivo ante su público. El famoso solista entra y sale del país a su antojo y nadie le pregunta si es «salida definitiva» o no.

A pocas millas del evento cultural el Cardenal Jaime Ortega y Alamino agradece a sus victimarios la construcción de un seminario sin preguntarles por qué demoraron medio siglo en autorizarle la necesitada edificación para la magra educación religiosa en la isla.

Una testimoniante, víctima de la paliza a que fueron sometidas la madre del mártir y sus acompañantes en el lejano oriente de la isla, hace la descripción del abuso policial:

> *A todos nos golpearon brutalmente, nos subieron a las guaguas a base de golpes, eso fue a todos los que estábamos hasta a Reina. Es decir si golpearon a Reina qué podemos esperar nosotros.*
> *Nos humillaron, me desnudaron me obligaron a quitarme el blúmer y hacer cuclillas delante de guardias.*
> *Nos desnudaron y nos estaban viendo los guardias mismos, nosotros dijimos: 'Oye cierren las puertas que nos están viendo', pero estaban ahí,*

agentes de la Policía y la Seguridad del Estado, que miraban a propósito, cuando nos estaban haciendo el cacheo y después haciendo cuclillas. Eran unas mujeres que cuidan prisiones, mulatas «grandonas» que fueron directamente dando golpes.
Nos hicieron llaves, nos cayeron los hombres y las mujeres, eso fue grande lo que nos hicieron y nos humillaron.
Nos cogieron las huellas de las manos, los diez dedos, nos midieron, nos pesaron y nos tiraron fotos.

A la entrada del teatro Carlos Marx, CBS busca respuestas a su tesis sobre el acercamiento entre cubanos y estadounidenses mediante gestos culturales y algunos asistentes les responden en inglés, hablan de puentes y entendimientos y de que termine la hostilidad porque los cubanos necesitan funciones de ballet para nutrirse el espíritu. Una de las bailarinas americanas, delibera de cercanías y lejanías entre ambas naciones y su piel inmaculada brilla sobre un muro despintado de Miramar.

Mientras tanto los deportados siguen saliendo de la isla en fila india y una de las esposas de los espías cubanos de la Red Avispa, presos en los Estados Unidos, anda diciendo por España que no la dejan visitar a su esposo cuando lo cierto es que se había encontrado con él hace unos pocos días.

En el cementerio vuelven a mortificar los restos de Lezama Lima. Viejos amigos y cómplices van en procesión a su última morada para tributar su centenario. Todos quieren una tajada de los restos exquisitos y el gobierno alienta el morbo porque sabe que no resucitará.

Le blanquean la tumba y le ponen una nueva tarja lustrosa con el nombre que se lee a distancia y cierta inscripción, de su propia autoría, que viene como anillo al dedo en este proceso de rescate que no cesa en su truculencia: «*No he oficiado nunca en los altares del odio, he creído siempre que Dios, lo bello y el amanecer pueden unir a los hombres. Por eso trabajé en mi patria, por eso hice poesía*».

FERIA DEL LIBRO

Comenzó la Feria Internacional del Libro de Miami a todo vapor. El primer escritor invitado fue el ex presidente George W. Bush, quien presentó sus memorias en un libro titulado *Decision Points*.

La reacción de los sitios electrónicos oficiales cubanos, sobre todo aquel donde el dictador Fidel Castro suele publicar sus monsergas y, curiosamente, marca la pauta de toda la política oficial, incluyendo la del diario *Granma*, no se hizo esperar. Tildaron de chiste la presencia del presidente número 43 de los Estados Unidos y se mofaron de la directora de la Feria cuando afirmó que la comparecencia de Bush hablaba del prestigio logrado por el evento en estos 27 años de celebraciones.

El presidente se mostró muy complacido de estar en la fiesta del libro del sur de la Florida donde ya otros miembros de su familia habían concurrido con sus respectivos libros. Habló con desenfado de momentos cruciales de su administración y de su propia vida personal mientras recurría al humor para pulir la tensión de sus confesiones.

Durante el resto de los días que quedan de la Feria, dedicada en esta ocasión a México, numerosos escritores cubanos del exilio tendrán la singular oportunidad de contar con un público integrado, mayoritariamente, por sus congéneres.

Ni decir que son autores ignorados por la prensa oficial cubana que se burla de la Feria. Intelectuales y artistas exitosos con propuestas literarias libres, sin celadores que les hagan pensar dos veces la escritura de una idea. El gran fotógrafo Iván Cañas cedió al evento su magnífica colección de fotos inéditas de Lezama Lima para festejar el centenario del gran escritor con una exposición.

Hacer escarnio de la Feria Internacional del Libro de Miami porque abrió sus sesiones con un presidente de los Estados Unidos no es óbice para recordar algunos desmanes cometidos por las autoridades culturales cubanas durante estos últimos años en el área de las publicaciones.

Las editoriales europeas que publican a Guillermo Cabrera Infante, Reinaldo Arenas y Zoé Valdés, por solo mencionar a tres escritores cubanos excomulgados por el gobierno, no pueden llevar sus títulos a la Feria del Libro de La Habana.

El año que una editorial puertorriqueña tenía planeado presentar en la capital cubana las memorias del músico Paquito D' Rivera, las cajas nunca lograron salir de la aduana.

Es habitual que en el hotel donde se hospedan los escritores extranjeros invitados al cónclave literario de La Habana, se reserve una habitación para los miembros de la seguridad del estado encargados de averiguar vida y milagros de estos huéspedes especiales, principalmente si expresan algún comentario sobre los Castros. Diariamente de dichos recintos parten informes escritos y grabados para los órganos superiores de la policía política.

Fue durante una feria del libro en La Habana donde se distinguió precipitadamente a la poeta Dulce María Loynaz con el Premio Nacional de Literatura cuando se filtró que España le concedería el Premio Cervantes.

Ahora mismo, el nuevo Premio Nobel de Literatura es considerado un indeseable en esos predios, así como muchos otros escritores que, durante los años, se han desilusionando con la decadencia sistemática de la dictadura y no se limitan a la hora de expresarlo públicamente.

Si de chiste o broma se trata, nada más dramáticamente risible que un grupo de militares ancianos, cabeceando sobre sus medallas, en lo que el dictador en jefe les refiere pasajes gloriosos de sus hazañas en un libro de memorias que solo intenta acomodar la historia oficial a sus designios.

Ni soñar con que algún miembro del gobierno jubilado o defenestrado de sus funciones pueda escribir un testimonio de su experiencia o calvario, sea publicado por alguna editorial del gobierno y luego presentado en el castillo del Morro, que es donde acontece, irónicamente, la Feria del Libro de la Habana.

Esta semana, los lectores de Miami están de plácemes y nadie les puede impedir el deleite de leer el libro que quieran o comparecer ante el autor que mejor les parezca.

LOS RETRATOS DE DORIAN GRAY

En *El retrato de Dorian Gray*, de Oscar Wilde, el personaje principal ha realizado un pacto con el Diablo de eterna juventud. El precio de tamaño desmán será, sin embargo, que su malevolencia se irá mostrando en un retrato al óleo que tiene a buen resguardo. La descomposición paulatina de la imagen ocurre directamente proporcional a su maldad con el prójimo.

Fidel Castro debe haber hecho lo propio con el retrato que le hiciera su amigo Oswaldo Guayasamín, solo que la operación se revirtió y al que vimos recientemente acongojando con sus desplantes de abuelo majadero a los estudiantes cubanos es la imagen que debió estar en el óleo como encarnación del declive físico y moral.

Le debemos al fotógrafo de «la corte», Roberto Chile los espeluznantes primeros planos del dictador que tratan de convencernos de su conversión a una suerte de patriarca benévolo capaz de anunciar el fin de los Estados Unidos y la salvación de su disparatado proyecto social.

Hitler y Mussolini, dos de los modelos imitados por Castro, que mucho cuidaban el esmero de su imagen pública, hubieran ejecutado de manera sumaria a este fotógrafo, por su acendrado realismo y el desparpajo de lente tan obvio.

En el fondo, ha logrado algo muy paradójico y es el de reproducir sobre la tez del dictador el mapa de las contrariedades intestinales que casi dieron al traste con su vida.

Curiosamente Roberto Chile ostenta, además, los oficios de realizador cinematográfico y curador de artes plásticas. Así que no se trata de un ingenuo espontáneo retratando al pariente en tareas domésticas, sino del fotógrafo oficial, supuestamente encargado de proporcionarle una pátina épica al personaje de sus afanes en medio del ostensible revoltijo epidérmico de su rostro.

El contraste o montaje paralelo que establece, con sus fotos, entre la hermosura de algunos jóvenes asistentes al encuentro y la apariencia espectral del dictador, merece ser estudiado en la academia como lo que no se debe hacer en el ámbito de las relaciones públicas, a no ser que Chile no sea realmente la Leni Reifensthal del castrismo, sino un oculto y sarcástico caricaturista en vivo.

Por otra parte, dos de las fotos de Chile que se deslizan en la cobertura del evento, operación siniestra que busca neutralizar a los mismos estudiantes de informática que un día pusieron en solfa al presidente del parlamento cubano, Ricardo Alarcón, incluyen la torva presencia de miembros de la seguridad personal de Castro con caras de pocos amigos.

La prensa internacional se ha dejado timar por los mensajes crípticos del autócrata donde especula sobre la posibilidad de dejar la primera secretaría del Partido Comunista, soslayando aquellos momentos reveladores de su verdadera naturaleza donde justifica la criticada política de control de natalidad impuesta por China a sus ciudadanos, habla de la instauración del fascismo en los Estados Unidos, dice que Cuba marcha por buen camino y en un último y rotundo responso, manifiesta el recelo que siente por la libre consulta del Internet y se refiere a las ventajas educacionales de la computación siempre que se cuiden de programas y juegos que embrutecen, en clara referencia a la nueva versión de *Call of Duty*, el juego donde se explora la posibilidad de que fuera eliminado físicamente durante los días aciagos de la Crisis de Octubre.

A semejanza de Dorian Gray y prefigurado en su tenebrosidad por las instantáneas de Roberto Chile, Castro embauca una vez más a sus víctimas cuando el sistema simula que hay una luz al final del túnel y coarta, tajante, la posibilidad de una transformación real a cambio de la nueva construcción del socialismo, tantas veces anunciada.

MEDIO SIGLO Y UN SUEÑO

Un primer intento por ingresar a la Escuela de Letras de la Universidad de La Habana resultó fallido debido a mi participación en el campamento Venceremos, convocatoria experimental y ciertamente arriesgada de la Juventud Comunista cubana para tratar de encarrilar a jóvenes inquietos y desplazados, dados a las costumbres del enemigo norteamericano, y deseosos de participar en algún oficio relacionado a la cultura nacional de donde eran vetados.

La idea resultó ilusoria y terminó a golpe de represión y disolución, allá por los años setenta. En mi segunda tentativa de estudios superiores tuve que someterme a la humillación de una entrevista con el decano de humanidades, un tal Guevara, hermano de Alfredo, el presidente del Instituto de Cine, quien en su sarcasmo me recordó mi participación en lo que llamó «Campamento Perderemos».

Otros interrogatorios y fichajes debí padecer antes de que me autorizaran a estudiar en el primer curso para trabajadores en el alto centro de estudios habanero.

Ya había aprendido, que el mito de la educación gratis resultaba ser bien caro en sacrificios extracurriculares. En la secundaria debí concurrir al primer llamado del plan La Escuela al Campo durante 45 días. Pesadilla que luego se repetiría cada año académico y donde éramos sometidos a un raro régimen de disciplina militar y trabajo semi—forzado en labores agrícolas.

Al llegar a Estados Unidos en 1992, para empezar desde cero esta nueva vida, otros mitos revolucionaros se desintegraron, como aquel de que era imposible estudiar en la universidad por sus altos costos.

La suerte y la generosidad de Martha Franchi, quien a la sazón laboraba para el Condado Miami Dade asesorando a los recién llegados, me puso en contacto con quien entonces era presidente del Campus Wolfson, Dr. Eduardo

J. Padrón. De tal modo comencé a trabajar y estudiar en Miami Dade College, donde he permanecido durante estos últimos 18 años.

La experiencia en la prestigiosa institución, me ha desembarazado de numerosos prejuicios e ideas preconcebidas inculcadas por años de adoctrinamiento, al mismo tiempo que me ha permitido constatar la democracia en acción, con más virtudes que defectos, debo subrayar.

Aprendí, por ejemplo, que el denostado trabajo voluntario en Cuba, aquí es un concepto respetado que se esgrime para alentar proyectos a beneficio de la comunidad y no un capricho sin sentido ni rendimiento.

Qué el lema «la universidad es para los revolucionarios» es una aberración insostenible que contradice los más elementales preceptos pedagógicos y que no se trata de abrir carreras indiscriminadamente, para cumplir planes vacuos sin aquilatar las verdaderas necesidades profesionales y económicas de la población.

En Miami Dade College vi a los balseros del año noventa y cuatro hacerse personas respetables cuando las esperanzas parecían perdidas tras las rejas de Guantánamo. Lo cual ya había ocurrido con los desterrados del Mariel y con casi todos los cubanos que saben, antes de partir de la isla, donde carenar para el comienzo de una segunda oportunidad sobre la Tierra.

He visto madres y padres de las Américas que se gradúan con sus hijos, muchos de los cuales son los primeros de sus respectivas familias en lograr el sueño de una educación superior. Personas humildes que llegan al país y la ciudad vilipendiados por sus gobiernos populistas y patibularios para descubrir que la fe en las capacidades individuales renace cuando no median las coacciones ideológicas.

Llegué a Miami Dade College cuando la institución cumplía 32 años. Hoy arriba al medio siglo capitaneada por el mismo humanista pertinaz que me dispensó una sonrisa inolvidable de bienvenida en 1992, la oportunidad de un lugar ideal donde trabajar, al mismo tiempo que me permitía una aventura no exenta de riesgos: mostrar zonas del cine cubano que eran desconocidas en la ciudad, operación cultural que ha obrado milagros de entendimiento y concordia.

Hoy mis hijos y nietos tienen el cielo como límite y sueño con el día que los cubanos puedan sentarse en aulas como las del College sin otra condición que la capacidad de sus propios esfuerzos y asistan a una universidad para el pueblo sin demagogias ni cortapisas. Hoy rindo justo tributo al lugar donde todos los días hay personas que disfrutan la magia de volver a empezar.

EL OJO DEL CANARIO

Al principio de este año, durante la Muestra de Jóvenes Realizadores en La Habana se intentó excluir el documental *Revolución*, sobre el grupo de rap Los Aldeanos. Según cuentan, el prestigioso director de cine Fernando Pérez, quien entonces se ocupada del desarrollo del evento, regresó de un viaje, se encontró el acto de censura y lo revirtió. El catálogo de la Muestra tiene insertada una página, de último momento, con los datos de *Revolución*.

En el mediometraje *Madagascar* de 1994, Fernando Pérez pone en boca de su protagonista Zaida Castellanos, quien interpreta una profesora universitaria totalmente frustrada, tanto en lo profesional como en lo personal y que no sabe cómo lidiar con su hija joven, la frase más radical del cine cubano de las últimas décadas, cuando evalúa la posibilidad de colocar una bomba en el alto centro de estudios donde labora para acabar con tanta mediocridad y desidia.

Cuatro años después, en su largometraje *La vida es silbar*, un extraño padecimiento psicológico agobia a los pobladores de La Habana quienes colapsan en plena vía pública al escuchar palabras como «democracia» y «libertad».

Fernando Pérez ha dejado saber en una entrevista que: «No quisiera tener ningún dogma, no solo en mi carrera como cineasta, sino en mi vida. Uno tiene que estar abierto siempre a la duda, a escuchar al otro, a rechazar todo fundamentalismo o dogma».

Para los controladores obsesos del cine cubano, como Alfredo Guevara, la clasificación del arte de Fernando Pérez resulta complicada. No es un esteta como fuera su protegido Humberto Solás, ni un infidente revolucionario como Tomás Gutiérrez Alea, por quien no sentía la más mínima simpatía.

Pérez conoce en carne propia la desintegración que marca a numerosas familias cubanas. En la isla permanecen sus hijas, que mucho han influido para su identificación con grupos de jóvenes creadores, mientras en los Estados

Unidos vive su hijo. En el documental *La vida es filmar*, del director alemán Beat Borter, suerte de *making-off* de *La vida es silbar*, se ve a Pérez no solo dirigiendo sino halando andamios y haciendo otros menesteres como cualquier utilero de su propia producción.

En 1998 sorprendió con el documental sin diálogos *Suite Habana*, meditación mística sobre los condenados de la pobreza urbana y luego hizo *Madrigal* (2006), ejercicio formal sin mayores consecuencias argumentales en el contexto cubano.

Ahora mismo tiene en competencia en el Festival del Nuevo Cine Latinoamericano de La Habana la película *José Martí: El ojo del canario*, versión libre de la vida del patriota e intelectual cubano desde su temprana infancia hasta los 16 años cuando fue condenado a trabajos forzados por el gobierno colonial español.

En Cuba, la crítica especializada ha preferido irse por la tangente y solo escriben y hablan de las virtudes formales y espirituales del filme, que son encomiables, sin atreverse a especular sobre su lectura contemporánea, ambigüedad cultivada por los directores valiosos y valientes del otrora cine de los países socialistas, abundantes en metáforas y dobles lecturas.

Hay dos momentos específicos de *El ojo del canario*, una airada discusión en la escuela de Rafael María de Mendive, sobre el término democracia y la respuesta de Martí a sus verdugos, grupo de ancianos barbados y decadentes, durante el juicio donde es acusado de apóstata, que resumen la ira de los jóvenes en una sociedad que no los toma en cuenta para decisiones importantes, ni los deja desarrollarse libremente.

Los diálogos puestos en boca de los personajes para ambos casos, recuerdan las pocas veces que representantes de la juventud cubana han podido emplazar a la gerontocracia gobernante de la isla y atenerse a las consecuencias.

Ni decir que la dividida familia de Martí, la encabeza un padre autócrata, funcionario del gobierno español, y la madre sacrificada y sobreprotectora que deben lidiar con la supervivencia de sus cuantiosas hijas en un país abundante en injusticias y desigualdades sociales y políticas.

Las pocas veces que Fidel Castro se ha ocupado del cine cubano lo ha hecho para denostar a Gutiérrez Alea, después de fallecido, por su película *Guatanamera* y para elogiar *Kangamba* un bodrio épico sobre sus aventuras militares en Africa.

Sería oportuno que su adlátere Guevara se atreviera a presentarle *El ojo del canario* para que el anciano impertinente constate cómo el llamado autor intelectual de sus desvaríos puede servir a mejores causas y así entienda que Martí no ofrendó su vida para patentizarlo como dictador eterno sino para que Cuba fuera soberana y democrática como reclaman los personajes de Fernando Pérez.

AVISPERO

El dictador ha tronado contra sus oponentes más recientes y cuando se incomoda puede hasta comerse a sus hijos. El taumaturgo de WikiLeaks, crucificado y salvado por la misma sociedad libre que pone en solfa, es ahora un guerrero eventual de sus desvaríos.

Imaginemos, por unas horas, a Assange haciendo tamañas trapisondas en una dictadura totalitaria como la cubana. Dando a conocer los secretos tremebundos de un sistema impune, sin abogados ni jueces. Ahora estaría como el hebreo Alan P. Gross, negado hasta por sus conciudadanos, sin proceso legal e inmerso en la incertidumbre y la desesperanza.

Dice Castro, el ex presidente, que el «leakeo» ha puesto al «imperio» moralmente de rodillas. En su soberbia olvida que una revista famosa de ese mismo imperio, donde también le han dispensado portada en más de una ocasión, ha considerado al australiano entre las personalidades del año, además de que le asisten todas las prebendas de la democracia, luego de escoger este camino tortuoso para hacerse valer, en nombre de la libertad de expresión.

Ya sabemos lo acontecido cuando intelectuales cubanos quisieron jugar al «Internet» y montaron la llamada guerrita de los e—mails contra la resucitación de antiguos represores. Una declaración inesperada, aparecida en el diario *Granma*, de quienes mandan en la Unión de Escritores y Artistas, dio al traste con aquellas ínfulas liberales. Así se paran en seco, a la cubana, las filtraciones inconvenientes.

Ahora los corifeos de Castro se alistan para la batalla de ideas que se avecina después que el tirano llamó pro fascistas y mercenarias a prestigiosas organizaciones periodísticas de España y Alemania como PRISA y Der Spiegel, por promover capítulos de WikiLeaks que perjudican a los países revolucionarios, léase Venezuela, Cuba y Bolivia, entre los cuales figuran, también, capítulos sobre las depresiones de su hermano y su propia escatología intestinal.

El profesor Guillermo Rodríguez Rivera, por ejemplo, la emprende, en la misma cuerda, contra Mario Vargas Llosa y su discurso ejemplar de aceptación del premio Nobel. En su infortunio, llega a ser irrespetuoso con la esposa del gran escritor algo que es anatema para cualquier caballerosidad y en especial la cubana, donde las mujeres son intocables aunque sean del bando enemigo.

Tanto el déspota, como el profesor, despotrican contra Suecia por su supuesta inclinación derechista y lamentan, cual plañideras, la ausencia de un mundo socialista. Para ambos hay cierto berenjenal conspirativo entre el Nobel, Vargas Llosa, el gobierno sueco y las demandas por acoso sexual interpuestas a Assange por dos de sus *groupies* en el país nórdico.

Lejos en Japón, «la princesa en jefe», Mariela Castro, muy dada al turismo de convenciones, habla de sexos trozados y derechos para cierta población gay de la isla, mientras promueve las bondades del sistema impuesto a sangre y fuego por sus parientes: «A mí me da risa cuando me dicen de la libertad de expresión en Cuba, ¿quién calla a los cubanos? A un país con espíritu emancipador no lo puede parar nadie» ha dicho sin mover una ceja.

Y luego de referirse a esa nación inexistente que han imaginado los Castros en una suerte de delirio virtual, se suma al coro oficial de un modo peculiar, abogando por la red, una herramienta con la cual no cuenta su atribulado pueblo: «No se le puede tener miedo a la red». Que con la divulgación de los papeles de WikiLeaks ha demostrado que la humanidad sigue en una situación de 'dominación global', en la que los que deciden son 'los mismos, en función de sus intereses hegemónicos', arguye sobre su antimperialismo para idiotas.

Los intelectuales cubanos, sin voz ni voto, son los que peor se las ven en las presentes circunstancias. En la misma «reflexión» sobre WikiLeaks, Castro habla del desaliñado cineasta capitalista Michael Moore como alguien que prefiere, porque es valiente, no creo que por conocer su obra. Recordemos que otro norteamericano, Hemingway, es su novelista predilecto y cuando se trata de hispanos, un solo autor, el oportuno García Márquez. Ni un piropo para los del patio, quienes por lo pronto deben esconder sus ansias de ser como los demás, adular a la manera militante de Rodríguez Rivera, y esperar que pase esta tormenta mediática donde el dictador se ha sentido agraviado, para, de tal modo, poder seguir pidiendo permiso para salir y entrar al país donde nacieron.

EMPUJONES

Amaury Pérez aparece disfrazado de Barry Manilow en la televisión cubana y conversa con el octogenario Alfredo Guevara quien habla de la importancia de la juventud para salvar la revolución y de la necesidad de leer a Marx, nada aburrido, insiste. «Te imaginas que en Harvard y Oxford los estudiantes lo leen y aquí no ocurre lo mismo».

Guevara, blazer sobre los hombros, camisa Ralph Lauren, prefiere olvidar que los estudiantes de Estados Unidos e Inglaterra luego salen de sus aulas y disfrutan de una infinidad de alternativas vitales y no tienen que coexistir con Carlitos mientras los de Cuba han tenido que dormir con el atribulado filósofo alemán como dogma que rige sus vidas durante el último medio siglo.

Guevara tiene una modesta mansión en El Vedado que estuvo adornada con toda la parafernalia navideña que el gobierno del país no produce y mantuvo prohibida, como un delito, durante años. Parece que alguien le aconsejó que no era saludable tanto exhibicionismo.

Afuera, en el mismo Vedado, mientras Amaury asiente a todas las respuestas, como un robot, sin salirse un milímetro de su aburrido guion, las Damas de Blanco, elogiadas por Mario Vargas Llosa en su discurso de aceptación del Premio Nobel de Literatura, fueron acosadas de nuevo hace algunas semanas.

A unas millas de distancia, en el Arquidiócesis de La Habana, Jaime Ortega Alamino se lleva las manos a la cabeza mientras toma su chocolate caliente con churros traídos de España, cuando conoce la noticia, porque lo han hecho quedar mal otra vez. En otra esquina del país, su carnal Monseñor Carlos Manuel de Céspedes ha dicho que el gobierno de Cuba dejará de ser marxista.

Mientras tanto, Castro se apresta a emborronar con sus lápices afilados otra «reflexión» sobre el drama en la distante Haití. Para su tranquilidad, nadie le confía mensajes de lo que ocurre al doblar de su estancia. En cualquier caso, no se explica por qué su hermano permite que estas señoras de los gladiolos desafíen las calles que pertenecen a los revolucionarios o más bien a él, como dicen los manifestantes contrarios a tan impertinentes mujeres.

Desde La Habana, una de las Damas de Blanco, apremiadas, declara por la radio de Miami que no fueron brutalmente golpeadas en esta ocasión. La táctica cambió: jalones de pelo, patadas subrepticias, mucha vociferación cercana, empujones y ofensas, degradantes ofensas. Algunos de los muchachones del repudio se tocaban los testículos, otros, incluso, llegaron a mostrarlos, según la testimoniante.

Estos son los universitarios que Guevara y Amaury quieren que lean a Marx en sus textos originales y defiendan la vigencia de Lenin. Sentados en sus mullidos butacones, bajo el aire acondicionado de los estudios Abdala, se intercambian sonrisitas cómplices, maquillados y perfumados, mientras el gobierno ahora recluta a los estudiantes porque la chusma anterior ha sido identificada y mostrada en la televisión enemiga de Miami y crea un mal precedente.

Las agencias extranjeras de prensa son las únicas que reportan los incidentes que no constan en la prensa nacional. Los corresponsales despachan con desgano y en su «imparcialidad» prefieren no referirse al engranaje diabólico que convoca a las turbas de repudio. Ahora se ocupan, ingentes, del nuevo socialismo cubano.

Para cualquier lector parisino o para Guevara y Amaury parece que «la respuesta rápida» es espontánea, de jóvenes iracundos que no leen a Marx y no quieren saber de Lenin pero se alistan para defender el proceso cuando rondan el borde del abismo.

Días después de charlar con Amaury, Guevara volvió a discurrir, con su críptico verbo, sobre la salvación del socialismo cubano. Lo hizo, sin escrúpulos, frente a Silvio Rodríguez y Gabriel García Márquez y otros invitados satisfechos con sus vidas muelles.

«Nos revolucionaremos en orden», barbarizó el anciano «tras reflexión y elección calculada, facilitando la participación de todos, escuchando, aprendiendo, alertando, organizando nuestras acciones y rechazando de entrada a los que pretenden empujarnos de nuevo hacia los dos nefastos abismos: la neocolonia ya vivida y la brutalidad capitalista por no pocos de ustedes conocida. El antídoto es muy simple: el poder, el pueblo».

El antídoto ya está en la calle. Los muchachos de la universidad marcan el orden y practican, diligentes, los empujones de la brutalidad fidelista.

2011

DEJA VU

Mi mamá nos disuadía con aquello de que le gustaban las alas y otras partes menesterosas del pollo para dejarnos a nosotros la pechuga, muslos y encuentros. Hubo un tiempo que nos zurcía las medias y reducía, mediante trucos de costurera emergente, pantalones de mi padre, que ya ostentaban desgaste, para llevarlos a nuestra medida.

En un pequeño mercado en los bajos del edificio 13 de la Habana del Este a donde habíamos ido a parar, luego de regresar en calidad de repatriados procedentes de Hialeah, a principio de los años sesenta, el panorama era perturbador: estantes con un solo producto, pomos de mermelada de mango.

Una compañera, de entonces, le pregunta al carnicero «qué había llegado» y este, no sin cierta picardía, le responde: «picha» y la mujer lo increpa y le dice que se las tendrá que ver con su marido por tamaño atrevimiento.

El carnicero se siente contrariado luego de su chiste porque aquel extraño pez que le tocaba dispensar, antecedente de la infame claria, se llamaba picha y llegada de algún remoto y frío océano al trópico de los pargos y las chernas escurridizas.

Mi padre pactaba con el bodeguero cuando el huevo comenzó a sacar la cara por el magro abastecimiento. Además de los dos o tres que nos «tocaban» por persona, diligentemente anotados en la libreta, él llevaba un recipiente y recibía como dádiva, una cantidad generosa de posturas de gallina rotas que mi mamá transformaba en revoltillo o tortilla.

En La Habana Vieja, una hermana de Haydee Santamaría, la heroína del Moncada, se ocupa de la oficina de bienes malversados, eufemismo del hurto oficial de muebles, artes decorativas y otras pertenencias abandonadas en su huida por presurosos exiliados.

Un grupo de jóvenes soliviantados tenemos una cita concertada con la altisonante funcionaria quien ha prometido gestionarnos empleos en el sector cultural.

Sentada justo fuera de la entidad oficial, una madre espera por sus buenos oficios para que no le fusilen al hijo, según nos confesó la propia Santamaría. Sobre un mueble de su vistosa oficina no escapa a nuestra curiosidad dos jeans primorosamente doblados.

Como para aplacar nuestra ansiedad, con modestia revolucionaria, nos dice que utilizará los ansiados atuendos capitalistas para concurrir al trabajo voluntario en la agricultura porque son muy cómodos y fuertes para esos menesteres. Con un dejo de ironía apunta que consumiendo productos americanos contribuirá al desgaste y eventual desaparición de la sociedad de consumo. También nos habla de su predilección por la ropa interior americana, tan práctica y bien ajustada.

Al otro lado del túnel de La Habana, el mismo día en el apartamento 304, mi madre ensamblando unos engendros que parecen ajustadores para paliar la escasez de tan delicados y necesarios atuendos femeninos. La lista de sus clientas, desesperadas, resulta cuantiosa.

El hermano de Vallejo, médico de Fidel Castro, es un anciano gay y labora en el Instituto del Libro donde he conseguido trabajo. Nunca lo vemos quejarse de escasez alguna. Lo dejan entrar, libremente, en lugares donde nosotros no tenemos acceso, aunque padece la marginación de la nomenclatura por su preferencia sexual.

En el mismo Instituto un amigo se ha involucrado sentimentalmente con el hermano de René Rodríguez, presidente del centro de espionaje ICAP (Instituto Cubano de Amistad con los Pueblos) y en esa casa tampoco faltan los artículos de primera, segunda o tercera necesidad. Claro que este pariente, dedicado a la altura costura para jóvenes casaderas de la nueva aristocracia cubana, recibe los beneficios de su poderoso pariente pero no puede figurar en la foto de familia por ser homosexual.

Si la corrupción gubernamental no acareara la más deleznable indigencia, entre los que no se salpican, fuera soportable. Ya desde entonces, los miembros del gobierno contaban con una cadena de tiendas bien abastecidas para satisfacer sus más perentorias necesidades.

Rodríguez nos cuenta que Juan Almeida tiene control sobre las mansiones de las llamadas «zonas congeladas». Por entonces se refirió a una nueva amante de Carlos Rafael Rodríguez que recibía su correspondiente casa en Miramar.

En nuestro apartamento de la Habana del Este, mi padre le da un puñetazo al televisor alemán Rafena que acaba de perder la imagen otra vez. A las cinco de la tarde ceban el motor y suben la poca agua que ha caído en la cisterna. Mi mamá llena todos los cachivaches disponibles del preciado líquido y hace murumacas para garantizar la comida sobre la mesa.

Una decena de reformas socialistas después, cientos de promesas incumplidas, miles de familias quebradas, discursos a tutiplén, un país hecho jirones, jóvenes desesperanzados, ancianos voluntariosos gobernando con desayuno, almuerzo y comida, garantizados, Cuba comienza una nueva década del siglo XXI en medio de un deja vu colosal, donde todo se repite y la esperanza no se avista.

CASA VIEJA

Recuerdo haber visitado en una ocasión la casa del pintor Raúl Martínez y el dramaturgo Abelardo Estorino. Luego nos encontramos varias veces en eventos culturales celebrados en La Habana. De los dos, por supuesto que Raúl era el más suspicaz y maldito, alguien que estaba como de regreso luego de ser ultrajado y revalorizado por los mismos estamentos oficiales, poco antes de morir en 1995.

Durante su época marginal, Raúl debió dedicarse al diseño de portadas, en el Instituto Cubano del Libro donde me tocó trabajar. Cuando intentaban hacerlo regresar al redil revolucionario lo convocaron a una ceremonia, entre otros intelectuales y artistas, para entregarle una distinción de las Fuerzas Armadas que consistía en un machete simbólico. Fue divertido escuchar su disquisición sobre la significación fálica del arma blanca, que recibiera del propio Raúl Castro, rodeado de imberbes y atractivos reclutas.

Antes de ser el más importante dramaturgo cubano vivo trabajando en la isla, pues su mentor Virgilio Piñera falleció en 1979 y José Triana tomó el camino del exilio, Abelardo Estorino, debió padecer no pocos atropellos del sistema. Después se ha dejado implicar en declaraciones de apoyo a sus vapuleadores, sobre todo denostando al exilio donde tiene numerosos familiares. Cuando lo he encontrado en Miami se ha mostrado esquivo y poco cordial, nada parecido al Estorino chispeante y agudo de La Habana, cinéfilo contumaz, para más señas.

Raúl Martínez y Abelardo Estorino terminaron siendo dos personajes de la mejor dramaturgia de este último, atrincherados en su acogedor apartamento de El Vedado, en la incertidumbre, resistiendo el vendaval socialista. Hubo un tiempo, incluso, que Martínez cambiaba obras valiosas de su pintura por cosas necesarias para el hogar a una estadounidense inescrupulosa que siempre ha dicho defender a los artistas cubanos desde su truculenta institución.

Ahora un director cubano de cine, nacido en 1971, ha tenido la acertada idea de desempolvar una precursora obra de Estorino, que se las vio con la censura en 1964 cuando fue dada a conocer. Se trata de *La casa vieja* que el realizador Lester Hamlet ha llamado, genéricamente, *Casa vieja*.

La historia que cuenta se desenvuelve con la serenidad que antecede las tormentas. En *Casa vieja*, el patriarca de una familia pueblerina agoniza, mientras se espera la llegada de un hijo que hace 14 años vive en Barcelona. El vástago que se quedó en Cuba, es chofer y revolucionario confeso. Su esposa es una pícara lastimera que trapichea en la bolsa negra. La hermana es una mujer frustrada que le ha tocado ser la amante de un hombre casado. La madre es la sufrida y silenciosa progenitora cubana, centro de todos los avatares.

En el pueblo hay cierta barrendera, de pasado ominoso entre los hombres del lugar, que intercede por una muchacha que le han otorgado una beca para estudiar en el extranjero. El viaje depende de un aval político correcto pero se comenta que será negativo porque la consideran una jinetera por tener amoríos con un extranjero. Esteban, el arquitecto que llega de España arrastra un secreto que lo hace distinto. En la obra original era minusválido, en esta es homosexual.

Los personajes que se quedaron en Cuba son obcecados, añoran una vida mejor y saben que la doble moral es el recurso seguro de supervivencia. El que se alejó, taciturno, aboga por la justicia y la libertad.

Lester Hamlet ha confesado que Estorino se siente complacido con la versión cinematográfica. En ningún momento el realizador ha cedido a la tentación de justificar con el «bloqueo» americano, como es hábito, el desastre de la familia cubana que retrata con tanto tino en su filme, lo cual se agradece. Las razones son políticas aunque parezcan domésticas.

Lo que ocurrió en 1964 sigue sucediendo en el 2010 y no pudo ser parte de la república que terminó en 1959. Al final, la familia pule sus amarguras y frustraciones mediante lágrimas y entendimiento, pero la naturaleza incongruente del régimen continúa igual y se siente en el ambiente que otros desatinos convocará en su empecinamiento contra natura.

SEQUÍA

En los años ochenta, a pocos días de estrenar apartamento recién construido en la barriada obrera de Alamar, luego de laborar como albañil durante tres años y nueve meses y someterme a la enervante asamblea donde el inmueble, perteneciente a la llamada «microbrigada» del Ministerio de Cultura, era repartido entre los que mejor se habían portado, traté de abrir la llave del agua y el preciado líquido no emanaba, lo cual era habitual en cualquier hogar cubano, nuevo o viejo.

Supe por los vecinos, sin embargo, que en esos momentos yo, extrañamente, era el único que no contaba con el servicio. Luego de devanarnos el cerebro sobre la causa del desaguisado, otro constructor tomó la iniciativa de desenroscar la tubería que bajaba directamente de los tanques situados en la azotea del edificio y cuál no sería nuestra sorpresa al constatar que una lagartija había atarugado con su cuerpo la plomería, algo posible debido al tiempo que los tanques y todo el sistema permanecían vacíos por la habitual falta de agua.

Ahora la prensa oficial cubana se refiere, con cierta alarma, «a la situación más crítica del último medio siglo» con respecto a la escasez de agua en La Habana y que el 70% del líquido ¿potable? se pierde por los salideros.

¿Desde cuándo la incómoda circunstancia es una novedad? El dato es bastante revelador del causante de semejante sequía artificial, pues el último medio siglo coloca la fecha cerca del año 1959, cuando los acueductos dejaron de ser una prioridad para el gobierno más interesado en su apariencia de éxito político.

Desde los años sesenta no hay uno, sino decenas de documentales y reportajes donde se ve a los cubanos en el trasiego de las pipas que vienen a distribuir el H2O en los distintos barrios habaneros. Ni decir que aprendimos el arte escueto de bañarnos con un cubo de agua y cepillarnos los dientes con un jarrito.

Nadie que no lo haya experimentado, puede imaginarse lo que es un hogar lleno de adultos y niños haciendo sus necesidades fisiológicas y evacuando, cada cierto tiempo, para ahorrar, los inodoros con un cubo de agua almacenada.

Me tocó vivir por unos días en hoteles de Calcuta y Nueva Delhi, donde también visité hogares particulares. Viniendo de La Habana me parecía algo mágico manipular la llave del baño y ver el agua correr. Tal vez no era muy potable que digamos para nuestra flora intestinal, pero servía para el aseo personal y la descarga de impurezas del inodoro. Lo mismo me ocurrió en otras dos ciudades con millones de habitantes, el Distrito Federal en México, donde no ha dejado de acontecer el milagro del agua corriente y en Moscú capital de la otrora Unión Soviética, meca del magro comunismo.

La falta crónica de agua en Cuba ha llegado hasta cobrar vidas pues no poco de los derrumbes en solares habaneros sucedieron por el exceso de peso, no planificado, sobre las viejas estructuras arquitectónicas cuando las personas acaparaban agua en grandes bidones para sobrevivir los días aciagos de su carencia. Ni decir que las giardias y otros parásitos hacen su agosto en fuentes tan expuestas y contaminadas.

El apartamento de mis suegros donde alguna vez me tocó vivir «agregado» era en un edificio muy alto del año 1926. El agua llegaba por unos minutos una vez al día. En el baño se escondía un extraño mecanismo, casi de ciencia ficción, con dos tanques de hierro muy pegados al techo, tejidos de tuberías que entrampaban el agua para que la familia pudiera subsistir hasta el próximo arribo del preciado líquido. Todos teníamos conciencia de la máxima austeridad para bañarnos y cubrir las necesidades mínimas de higiene.

Ahora la prensa oficial cubana amenaza con cortar el servicio del agua a los derrochadores, en el nuevo estilo que se ha impuesto de castigar a las víctimas de la inoperancia del sistema. No es menos cierto que entre los botarates menciona algunas escuelas ideológicas, de gran consumo, pero excluye sitios de turismo y otras zonas especiales donde la sequía de los Castro no golpea con la misma intensidad.

CUMBANCHA

La lengua viperina de José Rodríguez Feo, fundador de la revista *Orígenes* y bibliotecario de la Unión de Escritores y Artistas de Cuba (UNEAC), antes de fallecer, lo calificaba de «pesado», algo que en la isla es como una maldición.

Con un falso aire aristocrático solía interferir, sin previa bienvenida, en las conversaciones informales de colegas para mostrarles una revista extranjera donde le publicaban una entrevista o para restregar la más reciente edición de su literatura.

Ensimismado en su obra y en un desbordado ego, tal vez no ignora que en el medio intelectual nacional le han indilgado el mote de «Mimí», porque todo su diálogo comienza y termina haciendo referencia a «Mi...»

Es uno de esos casos curiosos, pródigos en la isla, de alguien pateado por el sistema represivo como le ocurriera durante cerca de una década cuando no pudo ni publicar una letra, para luego erigirse entre los más contumaces defensores de sus verdugos, poniendo en práctica la premisa de que el socialismo cubano se había perfeccionado. En los años aciagos de la parametración se cuenta que le servía café a Nicolás Guillén.

Debe tener alguna conciencia de que el régimen desprecia a las personas de su preferencia sexual, no obstante los ingentes esfuerzos de Mariela Castro por legitimarlos, aunque en el año que publicó sus memorias, los lectores se quedaron esperando su iniciación en esos avatares lo cual hubiera sido una primera manifestación de franca sinceridad.

Hoy dirige los destinos de la oficialista Unión de Escritores y Artistas de Cuba (UNEAC), donde lo mismo se gestiona un permiso para viajar al extranjero, que una carta donde se apoya el fusilamiento de jóvenes negros tratando de escapar del paraíso proletario y culto.

Lo pusieron al frente de la aciaga institución cuando ya no quedan muchos candidatos dispuestos a comprometerse de tal modo con la dictadura en sus postrimerías. También ostenta un curul en la Asamblea del Poder Popular, suerte de parlamento cubano donde los asuntos se dirimen mediante la unanimidad y la abyección.

Uno de los capítulos consustanciales de su metamorfosis lo ubica en cierta exclusiva fiesta de cumpleaños que Casa de las Américas le dispensara a Fidel Castro antes de su desavenencia intestinal, donde aceptó el intercambio cordial de la gorra emblemática del tirano por un echarpe o pañuelo púrpura que se le ocurrió exhibir frente al siniestro personaje. En el onomástico siguiente, esta vez en la casa de otro escritor en Miramar, tuvo el privilegio de proveer el cake de la fiesta.

De tal modo ha ido dando tumbos en su oportunista carrera política mientras trata de guardar a buen recaudo las páginas que valen de su literatura, donde se destaca la biografía que un negro esclavo le dictara hace algunos años cuando ya ni Lydia Cabrera ni Fernando Ortiz podían enmendarle la plana.

Ahora llega al «monstruo», donde disfruta desandar, en traje de batalla, como un miliciano cultural. Estuvo en Nueva York resucitando otra pueril novela testimonio, de antiguas migraciones cubanas, en su versión inglesa, y amenazó con visitar Miami.

Por un lado dice tender puentes de entendimiento y por el otro advierte, con sospechosa hombría, que viene a combatir por los cinco espías cubanos, que cumplen condenas en los Estados Unidos, al mismo tiempo que se opone al embargo e injuria el juicio que se celebra a Luis Posada Carriles, evento «grotesco», a su entender.

Como si fuera poco, aguarda un tratamiento de alfombra roja en la gira y advierte que espera que nada obstaculice su cruzada y que «ninguna comunidad cubana en los Estados Unidos sea un impedimento para levantar los puentes con más fuerza y sólidos cimientos».

DE HOMBRES Y PERROS

He visto un documental sobre el prestigioso músico cubano Harold Gramatges, fallecido en el 2008, donde no escatima elogios a Fidel Castro. Gramatges fungió como embajador de Cuba en París del año 1961 al 1964, cuando la madre de Ramón Mercader, el hombre que asesinó a Trotsky, hacía las funciones de recepcionista en esa entidad. Posición que había obtenido, según los conocedores, cumpliendo órdenes de la siniestra KGB.

Gramatges fue discípulo en los Estados Unidos de Aaron Copland y Serge Koussevitzky. Me tocó en suerte hacerle una entrevista en su atildado apartamento de Miramar para el programa de la TV Cubana Entre Nosotros, que dirigía Raisa White. Era un lugar como detenido en el tiempo. Afuera, la parafernalia insufrible de la revolución. Dentro de aquellas paredes, la serenidad burguesa de un artista, extrañamente comprometido con los dictados del comunismo desde temprano cuando fue miembro activo de la Sociedad Cultural Nuestro Tiempo.

Recuerdo aquella tarde placentera cuando grabamos el programa y las atenciones de la esposa de Gramatges, que incluyeron café y algún que otro refrigerio como si estuviéramos en París.

No conocía que había sido embajador, solo se habló de música, y mucho menos que con su anuencia y la de su elogiado Castro, la señora María Caridad Mercader, progenitora del hombre que mató a Trotsky, controlaba vida y milagros de aquellos que accedían a la importante legación diplomática cubana en Francia.

No es primera vez que estos peculiares rasgos de doble vida y ambigüedad ética distinguen a los intelectuales cómplices de un sistema totalitario. Llegado al exilio, un amigo me confió otro capítulo esquivo sobre Gramatges que agrega complejidad a su biografía. Resulta que detrás de aquella plenitud doméstica y profesional, en medio de un sistema que por entonces practicaba la más abyecta homofobia, el músico escondía una promiscua vida bisexual. No hay noticias de que alguna vez utilizara su influencia política para salvar a colegas caídos en desgracia por tener similar preferencia sexual.

Todo esto me viene a la mente ahora que, finalmente, la novela de Leonardo Padura, *El hombre que amaba los perros*, sobre la muerte de Trotsky, se publica en Cuba. Al parecer el libro utiliza como pretexto el conocido hecho histórico ocurrido en Coyoacán, México, para emprenderla, sin cortapisas, contra el sistema socialista soviético y sus funestas consecuencias en Cuba.

La primera persona que me habló de León Trotsky fue Everardo Llanes en el Instituto Cubano del Libro (ICL), donde ambos trabajábamos. Por entonces me prestó un libro prohibido *El profeta desterrado: Trotsky, 19211940* de Isaac Deutscher sobre la ordalía del fundador del Ejército Rojo. Era una de esos títulos vedados que podían ser encontrados, no obstante, en el librero de la oficina del director del Instituto, el hoy historiador del régimen Rolando Rodríguez. Llanes se suicidó en la bañera de su casa cuando no pudo soportar el acoso de las turbas a su apartamento de El Vedado, durante los acontecimientos del Mariel, cuando le había dado refugio a un primo, quien se había alistado para aquel éxodo.

En los años ochenta pude salir por primera vez de Cuba a una exposición de libros en México. Al día siguiente de haber llegado, el por entonces director del ICL, que ya no era Rodríguez, y yo, decidimos, a escondidas, visitar la casa—museo donde asesinaron a Trotsky. Era un lugar triste, falto de mantenimiento, cuidado por jóvenes militantes trotskistas donde los principales objetos habían sido cubiertos por gruesos nylons llenos de polvo. Fue placentero, sin embargo, acometer aquel gesto de libertad, lejos de la vigilancia de la delegación oficial.

ASTUCIA

Los jóvenes directores de cine cubanos han demostrado ser muy astutos. Acaban de celebrar su Décima Muestra, suerte de festival fiscalizado por el Instituto Cubano del Arte e Industria Cinematográficos (ICAIC), que ha optado por concertar en vez de confrontar la fuerte corriente crítica del evento, aunque no ha dudado, ni por un momento, en soltar «los perros de la guerra» cuando los artistas intentan mover la frontera estrecha de lo permisible como ocurriera el año pasado con el documental Revolución, dedicado al grupo de hip—hop Los Aldeanos.

En aquella ocasión, los funcionarios culturales le entregaron el mando a siniestros personeros del Ministerio del Interior con la facultad cancerbera de decidir quiénes podían acceder a la sala de cine del evento.

Durante los cinco días que duró esta reciente Décima Muestra solo en una ocasión fue, sospechosamente, interrumpida la electricidad del teatro y la única obra que afrontó dificultades fue el documental *Aire libre*, de Sandra Cordero, sobre el festival anual de música Rotilla en la playa de Jibacoa donde los jóvenes, según dice el catálogo del evento «hablan de las libertades que tienen durante tres días y de otras que sienten vedadas más allá de ese entorno».

Aunque el premio principal recayó en *Memorias del desarrollo*, suerte de continuación del clásico de Guitérrez Alea, *Memorias del subdesarrollo*, del cineasta Miguel Coyula, quien vive en Nueva York, aunque es bienvenido en La Habana, prefiero subrayar otras aproximaciones más obvias a la realidad cubana como el nuevo corto de Arturo Infante, recordado por su contundente filmografía: *Utopía, Gozar, comer, partir* y *El intruso*, que se titula *Comité 666*, velado homenaje al *Bebé de Rosemary*, de Roman Polanski, donde los miembros del Comité de Defensa de la Revolución Mártires de Transilvania se preparan para la llegada de Satanás a La Habana.

Con su acostumbrado y cínico humor, Infante detalla los preparativos de la bienvenida, donde se hacen croquetas de carne humana, así como una repugnante caldosa y son presentadas, en asamblea electoral, las tres candidatas llamadas a engendrar el Anticristo, quienes ostentan obvios expedientes antisociales: prostitución, asesinato, drogas y otros «méritos» para merecer ser la madre María del hijo del Diablo. La elegida, finalmente, resulta ser virgen, condición especial para su popularidad, aunque en la reunión una «cederista» comenta que es seleccionada por ser hija de un dirigente.

También se presentó un dibujo animado de apenas dos minutos de duración titulado *La prisión,* dirigido por Marcos Menéndez, donde dos personajes malvados la emprenden a golpes contra uno más pequeño que le ha dado por gritar libertad. En cierto momento hasta le cosen la boca y los ojos y el término maldito vuelve a escapar mediante una flatulencia. Al final, lo encierran en una pequeña prisión construida, precisamente, con la palabra que ha sido la causante de tantos agravios en Cuba: libertad.

LONDRES O MIRIAM

No sé, ciertamente, cuál fue el momento más emocionante si cuando comencé a leer *Tres tristes tigres*, enfundado en portada de revista *Bohemia* por ser un libro maldito en el represivo ambiente cubano de los años setenta, o ahora que tuve el singular privilegio de cruzar el umbral de la casa en Londres donde Guillermo Cabrera Infante vivió hasta su muerte, hace seis años, con una entereza ética no muy abundante en el universo intelectual de la isla caribeña.

La cortesía se la debo a Miriam Gómez, esposa del gran escritor, quien no reparó ni un minuto en dispensar esta y otras gentilezas cuando así se lo solicité por e—mail pocos días antes de partir de vacaciones con mi familia para la capital inglesa.

Aunque Cabrera Infante ya no desanda los sucintos trillos de su hogar robados a cientos de libros, cassettes y DVDs que reproducen la filmografía de su predilección, su presencia resulta inobjetable desde las fotos que nos miran, los carteles que lo anuncian y las numerosas ediciones de sus más recientes novelas en tantos idiomas de este mundo.

En el centro de la sala, como un santuario de la cultura cubana, se erige el rincón de la máquina de escribir y la silla—trono desde donde consumara su literatura inimitable. Por un momento pareciera que fue a mirar por la ventana hacia la vibrante calle Gloucester, donde está el inmueble, y que su regreso a la escritura resulta inminente.

Si hay algo que transpira el sitio, es el de hogar vivido, sin afeites, donde debe haber sido muy feliz esta pareja, no obstante el acoso y las vicisitudes sufridas por desafiar la dictadura de Castro cuando comportamiento semejante era considerado de mal gusto.

Miriam nos dice que ya toda la documentación está digitalizada y nos muestra gavetas llenas de tesoros manuscritos donde asoma la compleja escritura del narrador, que ella ha debido descifrar al detalle para el proyecto mayor de la esperada obra completa. Ahora se ocupa, también, de compartir la filmografía favorita del novelista, sobre todo la referida a Cuba, en una suerte de Cinemateca que le ha abierto Zoe Valdés en su blog.

Ni un atisbo de rencor asoma a su rostro cuando nos hace cuentos de desprecios y desavenencias relativos a la dimensión del escritor que fue su esposo. Solo trasluce la decisión tenaz de alguien que le pertenece la encomienda de dejar en orden un legado capital para la futura explicación estética y conceptual de la isla que fue la obsesión de Cabrera Infante.

Con la misma destreza y gusto que nos preparó una receta de espaguetis, aprendida en Sicilia, nos regaló las rondas de un Londres ajeno al turismo multitudinario donde conocimos, entre otras perlas, una perfumería centenaria, salvada para la posteridad por Franco Zeffirelli, y el vetusto pub Ye Olde Cheshire Cheese, frecuentado por Charles Dickens y el Dr. Johnson, quien vivía a unos pasos, así como otras luminarias de la literatura inglesa.

Alta, vistosa, de largo y elegante abrigo, caminaba siempre con agilidad delante de nosotros que la seguíamos divertidos, elaborando apuntes espontáneos de una ciudad que adora y conoce al dedillo, donde ha vivido durante más de cuatro décadas.

Es cierto que la pasamos bien tratando de cruzar Abbey Road como indica la foto mítica y que la Venus del espejo, de Velázquez, en National Gallery, es más bella «en persona». Nada, sin embargo, reemplaza el encanto de haber disfrutado virginalmente de la vieja Albión a través de los ojos penetrantes de Miriam Gómez.

PARÍS

Nuestro hotel en París estaba rodeado de callejuelas y numerosos comercios todo apretujados. Una ciudad infinita y misteriosa, como debió ser La Habana alguna vez, donde nunca sabes lo que te aguarda al doblar la esquina. Y así fue que cruzamos la calle a una suculenta dulcería para comprarle un baguette a mi hijo y al salir fuimos interceptados, por una muchacha delgada y ansiosa que nos dijo, sin pensarlo: «¿Son cubanos, verdad?». Se le iluminó el rostro al saber que había acertado y contó que llevaba como 15 años en la capital francesa, sin entrar en detalles.

Supo que éramos visitantes de Miami, nos deseó suerte y luego desapareció con la misma prontitud que nos había sorprendido.

Un día antes Zoé Valdés nos dispensó la bienvenida en la Gare du Nord, estación donde llega el tren rápido Eurostar. Habíamos desayunado en Londrés y almorzaríamos en París, como escrito en un guion de cine con final feliz.

En la noche, la escritora amiga y su esposo, el cineasta Ricardo Vega, asumieron la responsabilidad del bautizo citadino, primera impresión de un lugar, que suele dejar una huella indeleble.

Nos montaron en su carro y recorrieron sitios para ellos entrañables de la urbe luminosa que querían compartir con nosotros. «Ese pedazo de muro que ven en aquel parque es la única huella que queda de la Bastilla». «En esta calle, Rivoli, vivió Martí por muy poco tiempo y dejó tal impresión entre los intelectuales franceses que luego quedó entre ellos el dicho de 'habla como Martí' al denotar a alguien que conversa mucho de modo convincente, seductor».

«Este es el Gran Palacio donde mañana se inaugura una exposición de Lam». París abunda en calles radiales y el auto toma una curva que desemboca, sin previo aviso, ante su majestad la Torre Eiffel. Ricardo nos baja apresurados porque en ese mismo momento, con la noche de fondo, la histórica estructura que simula un encaje de hierro forjado se viste de novia iluminada por cientos de luces que parpadean y dispensan un espectáculo emocionante.

Soy un turista prejuiciado, irremediablemente, tal vez por la tardanza de ser parte del placentero hobby. No dejo de pensar en la cerrazón de mis compatriotas y en el atorrante presidente del parlamento de la isla, quien descarta los viajes de los cubanos por la cantidad insostenible de aviones que estarían congestionando los cielos. Recuerdo a funcionarios retraídos y oportunistas regresar de estos mismos confines y referir sus mediocres aventuras pacotilleras.

Luego entro en éxtasis con los vitrales de Saint Chapelle, capaces de acercarte a Dios, y con las piezas eternas del imponente Museo del Louvre donde me enjugo las lágrimas por los amigos y otros seres queridos que ya no disfrutarán estas obras con las cuales soñé en la colina universitaria habanera. Y distingo a la profesora Rosario Novoa encaramada sobre la mesa del aula de la Escuela de Letras tratando de contagiarnos con la pasión que ahora me consume.

Alzo la vista al campanario de Notre Dame donde quiero pensar que me saluda Gina Lollobrígida, transmutada en la gitana Esmeralda y le perdono al africano que nos da paso al bote de la gira por el Sena cuando me dice que Cuba es un paraíso y me divierte la anécdota de Zoé que irrumpe en la escuela de su hija, con un zapato en un pie y una chancleta en el otro, tanta es su premura, para dejarle saber a los directivos su inconformidad con que la niña analice como un trabajo de clase el filme *Diarios de Motocicleta* porque trata de la temprana juventud de un asesino.

París sigue siendo una fiesta y también la ceremonia de unos ancianos veteranos de la guerra depositando flores al pie del Arco de Triunfo en la Tumba del Soldado Desconocido. París es un sueño hecho realidad sobre todo porque mi hijo de catorce años ya la hizo suya y la explica a sus amigos cuando repasa el álbum de fotos que mi esposa ha diseñado como para guardar el corazón.

SWINGER A LA CUBANA

Cuando se salvan los escollos de actuaciones sumamente irregulares y diálogos rebuscados e improbables en boca de cubanos cujeados por la rispidez cotidiana de sálvese quien pueda, el filme *Afinidades*, dirigido por la dupla de actores de *Fresa y Chocolate*, Jorge Perugorría y Vladimir Cruz, resulta revelador en más de un sentido.

Pre estrenada durante el pasado Festival del Nuevo Cine Latinoamericano, la película está siendo presentada ahora en las pantallas de la isla y pudiera llegar a ser una de las más taquilleras de los últimos tiempos por aventurarse, de lleno, en un terreno totalmente movedizo: la corrupción en una suerte de capitalismo salvaje y el sexo compartido entre parejas, o swinger a la cubana.

Los escasos comentarios que la preceden expresan perplejidad y desorientación, pues muchos críticos nacionales han querido olvidar la lista numerosa de altos dirigentes del régimen dados a la dulce vida erótica, a costa del erario público, por la cual a veces han cumplido condena y en otras ocasiones dispensados, en dependencia de sus vínculos con la cúpula gobernante.

Afinidades se refiere a la metástasis social de esa corrupción y cuenta la historia de dos parejas, con recursos, que parten para el paradisíaco centro turístico de Guamá en la llamada Laguna del Tesoro, Ciénaga de Zapata, con la obvia intención de intercambiar favores sexuales. Lo cual no sería más que una preferencia en el campo del erotismo, si Perugorría no fuera el directivo de una empresa a punto de fusionarse con una firma extranjera y Cruz un empleado y amigo científico algo necio, capaz de entregar, como ofrenda, a su joven esposa para garantizar su permanencia en la nueva y prometedora plantilla empresarial.

En el ínterin, la inexperta muchacha se resiste a la ecuación, aduciendo un desconocimiento del plan inicial, lo cual resulta algo inverosímil, mientras la mujer de Perugorría, fogosa y experimentada española, se incorpora inmediatamente al juego fornicando a como dé lugar con el hombre de ciencias.

Afinidades prefigura la profunda división clasista que acontece en el otrora edén obrero de la igualdad. Nadie recuerda a los Castros y su perturbadora ideología; Perugorría recibe llamadas en su celular que despacha como si estuviera trabajando en «provincias», el camarero principal es un negro cómplice que no se cansa de repetir que puede ofrecer cualquier servicio y los únicos otros cubanos que figuran en el lugar son los del cuerpo de baile de un lamentable espectáculo «taíno», que hacen las delicias de turistas rusos.

La progresión dramática del filme está muy comprometida con su fuente literaria, una novela de Reinaldo Montero. Avanza hacia su destino, por momentos predecible, en alas de escenas eróticas que van in crescendo hasta la orgía final entre los cuatro personajes, tratamiento y conclusión poco frecuente en el pacato cine cubano.

Habrá que ver la reacción del público de la isla cuando *Afinidades* les permita asomarse a un país ajeno, donde hay otras transformaciones en marcha, no las que preconiza el Partido Comunista, sin timbiriches ni cuentapropistas indigentes. Un país donde, al parecer, no todos disfrutarán de iguales prebendas.

DESDÉN

Amigos muy confiables e inteligentes, personas vinculadas al mundo de la cultura artística y literaria han regresado de incursiones estremecedoras a Cuba, su país de nacimiento, luego de largas ausencias. No traen noticias halagüeñas que digamos. Los siento más bien en estado de shock, devastados con la experiencia.

Hubo reencuentros y fiestas ocasionales. Visitas a sitios que algo significaron en sus vidas. Y conversaron con decenas de creadores y teóricos que aguardan sus visas para viajar a los Estados Unidos. El intercambio cultural se ha vuelto como el viaje a la meca.

La ansiedad se acrecienta, pues esa puerta se puede cerrar mañana, sin previo aviso. La idea es pasar por Miami, en camino a otros estados, y confraternizar, ponerse al tanto de las vidas ajenas, saber si de verdad valió la pena abandonar un país donde se puede mal vivir con trabajos ocasionales, para empezar de cero en un sitio de plenitud, como Estados Unidos, pero laboralmente muy exigente para los parámetros de medio siglo de dictadura ineficiente y paternalista.

Dicen mis amigos que los artistas e intelectuales de la isla hablan de Miami con desdén pues han confundido el potencial cultural de la ciudad con la prosperidad de una finca en Okeechobee. Aseguran que cuando llegue alguna forma de libertad, nadie se acordará del sur de la Florida y La Habana será el centro de todos los mimos y atenciones como solía ser.

En el ínterin, sin embargo, la indigencia generalizada deja mucho que desear y el día que asome el rostro de la emancipación, por todos añorada, no pocos se sentirán frustrados al constatar que el mundo real puede prescindir de algunos sueños colectivos y hasta individuales inoperantes.

La parentela que visita La Habana procedente de Miami, pertrechada con los excesos de la sociedad de consumo, resulta vulgar y de mal gusto para el refinamiento cultural de los intelectuales y artistas cubanos, al tanto de las últimas corrientes del pensamiento internacional aunque tengan la ropa interior empercudida por la escasez.

Estos cubanazos de la abundancia, provenientes del norte, son solo útiles para paliar necesidades perentorias, pues los graduados de conservatorios e institutos superiores de arte aspiran a un universo trascendente, de satisfacciones espirituales, aunque miren de reojo y con añoranza los cómodos nikes del primo visitante.

Junto a la burda represión del pescozón y la amenaza que se aplica a los ignorados disidentes, convive el lavado de cerebro mediático que no ceja en su afán de desvirtuar la realidad y considera enemigos a todo el que no comulgue con la gerontocracia gobernante.

Pocos balseros flotan últimamente en el estrecho de la Florida mientras más pan con tortilla se dispensa por las calles de La Habana, resultado del progreso de la economía del régimen en materia cuentapropista. Una suerte de resignación y costumbre a la austeridad recorre la población en general, mientras los artistas e intelectuales no cesan en sus fantasías y viajes de oxigenación.

Mis amigos de Miami han regresado desesperanzados. La ecuación cubana resulta disparatada y triste. Los planes de futuro son entelequias y el presente que es rudo, caustico, comienza en la zozobra del amanecer y termina al final de la noche luego de parar en todas las estaciones de la supervivencia.

EL PRECIO DE LA LIBERTAD

En una entrevista a propósito de su homérico filme *The Way Back*, el director australiano Peter Weir afirma que el drama de los prisioneros en los gulags soviéticos de Siberia es mucho menos conocido que la tragedia de los campos de concentración nazis, quienes si se dieron a la tarea de filmar y dejar constancia para la historia terribles testimonios, pensando, tal vez, que hacían lo correcto en su criminal labor de limpieza étnica y durarían para siempre.

El holocausto estalinista tuvo un comportamiento más infausto en su secretismo e hipocresía, como siempre corresponde a esta otra tendencia socialista, similar a la cubana, en su simulación, donde un puñetazo en el páncreas, que provoca la muerte, suele ser una enfermedad natural.

La película de Weir pasó sin penas ni glorias por las alfombras rojas de los numerosos y, en ocasiones, frívolos premios cinematográficos que se otorgan cada año. Todo parece indicar que el tema sigue siendo incómodo y hasta poco comercial. También resulta bochornoso porque cientos de intelectuales del mundo apoyaban la dictadura del proletariado en la Unión Soviética mientras 20 millones de personas eran ultimadas en la tundra desempeñando trabajos esclavos.

The Way Back es la historia, basada en hechos reales, de un grupo de presos que escapan de la Siberia y atraviesan 4, 000 millas en busca de la libertad que finalmente encuentran en las planicies de la India. La lucha contra las inclemencias del tiempo y el miedo a ser capturados en un universo hostil, de revoluciones comunistas, le da una proporción épica a la huida.

La tensa aventura por montañas y praderas establece un paralelo con los desmanes del sistema estalinista que narran los protagonistas. Las semejanzas con el modelo cubano saltan a la vista, mientras que, en pleno Siglo XXI, otras hornadas de intelectuales y artistas en el mundo prefieren ignorar lo que acontece en la isla, una vez más.

En el gulag, los prisioneros políticos son hostigados por los delincuentes comunes. Un militar polaco es denunciado como colaborador del enemigo por su propia esposa, bajo la presión de la tortura. Las religiones son proscritas y los templos abandonados. Los artistas y pensadores desleales detenidos y hasta un especialista norteamericano, que ayudaba a la construcción del metro de Moscú, es acusado de espía, enviado a Siberia, y su hijo adolescente asesinado con un tiro en la nuca.

Ahora mismo puede suceder que *The Way Back* se estrene en La Habana y que todo parezca parte de una historia ajena. Esa es otra de las estrategias del régimen cubano, celebrar la revolución de octubre, cantar loas a Lenin, su siniestro fundador, echar de menos los llamados logros de la URSS, hábito que ni los mismos rusos practican ya, sin asumir todos sus desmanes y crímenes históricos.

Como es algo que no se da todos los días, al menos en el circuito comercial cinematográfico, voy a guardar una copia de *The Way Back*, para que mi hijo más joven y mis nietos sepan por qué nacieron en este país, cual suele ser el precio de la libertad, y cuan agradecidos deben sentirse de disfrutarla.

CONGA SORDA

Resulta curioso que la cruzada en contra de la homofobia liderada por Mariela Castro, directora del CENESEX (Centro Nacional de Educación Sexual) en Cuba, no cuente con la alianza de reconocidos intelectuales cubanos, abiertamente gays, lo cual redundaría en un apoyo adicional del universo cultural que no le vendría mal.

Sería bueno saber si ella ha tratado de hacer posible ese acercamiento, sin éxito, o si ha preferido seguir siendo el centro político y social de un tema controversial en su carrera de empoderamiento.

La conga anual por la Calle 23 de El Vedado habanero y el espectáculo de transformistas, ahora con más auge en el Teatro Carlos Marx, trivializa sin duda su gestión que se ha desvirtuado este año pidiendo la liberación de los cinco espías en cárceles federales de los Estados Unidos (Por ahora no se tiene noticia de que alguno de ellos haya manifestado esa preferencia sexual) y haciendo que los más expresivos gays desfilen con la sacra imagen del otrora «homofóbico en jefe», Fidel Castro, como si hubiera algo que agradecerle que no fuera la creación de la UMAP (Unidades Militares de Ayuda a la Producción), el Primer Congreso de Educación y Cultura y muchas otras, leyes, resoluciones y aberraciones represivas a los cuales fueron sometidos los homosexuales cubanos bajo su beneplácito.

Los Castros saben que en Cuba la permanencia y el éxito de cualquier empeño como el de la llamada revolución se reduce a tener el poder, nunca compartirlo, lo cual resulta peligroso como ha dictado la experiencia internacional de otros experimentos similares.

La sexóloga alemana Monika Krause, aupada por Vilma Espín, fundó y desarrolló muchos de los proyectos e ideas que luego la hija de la presidenta de la Federación de Mujeres Cubanas ha reclamado como propios.

A la Krause le sobraba perseverancia y habilidad pero le faltó el apellido y debió abandonar el país entristecida y frustrada cuando se buscó notorios enemigos en la nomenclatura comunista.

La fórmula de Mariela resulta confiable para la dinastía y reproduce, sin disimulo, el «dentro de la revolución todo…», «la universidad es para los revolucionarios», «la calle es del pueblo» y tantas otras consignas exclusivas promulgados por su tío durante su decadente termino dictatorial. Ahora para ser un homosexual respetado, hay que ser socialista o, como se dice en cubano, revolucionario.

Se cuenta que cuando la Unión de Escritores y Artistas de Cuba (UNEAC) fue fundada, por los años sesenta, su primer y único presidente vitalicio, el poeta Nicolás Guillén, casi sufre un golpe de estado por un grupo de prominentes intelectuales gays. Por supuesto que el diferendo fue zanjado a su favor, a la sazón Poeta Nacional, y los aspirantes a directivos de la organización terminaron descabezados por la parametración que prohibía a los homosexuales desempeñar cargos de responsabilidad en el ámbito de la cultura.

Los logros de la comunidad gay cubana contemporánea no tienen sus raíces en esos fracasados escarceos intelectuales que solo buscaban pulsar con el poder absoluto, buscando un nicho, sin una preocupación social general por los homosexuales de a pie que eran humillados en las calles.

Mariela Castro debiera saber, no obstante su torpe vocabulario discursero, lo cual revela omisiones en su educación, que la defensa a ultranza de una minoría conlleva una sociedad donde muchas otras disensiones han sido resueltas.

Cuando se apagan las candilejas y se acallan las tumbadoras, todos los cubanos, sin tomar en cuenta su preferencia sexual, pertenecen al mismo pueblo atosigado por un régimen inoperante y represivo, de promesas incumplidas. Por lo pronto, la conga sigue siendo sorda.

OJO, PINTA

La dictadura de los Castros sabe lidiar con la incomodidad de los que disienten. A un huelguista de hambre lo puede dejar morir por inanición; tiene karatecas de golpes invisibles capaces de pulverizar un órgano interior; convoca actos de repudio con vecinos, proletarios o estudiantes de cualquier edad y que incluso suelen exhibir sus intimidades para hacer valer una suerte de guapería de barrio. También ha ejercitado las llaves de lucha, no tan libre, los pescozones y los jalones de pelo.

Ostenta una larga historia desacreditando a sus oponentes por los medios de prensa que controlan con mano férrea. Sin embargo, últimamente no saben cómo salirse de los embrollos culturales, sobre todo si la víctima se hizo llamar revolucionaria alguna vez o todavía sostiene una morbosa aquiescencia con el sistema que lo maltrata.

Cualquiera que se tome el trabajo de consultar las numerosas publicaciones electrónicas oficialistas cubana, no encontrará ni la más mínima referencia a la ordalía que por estos días sufre el pintor pinareño Pedro Pablo Oliva. El famoso artista, Premio Nacional de Artes Plásticas 2006, ha sido despojado de sus prerrogativas revolucionarias porque un buen día despertó de su largo letargo y quiso pensar distinto.

¿Algunos de sus pecados? Sostener una correspondencia pública con Yoani Sánchez, la bloguera; responder una entrevista a un periodista radial de Miami, curiosamente sin agenda anticastrista; pintar una serie de Fidel Castro, por quien siente una gran ternura, en situaciones «humanizadas», según su decir; tener una ex esposa artista, Yamilia Pérez Estrella, que ejecuta performances incómodos para el régimen; fundar y dirigir una Casa Taller con libre acceso a la información y abogar por la formación de otro partido político.

Quien explore el sitio electrónico de la Unión de Escritores y Artistas de Cuba (UNEAC) y acceda a la Asociación de Artes Plásticas de la organización, dirigida por la pintora oficialista Lesbia C. Vent Dumois, vinculada a la Casa de las Américas, y busca en vano la Declaración de esta compañera de Oliva defendiendo sus derechos de expresión y oponiéndose al abuso de poder de las instancias partidistas en Pinar del Río, que lo tildan de enemigo, no encontrará nada al respecto, sino las habituales loas celebratorias y otras frivolidades de la organización como la de crear un Comité de Artistas en Holguín para la defensa de los cinco espías que purgan penas en cárceles de los Estados Unidos.

Curiosamente, como una señal nefasta, entre los directivos de la Asociación aparece el nombre de Agustín Bejarano Caballero, preso en Miami, acusado de abusar sexualmente de un menor de edad, como signo de la decadencia de una sociedad que engendra la insolidaridad y el sálvese quien pueda, donde alguna vez existió el plan, obtuso, de crear «un hombre nuevo».

Son las consecuencias de la orfandad de la cultura en un país donde los padrinos políticos son esenciales para sobrevivir. El último congreso del partido prescindió de los servicios del propio Ministro de Cultura en el Buró Político, quien es a la sazón pinareño, y de otros vejestorios como Alfredo Guevara y Fernández Retamar otrora miembros del Comité Central, sin voz ni voto, para responsabilizar al pusilánime Miguel Barnet con los avatares de la cultura al frente de la UNEAC. Ni decir que tampoco este presidente, venido a menos, se ha expresado en defensa de un pintor que seguramente admiraba antes de que cayera en desgracia.

Pedro Pablo Oliva se incorpora a un calvario que otros como Antonia Eiriz, Umberto Peña y Servando Cabrera padecieron, en algún momento, la represión castrista. Tan ocupado estaba en su obra excelsa que no tuvo tiempo de pensar que lo mismo le podía ocurrir. Le esperan tiempos difíciles a él y a su familia. Dice el músico José María Vitier a la prensa española que ahora hay la esperanza de que el país vaya adelante. Sería bueno que dejara de simular y le hiciera una visita al pintor defenestrado para comprobar lo contrario.

QUINTANA, CIVILIZACIÓN Y BARBARIE

Se trata de una de esas escenas donde Cuba queda escindida en dos pedazos. Un guerrillero atorrante, no muy dado a la higiene, con las botas sobre la mesa de su usurpado despacho, trata en vano de imponer su voluntad a un joven y atildado arquitecto. La brusquedad castrense intenta subyugarlo mediante el terror temprano y le increpa al exitoso profesional: «Tú eres burgués», como si padeciera de una enfermedad incurable, a lo cual responde presto el demiurgo de hermosas edificaciones: «Soy un señor burgués», con lo cual sellaba su destino ante el insolente Ernesto Guevara.

Al poco tiempo de aquel encontronazo, en el año sesenta, Nicolás Quintana alistó sus maletas porque el ideólogo del llamado «hombre nuevo» lo consideraba un estorbo para sus afanes voluntariosos y hasta lo amenazó con el temido paredón si seguía actuando en contra de la voluntad del pueblo.

Cualquiera pensaría que un hombre que disfrutaba dejar su automóvil parqueado cerca del Parque Central para caminar, con desenfado, por la calle Obispo las cuadras que mediaban hasta la oficina de Moenck & Quintana, prestigiosa firma de arquitectos en la Ciudad de la Habana, terminaría el resto de su vida en estado depresivo por tantas perdidas irrecuperables, sobre todo la del entorno al cual nunca regresó y solo reprodujo en sus sueños inclaudicables.

Lo cierto es que aquel que trató de humillarlo, hoy es un montón de restos inútiles en un monumento de mal gusto arquitectónico como la fracasada doctrina de violencia que representó, mientras Nicolás Quintana, con su eterna sonrisa y optimismo, sin parangón, pertenece al panteón de los fundadores, de humanistas y creadores distinguidos como sus amigos, Lidia Cabrera, Wifredo Lam y Fernando Ortiz, que dejan una estela benéfica para la humanidad por la cual siempre serán recordados.

El día que lo tuve de invitado en el programa de televisión La Mirada Indiscreta llegó puntual en su silla de ruedas. Le quise mostrar y comentar un documental publicitario de los años cincuenta sobre El Vedado, con el título de 23, El Broadway Habanero así como otros materiales de esa parte entonces moderna de la ciudad.

No conocía los documentales y a medida que se adentraba en aquellas calles entrañables, mediante la imagen, su entusiasmo contagiaba hasta los camarógrafos que comprendían estar ante la sabiduría en persona y no frente a un papagayo que andaba La Habana repitiendo lugares comunes aprendidos de memoria.

Aquella tarde, Quintana nos hizo entender los aciertos de un urbanismo adelantado a su tiempo con los comercios en la primera planta mientras las viviendas estaban reservadas para los pisos superiores, en una escala humana, cómoda y asequible. Nos sedujo, con su entusiasmo habitual, sobre una ciudad con valores ecológicos preclaros en la disposición de sus jardines y áreas verdes.

En un aparte de la grabación me confió, esperanzado, que entre sus mejores alumnos figuraban los recién llegados de Cuba y de cuanta ayuda extraoficial recibía de la isla para sus proyectos de reconstrucción de La Habana.

La fe de Nicolás Quintana en sus compatriotas y en la posibilidad de resucitar una ciudad marcada por el abandono, la desidia y la desesperanza, son capítulos de una epopeya ejemplar donde la civilización vence virtualmente a la barbarie. Qué descanse en paz este cruzado de las buenas causas con la certidumbre de que la razón y la historia siempre estuvieron de su parte.

LOA

El fulgor y drama de la madre cubana durante el último medio siglo ha nublado, de cierta manera, la ordalía silenciosa de los padres.

La paternidad se vuelve un concepto en entredicho cuando el estado comienza a usurpar las funciones que le están dadas de modo natural. En Cuba no hay «un gran hermano» que todo lo controla y vigila, sino «un gran papá».

A la complejidad, esfuerzo y responsabilidad que demanda ser padre, hay que sumar el peso de los requerimientos ideológicos y las obligaciones políticas porque la voluntariedad del régimen siempre tiene otra tarea falaz en mente que puede ser una beca, el servicio militar obligatorio, una misión internacionalista, la escuela al campo o cualquier otra aberrante convocatoria, difícil de esquivar, especializada en desunir.

Con cinco hijos, cuatro varones y una hembra, mi padre padeció y sobrevivió todas las andanadas del chabacano comunismo cubano y asistió imperturbable y con una voluntad de hierro, al derrumbe sistemático de los cánones culturales que había heredado de sus antepasados.

Con el fin de protegernos no se negó a cumplir una misión civil en Angola, de donde regresó perturbado por la dura experiencia y larga separación. Soportó los cañaverales y otros disparates del llamado trabajo voluntario, así como tretas de los comisarios políticos que no confiaban en su lealtad al socialismo. Negoció comida en bolsa negra para alimentar a la familia y plazos para que sus sucesores no fueran castigados por comportamientos irreverentes.

Dejó partir a un hijo para la Unión Soviética que luego regresó casado, con descendencia y sin lugar donde vivir mientras otro de sus varones terminó como tripulante en la fracasada Flota Cubana de Pesca. De incursiones a España, donde entregaban la captura de tres meses de fatigante labor, trajo mensajes de mundos posibles, sin el agobio totalitario.

Ganó su sueldo estricto en dinero cubano, circunstancia que apenas cubría nuestras necesidades más apremiantes. Lidió con las humillaciones cotidianas de una estructura gubernamental que considera a los cubanos ciudadanos de segunda clase. De nada le valió ser obrero ejemplar. Vio, ensombrecido, cómo el horizonte de sus vástagos se fue estrechando hasta lo intolerable.

Eso sí, a puertas cerradas y vislumbrando que algún día nos sería de gran utilidad, pergeñó en el hogar un emporio de conducta democrática. No se amilanó ante el peligro que tal proceder acarreaba para enseñarnos a no discriminar y antagonizar los dogmas e imposiciones. Siendo un magnífico operador de máquinas de imprimir, sin educación superior, mediante sus desvelos supimos de la importancia de la lectura para ser libres y del valor de otras artes como el cine, por el cual manifiesta un amor contagioso. Nos hizo humanistas.

Cuando llegó el momento de las despedidas y fugas de la desolación cubana, participó, en secreto, de cada trámite, por lo cual la Seguridad del Estado lo castigó cinco años sin poder salir de la isla.

Ya en el exilio, su felicidad y la de nosotros ha sido duramente interrumpida por dos pérdidas irreparables, la de mi madre y uno de mis hermanos, pero se ha levantado para seguir siendo nuestro héroe venerado. En el Día de los Padres, es la prueba contundente de que la decencia y la honestidad han salvado al país de un naufragio que parecía irremediable.

COFFEA ARÁBIGA

Están las grandes satisfacciones, como un deseo largamente añorado que logramos alcanzar: navegar por el Sena al atardecer en compañía de seres queridos o los pequeños y personales caprichos como escoger el café expreso preferido. La mejor parte de la vida se va tejiendo de esas y otras dulces circunstancias.

No hay cosa que disfrute más que pararme frente a un anaquel de la tienda Starbucks Coffee y tratar de seleccionar uno de los numerosos tipos de granos del «néctar negro», para llevar a casa, molerlo y colarlo a mi gusto en el momento que se me ocurra. Me he vuelto una suerte de barista aficionado. Ya hasta voy por un segundo tipo de cafetera, algo más sofisticada, que cuela dos tazas primorosamente espumantes, capaces de inundar la casa con un olor embriagador y nostálgico.

Así como se han escrito historias del cubano y su relación con el tabaco, bien pudiera hacerse algo similar sobre su vínculo con el café por la facilidad que tiene para convocar la sobremesa, una buena conversación o manifestar toda una cultura. En Cuba tomé el modesto café aguado pero hospitalario en un bohío de la Sierra Maestra y el «oficial» que se perpetra, como un gran logro, solamente en el Palacio de las Convenciones durante los eventos de cultura a los cuales asistí.

No degusté el famoso de los tres centavos en las esquinas habaneras de la cafeteras Nacionales, que Acosta León pintara antes de suicidarse, como en singular premonición. Ese expreso de barrio, sin nada que envidiar a los italianos, según se afirma, fue sustituido por un brebaje de química inclasificable. Hay una famosa caricatura de Manuel donde una larga fila de clientes espera por su café mientras el dependiente avisa que está colando con los pies en una palangana de agua caliente.

Cuba sin café ha sido un país menos gentil. Gobernantes con algún escrúpulo hubieran hecho lo indecible para garantizar que en la mañana no se rompiera una tradición de siglos y sus conciudadanos pudieran afrontar la incertidumbre diaria, al menos, con un mínimo placer satisfecho.

Sin un ápice de vergüenza, la prensa cubana trata ahora de convencer a sus lectores de que el regreso del café mezclado (50% de chícharo y 50% de café) puede interpretarse como un remedio bendito a los altos precios del mercado internacional y a la fracasada producción nacional. La nueva combinación ha resultado algo letal haciendo estallar algunas cafeteras, mientras el periódico *Granma* circula instrucciones de seguridad para evitar tales incidentes.

En el excelente documental *A dónde vamos*, de Ariagna Fajardo, campesinos de la Sierra Maestra explican el porqué de la pobre cosecha cafetalera donde el único fenómeno natural que ha conspirado para tal debacle parece ser la indiferencia de la inepta estructura administrativa gubernamental que paga 6 o 9 pesos por una lata de café acopiado que debiera valer 21 para rendir ganancias.

Ya en otro documental, un clásico en su género, realizado por Nicolás Guillén Landrián bajo el título de *Coffea Arábiga* en 1968, la añeja infusión se vuelve un pretexto para subrayar el aquelarre de los dislates sociales y económicos de la revolución donde hasta hubo un cierto «cordón de La Habana» donde se intentó, de modo frustrado, cultivar café caturra en la ciudad.

Medio siglo después de tantos desatinos no hay mejor colofón para esta historia que las instrucciones que acompañan la bolsita de café mezclado que hoy se distribuye de manera racionada a la población cubana y que parece la fórmula de un alquimista enloquecido: «El agua no debe sobrepasar la válvula de la cafetera; el café no puede estar comprimido en el colector pues el espacio libre favorece la hidratación del chícharo, y la cocción deberá ocurrir a fuego lento».

EN NEGRO Y BLANCO

Casi en cada encuentro teórico sobre el audiovisual cubano, entre finales de los años sesenta y principios de los noventa, un grupo de distinguidos actores negros, conocidos de manera informal como el «Black Power» se daban a la tarea de quejarse por la poca representatividad que tenían tanto en el cine como en la televisión luego de 1959, cuando la discriminación racial había quedado eliminada por decreto. También hacían la acotación de que no podían escapar a la eventualidad de seguir interpretando personajes estereotipados como delincuentes, esclavos o entes lujuriosos con escasos papeles protagónicos.

Aun hoy, el cine y la televisión de la isla cuentan con pocos héroes o heroínas negros. No hay galanes de ese color, ni figuras femeninas que se impongan por su belleza e inteligencia si no cantan o mueven la cintura. Recordemos que Cecilia Valdés, como excepción, es un fantasma del siglo XIX con poca suerte en su vilipendiada versión cinematográfica, interpretada por Daisy Granados una persona considerada blanca, más allá de que pueda tener un componente mestizo.

La Organización de Naciones Unidas (ONU), ha decretado el año 2011 como el de los afrodescendientes que según estadísticas divulgadas suman un total de 200 millones en las Américas. Hace unos días el tema convocó una reunión de especialistas en Cuba, donde todos coincidieron en que se hacen ingentes esfuerzos para terminar con el embrujo de la discriminación racial que se ha agudizado, a niveles riesgosos, durante las últimas dos décadas.

Por supuesto que las intervenciones volvieron a lidiar con la esclavitud como pecado venial del racismo y de cómo durante las escasas décadas que sobrevivió la república el asunto no recibió la atención que requería para su solución.

Estuvo ausente, sin embargo, la ponencia que considerara las causas de la alta población penal negra en la isla y de cómo son ultrajados por la policía según consta en las grabaciones de video tomadas por cámaras de vigilancia gubernamentales situadas en puntos estratégicos de la capital cubana, que han sido subrepticiamente cedidas a la luz pública. Tampoco hubo explicación de cuántos viven albergados en sitios infernales luego de ser desalojados de maltrechas casas de vecindad, mientras el Historiador de la Ciudad especula como un agente de bienes raíces con las ruinas.

El viceministro de Cultura, Fernando Rojas, algo así como un Cantinflas sin simpatía, rechazó las sugerencias de crear organizaciones encaminadas a defender específicamente a la población mulata y negra porque el asunto no debe reducirse de ese modo sino ser parte de la cubanidad en general.

Así como la población gay se aprovecha, estratégicamente, de contar con el patrocinio de la familia Castro en la persona de Mariela, los negros no han tenido la suerte de encontrar, a ese nivel de poder, una figura que los represente, lo cual negaría medio siglo de un proyecto puesto en práctica a beneficio de los desposeídos, entre los cuales figuran ostensiblemente.

Blas Roca, Juan Almeida, Lázaro Peña y Esteban Lazo, por solo mencionar figuras claves afrodescendientes de la cúpula, se tuvieron que comportar como blancos para alcanzar posiciones claves dentro del totalitarismo cubano. Los negros liberados y tributados con cargos por la revolución no hablan de discriminación racial.

Ni de modo público, ni en los indiscretos atisbos privados de la familia Castro, filtrados a la prensa, se ha expuesto alguna interrelación de sus miembros con personas negras. Se trata de un coto cerrado, de origen estrictamente español y blanco, que no se ha mestizado tal vez para que no haya duda de quién es el capataz de la finca nacional.

La discriminación racial en Cuba hunde sus raíces en la pavorosa esclavitud y sobrevivió el resto de los años formativos de la nación. Hace medio siglo, sin embargo, se ha entronizado en un linaje dictatorial que teóricamente quiere convencer al mundo de haberla suprimido y que los negros, como parte sustancial del pueblo cubano, están obligados a ser felices en el paraíso igualitario.

DEL MAL COMER

Parte de mi familia que deje a la zaga al escapar de Cuba, aunque luego siguieron mis pasos, les gusta bromear sobre el hecho de que no conocí la culinaria alucinante del llamado Período Especial, en tiempos de paz, que por estos días cumple su vigésimo aniversario.

La masa cárnica, suele ser la joya de la corona en el triste anecdotario. Según los sufridos comensales era como un amasijo grasiento, de cuanto desecho incomestible podía reunirse, sustituto de la propia carne de res, por entonces y por ahora artículo de lujo, y del pollo sobreviviente (había un tipo de estas aves comprada en no sé qué mercado internacional que le decían Alicia Alonso por las patas largas y enjutas) y del puerco escurridizo. El ente era acrecentado con soya en descomposición que solía alentar la conjuntivitis hemorrágica y otras dolencias, dado su alto nivel de toxicidad.

Para poderlo transformar en algo comestible como croquetas, medallones, picadillo u otra receta de la gastronomía doméstica, debía hervirse tanto como la ropa blanca, para que soltara su nauseabundo hedor y todos los aceites inimaginables. Claro que al final era un poco de bagazo insípido lo que se llevaba a la mesa.

Ese fue el Período de la desaparición paulatina de los gatos, de la venta de bistecs de colcha de piso y de las croquetas de aura tiñosa, así como del hecho cruel perpetrado por un cirujano que utilizada las mañas de su oficio para mantener vivo a un puerco que iba mutilando en la medida que utilizaba sus pedazos para preparar manjares del pasado. El galeno no podía ultimar de una vez al cerdo pues los extendidos apagones le hubieran impedido conservar la carne.

A propósito de la efeméride he tenido la oportunidad de consultar una copia electrónica del manual *Con nuestros propios esfuerzos. Algunas experiencias para enfrentar el período especial en tiempo de paz*, donde se asientan las más surreales soluciones para poder seguir adelante con el proceso revolucionario cubano en las peores de las circunstancias luego de la caída del socialismo en Europa.

El material, editado por las Fuerzas Armadas Revolucionarias y distribuido a la población como guía del disparate, empieza con un exergo del propio Fidel Castro: «Nada es imposible para los que luchan» y aunque aborda casi todos los aspectos del diario vivir, por problemas de espacio y por pudor, me limito a referirles solo algunos de los títulos de las enjundias más pintorescas anotadas en el volumen de marras. Dejo a la imaginación del lector la prolija cocción requerida:

Carne con fruta bomba, salpicón de pescado con extensores, hamburguesa de vísceras, utilización de la esquirla de mar, pasta de bocadito con plátano y pescado, embutido de toronja, plátano maduro frito (sin grasa), croquetas de chícharos con subproductos, picadillo de palma real, recuperación de huevos con membrana perforada, sustitución de la grasa por naranja agria, congrí de verdolaga, pizza de revoltillo sin queso, ensalada de ceiba, flan de chícharos, helado de calabaza en equipo de frozen, natilla de chícharos, manteca de tilapia y bagazo de caña como fibra dietética.

Claro que todas estas aberraciones de supervivencia tienen su origen en más de medio siglo de recetas económicas y sociales desatinadas del «chef en jefe» que en la propia introducción del libro es citado diciendo: «Lo que tengamos en el futuro tenemos que crearlo nosotros, tenemos que conquistarlo con nuestros brazos, con nuestra inteligencia».

OTRA VEZ PAUL

Era la cuarta vez en unos pocos años que íbamos a profesar nuestra devoción al más activo de los Beatles. Otra vez en Nueva York, la ciudad deslumbrante, en uno de sus nuevos estadiós de pelota, la imperial construcción que alberga el equipo de los Yankees.

He ido ganando acólitos en este peregrinar. Los convierto a la beatlemanía que experimenta un ostentoso renacer. Esta vez pude impeler a mi esposa, más identificada con los Bee Gees y la era gloriosa de la música Disco, y a mi hermano menor, seguidor impenitente de Jaco Pastorius.

El benjamín de la familia, ahora con 15 años, siempre me ha acompañado desde el principio en esta aventura que comenzó en el American Airlines Arena, por el año 2005, y luego se ha repetido en el Shea Stadium y en el Life Sun Stadium de Miami.

Supe de una muchacha de apenas 21 años que ha sido testigo de 14 conciertos de McCartney y en la apoteosis peatonal de Times Square divisé algunas decenas de jóvenes con *t-shirts* de los Beatles, además de los que ya lucían atuendos anunciando la nueva gira de Paul iniciada precisamente en Nueva York con el título que recuerda una de sus obras emblemáticas con el grupo Wings: «*On the Run*».

Vale la pena saber que este risueño e impecable británico, que suele vestir de traje negro o gris y camisa blanca en sus conciertos, suma la friolera de 69 años y hace unas pocas semanas acaba de concluir otra gira de todo un año que se extendió a Suramérica, donde fue recibido como si fuera el Papa.

Dos horas y media de espectáculo unipersonal, sin bailarines, disfraces ni artilugios a lo Cirque de Soleil y treinta y cinco canciones interpretadas sin intermedio y sin llevarse una gota de agua a los labios, con la voz más afinada y versátil de la música popular, hicieron de la noche en la Catedral del Beisbol un lugar de ensueño y nostalgia.

El público estaba repartido entre una legión de veteranos seguidores y nuevos fans que recitaban sus legendarias canciones. Al lado de mi esposa, cierta muchacha hispana repetía constantemente: «Esa es una de mis favoritas». Habría nacido hace unos veinte años cuando Lennon ya no estaba pero nos explicó que su padre le inculcó el amor por los Beatles desde pequeña.

A diferencia de otros conciertos que comenzaron con la vivaz *Drive My Car*, este abrió con la festiva e intrigante *Magical Mystery Tour* como pórtico de un viaje de incalculable emoción. Entre las novedades y sorpresas estuvo *Night Before* que nunca cantó en un concierto público desde la disolución de los Beatles y la siempre agradable presencia del neoyorquino Billy Joel invitado a interpretar *I Saw Her Standing There*, quien se despidió haciendo una reverencia como si hubiera estado ante Dios.

A propósito de *Back to the USSR*, McCartney dijo que la compuso años antes de que se cayera la «Cortina de Hierro» y ni en sueños pudo haberse imaginado que la interpretaría después en la propia Rusia, donde el Ministro de Defensa, un joven que parecía tener 25 años, le confió que había aprendido inglés con las prohibidas canciones de los Beatles.

Todo parece indicar que estamos abocados a un revival de estos clásicos que nos hicieron felices en la penumbra totalitaria y siguen haciendo el mundo más llevadero. Martin Scorsese concluye un documental sobre George Harrison mientras otros importantes directores, Albert Maysles y Bradley Kaplan, se ocupan de McCartney en un filme sobre su ayuda a las víctimas de Septiembre 11. A nivel local Willy Chirino cubaniza a los cuatro de Liverpool con su álbum *My Beatles Heart*, mientras en la propia isla de Cuba se inauguró el café—cantante Submarino Amarillo.

Se especula sobre la posibilidad de una reunión de los Beatles sobrevivientes para un concierto a propósito de las Olimpiadas de Londres el próximo año lo cual sería, sencillamente, el cielo.

LOS GOLPECITOS DE ROSA

El director y guionista de cine cubano Eduardo del Llano concluye la saga de su personaje emblemático, Nicanor O'Donell, iniciada en *Monte Rouge* (2004), con un décimo cortometraje titulado *Exit*, que terminó en enero de este año.

En el decálogo, O'Donell suele ser el cubano sufrido y atribulado en un país donde impera el absurdo. El cine cubano no ostenta una colección de viñetas tan mordaces sobre el régimen que las engendra. La vapuleada *Alicia en el pueblo de Maravillas* (1991) pudiera ser un antecedente y Del Llano se encuentra entre sus guionistas.

Las desventuras de O'Donell llegan filmadas sin alardes estilísticos que pudieran interferir en el diáfano desarrollo de sus argumentos. El director carga la mano en la especialidad que mejor maneja: el guion, ingeniosos por sus giros inesperados y elocuencia. Se rodea también de experimentados actores que integran una suerte de cofradía.

Apenas reserva espacio para la metáfora contestataria y la doble lectura en sus historias: La policía política viene a poner la técnica (micrófonos de escucha) en la casa de Nicanor para saber de opiniones contrarias; en Cuba es casi imposible conseguir una bandera cubana; la prensa todo lo tergiversa en pro del momento político correcto; un grupo de asambleístas venera como ave rara al que discrepa y los taxistas conspiran contra el buen «botero» que insiste en trasladar gratuitamente a las personas que agonizan esperando un transporte, son algunos de los comentarios esgrimidos mediante un humor corrosivo.

El argumento de *Exit*, la última entrega, no podía ser más oportuno cuando los creadores cubanos han sido convocados para que celebren el medio siglo de su dogal, el «dentro de la revolución todo y contra la revolución nada», de las palabras a los intelectuales del dictador Castro, en la Biblioteca Nacional, con la pistola sobre la mesa.

No se recuerda una época más precaria para el libre albedrio como la actual. Hubo tiempos de artistas rebeldes apresados y de escritores prohibidos resistiendo en silencio. Los nuevos modos de abyección tienen que ver con una cautelosa disciplina social para que la próxima obra se produzca o el viaje se autorice. No obstante, todos afirman que no sufren ningún tipo de censura.

Omara Portuondo y su deseo insatisfecho de cantarle al Castro convaleciente; Alicia Alonso confundiendo a su compañía de ballet con un pelotón militar y Kcho, desenfrenado en sus elogios al Partido Comunista y el gobierno, son modelos de comportamiento que dan vergüenza ajena.

Cuando la prensa extranjera los interpela casi todos repiten como papagayos que el país está en un proceso de cambios esperanzador, aun sabiendo que el progreso no se avista por ningún flanco.

En *Exit*, Nicanor O'Donell recibe el más raro contrato, bien remunerado, por cierto, en moneda convertible. Tiene que golpear en el rostro a cien artistas cubanos para que aparezcan apesadumbrados en la obra fotográfica de un prestigioso creador extranjero de visita en Cuba para esos menesteres.

Los criollos reciben la humillación de buena gana porque será una manera conveniente de darse a conocer en otros países y hasta una bailarina joven se alista porque los golpes la erotizan.

En el ínterin la esposa de Nicanor espera el dinero para hacerse de una cena suculenta y la cola de los artistas cubanos que quieren ser golpeados sobrepasa la centena.

Entre este sarcástico argumento y el reclamo que hace en su blog Eduardo del Llano para el derecho de huelga y el respeto por la disidencia interna, se atisban rayos de esperanza, entre un grupo de hacedores de la cultura nacional que se resiste a claudicar en tiempos de incertidumbre.

SIN LICHI

No recuerdo una presentación más hermosa en la Feria Internacional del Libro de Miami que aquella protagonizada por Eliseo Alberto Diego la primera y creo que la única vez que lo tuvimos como invitado. Era entonces el ganador del primer Premio Alfaguara, que compartió con Sergio Ramirez y el salón se repletó hasta los bordes. No cabía un alma, sobre todo de gente joven que querían ver y escuchar al escritor que pertenecía al linaje de los Diegos y que no estaba en Cuba desde hacía muchos años.

Ocurrió de pronto uno de esos momentos irrepetibles en eventos de esta índole que suelen ser, más allá de algún debate enardecido, sobre todo entre cubanos, muy formales. Al final, cuando se estableció el diálogo entre el público y el autor, una muchacha atractiva pidió la palabra y dijo que quería cantarle a Lichi, que es como lo identifican quienes lo veneran.

Eliseo Alberto Diego, grande, bonachón, de ojillos escrutadores se dejó querer por la improvisada trovadora como si la estuviera esperando. Tierna conclusión a todos nuestros desvelos por traerlo a la Feria porque su viaje a Miami siempre solía complicarse. Decenas de lectores hicieron fila para llevarse su autógrafo, a todos deparó un comentario y su sincera sonrisa.

Así lo quiero recordar ahora que no está. Sencillo y triunfador sobre todos los avatares que debió vencer como parte de una generación intelectual marcada por la desilusión donde unos tomaron la decisión de ser parte del proceso dictatorial que los ha vapuleado y otros, irremediablemente, emprendieron el camino del exilio con una marcada melancolía.

Durante una visita a México, un amigo común nos llevó al apartamento de Lichi de donde guardo un recuerdo indeleble. Hablaba con admiración y orgullo de su hija que se había vuelto una mujer hermosa, lo cual no dejaba de preocuparle porque ya no podía retenerla en la casa para protegerla y nos divirtió mucho con historias sazonadas de humor que iba encadenando con proverbial facilidad.

Nos habló de un plan para exiliar a los Castros en la Isla de la Juventud donde podrían seguir con sus tropelías, en un falso país, sin perjudicar al resto de los cubanos y se burlaba, sanamente, de su tío Cintio Vitier, haciendo esfuerzos denodados por parecer revolucionario en las postrimerías de su vida.

Hubo un momento que nos dio una gira por el apartamento, sobre todo para enseñarnos las fotos familiares y de amigos. Nos llamó la atención que exhibiera, sin recato, al cabo de tantos años, la instantánea de la primera vez que se casó, con aquella bailarina famosa. Ciertamente lucían preciosos.

Lichi perdió a su hermano Rapi, excelso dibujante y mejor persona. Antes había fallecido, también en México, su padre el poeta Eliseo Diego, y pocos años después murió su mamá, Bella Esther García Marruz, en Cuba.

Queda en la isla la hermana discreta, María Josefina de Diego García Marruz «Fefé», con el peso de la responsabilidad de un legado significativo en la cultura cubana. La prensa oficial de la isla ha publicado obituarios que suprimen la mención de su libro más anticastrista, *Informe contra mí mismo*, y no explica la razón por la cual tres miembros de la familia excelsa fallecieran en el exilio mexicano, distantes del vendaval verde olivo.

Lichi regresó a Cuba para ver a su madre, antes de morir, y luego para tratar de remediar su mal renal. Se cuenta que intentaron, en vano, de involucrarlo en convites oficiales cuando pensaron, de modo artero, que había cedido, pero se mantuvo en sus trece.

No supo de rencores, algo que se nos da tan fácil a los cubanos. Hasta el final escribió incansablemente para suturar las heridas que dieron al traste con su familia y con su patria. Ahora que no está para recordarnos que nadie quería más a Cuba que él mismo, queda su obra donde la furia fue transfigurada en esmeradas jornadas literarias como memorias de un tiempo desventurado.

HABANASTATION

El film *Habanastation* comienza con planos de una Cuba improbable pero, al parecer, posible. De cierta residencia con garaje, sobreviviente de la esmerada arquitectura de los años cincuenta, sale una madre de vestuario atildado a punto de llevar a su hijo adolescente a la escuela en un vehículo todoterreno coreano. Antes de echar a andar le paga el sueldo a su jardinero, humilde campesino.

Viene hablando en un celular, negociando los pormenores de las giras de su esposo, músico de jazz famoso. Dentro del auto el niño disfruta unos minutos de la pantalla del DVD portátil. Al llegar a la escuela le pregunta a la madre si puede comprar unos caramelos y ella le dice que de la calle nada, pues la lunchera incluye todo lo que necesita para satisfacer su apetencia.

Se trata del primer largometraje de ficción de Ian Padrón, quien estuviera en medio de una controversia política hace pocos años con su documental *Fuera de liga*, sobre el equipo de pelota Industriales, donde se atrevió a entrevistar a peloteros cubanos exiliados, desertores para el régimen, que habían sido miembros de la novena habanera.

Habanastation constituye el epítome de una vertiente reciente de cine sencillo y directo asumida por algunos realizadores jóvenes para explicar el descalabro nacional. El niño en su burbuja de bienestar se las tendrá que ver, accidentalmente, con los avatares de un barrio marginal donde vive su compañero de clases, huérfano de madre y padre preso por matar, inconscientemente, a una persona.

Ni Marx ni Lenin filosofaron sobre esta diferencia de clases a trompicones. La exigua clase media que ahora restriega su bienestar a los desposeídos proletarios y sus descendientes sustituye o empaña, incluso, a la otrora discreta dulce vida de la nomenclatura, algunas veces castigada como corrupta por sus excesos.

En la escuela que muestra *Habanastation*, el niño de bien es ensalzado por profesores, directores y alumnos. Incluso encabeza el discurso del matutino en tributo al primero de mayo, donde pioneros ansiosos de consumo capitalista siguen siendo obligados a ser «como el Che».

Mientras tanto el que vive en el violento barrio de La Tinta (eufemismo por Timba), donde abunda el pandillerismo y otros males de la pobreza, deberá defender su honor a puñetazos cuando es llamado comemierda por no saber lo que es un PlayStation. Ni decir que es considerado un elemento antisocial por la dirección de la escuela.

Es en similares intersticios y no en su desarrollo argumental a lo «milagro en Milán», donde la película va mostrando un estado de cosas deplorable, sin solución y en camino de agudizarse.

En un país regentado por ancianos soberbios, estos cubanitos son otros «olvidados» que solo sirven de fachada para tropelías políticas. Sin embargo, el que no tenga padres que viajen «afuera» o tías viviendo en la Yuma le aguarda un futuro incierto.

Los personajes de *Habanastation* recuerdan a los de *Suite Habana*, quienes adolecen una suerte de catolicismo extemporáneo, hay que vivir resignados en la vida terrenal a la espera de la supuesta gloria que aguarda en los cielos socialistas, para quienes sepan comportarse correctamente.

No en balde, ahora mismo, los cines cubanos se llenan para ver el film y padres e hijos salen desesperanzados y llorando al constatar «que nuestro vino es amargo», pero no hay manera de hacerlo potable hasta tanto se cambien las reglas del juego.

NIGROMANTES

Una amiga escritora de Cuba que entra y sale de la isla a su antojo me envía cierto mensaje mediante otro conocido de Miami para que no cargue la mano con el actor Jorge Perugorría en mis columnas. Me manda a decir que Pichi, sobrenombre entre sus conocidos, es crítico de las inconsecuencias de aquel proceso.

Este incidente se parece a otro que tiene a Amaury Pérez como protagonista. El cantante y compositor viaja a Miami para asistir a un concierto de su alter ego, Barry Manilow, y me envía un mensaje donde me convoca a un encuentro de concordia y entendimiento mediante un amigo común que otras veces ha compartido, con cierta vergüenza, las diatribas que me ha dedicado el autor de *Acuérdate de abril* cuando ha sido blanco de mis observaciones.

Acepto la invitación de Amaury solo si se produce en mi casa y hasta el día de hoy espero la respuesta. Es de elogiar que en los últimos tiempos, luego de que dejara de salir al aire su manipulado y atorrante programa *Con 2 que se quieran...*, el cantante se haya alejado, convenientemente, de los medios esquivando los convites que han celebrado los cincuentenarios de las palabras del dictador a los intelectuales y el de la Unión de Escritores y Artistas de Cuba (UNEAC), respectivamente. El silencio es preferible a declararse, como hiciera hace algún tiempo que me imagino quisiera olvidar, hijo putativo del Castro más dañino y devastado por la falta de salud y la maldad.

He dicho en otra ocasión que tal vez seamos testigos del tiempo más deplorable de la clase intelectual y artística cubana orgánica de la isla. Perugorría, por ejemplo, se va para Santander, España, donde imparte unos cursos y se ufana en decir que los medios internacionales son tendenciosos cuando se trata de cubrir a Cuba y solo se ocupan del aspecto político, desestimando otras cosas «grandes y extraordinarias». En su perorata también alude al ritornelo del cambio y mejoramiento del socialismo «más democrático y participativo».

Es raro que un actor que debe su carrera a uno de los filmes más políticos y tendenciosos de la cinematografía cubana como lo fue *Fresa y chocolate*, abogue ahora por la despolitización de la cobertura periodística internacional.

«Los medios responden a intereses cuando hablan de Cuba», dijo y consideró que «para conocer un país hay que fijarse más en su cultura» que en los avatares políticos.

A no ser que esté leyendo poemas de Miguel Barnet, Nancy Morejón o Pablo Armando Fernández, Perugorría debía saber que casi todo el cine realizado por jóvenes en Cuba, una parte de la literatura y el teatro, así como la otrora defenestrada artes plásticas hace inimaginables malabares para criticar los males de la tiranía en sus más diversas mutaciones. Ni hablar de todo el fenómeno cultural alternativo que él se empeña en ignorar, donde figuran los blogueros, los interpretes de hip hop, el rock de Gorki Aguila, los performances de Omni Zona Franca y hasta algunos reguetoneros entre otros de feroz y eficaz marginalidad.

Tal vez como dice mi amiga, en total discreción, tanto el cantante como el actor han contribuido al mejoramiento de la vida de alguien en complicaciones políticas haciendo uso de su influencia como figuras públicas.

Hasta ahora, no obstante, insisten en desconocer intrépidos gestos como los que protagonizaran recientemente valientes mujeres cubanas en la escalinata del capitolio habanero abogando por la libertad y el fin del castrismo, al mismo tiempo que en alarde de nigromancia aficionada abogan por resucitar un sistema sin la oportunidad de la supervivencia.

UNA CIERTA MIRADA

La Mirada Indiscreta cumple cuatro años al aire. Es un programa sui generis en la televisión local que deriva de la necesidad apremiante de explicar un país convulso mediante su circunstancia y su imagen, una operación que, como sabemos, vale por mil palabras. Hay antecesores casi arqueológicos como el programa de cine de Lunes de Revolución, tal vez el último intento independiente y democrático acontecido en la isla sobre el tema, antes del adoctrinamiento impuesto por el Instituto Cubano del Arte e Industria Cinematográficos (ICAIC) y de la propia televisión en varios espacios bien conocidos.

En Cuba un crítico pertinaz ha tratado de hacer un programa similar al que transmitimos en Miami pero ocurre que no tiene otra alternativa que autocensurarse a la hora de referir la evolución de nuestro cine porque hay figuras, filmes, capítulos y otros asuntos que le tienen prohibido contar. Su historia abunda en fotogramas velados.

En *La Mirada Indiscreta* concurren como en una Cuba imaginaria donde el intercambio cultural deja de ser la discutida falacia, generaciones de directores fundacionales y borrados de los recuentos oficiales como Alberto Roldán, Roberto Fandiño, León Ichaso, Camilo Vila, Jorge Ulla y Fausto Canel, junto a realizadores jóvenes que recién se alistan en las filas de una nueva vida, lejos de las presiones totalitarias entre los cuales figuran: Laimir Fano, Magdiel Aspillaga, Javier Arévalo y Jeffrey Puente, por solo mencionar unos pocos.

Es un espacio de recuentos nostálgicos o hiriente actualidad, donde reaparecen estrellas emblemáticas como Mequi Herrera, Sonia Calero y Yolanda Farr o un cine de confrontación al régimen, haciendo uso del humor, como el que hacen Arturo Infante (*Utopía, Gozar, comer, partir* y *Comité 666*) y Eduardo del Llano (*Monte Rouge, Aché y Exit*).

Ni decir que el programa ha contado con la presencia de artistas que viven en la isla y no han tenido miramientos para honrarlo como son: Enrique Pineda Barnet, Edesio Alejandro, Tomás Piard y Fernando Echevarría, entre otros.

Mediante este espacio las viejas generaciones se asoman a una Cuba desconocida, rayana en lo absurdo, donde hay un pez voraz llamado claria capaz de vivir fuera del agua, un campesino que inventa la cuchufleta para proporcionarle energía eléctrica gratuita a sus vecinos en la montaña o el dictador y su recomendación alucinante de enfriar el hipotálamo de la vacas para que produzcan más leche. Ni decir que ven personas de su propia edad, llorar por el sabor y el olor olvidados de una pastilla de chocolate.

Los recién escapados de la agonía criolla atienden *La Mirada...* como un acto de exorcismo, del mismo modo que se ve una película de catástrofe, desde el mullido y seguro butacón hogareño. Saben que la prostitución, la indigencia y la falta de esperanza, dejados atrás, no son metáforas rebuscadas del cine documental más reciente sino realidades lacerantes de una sociedad sin solución inmediata.

El difunto Adolfo Llauradó me hizo llegar, cierta vez, su documental *Divas*, con famosas actrices nacionales venidas a menos, para que la otra parte de Cuba lo disfrutara. Esta operación se ha repetido luego con otros directores que prefieren mantener el anonimato por obvias razones. Muchos de estos realizadores agradecen, por los medios más diversos, que se rompa el desdén del gobierno por su obra que solo se divulga parcialmente en festivales y nunca son presentadas en la televisión nacional.

Consta en anécdotas llegadas de la isla que *La Mirada Indiscreta* se reproduce y se distribuye puntualmente en el circuito de alquiler de videos informal, lo cual es un honor insospechado para quienes hacen posible este programa en el Canal 41, AmericaTeVe, desde hace cuatro años.

DESTINO MANIFIESTO

Dos comisarios políticos investidos de intelectuales por circunstancias extra culturales decidieron durante demasiados años los destinos del cine cubano. Uno, el fundador de la producción cinematográfica revolucionaria y principal culpable de tanta encerrona y voluntariedad abogó por un esteticismo blanco, amanerado, pedante, europeizante y antiamericano; el otro, timbalero en su primera juventud, alentó «lo popular», la comedia costumbrista, el éxito de taquilla, el cine imperfecto.

El primero, Alfredo Guevara, quien se resiste a la jubilación y sigue encomiando la dictadura y sus perpetradores principales bajo un viso de libertinaje impostado, tiene 86 años, el otro, Julio García Espinosa, ahora celebra sus 85 con bombos y platillos.

Ya he escrito suficiente sobre el más ostentoso de estos ancianos majaderos, tan intrigante en los pasillos del poder, capaz de ignorar hasta los reclamos de Tomás Gutiérrez Alea, cuando este requería de su ayuda política, tal como consta en la correspondencia publicada del director de *Fresa y chocolate*.

Ahora algunos medios de prensa cubanos consideran que el aniversario de García Espinosa es una fecha cultural digna de celebración. Su expediente político se remonta al año 1955 cuando codirigió junto a Guevara (la única película que consta en su filmografía) y el propio Gutiérrez Alea un documental titulado *El Megano* sobre el estado de indigencia del campesinado en la zona de la Ciénaga de Zapata. Sin la más mínima virtud artística, el material debe su fama al haber sido secuestrado por personeros del régimen de Batista que, como cualquier otra dictadura, consideró que era parte de una conspiración peligrosa para su integridad.

Unos pocos años después y ya en el poder, García Espinosa, obvió esos azares y se incorporó al bando de los represores decidiendo el destino de los filmes que se realizarían para la revolución desde un grupo sucinto de censores donde los guiones eran revisados y se autorizaban o no los proyectos. Su filmografía militante ya está siendo borrada por el tiempo. Con *Aventuras de Juan Quin Quín*, autodenominada clásico del cine cubano, fracasó en el intento de subvertir ciertos valores del cine de género norteamericano.

Es curioso constatar que numerosos directores debieron padecer la intromisión de García Espinosa como coguionista, algo que delata cierta vocación de control y vigilancia.

Debido a su destreza con los timbales como figura del teatro vernáculo, al inicio de una carrera que nunca debió abandonar, hubo un tiempo que Armando Hart, a la sazón Ministro de Cultura, lo alistó como viceministro del ramo para fiscalizar espectáculos y arte dramático donde hizo poco por el desarrollo de esas manifestaciones artísticas.

Regresó al Instituto del Arte e Industria Cinematográficos (ICAIC) para sustituir a su compañero de correrías (Guevara) ante el fracaso del filme *Cecilia*, de donde luego tuvo que salir dando tumbos por haber dejado que *Alicia en el Pueblo de Maravillas* se exhibiera en un festival internacional de cine sin haberla revisado.

Después, como suele ocurrir con estos incondicionales, no sabían qué hacer con él. Dirigió la Escuela de Cine de San Antonio de los Baños, siguió abogando por el disparate del «cine imperfecto» y hoy envejece en el limbo del «plan pijama» hasta ser totalmente olvidado. Dicen que ya no padece de incontinencia verbal, se ha vuelto taciturno y que ha dejado de pasar los veranos en Portugal como corresponde a un revolucionario de su categoría.

Un sitio oficialista cubano ha querido celebrar su 85 cumpleaños trayendo a colación una deliciosa anécdota donde García Espinosa se persona ante el temido coronel Blanco Rico para reclamar la devolución del documental El Megano. Sin pensarlo dos veces, el imperioso esbirro le descargó una frase que, sin pretenderlo, marcaría para siempre el destino artístico y personal del funcionario cultural: «Usted no solo hace películas que son una mierda, sino que además habla mucha mierda».

SUBVERSIÓN CULINARIA

Suprimir y coartar suele ser un hábito de la cultura socialista. El crédito del fotógrafo cubano español Néstor Almendros desaparecía cuando alguna de sus películas era transmitida por la televisión nacional cubana (ICRT). Luego supe que ese mismo departamento se tomaba el trabajo de seccionar escenas que mostraran mucha comida en la numerosa cantidad de películas americanas (del «enemigo») incluidas, sobre todo, en la programación de fin de semana.

Dicen que entre las dificultades más apremiantes de la ineficiente revolución de los Castro hay tres que no han encontrado solución: el desayuno, el almuerzo y la comida.

Un país de tradición pantagruélica aunque, en ocasiones, el hambre rondara algunas de sus regiones más desatendidas, pasó, paulatinamente, a un estado de escasez alimentaria general nunca antes visto en su historia.

Hay un momento del film *Guantanamera* de Tomás Guitérrez Alea difícil de entender en otras latitudes y es cuando se produce una reyerta en la funeraria porque algunas personas tratan de comprar «pan con pasta» sin tener a un finado tendido. La administración del lugar obedecía una insólita orientación de dispensar bocaditos solamente a los dolientes.

Afirma el cineasta Arturo Infante que los tres verbos más conjugados en Cuba son gozar, comer y partir, los cuales terminaron titulando uno de sus cortometrajes más sarcásticos donde en el cuento referido a la comida, tres señoras disfrutan un ajiaco, preparado con todas las de la ley, mientras hablan de platos del pasado y otros por hacer, de modo continuo. En esta fijación culinaria, la anciana del grupo tiene la rara costumbre de masticar vidrio y cerámica.

Uno de los programas más longevos de la televisión en el mundo fue *Cocina al minuto*, conducido por la chef Nitza Villapol. Entre los *bestsellers* de Miami, según tabula la librería Universal, figura su homónimo libro de recetas.

La evolución accidentada de Villapol encarna la decadencia del arte culinario cubano. Terminó haciendo, en cámara, tortilla de yogurt y picadillo de gofio como si confeccionara un fricasé de pollo.

El hambre mediatizada crea ansiedad e incertidumbre entre quienes la padecen y poder de control por quienes la ejercen. Ahora mismo, el gobierno cubano ha legalizado el «timbirichismo» como opción para amainar apetencias peligrosamente insatisfechas, mientras Eusebio Leal, el Historiador de la Ciudad, funda restaurantes exquisitos en el tinglado que administra en La Habana Vieja y hasta envía a un vástago para que haga lo mismo pero en España, según ha trascendido. La comida también marca la diferencia de clases que se entroniza en Cuba.

A veces he llegado a pensar que algunas transmisiones en cadena de The Food Channel pudiera dar al traste con el ineficiente y arrogante sistema político cubano. De hecho, estos programas de conocimiento y opulencia donde reina la buena mesa nunca son considerados por el pirateo perpetuo de la televisión cubana de series norteamericanas pues resultan tan tóxicos como saber que Carlucho, Otero y Moynelo son personalidades triunfadoras en la televisión de Miami, donde la comida tradicional criolla resulta ser el más eficaz instrumento de una conquista cultural, ya sea en el pulcro y moderno salón de la pizzería Casa Bakery, abierta 24 horas desde hace una semana por entusiastas jóvenes cubanos en la Calle 8 o en la temprana tradición del mejor arroz con pollo del sur de la Florida que cumple diez años en una esquina de Hialeah y que todos conocen bajo el pintoresco nombre de Yoyito's Restaurant.

EL OTRO BEATLE

Un Beatle no precisa de reivindicación. Si acaso de una reescritura de su importancia en la música del siglo XX y ese fue el empeño que acometió el mejor de los cineastas norteamericanos, Martin Scorsese, cuando la semana pasada entregó a la consideración del público televidente su documental *George Harrison: Living in the Material World*, estrenado en dos partes por la cadena de cable HBO.

No era la primera vez que enfocaba sus inquietas cámaras en la música. El grupo The Band, Bob Dylan, Michael Jackson y hasta los Rolling Stones han sido objeto de su interés.

Lo mejor que le ha podido ocurrir al legado musical y emocional de Harrison, dividido entre los Beatles y su carrera en solitario, es la devoción de Scorsese, quien ha pergeñado, con su acostumbrado don narrativo, un retrato de la complejidad del músico en todas sus facetas personales y creativas.

Dice el productor Phil Spector que llamar a Harrison «perfeccionista» podía resultar una simplificación si se toma en cuenta la obsesión que lo asistía para pulir sus canciones hasta las últimas consecuencias. No pocas de esas piezas, calificadas como excelentes por la posteridad, fueron, en algún momento, ninguneadas por el dúo abrumador de Lennon y McCartney, quienes tardaron en reconocer que el pequeño y joven George también era un compositor de armas tomar.

Durante una de las tantas crisis que tuvo el grupo originado en Liverpool, cuando se grababa el álbum *Let it Be*, Harrison tomó su guitarra y abandonó el estudio como si renunciara porque no aguantaba más los pretextos para que sus melodías no fueran incluidas. El documental muestra un diferendo con McCartney durante esas jornadas y hasta hubo un momento que se especuló sobre la inclusión de Eric Clapton en los Beatles si George no regresaba.

McCartney deja bien claro en la entrevista concedida a Scorsese, sin embargo, que el grupo eran como un cuadrado perfecto. Si perdía algunas de sus esquinas se desasía e ilustra, con ejemplos, los aportes preclaros de Harrison, sin los cuales algunas de las canciones hoy consideradas clásicas no existirían.

Influido por las religiones orientales, principalmente de la India, Harrison introdujo las sonoridades de esa cultura en la música popular occidental para siempre y practicó de manera consecuente sus ritos más conocidos como la meditación.

Todos los entrevistados coinciden en decir que podía ser la persona más encantadora y participativa y luego la más reclusiva y distante.

Hay anécdotas deliciosas como cuando invitó a cerca de cuarenta miembros de los motociclistas Angeles del Infierno al estudio de Abbey Road y luego de algunos días no sabía cómo deshacerse de ellos. Y otra menos agradable cuando supo que su buen amigo Eric Clapton se había enamorado de su esposa de entonces.

El rompecabezas de Scorsese termina por armar ante nuestros sentidos un artista total en franca batalla con sus demonios personales y estéticos. Ringo Starr no puede contener las lágrimas cuando cuenta la última vez que lo fue a ver a Suiza donde convalecía de cáncer y, sin poder valerse, le dijo que quería acompañarlo a Boston donde el baterista de los Beatles tenía a una hija también batallando contra una grave enfermedad.

En la última anécdota del documental, la viuda Olivia Harrison, explica que George se preparó siempre para abandonar su cuerpo cuando el momento llegara y le dice a Scorsese que al ocurrir el desenlace, él no hubiera necesitado luces para filmarlo porque una extraña iluminación se posesionó de la habitación donde el autor de una de las más grandes canciones de amor de todos los tiempos, Something, concluyó su estancia en la tierra para quedar, por siempre, en el corazón de todos los que le agradecemos su música inolvidable.

NIÑOS Y ESPÍAS

Desde el célebre caso Elián González, la dictadura de los Castros no había ejercitado tal despliegue propagandístico para una causa ideológica como es la de liberar los espías cubanos cumpliendo penas en cárceles federales de los Estados Unidos. Vale la pena recordar que el asunto parte de un exabrupto del anciano dictador, quien prometió que estarían de vuelta para la navidad del año pasado.

La nueva campaña irrumpe desvergonzadamente por todos los flancos y no tienen recato ni para usar a los niños. La Colmenita, un grupo de teatro, danza y música infantil, desembarcó en los propios Estados Unidos con la obra *Abracadabra*, donde personajes clásicos de la literatura, léase Robin Hood, El Principito o Tom Sawyer, interpretados de modo lamentable (y quien crea lo contrario que revise una versión en Youtube) se alistan para salvar a los espías.

Como norma de este operativo cada día se envía un despacho de las «abejitas» al estado mayor de La Habana como si estuvieran en un frente de batalla. Los niños disfrutan de las delicias del «imperio», sus museos, buena comida e historia, sostienen encuentros con congresistas afines al castrismo, visitan e interactúan con estudiantes en escuelas y conversan con personas que protestan frente a la Casa Blanca.

Luego escenifican para la prensa cubana las llamadas telefónicas a los espías sueltos y detenidos en poses patéticas. Estas desventuras que harían una buena causa de abuso infantil en cualquier corte de los Estados Unidos, ocurrían al mismo tiempo que la Dama de Blanco, Laura Pollán, perdía la vida en un hospital habanero.

Dice el director del grupo, Carlos Alberto Cremata, que *Abracadabra* fue escrita por los fiñes, sin intervención de adultos para luego rematar con entusiasmo: «Si pudiéramos vendríamos cada año a los Estados Unidos. Llevamos mensajes de paz, de amor, de amistad. Queremos compartir saberes. Es una de las vías más lindas para continuar este acercamiento».

El castrismo encontró en el espionaje un filón patriótico que supo explotar en insufrible literatura y sobre todo en series de televisión, como *En silencio ha tenido que ser* y *Julito el pescador*, enclenques y ridículos melodramas sobre los sacrificios personales y familiares de agentes llamados a desactivar los planes enemigos contra la revolución. Los «niños nuevos» de La Colmenita fueron adoctrinados en esa idea y ahora llegan a Washington, San Francisco y luego a Nueva York para dispensar su risueña propaganda.

Una filosofía pícara y prostituida, favorece la facilidad que tiene el socialismo cubano cuando identifica potenciales mecenas para sus tropelías doctrinales. El viaje de La Colmenita a los Estados Unidos corre a cargo de la Fundación Brownstone, creada para esos menesteres por un filántropo norteamericano con residencia en París, quien ya había donado una sustancial colección de arte a cierto museo cubano, el año pasado.

Gilbert Brownstone no se esconde para exponer su devoción por el espía Gerardo Hernández, quien cumple prisión perpetua, y por la revolución que lo engendró. Habla del encuentro con Hernández como el momento más emocionante de su vida y coincide con Fidel Castro en considerarlo inocente.

El blog *Café Fuerte* ha divulgado una carta de la congresista Ileana Ros Lehtinen a la Secretaria de Estado, Hilary Clinton sobre la inconveniencia de: «Concederle visas a una organización que está promoviendo a espías convictos como héroes» lo cual apunta «es un insulto a todas las víctimas de la dictadura». «Esos espías cubanos —recuerda la legisladora— fueron enviados a Estados Unidos a realizar actos ilícitos contra nuestra patria».

Mientras tanto, los niños de La Colmenita recorren los Estados Unidos en un ómnibus escolar pintado en brillantes colores donde se puede leer: «Free the Cuban Five from the USA jails» (Liberen a los cinco cubanos de las cárceles de los Estados Unidos).

CAMBIOS

Una buena amiga de visita en Miami, procedente de Cuba, me trae noticias de la penumbra. Dice que en La Habana el tema recurrente son los infaustos espías detenidos en los Estados Unidos. La efigie de las cinco cabecitas aparece en todos los medios y por las calles atormentan al agobiado transeúnte en vallas y carteles.

El diario sobrevivir, en una economía totalmente desfigurada, donde arreglar un baño puede ser a cambio de tener sexo con el albañil, según bromeaba recientemente Mariela Castro, hace muy difícil la persuasión de campañas altisonantes y aburridas.

Ahora el chivo expiatorio parece ser la prensa, como si fuera una entidad burocrática inalcanzable por las presiones del poder, y el socorrido profesor Guillermo Rodríguez Rivera escribe en una semana que debe ser cambiada, hacerla transparente, sin mencionar la maldita palabra glasnost para luego, a la siguiente, emprenderla contra la avaricia del «imperio» americano prefigurada por José Martí. Una de cal y otra de arena. Así se mueve la anulada y silente intelectualidad cubana.

El escritor Víctor Casaus, quien ostenta la dirección de una suerte de «botella» cultural en el centro Pablo de la Torriente Brau, donde se agencia viajes al extranjero y otras prebendas, visitó Nueva York y aprovechó la ocasión para alentar a los «indignados» de Wall Street y pedirle al Presidente Obama el levantamiento del «bloqueo» a Cuba en nombre de la poesía. Solicitud ciertamente rocambolesca.

Los últimos artistas, provenientes de Cuba, que mencionaron a Las Damas de Blanco, para denostarlas, fueron el dúo Buena Fe, por entonces de gira en Miami. Luego de la muerte de Laura Pollán, el silencio entre las personas llamadas a opinar y discrepar ha sido poco menos que vergonzoso.

Tal vez esa es la libertad a la cual se refirió recientemente el actor Jorge Perugorría, desde España, siempre elaborando frases en la distancia. La emprendió contra la incapacidad de la prensa cubana, cifró esperanzas, otra vez, en los cambios de Raúl Castro y dijo que los creadores artísticos se movían libremente.

Será que la policía tiene la libertad de detener e intimidar con cierta brutalidad a El Sexto, artista del grafiti, antes de soltarlo no sin antes hacerle duras advertencias sobre su «peligrosidad» o que la esposa del actor Tony Cortés, «hospedada» en Villa Marista, purga la pena de su esposo por haber reflejado en cierta serie de televisión una Cuba rota en pedazos. Seguro que el protagonista de *Fresa y chocolate* se refería al escritor Angel Santisteban, responsable del blog *Los hijos que nadie quiso*, marginado y reprimido al extremo en su propio país por resistirse a comulgar con la ideología imperante, no obstante haber ganado hasta el Premio Casa de las Américas.

¿Dónde está la prensa «transformada», que todos alientan en la isla, dando cuenta de estos y otros atropellos? El país se encanalla en su indigencia. Está inmerso en la inmovilidad y complicidad que antecede las grandes tragedias.

ELENA Y LA FERIA DEL LIBRO

Mi primer trabajo de envergadura en Miami Dade College, donde trabajo desde hace casi veinte años, fue la Feria Internacional del Libro de Miami que esta semana cumple su glorioso vigésimo octavo aniversario.

Conocía la Feria del Libro de La Habana, donde laboré en el departamento de Literatura, y la diferencia resulta ostensible. El signo del evento cubano, como tantos otros dedicados a la cultura, era el miedo y la desconfianza desde sus directivos a los más comunes trabajadores porque la laboriosa policía política cubana instalaba su campamento de vigilancia y control, en los hoteles donde solían hospedarse los invitados extranjeros y de todos sospechaban aunque se declararan abiertos simpatizantes de la revolución.

La Feria de la Habana también era el momento oportuno para agenciarse libros de editoriales de otros países que luego nunca estarían a disposición del lector cubano. Algunos eran cedidos por amables editores otros eran hurtados al final del evento.

No conocí la Feria que se ha instalado en los predios de la Fortaleza de la Cabaña en años recientes, ni pude disfrutar cómo algunos opositores presentaban sus libros de manera alternativa a pocos metros del lugar en franco desafío a las fuerzas represivas.

Sí recuerdo el apremio sufrido por Dulce María Loynaz, cuando publicaron de modo apresurado algunos de sus libros y la llevaron al Palacio de Convenciones, donde por entonces se organizaba la Feria como si nada hubiera pasado entre su ostensible valor y la cobardía del régimen.

La Feria de Miami me ha permitido disfrutar y, en ocasiones, hasta presentar a admirados autores desconocidos por las autoridades cubanas. Fue un privilegio asistir a la última comparecencia de Guillermo Cabrera Infante en Miami y luego desandar algunos sitios de la ciudad en su compañía, así como ver a Octavio Paz bailar al compás de los mariachis que terminaron el homenaje que le rindieran poetas cubanos exiliados a sus versos soberbios.

También ha sido el lugar de los reencuentros con autores cubanos amigos y otros recién conocidos. Fue así que hace algunos años tuve la suerte de recomendar la presentación en Miami de un ser entrañable, la poeta Elena Tamargo, quien llegaba de su exilio mexicano para establecerse en esta ciudad.

Durante mi estancia en México, antes de escapar hacia los Estados Unidos, habíamos compartido nostálgicas jornadas donde ella lamentaba, sobre todo, que el gobierno cubano la castigaba al no darle el permiso de salida a su esposo, el escritor Osvaldo Navarro, y a su único hijo.

Luego todos se reencontraron en Miami, por esos caprichos de las tiranías, y Elena fue feliz en una casa de la Pequeña Habana donde no puedo olvidar la invitación que me hiciera a un insólito punto guajiro donde estuvo mi familia y mi hermano ausente que tanto echo de menos.

Elena Tamargo es la idea que albergo de una poeta auténtica: belleza clásica, anfitriona encantadora, con un dejo de romántico sufrimiento que no la abandona ni en las alegrías que le dispensan sus nietos, sus amigos y sus magníficos versos.

Hubo un momento dramático en su vida que Elena y Osvaldo regresaron a México, donde habían dejado oportunidades laborales y luego retornó sola y entristecida sin la compañía de su esposo que había fallecido de modo abrupto.

Elena Tamargo está invitada para presentar su nueva poesía en la Feria del Libro el domingo 20 de noviembre a las 4:00 p.m. en el salón 6100. Es muy probable que no pueda concurrir, pues está en un hospital echando una batalla por su vida contra una enfermedad terrible. El hijo me contó que en un momento de lucidez le rogó que la sacara de allí pues tenía una cita ineludible con sus lectores y amigos el domingo.

Como a tantos otros escritores, en su país Elena Tamargo ha sido borrada del mapa literario y sus colegas callados comulgan con lo que el gobierno piensa que es un castigo. Pobre Cuba, huérfana, que no tiene una poeta como Elena. En la Feria, el domingo esta ciudad será más luminosa con los versos de Elena Tamargo.

EL BALLUQUI

En lo que el mundo se apresta para las festividades de los últimos días del año, en La Habana se revuelve el panal de la cultura artística. De hecho, se reproduce, en vivo, ese relevador capítulo del cortometraje *Utopía*, donde unos «aseres» juegan dominó y toman ron mientras debaten, de modo enfebrecido, sobre el «barroco latinoamericano».

Recuerdo que durante la primera visita de Oscar de León a Cuba, Silvio Rodríguez y otros atorrantes intérpretes de la nueva trova, consideraron el comportamiento escénico del relevante sonero como algo procaz. Su frase de «dame cable», en referencia al manejo del micrófono al cantar, y la manera que danzaba el coro acompañante, fue amonestado por los khmer rojos de guitarra y «botas cañeras», como algo del pasado, poco revolucionario.

Con la llegada del ritmo conocido como timba, años después, y el movimiento pélvico de sus cultivadores, seguido por la conquista del reino del reguetón, una música extranjera pero que se ha aclimatado en la isla, se termina de una vez y por todas, con la falsa austeridad y aburrimiento socialistas, sustituidos por el hedonismo y el despelote.

Cualquiera pensaría que es darle demasiada importancia a un grupo de versificadores feroces pero para el régimen resulta más fácil arrinconar y mangonear a la pusilánime intelectualidad cubana prohibiendo sus filmes, no publicando sus libros o impidiendo algunas de sus salidas al exterior, que oponerse a la masividad cómplice que reclaman reguetoneros como Gente de Zona, habituales en escenarios de Miami, por ejemplo.

Estos músicos se mueven, no en las vías alternativas de los cultivadores del *hip-hop* o del mismo *rock*, condenados a una vida de indigencia por no contar con un mercado para sus afanes, sino en la fastuosidad del universo turístico y cuentapropista. En el país «otro» donde actúan, una entrada puede costar 100

CUC (moneda equivalente al dólar) y los sitios se llenan. Además resultan más rentables para los nuevos empresarios que controlan hoteles y centros nocturnos porque mediante dos o tres intérpretes y un DJ, con pistas pregrabados, se sustituyen orquestas completas que pueden resultar más caras.

Ahora mismo se dirime una controversia sobre un nuevo reguetón que ha movido la frontera de lo permisible entre lo erótico y francamente porno. La letra de *Chupi Chupi* coloca a la otrora «mujer nueva» como un objeto sexual sin ningún otro atributo. Las referencias al sexo oral, cantadas en una suerte de dialecto italo—cubano, son reproducidas mediante caramelos y paletas de helados en una exquisita hechura visual digna de Tim Burton.

El mismo Osmani García, autor de *Chupi Chupi* tiene otra canción similar llamada *El Pudín*, donde les pide a las féminas que le enseñen el mencionado dulce por el filo del jean. Y en uno de sus esmerados versos habla de «bajar al pozo si no hay hierba en el jardín».

El Ministro de Cultura, Abel Prieto, ha dado una pataleta extemporánea como si no estuviera al tanto de la ostentación reguetonera con su *bling bling*, carros y harenes, a lo cual se han sumado otros aduladores del funcionario haciendo cánticos a los valores nacionales puestos en solfa por los pícaros e ingeniosos rimadores del tsunami musical.

Por lo pronto Osmani García, La Voz, el causante de tanto dilema sin sentido ha subido a Youtube una felicitación por el día de *Thanksgiving* a sus amigos de Miami, desde el hotel Nacional, lo cual expresa la impunidad con la cual se mueven estos artistas. Les dice a sus conocidos que mientras ellos comen pavo él debe conformarse con el «pudín».

Las puertas del «balluqui» (pidiendo prestado el término a García) se han abierto como una esclusa y la revolución de los Castro no empieza a tambalearse por los cambios anunciados que son leves, sino por el ansia desesperada de pasarla bien que contagia a los jóvenes ninguneados en la ecuación nacional. La síncopa endiablada del cubatón pone música al fin de la pesadilla y el comienzo de la fiesta.

SE ACEPTAN DONACIONES

La Escuela de Cine y Televisión (EICTV) de San Antonio de los Baños en Cuba tiene sus días contados, según se deduce de la crisis que la agobia. Nunca antes el «se aceptan donaciones» esgrimido en un principio por su fundador, el escritor Gabriel García Márquez, ha resultado más socorrido.

En unas semanas se cumple el vigésimo quinto aniversario de su inauguración. Estaba llamada a ser una suerte de academia independiente para formar especialistas en cine, video y televisión, sin la intervención aparente del régimen cubano.

Al principio, el ingreso de alumnos nacionales era sumamente limitado. Por suerte, luego se abrió una facultad de carreras cinematográficas universitarias para menguar la ansiedad de los cubanos por estudiar cine.

La EICTV siempre fue una rareza, suerte de oasis democrático en medio de una dictadura comunista. Tanto los estudiantes de otros países, como los pocos cubanos, profesores de plantilla y los famosos que la visitaban para impartir cursos específicos, Lucas, Spielberg y Coppola, por solo mencionar algunos, aceptaban esta otra manera del apartheid (eran conocidas la del turismo y la doble moneda) como el hecho más natural. La dictadura del proletariado pletórica en áreas exclusivas y privadas.

De hecho, los directores del cine oficial cubano, desempleados y ganando míseros sueldos por largos períodos de tiempo, entre proyecto y proyecto, aprovechaban la «botella» de la Escuela para impartir cursos, alejados del mundanal ruido ideológico que los acosaba en La Habana.

Allí se hacían de algunas divisas, se alimentaban apropiadamente, podían pernoctar en apartamentos habilitados al efecto, visionaban copias de filmes prohibidos por el ICAIC, disponibles en la videoteca, y charlaban sobre lo mundano y lo divino como si vivieran en un país libre.

Claro que tanto el personal de la Escuela, como los alumnos y los miembros de la Facultad, con la excepción de los famosos norteamericanos, incapaces de concebir semejantes tropelías contra la privacidad, aunque aceptaban el apartheid, eran conscientes de la presencia del miembro de la policía política cubana, creo que de nombre Yamel (todos se apropian de apodos musulmanes), instalado en el lugar para lidiar con los excesos de los extranjeros, quiere esto decir, consumo de drogas, promiscuidad sexual y críticas a la revolución.

No obstante, a la Escuela hay que agradecer documentales que anteceden la libertad de temas practicada hoy por las nuevas generaciones de cineastas cubanos. Los alumnos tenían licencia para salir a la capital y otros pueblos adyacentes y hacer preguntas tan indiscretas como aquella de qué sucedería luego de la muerte de Fidel Castro, en un material premonitorio, que resultó sumamente controversial.

Hoy día han arreciado en sus afanes y los breves filmes de tesis resultan ser más ríspidos y reveladores sobre la realidad cubana. Valga apuntar que dos de los más importantes directores españoles contemporáneos, Jaime Rosales y Benito Zambrano, egresaron de la EICTV. El primero, por ejemplo, hizo un corto de ficción sobre la odisea de un sobrio cubano que oye ópera y vive con cierto puerco en su casa hasta que se lo roban, mientras Zambrano, el mismo de *Habana Blues*, abordaba la historia de una madre intolerante que pierde la conexión con su único hijo cuando escapa por el éxodo del Mariel.

La Escuela tuvo directores tan delirantes como el legendario Fernando Birri. Hoy la conduce un egresado de sus propias aulas, el cineasta guatemalteco Rafael Rosal, encargado de sacarla de la bancarrota pasando el sombrero para que otra de las tantas utopías de la gloria revolucionaria latinoamericana, sobreviva la crisis económica mundial y el desdén del gobierno cubano inmerso en sus propias reformas para sobrevivir.

FRATERNIDAD

«¡Abajo el jabón de baño, que no hay!» grita de manera insólita una de las valientes mujeres cubanas protestando en el Parque de la Fraternidad, rodeada de adustas efigies de próceres latinoamericanos y de la cautela de sus compatriotas.

Extraña manera de mostrar su desencanto con la revolución de los Castros, pensaría este refinado cineasta, invitado al Festival de Cine de La Habana disfrutando, a la misma hora, un refrigerio en la terraza del hotel Nacional, lejos de aquellos aullidos estrafalarios donde también se aboga por el fin del hambre y el regreso de la compota y la leche para los niños.

¿Qué enrarecida metáfora cifra el odiar un jabón de baño «que no hay», «el arroz a cinco pesos» o «el café mezclado»? Dos mujeres, una sábana blanca como estandarte de rebeldía, pintada a mano, pidiendo libertad, sin recursos, en la explanada de un parque desolado y policías «palestinos», del oriente cubano que las empujan y apresan, mientras ellas gritan sus versos realistas y algunas voces le hacen tímido eco.

El «jabón de baño que no hay» se llamó Nácar, ideal para el cineasta ecologista, pues no tiene olor y apenas color, aunque ostenta el riesgo de alterarle la tersura de su piel bien cuidada con una urticaria desconocida.

En la vida de esas mujeres que vociferan, más valientes que Mariana, pues sacan la cara por sus familias diezmadas en un país encanallado, sin mambises ni cargas al machete, los otrora productos paupérrimos del sostenimiento diario desaparecen sin sustituto o solamente se venden en moneda convertible.

La ira se va acumulando y de nada valdría decir ¡abajo Fidel! porque invocar al autor de tantas pesadillas suele jugar malas pasadas y aunque ya no podría coartar personalmente la protesta callejera como hiciera en 1994, la *jettatura* fatal que arrastra el dictador es como para dejarlo en el olvido a donde desciende su figura.

Una de las mujeres, además de encarnar con sus gritos el valor en extinción de sus congéneres, da golpes secos y continuos en un jarro de aluminio vacío, llamando la atención sobre la indigencia perpetua, mientras el cineasta visitante de la terraza en el hotel, frente al paisaje soberbio del malecón, ya se agenció una jinetera para la noche y toma sorbos de café espumoso pero no comprende aquello de «¡abajo el café mezclado!», como si ese nuevo brebaje que hace estallar cafeteras y sabe a tinta rápida fuera un represor de Villa Marista.

La pasta de oca, la masa cárnica o extendida, un dentífrico con sabor a marisco, la soya contaminada, aceite rancio, frijoles duros como balines, el Granma haciendo el papel de papel sanitario y pedazos de toallas hervidas interpretando almohadillas sanitarias femeninas. Un pan por persona y la libreta de abastecimiento que es el certificado del fracaso y la inoperancia.

Al final de la jornada, las mujeres desaparecen en el carro de policía, unos pocos gritan abusadores, mientras otra cubana, estudiosa del consumismo, escribe en un sitio oficial del régimen: «Nosotros hemos adoptado, por decisión soberana, un modelo basado en la justicia y la solidaridad y en garantizar una vida digna a cada ciudadano a partir de un uso racional de los recursos de que disponemos».

Luego de leer tal afirmación, el cineasta visitante cierra su iPad y se siente más reconfortado porque coincide con la idea que alberga de la Cuba heroica y no la de esas calamitosas mujeres empeñadas en hacer poesía sucia. Tanta algarabía ¿será un performance?, se pregunta el artista.

NAVIDAD VERDE OLIVO

Mi esposa estuvo entre las alumnas de la Escuela Lenín, una beca cubana bastante elitista para hijos de la clase obrera, de significativo aprovechamiento académico, y para vástagos de «papá», o sea de dirigentes, que eran aceptados en sus aulas, aunque estuvieran en las antípodas de la inteligencia.

Allí la fueron a buscar sus padres, con total discreción, cierto día del aciago año 1980 porque unos parientes tenían planes de llevarlos a Estados Unidos como parte del éxodo del Mariel. La idea se malogró, a la tía le llenaron el bote de delincuentes, mi esposa fue denunciada por otra alumna y le montaron su correspondiente acto de repudio, en ausencia, de literas y pertenencias mancilladas.

Años después le resultó complicado estudiar una carrera universitaria pero al final triunfó la perseverancia sobre la desidia.

Traigo a colación su educación para contextualizar al lector, porque en estos días me ha reiterado historias que conocía, parcialmente, de su generación a propósito de las Navidades.

Por ejemplo, cuando tuvieron uso de razón para esos menesteres, el régimen había hecho desaparecer todo lo relacionado con la ancestral tradición so pena, incluso, de castigar a quienes intentaran lo contrario.

No hay rencor aunque si un dejo de dolor, cuando me confiesa que fue a su llegada a los Estados Unidos en 1992 cuando supo del disfrute, sobre todo en familia, de tales festividades.

Ahora que tiene una sobrina de pocos años, a quien llevaron recientemente a Magic Kingdom para una fiesta con las princesas de Disney, recuerda que en su caso la magia de la infancia se disolvió en los avatares ideologizados del sistema.

Su padre usurpó las labores de Santa y temprano debió «marcar» en interminables colas para poder comprar los mejores juguetes normados en la libreta de racionamiento, antes de que se terminaran completamente.

Para el aberrante igualitarismo imperante las opciones eran escasas e irracionales: un juguete básico y dos adicionales. Estos últimos resultaban ser una burla por circunscribirse a objetos totalmente anodinos como un yoyo plástico, entre otros.

La familia participaba de la ordalía, incluyendo a los niños, atentos al parte de lo que iba quedando en la tienda. A veces eran unas pocas muñecas, en otras, apenas dos velocípedos para comunidades de cientos de habitantes.

La celebración se había rebautizado como el Día de los Niños, y ocurría en el mes de julio, cuando se conmemoraba el inicio de la revolución de los Castros. La Noche Buena y la Navidad de diciembre, así como los Reyes Magos de enero, habían sido cancelados del calendario con el silencio cómplice de las denominaciones religiosas, incapaces de reclamar sus más elementales derechos.

Valga la pena aclarar que en los meses de diciembre se distribuían entre los miembros de la nomenclatura enormes cestas con golosinas, donde se incluían hasta los desvanecidos turrones españoles, mientras los juguetes de sus hijos no se circunscribían al trío aberrante dispuesto por Comercio Interior.

Aunque hoy la Navidad cubana pertenece a quienes ostenten la moneda de verdadero poder adquisitivo, el CUC, la celebración que fue arrebatada al pueblo sin que chistara, requerirá de mucha educación y esfuerzos para su reinserción en el imaginario popular.

En sus anécdotas, siento que mi esposa está consciente de no poder recuperar esa parte primera de su vida, sin embargo, hay fotos del rostro ensimismado de nuestro hijo, debajo del arbolito de Navidad, hurgando entre sus regalos durante muchas mañanas gloriosas del 25 de diciembre en Miami, que resarcen, con creces, tantos sinsabores.

2012

FIN DE AÑO

Un patán canadiense con residencia en Nueva York, quien se hace llamar fotógrafo de modelos, visitó a Cuba y se dio banquete con la indigencia y la vulnerabilidad de las jóvenes cubanas. No solo las retrató en desnudos oportunistas dictados por el hambre y la necesidad, sino que les hizo un documental deprimente donde elabora, cual pensador obtuso, diversas categorías de mujer cubana y, de paso, las fornica como animalitos callejeros. Subraya que es distinto a otros lugares del mundo porque nunca tuvo que pagar un centavo por sus tropelías.

He revisado este fin de año varios materiales visuales llegados de Cuba, que luego serán comentados en La Mirada Indiscreta, el programa de televisión que conduzco en el Canal 41 (AmericaTeVe), y llama poderosamente la atención que casi todos los teleplays consultados incluyen circunstancias de la prostitución en la isla, como el asunto más natural y asumido por la anodina población, sin la más mínima posibilidad de reclamarle a Mariela Castro que haga algo para evitar que la sana y bella juventud cubana siga siendo manoseada por vejetes y vejetas de otros países en francas incursiones de turismo sexual.

Hay uno en específico que introduce la novedad de contarnos sobre la prostitución masculina. Se trata de una especie de gigolós cubanos en pleno desarrollo que deben lidiar con las arremetidas de otoñales damas europeas, llamadas «yumas» en la jerga callejera cubana que llegan a la isla, previas conexiones ya establecidas, para buscar carne fresca, saludable y barata.

El protagonista de esta historia, es un adolescente imberbe, de laboriosa y humilde familia, que entra en el negocio, frustrado por su incapacidad de disfrutar lo que otros jóvenes gozan con acceso a la moneda convertible. Primero le resulta difícil convencer a su novia de la nueva profesión pero luego es ella misma quien lo impele a seguir cuando ya las fuerzas no le alcanzan y su agenciero sexual le propone clientes masculinos. Al final cuando trata de renunciar de una vez y por todas, aunque debe pagar una enorme deuda contraída, la novia se incorporará al negocio del jineterismo porque ya ni ella, ni su madre pueden vivir sin los bienes adquiridos en las operaciones carnales del novio atribulado.

Ni el cine per se escapa tampoco al nuevo modo de vida en las postrimerías del año 2011 en Cuba. El talentoso cineasta Lester Hamlet, quien mostrara el año pasado su versión de la dramaturgia de Abelardo Estorino, aquí en Miami, con *Casa vieja*, ha realizado *Fábula*, único filme cubano que se alzara con un premio importante, el tercero, en el pasado Festival Internacional del Nuevo Cine Latinoamericano en La Habana. A grosso modo, pues la trama resulta más compleja y rica en matices, un muchacho se enamora de una chica que resulta ser prostituta, fundan familia y luego viven cierto *menage a trois* con el extranjero proveedor. Valga la pena aclarar que el joven, antes de enredarse en semejante telaraña sentimental, vivía de los envíos periódicos de dinero de sus tías en Miami. Patrocinio que luego es suspendido cuando se gradúa de la universidad, a cambio de una visa para que viaje a los Estados Unidos y se gane la vida personalmente, a lo cual se niega y termina compartiendo su adorada tormento con el otoñal forastero de la historia.

Triste final de año en un país envilecido donde no se celebra la llegada de un nuevo año con sus sueños y expectativas, sino el aniversario de una revolución caótica, sin solución a la vista, que ha dañado profundamente los valores de la familia cubana.

PAÍS DISFUNCIONAL

Qué país tan perturbado el nuestro, inmerso en una realidad casi irreal. Alejados del pueblo, como si no tuvieran responsabilidad en el descalabro, un viejo dictador apocalíptico pasa sus días, cómodo, esperando la muerte y otro trata, inútilmente, de desmontar la aberración histórica de su hermano, para seguir en el poder, mediante la estrategia de promesas incumplidas o sea comprando tiempo.

Niños de expresiones atoradas por el adoctrinamiento y el «consignismo», solo conocen al dedillo el nombre de espías cumpliendo condenas en los Estados Unidos, a los que llaman héroes, y desdeñan personajes e incidentes de la historia: «Martí, escritor de novelas» dicen en un documental y «Camilo Cienfuegos, un deportista que viaja en avión y es derribado por el enemigo imperialista». Esos mismos niños expresan su deseo de viajar a otros países y, no dudo, que cuando llegan al hogar, se borran las máscaras y hablan de *PlayStation* y otros artilugios de la sociedad de consumo.

Un Cardenal que advierte sobre el peligro de que las costumbres malsanas del consumismo se entronicen en Cuba y olvida toda la indigencia de su patria, dividida por clases sociales irreconciliables, mientras toma buen vino y corta un trozo de queso manchego.

El historiador de Baracoa, quien debiera ser tratado como investigador de respeto, es entrevistado por la prensa española y se hace énfasis en la comida que no suele comer en su país y de aprovechar el tiempo en el Archivo de Indias, donde ha sido invitado, porque nunca se sabe cuándo podrá regresar a falta de otras convocatorias y permisos de salida.

Intelectuales que confiesan en un libro testimonio del llamado «Período Especial», de los años noventa, sobre las ventajas creativas de haber pasado hambre y necesidades. «De una dificultad extrema, en efecto, puede nacer una iluminación radiante», expresa cierto poeta masoquista en el mencionado volumen.

Un actor quien, para criticar el estado actual de la nación donde entra y sale a su antojo por ciudadanía extranjera adquirida, nos cuenta, imperturbable, que los sesenta fueron momentos gloriosos y borra, de tal modo, todo el horror represivo que ha sido referido en detalle por las víctimas y que fuera el origen del infortunio que hoy tímidamente se atreve a comentar.

Otro artista, el director del filme sobre zombies que devastan una Habana ya ruinosa, lamenta, desde Madrid, la lentitud de los cambios en Cuba, siente nostalgia y tristeza «de ver todo lo destruido» y luego habla del personaje más joven de su película que no le importa nada, suerte de nihilista, si sigue el inmovilismo o «mañana vienen los americanos y nos llenan de Starbucks y McDonalds», como si tal iniciativa fuera una broma de mal gusto y no la posible salvación.

Habrá un coloquio sobre la extensión del pene en La Habana, mientras otros creadores artísticos defienden el ecologismo a ultranza en un país de naturaleza carcomida por disparates autoritarios irremediables.

A todas estas, muere de 105 años la viuda del científico francés Andre Voisin, aquel del «pastoreo intensivo». El mismo que, sin quitarle sus méritos científicos, le metió en la cabeza al «ganadero en jefe» la idea de una cuenca lechera en Cuba más grande que la de Holanda. La señora fue fidelista hasta la muerte.

ESCUELA FANTASMA

La llamada ofensiva revolucionaria de finales de los años sesenta no solo terminó con los mínimos negocios privados que sobrevivían en Cuba, sino con magníficos profesores educados a la antigua, de esos que daban los buenos días y pedían permiso para continuar sus clases. Fue también el tiempo de las depuraciones en el sistema de educación superior, pues ya se sabe que la universidad era para los revolucionarios.

Además de la Escuela de Letras, donde se concentraban alumnos problemáticos, «intelectuloides» castigados y expulsados por comisiones de profesores estalinistas como la intolerante y justamente preterida Mirta Aguirre, otro de los saneamientos dogmáticos menos conocidos fue el de la Escuela de Arquitectura en la llamada CUJAE.

El oficio de arquitecto parece haber sido incompatible, desde siempre, con la dictadura de los Castro. Fue mangoneado como un rezago del pasado. Legendario resultó el temprano enfrentamiento del «gran burgués» Nicolás Quintana y el atorrante guerrillero Ernesto Guevara. Desde entonces parece haberse establecido una dicotomía insalvable entre la procacidad verde olivo y la sofisticación de la moderna y funcional arquitectura cubana.

Nunca se dio el caso, sin embargo, que los miembros poderosos de la nomenclatura partidista escogieran vivienda en los abominables planes urbanos de moldes deslizantes y prefabricados yugoslavos del barrio obrero de Alamar. Paradójicamente, encontraron siempre acogedores nichos en las mansiones o apartamentos que diseñaran Quintana y otros genios de la arquitectura cubana abandonados por sus dueños e incautados por la nueva clase gobernante.

El documental *Unfinished Spaces* (*Espacios inacabados*) de los realizadores norteamericanos Alysa Nahmias y Benjamin Murray, programado para el Festival Internacional del Cine de Miami, el próximo mes de marzo, refiere lo que fue, tal vez, la última batalla de este insólito frente: el diseño y construcción de las escuelas de arte en los predios del otrora Country Club en La Habana, a pedido de Castro y Ernesto Guevara, durante un improvisado y fotogénico partido de golf.

La tarea fue encomendada a dos arquitectos italianos, Vittorio Garatti y Roberto Gottardi y al cubano Ricardo Porro en 1961. Tres talentosos profesionales, llegados de Venezuela, embelesados con un proceso social que, como a tantos otros, terminaría por devorarlos sin piedad.

Ya en ese momento la escasez de recursos, característica consustancial al socialismo, hizo que la imaginación se acrecentara y lo que llegó a terminarse de las construcciones quedó como la obra de su tipo más original y vistosa de la época, sin nada que agradecerle a las ideas sovietizantes que ya se abrían paso en el Ministerio de la Construcción. Tamaño pecado de lesa belleza y la oposición de quien por entonces devino arquitecto oficial, Roberto Segre, y de la prima ballerina assoluta, Alicia Alonso, terminarían por dar al traste con el proyecto.

Porro, asilado en París, se ha expresado contra la ignominia sufrida, aunque nunca se refiere a que estaba trabajando sobre propiedad robada; Gottardi, terminó fundando familia en Cuba, relegado a tareas de poca monta durante años, y Garatti, acusado de agente enemigo, fue apresado y luego expulsado de la isla. Todavía hablan con discreción y somero respeto sobre el abyecto capítulo.

Espacios inacabados es la metáfora de un lamentable lugar común en la historia de la llamada revolución donde ideas plausibles han sido mediatizadas o coartadas en aras de su utilidad política. En el camino, bajo el peso de un sistema con pocos alicientes, han colapsado sueños y esperanzas. La épica estética inicial de una utopía que pareció posible, terminó por estrellarse contra la pared de un anodino edificio construido por las «microbrigadas», otro de los planes fallidos de la enajenación castrista.

ARTE ZOMBIE DE HACER RUINAS

Se trata de una metáfora vívida, en el filme *Juan de los Muertos*, de Alejandro Brugués, La Habana es asolada por una plaga de zombies que solo piensan en comerse al prójimo. En este escenario de supervivencia donde la eterna amenaza de una invasión, se hace realidad, hay un grupo de pícaros que se resiste a morir e instalan un «cuentapropismo» mórbido: matan a los seres queridos de familias infectadas.

El diálogo asaeteado de los pintorescos personajes, se presta a múltiples especulaciones. La idea no podía ser más oportuna, en el país «zombificado», los noticieros le echan la culpa a los yanquis de la inexplicable circunstancia que no encuentra solución y amenaza con empeorar cada minuto, mientras se informa que todo ha regresado a la normalidad y se convoca a una manifestación en la tribuna antiimperialista para protestar por la agresión.

En *Alicia en el pueblo de Maravillas*, referente anterior del cine humorístico cubano en términos de agresividad crítica con la inoperancia absurda del sistema, una heroína tendrá que vérselas con los burócratas y los castigados confinados a un pueblo cárcel. En *Juan de los Muertos*, el desastre ha sido dimensionado a cataclismo nacional.

Abunda el humor grueso salpicado con frases devastadoras sobre la realidad cubana, como cuando uno de los personajes propone alzarse en la Sierra Maestra para solucionar la epidemia y otro le responde que ya es tarde, pues debieron hacerlo desde el principio.

Momento de particular sutileza, para un público cómplice, ocurre cuando Juan, con su habitual cinismo y vulgaridad, responde por teléfono a sus potenciales clientes y recibe una llamada que lo perturba, a la cual responde «de ese se ocupan ustedes», como si alguien se refiriera, del otro lado de la línea, a un muerto viviente de mayor envergadura.

La historia que cuenta *Juan de los Muertos* es la que repiten de manera diversa las películas del género, no hay mucha novedad argumental que celebrar: cómo salvar la vida en un medio hostil e inexplicable. Ocurre, sin embargo, que en Cuba, la premisa pertenece al campo de la política local.

Lo paradójico viene cifrado en el comentario de uno de los personajes cuando sale a la calle desvencijada y poblada de zombies y es incapaz de notar grandes cambios en comparación con la realidad precedente de la ciudad.

Juan de los Muertos incluye derrumbes como los ocurridos recientemente en La Habana solo que los hiperboliza en la cúpula del Capitolio y el emblemático edificio Focsa y hace que un personaje confunda el acoso de los zombies con los actos de repudio a los disidentes

Reproduce, en muchos sentidos, un país degradado, indigente y sin esperanza. El lenguaje es duro y soez. Una de las soluciones: escapar por el mar como los pintorescos carronautas. La segunda, enfrentar a los zombies y atenerse a las consecuencias

Las otras comedias críticas del cine cubano, como las de Gutiérrez Alea, se formularon con la esperanza, fallida, de mejorar el socialismo. En *Los sobrevivientes*, la hambrienta aristocracia de la isla termina comiendo carne de gato. En Juan de los Muertos, los habaneros comunes se comen entre sí. Según el nuevo cine de Brugués, los días finales serán caóticos como ya es de presumir.

EL DESACREDITADOR

Pensé que la palabra no existía pero consulté la máxima autoridad del idioma y aparece: el desacreditador, «que desacredita» dice el diccionario de la Academia.

El término le viene como anillo al dedo a ciertos personajes que deambulan por el generoso exilio cubano de Miami, sobre todo en sus ondas hertzianas aunque a veces navegan el Internet y otros predios de la comunidad.

Casi siempre llegan a estas costas procedentes de un tercer país aunque también pueden bajarse de un vuelo directo o sufrir la fiebre del remordimiento, in situ, luego de haber sido apasionados anticastristas.

Los más habilidosos se valen de credenciales que no ostentan. El periodismo suele ser uno de los oficios de fácil usurpación porque los que han simulado la medicina, por poner un caso, han terminado rápidamente tras las rejas.

Son muy leguleyos y esgrimen la libertad de expresión y la democracia como si alguna vez la hubieran conocido y practicado. Por supuesto que inmediatamente descalifican a personalidades del llamado exilio histórico pues los consideran blancos fáciles de sus afanes. El asunto se complica cuando se las tienen que ver con personas que en Cuba supieron de sus desempeños. De tal modo, un simple presentador de programas musicales en la televisión oficial se vuelve una autoridad mediática de verbal incontinencia cuando desembarca en esta orilla.

Al principio, pueden provocar fascinación precoz entre la ingenuidad o el altruismo de personas con poder de decisión en ciertos medios y los vemos reportando en un noticiero de televisión de importancia o en la radio, con programas estelares suscritos bajo sus nombres. Toda una bonanza insospechada de manera casi expedita, sin recoger tomates en Homestead, ni freír hamburguesas.

Desde el principio de sus comparecencias, sin embargo, el público de Miami, que ha visto a no pocos desandar el mismo camino, comienza a sospechar del fraude y cuando los micrófonos se abren, las preguntas son capciosas e incómodas para el desacreditador.

Antes de ser quienes serán, se mantienen en estado de hibernación, esperando que les hagan la seña desde La Habana donde suelen haber dejado compromisos insoslayables. Allí, la policía política casi siempre les tiene abierto un expediente donde guardan asuntos referentes a preferencias personales, sobre todo de índole sexual, que pueden ser utilizadas a manera de chantaje si, al final, el desacreditador decide traicionar la tarea para la cual llegó alguna vez al exilio, algo que no ocurre con mucha frecuencia.

Supe de uno que alardeaba de conquistas femeninas cuando su naturaleza le impelía a todo lo contrario, lo cual solo es un pecado para el aparato represivo de la isla que también lo tenía fichado por disfrutar del uso de la ropa interior de sus novias ensimismadas en Miami.

Sin credenciales reconocidas y apenas estudios académicos, la labor del desacreditador puede ser espontánea o instruida por sus directivos en la distancia y la cercanía. Son ambiciosos, sin embargo, por eso no se conforman con mínimas provocaciones y tratan, sin lograrlo, de desestabilizar las estructuras sociales que le dieron amparo antes de que desencadenaran sus verdaderos planes.

Sobre quienes intentan desacreditar fabulan historias que casi siempre giran alrededor de tesis manidas como las de revolucionarios arrepentidos, intolerantes y extremistas, sin mirarse la paja que les perturba su miopía.

Cuando se consagran, son exhibidos en cenáculos periodísticos de La Habana, no sin desprecio, donde siguen desbarrando, sobre todo, contra una suerte de, según ellos, antipatriotismo visceral que pervive en Miami. En su oportunismo, confunden a Cuba con quienes la diezman desde hace medio siglo.

El desacreditador es una especie en extinción, ha reducido sus espacios y está condenado al olvido aunque su mínima presencia resulta instructiva para recordarnos que el enemigo no reposa en sus aventuras y echa mano de cualquier pretexto o personaje prefabricado para sus campañas de descrédito.

OSCAR, EL ENEMIGO

Durante una entrevista que le hiciera al por entonces presidente del Instituto Cubano del Arte e Industria Cinematográficos (ICAIC), Alfredo Guevara, para el programa Entre Nosotros de la Televisión Cubana, durante los años ochenta, las preguntas sobre el Premio Oscar fueron despachadas de manera iracunda y desdeñosa como si la distinción y su emblemática ceremonia no merecieran la más mínima atención para los propósitos intelectuales de su revolución.

Fueron los años que antecedieron la posibilidad real de que un cineasta cubano utilizara la tribuna mundial del acontecimiento mediático para criticar el embargo de Estados Unidos a Cuba, como se cuenta tenía planeado hacer Tomás Gutiérrez Alea, si se alzaba con la estatuilla a propósito de la nominación a Mejor Filme Extranjero por su popular *Fresa y chocolate*.

En un acto de justicia casi providencial otro cineasta del «campo socialista», el por entonces soviético Nikita Mijalkov, mereció el galardón pero con un filme acusador del sistema que Gutiérrez Alea se resistía en desacreditar, *Burnt by the Sun*, sobre los desmanes del estalinismo. Es oportuno señalar que la filmografía del más importante cineasta de la isla abunda en comentarios críticos sobre la sociedad cubana de su momento, solo que lo hacía para mejorar los errores del socialismo, como nunca dejó de señalar.

Con la dolarización y la llegada del turismo, muy a pesar del gobierno, tengo amigos que empleaban algunas de sus escasas divisas para pagar la posibilidad de ver la ceremonia de los Oscars en salones de hoteles habilitados al efecto, aunque luego no pudieran comprar aceite o jabón hasta tanto volvieran agenciarse algunas de las monedas del enemigo.

A finales de los años ochenta y principios de los noventa existió la posibilidad de ver la ceremonia en la Escuela Internacional de Cine de San Antonio de los Baños. Allí era grabada y editada para que el programa Contacto, también de la televisión cubana, pudiera referirse al tema con cautela y todos se asomaran a un espectáculo que el resto del mundo disfrutaba y en Cuba estaba prohibido. Recuerdo como los estudiantes extranjeros, en obstinado esnobismo revolucionario, se burlaban de los «ridículos» comerciales capitalistas.

Tengo entendido que desde hace algunos años, la Oficina de Intereses de los Estados Unidos en la Habana organiza una suerte de recepción para artistas e intelectuales cubanos donde se transmite la ceremonia de la Academia. Claro que algunos lo piensan dos veces antes de acceder a la «boca del lobo» pero otros no pueden sustraerse a tamaño privilegio y se personan en la residencia diplomática donde acontece la fiesta para brindar y comer como en aquella película bélica donde los soldados enemigos salen de las trincheras una noche para celebrar juntos la Navidad.

Por principio y en honor a los amigos cinéfilos que todavía tienen que hacer malabares en La Habana para un hecho tan simple como ver una ceremonia de premiación por la televisión, este domingo, como hago desde hace veinte años que llegué a los Estados Unidos, me sentaré frente a la pantalla doméstica, ensimismado, y disfrutaré como no pude hacerlo durante tantas lamentables jornadas, de la nostalgia y el glamour que convocan la estatuilla dorada que alguna vez la dictadura cubana tuvo entre sus enemigos.

INFERNO

En el preámbulo abrupto del documental *Patria o muerte*, unas jóvenes cubanas mueven la cintura siguiendo la cadencia frenética de un reguetón, como si el director ruso Vitaly Mansky no saliera de su asombro ante tanta sensualidad desenfrenada, desde su esquema eslavo de pensamiento.

Será la última vez que la realidad cubana lo embruje y tome por sorpresa porque el resto de su inmersión de tres meses en la isla, cámara en ristre, formulará una suerte de deja vu de su propia experiencia socialista.

Mansky está considerado el documentalista más distinguido de Rusia con una obra, que suma alrededor de treinta filmes, bienvenida a los más importantes festivales de cine del mundo. Se interesó en Cuba, la otrora hermana república, porque sabía que era como montarse en la máquina del tiempo. El permiso para filmar, sin embargo, se demoró mucho pues ahora hasta los rusos resultan sospechosos. Finalmente entró, justificando su interés en hacer una investigación sobre las llamadas «Ruedas de Casino», una manera coreográfica del baile popular.

Cuando algún día se estudie, en su conjunto, la filmografía internacional dedicada a la disección del caso cubano, el documental *Patria o muerte* deberá ocupar uno de los primeros lugares, tanto por su voluntad reveladora como por el cuidado estético que se tomó su director en ese empeño. «Los que entráis abandonad toda esperanza...» el famoso verso de Dante debiera encabezar la secuencia que sigue al pórtico de las cubanas dando cintura porque sin una clave que lo anuncie, como muchas otras de las viñetas incluidas en *Patria o muerte*, la primera tiene que ver con la exhumación de cadáveres del Cementerio de Colón, no del todo listos para ser ventilados, en presencia de una asamblea de dolientes con los rostros cubiertos debido al hedor.

Para rematar, cierto funcionario cantinflesco explica el procedimiento mientras un enterrador manipulando huesos y pellejos endurecidos, a mano limpia, sin guantes de protección, quiebra una obstinada columna vertebral contra el canto de un féretro desvencijado para que quepa donde van los restos en mínimo osario de hormigón.

Los encuadres de Mansky, quien también se ocupa de operar la impertinente e indiscreta cámara, así como el aprovechamiento esmerado, casi verbal, que hace de la luz natural, lo acercan al tenebrismo barroco de un Caravaggio. Tenebrismo literal, podría agregar, además de artístico.

El director ha contado que en aras de estudiar y dar relevancia a los rostros de sus personajes, donde se cifra la tristeza y la ira, lavó el contraste y brillantez de los colores del trópico en postproducción. El resultado es devastador pero legítimo. Sería morboso e improcedente hacer postales turísticas con el drama que sufre el cubano común. Para el cineasta ruso, cómplice y admirador de la entereza y la capacidad de supervivencia de un pueblo aislado y abandonado a su suerte, no parece haber rumbas sobre tumbas.

Patria o muerte, no se ocupa de la épica revolucionaria que engendró tal debacle, ni de otros asuntos al uso por lo obvio: jineteras cubanas (en este caso son nórdicas) y edificaciones en ruinas. Su aproximación es más bien minimalista, con énfasis en el caos doméstico y la saturación perturbadora de la calle, de colas agobiantes, timbiriches de mala muerte y libretas de racionamiento. Mientras los cubanos sermonean de modo atropellado, a veces hasta para justificar el absurdo, sobre el fondo de imágenes aleatorias que no dejan lugar a dudas del descalabro. Las historias se presentan coartadas, sin destino ni final.

Según Mansky, la Cuba que atrapó en su ríspida iconografía se parece a la Unión Soviética antes de que muriera Stalin. Para uno de sus personajes, una señora de bien que vive en una propiedad horizontal de El Vedado, ostentando medallas de combatiente revolucionaria, no se trata del prometido paraíso proletario sino del infierno.

HIJOS DE PAPÁ

Cuando el Ministro de Cultura cubano, el escritor Abel Prieto, quiere menoscabar a intelectuales o artistas del exilio, sobre todos a los que han buscado residencia en los Estados Unidos, los califica de «platistas» por aquello de la Enmienda Platt.

Platistas no son, sin embargo, dos de los hijos de Fidel Castro y uno de Ernesto Che Guevara cuando se ven rebosantes de felicidad abrazando un fotógrafo norteamericano y llenándolo de encomios por haberlos incluidos en el libro *Habana Libre*, donde, supuestamente, se revela una ciudad oculta al mundo, llena de tentaciones, fiestas y buena vida, paradójicamente a imagen y semejanza de la gloriosa capital que se canceló con la llegada de los ordinarios guerrilleros en 1959.

La isla de Cuba padece el síndrome de los «descubridores» desde Colón a nuestros días. Al principio fueron los adelantados españoles, luego algún que otro científico de prestigio y, recientemente, la operación ha recaído sobre la espalda de notables culturales. La dupla Ry Cooder y Wim Wenders «descubrieron» a un grupo de ancianos músicos y compositores abandonados a su suerte en el proyecto Buena Vista Social Club, que luego derivó en un insólito operativo comercial, tal vez el más eficaz de la música cubana de los últimos tiempos.

El descubridor de ahora, estadounidense por cierto, es el fotógrafo Michael Dweck quien ha compaginado el mencionado libro *Habana Libre*, así como una exposición de sus reveladoras instantáneas en la oficialista Fototeca de Cuba.

Dweck, es el «buen americano», ingenuo o cómplice hasta la idiotez y nos confía que esta reedición de «la dulce vida» en medio de la Cuba indigente era un secreto para él, pues no sabía que existía lo que se ha dado en llamar farándula, integrada por músicos, modelos, pintores, escritores así como una nueva adición, que solía operar en zonas más privadas, alejadas de miradas indiscretas, «los hijos de papá», todos ocupados en pasarla bien.

Estas criaturas de la noche, según afirma Nelson Ramírez de Arellano, el escuálido platista que debió presentar la exposición en la Fototeca que dirige, confirman que «en Cuba hay felicidad», a pesar de «la versión negativa que dan las agencias extranjeras de noticia».

Se trata, sin embargo, de un modo excepcional de la bienaventuranza que, por supuesto, no toca parejo, como rezaba el marxismo, aunque Alex Castro, uno de los protagonistas del glamour nocturno, afirme, sin un ápice de vergüenza, que Dweck fotografió «la esencia mía o del pueblo cubano», lo cual coloca al vástago del dictador a la altura de su progenitor, al equipararse a la nacionalidad cubana.

Los tiempos cambian ciertamente. La otras «dulces vidas» de la nomenclatura cubana, como la del hijo de Raúl Roa, quien entre fiesta y fiesta im portaba máquinas para limpiar nieve, o la de los militares de Angola, con sus saraos de bataclanas jóvenes, podían terminar en responsos o fusilamientos, en dependencia del estado del oportunismo político de los Castros.

La edición limitada del libro de Dweck se vende al precio de $800. Parte de lo que recaude irá a los fondos de la Fundación Ludwig para proyectos artísticos en la isla. Quien se tome el trabajo de revisar el *website* del álbum, encontrará muchas fotos de hermosas jineteras de lujo semidesnudas, además de imágenes de Tropicana y de otros sitios exclusivos. Sin duda, el fotógrafo acometió su empeño protegido por orejeras que le impidieron mirar los márgenes, donde los policías dan pescozones a quienes disienten y una ama de casa, que ni sabe que existe la farándula, da gracias a Dios porque la sal ha sido liberada de los productos racionados de la libreta de abastecimiento, como un símbolo de los avatares por venir.

EL NUEVO CUBANO

Alejandro Brugués, director del filme *Juan de los Muertos*, estrenada durante el pasado Festival Internacional de Cine de Miami y que ahora mismo disfruta su primera exhibición comercial en los Estados Unidos, algo que está por verse en Cuba, nada menos que en el Teatro Tower de la Pequeña Habana, confesó que aprovechaba la visita a la ciudad como una suerte de luna de miel, porque estaba recién casado y lo acompañaba su esposa.

Se trata, por supuesto, de una frase y una libertad que no pueden repetir ni disfrutar otros de sus coterráneos en la desvencijada isla donde se desarrolla su ingeniosa parábola de zombis destruyendo lo poco que allí queda en pie. Revela, sin embargo, la distancia que las nuevas generaciones están poniendo entre el tinglado geriátrico, impuesto a sangre y fuego, por más de medio siglo, y los sueños de cambio y bonanza tantas veces preteridos.

Las estrategias que están desplegando los nuevos cubanos, sobre todo en el campo cultural, son obstinadas aunque no frontales. Brugués ha dicho, en más de un foro, que su película es para divertirse y cuando le preguntan de política, se revuelve en la butaca del entrevistado. Me recuerda a Sydney Pollack en Cuba, hace algunos años, diciendo que su filme *Habana* era una historia de amor en las postrimerías de la dictadura de Batista, sin énfasis político, algo que luego no era exactamente así.

Durante todo su sarcástico metraje, sin embargo, *Juan de los muertos*, se dedica a deschabar, minuciosamente, el engendro de país que han ideado los Castro. La operación es loable, pues, a fin de cuentas, la obra es la que permanece y de las entrevistas cautelosas y ambiguas nadie se acordará en el futuro.

Claro que existe y funciona también una valiosa zona de agresivo cuestionamiento social y político, en las antípodas, como el de Gorki Aguila, los Aldeanos y otros cultivadores del hip—hop, Yoanni Sánchez, Orlando

Luis Pardo y el proyecto Estado de Sats, por solo mencionar algunos de los más representativos y tenaces.

Rara vez, sin embargo, estos dos mundos se rozan. Muy por el contrario, terminan por repelerse. Me consta, por ejemplo, que Orlando Luis Pardo va perdiendo la endeble simpatía que antes despertaba entre creadores que no disienten abiertamente del sistema. De hecho, ha sido duramente agredido, con la anuencia del gobierno, por alguien que parecía amigo, en una publicación oficialista.

Afortunadamente, esta operación que pudiera ser maquinada por la policía política, no se ha entronizado y los dos universos terminan por subsistir de modo paralelo, aunque, por ejemplo, si la Seguridad del Estado decide impedir que Claudia Cadelo, polémica bloguera, acceda a una función de cine público, donde se exhibe un documental problemático, rara vez contará con el apoyo de un cineasta independiente tratando de levantar la producción de su próxima obra con el beneplácito de instituciones oficiales.

Ahora mismo intelectuales y creadores sienten la inestabilidad y el susto que causan la ausencia de un ministro de cultura, tan oficialista y calculador, como el que más, pero peludo y dado a dispensar viajes al extranjero. Hay que empezar a calcular las acciones del oscuro burócrata que recién ocupa la cartera con mínimas credenciales culturales. Para sosiego de todas las partes involucradas, las puertas del país enemigo, a donde todos desean recalar para tomar un aire o exiliarse, siguen abiertas. El otrora «hombre nuevo» quedó en la página dos de la historia pero el «nuevo cubano» ya está en camino y ningún obstáculo lo hará retroceder.

UNA BIBLIA DEL SÉPTIMO ARTE

La editorial española Galaxia Gutenberg en su Colección Círculo de Lectores, acaba de publicar el primer tomo de la *Obra completa* de Guillermo Cabrera Infante, acontecimiento, largamente esperado, que coloca a la cultura cubana en uno de sus pórticos más vanguardistas y precursores.

El cronista de cine, que es como se titula esta primera entrega, incluye un clásico de la crítica cinematográfica con vocación literaria, *Un oficio del siglo XX*, así como otros escritos sobre el séptimo arte, aparecidos en la revista *Carteles*, en un impresionante volumen de 1534 páginas. Lo prologó y editó, de modo prolijo, el investigador español Antoni Munné en complicidad fecunda con Miriam Gómez, la actriz y viuda de Cabrera Infante, guardiana insobornable de su legado.

También se anuncian en este mismo volumen, otros tomos por salir hasta sumar ocho, donde aparecerán más escritos sobre cine, una de las grandes pasiones del novelista; narrativa publicada en vida así como la póstuma; ensayos políticos e históricos, ensayos literarios y dos de misceláneas.

El cronista de cine es una de esas raras fiestas bibliográficas, como la Biblia tal vez, que se pueden abrir en cualquier página con la certeza de ser inmediatamente seducido por un deslumbramiento anecdótico y lingüístico sin parangón en la literatura cubana.

En *Un oficio del siglo XX*, libro de 1962 que se reedita con las ilustraciones originales del pintor Raúl Martínez, figuran las mejores críticas de cine que se hayan escrito en la isla a la vez que, de manera premonitoria, se cifran las tribulaciones de un alter ego llamado G. Caín, contadas como una novela, antecedente de *Tres tristes tigres*, según concuerdan en especular los estudiosos.

La visión de este atrayente primer tomo, editado con todas las de la ley, cuando los libros impresos van perdiendo el favor de numerosos lectores, que los prefieren electrónicos, nos hace compartir la paz espiritual, de magna tarea lograda, que embarga el rostro y el ánimo de Miriam Gómez cuando se refiere a los esfuerzos desplegados para que el hecho editorial ocurriera, desde la muerte de Cabrera Infante, acontecida hace siete años.

En medio de tal congoja y voluntad de hierro —ha confesado, por ejemplo, que desde entonces no puede ir sola a un cine porque resulta insufrible la ausencia el rescate y compilación de la obra ha supuesto una suerte de sacerdocio a tiempo completo que solamente ella ha tenido la facultad y posibilidad de llevar a buen recaudo, porque conoce todas las pistas de ese laberinto literario fascinante.

La posteridad de la cultura cubana deberá agradecerle su perseverancia inquebrantable, un compromiso tramitado con años de amor y suscrito con la más segura y perdurable de las lealtades, aquella que es resultado de la verdad por encima de todas las veleidades y desalientos de un exilio largo y distante.

Durante la próxima Feria Internacional del Libro de Miami, del 11 al 18 de noviembre del 2012, los lectores tendrán la oportunidad de rendirle a Miriam Gómez la pleitesía que merece durante la presentación de este primer tomo por haberlo hecho posible, además de disfrutar los insospechadas textos sobre el cine y sus protagonistas contenidos en el volumen como las extraordinarias entrevistas que el cronista le hiciera a Marlon Brando y Luis Buñuel.

El primer tomo de la *Obra completa* de Guillermo Cabrera Infante es el sitio de ensueño donde la actriz y su escritor predilecto conjugan un dúo creativo perfecto que ha triunfado allí donde el sistema político que intentó anularlos fracasó y será olvidado mucho antes que las futuras generaciones sigan entendiendo la gran dimensión cultural del escritor que puso a La Habana, para siempre, en el mapa de la literatura universal.

SALVADOS

La vida de los católicos en Cuba luego de 1959 fue una tropelía. Hubo que esconder la fe durante años y el acceso a los templos podía coartar, notablemente, el desarrollo social y profesional por considerarse una actitud no afín con los designios de la revolución. Las obras clásicas para jóvenes publicados por la Editorial Gente Nueva, por ejemplo, eran rigurosamente expurgadas, por minuciosos editores, de toda referencia a Dios.

Lo católico quedó circunscrito a «cosa de viejos». En muchas casas, la imagen del Cristo redentor pasó de la sala al cuarto a la vez que era sustituida por la foto sonriente de Fidel Castro. Recuperar el terreno perdido ha sido una ordalía de años para la iglesia. Desde que el régimen expulsara a más de un centenar de clérigos en el barco Covadonga, muy al principio de los años sesenta, el miedo y la cautela siguieron siendo los signos de la relación traumática entre la dictadura y los servidores de Dios.

Muy a su pesar y sin un sistema socialista internacional que siguiera alentando el ateísmo como forma de vida, los Castros han debido pactar con la jerarquía de la iglesia cubana asuntos que antes hubieran resuelto con empujones y bravuconería.

Hay personas cercanas al estado de ensimismamiento y entrega que requiere la práctica de la fe en esas enrarecidas circunstancias. El Obispo cubano que acaba de fallecer, Monseñor Agustín Román, pudiera ser un canon de tal prédica. Hombre laborioso, hacedor del bien, respetuoso del dogma católico como corresponde a su rango nunca trastabilló a la hora de considerar que Cuba necesitaba ser libre y se murió a los 83 años sin regresar a la parroquia matancera de sus pininos como sacerdote porque no claudicó ante el chantaje de un sistema político presto a desacreditarlo si se hubiera dejado seducir por la nostalgia de un retorno que siempre añoró.

Mi hijo mayor, padre de mis dos nietos, nacidos en estas tierras, siempre me ha hablado con admiración de la simpleza y accesibilidad de Monseñor Román presto a bendecirlo a él y a los niños durante sus frecuentes visitas a la Ermita de la Caridad.

Tanto en Cuba como en el exilio muchos cubanos han venerado el ejemplo de Román hasta donde es plausible, mientras otros lo adulteran para luego buscar el perdón divino de manera desesperada. El proceso del país hecho añicos produce luces y sombras.

Cuando mi hermano murió dedicaba todos sus brillantes conocimientos de ingeniero a los afanes de una compañía naviera en Miami. El dueño es un hombre atribulado de recurrentes pecados propios y familiares que no dejaba de comulgar en las misas de domingo para aligerar su pesado equipaje ante la eventualidad, insoslayable, de transitar a la otra vida. Mi hermano le decía «El viejo» y lo quería y respetaba a pesar de sus resabios.

Al fallecer mi hermano, a su viuda, mi cuñada, se le ocurrió pedir la colaboración de El viejo para que su hija pudiera terminar el curso en una escuela privada a la cual concurría por entonces. Aquel católico penitente, hombre de grandes recursos financieros, la despachó con una palmada de consuelo y la promesa incumplida de su ayuda. No se trataba de honrar un previo acuerdo contractual, por supuesto, sino de un poco de piedad que le faltó al creyente cuando más lo necesitaban.

Conozco, sin embargo, en el southwest una casa donde Dios bien pudiera pernoctar. Allí vive Hilda, leal amiga de mi mamá cuando ambas eran emigrantes recién llegadas a Chicago por los años cincuenta. Después dejaron de verse por más de treinta años porque mis padres regresaron a Cuba en 1962 y volvieron a Miami en los años noventa y la amistad permaneció incólume. Hilda cuidó de mi hijo pequeño, mis nietos y la sobrina que El viejo desdeñó y hoy forja su carrera artística en la prestigiosa academia New World School of the Arts.

Creo que hay una secreta conexión entre personas como Hilda, y su enorme capacidad para dispensar amor, y la perseverancia serena y pacífica de Monseñor Román. Sospecho que nos han salvado del naufragio.

G2

En Cuba, G2 son una siglas que meten miedo pues identifican a la policía política, el Departamento de Seguridad del Estado, que arrastra siniestra fama, sobre todo, desde su cuartel general, Villa Marista, donde, paradójicamente funcionaba una escuela de los Hermanos Maristas, antes de 1959.

Cuentan quienes han sufrido jornadas de interrogatorio en dicho infierno, emulo de la Stasi alemana y la KGB soviética, que además de las intensas torturas psicológicas, hay otras que se valen de daños físicos.

El feudo oscuro de Abelardo «Furry» Colomé Ibarra, quien ostenta la cartera del Ministerio del Interior desde 1989, apenas ha sido abordado por el cine cubano a no ser para el elogio de sus operativos de espionaje. Esa filmografía alentada por el primer y segundo presidentes del Instituto de Cine (ICAIC), Alfredo Guevara y Julio García Espinosa, respectivamente, ha figurado entre las más pedestres y olvidables de la devoción de ambos funcionarios por los desmanes de la cúpula de la Seguridad del Estado, rayana en el romance.

Hay un «seguroso» solapado que interpreta de modo memorable Carlos Cruz en *Papeles secundarios*, de Orlando Rojas y la paranoia de la vigilancia del «gran hermano» recorre el argumento sarcástico de *Alicia en el pueblo de Maravillas*, por lo cual el filme fuera duramente censurado.

Eduardo del Llano, uno de los guionista de *Alicia...* evolucionó de tal modo en su crítica de la represión del Ministerio del Interior que en el año 2004 se mofa abiertamente del llamado «aparato» con su cortometraje *Monte Rouge* donde el protagonista debe aceptar, resignado, la instalación de técnica de escucha en su casa para saber qué opinan los opositores.

Luego de diez cortometrajes dedicados al mismo personaje Nicanor O'Donnell y una película sobre Leonardo Da Vinci en prisión, del Llano vuelve a ironizar sobre esa zona intocable del régimen cubano en el falso documental *La verdad acerca del G-2*.

La premisa es sumamente ingeniosa: en respuesta al grupo ocasional de rock guitarrístico G—3, liderado por Joe Satriani, se crea en Cuba uno similar con el nombre de G—2. Todo el tiempo veremos a dos guitarristas que explican sus avatares para crear el dúo con divertidos apuntes sobre las carencias y dificultades de la realidad cubana y en dos ocasiones desfilan ante las cámaras reconocidos artistas y músicos interpretándose a sí mismos para hacer comentarios delirantes sobre la presencia agobiante del G—2 en la cultura cubana, donde tanto daño ha infligido. Y lo hacen con cierto desenfado y sin miedo porque también pudieran estarse refiriendo al grupo musical de marras.

Los dos guitarristas imaginarios, Nick Pedraza y Ozzy O'Donnell, el propio Eduardo del Llano y un llamado teórico del rock, entre otros testimonios se dan gusto ironizando sobre el absurdo de la sociedad cubana actual. Hay un momento, incluso, donde se reproduce la supuesta foto de uno de los músicos junto al dictador Fidel Castro.

El documental no se ha estrenado en Cuba o al menos la prensa no ha dado noticias al respecto y el propio Eduardo del Llano no lo incluye en las últimas entregas de su blog. Es muy probable que los jerarcas del G—2 no se quieran dar por aludidos porque, en definitiva ellos no son muy dados a escuchar rock.

EL ARTE DE LA FUGA

La Guerra Fría no solo le dispensó glamour a la literatura de espionaje, donde llegó a instaurar un leído subgénero, sino a famosas deserciones. Sin duda aquellas protagonizadas por personalidades del arte son las que más han perdurado en el imaginario popular.

Hay un filme, *Moscow on the Hudson*, que disfrutamos en Cuba de manera clandestina por los años ochenta, muy recordado por su candor y aliento como parte de la filmografía de las escapadas del socialismo que también ha desarrollado un lado más oscuro de circunstancias violentas y desesperadas, como aquella otra película donde se cava un túnel para pasar por debajo del obsceno muro de Berlín.

En la mencionada comedia de Paul Mazursky, Robin Williams interpreta este atribulado músico de circo soviético que decide desertar y lo hace nada más y nada menos que en la tienda Bloomingdales de Nueva York.

El asunto vuelve a colación por el sonado capítulo mediático de la eventual desaparición de dos jóvenes actores cubanos que decidieron, recientemente, no continuar viaje a Nueva York, luego de aterrizar en Miami, invitados por el Festival de Cine de Tribeca para la presentación de una película que protagonizaron, paradójicamente, sobre una fuga en balsa y por la cual, uno de ellos mereciera premio de actuación.

En el pasado reciente, estas delegaciones culturales cubanas, de visita en otros países, eran acompañados por miembros de la policía política para impedir, dentro de lo posible, potenciales deserciones.

En nuestros días de florecientes intercambios culturales, casi siempre de una vía, de Cuba a los Estados Unidos, las fugas han caído en desuso. Ahora los artistas cubanos, de cualquier género y generación, viajan varias veces a Miami al año donde cargan las baterías financieras, coquetean con el disentimiento político y luego regresan al redil socialista con todas sus calamidades.

Suele ocurrir que algunos deciden quedarse no sin antes escoger en cuál de las visitas lo hacen y siempre y cuando garanticen algún tipo de compromiso laboral que les convenga, algo impensable para los otrora épicos desertores.

Curiosamente, es en el área del cine, sobre todo joven, donde no pocos de sus representantes han optado por quedarse en sus primeras incursiones, sospechando que no habrá segundas oportunidades como las de los actores, humoristas, músicos y cantantes más populares.

Los jóvenes en camino al Festival de Tribeca fueron entrenados como actores por la directora del filme que los encontró en las calles habaneras, así que no contaban con la protección de la fama para decidir sobre sus destinos y optaron por dar un paso más radical.

Otra forma, ya habitual, de la deserción es disfrutar de los eventos a donde han sido invitados y luego permanecer en los Estados Unidos, sin algazara publicitaria y mucho menos política, lo cual garantiza el regreso eventual a la isla no solo para departir con familiares y amigos, sino incluso para alguna que otra incursión en su escenario cultural natural donde son recibidos con pleitesía.

Hoy día jóvenes alemanes o polacos estudian las deserciones como un capítulo siniestro de la historia dejada atrás. Los cubanos, sin embargo, vienen escuchando la promesa de un cambio que no acaba de llegar y en lo que el cataclismo revolucionario dilata la solución para sus más elementales necesidades espirituales y materiales, prueban suerte en otra dimensión, aunque haya que recurrir al arte de la fuga.

CATACLISMO

Tengo un amigo *handyman*, que se ocupa de manera prolija de la carpintería, albañilería y demás menesteres que precisa mi casa en su mantenimiento regular. Hombre de origen humilde, con cerca de dos décadas en esta nación, no ha dejado de trabajar desde el primer día que llegó. Sus hijos han fundado familia, es feliz abuelo y casi tiene pagado su hogar, lo cual son logros sustanciales cuando hay que empezar de cero.

En Cuba sufrió prisión al ser devoto de una religión que estuvo proscrita por los Castro. En aquellos días aciagos apenas contó con la solidaridad de su familia enceguecida por la doctrina revolucionaria.

Ha regresado eventualmente a Cuba acompañado de un hermano libre, que vive en Alemania, al cual ha ido a visitar alguna que otra vez en jornadas a Europa pagadas con dinero bien habido.

Durante su estancia reciente en la isla visitó a la parentela de otrora soberbios militantes que hoy son seres derrotados, viviendo en la ignominia del olvido y las carencias.

Cada vez que intentó argumentar con ellos razones que justificaran ese estado de circunstancias lamentables, recibió el silencio como respuesta. Hay una mezcla de vergüenza, por lo que le hicieron, y la desilusión de haber perdido la vida en aras de una ideología nefasta que los dividió sin piedad.

Vio pueblos devastados, como si hubiera ocurrido una guerra. Donde antes hubo bodegas, tiendas, negocios y una vida civil funcional. Calles desgajadas y timbiriches de mala muerte, agredidos por la indolencia de un gobierno controlador que no produce ni ampara bienes sociales ni económicos.

Mi amigo no habla ni en la radio ni en la televisión aquí en el exilio, solo es vocero de sus razones que son irreprochables. Me hace su historia con palabras llanas y a veces se emociona. Es un hombre que arregla y construye. Se esmera en que las cosas queden bien y bonitas.

Nunca se ha referido a la religión que profesa, es el súmmum de la discreción en ese sentido. Su visita al pasado, a la fealdad y la indigencia, en las antípodas de su vocación, le confirió la certeza de haber tomado las mejores decisiones.

Entre los familiares de Cuba, hay algunos entregados al alcohol, en su versión más ríspida. Tal vez por el dilema tanático de «Patria o muerte» la vida ha perdido cierto valor, aquel que concede una aspiración, un sueño realizable. Allí, afirma mi amigo, se malvive para ver el tiempo pasar, que transcurre lento y desesperanzador.

No recuerda que nadie le haya confiado que aquello era una utopía realizable. No lo fue sobre el papel y menos en la práctica. Aprendió, sin embargo, que las utopías son las que más rápido se corrompen y desvían el rumbo, si alguna vez lo tuvieron.

El pasado primero de mayo, desde el promontorio del monumento a José Martí, otro mayoral bendice el multitudinario rebaño obrero, en vacua pachanga, con su atorrante presencia, mientras el líder sindical de turno habla del modelo económico cubano y de actualizar el socialismo. Incluso se permite un mensaje de solidaridad con los pueblos y trabajadores que en el mundo son víctimas de la crisis económica global, como si viviera en otro planeta.

Mi amigo el handyman ya sacó la cara por nosotros y nos dispensa un hálito de esperanza, mientras el cataclismo en la isla no tiene para cuando acabar.

CUBA PARADÓJICA

La realidad cubana actual convoca numerosas paradojas. Está aquella, sin vigencia, que insiste en desacreditar los valores de la república al afirmar que fuera el prostíbulo de los Estados Unidos cuando hoy ha terminado siendo un chapucero destino de turismo sexual.

Al decir del reflexivo dictador, se trata del país más culto del mundo, sin embargo, buena parte de la población, sobre todo la más joven, ha terminado fascinada por las liviandades del reguetón que, curiosamente, no es un ritmo nacional.

El beisbol, va siendo cosa del pasado debido a la indiferencia y cansancio de los fanáticos ante juegos violentos e indignantes mientras el futbol usurpa la corona del otrora deporte nacional.

Donde los homosexuales fueran humillados y perseguidos, hoy hay camas y hospitales para cambios de sexo y el resto de los pacientes nacionales son relegados a cochambrosos centros asistenciales en aras de aquellos que llegan de otros lares, pero con dólares, para curar sus dolencias en instalaciones médicas que simulan las del primer mundo.

Una organización internacional (*Save the Children*) asegura que, junto a Uruguay y Argentina, en América Latina, Cuba es hoy uno de los mejores sitios para la maternidad y cualquiera puede consultar en *Youtube* el breve pero revelador documental, *Antesala*, donde se muestra a mujeres cubanas en el trámite del parto y parece que estamos en el más antihigiénico matadero, atendido, de mala gana, por un personal deleznable en su falta de piedad y delicadeza.

Ni decir que el aborto se ha vuelto la más socorrida forma del anticonceptivo y una cronista de la página *Havana Times*, Irina Echarry, describe su propia experiencia en uno de esos infiernillos de la salud pública donde, incluso, coincidiera con una madre de 35 años y su hija de 15, ambas en fila para deshacerse de sus embriones.

Elocuente en este paraíso de la maternidad son las palabras de la enfermera al tratar de convencer a la niña de 15 años para que se hiciera la interrupción: «No puedes ponerte así, ¿por qué lloras? Seca esas lagrimitas. Tienes que estudiar porque nosotros los negros tenemos que estudiar para que después no vengan los blanquitos a quitarnos del medio. Así que ahora tú vas a entrar ahí, sin llorar, vas a abrir las paticas como mismo lo hiciste para que te la metieran, vas a respirar profundo y luego no vas a sentir nada.»

Como si todas estas paradojas fueran pocas, recientemente un pastor evangelista, de esos que curan enfermedades graves con un pase de manos, tomó por asalto varias ciudades (Bayamo, Camagüey, entre otras), con equipo de televisión incluido, para dejar constancia de los milagros y montó un show mediático y popular donde fue curado el cáncer, los inválidos caminaron y los mudos hablaron, entre otros prodigios.

Las presentaciones del Ministerio de la Unción Fresca estuvieron concurridas sin convocatorias gubernamentales. El pastor Naudis Pineda es de origen venezolano y llegó acompañado de una entusiasta comisión repetidora de sus «aleluyas» y «gloria a Dios», además de un cantante.

Campañas de alfabetización, de por medio, escuelas de arte, universalización de la enseñanza, marxismo leninismo a tutiplén, expulsión de sacer dotes, un Cardenal en entredicho, entre otros componentes de una rígida doctrina, no han podido impedir la más curiosa de las paradojas, donde cederistas, pioneros y miembros del partido y de la juventud comunista caen en trance y se curan con el pase manual de la llamada «sombra» de un predicador llegado de otras tierras.

«BULLYING» SOCIALISTA

Cierta vez fui a visitar de urgencia a mi primer hijo, criado en Cuba, a la distante escuela secundaria en el campo donde había decidido becarse, en Bainoa, Municipio de Jaruco. La siniestra institución se llamada Ho Chi Minh y en uno de los tantos hechos de violencia que se producían en sus predios, a mi hijo le rompieron la cabeza tratando de afrontar el abuso de un alumno «guaposo».

Hoy me confiesa que tomó ese erróneo rumbo como un modo de independizarse de la tutela familiar. Para hacerse hombrecito, en una decisión personal como corresponde al furor de la adolescencia.

Recuerdo que para llegar al inhóspito sitio debí tomar varios transportes y luego caminar un largo trecho. Me entrevisté entonces con retóricos y esquivos miembros de la dirección para tratar de evitar más broncas entre los estudiantes y luego fui invitado a almorzar en el comedor de la escuela.

Como si fuera hoy, en la deleznable bandeja de aluminio, todavía observo el potaje de chicharos más improcedente que he debido degustar en mi vida. En el fondo de un caldo algo turbio, las leguminosas, duras como balines, se mantenían separadas por una suerte de solución química compuesta por elementos incompatibles. Ni decir de los magros acompañantes, arroz contaminado y alguna que otra vianda hervida de mala gana.

Pasaron años para que me enterara de muchos otros tormentos que debió sufrir mi hijo en ese calvario ideado por el sistema educacional de la revolución para fabricar al llamado «hombre nuevo». Mantener el secreto de todos aquellos desmanes formaba parte del código político vigente en esa época. Allí vio reyertas a machetazos, chantaje, robos, injusticias de toda laya, sexo entre alumnas y profesores, embarazos precoces y otras desventuras que logró sobrellevar.

Mis memorias de aquel capítulo desafortunado regresan porque después del nostálgico y hermoso film *Una novia para David* (1985) de Orlando Rojas, que es una historia de los primeros becarios urbanos, ya de por si con numerosos conflictos, y luego de algún que otro documental elogioso o con críticas someras, sobre el programa de adoctrinamiento educacional de becarios, cuando fue masivamente trasladado al campo, llega el devastador cortometraje *Camionero*, de Sebastián Miló, premio en la categoría de ficción en la reciente Muestra de Jóvenes Realizadores que tiene lugar cada año en La Habana.

Se trata de un retablo del espanto, en un régimen de trabajo—estudio y disciplina marcial donde se da cuenta de varios modelos del «bullying» socialista su contraparte el «trajinado» y la violencia. En la tragedia, afloran, la homofobia, la intolerancia religiosa, insolidaridad, el abuso, la temprana diferencia de clases de los dirigentes y el asesinato, un micro mundo que recuerda *El señor de las moscas*, solo que aquí los adolescentes padecen la desprotección social de adultos oportunistas, cínicos y altaneros, tratando de edulcorar la realidad para sobrevivir en la injuria.

La crítica de cine cubana apenas se ha referido a este valiente cortometraje, magníficamente actuado y contado, que echa por tierra los mitos del éxito del sistema de enseñanza cubano. Alguna que otra referencia en la prensa digital habla del universalismo del tema, una reflexión sobre la violencia, sin mencionar que acciona los dispositivos de la debacle como aquel en que un estricto profesor educa a los varones mediante las palabras más soeces para luego aparecer fornicando con una estudiante del mismo plantel.

Si hay algo que agradecer al desastre económico alentado por los hermanos Castro, es la desaparición de estas escuelas secundarias en el campo, que hoy se erigen como edificaciones fantasmas de algo que nunca debió ocurrir.

POESÍA EN EL SUPERMERCADO

Me habían advertido que era un cascarrabias contumaz, insufrible e imprevisible. Que debía andar con pies de plomos, pues no admitiría el más mínimo desliz. Cierta vez, me tocó moderar la presentación del escritor cubano Lorenzo García Vega en la Feria Internacional del Libro de Miami y confieso que lo hice, al principio, ciñéndome al oficio y esperando el desaguisado público que nunca ocurrió.

No obstante ser uno de los fundadores del afamado grupo Orígenes, en Cuba, su impronta literaria había sido borrada del mapa cultural por haber tomado temprano el camino del exilio y no ceder a posteriores manipulaciones para su redención oficial.

Ciertamente ni Pepe Rodríguez Feo, uno de los fundadores de Orígenes junto a Lezama Lima y con quien sostuve larga y entrañable amistad, nunca lo trajo a colación. Es verdad que, en nuestro caso, hablábamos más de cine que de otra cosa aunque siempre el astuto anciano se las arreglaba para aderezar sus conversaciones con algún que otro chisme recóndito del mundillo literario nacional.

Ya en Miami, me contagié de la devoción que profesaba Antonio José Ponte por tan excepcional escritor en la literatura cubana. Con el tiempo, sus textos sobre García Vega han servido para dilucidar, puntualmente, las contribuciones estéticas y éticas del poeta a una cultura fracturada.

Resultaba insólito que alguna vez, García Vega, había sido uno de esos caballerosos longevos cubanos que en la caja registradora te embolsan los víveres comprados en el supermercado.

Después comprendí que el simple oficio de empaquetar, donde los alimentos requieren ser colocados con alguna lógica interna, para no ser dañados, que va de productos pesados a livianos, así como el breve intervalo de conversación ocasional que suele entablar el empleado con el cliente que solicita ayuda para llevar su mercancía al automóvil le acentuaron, tal vez, en las postrimerías, la dimensión anti lírica que caracterizó su escritura.

Desde el comienzo de su carrera, vislumbró que el ejercicio de la libertad no se anda con miramientos y se distanció temprano de la ignominia para practicar el libre albedrío como ningún otro de los miembros de su grupo intelectual original.

Basta ver una foto recientemente divulgada, de quien ahora es la única sobreviviente de los origenistas fundadores, Fina García Marruz, en un deplorable sarao político celebrando, por encargo gubernamental, el cumpleaños de la madre de uno de los espías cubanos presos en los Estados Unidos y que el gobierno de Cuba, junto a sus adláteres, entre los cuales figura la reconocida poeta, consideran héroes.

A los pocos minutos de presentar a Lorenzo García aquella noche de Feria del Libro en Miami me di cuenta que los temores iniciales eran infundados. Fue cordial desde el saludo inicial hasta la despedida que pareció de viejos amigos. Nada de política ni de nostalgia. Al grano con sus impenitentes versos y todo el tiempo del mundo para responder las preguntas de sus contertulios. Se reveló enseguida como el escritor que hizo lo que le vino en gana durante su larga y solitaria carrera, actitud de la cual, por cierto, está muy urgida la intelectualidad de la isla adormilada en su desesperanza.

Se fue de este mundo como vivió, sin aspavientos, seguro de haberle jugado una mala pasada a los traspiés de la política y a todos aquellos que pusieron en duda su probada universalidad.

SUBMARINOS AMARILLOS

Cuando en el mundo convulso de la contracultura, año 1968, se estrenaba el innovador dibujo animado *Yellow Submarine*, yo llegaba una mañana, que quisiera olvidar, al preuniversitario de La Habana, para enterarme que muchos de los mejores profesores de la institución los habían expulsado en una de tantas campañas de depuración ideológica acometidas por el régimen de los Castro.

Esta se dio en llamar «Ofensiva revolucionaria» y no solo terminó con el último rastro de negocio privado que había sobrevivido la andanada socialista, durante algunos años, sino que sirvió para expurgar organismos estatales de personas consideradas desafectas, apáticas a las imposiciones de la revolución. Claro que no respondían, para nada, a los parámetros que hoy reconocemos como disidentes, sino que sencillamente se resistían, de modo pasivo, a ser parte de algo en lo cual no creían.

Los Beatles en la cúspide de su carrera protagonizando un film totalmente vanguardista, mientras en Cuba eran anatema, como parte de esa zona inmensa y absurda del llamado diversionismo ideológico.

Para dicha de sus fanáticos, la pasada semana el legendario animado, precursor de toda una estética que luego influiría hasta la célebre serie Monty Python y con personajes que harían las delicias del propio Lewis Carroll, se acaba de reeditar, en formatos DVD y Blu Ray, luego de una esmerada restauración, a mano, imagen por imagen.

Algo curioso ha ocurrido, sin embargo, coincide con este rescate cinematográfico, que protagonizan John, Paul, George y Ringo, como cuatro magníficos héroes llamados a defender el país de Pepperland, atacado por unos engendros azules, el hecho de que en La Habana, se ha abierto hace algunos meses un centro cultural en el antiguo night club Atelier de El Vedado, también bajo el nostálgico nombre de Submarino Amarillo.

De visita en Miami, el rockero Osamu Menéndez me habló del hechizo del sitio aunque le parecía algo exagerado que los grupos de rock invitados para deleitar al público asistente debían interpretar sus canciones en inglés. Otros se quejan, sin embargo, de los precios inaccesibles tanto para entrar como para consumir los productos que allí se expenden. Hay algunos, incluso, que han presentado quejas por que el local no fue reconstruido con material aislante a prueba de sonidos y los apartamentos del edificio al cual sirve de sótano se estremecen por los decibeles del rock.

Lo cierto es que solamente en Cuba, ajena al mundo real, se puede erigir esta suerte de templo de redención a una época de voluntarismo y represión, caracterizado con iconografía de los Beatles, porque en otro lugar tendrían que agenciarse los derechos para tal despliegue, poco menos que prohibitivos, por su alto precio, en el mercado corporativo internacional.

Quiero pensar que hay una feliz concurrencia entre los dos «submarinos», el que funciona en Cuba y el revival del clásico animado. El segundo tiene que ver mucho con un país que ve interrumpida su felicidad mediante la llegada de un grupo de represores que odian el bienestar y lo destruyen sin alternativas. A lo cual se suma la odisea de un sobreviviente para encontrar la ayuda que les permita ser libres otra vez. Es un canto lírico, deslumbrantemente visual, a la necesidad de emancipación.

Mientras el centro cultural en Cuba, aun siendo patrocinado por el régimen, como ya sabemos divorciado de la libertad, es un sitio de convocatoria de personas devotas de la que fuera música del enemigo, de cierto aire conspirativo, empeñadas en alejarse de un marasmo político, sin remedio, que ahora trata de perpetuarse a como dé lugar, incluso haciendo las más insospechadas concesiones.

RAPSODIA EN ROJO

El sitio electrónico oficial de la cultura cubana, *La Jiribilla*, le dedicó, recientemente, un dossier al cantautor Santiago Feliú a propósito de un concierto ofrecido en la sala Che Guevara de la Casa de las Américas, suerte de escenario de consagración para los trovadores de la isla. Son varios los textos que describen sus virtudes como compositor e intérprete. Se hace el recuento, en un tono picudo que quiere ser poético, de su peregrinar por el mundo, del hastío de esa vida fuera de la isla y del regreso al redil.

Hace algunos años el realizador Ernesto Fundora dirigió un controversial video clip sobre una de las canciones de Feliú donde símbolos del comunismo real, el soviético, y las aventuras militares internacionalistas de los Castro, eran tirados por la borda. Se cuenta que Silvio Rodríguez, uno de sus mentores, se desentendió del material, que debió ayudar a producir, cuando le contaron de la provocadora iconografía.

Entonces parecía que Feliú, tomaba el camino contrario al de su hermano, Vicente, fundador sin brillo de la Nueva Trova y fidelista acérrimo. Todo hacía presumir que se encaminaba a la llamada canción contestataria, sobre lo que en su país no funcionaba debido, precisamente, a la alianza inquebrantable con los designios del «imperio del mal».

Pero las cosas no ocurrieron así, Santiago Feliú se dejó instigar por un autor argentino que le dijo que no siguiera componiendo «pavadas» y lo invitó a compartir unos días con la guerrilla colombiana del M—19, sobre la cual escribía un libro. La experiencia fue una epifanía en rojo, color del cual, el trovador, se considera fiel seguidor, «a su manera».

Al regresar a Cuba, sin embargo, luego de una estancia en Argentina, donde ganó y perdió dinero, se encontró con su casa sellada porque las autoridades lo habían dado por desertor y las instituciones oficiales, que no tenían claro su estatus, lo comenzaron a ningunear.

Después de demostrar que su regreso era legítimo, fue redimido y como tantos otros artistas cubanos, principalmente los cantantes, ahora asegura que no le interesa la política aunque dice que las dictaduras le han hecho mucho daño a América Latina y que las democracias no le han servido para nada.

Sus declaraciones sobre el dictador Fidel Castro emulan con el amor que le profesa Silvio Rodríguez y se igualan a las de Amaury Pérez cuando lo hizo su padre putativo. «Fidel es como un Lennon, un rockero», asegura Feliú. «Me impresiona mirarlo, oírlo; buena parte de mi rojez se deben a él y al Che. Para mí es como Bob Dylan, una mezcla entre rabia y lirismo, pero en el terreno de la política».

Reconoce, por otra parte, que el directorio telefónico de sus amigos ha disminuido, pues han abandonado a Cuba, «por una razón u otra». Concluye, sin embargo, con aquello de que cuando se los encuentra en otros países los ve más nostálgicos que los que han permanecido en la isla. La añoranza de Feliú, sin embargo, se remite al mundo antes de la caída del muro de Berlín, con petróleo subvencionado por el campo socialista y sin período especial.

Santiago Feliú es de esos artistas cubanos, con el privilegio de la fuga eventual a otras latitudes, que les complace dibujar el mundo contemporáneo como una perpetua catástrofe, sin remedio. Dice hacer canciones trascendentes, culturales, que pocas personas escuchan, en un país carcomido por el reguetón. Tiene pendiente algún éxito perdurable como los de sus colegas Carlos Varela o Frank Delgado y, definitivamente, una suerte de raro sortilegio le impide estar en sintonía con las tribulaciones harto conocidas de sus coterráneos.

OQUEDAD

El Día de los Padres reinó, desde sus serenos y virtuosos 84 años, sobre la gran familia que fundó minuciosamente en La Habana hace unas cuantas décadas de incertidumbre y esplendor.

En el patio de mi casa, a la orilla de la piscina, los que disfrutaban en el agua tibia o los que deambulaban, tenían la certidumbre de que a su lado la conversación sería interesante.

Mostraba sus regalos con picardía y satisfacción. Un pullover de los Marlins para estrenar en el partido del miércoles siguiente, donde celebraría el cumpleaños de uno de sus nietos; una edición en Blu Ray de la serie *The Pacific* para sus incansables veladas de cine, un short de playa que no quiso estrenar durante esa jornada.

Los festejos del último día de su vida terminaron algo más tarde que su acostumbrada cita dominical en mi casa, donde nos encontrábamos para almorzar y conversar, rito que mucho disfrutaba. A la 1:00 p.m. solía tocar la puerta luego de manejar su propio auto y luego partía jubiloso a eso de las 6:00 p.m.

El domingo de los padres llegó al hogar donde vivía, que es el de mi hermana, la verdadera heroína de esta historia, por todo el amor que dispensó en su cuidado, y ejecutó su habitual rutina de acicalamiento hasta que se sentó, cómodamente, frente al televisor del cuarto, su dominio privado.

Comenzó a ver *In Darkness*, de Agnieszka Holland, una de las dos películas de mi suscripción de Netflix que, invariablemente, le entregaba cada semana para que las disfrutara y luego me las ponía, puntual, en el correo.

A la mañana siguiente tenía turno con el médico. Era muy prolijo con el cuidado de su salud. Todo indica que no terminó de ver el filme sobre judíos perseguidos en la Segunda Guerra Mundial. Se levantó temprano, fue al baño pero todavía su transporte no lo venía a recoger y se acostó otra vez, para siempre.

Por estos días de limbo, sin asidero, he visitado dos estaciones de sus recorridos habituales, una gasolinera donde solemos cambiarle el aceite a los carros, y la institución médica de la cual fue paciente. No me asombra, para nada, el legado de admiración y amor que dejara, como una estela de luz, entre mecánicos, enfermeras, doctores y empleados que sintieron su partida con profunda tristeza.

Ciertamente, algunos de sus dones fueron los de la mesura y el buen humor, pocas veces lo vimos enfadado, lo cual le permitió, con encomiable discreción, estar presente, sin imposiciones de ninguna índole, en muchas decisiones capitales de la familia.

Nos capitaneó por el mar proceloso de la maldita revolución castrista donde lo vimos sufrir aunque nunca perdió la esperanza de que todos dejaríamos atrás tanta zozobra.

Cuando llegó por segunda vez a los Estados Unidos, en 1955 había sido la primera, y logramos, finalmente, que su única hija arribara a estas costas, supo que había ganado la partida a la maldad. Se sobrepuso a la muerte de su novia y esposa por medio siglo y a la hecatombe de perder a un hijo, el que más se le parecía. Decidió vivir y fue muy feliz aunque llorara en silencio sus muertos queridos.

Ahora nos tratan de consolar los amigos diciendo que su partida fue amable, que no padeció, todo lo cual es cierto, pero nosotros sufrimos una oquedad inconsolable. Todas las virtudes de la familia le pertenecen, ninguno de los tropiezos. Fue un hombre decente, límpido, un visionario que pudo refrendar el éxito de su cruzada por hacernos felices.

Hay infinitos modos de recordar a Ramonín, Ramón o Papi. Yo lo prefiero, vital, en el video que le grabara mi esposa donde se lanza temerario a la piscina para complacernos y hacernos reír, uno de esos días radiantes en el reino de su familia.

TÁBULA RASA

En cierto momento inquietante del documental *Espacios inacabados*, estrenado con éxito durante el pasado Festival Internacional de Cine de Miami, nos enteramos que, uno de los arquitectos de las legendarias Escuelas de Arte de Cubanacán, comenzadas a construirse en los años sesenta sobre el terreno usurpado al Country Club de La Habana y nunca terminadas, fue detenido y expulsado del país, por entonces, acusado de agente de la CIA.

Con el paso del tiempo se supo que era una de las tantas inculpaciones infundadas del joven gobierno castrista que ya se especializaba en este tipo de descréditos para desembarazarse de los indeseados.

Las escuelas que habían sido ideadas por el propio Fidel Castro y su camarada en armas Ernesto Guevara, un día de asueto donde intentaron jugar golf en aquella verde campiña de la próspera burguesía cubana, contaron con el concurso de dos arquitectos extranjeros, simpatizantes de la revolución, y un cubano que, a la sazón, también se encontraba trabajando en otro país.

En un principio recibieron el espaldarazo del régimen, mientras la idea les servía de pura propaganda internacional para sus designios. Los arquitectos no repararon en la eventualidad de dicha circunstancia, cegados por la malsana seducción de los guerrilleros de la Sierra Maestra, echaron a volar sus más imaginativos sueños de diseño y no escatimaron recursos e inventiva hasta que cayeron en cuenta que la escasez e indolencia, caras al socialismo, comenzaban a horadar sus potencialidades creativas.

Las Escuelas de Arte de Cubanacán terminaron como la «fiesta del Guatao». Se interrumpieron las obras por inoperantes y pretenciosas, «faraónicas», según los burócratas del régimen. Al final, uno de los arquitectos fundó familia en Cuba y vivió años marginado, el otro fue expulsado por «agente» y el criollo se exilió en París.

Al defenestrado, Vittorio Garatti, de 85 años de edad, nadie le ha ofrecido disculpas públicas por la calumnia y, de hecho, ha regresado tan orondo a la isla y hasta hace poco pretendía participar en las obras que concluyeran su parte en el conjunto de edificios, específicamente, la Escuela de Ballet, para lo cual no ha escatimado en decir que debido al «bloqueo» de Estados Unidos a Cuba la institución educacional nunca pudo terminarse.

Hijo del maltrato casi patológico, Garatti ha debido escribir tres cartas, sin respuesta, a los dictadores Castros en términos muy revolucionarios y adulatorios para que no lo dejen fuera de la reconstrucción que, según noticias llegadas de ultramar, ha caído en manos del famoso arquitecto británico Norman Foster y su compañía, a solicitud del bailarín cubano del Royal Ballet de Londres, Carlos Acosta, quien desea crear un Centro Cultural en la accidentada Escuela.

Garatti presume que lo van a dejar fuera, otra vez, aunque un funcionario de la empresa cubana ATRIO ha declarado que lo mantienen al tanto de todos los pasos que se toman al respecto, lo cual no parece ser cierto cuando el agraviado ha enviado la correspondencia a sus otrora verdugos y concede una entrevista a Diario de Cuba donde declara, iracundo, que tiene el derecho de autor y no se pueden hacer modificaciones sin su consentimiento.

El régimen parece estar apostando a la vejez y deteriorada salud de Garatti para acometer la transformación del «monumento nacional», sin mayores consultas. Ahora mismo miembros de la intelectualidad cubana intercambian airados e inútiles emails por no haber sido tomados en cuenta en el proyecto.

Al igual que hiciera el arquitecto italiano en los años sesenta, cuando aceptó, sin chistar, construir sobre terreno robado, los nuevos implicados vuelven a seguir los preceptos de la dictadura de irrespeto por la propiedad ajena. Mañana le echarán la culpa a los enemigos de la revolución por haber tomado tan desacertadas decisiones.

VERGÜENZA AJENA

En las escenas del programa humorístico *Saturday Night Live* suele ser obvio que están leyendo los diálogos desde grandes tarjetas colocados al efecto en lugares no visibles para la cámara. Siempre me ha resultado muy simpático como las personalidades invitadas, no relacionadas con la actuación, salen de tal apuro, donde la idea es no memorizar los textos por la dinámica del espacio televisivo.

La anécdota viene a colación porque, recientemente, dos prestigiosos actores norteamericanos, Danny Glover y Peter Coyote han subido a Youtube otro mensaje de solidaridad con los llamados «Cinco», aquellos espías cubanos que guardan prisión, con excepción de uno, en entidades federales de los Estados Unidos por delitos graves contra la seguridad nacional.

El breve corto es el epítome del ridículo y resume hasta dónde puede llegar la estética kitsch de izquierda cuando se propone una «tarea de choque». En esta ocasión no es que los afamados intérpretes presten sus carreras y prestigio para leer una melosa declaración sobre la injusticia de mantener a estos forajidos detrás de las rejas, sino que ambos se embarcan en la aventura, incierta, de reproducir una supuesta escena del juicio en Miami, donde fueron convictos, encarnando personajes específicos.

Ciertamente ese es el momento cumbre del mensaje que me recordó los gags de *Saturday Night Live*, por lo humorístico y absurdo de la situación y porque ambos leen sus textos, sin mucho recato ni esfuerzo, desde tarjetas similares a las usadas por el programa de televisión neoyorquino o desde un anodino teleprompter.

De cómo se involucran dos personalidades del cine en un operativo de tan mal gusto y tanto desdén por las calamidades de un pueblo al cual niegan el más mínimo reconocimiento, es algo que el futuro deberá juzgar.

No será la primera vez aunque espero sea la última, que personas con atractivo mediático reconozcan luego su equivocación por estar alentando los desvaríos de una dictadura en decadencia.

Amigos y familiares desde Cuba me hablan del hartazgo que produce entre la gente, tratando de sobrevivir a como dé lugar, la interminable campaña a favor de los espías que tiene su fatal origen y desventura en la promesa del propio Fidel Castro de que regresarían para tal fecha que se ha ido corriendo sin solución.

Lo más preocupante, sin embargo, de la letanía de los «cinco» no es la indiferencia de la mayoría, lo cual es de esperarse, sino el modo en que ha conminado a un falso compromiso a componentes de la sociedad como son los intelectuales y creadores culturales de por sí ya anulados a la hora de influir en la toma de decisiones nacionales.

Es lamentable ver a figuras como la notable poeta Fina García Marruz en componenda con la mojiganga de los espías, sobre todo en su perfil telenovelero, aquel que manipula a familiares sobre la larga ausencia de los agentes de sus hogares como si hubieran estado jugando cerca de las bases militares norteamericanas.

Ni hablar de los engendros musicales laudatorios sobre los espías salidos del grupo infantil La Colmenita, suerte de abuso infantil escénico que no solo ha maltratado la inteligencia y el gusto del público cubano, sino de aquellos que en Estados Unidos fueran anfitriones impávidos de su cruzada ideológica.

Recientemente los medios oficiales cubanos avisaron que la ciudad de Roma había amanecido empapelada con carteles alusivos a la libertad de los espías. Preocupado por la contaminación ambiental de la bella urbe me di a la tarea de llamar a un pariente que lleva muchos años viviendo allí. No me sorprendió saber que la Fuente de Trevi sigue tan bella y concurrida como siempre y los romanos no están expuestos, para nada, a las delirantes fantasías del régimen castrista.

AGUA PA' MAYEYA

En el documental *La bendición de Dios*, de Miguel Reyes, un grupo de campesinos, obstinados con la falta de agua, deciden buscarla en las profundidades de la tierra. La ordalía se suma a la inventiva que otro audiovisual, *La cuchufleta*, había mostrado a la hora de producir electricidad sin los generadores al uso.

A golpe de mandarria, levantando muros interiores y tendiendo un tubo de polietileno negro sobre las irregularidades de la montaña, el agua que sale del manantial en el fondo de una cueva llega al poblado remoto, luego de esquivar obstáculos y solucionar con los más ingeniosos recursos de ingeniería hidráulica aficionada, la caída del líquido, al no contar con bombas que lo impulsen.

Vencer esta carencia es una «bendición de Díos» para los lugareños abandonados a su suerte por un régimen que ha vuelto la satisfacción de primeras necesidades las últimas de sus prioridades, lo cual pudiera ser una gran contradicción si tal filosofía no fuera consustancial al socialismo, incapaz de sustentar la producción de bienes comunales.

Ahora se sabe que más de mil millones de metros cúbicos de agua potable de La Habana se escapan a través de conductoras y redes de distribución vencidas por el tiempo y la indolencia.

Nada nuevo, es la isla que se repite, cuando me remonto a finales de los años sesenta, viviendo en una recién estrenada urbanización como lo era La Habana del Este y la llegada del agua a los edificios comenzaba a ser racionada sin que nos percatáramos del desastre que sobrevendría.

Supimos, entonces, que la cisterna rara vez se llenaba y que el agua debía bombearse al tanque de la azotea a ciertas horas del día cuando estuvieran en sus casas la mayor cantidad de vecinos. Entonces acontecía el corre corre por ir al baño tanto para aprovechar la ducha como para poder descargar los inodoros, ni decir que se acumulaba el líquido precioso en contenedores habilitados al efecto en la terraza para después poder lavar, fregar y mantener la higiene posible.

La revolución nos hizo ahorrativos hasta cotas de miseria y ocupó nuestros cerebros en la desesperación de solucionar recurrentes crisis domésticas, entre las cuales, la falta de agua, sigue siendo una de las más acuciantes.

Aprendimos a cepillarnos los dientes con un jarrito de agua y esperar que varios miembros de la familia hicieran sus necesidades para evacuar, de una vez, los inodoros con un solo cubo. Enseñó a mi madre a lavar casi en seco y hervir el líquido para evitar males como las giardias, agresivo parásito que vivía en aguas poco tratadas por el cloro que también escaseaba.

Hay personas que nunca han disfrutado del agua corriente en sus hogares abastecidos con camiones cisternas o pipas como se les conoce en Cuba. El peso extra de los bidones necesarios en cada apartamento para almacenar ese líquido, en ocasiones, ha sido la causa de derrumbes.

Ahora la presidenta del Instituto Nacional de Recursos Hidráulicos se apresta a dar su informe en la Asamblea Nacional del Poder Popular y hablará de inversiones y esperanza en el futuro mientras el agua se sigue perdiendo en zonas mayoritarias de la ciudad y en otras, las más exclusivas, los dos dictadores duchan sus cuerpos envejecidos indiferentes a la realidad que los circunda.

OLÍMPICAS

Un pesista de Corea del Norte de solo 20 años y 123 libras de peso, ganó, sorpresivamente, medalla de oro durante los juegos olímpicos por levantar tres veces su peso, una hazaña que solamente han alcanzado otros cuatro contendientes de tan esforzada competición.

Sin embargo, los deportistas que se han educado en el sistema comunista no pueden dedicar sus lauros a los esfuerzos de la familia, algo que suele ser un lugar común a la hora de las premiaciones. Deben conformarse con alguna declaración predeterminada si es que son autorizados. Según los medios de prensa, el coreano se encontró en un gran dilema porque debía reconocer, de alguna manera, al histórico dictador ya fallecido, al mismo tiempo que estaba obligado a rendirle pleitesía a su disparatado heredero, quien hoy detenta el poder en ese país agresivo y famélico.

El pesista solucionó el dilema con una delirante declaración que le permite, por ahora, seguir haciendo lo que le gusta: «La razón por la cual he obtenido medalla de oro en estas Olimpiadas es por el cálido amor y la consideración del General Kim Jong—il y del camarada Kim Jon—un. Debido a ellos es que yo pude tener gran fuerza en el día de hoy».

Viendo una de las eliminatorias de gimnasia masculina, donde solía reinar China y ahora trastabilla de modo inusual, se pudo observar cómo uno de los integrantes del equipo, sin suerte en su rutina, debió regresar a su sitio y sentarse alejado de los demás que no pudieron consolarlo o decirle que para la próxima le iría mejor.

La televisión enfocó, entonces, al hierático entrenador que manoseaba las cuentas de una pulsera dedicada a Buda, según apuntó un comentarista, mientras el joven defenestrado parecía cavilar sobre el tipo de penalidad que le sobrevendría por dilapidar los recursos materiales y políticos del pueblo y del «partido», gracias a los cuales competía en Londres.

De hecho, estos deportistas, fabricados por un sistema implacable de entrenamiento, que los separa por años del seno familiar, no pueden permitirse la más mínima digresión personal. Para el otrora sistema socialista europeo, como lo es ahora para el asiático, competir y ganar en unas olimpiadas se vuelve una suerte de campaña militar y los deportistas son soldados de la patria.

Como recordó un miembro del gobierno inglés, la cita en Londres no es del estado sino del pueblo, lo cual marca la diferencia entre la ostentación milimétrica, dictatorial, de la ceremonia de apertura de Beijing y el desenfado, humor y divertimento, característicos de la que Danny Boyle imaginó para Inglaterra, donde figuraron representantes de todos los estratos sociales, incluso de los menos favorecidos por la salud, algo que en China fue motivo de controversia cuando se supo que una niña inhabilitada había sido sustituida por otra de buena presencia para que cantara en la ceremonia de apertura.

Ahora se ha revelado, también, que «El Nido», aquel fastuoso estadio concebido por el artista Ai Weiwei, acérrimo crítico de la corrupción gubernamental china, con la cual ha tenido serios encontronazos, demorará tres décadas en cubrir sus gastos de construcción porque las 80,000 localidades son difíciles de llenar, no obstante los más de 20 millones de habitantes que viven en Beijing, insólita circunstancia.

Por eso, puesto a elegir entre directivos del deporte de países comunistas con sus caras adustas y presiones políticas para satisfacer las expectativas del Secretario del Partido o la Reina de Inglaterra, en su primera actuación cinematográfica con Daniel Craig, como James Bond, simulando que ambos se tiran en paracaídas durante la ceremonia inaugural de las Olimpiadas de Londres, me quedo con este capítulo delicioso que encarna las virtudes del buen humor inglés y la libertad.

EL MEJOR CINE

Guardo un libro entrañable que salvé del naufragio cubano, compilado por John Kobal donde reúne la lista de las 100 mejores películas de todos los tiempos según el criterio de grandes conocedores del séptimo arte. El volumen es de 1988 y en sus páginas finales aparecen, además, las nóminas de los 10 films predilectos de cada uno de los contribuyentes. Cuál no sería mi sorpresa, por entonces, encontrar las relaciones de dos creadores extraordinarios que aún hoy siguen proscritos por el régimen cubano: Guillermo Cabrera Infante y Néstor Almendros.

La relación de Cabrera Infante no viene en orden prioritario y en ella aparecen: *Citizen Kane, In a Lonely Place, The Band Wagon, To be or Not to Be, Kiss Me Deadly, The Searchers, The Woman in the Window, Vertigo, Sunset Boulevard* y hasta *Bladerunner*. En el libro también se formulan algunas preguntas de rigor para estos menesteres: ¿Primer film que recuerde?, sobre lo cual argumenta el novelista: «Mi madre me convirtió al cine: me llevó a ver mi primera película cuando yo tenía 29 días de nacido. *Scarface* hizo el resto». ¿La primera película que lo hizo abandonar una sala de cine o la que menos le gusta?: «*Chapayev*».

Tal vez la más reconocida de las listas de las mejores películas de todos los tiempos es la que publica la prestigiosa revista británica *Sight & Sound*, desde 1952. La nueva acaba de darse a conocer y la comidilla entre todos los conocedores es que, por primera vez en sesenta años, Welles ha debido ceder su corona al dueño del suspense, Alfred Hitchcock, quien lo ha desplazado de la cima con su magistral *Vertigo*.

Vale la pena recordar, que *El ciudadano Kane* es la opera prima de Welles, mientras *Vertigo* es la película número 45 de Hitchcock, que ha figurado en no pocas listas aunque durante su estreno, en 1958, fuera considerada, por prestigiosos críticos, como una obra menor.

Cabrera Infante, sin embargo, no pensaba de tal modo y en su crónica sobre Vertigo que ahora aparece en el primer tomo de su obra completa, *El cronista de cine*, afirma que se trata de una obra maestra y la compara con lo mejor de la literatura y las artes plásticas del movimiento surrealista.

La nueva lista de *Sight & Sound* es la primera que se da a conocer con el Internet como el medio principal para divulgar noticias sobre cine, lo cual ha influido en la selección realizada por 846 críticos, programadores, académicos y amantes del séptimo arte en general, entre los cuales figuran numerosos blogueros y comentaristas que se desempeñan de modo virtual.

Vertigo entra en la lista por primera vez en 1982, dos años después del fallecimiento de Hitchcock, y, desde entonces, ha seguido subiendo hasta destronar, finalmente, a *El ciudadano Kane*.

La baja más ostensible, entre las 10 primeras, de la nueva lista de *Sight & Sound* es *El acorazado Potemkin* realizada por Sergei Eisenstein en 1925, mientras la nueva e inusual adición, por tratarse de un documental, la tiene otro cineasta ruso de la vieja guardia Dziga Vertov y su vanguardista *Man with a Movie Camera*, del año 1929.

La relación 2012 aparece, del modo siguiente, en orden numérico : *Vertigo* (Hitchcock, 1958), *Citizen Kane* (Welles, 1941), *Tokyo Story* (Yasujiro Ozu, 1953), *The Rules of the Game* (Jean Renoir, 1939), *Sunrise: A Song for Two Humans* (F.W. Murnau, 1927), *2001: A Space Odyssey* (Stanley Kubrick, 1968), *The Searchers* (John Ford, 1956), *A Man with a Movie Camara* (Dziga Vertov, 1929), The Passion of Joan of Arc (Carl Th. Dreyer, 1927) y 8½ (Federico Fellini, 1963).

AMOR CRÓNICO

Hay un momento en el inclasificable filme *Amor crónico*, donde la cantante cubanoamericana Cucu Diamantes relata, mirando a La Habana, que sus enemigos le dicen la «Loca Roja», porque vive en Nueva York y le ha dado por cantar en Cuba, algo que hace desde el controversial Concierto por la Paz, promovido por Juanes en la Plaza de la Revolución.

Durante la misma secuencia subraya, en tono de chanza, que esos presuntos adversarios, a los cuales no identifica, tienen la sospecha de que ha sido «captada» como una Mata Hari caribeña, supuestamente por la policía política de la isla, porque tampoco se aclara quien la recluta.

Amor crónico es un «road movie» dirigido por el actor Jorge Perugorría, siguiendo los pasos de una gira de la intérprete desde varias ciudades del oriente cubano hasta la propia Habana.

Ahora que se dirime el hecho, sin ninguna fuente que lo corrobore, que ciertos cantantes cubanos, borrados del mapa de la cultura nacional por su abierta oposición al régimen que detenta el poder en la isla, pudieran recibir una suerte de dispensa oficial para que regresen, discretamente, a la radio de donde fueron proscritos durante décadas, *Amor crónico* patentiza muchos de los requerimientos necesarios para que algo así pueda ocurrir.

Por ejemplo, en el filme la escritora Wendy Guerra hace como de periodista y entrevista a Diamantes caminando por Cienfuegos. Le dice que lo importante de su presencia en la isla es que marca un punto de giro entre las relaciones de Cuba y Estados Unidos porque era la primera cubanoamericana que hacía un tour por la patria y le pregunta que cuáles eran sus razones para tal empeño y la cantante le responde: «Todo lo que hago es orgánico, lo hago por amor».

Así va avanzando, a dura penas, esta suerte de falso documental que quiere ser desenfadado y humorístico aunque termina siendo anárquico y desordenado como si las incidencias filmadas ocurrieran improvisadas y sobre la marcha.

Inverosímiles resultan los recibimientos de ficción que se le dispensan a Cucu Diamantes en cada provincia en plan de vedette venerada por el público cubano. En medio de los extra convocados para cada ocasión se notan rostros contrariados como cuando en uno de los tantos escenarios de su gira le endilgan una fila de reclutas, como cuerpo de baile, que no saben si reír o llorar ante tan embarazosa situación.

De cómo una cantante, sin notables valores artísticos, ha logrado un tributo fílmico de una hora y veintitantos minutos, antes que otras intérpretes nacionales de reconocido prestigio, pudiera atribuirse al hecho de que el productor es el esposo de Diamantes, fundador y director del grupo Yerbabuena. Otra explicación tendría que ver con la adulonería que suele alentar cualquier artista que venga de «afuera», debido a los beneficios materiales que de tal circunstancia se derivan.

No es muy reconfortante ver a figuras como el propio Perugorría, Laura de la Uz, Mirtha Ibarra, Luis Alberto García, Albertico Pujols, el bailarín Carlos Acosta, Kelvis Ochoa, Arturo Sotto, Adela Legrá, Juan Carlos Tabío y Los Muñequitos de Matanzas, entre otras talentosas personalidades de la cultura criolla, pasando apuros en supuestos homenajes a la historia del cine cubano que muy poco tienen que ver con la presencia de Cucu Diamantes en la isla.

Resulta contraproducente que la cantante se apropie, sin siquiera insinuar la fuente, de un concepto de la poeta Lourdes Casal cuando afirma, no muy convencida por cierto, que es muy neoyorquina para vivir en La Habana y muy cubana para sentirse cómoda en Nueva York.

En la secuencia final de esta primera película producto del llamado intercambio cultural, el propio Perugorría afirma, en tono de burla, que este empeño no es «industria» sino arte, y trae a colación la anacrónica teoría de «cine imperfecto», de los años sesenta que, ciertamente, pudiera explicar los tropiezos de tanto equívoco cinematográfico y musical sin ton ni son.

MÚSICA LIBRE

El musicólogo Helio Orovio, siempre se avergonzó de haber accedido a publicar su *Diccionario de la música cubana* con la supresión de importantes figuras de la cultura nacional antagónicas a la dictadura de los Castro o por despacharlos, en otros casos, en unas pocas líneas con la concebida coletilla de «abandonó el país...» como si se trataran de «apátridas» o «desertores» de un campamento militar. Si mal no recuerdo, antes de fallecer, pudo ver una reedición del volumen con las inclusiones impostergables y la supresión de los calificativos peyorativos.

Otro musicólogo, el esmerado poeta Sigfredo Ariel, autor de no pocos de los textos que nos hacen entender la importancia de aquella operación de rescate llamada «Buenavista Social Club», donde intérpretes y compositores abandonados a su suerte, por ser «rezagos del pasado» regresaron a los escenarios nacionales e internacionales para deleitar a las nuevas generaciones que no sospechaban de tanto sabor y excelencia, ha desenterrado en los archivos de la radio cubana piezas memorables excomulgadas, durante décadas, por la desidia y el abandono de funcionarios ocupados en complacer al jefe de turno.

Y ahora se forma la algazara mediática porque una suerte de edicto real revolucionario, que nadie ha leído, quiso primero extender una dispensa eventual a categóricos artistas como Celia Cruz, Willy Chirino y Gloria Estefan para que fueran escuchados en la radio de su país de origen, beneplácito que apenas duró unas horas, para enseguida regresar al punto cero de las prohibiciones porque la expresión social de estas personalidades ha interferido con los llamados preceptos de la sociedad revolucionaria.

La reparación que requiere la cultura cubana va más allá del «blanqueo de tumbas» experimentado por figuras como Lezama Lima y Virgilio Piñera, actos de justicia tardíos que no suelen deberse al régimen sino a la perseverancia de intelectuales que han hecho de esas redenciones empeños esenciales de sus vidas.

La legitimación de Estefan, Cruz y Chirino no pasa por el patético perdón de un aparato represivo que ahora mismo no permite que el público de Cuba conozca que cerca de treinta artistas, teóricos y directores de teatro, llegados de la isla, rinden tributo a Virgilio Piñera, por su centenario, en pleno corazón de Miami, donde son aplaudidos y venerados.

Tampoco tienen que ser enaltecidos por la voluntariedad de representantes geriátricos de la cultura como Alfredo Guevara que un día dice que su generación tiene la culpa de haber coartado ciertas libertades y luego muestra su verdadero rostro militante cuando publica una carta abierta a los cineastas latinoamericanos para que se alisten a defender a Julian Assange, nuevo juguete mediático de la izquierda internacional.

La dictadura de los Castro no está en condiciones morales ni materiales para perdonarle la vida a nadie. De hecho, Miami, la ciudad demonizada, se ha vuelto el remanso seguro para buscar unos dólares y por sus escenarios desfilan cantantes que ya pensábamos retirados o muertos, artistas de todos los géneros y hasta un reguetonero que exhibe tatuado en su hombro el rostro del hombre que ha causado tantas desventuras al pueblo de Cuba.

En un universo dinámico, donde la música digital circula sin muchas barreras que se lo impidan, solo la soberbia de un sistema achacoso y anacrónico es incapaz de entender que hace tiempo los cubanos escuchan la música que les venga en gana sin esperar por la absurda autorización de capciosos testaferros.

CIUDAD DESVENCIJADA

Hubo una Habana que sobrevive como un sueño en la saga que le dedicara Guillermo Cabrera Infante y otra en las antípodas que cada día reproduce con más ahínco el realismo sucio de Pedro Juan Gutiérrez. Debe haber una Habana limbo de nuevos empresarios criollos y extranjeros, sumergida, con alguna funcionalidad mientras no se cruce con la que padece el desmontaje sistemático de la desidia y la inoperancia gubernamental

Para los que no alcanzamos a disfrutar «La Habana del Infante Difunto», el descubrimiento del documental de promoción comercial *23, el Broadway Habanero*, dirigido por Alberto G. Montes a finales de los años cincuenta, resultó ser la confirmación visual de aquella primordial narrativa legendaria.

Durante una comparecencia en la Televisión Española, si mal no recuerdo por los años setenta, el escritor Alejo Carpentier, quien acuñara el término «la ciudad de las columnas» se refería, consternado, al daño que la modernidad norteamericana había causado en la trama tradicional de la capital cubana antes del año 1959.

Habló de bodegas en las esquinas de los vecindarios afrontando la amenaza de soberbios mercados a la usanza de Estados Unidos. No obstante haber vivido en París casi toda su vida, no me consta que haya tenido tiempo, antes de morir, para ver cómo el temporal revolucionario, que él encomiaba, terminaría barriendo, con saña, los mercados y las bodegas.

El cine ha insistido en testimoniar para el futuro cómo la ciudad se «deshace en menudos pedazos» frente a nosotros como espectadores impotentes sin remedio. Fue la checa Jana Boková en 1990 con su documental *Havana*, quien abrió una suerte de caja de Pandora que internacionalizó el drama de la ciudad.

Luego vendrían otros capítulos memorables de la debacle. En *Cuba 111*, del año 1995, el belga Dirk Vandersypen hace una crónica, no exenta de ternura, sobre los pobladores del hacinamiento del solar habanero. Once años después, el alemán Florian Borchmeyer, dispensa categoría visual a las teorías del escritor Antonio José Ponte acerca de la convivencia con los despojos de la ciudad en su memorable *Habana, arte nuevo de hacer ruinas*.

A la misma antología del descalabro pertenece una breve joyita titulada *Las camas solas*, que la directora Sandra Gómez dirigiera en el año 2007 sobre el acontecer de un edificio muy próximo al Capitolio Nacional sostenido de puro milagro y las tribulaciones sufridas por sus habitantes ante la amenaza de un huracán.

Por estos días se acaban de estrenar dos nuevos intentos de explicar circunstancias urbanísticas e históricas de La Habana aunque desde puntos de vista más moderados por ser producidos por instituciones oficiales cubanas. En *Un siglo de El Vedado*, sus directores Cristina Fernández y Carlos E. León hacen la historia sucinta de una de las urbanizaciones más hermosas de la ciudad que tampoco ha escapado al vendaval, mientras Lourdes Prieto, se ocupa de otra zona sumamente maltrecha por la indiferencia castrista en su filme *Habana del Centro, un sueño de sombras*, donde con tristeza se ve lo que queda de calles que fueron glorias comerciales y funcionales como San Rafael, Galiano, Reina y Belascoaín.

Vale la pena comentar y mostrar, próximamente, estas nuevas aproximaciones en el programa *La Mirada Indiscreta* del Canal 41, America TeVe y poder constatar por qué hasta un adlátere del régimen como el Historiador de la Ciudad Eusebio Leal, es capaz de confesar, en uno de los documentales, con tono admonitorio «Ver con pena como toda esa arquitectura se nos viene encima simbólicamente pero también se nos viene encima realmente», eludiendo la causa de tal desventura.

LENGUA ROTA

Me tocó en suerte hacer mi carrera universitaria en un curso para trabajadores, o sea nocturno, donde afamadas estrellas de la televisión cubana fueran conminadas a obtener un diploma de nivel superior luego de estar consagradas en su oficio, so pena de perder el vínculo laboral.

La legendaria directora Cuqui Ponce de León, ya peinaba canas, y junto a Maritza Rosales, Gina Cabrera y Nilda Collado, entre otras sobrevivientes de un mundo glamoroso que había desparecido con la rudeza guerrillera, hacían del aula un inusual escenario.

Claro que Gina Cabrera y Maritza Rosales acaparaban los palmares por estar siempre ensimismadas en personajes que parecían levitar sobre la incomprensible rusticidad del materialismo dialéctico. Enfatizaban sus intervenciones para el resto del alumnado como si todo fuera «puro teatro» y por supuesto que no hablaban como ninguno de nosotros, comunes mortales, la dicción era poco menos que perfecta.

Muchas veces fui testigo de cómo jóvenes militantes, que ya cometían tropelías con el lenguaje de la retórica revolucionaria, se mofaban de la excelsa Cabrera por su modo de hablar. «Aristócrata», «burguesa», «loca», «engreída», fueron algunos de los epítetos que le endilgaron.

Lo cierto es que la actriz asistía disciplinada a sus clases, siguiendo los dictados del Instituto Cubano de Radio y Televisión (ICRT) y daba lástima verla llegar, luego de actuar en un capítulo del programa Aventuras, todavía medio disfrazada, con dos o tres croquetas envueltas en la copia del guion que acababa de interpretar para paliar el hambre durante el receso.

Eso sí, tanto ella como las demás divas que estudiaban la Licenciatura en Historia del Arte, por entonces, hacían lo indecible por mantener la dignidad y el caché que el régimen insistía en secuestrarles.

Traigo la anécdota a colación porque si hay algo que se ha estropeado con el paso de los años en la estrafalaria Cuba de los Castro, es el ejercicio del idioma heredado de la madre patria. Y no se trata del lenguaje carcelario recopilado prolijamente por el lingüista Carlos Paz, sino del que practican, por ejemplo, actores jóvenes, como los que aparecen en el *teleplay Teorema*, prohibido por la televisión cubana, dado el panorama de violencia social que retrata, donde no pocos de los diálogos resultan ininteligibles, no por su contenido sino por la fonética que ponen en práctica al parecer tomada de la vida real.

Ahora mismo una publicación electrónica oficial acaba de poner sobre el tapete, otra vez, la vulgarización de la expresión idiomática cubana. Se habla de nuevos términos como «ladrillo», para referirse a un auto Lada, «tremenda andina» para decir que alguien está en dificultades y «gavete» sinónimo de casa, entre otros dislates. La Dra. Nuria Gregori Torada, directora del Instituto de Literatura y Lingüística, comenta, con cierta cautela, que no todos los términos son vulgares aunque se trata de una problemática estrechamente vinculada con «la cultura y la educación».

Consultado para esta columna el lingüista Carlos Paz, quien ahora dirige la sucursal de Hialeah del programa REVEST (Refugee/Entrant Vocational Education Services and Training), del Miami Dade College, ha resumido el asunto en una frase lapidaria:

«Empobrecimiento lingüístico del hablante. Aunque la Dra. Gregori se esfuerce en afirmar que 'somos un pueblo culto y tenemos que demostrar lo que somos'».

«La pérdida de muchos valores básicos —termina diciendo Paz ha hecho que ciertos grupos, entre los que predominan los jóvenes, recurran a un lenguaje especial (así se le llama en Sociolingüística) para estar a tono con el decadente entorno social.»

VITROPLANTAS

Cierto día en Cuba fui a casa de unos parientes y me enseñaron, como si se tratara de un secreto militar, la habitación que habían acondicionado como una incubadora donde decenas de huevos esperaban ser empollados por el calor de numerosas bombillas incandescentes. Después supe que unas pocas aves lograron nacer de aquel desventurado episodio y los otras enfermaron de moquillo al crecer y murieron antes de ser carne para las austeras mesas de la isla.

Como escapé de allí hace veinte años, en mi casa les gusta hacer mofa de lo que no «disfrute» en términos culinarios durante el llamado período especial como aquello de la masa cárnica, la pasta de oca y las hamburguesas bautizadas como McCastros por el humor criollo, de una materia grisácea, ciertamente irreconocible, según sacrificados degustadores.

Mi suegro me ha confiado que por aquellos días eran los Comités de Defensa de la Revolución, ahora revitalizados por un jerarca geriátrico del régimen, los encargados de distribuir turnos para que los cederistas destacados pudieran comprar, de modo priorizado, las susodichas hamburguesas.

Entre todas las contingencias económicas de la ineficacia de la dictadura cubana siguen siendo el desayuno, el almuerzo y la comida, las ausencias más perturbadoras. Hubo un tiempo, sobre todo cuando la Unión Soviética aportaba su última manutención al infante descarriado del Caribe, que se produjo una suerte de espejismo: la precariedad cedía a la llegada de nuevos alimentos: «jamón de agua», yogurt de búfala, conservas más sofisticadas del hermano campo socialista y hasta cajitas de pescado congelado dispensadas en tiendas de color azul importadas de Argentina.

Estos productos nacionales y otros de allende el mar, ya desaparecidos, conjugaban con quincenas o meses, muy separados en el tiempo, de col, papa o plátanos «microjet». La carne de res era apenas un recuerdo y al pollo, enjuto, de largas patas, repartido en pequeñas porciones por la libreta de racionamiento, el pueblo lo llamó Alicia Alonso por su parecido con las piernas de la eximia.

Hace unos días pude ver el revelador documental Soy libre de la directora alemana Andrea Roggon donde, entre otros testimonios, incluye el de un hombre que se refiere al impacto que le causó escuchar decir a Fidel Castro, en una de sus tantas entrevistas con la prensa extranjera, que le gustaba preparar la langosta a la mantequilla, tomando en cuenta que el crustáceo era un manjar tan escaso y politizado en Cuba que su sola tenencia podía llevarte a la cárcel.

Poco ha cambiado en la isla de tropelías donde las falsas promesas de reformas, son más importantes que liberar las fuerzas productivas para que la agricultura no se reduzca al cultivo de la moringa y a la labor de una biofábrica de Villa Clara donde se han engendrado 400 000 vitroplantas de viandas, entre las cuales figuran el plátano Enano guantanamero y el Censa tres cuartos, la malanga morada, amarilla y la blanca, además del ñame. Todos de menor tamaño para lidiar con los vientos y resistentes a las plagas.

En la foto que acompaña la información, aparecida en la prensa cubana, una científica prepara los tubos de laboratorio donde se procrean las plantas minúsculas de viandas que serán vendidas a agricultores profesionales y aficionados en otra ofuscada aventura del castrismo que recuerda aquellas de las vacas enanas para garantizar la leche en la casa, el café caturra sembrado en explanadas bajo el sol o la tilapia viva distribuida por familia para criar en la bañera.

ESTERCOLERO

Juan Carlos Cremata, es un talentoso cineasta y dramaturgo, que por estos días ha visto de cerca, otra vez, los instrumentos de la censura. Se trata de un artista universal que incluso ha vivido fuera de Cuba por períodos largos y luego regresa para hacer lo suyo. Entró, intempestivamente, en el cine cubano con un corto que marcó pauta: *Oscuros rinocerontes enjaulados, muy a la moda* (1990).

Cuando fue premiado, el tercer hombre de la nomenclatura, el siniestro Carlos Aldana, le pidió cuentas al jurado por tal distinción, lo cual me consta porque era parte de aquel jurado. Cremata es un burlón consuetudinario y en el corto se mofaba, temprano, hasta de un discurso de Fidel Castro.

Se trata de uno de los pocos directores de cine cubano afines al teatro. Por eso llevó la estremecedora pieza *Chamaco* de Abel González Melo a la gran pantalla. La película pinta un panorama lúgubre de la sociedad cubana, donde prima la violencia y la desesperanza.

En el Festival Internacional de Cine de Miami, *Chamaco* tuvo su gran estreno internacional algo que fue ignorado por la prensa oficial de Cuba, donde la distribución y proyección final del filme fue demorada de manera sospechosa.

Hace un par de semanas, Cremata se ha ocupado de la puesta en escena de otra obra de teatro, *La hijastra*, escrita por un novísimo dramaturgo, Rogelio Orizondo. La sede fue la Sala Tito Junco en el Centro Cultural Bertolt Brecht de El Vedado habanero.

El escenario de *La hijastra* es un vertedero de basura de donde salen los personajes. Lo preside cierto cartel grande con una foto de Chavez que dice: «Bienvenido a tu tierra hermano». Se proyectan imágenes de películas porno y en medio de los desperdicios, hay un busto de José Martí. Vuelan las malas palabras y los gestos obscenos mientras un personaje se masturba y todo el conjunto viene aderezado con banderitas cubanas de papel que los personajes usan y desusan a su antojo.

Poco después de empezar las presentaciones a teatro lleno, Cremata recibió la visita de una comisión de especialistas debido al «aluvión de quejas» recibidas en el Ministerio de Cultura. Las «ofensas» fueron analizadas por cinco burócratas, dos de los cuales habían visto la obra y todo parece indicar que no pudieron tomar la decisión ni de cambiarla, algo que Cremata ha dicho que no aceptaría, ni de suspenderla.

Para el director, *La hijastra* es obscena, grosera, irreverente, contestaría, iconoclasta, hiperrealista y hasta lacerante «para algunas mentes un poco, o bastante conservadoras». «Es necesaria —continúa diciendo— en tanto habla de la urgente recuperación de una espiritualidad perdida en medio de la sociedad que estamos sobreviviendo».

Agnieska Hernández, crítica de teatro que colabora en los sitios *Entretelones* y *Cubaescena*, le ha escrito a Cremata para hacerle saber que «tanta vulgaridad, tanto barrio sucio, tanto andar sin manos, tanto comer con la boca pegada al plato, tanta orfandad, tanto humanismo de refilón para que jamás haya un atisbo de humanismo», le habían sacado las lágrimas.

Una admiradora del teatro de Juan Carlos Cremata le hace saber, después de asistir a la función: «De la mano de la exageración teatral nos mete de cabeza en una realidad que, cotidianamente, vivimos, pero que no caemos en cuenta de que existe hasta que alguien nos la enseña de manera feroz y duele».

En ese pulsar cotidiano entre los burdos mensajeros de la intolerancia y una zona del arte cubano que no se conforma con ignorar o aceptar el fracaso de una sociedad inmovilizada; en esa ceguera de la oficialidad que se resiste a ver el estercolero en que se ha ido convirtiendo el país, otro creador cubano y sus colaboradores han triunfado antes de que venza el plazo de cambio por el cual no pocos claman.

COLABORACIONISTAS

Un colega de los años ochenta me recordó que el chivato encargado de desacreditar a la opositora Martha Beatriz Roque, recientemente, trabajó con nosotros en el Instituto Cubano del Libro, cuando la sede se encontraba en Belascoain y Desagüe. Por entonces le decían «el tránsfuga». Ahora van a decir que estoy prejuiciado, porque este tipo de persona causa repugnancia, pero el hombre ya en aquellos momentos era un «chorro de plomo», como se dice en buen cubano y, sin duda, se labraba una carrera como informante de la policía secreta porque siempre quería saber más de la cuenta.

Piensen, por un momento, desde cuándo el aparato de «inteligencia» del régimen sembró como vecino a este atorrante para ganarse la simpatía de Beatriz Roque, una simple mujer de gran fortaleza y estoicismo, acosada, constantemente, por los medios impunes con que cuentan los órganos represivos en Cuba.

Se sabe que ya el colaboracionista no vive en la cuadra, pues cumplió su misión, y cualquier día, tal vez, lo veamos en un video «ebrio de gozo» como el deleznable espía Juan Pablo Roque, también sacado de circulación después de conspirar contra la organización Hermanos al Rescate.

El operativo del «aguacate» es un capítulo diseñado para intimidar a la disidencia interna pues la prensa extranjera no se hace eco de los métodos utilizados que son totalmente ilegales en cualquier país que se respete: grabación de llamadas telefónicas privadas y trampas de descréditos minuciosamente dramatizadas, filmadas y transmitidas por televisión.

El efecto entre los que luchan, ignorados por otros cubanos y por la mitad del mundo, contra un régimen que no se anda con tecnicismos legales, puede ser devastador pues siembra entre sus miembros la desconfianza, la duda y la división.

En los círculos del infierno de la policía política cubana están los uniformados y los de guayabera o safari, con sus rostros adustos, letales, que cobran salarios por espantar al prójimo, los que aplican sutiles torturas, anónimos verdugos; los violentos espontáneos de empujones y pescozones y los deplorables «sembrados», que son de una diversidad solo posible en cerebros enfermizos de tenebrosos planeadores del mal.

A veces se ha tenido la esperanza de que reconocer y denunciar los rostros de la represión en medios de prensa democráticos pueda tener algún efecto cauterizador, como para que lo piensen dos veces antes de seguir amenazando y golpeando porque un día pueden ser identificados almorzando en el Versailles.

La experiencia, sin embargo, dicta lo contrario, aunque perturbe decirlo. La nómina de delatores y adláteres del régimen aumenta y se muestran con desparpajo. Lo más lamentable es que parece ser un ejercicio por convicción porque no hay recursos monetarios para remunerar actos tan deleznables.

Según un despacho de la BBC, ahora mismo en Alemania se trata de reconstruir y ordenar los inmensos e infames archivos de la Stasi. Hay computadores especiales armando el rompecabezas de documentos que fueron despedazados a mano porque había pocas trituradoras de papel de pésima calidad y lo que se escucha en las numerosas grabaciones almacenadas resulta espeluznante: una mujer en un juicio secreto llora porque la han condenado a muerte y «Erich Mielke, jefe de avanzada edad de la Stasi, explica en una reunión a sus colegas los peligros corruptores que sufría la juventud de Alemania Oriental por parte del punk, los cabezas rapadas y la música heavy metal».

«Otra grabación —de acuerdo con la información circulada por la BBC— es de dos agentes que, torpemente, intentan poner un micrófono de espionaje en un apartamento. Se oye cómo rompen un florero, sin darse cuenta de que sus colegas ya habían conseguido instalar un micrófono y los están escuchando».

El gobierno alemán considera que esta restauración minuciosa del oscuro pasado resulta necesaria para exorcizarlo y muchas víctimas esperan respuestas a incertidumbres históricas.

Los órganos de represión cubanos, tan arrogantes y arbitrarios, debieran mirarse en ese espejo porque la hora del juicio final les llegará y tal vez ya no habrá tiempo para condescendencias y entendimientos, luego de atizar tanto el odio.

BURUNDANGA EN LA HABANA

Cuando falleció, el diario *Granma*, órgano oficial del Partido Comunista de Cuba, la despachó en un obituario sucinto de manera despectiva e irrespetuosa algo que habían hecho ya con José Lezama Lima y Virgilio Piñera y luego con otros artistas que cerraron sus ojos fuera de la patria y nunca comulgaron con la mojiganga castrista.

Desde que las nuevas tecnologías han facilitado la circulación popular de la música y los videos en diversos soportes, las generaciones recientes de cubanos no han debido esperar salir del país para saber que existe una «Guarachera de Cuba».

A otros artistas residentes en la isla, como Pedro Luis Ferrer, por citar un ejemplo, manifestar simpatía por su don musical fue motivo de castigo y reprimenda por parte de personeros «culturales» del régimen.

El dramaturgo Alberto Pedro la incluyó como un personaje imaginario en su celebrada obra *Delirio Habanero*. Vale la pena aclarar que el talentoso escritor, ya fallecido, tampoco fue santo de la devoción oficialista.

Durante uno de los festivales internacionales de cine de La Habana apareció su inimitable figura hablando sobre la salsa en un documental y aseguran que los aplausos espontáneos no se hicieron esperar.

Actualmente circulan, por supuesto, de modo alternativo, casi todas sus grabaciones recientes y cuanta imagen le hayan filmado en buena parte de su exitosa carrera. Cuentan que en las fiestas de barrio se escucha junto a los demoledores reguetoneros, que hoy por hoy no tienen competencia en el mapa musical de la isla.

Cuando a compositores e intérpretes consagrados en Cuba se les pregunta por sus paradigmas la eluden acentuando la grandeza de Benny Moré. Otros se escudan en Buena Social Club, lugar común que convoca el éxito de la nostalgia y un twist de contemporaneidad, con un pie en la denostada república y otro en la avasallante revolución.

Hace muy poco circuló el rumor de que varios artistas prohibidos por los medios de comunicación de la dictadura, habían recibido el beneplácito oficial para ser escuchados otra vez en la radio, luego de medio siglo de ausencia. Su nombre, por supuesto, encabezaba la lista y el «deshielo» nunca se produjo.

Cosas curiosas ocurren, sin embargo, en el enrarecido ambiente cultural de la isla donde el diario *Trabajadores* reseñó, favorablemente, la obra *Burundanga, lío con actrices y muñecos para una Reina y una Faraona*, del laureado dramaturgo Luis Enrique Valdés Duarte, nacido en 1980.

Dos actrices manipulando marionetas de Lola Flores y de Celia Cruz suben al escenario de un teatro habanero dirigidas por Rubén Darío Salazar. El comentario del periódico no da muchas pistas sobre el argumento del estreno y habla de la Guarachera de Cuba como si nada hubiera ocurrido.

En la revista electrónica, *On Cuba*, sin embargo, aparece un texto del propio director de la pieza donde explica que la Flores debe grabar con Celia en Nueva York la emblemática canción Burundanga y requiere que le explique los recovecos verbales y argumentales de la misma. En la aventura, ambas descubrirán cuan ligada se encuentra sus vidas a las paradojas de la canción, de acuerdo a la historia que cuenta la obra.

Se trata de «un tributo, de un homenaje sentido, de evocación sincera y respetuosa», ha puntualizado el director Salazar. Vale la pena que los artistas cubanos asuman la impostergable tarea de reverenciar a su Reina musical en espera de que el régimen deje de hacer el ridículo internacional prohibiendo un cimiento de la cultura popular de la nación que será recordada mucho después que la tiranía sea historia.

ATRAPADOS CON SALIDA

A propósito de las nuevas disposiciones del régimen cubano sobre las salidas del país, donde, finalmente, el permiso del «gran hermano» es puesto en solfa, estuve leyendo el retórico y cínico editorial del diario *Granma* donde se subraya, sin un ápice de vergüenza que, «la política migratoria de Cuba, a lo largo de todos estos años de revolución, se ha basado en el reconocimiento del derecho de los ciudadanos a viajar, a emigrar o residir en el extranjero y en la voluntad de favorecer las relaciones entre la Nación y su emigración».

También abunda en cómo el llamado «imperio» siempre alentó y politizó la salida del país, sobre todo desde la instauración de la Ley de Ajuste Cubano, que ellos insisten en llamar «ley asesina», siguiendo la costumbre de desacreditar todo lo que no concuerde con sus doctrinas.

Se habla del «robo de cerebros» y de seis mil médicos que partieron al exilio, así como ingenieros y otros profesionales, alentados por cantos de sirenas del gobierno de los Estados Unidos.

Suprimen el motivo principal de la estampida, pues buena parte de esa fuerza laboral, de la hoy diezmada clase media cubana, apoyó el albor de la democracia luego de la leve dictadura batistiana pero cuando las consultas, firmas de ingeniería y bufetes, entre otras entidades, fueron intervenidas y la moneda nacional abruptamente cambiada para despojar de ahorros y fortunas a sus legítimos propietarios, no quedó otro remedio que partir hacia el vecino del norte, con quien se mantenían, históricamente, las más preferenciales relaciones económicas y sociales.

Las salidas, sin embargo, comenzaron a ser manipuladas a semejanza del estilo siniestro puesto en práctica por el llamado socialismo real europeo donde el chantaje y secuestro de familiares, para mellar la moral, se volvió una suerte de política migratoria.

El derecho a partir había que ganárselo laborando años en granjas agrícolas. Otro aspecto del ensañamiento contra los «gusanos» era dejar que se fuera una parte de la familia y retener al padre o a un hijo, por ejemplo, en dependencia del nivel de crueldad que en ese momento quisiera aplicarse.

Son de todos conocidos los desmanes del Mariel y en los años noventa mi padre y mi madre añoraban escapar de aquel infierno y fueron castigados durante cinco años, porque mi hermano mayor había desertado durante un viaje a Nicaragua y así se lo hicieron saber personeros del Ministerio del Interior.

Cada vez que él iba a indagar sobre el levantamiento de la condena sin proceso judicial, debido al supuesto delito cometido por un hijo mayor, recibía la misma respuesta: «Ciudadano hay una disposición que le impide salir del país por no haber impedido que su hijo escapara y ya sabe que la pena es de cinco años». Mi padre les preguntaba que dónde podía consultar esa ley y ellos insistían en decirle que era una resolución.

Cuando otro de mis hermanos partió para Rusia, con el fin de fugarse a los Estados Unidos durante una de las escalas del viaje, el gobierno cubano le detuvo por largo rato a su esposa y su hijo, ambos rusos, bajo el argumento de que no tenían el permiso del padre para regresar a su país de nacimiento.

Ahora la ansiosa ciudadanía cubana, de cara al mes de enero con las nuevas leyes, se divide en la arbitraria categoría de «vitales» y «no vitales» para merecer otra suerte de versión del permiso de salida. Las decisiones siguen cifradas en algún oscuro rincón del Consejo de Estado. El chantaje y las tropelías no han terminado, la olla de presión, sin embargo, está urgida de exhalar vapor.

PATÉTICAS

Qué aburrida y predecible es la sociedad totalitaria. Hasta el otro día los más prestigiosos, y hasta los menos, intelectuales y creadores cubanos debían pedir permiso para aceptar una invitación que se les cursara desde otro país.

Muchos sufrieron las más viles humillaciones en ese departamento. Las llamadas cartas blancas eran entregadas previa consulta con miembros de la policía política que «atienden» al sector de la cultura y, en ocasiones, debían comprometerse a abogar por el fin del embargo públicamente o por la libertad de «los cinco» (espías).

Como era de esperar, ahora muchos se ufanan en declarar lo justo de las nuevas medidas migratorias y cuán felices se sienten porque así sea. La poeta Nancy Morejón, por ejemplo, habla de cuánto le facilitarán sus viajes a los Estados Unidos. Todos calladitos a la búsqueda de nuevas invitaciones y visas. Ni una palabra en la prensa sobre más de cincuenta años de ignominia. Mansos para poder salir sin tropiezos, cumplir los compromisos en el mundo real y avituallarse de jabón, champú y otros apremios.

En la extensión de la imaginable sociedad totalitaria, más allá de sus fronteras, asociaciones de cubanos radicados en otros países como México y España repiten el mismo sonsonete de sus congéneres isleños como papagayos. Dicen que ahora el regreso a la patria será menos costoso, justo y más seguro, o sea que no se quedarán encerrados allí sin previo aviso. Que ellos son la nación en la emigración, solidarios con la revolución a distancia, pues el calificativo de exiliados les da urticaria y que las reformas del General Raúl Castro deben ser encomiadas.

Nadie se enfada, ni protesta porque regresar a Cuba como triunfadores y restregarles a los que no pudieron salir la pacotilla de moda o el poder adquisitivo de los dólares bien valen la pena.

Ahora no será por la congestión de los cielos que los creadores cubanos no puedan viajar fuera de sus opresivas fronteras. Las visas capitalistas son los nuevos chivos expiatorios. El gobierno vigila a la sombra y hasta le divierte el morbo de ver a los nunca confiables artistas y escritores caminando unos sobre otros, como cangrejos en un balde, a la búsqueda del tiempo perdido cuando era más difícil escapar.

En el ínterin, las tuercas no se han aflojado en la finca de los Castros. A un artista tan osado como el cineasta y dramaturgo Juan Carlos Cremata no le perdonan su ríspida versión de la realidad en la obra La hijastra y ha debido lidiar con censura y ninguneo.

Para aguantar la vocación contestaría de los jóvenes artistas tanto en teatro, como cine, artes plásticas y literatura, el otrora Ministro de Cultura, Abel Prieto, hoy con el estrafalario título de Asesor del Presidente Raúl Castro, asiste a la reunión de la llamada Asociación Hermanos Saíz, el coto que el gobierno les tiene dedicado para controlarlos, y los vuelve a convocar para defender la revolución, mientras hace votos para adecentar, sobre todo la música y otras manifestaciones del quehacer juvenil, corroídas por el consumismo y modelos ajenas al socialismo.

Qué retoricas y vacías las opciones del feudo totalitario y qué patético la complicidad y el silencio de ciertos representantes culturales.

Por eso el pueblo hace lo suyo, resuelve a su manera y llegan noticias que en los alrededores de la Oficina de Intereses de los Estados Unidos en La Habana ya se forman las colas para la solicitud de visas que comienza en enero del próximo año.

ENSAYO GENERAL

Antes solía ocurrir que cantantes simpatizantes con el régimen cubano llegaban a Miami, aprovechando la contingencia nostálgica, para pertrecharse de algunos dólares. En sus primeras visitas al sur de la Florida preferían no hacer declaraciones que les cerraran las puertas de los escenarios habaneros.

De tal suerte, en segundos y terceros viajes y luego de ver el empecinamiento de la geriatría gobernante en la isla para hacer cambios profundos y después de constatar que hasta un intérprete clave de la llamada Nueva Trova Cubana desafió riesgos y prohibiciones para dedicarle un concierto a sus congéneres exiliados, los melodiosos buscadores de oro verde comenzaron a decir la verdad sobre el estado precario de lo que ellos habían considerado una utopía terrenal.

Fue así como Mercedes Sosa, epítome de la canción comprometida latinoamericana, desbarró, poco antes de morir, contra la malaventuranza de sus seguidores cubanos todavía viviendo bajo la dictadura castrista pasado el medio siglo, cuando vetustas tiranías continentales eran cosa del pasado.

Ocurrió también con Joan Manuel Serrat y Joaquín Sabina, fulminados como traidores por la prensa del régimen cuando dejaron de comulgar con sus otrora ídolos verde olivo.

Saldadas estas cuentas que resultaban dolorosas por excluir a los Castros de los pocos sistemas totalitarios supervivientes, luego de la caída del socialismo real, el panorama de la ciudad, vilipendiada por su otrora intolerancia, se ha transformado drásticamente.

Sin el glamour y la pátina histórica de una urbe de más de cuatro siglos de consumación como La Habana, donde llegó a confluir la vida nocturna más deslumbrante con escenarios artísticos de todas las modalidades imaginables, actualmente la imberbe Miami está haciendo todos los esfuerzos por emular aquella joya del Caribe, hoy devastada, y se erige, por derecho propio, como la meca de lo mejor de la cultura musical cubana, muy al estilo de lo que fuera la capital de la isla.

Ahora mismo la red de teatros con capacidades distintas y de centros nocturnos, son las sedes ideales de presentaciones que son muy poco probables en La Habana, por limitaciones materiales conocidas y porque talentosos cantantes, tanto masculinos como femeninos, que algún día decidieron no vivir más en el agobio socialista son considerados contrarrevolucionarios.

Intérpretes novísimas pero excelsas como Varia y Yaima Sáez llegan de Cuba y se engalanan en Miami para cantarle a Las Diego, influyente dúo de artistas y compositoras cubanas llegadas a esta ciudad en el año ochenta. Mientras la extraordinaria Beatriz Márquez se presenta en la televisión local con Ana María Perera.

Pero no solo se trata de la exploración de la nostalgia y de géneros casi desparecidos por el menosprecio castrista como la gloriosa comedia musical y los shows de cabarets, sino del cultivo de la música alternativa y popular bailable que hasta ayer disfrutaron las generaciones de cubanos recién arribados a estas costas.

Kelvis Ochoa, ex integrante del grupo Habana Abierta, actuó en el Teatro Manuel Artime y X Alfonso, destacado cultivador de la fusión rítmica, así como comentarista crítico de la realidad cubana con sus poéticos textos y videos, hará su primer concierto miamense en el Dade County Auditórium.

Todos prueban suerte en la ciudad, donde convive un público que puede pagar las entradas como cualquier otro del mundo libre, con el aliciente extra de estar integrado por conciudadanos, lo cual crea una corriente de cordialidad y comunicación insustituibles. La pasan bien, ríen, lloran. Reparan en lo que han perdido y en lo que pueden recuperar.

Miami es hoy La Habana que no puede ser y durante estos próximos cuatro años de intercambio y considerando las nuevas puertas que se abren en enero, será el ensayo general de una cultura que recoge sus pedazos para el gran espectáculo de libertad que irremediablemente se avecina.

PESADILLA DEL HISTORIADOR

Durante la Feria del Libro de Guadalajara del año 2003, dedicada a Cuba, me reencontré con un ex directivo del Instituto Cubano del Libro quien, a la sazón, se ocupada de Ediciones Boloña del Historiador de la Ciudad de La Habana, Eusebio Leal.

Esperanzado con lo que él consideraba aires de cambio, trató de convencerme de que Leal estaba por la unión de todos los nacionales, vivieran donde vivieran, y que se oponía tácitamente a las arbitrariedades migratorias del gobierno llamadas a ser cambiados ahora, nueve años después.

Lo que había en el trasfondo de su animada conversación era que el protagonista de «Andar La Habana» se inclinaba más por los negocios que por fervores políticos y que, apoyándolo desde el exilio, todos saldríamos beneficiados.

Creo que Leal ha logrado consolidar su prestigio de empresario, salpicado recientemente por hechos de corrupción, desde las intrigas palaciegas de la política. Primero debió hacerse valer, con el inconveniente de su catolicismo, cuando la religión no formaba parte de la ecuación del régimen, y luego debió derrotar, en buena lid, a la poderosa Martha Arjona, directora de Patrimonio del Ministerio de Cultura y acérrima enemiga.

Cierta vez supe, por boca de un funcionario del Centro Wifredo Lam, que Fidel Castro se burlaba de la incontinencia verbal de Leal cuando debía agasajar con historias sobre La Habana a invitados del dictador en su presencia.

Una amiga, que ahora vive en Miami, y trabajó como restauradora en la Oficina del Historiador, me dijo por los años ochenta, cuando ya el panorama gastronómico de la isla daba grima, que Eusebio Leal encargaba su almuerzo, diariamente, al restaurante La Torre de Marfil, perteneciente a sus predios de La Habana Vieja.

Leal es lo suficientemente hábil para no hacer ostentación de sus recursos económicos que parecen ser cuantiosos. Rara vez, por ejemplo, utiliza un traje de cuello y corbata. Su inusual atuendo, que imagino cortado a la medida, semeja aquella suerte de safari gris puesto de moda por los maoístas en los años sesenta.

En varios documentales recientes sobre aspectos del deteriorado urbanismo de la capital cubana, Eusebio Leal reclama el fin de la desidia para que La Habana no se venga abajo, sobre todos las partes que están fuera de su jurisdicción.

En momentos como esos se parece al anciano Alfredo Guevara, quien se distancia de la debacle que contribuyó a crear, abogando por rebeldías de salón y aire acondicionado sin mayores consecuencias entre la población de a pie. Ambos son piezas que sirven al régimen con escamoteados atributos de disensión.

Viejos zorros en las lides dictatoriales, saben cuándo es hora de adular a los autores de la ignominia aunque en ello les vaya el poco prestigio acumulado en la práctica cultural e ideológica.

Por estos días, Leal ha sentido que su imperio es puesto en solfa, tal vez porque algunos de sus empleados no han podido sustraerse al encanto de la burguesía que él disfruta con discreción y han metido las manos en las arcas del historiador.

La respuesta no se ha hecho esperar, presentó un libro, publicado por su oficina, con fotos representativas del Castro hecho piltrafas y ha dicho, sin un ápice de vergüenza, que «Fidel encarna el sueño de Cuba».

«CONTRA EL REGUETON, NADA»

Cuando el grupo de música urbana puertorriqueño, Calle 13, se presentó en concierto a la orilla del malecón habanero, en una plaza de espantó arquitectónico que el propio pueblo ha llamado «protestódromo», muchachas cubanas subieron al escenario y bailaron como si estuvieran fornicando con los galardonados intérpretes.

Unos años antes y muy cerca de aquel mismo lugar, en la conocida «Piragua» a un costado del Hotel Nacional, la orquesta de timba, La Charanga Habanera, había sido sancionada por el distintivo movimiento pélvico de sus numerosos solistas frente a un grupo de turistas.

Claro que nadie se atrevió a llamarle la atención al dúo antimperialista y nacionalista Calle 13. Muy por el contrario, uno de ellos hasta terminó casado con la cantante cubana Diana Fuentes.

Los tiempos han cambiado, sin embargo, y hoy por hoy, los chicos de La Charanga siguen moviendo la cintura pero en la televisión de Miami.

Recientemente, Pedro de la Hoz, el más comprometido de los periodistas culturales con los designios del régimen, montó una entrevista en el diario *Granma* con el presidente del Instituto de la Música, que debe haber sido planeada en alguna dependencia del departamento ideológico del Partido Comunista, para sosegar las ínfulas de los reguetoneros desbocados no solamente en sus textos sexistas y rudos, sino en la ostentación de una forma de vida que contradice la llamada austeridad socialista.

En el documental *De dónde son los cantantes* (2009), de la directora Janis Reyes, Baby Lores se queja de que el género no haya tenido cabida en una sede tan grande de La Habana como el teatro Carlos Marx, donde han sido prohibidos. En la misma entrevista, advierte con cierta convicción, que el reguetón no es como el hip hop a la hora de criticar la realidad circundante, pero que dada la cantidad enorme de seguidores con que cuenta, sería preocupante para el gobierno que ellos empezaran a reprochar en sus textos todo lo malo que ven a su alrededor.

Curiosamente en su diatriba contra la vulgaridad y la mediocridad, el presidente del Instituto de la Música y su interlocutor, nunca se preguntan o especulan, sobre el porqué de la entronización de una modalidad musical foránea, de limitado vuelo artístico, en el imaginario popular de un país que ha sentado cátedra internacional en su creatividad rítmica.

En el pasado cercano, los patrones foráneos prohibidos fueron en inglés ahora son en español barriotero, propio de un contexto social precario, donde la mayoría del pueblo tiene un ansia de consumo casi enfermiza ante la escasez reinante por más de medio siglo.

Insistir en el elevado nivel de instrucción del cubano, como respuesta a la crisis, y escamotear el contexto azaroso, manifiesta una actitud arrogante y alejada de la realidad por parte del mencionado burócrata que concuerda con la indiferencia del gobierno para solucionar otros apremios de la sociedad.

El reguetón sobrevivirá, sin embargo, la presente andanada puritana por dos razones principales. En primera porque sus grabaciones circulan de modo alternativo en un país sin mercado oficial para esos menesteres y en segunda, por lo rentable que resulta para la industria del turismo contratar a uno, dos o tres cantantes y un DJ, que son los componentes del reguetón, en vez de una orquesta, para amenizar sitios nocturnos donde la entrada puede sobrepasar los $100 o CUC, la moneda convertible cubana.

Funcionarios y policías culturales debieran saber, a esta altura del partido, que la nueva política cultural de la revolución bien pudiera ser formulada del modo siguiente: «Dentro del reguetón todo, contra el reguetón nada».

DE CAMAJUANÍ AL CIELO

Cuando el Presidente Barack Obama asumió su primer periodo presidencial la nota informativa colateral, en medio de tantas otras relevantes, era aquella que informaba sobre la autoría del vestido verde limón usado por la Primera Dama.

Isabel Toledo era el nombre de la diseñadora y hubieran sido otros 15 minutos de fama pero sucedió que la joven era cubanoamericana, nacida en un lugar tan remoto de Washington como Camajuaní, y había arribado al sur de la Florida con sus padres a la edad de 8 años, antes de seguir viaje al norte y establecerse finalmente en Nueva York.

En el año 2011, la muestra más visitada del Museo Metropolitano de Nueva York fue la que dedicara a un ícono malogrado de la alta costura Alexander McQueen quien había cometido suicidio en el 2010.

Un año después, la misma venerable institución dio a conocer otra exhaustiva muestra sobre el arte de la moda. *Schiaparelli y Prada: una conversación imposible*, donde eran confrontadas las poéticas de dos vacas sagradas italianas del buen vestir, Elsa Schiaparelli y Miuccia Prada.

La información viene a colación porque aquella refugiada de Camajuaní, terminó por descollar junto a su esposo, el artista Rubén Toledo, como una de las grandes promesas del desafiante mundo de la moda y ostenta, ahora mismo, una espléndida muestra de su quehacer en la exposición *Toledo/Toledo: Full Circle,* abierta al público en la Torre de la Libertad de Miami Dade College hasta el mes de febrero.

El día que los conocí daban los toques finales al despliegue de vestidos, patrones para hacerlos y obras de la desbordante imaginería de Rubén en dibujos y otros géneros de las artes plásticas, que lo han hecho acreedor de numerosos premios y del respeto de la industria de grandes firmas de la moda.

La primera impresión fue de una impactante cubanidad, donde los Toledo tendieron, al instante, un puente cordial y de espontánea simpatía, sin un momento predecible, y sazonado con el español cubano tan caro a mis oídos.

Confieso que no lo esperaba y así se los hice saber. La respuesta fue como una andanada de legitimidad: nacieron en Cuba, entraron por aquella misma Torre como exiliados, con sus respectivas familias, donde ahora eran tributados y están absolutamente convencidos de que el éxito en sus carreras tiene sus cimientos en nunca haber olvidado de dónde llegaron.

«Mi padre tenía una ferretería —me dijo Isabel y yo me maravillaba al entrar y ver todas esas cosas de utilidad en la vida cotidiana. Es una filosofía que he trasladado a mis diseños. No me interesan mucho las apariencias sino toda la hechura interior, la ingeniería del buen vestir».

«Mi madre, por su parte, me instaba a que me vistiera bonito, era su punto de vista conservador y correcto, cuando en realidad se trataba de una mujer muy independiente en su época pues le gustaba jugar pelota», subrayó la Toledo.

El matrimonio lleva años casados. Son ese tipo de parejas en total sintonía, donde uno comienza una frase y el otro la termina. La exhibición de la Torre de la Libertad resulta relevante por dilucidar, ante los ojos del espectador, una perseverancia estética que comienza con copias de los pasajes que trajeron aquellos niños de Cuba a la incertidumbre de una nueva vida, hasta llegar a una sección donde figuran los vestidos hechos a la Primera Dama de los Estados Unidos, entre otros éxitos alcanzados dentro del competitivo mundo de la moda donde lo importante, como dice Rubén, es insertarse.

Los Toledo aseguran que la idiosincrasia asoma en el diseño y la hechura de todo su arte. «Somos cubanos —repiten con orgullo—, no tenemos la menor duda al respecto».

PIEDRAS RODANTES

Justo a la entrada del Prudential Center de la ciudad de Newark un hombre acompañado de su familia exhibe, con orgullo, un cartel escrito a mano donde anuncia que este es su concierto número cincuenta.

Personas del público y miembros de la prensa le piden, insistentemente, que enarbole su estandarte de cartón para retratarlo y por la sonrisa que nunca abandona su rostro parece hacerlo con satisfacción, pues tal vez sin saberlo, esté marcando un record de asistencia a los exuberantes conciertos de los Rolling Stones, quienes, paradójicamente, acaban de cumplir medio siglo de existencia.

Mi peregrinaje a esta ciudad situada a veinte minutos en tren de Manhattan, comenzó, meses antes, cuando los Rolling Stones despertaron de su eventual letargo y anunciaron que, a propósito del significativo cumpleaños, complacerían a sus miles de fanáticos con unas pocas presentaciones, luego de reunirse en París y grabar dos canciones nuevas, incluidas en un álbum triple de grandes éxitos.

Ya he contado cuantas veces he podido disfrutar de los conciertos de Paul McCartney, como desagravio, por haber vivido en Cuba cuando reinaron los Beatles, y ahora les tocaba el turno a los chicos malos del rock, sobrevivientes de todos los avatares imaginables del género.

Allí donde el autor de *Yesterday* se las arregla para horadar el corazón con toda su carga de exquisita nostalgia, me hubieran hecho falta los 16 años de mi hijo acompañante para asimilar, sin interferencias sentimentales, la andanada del «mejor grupo rock del mundo», en toda su compleja simpleza rítmica. Nunca logré salir de mi asombro durante las dos horas y media, sin pausa, que duró la presentación.

Justo delante de nuestros asientos, dos veinteañeros argentinos, envueltos en su bandera azul celeste, saltaban impelidos por los electrizantes movimientos de Mick Jagger y su potente voz. Por un momento los transfiguré en amigos de Cuba, quienes me desearon, por email, suerte y felicidad cuando supieron que iba al concierto. Desesperanzados compatriotas que cuando fueron jóvenes, el rock estuvo prohibido y ahora no pueden trabajar y planificar recursos para escuchar a los veteranos de sus más añorados sueños.

También cerca de nosotros montó su campamento cierto matrimonio joven con un niño de tres o cuatro años a quien retrataron, sin cesar, con el espectáculo como fondo, no sin antes taponearle los oídos como medida profiláctica. En la segunda hora el pequeño cayó rendido en su cuna improvisada mientras ellos no cesaron de bailar extasiados.

El promedio de edad de los Rolling Stones es de 68 años, Jagger está a punto de cumplir 70 y ninguno de los famosos invitados que tuvieron sobre el escenario pudo competir, en buena lid, con su entrega perfecta y desenfrenada. Lady Gaga, Bruce Springsteen, Gary Clark Jr., John Mayer y hasta un extraordinario ex Rolling Stone, Mick Taylor, hicieron lo posible por estar a la altura de las circunstancias, casi siempre con éxito, pero acosados y hasta vapuleados por las cuerdas irreverentes de Ronnie Wood y Keith Richards, así como por la impecable percusión de Charlie Watts.

Este último concierto de la breve gira aniversario, con dos paradas en Londres, una Brooklyn y dos en Newark, fue transmitido al mundo por televisión pagada.

La noche del Prudential Center, los Rolling Stones recorrieron sus grandes éxitos que ya pertenecen a la banda sonora de varias generaciones. En los ojos negros y maravillados de mi hijo vi, ensimismado, la chispa insondable de vivir en libertad.

2013

90 AÑOS DE UN GRAN ACTOR

Me dijo un amigo, que lo conoce bien, que estuvo entre los primeros actores de importancia en protestar cuando el Instituto de Cine, el ICAIC, se fue a pique con la caída del socialismo real, comenzaron las coproducciones, no pocas deleznables como recurso desesperado, y el talento extranjero era remunerado en dólares y los nacionales en pesos comunes y corrientes, valga la redundancia y, en ocasiones, hasta en especies: una cajita con comida era suficiente para cumplir la jornada.

La misma fuente me dice que siempre estuvo encabronado con las injusticias del sistema, aun siendo una figura extraordinariamente popular, lo cual le permitía amortiguar la indigencia imperante a la hora de «resolver» el pan para la familia.

No es casual, pues, que hiciera el más irreverente y único retrato de un dictador en el cine cubano, transmutado en el director de un sanatorio a donde iban a purgar sus penas, cual infierno, los «tronados», del sistema. En *Alicia en el pueblo de Maravillas* se da gusto callando voces divergentes, espiando una asamblea de adláteres y castigando implacable a los pusilánimes. Para montar el memorable personaje, se arriesgó a utilizar un modelo harto conocido con el dedo índice enhiesto y cierto discurso reiterativo y eufemístico.

No fue un galán ni un superhombre del régimen como su contraparte Sergio Corrieri, actor monótono, sin luces, a quien ganó la partida en *El hombre de Maisinicú*, cuando debió interpretar el malo de la película, un combatiente anticastrista, y borra de un plumazo histriónico al infiltrado revolucionario, Alberto Delgado, a quien nadie recuerda.

Durante un Festival Internacional de Cine de Miami, cuando ya había tomado el camino del exilio porque no podía más con una vida de ignominia, el por entonces debutante director de cine español Benito Zambrano, quien estrenaba a la sazón su extraordinario filme *Solas*, le hizo un reconocimiento público, no programado, en el Teatro Gusman.

Aprendió inglés, eventualmente, para entenderse con Harvey Keitel en una coproducción internacional y cuando hacen la escena juntos prácticamente le «roba el show» a la reconocida estrella de Hollywood.

Ostenta la madera y la intuición de los grandes intérpretes. Pule a sus personajes hasta el delirio y rara vez se equivoca cuando le da el sí a un guion, ya sea de un director consagrado o de un iniciado en el séptimo arte.

El abuelo que oye óperas y asiste, devastado, a la destrucción de la familia cubana en *El encanto del regreso*, una película repudiada y censurada por Alfredo Guevara, de quien fuera en 1990 el director principiante Emilio Oscar Alcalde, anticipa algunas de las contingencias familiares que ha vivido en carne propia con hijos y nietos en Cuba y en Miami.

Después de Melesio, todos los humoristas que han intentado el retrato de un campesino cubano han elaborado variaciones sobre un mismo personaje.

Luego de casi veinte sin trabajar en el cine de su país, regresó a Cuba para hacer un filme de Gerardo Chijona con guion de otro exiliado, Lichi Diego, fallecido en México e ignorado por la prensa oficial cubana.

Dice mi amigo, que lo conoce bien, que trataron de orquestar la cumbancha mediática habitual del régimen para ponerlo en mala con sus coterráneos del exilio y disminuirle la dignidad pero no lo lograron. El tributo se lo rindió su público cada vez que lo encontró de manera imprevista en la calle y los amigos que no cesaron de dispensarle cariño y respeto.

En unos pocos días, Reinaldo Miravalles cumple 90 años y cuando la pesadilla del castrismo sea un mal recuerdo, su impronta de gran actor quedará siempre entre nosotros.

PAÍS DE SEGUNDA

En la cúspide de su errática revolución los Castros alentaron las clasificaciones geopolíticas y de índole económica que los legitimara ante el mundo de los desposeídos.

Frente al cruel y despótico imperialismo, al cual no se cansan hoy de hacer guiños, antepusieron los «no alineados», un disparate promocional sin resultados duraderos en los bolsillos de quienes lo padecieron; la «Tricontinental», aguerrida organización de extremistas, y el llevado y traído «tercer mundo», o cómo se instala el cargo de conciencia en el imaginario de países de probada eficiencia, para que saquen las castañas del fuego a siglos de populismo, caudillismo y corrupción de gobiernos nacionalistas.

Resolver y sobrevivir son las palabras de orden en un estado de cosas que el dictador siempre denostó en su puritanismo calvinista como «mercachiflismo», antes de que olvidara definitivamente sus obligaciones administrativas, dejara de jeringar, y se dedicara a soñar, plácidamente, bajo la sombra de la moringa.

Cuba ha terminado siendo un país de segunda, donde la expectativa del cambio llega a cuentagotas, como de esperanza en suspenso. Ahora mismo el futuro descansa en un nuevo éxodo masivo tramitado por el Ministerio del Interior que comienza esta semana. Los trenes de aterrizaje y las balsas caen en desuso y hasta los médicos pueden pasar sus vacaciones en Cochabamba, siempre que regresen al redil cada dos años.

Hay que descompresionar la válvula de frustración social y el «hombre nuevo» tiene la tarea urgente de encontrar patrocinadores en la inmensidad planetaria en busca de visa y dinero para dejar atrás esta suerte de *«no country for young man»* en que se ha vuelto el otrora paraíso proletario.

En el nuevo mercado laboral triunfan los merolicos que antes fueron apresados en redadas policíacas para evitar la usura y la diferencia de clases que hoy se dilucida entre familias que posean o no un Playstation.

La vana ilusión de un país humilde, martiano, sin recursos, pero acendradamente culto, ha trastabillado en la insolencia contumaz del vigoroso y desfachatado reguetón que ha terminado por avasallar la existencia de otros ritmos autóctonos para usurpar la banda sonora del descalabro material y moral que experimenta la nación.

La geriatría que dirige la cultura hace aguas y montan patéticos tinglados para abogar por la libertad de cinco espías condenados y encarcelados en los Estados Unidos. Ver al anciano Luis Carbonell en silla de ruedas, con una deficiencia física que parece ser el mal de Parkinson, leyendo un poema escrito especialmente para los agentes castristas, resume la desventura de una intelectualidad servil por mucho talento e historia que haya decantado en su devenir.

Esta cita aparecida en el sitio alternativo *Havana Times*, donde un equipo de jóvenes periodistas se esfuerza, cada día, en explicar las complejidades de la sociedad cubana, resume dilemas y frustraciones generadas y desestimadas por un régimen que solo tiene recursos para atender el destino incierto del chavismo a la vez que comenta sobre uno de los temores atávicos de los sistemas totalitarios, el libre flujo de información.

«Uno de los problemas de tener que vivir pensando en lo que vas a comer por la noche, el dinero para el jabón de baño que ya no te dan por la libreta, conseguir aceite extra porque el de la dieta (por receta médica) no te alcanza, es que te mantiene enfocado en los problemas de la supervivencia diaria y no te deja pensar en cuestiones elementales de libertad de acceso a la información. Para qué quiero Internet con el estómago vacío? ¿Para qué quiero Internet si no tengo gas para cocinar, jabón para bañarme?».

ESCARAMUZA

Desde hace poco menos de cinco años la televisión cubana presenta un programa que toma prestado su nombre del único largometraje de ficción realizado por Sara Gómez, una distinguida documentalista fallecida en 1974, *De cierta manera*, producido y conducido por un crítico de cine laborioso, Luciano Castillo, quien recibió hace muy pocos días la desagradable noticia de que el director de la televisión, el burócrata Danilo Sirio, le dio por reestructurar la programación y el único espacio dedicado a comentar e historiar el cine nacional se iba del aire.

Cuando Castillo comenzó a divulgar la triste nueva mediante el llamado «intranet», un grupo de intelectuales cubanos desató otra de las llamadas «guerritas» de emails para revertir, dentro de lo posible, la torpe medida y, por lo pronto, ganaron el diferendo pues *De cierta manera*, vuelve a salir al aire en uno de los dos canales educacionales que funcionan en la isla.

Los tiempos van cambiando, afortunadamente, pues la anterior «guerrita» más numerosa y complicada, pues tenía que ver con el rescate oficial de otrora testaferros de la cultura, como Luis Pavón, aparecidos inesperadamente en la televisión, terminó abruptamente con una declaración unilateral e inconsulta de la Unión de Escritores y Artistas publicada en el diario *Granma* donde la polémica se daba por zanjada.

La cultura cubana perdió a su único interlocutor con la geriatría gobernante, cuando Abel Prieto dejó de ser Ministro de Cultura y su lugar lo ocupa ahora un anodino funcionario con antecedentes militares. El régimen solo piensa en este estrato de la nación cuando se hace necesaria alguna convocatoria política, siendo el tema del regreso de cinco espías purgando penas en cárceles norteamericanas, el más recurrente.

En los intercambios de opiniones que ha generado la cancelación e inmediata recuperación del programa *De cierta manera*, se entrevé el desamparo lastimoso en que se encuentran los artistas e intelectuales cubanos a expensas de un gobierno solamente preocupado por la supervivencia, sobre todo a partir de la salud de un presidente foráneo.

«Hace unos meses —apunta el crítico de cine Gustavo Arcos cuando se preparaban los cambios del pasado verano, conocimos que la principal preocupación que tenía la televisión era complacer al Partido, luego a las instituciones y organizaciones de masa, finalmente a los espectadores.

«Si con frecuencia, se nos dice que en otras sociedades los medios están controlados por grandes consorcios o individuos 'inescrupulosos' que solo buscan enajenar o embrutecer a los espectadores ¿en manos de quienes están los nuestros?», termina diciendo el crítico, además de informar que otros programas culturales como el que hace su homólogo Frank Padrón Nodarse, también fueron amenazados de cancelación.

Algo que sí ocurrió, al parecer, con el espacio ISA TV llamado a presentar los audiovisuales realizados por jóvenes del Instituto Superior de Arte que tanta controversia han levantado debido a su intromisión en temas tabúes de la realidad cubana.

De otras intervenciones, como la del escritor Arturo Arango, quien todavía habla de «adormecimiento colonizador antes que el incómodo pensamiento crítico», se desprende que la clase intelectual cubana sigue culpando a funcionarios e ideólogos de sus desventuras sin atreverse a insinuar, siquiera, que el sistema y sus defensores a ultranza han entrado en bancarrota hace algún tiempo y no hay manera de enmendar su deterioro y que los principales culpables hay que buscarlos en una nomenclatura voluntariosa y desgastada que ha conducido los destinos del país a tamaña debacle. Demás está decir que toda esta escaramuza mediática se cocina en su propia salsa pues en la prensa oficial no suele tener cabida.

ARTE CON SUBTÍTULOS

Muy al principio de empezar a trabajar en Miami Dade College, topé con un colega norteamericano, quien a la vez estudiaba cine en una universidad local y nunca había disfrutado de una película con subtítulos porque le distraía tratar de ver y entender lo que acontecía en la pantalla y leer al mismo tiempo.

Luego me encontré con otro caso parecido de igual argumentación, afectado por una suerte de vagancia cultural, y me pareció algo insólito porque mi experiencia se coloca exactamente en las antípodas: sin películas extranjeras subtituladas el conocimiento del séptimo arte hubiera sido casi nulo.

Entre los cinéfilos de mi generación la ansiedad podía ser tan sustancial que en la Cinemateca de Cuba hubo episodios donde disfrutamos algunos clásicos incluso sin subtítulos. Pienso en ciertos filmes italianos y parte de una famosa trilogía del gran director de la India Satyajit Ray.

Tan notables narradores resultaron ser aquellos maestros que luego he visto las mismas películas con sus correspondientes traducciones y los argumentos no estaban muy lejos de cuando tuve que atenerme a otras sensaciones para entenderlas.

Por suerte, históricamente en Cuba se vieron siempre los filmes extranjeros con subtítulos porque pienso que la operación de doblaje sí termina por desvirtuar y descolocar la más versátil de las actuaciones.

Aún incomoda a mis oídos los diálogos de Orson Welles con acento castizo en *Campanadas a medianoche* y a Lauren Bacall y Humphrey Bogart haciendo otro tanto en *Tener o no tener*, quizás los dos únicos casos de películas que llegaron de tal modo a la isla y así se dieron a conocer.

Rara vez los subtítulos aparecen en los circuitos comerciales de los Estados Unidos. Desafortunadamente se circunscriben a festivales y cines de arte. Que algo así se extienda a la babilónica Miami, sin embargo, es como imponer la ya superada y deleznable política de «English Only» en nuestro diverso concierto cultural.

Hubo un tiempo que el hoy clausurado cine Valentino programaba sus películas con subtítulos en español y la historia cuenta que el primer exilio cubano tenía en el emblemático Teatro Tower de la calle 8 un sitio seguro para satisfacer similares necesidades cinematográficas por los años sesenta, cuando las alternativas eran prácticamente nulas.

Lejos de distraerme, como a mis amigos americanos, disfruto el subtitulaje como un ejercicio lingüístico pues al mismo tiempo que los cartelitos me revelan el contenido de un idioma desconocido, me permiten cotejar la riqueza sonora de esas palabras ajenas con mi lengua de origen que es el español, algo que, además, hago extensivo al inglés.

Ahora mismo, el cineasta Orlando Rojas, quien se ocupa de curar la sofisticada programación del Teatro Tower, del Miami Dade College, regresa, cuando se presenta la oportunidad, a esa idea primigenia que tan buenos resultados diera y no solamente proyecta en exclusiva filmes como *Amour* de Michael Haneke, hablada en francés con subtítulos en inglés, sino valiosas obras de la cinematografía norteamericana con subtítulos en español como la grandiosa *Lincoln* de Steven Spielberg, que según las estadísticas se encuentra entre las que más dinero ha recaudado en la sala de la Pequeña Habana.

Yo la vi a teatro lleno en la primera función de las tres de la tarde y me complació, sobremanera, constatar que personas de todas las edades y de distintas nacionalidades latinoamericanas reaccionaban a los giros y sorpresas de la historia siguiendo el hilo inteligente de la traducción mediante subtítulos.

Ver cine subtitulado en el idioma que más convenga manifiesta madurez intelectual entre los espectadores, curiosos por mirar fuera de sus fronteras físicas y espirituales, algo que ocurre cada día, justo al lado del Parque del Dominó.

OSCURO LABERINTO

Esta semana en *La Mirada Indiscreta*, un personaje interpretado por el más versátil y ubicuo de los actores cubanos actuales, Omar Franco, no ha podido remediar su adicción al *crack*, por lo cual, incluso, llega a guardar prisión. Se trata de un posadero, fanático del béisbol, con incontinencia verbal, que vive en la piscina vacía de un hotel en ruinas de La Habana.

Este tipo de protagonista, frustrado, escéptico, que todo lo ha perdido: familia, amistades, y el beneplácito de la sociedad, uno lo relaciona más con la filmografía que el cine norteamericano ha dedicado, puntualmente, a la decadencia que generan las dependencias ya sea a estupefacientes o alcohol.

Recientemente el dictador Raúl Castro afirmó, sin pestañar, que en Cuba la droga se limitaba al cultivo doméstico de la marihuana en unas pocas macetas, sabiendo que mentía.

El personaje interpretado por Franco explica y muestra cómo se manipula el *crack* para su consumo y abunda en las virtudes alucinógenas de la piedra. Se trata de un trozo de ficción arrancado a la realidad por una obra de teatro de Amado del Pino que luego fuera adaptada al cine por Charlie Medina bajo el título de *Penumbras*.

El séptimo arte cubano más reciente ha cargado con la responsabilidad de dilucidar, artísticamente, lo que la noticia esconde o tergiversa y tanto la droga como la prostitución han terminado por ser temas recurrentes.

En el año 2002, el irreverente cineasta Terence Piard, lamentablemente fallecido en un accidente acontecido en Islas Canarias, realizó *En vena*, el testimonio estremecedor de un *junkie* cubano. Las casi insoportables imágenes finales del controversial documental muestran, en primer plano, el brazo del protagonista trucidado por una jeringuilla donde mezcla sangre y narcótico hasta caer en éxtasis.

Un año antes de fallecer, estrenó su corto *Bajo Habana*, donde dos jóvenes van a comprar polvo, se infiere que cocaína, a un traficante de mala muerte. La operación se muestra natural, como si ocurriera con mucha frecuencia y sin tropiezos.

También del año 2002 es otro corto, de Pavel Giroud, donde el mejor alumno de la clase, suerte de «hombre nuevo en ciernes» conquista una bella muchacha, la introduce subrepticiamente en su casa, comienza unos avances amatorios que luego interrumpe, abruptamente, para conseguir cocaína. Visita un decadente expendedor, que no lo atiende porque tiene una deuda pendiente, se encuentra con un homosexual mayor de edad, troca sexo por dinero y luego termina por asesinarlo en busca de más efectivo.

Pablo es un adolescente que ha quedado al cuidado de su padre delincuente en el filme homólogo de Yosmani Acosta Martínez. Aprende a carterear en las calles de Camagüey para sobrevivir y se inicia temprano en la práctica del erotismo impelido por su progenitor que monta una bacanal en la casa donde la cocaína se consume sobre el cuerpo desnudo de una prostituta.

Más recientemente en el cortometraje *Lavadora*, de Yoel Infante una joven cubana estudiante universitaria ingresa a un prostíbulo habanero para conseguir el dinero que necesita porque desea comprarle una máquina de lavar a la abuela y muere asesinada por el proxeneta del lugar que la hace ingerir una bolsa de cocaína.

Un amigo llegado de La Habana me dice que ahora se abren paso fuertes drogas sintéticas entre la juventud cubana. Parece que el general solo ve la película del sábado y se ha olvidado de asomarse a su oscuro laberinto.

MIAMI, CRUCE DE CAMINOS

Abro el periódico y leo un anuncio del próximo concierto de Carlos Varela, un trovador con el que hay que contar a la hora de resumir lo mejor del cancionero cubano contemporáneo. Se trata de una presentación en Miami, donde cuenta con numerosos seguidores y otros concurrirán por la curiosidad de conocer a este músico irreverente quien, paradójicamente, también puede ser encontrado en una suerte de tarea oficial en Washington, pidiendo el fin del embargo.

Vengo por el Dolphin Expressway me bajo en Le Jeune y doy de bruces con un cartel grande donde se da cuenta del cercano concierto del dúo Buena Fe, también en Miami. Estos muchachos han demostrado tener suficientes fanáticos en Cuba para llenar la Plaza de la Revolución. Hacen canciones de amor y otras sobre las iniquidades de la sociedad cubana actual. Alguna vez en Miami denostaron, con desenfado, a las Damas de Blanco, que no han dejado de ser consuetudinariamente reprimidas.

El ansia de estar en la llamada «Capital del Exilio» se acrecienta entre los cubanos que se ocupan del cultivo de las artes, aprovechando el espacio concedido por una limitada reforma migratoria. Es otra prueba, una de las más obvias, del éxito de la comunidad desterrada y el fracaso del engendro de régimen implantado a empellones en la isla.

Miami también es el sitio donde concurren otras causas de la cultura cubana. El jueves 21 a las 6:30 p.m. en el emblemático Teatro Tower, el público tendrá la posibilidad de dilucidar qué ocurrió, realmente, con la incautación que hiciera el régimen del popular Festival de Música Electrónica Rotilla, que se venía celebrando, primero en la playa homóloga desde 1998, y luego en la de Jibacoa desde el 2006 hasta el año 2011, que fue cuando personeros de la cultura oficial lo intervienen y rebautizan como «El verano en Jibacoa».

El fundador y director de Rotilla, Michel Matos, de visita en la ciudad, presentará y comentará con el público que acuda al Tower, el testimonio fílmico de esta ingrata operación con la presentación del documental *Ni rojo, ni verde ¡Azul!*, donde queda en evidencia el temor del gobierno ante el mínimo pero fervoroso espacio de libertad logrado por el festival durante sus tres días de celebración anual.

En su país, Matos es sospechoso de infidencia, le van cerrando las puertas y la comunicación con el intolerante poder que siempre le puso zancadillas a sus proyectos.

Para los términos de una economía de mercado, Matos resulta ser un hábil y exitoso empresario. Introduce en Cuba, a gran escala, la música electrónica glorificada por famosos DJs; hace sentir a los jóvenes en un añorado paraíso de permisibilidad, sin incidentes desagradables que lamentar y, al final, el empeño deja dividendos comerciales que permiten repetir la experiencia.

En el documental, que se presenta como parte de la Serie Dos Orillas, incluso se escuchan voces influyentes de la cultura cubana quejándose, abiertamente, sobre los acontecimientos relativos al cierre de Rotilla.

El actor y activista Ismael de Diego, habla de prohibición y censura como *leit motiv* de la dictadura; el rapero Raudel Collazo dice que para el socialismo cubano cualquier hecho de esta índole resulta peligroso y hasta el cineasta Fernando Pérez se permite abogar por espacios para los jóvenes que deben ser escuchados.

Miami es un cruce de caminos que nada cubano le es ajeno, por supuesto. Esta es «la orilla» del corpus nacional que progresa y se enriquece. Aquí hay respeto para la tradición y se alientan las transformaciones que ahora mismo acontecen en la nueva cultura de la isla.

SEGUNDO «CASO PADILLA»

En el Instituto Cubano del Libro donde trabajé, el poeta ultrajado iba a buscar traducciones. Era la forma de vida que le habían ofrecido luego de haberlo fustigado por escribir un libro impropio *Fuera del juego*.

Aquel poemario memorable, había sido premiado y luego publicado en 1968 con una coletilla obscena donde la Unión de Escritores y Artistas de Cuba (UNEAC), condenaba su contenido por contrarrevolucionario. A Heberto Padilla le tocó ser, lamentablemente, uno de los primeros chivos expiatorios de la temprana intolerancia castrista. Fue apresado, como un vulgar delincuente, y lo hicieron protagonizar un capítulo a semejanza de los vergonzantes procesos estalinistas donde debió confesar su arrepentimiento por haberse prestado a ser parte del enemigo.

El llamado «Caso Padilla», en 1971, fue la causa de que cándidos intelectuales internacionales perdieran la banda que cubría sus ojos y les impedía ver la verdadera naturaleza de la dictadura castrista para con sus intelectuales y reveló, por las malas, que había que estar «dentro de la revolución» porque los que estuvieran «fuera» serían castigados con saña.

El año pasado se dio a conocer un documental de Rebeca Chávez titulado *Luneta No. 1* sobre la política cultural de la revolución donde, por primera vez, le permiten a un director de cine hacer uso de un breve fragmento donde se ve a Heberto Padilla actuando su mea culpa en un salón de la UNEAC con la suficiente habilidad e inteligencia para que sus semejantes de otras partes del mundo supieran en la difícil situación que se encontraba, fingiendo estar de acuerdo con las humillaciones sufridas.

Cuando Padilla iba a las oficinas del Instituto del Libro a buscar las traducciones literarias que luego no le acreditaban editorialmente, muchos de sus congéneres lo evitaban como la peste. Solamente mi colega Everardo Llanes, quien luego cometería suicidio por verse involucrado, involuntariamente, en los acontecimientos del Mariel, era quien le dirigía la palabra. Cierta vez, al retirarse el poeta, luego de su habitual conversación, Everardo me dijo: «Sigue siendo el mismo, no han podido cambiarlo».

Después de ingentes gestiones de un prestigioso político norteamericano, Padilla pudo salir al exilio en el año 1980 donde desempeñó diversas responsabilidades académicas hasta su muerte en el 2000.

Ahora se anuncia en la Feria Internacional del Libro de La Habana la publicación de una suerte de obra poética completa del escritor, incluyendo *Fuera del juego*, bajo el título *Una época para hablar*, de las editoriales Letras Cubanas y Ediciones Luminarias, de Sancti Spíritus. La operación resulta suspicaz pues se trata de una publicación gratuita que celebra el 80 cumpleaños del poeta, encomendada, hace algunos años, por quien fuera entonces el Ministro de Cultura Abel Prieto.

Han convocado a dos amigos del escritor para legitimar la edición. Pudieran haber considerado otra coletilla pero donde el gobierno se disculpara por todos los pesares que le causaron y lo marcaron de por vida. Pero no ha sido así. Aprovechan la oportunidad, ahora que no puede desmentirlos, para decir que quería volver a Cuba y, por supuesto, no han consultado a los herederos para autorizar la publicación del libro.

Otros comisarios culturales como Barnet y Fernández Retamar, que en tantos años no hicieron nada para redimirlo, se desviven en elogios. Francisco de Oraá, sin embargo, en arranque de abyección, lo vuelve a repudiar cuando escribe que «cedió a la tentación y a la ingenuidad de pretender ser un poeta disidente y obtuvo su libro peor y su desdicha».

El blanqueo de tumbas siempre lleva aparejada una intríngulis deleznable donde la víctima sigue siendo zarandeada por los emisarios del aparato represivo que prosigue sus lamentables funciones sin avergonzarse de tanta infamia.

ENTUERTO CULTURAL

El exceso de libros de autores nacionales que se fueron acumulando, sin publicar, en las editoriales del oficialista Instituto Cubano del Libro (ICL), se conoció eufemísticamente, durante los años setenta y ochenta como «colchón editorial».

Podía ocurrir que el presidente del ICL ya se había comprometido a ir sacando las obras más añejas del «colchón» y recibía un ucase editorial del comité central del partido para procesar, de modo relámpago, el libro sobre energía nuclear del máximo «hijo de papá», Fidel Castro Díaz Balart. Los otros eran sacados de la imprenta y entraba ese libro donde se gastarían los más altos recursos, que luego el benjamín regalaría y nadie, entre sus coterráneos, se interesaría en leer.

Esos caprichos y muchos otros más dieron al traste con la industria editorial cubana e hizo que hasta la propia literatura entrara en crisis, como reconocieron recientemente un grupo de escritores durante una de las jornadas de la Feria del Libro de La Habana.

Claro que ellos no mencionaron el ejemplo que traje a colación, ni los compromisos con países amigos, como la publicación de la obra selecta de Kim Il Sung o los numerosos volúmenes que debieron editarse durante las visitas de presidentes de países socialistas o africanos «hermanos', para ser entregados, sorpresivamente, por el propio Fidel Castro al despedir a los visitantes en la escalerilla del avión.

Al final, miles de esos volúmenes quedaban sin destino. Algunos se ponían a la venta, sin suerte, y muchos otros eran regalados a los círculos de estudio obreros en los centros laborales o situados en bibliotecas populares.

Los comparecientes del panel «Literatura e ideología. Esquemas, prejuicios y omisiones», no dejan de ser críticos en sus planteamientos. Incluso dos de los que estaban previstos para participar se excusaron por estar enfermos. Uno de ellos Omar Valiño, quien recientemente dedicara ditirambos a las llamadas Palabras a los intelectuales de Fidel Castro.

Los que sí estuvieron abogaron por la presencia del mercado del libro en la isla, algo que hace algunos años fue puesto en solfa, de modo oportunista, durante otro panel por Jorge Fornet.

«Confundimos política con ideología», ha dicho ahora Aida Bahr y se refirió a la intrusión del gobierno en la producción literaria, al reconocer haber recibido el encargo de «escribir cuentos antiterroristas».

Están conscientes, por otra parte, del éxito de escritores cubanos del exilio, que ellos insisten en llamar de la emigración, y se sugirió en el panel que fueran considerados para premios nacionales de literatura.

Paradójicamente, esa misma sugerencia la hizo recientemente el cineasta Ian Padrón, en una suerte de carta abierta, abogando por entregarle el premio nacional de cine al legendario actor Reinaldo Miravalles, de noventa años, quien acaba de protagonizar una película en su país luego de casi veinte años de ausencia.

Creo que es oportuno y saludable reconocer, aunque sea de soslayo, cómo las estructuras de fiscalización cultural, mal creadas por Fidel Castro y puestas en práctica por fieles alabarderos, como Alfredo Guevara, Armando Hart, Roberto Rodríguez Retamar, Nicolás Guillén, Carlos Rafael Rodríguez, Haydeé Santamaría y más recientemente Miguel Barnet y Abel Prieto, entre los más visibles, han perpetrado un daño difícil de reparar a la cultura nacional.

La siniestra combinación de instituciones burocráticas e ideológicas gubernamentales y sus correspondientes «aparatos» de vigilancia policial, solo han podido contaminar la capacidad creativa del arte y la literatura en la isla, donde unos pocos comienzan a reaccionar mientras otros siguen sumergidos en el silencio cómplice.

APUNTES SOBRE UN CLÁSICO

Esta es parte de la leyenda de un filme consagrado como el clásico de la cinematografía cubana del exilio: *El Super*. Las voces son de sus gestores: Iván Acosta, autor de la obra teatral que le sirve de base, los directores León Ichaso y Orlando Jiménez Leal y el productor Manolo Arce. A casi treinta cinco años de haberse filmado, en 1979, se reestrena una copia totalmente restaurada para que cuando esta tormenta de más de medio siglo llamada revolución cubana sea historia, las futuras generaciones conozcan los avatares iniciales de uno de los exilios más exitosos asentados en los Estados Unidos.

Durante los años sesenta y setenta Iván conoció a varios encargados de edificios, llamados «supers» por los boricuas de Nueva York, que se paraban en la acera a hablar de Cuba, de pelota, etc. Basado en esas experiencias se inspiró para crear el personaje de Roberto Amador Gonzalo.

«Cuando escribí El Super, —subraya no pensé que se filmaría, aunque su composición dramática estaba creada casi como libreto cinematográfico. El actor Reinaldo Medina, trajo a la salita teatro del Centro Cultural Cubano de Nueva York, a nuestros amigos León Ichaso y Orlando Jiménez Leal y ellos, luego de ver la obra en escena, me propusieron filmarla».

León considera que El Super marca un momento en que el exilio estaba listo para hacer humor de su gran desdicha, y de ahí vino el slogan del primer poster: «Cuando puedes reírte de la tragedia de estar completamente desplazado, estás a salvo». No pocos le recriminaron que hiciera la historia de un cubano pobre. «Para mí —ha respondido— era más interesante la vida de ese ex guagüero que la de un banquero».

Manolo recuerda que Orlando había guardado el negativo original de 16mm del cual se había hecho la ampliación. Los años pasaron y todo lo que existía de El Súper era el VHS que tenía muy mala calidad pues se había hecho de una copia teatral de 35mm y copias pirateadas de peor hechura. «Yo sabía —ha dicho que si no la digitalizábamos, El Súper, en unos años, se convertiría en una leyenda urbana y me decidí a rectificar ese fallo y rescatarla».

«Al terminarla en 1979, estábamos conscientes que habíamos logrado algo muy especial. Se la mostramos a Natalio Chediak en una moviola. Inmediatamente creyó en el proyecto y su transcendencia, y se comprometió a exhibirla en su Cinemateca, en aquel entonces una de las salas de cine de arte más importantes en todo el país».

Orlando, por su parte, vio la obra y se divirtió mucho, pero era todo lo contrario a lo que él quería hacer en cine.»Demasiado realista, —ha dicho llena de auto conmiseración: la historia de un pobre hombrecito, gruñón y amargado, superado por la vida y el progreso.

«Los dramas nunca pasan de moda, apunta sobre su vigencia, lo que pasa de moda es la manera de contarlo, y, tanto León como yo nos propusimos que El Super no fuera pretenciosa y evitar caer en los aires de «modernidad» que ya soplaban entonces; sin trucos, ni efectos especiales. Contar la historia de la manera más lineal y sencilla posible. Y eso a mi juicio ha hecho que sobreviva».

MORBO REVOLUCIONARIO

Qué rara conexión la del socialismo y el comunismo con el morbo de la «vida» más allá de la muerte. Paradójicamente guarda una estrecha relación con ciertos dogmas religiosos y la eternidad. Todo el barraje mediático alrededor del destino del cadáver de Hugo Chávez me ha hecho pensar el día que hice fila para ver la momia de Lenin en la Plaza Roja, durante un Festival de Jóvenes creadores al cual fui invitado en tiempos cercanos a la debacle del sistema.

Muy solemne y macabro aquel lugar con la cara del hombrecillo dramáticamente iluminada, hasta presumido en su talante, custodiado por militares rusos, adustos, mirando al vacío. Mucho se ha escrito y comentado sobre lo que resta del Lenin original, apenas un cascarón de cera. Nada se ha podido hacer, sin embargo, para darle sepultura al cadáver con su fracasada filosofía, como indica el sentido común.

Más allá del componente turístico que siempre conllevó la visita al mausoleo, el hecho pudiera hacer pensar a sus seguidores, que mientras el paladín de la gran revolución de octubre se mantenga visible, existirá la peregrina posibilidad del regreso de sus dislates históricos.

Más justificadas, debido a la supervivencia del sistema político que encabezaron en sus respectivos países, son los cuerpos embalsamados del modesto y calculador Ho Chi Minh en Vietnam; el atrabiliario, Mao Tse Tung en China y el desatinado dictador de Corea del Norte, Kim Il Sung.

Con la excepción de China, donde la dinastía Han parece haber desarrollado un eficaz proceso de momificación en la antigüedad, ninguna de las otras culturas trata de conservar los cadáveres, como es el caso del Egipto faraónico, para llegar con el físico terrenal intacto al otro mundo.

Por nuestros predios, la novela *Santa Evita*, del escritor argentino Tomás Eloy Martínez refiere, a la manera de un thriller de gran emoción, los avatares del cuerpo embalsamado de Eva Perón, tal vez el comienzo de los excesos populistas que hoy le toca sufrir a ciertas poblaciones de América Latina.

El castrismo no se queda atrás en estas andanzas de hacer imperecedera una ideología en bancarrota conservando la imagen física de sus adalides. Cuando el guerrillero Ernesto «Che» Guevara terminó ajusticiado en Bolivia, sus manos fueron cortadas y un ministro de Allende, afín al régimen cubano, le hizo llegar el lúgubre regalo. Se sabe que estuvieron tentados de hacerle un mausoleo en el monumento a Martí de la Plaza de la Revolución pero todo parece indicar que fueron disuadidos por alguna mente preclara sobre lo siniestro de exhibir solamente una parte del occiso.

De hecho, la nomenclatura cubana ya no parece muy cómoda con la idea de eternizar a su líder por antonomasia, tal vez porque sería una tarea poco menos que imposible la de conservar el cuerpo ya de por si maltrecho del viejo dictador.

Todo este absurdo tejemaneje mortuorio responde a un modelo ya harto conocido y predecible donde, tal vez, algunas de las expresiones más lamentables no son las de los humildes venezolanos que dicen deber educación, profesiones, viviendas y otras bonanzas al caudillo, sino la de artistas y escritores cubanos como Amaury Pérez, quien se cita con Chávez en la otra vida, en imaginario diálogo entre creyentes, y Omar Valiño, cuando elucubra sobre su controversial figura en tono bíblico con resurrección y vía crucis, incluidos.

En este asunto de momias, realmente, prefiero la impresionante colección que exhibe en Londres el British Museum a unos pasos, por cierto, de la biblioteca donde Karl Marx comenzó a escribir El Capital. Cadáver que, afortunadamente, está bien enterrado en esa misma ciudad.

REPUDIO

Cierta vez fui invitado por una escritora cubana que vive en Argentina a disertar sobre el cine más joven que se hace en nuestro país. Se trataba de un evento interdisciplinario en Buenos Aires. Paradójicamente la sede era un centro cultural de algún partido de izquierda que ahora no logro recordar. Fue el lugar más asequible que encontraron los organizadores. Después de varias sesiones, a mí me pareció una trampa pero confié en que era una reunión de humanistas en el país de Borges y María Luisa Bemberg. Olvidé, sin embargo, que también era la patria de Ernesto Guevara.

Ciertamente, como los datos profesionales de cada cual eran conocidos en algunos impresos distribuidos al comienzo del evento, sí noté, o quise pensar, que el hecho de ser cubano de Miami era lo que provocaba poca comunicación conmigo de personas que disertaban con pasión de torturas y desaparecidos.

Otra coterránea con residencia en Brasil a quien le tocó hablar sobre la literatura escrita por mujeres en Cuba fue, tal vez, la única que mostró alguna solidaridad, además de la anfitriona, una buen amiga, que me había invitado, por supuesto.

De la isla había concurrido Luisa Campuzano, la misma que ahora se ha aliado con otras escritoras, en una carta abierta deleznable, para menoscabar la dignidad del escritor cubano Angel Santiesteban quien cumple prisión, víctima de un juicio totalmente amañado. Campuzano y sus adláteres discurren en la misiva sobre la violencia de género contra la mujer al mismo tiempo que ignoran las palizas a las Damas de Blanco. La Campuzano, por supuesto, era venerada por las otras profesoras e investigadoras, casi todas asiduas visitantes a la isla en cumbanchas de concursos literarios y congresos.

Para mi disertación, que apenas esbocé por escrito con algunos puntos para no ahuyentar a los incansables militantes, me pertreché de numerosos fragmentos de filmes que explicaban de otro modo la ilusión que todos querían seguir teniendo del totalitarismo castrista.

La visión de los más nuevos directores, sobre la prostitución, la ineficiencia del régimen, la represión, el límite de los sueños personales, entre otros temas de la gran desesperanza, resultaba intolerable porque no era elaborada por opositores «vende patrias» sino por los más novísimos hombres y mujeres nuevos, educados por el propio sistema.

El día que me tocó comparecer estaba ciertamente inspirado luego de escuchar tanta cantaleta ideológica de escritores y artistas injustamente apresados y maltratados sin que en las enumeraciones figurara jamás el caso cubano.

Mi amable anfitriona me hizo saber después que había estado muy agresivo con los académicos presentes pues aquella franqueza sobre la debacle cubana contada por sus hijos estaba abocada al desastre y así aconteció. Mientras hablaba y cambiaba de DVDs en la máquina reproductora, algunos abandonaban la sala, otros comenzaban a murmurar inquietos y los rostros en general eran de pocos amigos.

Al final se produjo una suerte de acto de repudio. Algunas señoras se desgañitaban en diatribas y me acusaban de mentiroso y manipulador. Yo la estaba pasando muy bien porque nunca se llegó a la agresión física y ante mí se revelaba que la dictadura cubana no solamente había exportado guerrillas e inestabilidad social en el traspatio sino lavados de cerebro de un daño irreparable.

Estos hechos ocurrieron hace unos cuantos años. Recientes acontecimientos, sin embargo, donde ha subido el grado de agresividad y chusmería por parte de turbas castristas en otros sitios del mundo, confirman que la dictadura sigue en sus trece: violenta, intolerante, inconmovible, peligrosa.

LECHUGA Y MELAZA

Hace poco más de cinco años disfruté un sarcástico cortometraje con el estrafalario título de *Cuca y el pollo*. Filmado a la manera de la comedia silente, con intertítulos, abordaba la historia de una competencia ciclística en Cuba donde el premio consistía en unos magros despojos del ave.

El omnipresente actor Alexis Díaz de Villegas le toco interpretar al escuálido competidor, necesitado desesperadamente del galardón, que finalmente obtiene y termina perdiendo en una maraña de Cuca, chismosa local, quien promete guardarlo en su refrigerador, comienza a cocinarlo tan pronto el ciclista vira la espalda y luego se le quema cuando no puede aguantarse las ganas por saber lo que ocurre en la cuadra.

El cuento estaba dirigido y escrito por un joven llamado Carlos Lechuga y formó parte de la Muestra de Jóvenes Creadores en el 2006. Dentro de aquel sainete costumbrista signado por el hambre y la necesidad, consustanciales a la isla de Cuba en revolución, se vislumbraba una voluntad estética y conceptual que afloró luego con pasión y coherencia en *Los bañistas*, del año 2010. Merecedor del premio de cortometraje en el Festival del Nuevo Cine Latinoamericano que se celebra en La Habana.

Los bañistas no es otra tesis de grado o ejercicio de estilo. La premisa del profesor de natación en busca de una piscina impartiendo sus clases alucinantes sin la presencia del agua, no se andaba por las ramas tropológicas para decir de un modo imaginativo que las cosas seguían sin solución en la isla y que las víctimas aceptaban un ambiente tan frustrante con picardía, buscando «resolver» a como diera lugar. Es el caso del respetable profesor, vendiendo carne de contrabando en una mochila de casa en casa, acompañado de sus infantes discípulos.

Antes de que la anécdota de la piscina formara parte de su primer largometraje, Lechuga volvió a incursionar en el humor con otro corto *Planeta cerquillo* (2011), apunte desinhibido sobre aspectos de la sexualidad cubana, principalmente en su ángulo machista. Muy poco de este divertimento, como salido del Decamerón, y del humor burlón empleado en su primera filmografía, haría presumir la lobreguez de *Melaza* (2012).

El giro dramático fue total: ni una sonrisa en la vida de esta pareja joven que vive en el pueblo imaginario de Melaza donde han desmantelado el central azucarero, su principal fuente económica y social.

El primer cine crítico cubano se hizo con la voluntad de mejorar las ostensibles y tempranas improcedencias de la revolución. La filmografía de Gutiérrez Alea es el caso más triste, murió pensando que aquella debacle tenía remedio.

Una generación intermedia de cineastas intentó camuflar sus historias mediante la ambigüedad, la doble lectura y la metáfora para burlar la censura. No pocos fueron silenciados. Algunos de los mejores tomaron el camino del exilio.

Melaza, de Carlos Lechuga inaugura una modalidad sin subterfugios ni comodines a la hora de referir la esencia del fracaso y cuan profundamente ha calado en la población y sobre todo entre los jóvenes, tan alejados de los que trajeron la noche haciéndola pasar por un amanecer.

Cine cubano sin estridencias ni sobreactuaciones, de policías y funcionarios corruptos; prostitución como parte del retrato de familia; indigencia, desesperanza, mercado negro, absurdos rayanos en el surrealismo, insolidaridad en un mundo de pobreza sin fin ni salida.

Carlos Lechuga es el testigo presencial de un proceso histórico exhausto y no comulga ni con sus protagonistas, quienes echan mano de la doble moral para sobrevivir y saltan al son de una movilización donde todavía se propone la desfachatez de una vida mejor sin cambiar las reglas del juego.

ADIÓS, RENÉ

Fue al propio José Rodríguez Feo, con quien mantuve una larga y hermosa amistad, a quien oí hablar por primera vez del crítico de cine René Jordán, cuando en Cuba nos hicimos de una copia subrepticia de *El Nuevo Herald*.

Con aquel desplante a lo Virgilio Piñera que lo caracterizaba, Pepe me dijo: «Niño, René hizo sus pininos en *Ciclón*» y con eso me dejaba saber que era otro de los intelectuales cubanos que había tenido la oportunidad de publicar, por primera vez, bajo su mecenazgo en la revista fundada por él luego del diferendo que diera al traste con la otra famosa publicación debida al peculio de su familia adinerada: *Orígenes*.

Ya por esos años yo era devoto del Guillermo Cabrera Infante de *Un oficio del siglo XX* y este otro crítico de cine, también borrado del papa cultural cubano, se presentaba con una escritura igualmente libre, desenfadada y culterana donde colaba de contrabando cubanismos sin piedad en sus lapidarios comentarios.

Llegado al exilio y gracias a Nat Chediak, me involucré en algunos eventos del Festival Internacional de Cine de Miami. Por entonces colaboré con críticas para la revista Éxito y ahora no recuerdo cual fue la película italiana que no me pareció del todo buena y mi primer encuentro con René Jordán derivó de esa circunstancia, cuando me dijo en el lobby del Teatro Gusman: «Oye no era para tanto. Creo que exageraste».

Enseguida me llamó la atención que fuera tan franco y confianzudo como Pepe e igual de cosmopolita. Formaba parte de una raza cubana en extinción. Su señalamiento lo tomé como un cumplido, por supuesto.

Luego en el año 2006 recibo un email muy escueto de René: «Del *Herald* me avisan que me comunique contigo». Entonces el Festival de Cine era administrado por Miami Dade College y yo debía facilitarle algunos de las copias de filmes sobre los cuales él escribiría sus reseñas. Fue el comienzo de una inusual y para mi memorable amistad virtual. No hubo correo que le enviara comentando algunas de sus críticas semanales en *Viernes* que quedara sin respuesta, puntualmente, desde su atalaya en Nueva York.

He aquí una muestra de su cordialidad y cariño: «Gracias por tus líneas que tanto me animan, porque a veces siento que estoy predicando en el desierto. Anoche volví a ver «Superman» *and it's a whole lot of fun to watch. That's what movies were made for when I was twelve in el Cine Milanés de Pinar del* Río. *It brought me back great memories and I thank Bryan Singer for the treat. Love as ever, Rene*».

Para mí se fue haciendo una suerte de fiesta provocarlo en la distancia para recibir sus encantadores dardos. Tantos años fuera del país e incluso alejado de Miami y su picardía criolla resultaba paradigmática: «¿Te hice yo alguna vez un comentario acoquinante? Te digo como me decía a veces Guillermito: 'Qué memoria tú tienes para acordarte de las boberías que en algún momento dije'. En fin, perdón si te acoquiné *but truly did not mean it. Sorry por el lapsus*».

En los últimos años le pregunté si quería que hiciera la gestión para asistir, otra vez, al Festival Internacional de Cine de Miami y me dijo que ya prefería no moverse de Nueva York.

En uno de sus últimos emails respondiendo un correo mío donde le confiaba cuanto había disfrutado una de sus críticas me hizo saber: «Te escribo en un momento de tanto cansancio, luego de ver tres películas hoy, infortunadamente malas. Te confieso, que antes de recibir tu mensaje estaba en profunda depresión cinematográfica. Gracias, no te imaginas cuánto me ayudas. *Keep up the good work. I love you, Rene.*

EN NEGRO Y BLANCO

Uno de los testimonios más pintorescos que se derivan del drama de los acontecimientos de Bahía de Cochinos es aquel que encuentra a un entusiasta y vencedor Fidel Castro preguntándole a un miembro negro de la Brigada 2506: «¿Tú que haces aquí?», en el supuesto de que alguien de su raza no debía reclamar la libertad de su país, pues en 1959 había quedado abolida la discriminación racial y el color de su piel le invalidaba la credibilidad como contrincante.

En la serie de dibujos animados que la dictadura cubana ha circulado en el Internet para denigrar a sus opositores, presenta a Berta Soler como una simia enfurecida y uno de los personajes que encarna al régimen hasta se permite ciertos apuntes peyorativos sobre su color.

En el más reciente filme de Jorge Luis Sánchez, *Irremediablemente juntos*, suerte de comedia musical sobre los avatares amorosos de una joven blanca de Miramar y uno negro del barrio de Pogolotti, hay una escena en un parque donde la pareja dirime las incomprensiones de familia y sociedad para su relación, mientras llega un policía y el muchacho le extiende su carnet de identidad sin siquiera ser requerido porque era algo que presumía. La novia se asombra y él, que es un talentoso estudiante y deportista, le dice que ya está habituado.

Hace solo cinco años que se filmó el primer documental sobre la supervivencia y agudización del racismo en Cuba. *Raza*, de Eric Corvalán, se llegó a estrenar en la Muestra de Jóvenes Realizadores luego del dilema que provocó la posibilidad de que fuera prohibido en el evento.

En el documental se presenta Roberto Zurbano, por entonces funcionario editorial de la Casa de las Américas, para decir que el asunto no debía seguir siendo escondido porque a la larga, los negros cubanos pudieran pensar que pertenecen a otro país como ocurría en el siglo XIX donde había una Cuba blanca y otra negra.

«¿Por qué —preguntaba por otra parte Corvalán no podemos hacer filmes protagonizados por negros ingenieros, abogados o doctores?

La respuesta a su interrogante tal vez la pueda tener Alfredo Guevara, presidente y fundador del Instituto de Cine, quien solo dio cabida a esclavos y cimarrones en la filmografía del ICAIC. Cuando temprano el cineasta Sergio Giral intentó escapar de ese sortilegio con los filmes *Techo de vidrio* y luego *María Antonia*, debió tomar el camino del exilio pues la presión era mucha.

En el propio documental *Raza*, el académico Esteban Morales asegura: «En la educación primaria no se menciona el color. Si vivimos aún en una sociedad de hegemonía blanca y al educar no mencionamos el color, en la práctica educamos para ser blancos».

«Igualdad de derechos no quiere decir igualdad social», asevera Morales. «No tenemos la misma posición ni la misma posibilidad de aprovechar las oportunidades, eso es lo que ha pasado en general con las personas no blancas y con los negros en Cuba».

Por estos días Roberto Zurbano intentó cambiar algunas de las reglas del juego desde su posición y entregó a *The New York Times* una columna titulada: «Para los negros, la Revolución no ha comenzado». La respuesta no se hizo esperar, fue convocada una jauría de colegas, presidida por el profesor Guillermo Rodríguez Rivera, encargado de oscuras tareas partidistas, y donde figura, paradójicamente, el propio Morales para dejarle saber el craso error de haber escrito y publicado, libremente, sus opiniones sobre el racismo en publicación enemigo. Por lo pronto perdió su empleo y el destino se le ha vuelto tan incierto como el de otros jóvenes negros que pululan sin futuro en su propio país.

LA ISLA MÁS «FERMOSA»

Resulta admirable el estoicismo y la paciencia de Jay Z y su esposa Beyonce. Animados de compasivas intenciones pensaron que podrían ayudar fuera de su ámbito artístico, y partieron presurosos para Cuba con una tarea que les quedaba holgada, además de celebrar su quinto aniversario de bodas.

La combinación de intenciones resultó totalmente incongruente: o la pasas bien en la zona turística constituida al efecto, o caes de mansa paloma en manos de la manipulación oficial, capaz de hacerte un «programa de actividades *express*» que puede moverse entre el pasmo y el aburrimiento. En principio, el matrimonio Carter parece haber disfrutado la comelata en el paladar La Guarida pero luego debió pagar caro su labor de embajadores de buena voluntad.

El mismísimo Eusebio Leal, Historiador de la Ciudad, los acoquinó con un sermón histórico sobre La Habana que se perdía entre su letanía, la traducción y el sopor de la primavera. Algo peor les aguardaba cuando se vieron impelidos a sentarse delante del grupo infantil La Colmenita, que con sus candangas de adoctrinamiento ha venido a sustituir lo que antes era una visita a la granja que dirigía el hermano de dictadores, Ramón Castro.

Después, y siempre en caravana gubernamental, rodeados de guardaespaldas y segurosos adustos, visitaron escuelas de arte y un grupo de danza contemporánea. Asimismo, escucharon a la cantante Haila María Mompié, convocada especialmente para ellos, en el calendario de eventos.

Por razones aún desconocidas no pudieron asistir a la reivindicación del grupo El Cabildo, que ya había sido coartado hace algunos meses por decreto gubernamental, ante su ostentoso éxito en el mundo cuentapropista. También se habla de un encuentro alucinado entre Beyonce y Juana Bacallao, que de por sí hubiera valido la visita de los famosos artistas.

Más allá de echarle un vistazo a estrellas inalcanzables, la población cubana se ha beneficiado bien poco de estas cumbanchas oficiales de celebridades norteamericanas que no son nuevas y se han venido tramitando entre el Instituto de Cine (ICAIC), el Instituto de Amistad con los Pueblos, brazo cultural de la policía política cubana, y la Casa de las Américas, otro de los órganos de penetración del castrismo en el ámbito literario del continente.

Vamos a decir, incluso, que hay antecedentes paradigmáticos de convites similares en toda la historia de la república pero nunca con aburridos visos gubernamentales. De tal modo, «el animal más bello del mundo», Ava Gardner, aficionada a los excesos, fue a La Habana en busca del llamado «*superman*» cubano, dotado como ningún otro para las artes amatorias, quien figura en una secuencia del *Padrino II* de Francis Ford Coppola y Marlon Brando hizo añicos una habitación del Hotel Sevilla, enredado con dos marineros, mientras Tenessese Williams, sentado en el legendario bar Sloppy Joes, elegía su próximo amante entre varios prospectos que le eran presentados.

Por supuesto que la fiesta, aunque vigilada, continuó durante la dictadura de los Castro que ha sido más complaciente y lisonjera con los representantes del «imperio» enemigo que ningún otro gobierno que lo antecediera.

Fue así como Leonardo Di Caprio no salía de su gozosa ebriedad dando tumbos por La Rampa y el pintor Robert Rauschenberg, alquiló un auto de La Habana a Santiago de Cuba para hacer paradas de erotismo furtivo en un estado tóxico apabullante.

Pobres Jay Z y Beyonce quienes se tomaron muy en serio lo que hubiera sido un simple viaje de placer a la exótica e indescifrable «más fermosa» y sensual de las islas caribeñas. Dicen que la cantante tiene pesadillas con la cantaleta de los niños de la Colmenita.

MUERE UN COMISARIO

Alfredo Guevara ha muerto y sus cenizas fueron esparcidas en la escalinata de la Universidad de La Habana. He llamado a tres de sus víctimas para conocer primeras impresiones al respecto.

Orlando Jiménez Leal, protagonista del capítulo de represión y censura cultural primigenio de la revolución, instigado por el propio Guevara, que malogró el estreno de su cortometraje *PM*, me ha dicho: «Sentí cierta lástima, era un desecho humano al final. Me estoy quedando sin enemigos».

A Alberto Roldán, director del exitoso filme *La ausencia*, lo sancionó con rudeza a que permaneciera en Cuba durante 12 años, luego de que este le expresara su deseo de abandonar aquella ignominia a la que estaba sometido por no comulgar con los designios políticos y estéticos del presidente del Instituto de Cine. Roldán fue sarcástico en su respuesta: «¿Alfredo qué? ¿Cómo se llama el que murió?».

Orlando Rojas, quien hoy dirige los destinos de la programación del Teatro Tower, con la misma perseverancia y pasión que antes realizara su distinguida filmografía y a quien le canceló de modo abrupto, en plena filmación, su último trabajo en la isla: *Cerrado por reformas*, me confió: «Siempre me pregunté qué sentiría cuando supiera de su muerte, pues hizo mucho daño. Ahora puedo decir que indiferencia total».

Ejerció un poder voluntarioso y absoluto en la parcela que le dispensó su venerado Fidel Castro, quien lo protegiera de los más arteros ataques, entre los cuales resultaba recurrente el que provocaba su ostentosa homosexualidad, en un gobierno de machangos y vaciladores guerrilleros.

Se pasó la vida lidiando con otros fundamentalistas, a su semejanza, que trataban de retar su posición en el panteón de los elegidos. No le concedieron, como hubiera querido, el Ministerio de Cultura que pasó a manos de un comisario de más confianza, el lisonjero Armando Hart.

Simuló ser liberal dentro del dogmatismo y la intolerancia imperantes, y salvó un séquito de artistas e intelectuales en desgracia, mientras olvidaba a otros, como Virgilio Piñera, pues no le servían a su desmedida ambición y arribismo.

Durante décadas se encaprichó en desestimar todo el cine cubano realizado antes de 1959. Incluyó en tal desprecio elitista a las figuras eminentes de ese período con la excepción, tal vez, de Raquel Revuelta quien lo desafiaba en méritos revolucionarios y no podía ser excomulgada como le ocurriera a un verdadero fundador del cine nacional, el director de *La Virgen de la Caridad*, Ramón Peón, a quien le negó la entrada al ICAIC.

Se conjuró con Fabián Escalante, siniestro jefe de la Seguridad del Estado, para lograr que Costa Gavras hiciera un filme sobre los intentos de asesinato a Fidel Castro, pero el realizador no cayó en la trampa que solo buscaba endiosar la capacidad de supervivencia del Comandante.

En las postrimerías de su vida y su carrera, lo fueron echando a un lado como el impertinente y majadero «señor muy viejo con una alas enormes» de su compinche García Márquez. Entonces le dio por abrumar a las nuevas generaciones con crípticos y ridículos discursos, llamados a extender la «belleza» de una dictadura agotadora y feroz.

Ignoró, sin embargo, a los cineastas jóvenes que, ahora mismo, están marcando la diferencia al comentar, críticamente, el estado de cosas que el contribuyó a crear en la nación.

Su muerte cierra un capítulo que nunca debió abrirse en la cultura cubana, el de las exclusiones, el maltrato y el miedo. No deja legado alguno. Unos pocos libros ilegibles y la codirección de un documental sin méritos artísticos. La lluvia se ocupará del resto con sus turbias cenizas al pie del Alma Mater.

CIUDAD DEL CINE

Salimos temprano en la mañana, hacía frío y caminamos hasta la siempre concurrida Plaza de España que a estas horas está prácticamente vacía. Tomamos el metro que nos aleja del centro de Roma y en su penúltima parada descendemos. Cuando salimos otra vez al aire libre, a unos pasos de la estación del tren subterráneo, aparece la entrada modesta de un lugar mágico: Cinecittà

Me pellizco para creer que he llegado por fin. Junto a Liverpool, a donde ya peregriné en busca de las huellas de los Beatles, me debía este destino porque fue donde el Maestro, Federico Fellini, se le ocurrió hacer buena parte de su quimérica filmografía.

Nos cuenta la guía que en el enorme estudio 5, el más grande de Europa, donde incluso llegó a reproducir algunos aspectos de la Via Venetto para *La dulce vida*, tenía un cuarto donde descansaba entre sesiones de filmación.

Hace dos años que han montado una exposición retrospectiva sobre Cinecittà, que nos adentra de manera casi fetichista en algunas de sus intimidades. En la nave habilitada al efecto, hay diversos modelos de cámaras antiguas, fotos, vestuario y otros aspectos de la hechura cinematográfica de este específico lugar que alguna vez compitió con Hollywood.

Cinecittà fue construida por órdenes de Mussolini en el año 1937. Qué rara fascinación la de los dictadores por el arte cinematográfico. «El cine es el arma más poderosa» fue el lema del estrafalario fascista. Para Lenin, la más importante de las artes, y Castro se apoderó de todo el cine, arte e industria, a escasos tres meses de haber llegado al poder.

Aquel lunes de la visita, aprovechando que el resto de los museos cierran sus puertas, no había muchos visitantes. Éramos un grupo reducido con la guía que hablaba inglés, italiano y francés, quien nos haría un recorrido por el lote de producciones, donde permanecen una larga calle y otros sitios medio derruidos que pertenecieron a la desbordante imaginería del diseñador Dante Ferretti para el emblemático filme *Gangs of New York*, de Martín Scorsese, realizado en aquel paraje bucólico de la Ciudad Eterna, así como las escenografías de la serie televisiva *Roma*, que han seguido siendo utilizadas por otros proyectos que abordan el esplendor del Imperio y de su activo corazón social, el legendario Foro, reproducido allí al detalle.

Hay una quietud irreal, de ficción tal vez, en los predios de Cinecittà. Un silencio que solo quiebran los cuervos con sus graznidos. Difícil imaginar que allí corriera, desaforadamente, en su carruaje Charlton Heston como *Ben Hur* o que Elizabeth Taylor le hiciera la vida imposible, con sus caprichos, al equipo de filmación de la monumental *Cleopatra*.

Las veredas están escoltadas por esculturas y otras ruinas históricas que no son reales. A la entrada de los estudios está la gigantesca cabeza de Venusia que Fellini utilizara en *Casanova* y en un salón iluminado con sentido dramático, junto a otro vestuario memorable, descubro, con emoción, el que enfundara la humanidad exuberante y esplendida de Anita Ekberg, en una de las secuencias más famosas del séptimo arte, aquella que no dejará de perturbar, para siempre, al vulnerable Marcello Mastroianni, incapacitado ante tanta belleza para no hacer otra cosa que seguirla en su arrebato nocturno de bañarse en la Fuente de Trevi.

Salgo otra vez al hermoso patio de 442 pinos y me parece ver la ronda final de *8½* con el Maestro, Giuletta Masina y el propio Marcello, que ya solo existen en nuestro imaginario, invitándome a bailar al son de la música circense de Nino Rota, en un universo creado en Cinecittà para deleite y deslumbramiento de sus devotos.

DEBACLE CULTURAL

El ambiente en la cultura cubana se espesa de contradicciones y tropelías. El jazzista Chucho Valdés, descubre ahora, después del fallecimiento de su padre, el gran Bebo Valdés, que los músicos de la isla no deben ser ignorados por haber escogido otros sitios donde vivir, lo cual trae a colación que casi todos los obituarios de César Portillo de la Luz han sorteado, de manera flagrante, la verdad irrefutable de nombrar a Olga Guillot como la intérprete suprema de sus más grandes éxitos. Guillot murió en el exilio y nunca comulgó con quienes destruyeron la noche habanera que ella y el propio Portillo llevaron a la gloria.

Vale la pena recordar que el compositor siempre apoyó la dictadura cubana con declaraciones y dinero. No quiero aguar la fiesta de los románticos ensimismados sino apuntar que ni Ezra Pound, ni Leni Riefenstahl fueron perdonados por su lealtad al fascismo, no obstante la excelencia de sus obras respectivas en la literatura y el cine.

En otra zona de la cultura, la lingüística, aparece el escritor Reynaldo González lamentándose que sus coterráneos atropellan el idioma hablado. En medio de floreos y humor, elude nombrar, siquiera, una de las causas de tal debacle en el supuesto país más culto y alfabetizado del mundo. Habría que preguntarle al intérprete del Chupi Chupi, llegado recientemente a Miami para estrenar El Pipi.

Mientras tanto, la más ladina de los Castros, con una oportunista parcela en la defensa del universo homosexual, esconde las uñas, momentáneamente, y parece una niña mimada con juguete nuevo cuando una organización gay, de extrema izquierda, en Filadelfia la recibe en una suerte de ratonera antediluviana con fotos del Ché y otros despojos de la nostalgia revolucionaria, donde ella misma se detiene a confesar su asombro ante el radical tinglado.

Lo más sintomático ocurre, sin embargo, en uno de los bastiones ideológicos de la cultura nacional, el Instituto Cubano del Arte e Industria Cinematográficos, el legendario ICAIC, se desmorona y los sobrevivientes tratan de atajar su hundimiento.

A unos pocos días de desaparecer su fundador—caudillo, Alfredo Guevara, el barco hace agua y tal como ocurriera en el asalto anterior, a principios de los años noventa, durante el caso *Alicia en el Pueblo de Maravillas*, cuando la burocracia intentó sin conseguirlo fusionar el ICAIC con los estudios de cine del Ejército y de la Televisión Nacional, ahora la dirigencia partidista quiere reformular las funciones de la institución a espaldas de sus pocos defensores, entre los que se encuentran realizadores mediocres que dejaron de hacer cine hace años, como Manuel Pérez, y no tienen a dónde concurrir cuando se venga abajo, y el propio Fernando Pérez, el último de los talentosos directores formados en el ICAIC, que ha hecho sus más recientes producciones de manera independiente.

El personal artístico del Instituto de Cine está, como maldito, cosechando años de vapuleo sin apenas chistar. Pasaron de ser la casta más exclusiva dentro de los predios del Ministerio de Cultura, donde no se ligaban con la «plebe», a parias de las coproducciones con entidades foráneas y pedigüeños internacionales en nombre de viejas glorias tercermundistas.

Lo han aguantado todo con estoicismo militante. Que el presidente sea un escritor sin atributos, muy enfermo, pero que no suelta el mando como le aconsejan sus familiares y que el propio Guevara le haya confesado a *The New York Times* la necesidad de desmantelar el ICAIC.

«No sabemos qué va a pasar», dice Fernando Pérez. «¿Quién nos pregunta a los cineastas?», se lamenta Enrique Álvarez. ¡Welcome al mundo de los merolicos y el trapicheo!, donde ustedes no parecen tener cabida.

ELENA

Los cineastas cubanos son incorregibles. No se han enterado de que el país se despeña por un barranco de reformas timbiricheras, tienen temor de quedar fuera del magro rediseño y, luego de un breve diferendo donde la dictadura con la cual han condescendido amenaza disolverlos como institución, terminan escribiendo una «declaración», al estilo de los años sesenta que la prensa oficial no publica y el gobierno, ocupado en otros menesteres de mayor importancia, ignora.

¿Por qué no protestan cuando uno de sus congéneres sigue esperando, sin respuesta, por el estreno nacional de su primer largometraje *Melaza*? Mientras otros directores de poca monta proyectan bodrios donde siguen fantaseando sobre los errores enmendables del socialismo, como elucubraban algunos de los filmes considerados clásicos.

Melaza de Carlos Lechuga no se distribuye porque toca la llaga, como ningún otro filme reciente, de la inoperancia del sistema y de la frustración de las nuevas generaciones. Es una historia sin esperanza, sobre «la pérdida de valores en la sociedad cubana», ha dicho el joven Lechuga.

¿Por qué los bardos del ICAIC no piden que los mejores materiales presentados cada año en la Muestra de Jóvenes Realizadores, se distribuyan o encuentren un espacio fijo en la televisión nacional, en vez de estar rogando, a estas alturas, seguir siendo parte de una institución sin recursos ni futuro, abandonada por sus propios patrocinadores porque ya no rinde los frutos propagandísticos para lo cual fue creada, tan temprano como en 1959?

Ahora mismo en vez de llorar por las esquinas, pudieran estar tocando a las puertas del llamado parlamento o en las oficinas ideológicas del partido, con una copia del documental *Elena*, bajo el brazo, para que la burocracia militante se entere, de primera mano y mediante una historia sumamente bien contada, por qué la crisis de la vivienda en Cuba no puede tener solución a corto ni a largo plazo mientras el régimen tenga el monopolio de los medios y cautive la creatividad individual.

Durante tres años, el director Marcelo Martín Herrera, nacido en 1980, y quien por cierto realiza trabajos para el ICAIC, circunstancia que debiera convocar la solidaridad de sus colegas, ha investigado la existencia aciaga de un edificio en Centro Habana llamado *Elena* que encarna, en sí mismo, todo el absurdo de un sistema sin remedio.

No pocos documentales han tomado el microcosmos de las ruinas habitadas de La Habana para abordar el deterioro de la vida material y espiritual de los cubanos, pero solo este le ha dado seguimiento al asunto con notable minuciosidad temporal y estética.

El testimonio de varias personas le sirve para seguir esta suerte de cuento de la «buena pipa» donde llega una brigada constructora que luego termina por empeorar la estructura dañada del inmueble y lo abandona para acometer otras construcciones priorizadas por la revolución.

Martín Herrera se atreve, incluso, a presentar dos llamadas telefónicas a las anquilosadas estructuras burocráticas del régimen para interesarse en la construcción detenida, sin explicaciones, y ninguna ofrece resultados para los desesperados habitantes del edificio.

Un combatiente internacionalista malvive en su cuarto anegado en excrementos y una mujer hace sus necesidades fisiológicas en un cubo, por no tener servicio sanitario, mientras asegura haber perdido el embarazo por la incomodidad de bañarse en un bidón plástico. Así van desfilando los inquilinos resignados del edificio fantasma que el director registra con íntima piedad.

Melaza y *Elena*, modelos en sus respectivos géneros, son las obras que merecen el respeto y la pelea de los cineastas cubanos. Desestimen el caro apadrinamiento de tantos años. No imploren por leyes y bozales. Un poco de libertad no les vendría mal.

CINCO VECES PAUL

Estoy en el tumulto de gente contenta y cordial tratando de comprar el *t-shirt* emblemático de la nueva gira internacional de Paul McCartney, «*Out There*», y escucho cuando un veterano de estas lides, a mi lado, le dice a otro: «Este es mi quinto concierto».

De pronto caigo en cuenta que también es mi quinta ocasión de poder disfrutar a quien encarna la vigencia de los Beatles en vivo, solo que el americano tuvo todo el tiempo de su vida, para ver incluso al grupo de genios de Liverpool, mientras yo he debido apurarme para satisfacer el añorado gusto, debido a una de las tantas aberraciones de la dictadura de los Castros, que le dio por prohibirlos cuando estaban en la cúspide de su fama.

De nada vale que en los últimos años los Beatles hayan sido redimidos en Cuba debido al empuje de sus numerosos fanáticos, con estatua de John Lennon en un parque de El Vedado y la apertura de un *night club* temático. El daño es incalculable y debería incluirse en el pliego de demandas del perjuicio que el totalitarismo causó en varias generaciones de cubanos.

Paul McCartney, integrante del dúo de compositores más importante de la música popular del Siglo XX, ostenta una de las fortunas más cuantiosas de Inglaterra y entonces, me pregunto: ¿Qué lo hace regresar cada año a los escenarios, al agobio del viaje y sus incidentes sociales o naturales, como la insólita invasión de grillos que lo acosara recientemente durante una presentación en Brasil?

Debe ser que en las postrimerías de una carrera sin parangón y setenta años bien cumplidos, disfruta como nadie del contacto con el respetable y se ha hecho el hábito de prodigar felicidad.

Esta vez la cita fue a tres horas y media de Miami, en el Amway Center de Orlando, y mi equipo de seguidores incondicionales, esposa e hijo de 16 años, se alistó, como siempre, aunque agregando un nuevo detalle, el hecho de hospedarnos en un hotel a pocas cuadras de la sede del concierto donde, a todas luces, un alto por ciento de los huéspedes compartían la misma idea.

En la piscina, por ejemplo, una pareja había instalado un discreto sistema de audio con canciones de McCartney y el resto de los bañistas hacía anécdotas como preparándose para la gran noche.

El camino a la presentación parecía un peregrinaje de fieles tras las huellas de un grupo musical y su época ya improbables, donde todos ostentaban algún atuendo alegórico. Llamaba la atención este caballero alto y delgado con su chaquetilla donde figuraban los más variados bordados iconográficos de los Beatles. El mismo que al regreso nos interpeló para saber de nuestra experiencia y bendijo a Paul por mantener viva la llama, a Ale, mi hijo, por disfrutarlo a su edad, y a nosotros por lograr este milagro.

El concierto, por supuesto, fue el nirvana y la precisión. Arrancó con *Eight Days a Week* y se extendió durante 38 canciones, algunas nuevas en la lista como *Lovely Rita* y *Being for the Benefit of Mr. Kite!*, hasta las electrizantes melodías que marcan el final del álbum *Abbey Road*.

A mí me corre alguna que otra lágrima con *Eleonor Rigby*, *And I Love Her* o *Hey Jude*. Nunca me acostumbro a la emoción y juraría haber visto a mi hermano entre el público, quien realmente está en el cielo, y a mi amigo Angel Carlos, que murió en Cuba, y era otro de sus devotos.

Ayer mi esposa guardaba su McCartney *t-shirt* y me dijo con una sonrisa cómplice: «hasta el próximo año».

PARCELAS DE MIEDO

Medios electrónicos oficiales han venido celebrando el centenario de Carlos Rafael Rodríguez, uno de los personajes más sobrevalorados del castrismo. Hace unos años me tocó presentar un documental en Miami Dade College, *Our House in Havana,* protagonizado por Silvia Morini, una de sus primas.

Conversando con el público, donde alguien quiso saber sobre sobre su relación con el alto jerarca, Morini explicó que lo había visitado en su lecho de muerte para hablarle sobre el desastre de revolución que habían pergeñado y, con cierto humor negro, subrayó que aquel comentario tal vez le había acelerado su fallecimiento.

Siendo muy joven, visité una bella residencia en Miramar, con unos amigos, en busca de algún disco de la prohibida música americana y recuerdo haber escuchado que era la casa de una amante de Carlos Rafael Rodríguez. Es sabido cómo la nomenclatura cubana disponía de las viviendas abandonadas por sus dueños para satisfacer caprichos de tal índole.

Este señor era considerado una suerte de sofisticado intelectual en la rudeza guerrillera del buró político. De connotado comunista había pasado a ser consumado fidelista, luego de una breve incursión a la Sierra Maestra cuando ya la guerra estaba ganada. Ajustó al pie de la letra su conocimiento de la historia del comunismo a las necesidades del castrismo y, de paso, camuflaba los horrores del estalinismo.

Es conocida una intervención suya ante los estudiantes de las escuelas de arte, donde su deplorable requiebro del máximo líder lo lleva a decir que en Cuba no había necesidad de protestar como lo hacía la contracultura norteamericana con «guitarrita y pelo largo» porque ya Fidel Castro, con su revolución, era la máxima expresión de protesta.

Cierta leyenda refiere que intervino en varias ocasiones para salvar artistas y escritores caídos en desgracia. Sin duda, algo le quedó de su sólida formación humanista en aquella república que luego contribuyó en desmantelar urgido por su desenfrenada pasión fidelista.

Y hablando de lealtades, la jornada de este centenario anunciado, que no dejará huella alguna en la cultura cubana, coincide, paradójicamente, con el fallecimiento de un siniestro comisario que cumplió y hasta se excedió en el mandato que le dieron sus patronos, los Castros, para fustigar y meter en cintura a los artistas, escritores e intelectuales descarriados durante los años setenta cuando le correspondió dirigir los destinos de la cultura nacional.

Dicen que Luis Pavón Tamayo murió como un mafioso en retiro, solamente perturbado durante un capítulo del año 2007 en que quisieron redimirlo en televisión y la clase intelectual criolla se rebeló en masa, pero solo virtualmente, en la llamada «guerrita de los emails» que fue abruptamente zanjada con una declaración oficial en el diario *Granma*, donde todo volvió al status quo que la dictadura depara a sus tolerantes y mansos intelectuales.

Pavón, uno de los más serviles testaferros de los Castros se va sin obituario, sin coronas de quienes le dieron las órdenes de tener mano dura, ni cenizas esparcidas donde dejara su nefasta huella.

Las víctimas vivas no pueden despotricar de sus desmanes porque en el fondo formaron parte de una política de estado que no ha sido ventilada de tal modo sino de manera anecdótica como si Pavón no contara, totalmente, con el respaldo del entonces dictador y su hermano. «Es mejor no abrir esa gaveta» y todos puntualmente obedecen.

El terror implantado por Pavón luego se transfiguró en otras parcelas de temor. Hart, Guevara, Arjona, Santamaría, Leal, Guillén, Prieto y muchos otros directivos de la cultura cubana, implantaron sus versiones represivas pues meter miedo siempre ha formado parte de la naturaleza de la bestia.

MEMORIAS DE LA ESCASEZ APREMIANTE

Mariela Castro, hace sus necesidades fisiológicas y justo a su alcance aparece el socorrido rollo de papel sanitario. ¿Por qué será, se pregunta sola en el ambiente impoluto de su retrete, que el enemigo vuelve a utilizar la dichosa escasez del susodicho para denigrar las virtudes de un sistema al servicio del pueblo?

Ella y sus descendientes tampoco reparan en la falta de almohadillas sanitarias porque no han tenido que emplear trozos de algodón enrollado, que solían aparecer en las farmacias locales, si la suerte era pródiga, o toallitas primorosamente lavadas y hervidas para lidiar con los incómodos días del mes.

La insólita escasez y las molestias que conlleva, parecen ser consustanciales a la dictadura del proletariado y sus derivados sociales. Sino véase lo que ya acontece en la República Bolivariana.

Ahora mismo, la pasta de dientes vuelve a irregularizar su presencia en el mercado cubano y eso que ya solo se vende en moneda convertible. Antes se «garantizaba» aquel engendro dentífrico (un tubo gris sin marca ni razón) cada cierto tiempo por la infame libreta de racionamiento y aprendimos la técnica de aplanar el continente para extraer la última pizca y luego abrir el tubo e introducir el cepillo y raspar vestigios de la pasta en sus paredes.

Por supuesto que el bicarbonato también sirvió para estos menesteres, así puro, humedecido, y hasta el jabón Nácar, fabricado para deslavar la piel. Podrán imaginarse el aciago sabor de su espuma grasienta en la boca.

Yo diría que es en estas necesidades personales, apremiantes, donde más repercute el golpe perturbador de la escasez, pues la falta de comida interfiere en la capacidad de reflexionar por cuenta propia.

Hubo un tiempo cuando ya las astillas de jabón no podían asirse, por diminutas, entonces se hervían y aquel zancocho nauseabundo se vertía en un molde ideado al efecto y, al final de la artesanal jornada, contábamos con otra pastilla para seguir bañándonos.

En la comedia *Moscow on the Hudson*, Robin Williams interpreta un ruso cirquero que decide desertar durante una visita a Nueva York y lo hace nada más y nada menos que en la tienda Bloomingdales. Al principio del filme lo vemos padeciendo penuria en Moscú, haciendo cola, paradójicamente, para comprar el esquivo papel sanitario, un cuadro onírico en el mundo occidental.

Es de agradecer esa revelación del director Paul Mazurszky para los incrédulos, así como al escritor colombiano Héctor Abad Faciolince quien, recientemente, ha sacado a relucir, en uno de sus artículos, el mal hábito de los regímenes socialistas de no ocuparse de garantizar el papel sanitario, considerando que el cuerpo humano tiene el defecto de no autohigienizarse, como es el caso de otras especies.

En su comentario Abad Faciolince echa mano de ejemplos recurrentes de esa carencia como los de Cuba y Venezuela, y ya sabemos la simpatía irrestricta que suelen manifestar los intelectuales latinoamericanos por la revolución de los Castros.

Ahora mismo la burocracia cubana, en sesiones, advierte que más del 22 por ciento del agua que se bombea en la isla se pierde por roturas de alcantarillado y salideros en las casas. Mi hermana me decía, recientemente, que hoy le parece imposible el desafío que debió acometer durante tantos años de su vida, bañándose con un balde de agua.

Recuerdo el hogar de un amigo donde se recibían periódicos extranjeros impresos en una suerte de papel biblia y de cómo en el baño colgaban de un clavo, prolijamente cortados en cuadrados perfectos, aquellos diarios de ideogramas asiáticos que resultaban más suaves para las premuras higiénicas que el áspero Granma.

MI CINÉFILO PREDILECTO

Por el Día de los Padres

Todavía hoy, un año después, son muchas las veces que me he sorprendido separando el DVD semanal de Netflix, que acabo de ver, para prestárselo luego de darle unos pocos pormenores sobre la película. De hecho no necesitaba muchas explicaciones, solo contagiarlo con mi entusiasmo, lo cual no era difícil. Así concluía nuestro encuentro semanal de domingos que fueron sagrados.

Yo sé que ambos disfrutábamos mucho esta cofradía de cinéfilos, y los he conocido de toda laya: memorísticos, impertinentes, adulones, comprensivos, frívolos y profundos pero ninguno tan cordial, buen conversador y transparente como mi padre. Escasos instantes de mi vida serán tan agradables y radiantes como cuando nos dábamos sillón en casa a la espera del almuerzo y descifrábamos el séptimo arte con deleite.

Podía suceder que me dijera: «Tengo que verla otra vez, te confieso que está un poco complicada pero me ha gustado». Luego la repasaba y venía más satisfecho, con puntos de vista reveladores.

No era un hombre del pasado, como tantos de su edad. Allá regresaba, eventualmente, para hablarme de Marlon Brando, Humphrey Bogart o Alfred Hitchcock, en una operación de sano fanatismo que nos pertenecía. Tampoco discriminaba entre géneros o países. Ciertamente no le gustaba perder el tiempo y cuando no tenía algo bueno o nuevo que ver y optaba por la mala, que para nosotros era un «clavo», se arrepentía de haberlo hecho, pero sin drama, con cierto humor.

Entre los capítulos de su juventud que más recordaba, siempre estuvo el amor por su novia, esposa y madre de la familia que ambos fundaron durante cuarenta espléndidos años, y su afinidad temprana por el arte siete, en los cines de barrio de La Habana.

Del negocio de familia, que era una modesta imprenta, salían los programas semanales de los cines que se sabía al dedillo y distribuía en una moto donde también tenía la responsabilidad de circular las cintas del filme que se estuviera proyectando en varias salas, simultáneamente, para garantizar la continuidad de tan temeraria operación.

Hoy cuando mi hijo adulto vuelve a pedirme prestada mi copia de *La dulce vida*, de Fellini que ha visto tantas veces, o llora otra vez con el final de *Cinema Paradiso*, yo sé que es el resultado del amor que mi padre prodigó por el cine y se infiltró en su buen gusto por osmosis de corazones.

Cuando ahora a mi hijo adolescente le doy a escoger, frente a la taquilla, si quiere ver *Iron Man 3* o *The Great Gatsby* y me responde que le interesa saber qué hicieron con la novela que leyó en la escuela, yo sé que la sombra de ese cinéfilo empedernido que fue su abuelo lo cubre y protege creándole un hábito que no se enseña, se hereda.

Antes yo podía ver una película y tener presente que debía recomendársela y conseguírsela, si valía la pena. Casi siempre se lo anunciaba con anticipación y su rostro se iluminaba, cómplice, adelantándose a la ceremonia que solía oficiar tranquilo y reposado en su cuarto, donde tenía una buena pantalla así como el sistema común de DVD y el de Blu Ray también.

Hoy, sin embargo, antes de apretar el «play» en casa o en la espera que antecede el haz de luz que me transportará a otros confines de embeleso, frente a la gran pantalla, no dejo de pensar en el gran cinéfilo a quien debo mi vida y me acompaña siempre en otra dimensión, dispuesto a conversar sobre la próxima película. Solo Dios sabe cuánto lo echo de menos.

VIGENCIA

A poca distancia donde acaba de atracar el crucero en un puerto de Bahamas, numerosos cubanos libres disfrutan de sus bien habidas vacaciones, luego de meses de dura labor, mientras otros compatriotas balseros, apresados por las autoridades de la isla, son pateados impunemente por un individuo con uniforme militar.

A los detenidos, tirados en el piso se les ha tapado la cabeza con bolsas de plástico y reciben cubos de agua junto a los golpes.

Las imágenes han salido subrepticiamente del centro de detención, cortesía de uno de los detenidos que las ha filmado con su teléfono.

El hombre vestido de militar no solo les lacera la piel a los presos indefensos, sino que les grita improperios racistas: «No queremos a los cubanos en la isla y los vamos a seguir maltratando si llegan». Las autoridades de Bahamas niegan que esto haya ocurrido y prometen investigar.

En Cuba hay estudiantes bahameños haciendo carreras y al gobierno no le conviene interceder en el asunto de la violencia que las autoridades de la isla turística vecina desatan, desde hace años, sobre los nacionales que la diplomacia cubana debiera proteger.

Los que abandonan el predio de los Castro son apátridas, personas que carecen de nacionalidad, de acuerdo al Diccionario de la Real Academia Española, y el embajador cubano dice que ellos mismos se han propinado los golpes.

De hecho, parece haber una suerte de hábito malsano entre ambos gobiernos a la hora de partir cabezas inconformes. En las provincias orientales cubanas, lejos de las agencias de prensa extranjeras establecidas en la capital, las fuerzas represivas están lidiando con las protestas de los disidentes locales a pedradas limpias, como en la Edad Media.

Por suerte, ante esta carencia, la Unión Patriótica de Cuba, UNPACU, ha hecho de la grabación en video de las tropelías de la dictadura, uno de sus más eficaces instrumentos de denuncia. Registran, puntualmente, la cara más infausta de las reformas «raulistas».

En otro capítulo de las tinieblas que se ciernen sobre Cuba, llama la atención que uno de los italianos que en el año 2010 estuvo en la orgía de Bayamo donde una menor murió de asfixia al ser trasladada ebria en el maletero de un automóvil y luego abandonada en un sitio intrincado del monte, aún con vida, aparece enfundado en la consabida camiseta que muestra la efigie de Ernesto Guevara.

Hecho que coincide con otro monstruo haciendo de las suyas entre la infancia cubana con la impunidad que le brinda su estatus de turista extranjero. Este enfermizo anciano canadiense, pedófilo para más señas, ha sido acusado de hostigar sexualmente a niñas hasta de tres años, en ocasiones con el consentimiento de familiares, y en la foto que circula de sus momentos de franca felicidad en Cuba, donde estuvo en numerosas ocasiones, aparece enarbolando la misma imagen que Korda le hiciera a Guevara. Siniestro conciliábulo este que convoca la protección con que el turismo sexual se mueve en la isla y donde la represión campea por su respeto, bajo la sombra de una figura que tanto daño causara a la fibra social de la nación, desde sus fallidos disparates económicos hasta la supuesta hechura de un hombre nuevo.

Ahora que documentos del Che han sido admitidos como «memoria del mundo», según la UNESCO, y aparece otra vez en mala compañía, voy a dejar que sea el propio Ricardo Alarcón, ex presidente del llamado parlamento cubano, quien señale la actualidad del tristemente célebre guerrillero:

«Su vigencia ha sido permanente. Transformada en símbolo su imagen recorre el mundo. Se aferran a ella y la levantan quienes buscan cambiar la realidad».

Pedófilos y represores, entre otros rastrojos humanos.

VULGAR REBATIÑA

Pensé, tal vez con alguna ingenuidad, que el caso Alfredo Guevara había terminado con la lluvia que arrastró sus cenizas hacia la cercana alcantarilla, luego de ser esparcidas en la escalinata de la Universidad de La Habana. Ceremonia ciertamente morbosa y hasta algo kitsch, de alguien que se vanagloriaba de tener muy buen gusto.

El socialismo, sin embargo, tiene la mala costumbre de no dejar descansar a sus muertos. Algunas veces para venerarlos y en otras para denigrarlos, como ahora parece ser el caso.

El sitio *Café Fuerte* ha dado cuenta del allanamiento a que ha sido sometida la vivienda de quien fuera fundador y presidente del Instituto Cubano del Arte e Industria Cinematográficos (ICAIC), en El Vedado, justamente a un costado del Ministerio de Cultura, desde donde solía atender lo que le restaba de su reducido poder político, la presidencia del Festival Internacional del Nuevo Cine Latinoamericano. Allí siguió cometiendo desmanes e intrigando en los márgenes de la nomenclatura.

Poco antes de la intervención abrupta en la casa, luego desmentida por un testaferro, el gobierno emitió un inesperado decreto, donde todas sus pertenencias serían consideradas patrimonio cultural. Con esta medida se impedía que la familia adoptiva del comisario pudiera entrar en posesión de sus bienes, al parecer cumpliendo un testamento asentado al efecto.

Recuerdo cuánta obra de arte colgaba en las paredes del insigne edificio del ICAIC y, sobre todo, en el séptimo piso donde el presidente Guevara reinara durante tantos años de manera despótica y vanidosa.

Aquel inmueble de gélido aire acondicionado, donde se servía un buen café cubano en tazas de porcelana a los críticos que veríamos los filmes de estreno semanal en una acogedora sala de proyecciones, dicen que hoy es un cuchitril de mala muerte, donde falta el agua, los elevadores no funcionan y las pinturas, de Servando Cabrera por poner un caso, han desaparecido.

En las entrevistas que Guevara concediera en las postrimerías de su vida desde su casa de El Vedado podía verse, en el trasfondo, mucha obra de pintores cubanos colgadas en las paredes y arrinconadas por doquier. Desde siempre, tuvo una especial fascinación por los artistas criollos quienes, en no pocas ocasiones, recurrieron a su, por entonces, poderosa influencia para tratar de solucionar algún entuerto político o buscar la salida del país.

Ahora se especula que, dada su amistad temprana con Fidel y Raúl Castro, a quienes acompañó en correrías políticas internacionales, tal vez tuviera en sus archivos algún documento o testimonio comprometedores sobre esos comienzos, o que le hubiera dado por redactar alguna carta de despedida donde confesara su desencanto con la dictadura que de manera tan prolija ayudó a consolidar.

Creo que le están dispensando, otra vez, la importancia que nunca tuvo ni tendrá en el devenir histórico de la maltrecha isla. Los agentes del Ministerio del Interior que entraron en su morada, algo que no se atrevieron hacer en vida del anciano, buscan la obra acumulada que hoy mismo hace olas de ganancias en las casas de subasta de Nueva York o Londres, antes de que otros pícaros den con ella y la comercien en ciudades como Miami, de manera festinada.

La parentela adoptiva trina desde la barrera de otro país porque conoce muy bien la naturaleza de la bestia y saben que han perdido la partida. El ladrón en jefe actúo con más apremio donde ninguna reclamación internacional tiene jurisdicción.

Los acontecimientos se precipitan como el final de una mala película, el cine cubano oficial se desmantela, mientras el legado de su otrora fundador se hunde en el barro de una vulgar rebatiña.

MELAZA REGRESA A MIAMI

El panorama del cine cubano de ficción actual es desolador. Un actor monocorde y director desangelado, logra producir y estrenar tres películas casi consecutivas, sin tropiezos de ninguna índole. En la más dramática discursea sobre las fronteras de lo erótico y, de refilón, hace mención de algunas frustraciones de su generación.

Las dos restantes caen en el consabido género costumbrista que tanto daño ha propinado al séptimo arte de la isla. Alguien llamada Cucú Diamantes protagoniza la que irá directo a la historia del olvido.

Por otra parte *La película de Ana*, de Daniel Díaz Torres, va por el mismo camino y hace mofa del drama del jineterismo, que es como trivializar la debacle social que acontece en Cuba. Del mismo director, *Alicia en el pueblo de Maravillas* (1990), sigue siendo más inquietante y actual. Creo que hoy provocaría el mismo rechazo entre los Castros.

Algunos pocos momentos significativos han acontecido, sin embargo. Luego del sonado estreno de *Chamaco*, de Juan Carlos Cremata, a teatro lleno en el Festival Internacional de Cine de Miami en el año 2010, lograr que el filme tuviera una distribución comercial en Cuba fue toda una ordalía que tomó meses. El argumento, basado en una obra teatral de Abel González Melo, es de una crudeza lacerante. No hay rebuscamientos, ni metáforas, ni choteos para asomarnos al infierno.

El cortometraje *Camionero* (2012), de Sebastián Miló, fue premio de la Muestra de Jóvenes Realizadores. Es el tormento de las becas que muchos recuerdan, de una violencia devastadora. Merecería discutirse en la televisión cubana para ilustrar uno de los tantos disparates del sistema de adoctrinamiento de la revolución.

Esta semana, a pocas millas de La Habana, el director Carlos Lechuga sabe del estreno comercial de su filme *Melaza*, antes de que ocurra en Cuba donde solo ha tenido contadas exhibiciones.

Melaza formó parte de la pasada edición del Festival Internacional de Cine de Miami, donde tuvo dos funciones concurridas en el propio Teatro Tower, del Miami Dade College, y ahora se repone.

El público de esta emblemática sala de la Pequeña Habana, elegida entre los cines de arte más distinguidos de la nación, según encuesta de *USA Today*, forma parte de la cofradía de los cinéfilos de pura cepa. Tienen hasta su gurú, el curador y director de cine Orlando Rojas, a quien confían sus gustos y secretos.

De las exhibiciones de *Melaza* salen abatidos y absortos, sobre todo los que no son cubanos y descubren, mediante la seducción inigualable del buen cine, la verdad de lo que han leído durante años en la prensa o lo que pensaban era una letanía, sin fundamento, de su vecino exiliado.

Se dan cuenta que han asistido a una experiencia diferente, donde no hay maracas ni bongó, ni marielitos, ni balseros, ni exiliados exitosos o desafortunados. Los recursos estéticos de Lechuga son serenos y distantes como si bastara con poner la cámara delante de una realidad ríspida, contrarrevolucionaria.

«Por fin —escuché decir en el lobby del cine—, una película cubana sobre la desesperanza, donde el hombre y hasta la mujer 'nuevos' sienten sobre sus espaldas el fracaso de un sistema social inoperante heredado, que no pueden eludir».

En *Melaza* no hay medias tintas, ni mensajes cifrados. El pequeño pueblo, donde el central azucarero ha sido desmantelado, es un foco de corrupción y miseria y cualquier recurso es válido para sobrevivir, desde prostituirse a facilitar la prostitución. No hay razones para ser feliz y mucho menos para sonreír o hacer chistes.

En el Teatro Tower, esta semana, se renueva la esperanza en el arte cubano de hoy mismo.

WASHINGTON D.C.

En el documental cubano *Un siglo de El Vedado*, figuran dos jóvenes que recorren el emblemático barrio habanero. Cuando visitan la Avenida de los Presidentes, explican que allí debieron erigirse estatuas de todos los mandatarios de lo que ellos aún denotan como «seudo república».

Estos representantes del llamado «hombre nuevo» luego se divierten al pie de una base donde estuvo Tomás Estrada Palma, el primer presidente cubano, y hoy solamente queda su calzado pues la escultura fue derribada, por la atrabiliaria revolución de 1959. Ninguno explica el porqué de tal barbarie talibánica y acotan, entre risas, que ahora es un monumento al «zapato».

Recordé la anécdota cuando mi hijo de 17 años me dio una disertación frente a la estatua del presidente de los Estados Unidos Andrew Jackson, a unos pasos de la Casa Blanca, durante nuestra provechosa visita a Washington, recientemente. No tenía la menor idea que supiera tanto del controversial personaje histórico con sus virtudes y defectos, entre los cuales estuvo abogar por la esclavitud y relocalizar en reservas a los habitantes autóctonos de estas tierras.

Alejandro Jr. abundó en intrigas que disfruté, mientras nos tomábamos una foto, pero nunca le escuché decir que al voluntarioso señor había que excomulgarlo de la historia americana.

A poca distancia, expuesta al público, la legendaria Casa Blanca como baluarte de tan vital legado. Y volví a retrotraerme, es inevitable, al secretismo totalitario sobre los distintos escondrijos de la paranoia castrista y aquel video que se les escapó, donde el tirano, achacoso, se come una toronja en su comedor de Punto Cero.

En el parque situado justo frente a la residencia presidencial norteamericana hay grupos en perenne protesta. Unos forman cierto círculo de meditación contra la tortura, mientras otro personaje, solitario en su tienda de campaña, da cuenta de una vigilia antinuclear desde 1981.

El memorial más reciente del Mall, que recuerda el esplendor del Foro Romano, es aquel dedicado a los héroes de la Segunda Guerra Mundial, abierto en el año 2004, donde se rinde tributo a 16 millones de personas que sirvieron en las fuerzas armadas y 400,000 que fallecieron en defensa de la libertad.

Los monumentos a las contiendas de Corea y de Vietnam ostentan categoría cinematográfica en su expresión y escoltan, de algún modo, la monumental escultura de Lincoln sentado y absorto en uno de los extremos del Mall. En el otro se yergue el Capitolio, más grande que nuestra copia habanera, vilipendiada por la dictadura que ahora intenta recuperarla como entidad legislativa. En el centro, el enorme obelisco dedicado a la memoria de Washington, actualmente en reparaciones.

La experiencia más desgarradora de la visita a Washington fue la de caminar los salones del Museo Memorial del Holocausto. La muestra permanente es como una excursión detallada al infierno. Hay hasta un vagón de tren donde trasladaban a las víctimas a los campos de concentración y la experiencia de entrar en el mismo resulta claustrofóbica y agónica.

El corazón se estruja ante la visión de cientos de zapatos que pertenecieron a personas que fueron a las cámaras de gas. Sobre todo aquel diminuto y blanco que debió ser de una niña.

Sin embargo, entre las muestras más reveladoras del Museo está la llamada «Algunos eran vecinos», donde se trata de explicar, de modo exhaustivo, la cantidad de cómplices espontáneos con que contó el nazismo para denunciar y apresar a los judíos en sus propias comunidades, donde habían sido respetados y queridos. Es considerado uno de los aspectos más dolorosos para los sobrevivientes del Holocausto y, sin duda, un capítulo sombrío de la condición humana, en cualquier lugar que ocurra.

SIGUE PENDIENTE

Un día antes del décimo aniversario del fallecimiento de Celia Cruz, ignorado por todos los medios oficiales de prensa del país donde nació, la eximia compositora y colaboradora habitual del sitio donde Fidel Castro publica sus cada vez más disparatados comentarios, Marta Valdés, le dedicó un insustancial y forzado panegírico a la trovadora de la revolución, Sara González, desaparecida hace algunos meses.

La rara insistencia en resaltar figuras que el tiempo descartará, por haber comulgado con una dictadura de modo tan ostentoso, como es el caso de la cantante de los Comités de Defensa de la Revolución y otros engendros del sistema, no le traerán buenos dividendos al legado de la compositora de *Palabras*, que encuentra momentos afortunados, en el repertorio de la gran Elena Burke.

Valdés estuvo en un concierto de Miami, cantó, fue vitoreada por sus compatriotas, confesó su emoción, y hasta estuvo regañona en algunas entrevistas con la prensa local donde le recordaron que su nombre aparecía en la carta de artistas e intelectuales que daba el beneplácito al gobierno por haber tomado la medida extrema de fusilar a tres jóvenes negros que habían intentado secuestrar una embarcación, donde no hubo mayores consecuencias que lamentar.

En su arrogancia y desafuero, el régimen sigue cobrando el mismo diezmo que impusiera a sus más distinguidos creadores desde que tomara el poder. No ha descuidado esa manera de la represión. Cuando parece que va a relajar las amarras, las atenaza otra vez, sin miramientos.

Solo hay que consultar las intervenciones del reciente congreso de los periodistas, de patológica adulonería, y la visita al corazón del exilio en Miami de testaferros del sistema, de una vulgaridad barriotera, para llegar a la conclusión de que se trata de un país sin esperanza, aunque resulte doloroso constatarlo.

Hasta las voces que suelen parecer independientes, debido a la ventaja que les brinda el vínculo con entidades foráneas, reculan cuando son conminados a tomar partido, si es que deciden seguir viviendo en los predios de la isla.

En breve le tocará el turno de la ignominia a creadores como la propia Marta Valdés porque el escritor Miguel Barnet, hace unos pocos días, desde el llamado Segundo Frente Oriental Frank País, convocó el VIII Congreso de la organización que preside, la Unión de Escritores y Artistas de Cuba (UNEAC), atrincherado en las montañas como el guerrillero que lamenta no haber sido.

Barnet vuelve por sus fueros y hace que todos se sientan culpables ante la reciente ronda de regaños del segundo dictador en jefe: «Tenemos deficiencias y debilidades», le dice a sus dóciles colegas, incapaces de enfrentarlo. «La obra levantada a partir del acto fundador del Moncada y de la sangre de nuestros héroes, debe ser defendida con lealtad y pasión frente a los enemigos externos e internos». Regresa el lenguaje de barricada sin una coma de originalidad, instigando el miedo entre los corderos, pues cualquiera puede ser un adversario, sin saberlo.

Hay que combatir la incultura y las condiciones marginales y «el deterioro del tejido espiritual de la nación», sin hacer alusión a las causas de tal derrumbe. Desde su cómoda vida de burócrata asalariado, con viajes pagados y otras prebendas, asegura que hay «una firme voluntad de superar enemigos, carencias y obstáculos» y de seguir adelante con la construcción de la aberración que es la causa esencial de tantos desatinos.

Ciertamente, Barnet convoca «al combate» el país desvirtuado de Sara González, Silvio Rodríguez o Amaury Pérez Vidal. No es posible que en un contexto tan nebuloso se recuerde a Celia Cruz, esencia de la cubanidad. Su regreso sigue pendiente.

MALA SUERTE

Cuando me vi conminado por la necesidad a trabajar tres años y nueve meses en un programa de construcción de viviendas llamado Microbrigadas, por los años setenta, que diera como resultado el desatino urbanístico de Alamar, al este de La Habana, conocí a un singular uruguayo de sobrenombre Eduardo, que había sido guerrillero en las huestes de los llamados tupamaros en su Montevideo natal.

El estricto reglamento del proyecto indicaba que si llegabas tarde tres veces o faltabas sin causa médica, eras automáticamente despedido. El hecho de que trabajaras en la brigada de tu centro laboral para construir un edificio de vivienda no significaba que te premiarían con un apartamento.

Podía suceder que en asamblea pública, convocada al efecto, el domicilio se lo otorgaran al combatiente internacionalista recién llegado de Angola o a algún refugiado procedente de Chile o Uruguay y debías pasarte otros tres años hasta el próximo edificio erigido para ver si andabas con mejor suerte.

Eduardo trabajaba, con entusiasmo, en aquella microbrigada. Sentía que estaba haciendo algo bueno por el modelo de revolución que quería para su país. Nos contaba de sus aventuras clandestinas en Montevideo y de los grandes golpes de efecto mediáticos de las guerrillas tupamaras, como cuando capturaron y asesinaron al agente de la CIA Dan Mitrione, capítulo referido por el director de cine Costa Gavras en su filme *Estado de sitio*.

Con el paso del tiempo, Eduardo se alcoholizó, tal vez frustrado por no poder seguir combatiendo, hasta que un buen día fuera convocado por una misteriosa organización, con base en La Habana, que lo envió a Nicaragua, junto a otros exiliados latinoamericanos que pululaban por la ciudad, como zombies, para contribuir con la última avanzada de los sandinistas contra la dictadura de Somoza.

Eduardo era solo una de las tantas piezas del nido de intromisiones internacionales de la guerra fría instaurado en Cuba. Nunca se sabrá, a ciencia cierta, la cantidad de violencia y muerte procreada por este afán castrista de exportar la revolución al vecino cono sur. La mala suerte ha querido, sin embargo, que pocos de los agraviados se quejen del daño causado por ese afán terrorista.

La semana pasada llegó a La Habana otro tupamaro, devenido presidente del Uruguay, José Mujica. Cualquiera pensaría que el haber alcanzado tal posición mediante los mecanismos de la democracia le hubiera iluminado el cerebro pero otra vez interviene la mala fortuna en contra de los cubanos para hacerse entender ante el mundo, que prefiere no escuchar. Mujica, de 78 años, se encontró con el anciano dictador Castro y aquello fue como una cita nostálgica de viejos guerrilleros. Salió hablando tonterías del «herbolario en jefe», quien ahora experimenta con vegetales para alimentar animales.

Mujica afirmó que había que ayudar a la producción de leche en la isla y después largó un discurso sobre la dignidad de la revolución sin haberse acercado jamás a la vida diaria del pueblo cubano. «Lo imposible parece que cuesta un poco más», dijo sobre la vocación desestabilizadora de las revoluciones.

Por estos días el director de cine Ricardo Vega ha tenido la amabilidad de compartir conmigo una versión ampliada y mejorada de su ya clásico documental Fiel Cuba, sobre los dislates de Fidel Castro que han dado al traste con la economía y la sociedad de la isla. Invito, cordialmente, al presidente Mujica a que lo vea en La Mirada Indiscreta el 11 de agosto y pueda así comprender a qué nos referimos cuando decimos ¡abajo la dictadura! como alguna vez él enfatizó, sobre otras tiranías, antes de conducir los destinos de sus coterráneos.

¡ÑO!, COMO DECÍAMOS AYER

Siento vergüenza ajena por mis compatriotas, sobre todo por aquellos que a duras penas cultivan algún tipo de humor, en un lugar donde ese arte ha sido tan vapuleado, porque les está prohibido pararse en una esquina y decir, «acaba de morir el maestro». No pueden siquiera ensayar un cauteloso homenaje como el dispensado a Meme Solís, quien declinara su regreso a Cuba con suma elegancia, porque la suspicacia que despierta nuestro humorista mayor, en términos de «gran enemigo de la revolución», es solo comparable a la animadversión que levanta Guillermo Cabrera Infante entre los Castros y sus acólitos.

Un gobierno que obliga a sus representados a desdeñar figuras cenitales de su cultura como Celia Cruz, Olga Guillot y Guillermo Álvarez Guedes, padece de una atrofia terminal. Hoy sabemos que esa vocación malévola no ha sido respetada, aunque hiciera daños irreparables, y la obra de estos grandes se trasiega al margen de tan absurda imposición.

Guillermo Álvarez Guedes se ha ido con la dignidad sin mácula que es lo mejor que le puede pasar a un artista de categoría. Se dio cuenta rápido que la decencia, la libertad y su incansable laboriosidad entrarían en conflicto con las intromisiones desfachatadas del totalitarismo.

Hombre culto, empresario consumado, supo que la Cuba suya estaría en otra parte y desde que puso un pie fuera de la isla, pocos embajadores como él tuvo la nación diezmada.

Nunca hizo alarde de la responsabilidad que estaba asumiendo. Habituado a dispensar su arte por el mundo, intuyó que no regresaría mientras existiera la turbulencia revolucionaria y tan compleja circunstancia lo puso en la disyuntiva de salvar y contar al cubano desde la risa.

Desterró el rencor, la nostalgia y la periodización de exilios de su estética, entre otros lastres que interferirían en su estudio minucioso del cubano. Se volvió un original, un canon inimitable y cuando otros debían recurrir a artificios para ataviar el humor, a él le bastaba con una capacidad narrativa envolvente y seductora, de impecable dramaturgia, que no parecía actuada aunque tuviera una estructura de hierro.

Cuando mi hijo de 17 años era pequeño, mi esposa compró algunos de los CDs de Álvarez Guedes y los ponía en el auto para contribuir a su cubanidad, en esta barahúnda de naciones que es Miami.

Por mi parte, me tocó conocerlo durante un cumpleaños en la casa de mi amigo José Antonio Évora, a quien también agradezco que llevara a mi padre a uno de aquellos memorables shows en el Dade County Auditórium, de donde salió pleno y feliz de ser contemporáneo del genial humorista.

Fuimos presentados y me habló como si nos conociéramos de toda la vida. Los allí presentes, cubanos de recientes generaciones, sabían de la importancia de aquella presencia pero él hacía que todo pareciera natural.

Rene Ariza y Guillermo Álvarez Guedes, por poner dos ejemplos distintos del cultivo del humor, corroboran que las dictaduras sienten una antipatía enfermiza por su ejercicio, sea político o de cualquier otra modalidad. Sigue siendo, sin embargo, el género más socorrido para producir felicidad en medio del torbellino de la indigencia material y la coacción ideológica.

Nadie recordará los adustos dictadores, que no saben ni ensayar una mueca que simule la risa, en un futuro no muy lejano. Serán, apenas, una cita a pie de página en los libros de historia. El legado de Álvarez Guedes, sin embargo, perdurará. En la explicación de lo cubano no puede faltar un capítulo tan esmerado. A Cuba regresará en compañía de la libertad y dirá parafraseando al famoso poeta granadino «Ño, como decíamos ayer...».

A GOLPE DE CUBATÓN

Hubo un tiempo en que la gerontocracia que todavía detenta el poder en Cuba era joven y rozagante. Al pueblo le parecía bien que la sacrificada dirigencia viviera una vida de placeres vedados a los demás. Ocuparon las casas de la aristocracia nacional en fuga. En el caso de los hombres cambiaron esposas en desuso por jovencitas arribistas y, ¿por qué no?, tuvieron más de una amante mantenidas por el erario público.

Los jerarcas realizaban sus compras lejos de la morralla en cadenas de tiendas, habilitadas al afecto, y contaban con lugares exclusivos donde vacacionar tanto dentro de la isla como más allá de sus fronteras.

Para las nuevas fotos sociales se retrataban en un cañaveral con la mocha enhiesta o cargando algún que otro saco de azúcar. En tales simulaciones no tuvieron ni la curiosidad de abordar un ómnibus para saber cómo funcionaba el transporte del proletariado. Siempre se movieron en veloces automóviles de diversas marcas y procedencias.

Resultaba entonces muy difícil que un simple hijo de la clase obrera fuera escalando los estamentos «históricos» para llegar al paraíso de una claque muy cerrada y exclusiva. Ese cuento de hadas también pertenecía al denostado capitalismo.

Tal vez en el universo de la cultura y el arte podía ocurrir que se viviera un socialismo con beneficios pero siempre a costa de venderle el alma al diablo. Muchos grandes de la creatividad cubana, que nada debían a los iracundos guerrilleros, se vieron impelidos a comulgar con su funesta prédica, importada de la Unión Soviética.

El músico Harold Gramatges, por poner un ejemplo, comunista cabal, debió frenar su voracidad bisexual de antaño acosado por la homofobia imperante. Se refugió quedo, con su esposa, siempre dispuesto, sin embargo, a los reclamos del partido.

En las postrimerías de la aberración castrista, de reformas cosméticas que facilitan a los descendientes de la camarilla gobernante ocupar paulatinamente los puestos del vejestorio en retiro, ha surgido de modo inesperado la cultura del reguetón.

El cubatón, que es la variante nacional de este ritmo importado, sin otra pretensión que la «gozadera», pero que ha puesto en crisis de popularidad al resto del rico pentagrama de la isla, se compone e interpreta, generalmente, por músicos callejeros sin formación académica.

Con la excepción de Baby Lores, quien adula sin pudor al dictador Fidel Castro, el resto de los reguetoneros desconocen olímpicamente el sistema imperante y manejan automóviles de lujo como el Audi o el BMW, que ostentan integrantes del dúo Los Desiguales, ajenos a ineptos dirigentes enfundados en guayaberas sudadas y conduciendo fotingos de mala muerte.

Ni decir que exhiben celulares inteligentes de última generación y se preocupan, sobremanera, por su aspecto físico y atuendo que cambian en cada actuación.

En un video promocional reciente de El Yonky, exitoso intérprete de origen muy humilde, se hace obvio que ya los pioneros no quieren ser como el Che, sino como este carismático hijo de vecino con un estrafalario peinado «mohawk» y que un policía, interrogado para la ocasión, habla de perdonarle una infracción de tránsito porque es muy querido y sus números están «pegados».

El gobierno trata de desvirtuar la avalancha, que no puede contener, haciendo que Silvio Rodríguez cante en barrios y prisiones. Los pobres ven, sin embargo, como los suyos pueden llegar a la opulencia pergeñando las rimas más ingeniosas en historias de sexo y afanes consumistas y no precisamente con la doctrina anquilosada de la nueva trova.

El cubatón es un boomerang insospechado al rostro totalitario. Por primera vez es más ventajoso ser reguetonero que miembro de la herniada y abyecta nomenclatura.

PARAÍSOS DEVASTADOS

Cuando mi esposa y yo terminamos de ver la perturbadora película austríaca *Paraíso: amor*, nos miramos y comentamos que algo parecido a la historia que cuenta, de modo casi documental, debe ocurrir en Cuba en cuanto a las redes de prostitución y su relación con el turismo.

Me vino a la mente el reportaje sobre la isla del francés nacionalizado ecuatoriano Bernard Fougeres del año 1997, quien entrevistó a una prostituta cubana que no paraba de llorar porque era maestra y se había metido en el negocio para alimentar a su pequeño hijo y refirió la anécdota de un turista mexicano que le dio cierto dinero, estuvo con ella, y luego se lo quitó cuando «se le pasó la borrachera».

En el filme de Ulrich Seidl, ahora disponible en DVD y que tuvo apenas distribución en los Estados Unidos, no obstante haber sido seleccionado para el prestigioso Festival de Cannes, Teresa, madre soltera de cincuenta años con una hija adolescente ajena a la vida solitaria y frustrada de su progenitora, siempre conectada al teléfono inteligente, decide irse de vacaciones sola a Kenia, en África.

Para un europeo, el sitio a la orilla del mar, aislado y rodeado de tugurios inhóspitos, puede llegar a ser un paraíso. Cuando Teresa descubre, además, que tiene a su disposición un mercado de jóvenes sementales de la localidad, dispuestos a complacer sus más recónditas fantasías, a cambio de efectivo, se sumerge en un dilema existencial que le traerá indeseables consecuencias.

Su gran error es reclamar amor y maneras occidentales del «buen salvaje», actitud rayana en lo patético. Luego de una primera y aciaga experiencia, cierto muchacho se muestra noble y servicial y la trata como una novia para al final volverla a estafar en una espiral de supervivencia que no cesa, rogando dinero para su supuesta hermana que resulta ser su esposa.

En el documental *Patria o muerte* del director ruso Vitaly Mansky, un grupo de nórdicas gruesas y otoñales como la austríaca Teresa, viajan a Cuba supuestamente para tomar lecciones de baile, al son del otrora militante grupo Moncada, y terminan fornicando con sus diestros profesores, casi todos de la raza negra.

En el filme *La partida*, de Antonio Hens, se muestra un ordinario almuerzo donde la familia cubana moderna conversa, con la mayor naturalidad, sobre la ventaja de que uno de sus miembros esquilme sexualmente a un veterano turista español para poder sacarle bienes y hasta el viaje de salida de la isla.

Los africanos de *Paraíso: amor*, esperan, pacientemente, a que las turistas se salgan de sus páramos seguros para acosarlas sin piedad y ofrecerles «amor» y diversión. Muchas no participan de las angustias existenciales de Teresa y van directo por el botín carnal. Es más conveniente obedecer las reglas inamovibles de la prostitución.

En el documental *Hola vs. Hello*, de Axel Arzola, un turista australiano habla de las virtudes arquitectónicas de La Habana en ruinas junto a dos jineteros que esperan impacientes a que termine su perorata frente a la cámara. El incauto luego afirma que lo más difícil de su visita ha sido el acoso constante en la calle de personas ofreciéndole desde las más variadas drogas, hasta jóvenes de cualquier sexo.

Con todos sus defectos, ni por asomo, la Cuba republicana pudiera haberse comparado con la pobreza cercana de Haití. Los años azarosos del castrismo, sin embargo, han terminado por africarnizarla, tal como demuestran las mencionadas similitudes con el filme *Paraíso: amor*, que fácilmente pudiera tener su versión vernácula en el malecón habanero o a la orilla de una playa devastada por la estulticia gubernamental.

UNA PESADILLA

Dice el locuaz historiador de la Ciudad de La Habana, ahora con poderes que exceden su coto de lucro e influencia política, la Habana Vieja, que «la belleza es muy importante para el hombre, como el pan, la belleza es su relación con el ideal, con lo que él quiere y siente como una aspiración a vivir mejor».

Eusebio Leal no puede evitar sermonear y amonestar cuando habla del pueblo y adular cuando se refiere al dictador de turno. Por estos días el diario *Granma* le ha publicado una larga y cansona entrevista, como para redimirlo públicamente, sobre todo lo que hace para salvar la desvencijada capital cubana.

Afirma que el discurso reciente de Raúl Castro fue muy valiente y «se percata que es deterioro esa pérdida del concepto de la belleza y de la forma de actuar, que es incompatible con el espíritu real de una revolución».

Y uno se pregunta, ¿dónde vive este adlátere para equiparar, sin un ápice de vergüenza, la belleza con las ruinas de una ciudad que simula un bombardeo, sin haber habido contienda bélica?

Ensimismado en su austera chaqueta «Mao», dado a las buenas maneras y a la mejor cocina criolla, creo que sería oportuno llevarlo al séptimo piso del Instituto Cubano de Arte e Industria Cinematográficos, o lo que queda del ICAIC, para proyectarle de manera exclusiva el filme *Una noche*, de la realizadora británica Lucy Mulloy, que ahora mismo se presenta en salas de los Estados Unidos, como el Koubek Center del Miami Dade College.

Sin duda alguna, ninguno de los dos muchachos y la joven que protagonizan esta saga de sexo, sudor y lágrimas, pertenece a la familia Leal. Cuentan que tiene un hijo a buen recaudo en España haciendo de las suyas como empresario.

Una noche es un concierto de calamidades pero según su directora, quien vivió varios años en la isla para acometer su accidentado proyecto, es el país tal cual, sin afeites. A una de las madres de la película, por ejemplo, su esposo del

Ministerio del Interior la engaña a poco pasos de su casa con una integrante de la policía. La otra progenitora tiene SIDA y el hijo la sorprende dispensando sexo oral a un turista. Todo en un ambiente cochambroso.

Los jóvenes protagónicos trabajan en la cocina de un hotel que parece ser El Nacional. El chef es un tiranuelo de bolsillo, deleznable, que los humilla con saña.

Solo hay una pizca de compasión y humanidad en uno de los muchachos, a partir de la relación de supervivencia que sostiene con su hermana, estudiante rebelde y natural, que recuerda a la Paulette Goddard de *Tiempos modernos*, quien en su rusticidad es criticada por alumnas «plásticas» y crueles. El resto de los seres humanos que pululan en *Una noche*, son de un encanallamiento devastador.

Uno repasa otra filmografía de ficción con la capital cubana como trasfondo: *Rompiendo las cadenas*, *La pandilla del soborno* y *Nuestro hombre en La Habana*, por solo mencionar tres modelos de importancia, y no logra identificar en sus argumentos una sociedad tan degenerada como la que se presenta ahora.

Diferencia de clases, buscavidas, corrupción política, elementos consustanciales a cualquier joven república latinoamericana, resultan atractivos exóticos para el Hollywood de los años cuarenta y cincuenta.

El misterio y la curiosidad que provocaba La Habana han sido desmembrados por la desfachatez castrista que convirtió en un muladar su otrora encanto urbano y social.

Una noche, donde la juventud quiere abandonar el país a como dé lugar, puede ser el final de la ordalía o la continuación de tan inmerecida pesadilla.

PEZ PICHA

Por estos días he leído que los años ochenta fueron promisorios en cuanto al nivel de vida en la isla. ¿Por dónde medir esos pasos de avance? ¿Sería la fábrica austriaca de sorbetos en Alamar o la de zapatos Kiko Plásticos, en la misma región, las que ofrecían cierta esperanza de mejoría alimentaria y de calzado? ¿Tal vez el jamón de agua o los yogurts de leche de búfala, alentados por el «hacelotodo en jefe», como alternativas nutricionales a la eterna indigencia prodigada por la libreta de racionamiento?

Cuando pienso en aquellos días aciagos de tan funesto experimento social, pues me resisto a llamarlo utopía, estoy en La Habana del Este, recién estrenada, hoy Ciudad Camilo Cienfuegos, la última urbanización, digamos obrera, de la república.

De diseño circular, con calles interiores y parqueos para que no hubiera tránsito rápido; escuelas, círculos infantiles con techos enjardinados, mercaditos, cafeterías, grandes zonas peatonales y hasta un centro comercial. Esmerado conjunto de edificios y áreas verdes a unos pasos del mar.

Era el comienzo de la extensión de la capital por todo el litoral, uniendo a Cojímar, Alamar, Bacuranao, Tarará, y el resto de las playas del este, gracias a la facilidad de comunicación establecida por el túnel de La Habana.

El socialismo, sin embargo, trastocaría estos proyectos. En un descabellado afán populista, la población de solares que eran suprimidos por entonces, como el de las Yaguas, se trasladaban íntegramente a ciertos edificios de La Habana del Este y de tal modo se convertían en verdaderas zonas bélicas porque nadie le había indicado a los nuevos inquilinos cómo vivir en comunidad y no en promiscuidad.

Hay capítulos famosos de estos zafarranchos. El vecino que subía un caballo por la escalera para que pernoctara seguro y los que vendían inodoros y lavamanos del segundo baño con que contaba cada apartamento de tres cuartos donde comenzaron a vivir decenas de personas hacinadas.

La primera vez que acompañé a mi madre al mercado que nos correspondía, me asombró que todos los estantes estaban repletos de pomos de mermelada de mango. Era el producto «liberado» del momento que luego desaparecería para siempre.

También me veo en la carnicería, donde empezaron a dispensar los más extraños especímenes marinos, ajenos a los pargos, las chernas y las rabirrubias. Cierto día se vendía una de aquellas rarezas y se acerca esta señora y le pregunta al carnicero qué había «llegado», pues así nos acostumbramos a preguntar, y aquel señor, sin pensarlo dos veces, le respondió: «picha» y la compañera ofendida le espanta un bofetón y lo amenaza con la bronca de su esposo y el pobre carnicero, sobándose el rostro, repite: «¡Pero ese es el nombre del maldito pescado que viene de no sé dónde!».

Y así se fueron cambiando nuestros hábitos de consumo y urbanidad, mientras la escasez nos corroía el alma. El día de mi graduación de sexto grado en el círculo social obrero de la ciudad llamado Fe del Valle, mi madre me adapta una gastada camisa blanca de hilo que había sido de mi padre. El pantalón azul, también reducido a mi tamaño, fue el regalo de un vecino marinero y el lacito negro, traído de nuestra vida placentera en Hialeah.

Al final de la memorable ceremonia, debo haber abrazado a mi madre y escucho cómo la camisa se va rajando a todo lo largo de la columna vertebral, cual zipper imaginario. Luego hicimos malabares para retirarnos del lugar sin que yo diera la espalda.

Ciertamente, no creo que haya acontecido una década prodigiosa en aquella isla distante de mis pesadillas.

AGOBIO AMARILLO

A punto de cumplirse 15 años del desmantelamiento de la red Avispa en el sur de la Florida, los ideólogos del régimen cubano han agregado más leña al kitsch socialista, celebrando por todo lo alto una fecha que debiera avergonzarlos, sobre todo considerando que, con la excepción de los cinco juzgados, condenados y apresados en cárceles norteamericanas bajo cargos de espionaje, el resto de los 12 miembros de la red colaboraron con el FBI a cambio de menores condenas.

Ahora resulta que se avecina una suerte de campaña internacional que no repercute más allá de ciertos círculos delirantes afines a la dictadura cubana. Basta hacer una somera revisión de la prensa para saber que los llamados «cinco héroes» no ocupan ningún titular de importancia, lo cual resulta patético, no para los personeros del gobierno, entre los cuales figura el espía liberado que ya cumplió su condena y renunció a su ciudadanía norteamericana, quienes cobran por estos menesteres, sino para los artistas de la isla que se ven compelidos a comulgar con la cumbancha de propaganda barata que ya se desencadenó.

A un grupo de ellos, encabezados por Silvio Rodríguez y Amaury Pérez, se les acaba de ocurrir que un viejo éxito de la canción americana de los años setenta *Tie a Yellow Ribbon Round The Old Oak Tree*, de los compositores Irwin Levine y L. Russell Brown, pudiera ser utilizada para sensibilizar al público de los Estados Unidos en esta cruzada que busca conmutar la pena de los convictos.

La letra de esta canción que hiciera popular en 1973 el cantante Tony Orlando y el dúo acompañante Dawn, parte del folclore norteamericano donde un preso, luego de ser liberado, viaja en ómnibus al encuentro de su amada solo que no está seguro, luego de tantos años, si ella lo sigue queriendo.

Desde la cárcel le había enviado un mensaje de que el pasaría por la carretera frente a la casa y le ruega que coloque una cinta amarilla en el viejo roble si todavía lo acepta. En el hermoso final de la canción, la amante ha rodeado al añejo árbol con cien cintas amarillas.

De hecho la canción y las cintas amarillas, luego fueron usadas de manera simbólica para celebrar el regreso a sus hogares de militares estadounidenses en contiendas ultramarinas. No se sabe, pues el mundo del espionaje es sumamente discreto por no decir secreto, que agentes encubiertos hayan recibido el mismo tratamiento, alguna vez.

Silvio Rodríguez, quien disfruta de sustanciales ganancias por los derechos de autor de sus canciones, debiera saber, en principio, que no es práctica común tomar una de otro compositor, sin la autorización expresa o pagos de honorarios, para grabarla y divulgarla mediante un video clip propagandístico de una ideología, que es el súmmum del ridículo, donde la parentela de los espías, con el que se encuentra en Cuba a la cabeza, pasean como zombies por un monte criollo con cintas amarillas amarradas por doquier, mientras se escucha a los intérpretes cubanos haciendo el «*cover*», en inglés con barreras, de la famosa canción.

Ha comenzado el agobio amarillo para el pueblo cubano como si ya no fuera suficiente la lucha diaria. Ahora la indigencia hay que mal vestirla de ese color y el amoroso grupo Buena Fe canta en amarillo y el apolítico Cándido Fabré musicaliza un poema sobre los espías, mientras en el protestódromo del malecón ya se encuentran alistados decenas de intérpretes para homenajear a los agentes castristas. Estos artistas, son los mismos que luego viajan a Miami en busca del billete mientras repiten que nada tienen que ver con la política.

CÓMPLICE

La crítica coincide en opinar que Leni Reifenstahl se coloca entre las mejores documentalistas de la historia del séptimo arte del pasado siglo XX. Antes había sido actriz y bailarina. También ostenta una notable obra como fotógrafa en lugares remotos de África e incluso en el fondo del mar.

Murió con las botas puestas a los 101 años con numerosos proyectos en mente. Nunca pudo, sin embargo, desprenderse de la abominación de haber dirigido un documental propagandístico como *El triunfo de la voluntad*, sobre el partido nazi en su Alemania natal y de congeniar con toda la canalla fascista desde Himmler y Goebbles, hasta el propio Fuhrer, Adolph Hitler.

Resulta difícil, al verla retratada con esa galería de maniáticos conversando apaciblemente, creer que ignorara lo que ocurría en Auschwitz. No obstante su prominente carrera en pro de la cultura, el estigma la acompañó hasta el final de sus días.

Es poco probable ser cómplice de una causa injusta y criminal y pensar que se puede salir ileso. El gran poeta americano Ezra Pound, por mencionar otro caso notable, también manifestó abierta simpatía por el fascismo y fue duramente castigado, no obstante la enorme estatura de su literatura.

Cosas curiosas ocurren, sin embargo, con las dictaduras y los criminales de izquierda y su relación con la intelectualidad. Hubo un tiempo que pocos creían en los gulags de Stalin o los desmanes de Lenin, su antecesor. El caso del poeta chileno Pablo Neruda, resulta patológico. Con la excepción de Octavio Paz que casi se lía a trompadas con él, poco se recuerda de su enfermiza relación con el estalinismo, puntualizada por una de sus víctimas, el narrador Alexander Solzhenitsyn, quien escribió que al pensar en Neruda y otros poetas afines a Stalin, se le ponía la carne de gallina como cuando leía el *Infierno* de Dante.

Neruda llegó a ser tan apasionado por el hombre que envió a la muerte a millones de sus conciudadanos, que no movió un dedo por defender a gloriosos colegas en desgracia como Boris Pasternak y Joseph Brodsky. Antes de asumir este ardor enfermizo llegó a dedicar, sin embargo, un poema a Fulgencio Batista.

En circunstancias como estas, se habla de *fellow travelers* o tontos útiles. A estas alturas del juego pienso que cómplices resulta ser el mejor calificativo.

La semana pasada falleció a los 77 años el cineasta, escritor y polemista de ultraizquierda Saúl Landau. Quien, de alguna manera, es un antecedente de Michael Moore en su acérrimo afán anticapitalista. Durante los años sesenta se hizo secuaz de la dictadura que aún detenta el poder en Cuba. Temprano se creyó el cuento del David antillano contra el poderoso Goliat del norte y nunca tuvo ni una pizca de compasión con los intelectuales y artistas cubanos reprimidos durante aquellos años duros, ni después, cuando él se congraciaba con el sistema obnubilado por la utópica promesa de libertad.

A él debemos un documental propagandístico del aciago año 1968 llamado a humanizar la figura del desenfrenado dictador Fidel Castro, capaz de decirle en cámara que en los Estados Unidos no solo había que liberar a los negros sino a los blancos también, como si la independencia del país vecino fuera una tarea pendiente.

Su último aliento lo dedicó a la campaña de liberación de cinco espías cubanos atrapados por el FBI infraganti hace 15 años. El obituario de *The New York Times* lo considera un realizador con «*leftist edge*» y el del *Washington Post* un «activista».

Su cubana obsesión e intromisión se disiparán con el tiempo. Si acaso, quedará como cómplice de una nefasta tiranía.

ANTONIA

Hace algunos años Lidia Golovliova Ríos, mi cuñada rusa, tuvo una exitosa exhibición de arte en una galería de Coral Gables. El soporte de sus icónicos cuadros, muchos dedicados a deidades afrocubanas, era la técnica del *papier mache*, lo cual les daba cierta tridimensionalidad inusitada.

Luego supe que otro destacado artista local, quien es, además, amigo, cinéfilo y escritor, Santiago «Chago» Rodríguez, empleaba la misma modalidad.

Cierta vez, al principio de los años noventa, durante una de esas aperturas de galerías en algún sitio de la ciudad, Lidia se reencontró con su maestra de *papier mache,* quien también había entrenado a Chago en esos menesteres.

Por suerte fui testigo de aquel momento que resultó muy familiar, de besos y abrazos. Nada hacía presumir, dada la naturalidad y sencillez de la mentora, que estábamos ante una de las más importantes pintoras del siglo XX cubano, Antonia Eiriz.

En la Cuba que yo viví, hasta principios de los años noventa, Antonia Eiriz fue un mito, con una aureola de misterio. Creo haber recibido noticias suyas en casa del maestro Umberto Peña, uno de sus más fieles amigos y, paradójicamente, otro artista que colgó sus hábitos creativos en algún momento tormentoso de la inoperante dictadura castrista.

No recuerdo, por ejemplo, que en mi carrera de Historia del Arte en la Universidad de la Habana, entre los años setenta y ochenta, le hayan dispensado el capítulo que ya se merecía. Mientras la obra de mediocres y coloridos militantes ocupaban los espacios oficiales de exhibición.

Había dejado de pintar en 1968, luego de exponer en El Salón Nacional su controversial cuadro *Una tribuna para la paz democrática,* cuando un vicepresidente de la Unión de Escritores y Artistas de Cuba y profesor universitario, el bon vivant comunista José Antonio Portuondo, arremetió contra la obra calificándola prácticamente de contrarrevolucionaria, lo cual podía ser algo muy grave por entonces.

Los tiempos han cambiado, sin duda, hoy se salva un incauto músico en La Habana gracias a la divulgación internacional instantánea de su manifiesta hartura política. Antonia, sin embargo, no disfrutó de esas ventajas, la pudieron haber hecho papilla, como a tantos otros pero, al final, triunfó su entereza sobre el ultraje.

Infames comisarios del Ministerio de Cultura, que ya nadie recuerda, trataron de ningunearla e, incluso, impedirle que se dedicara a la docencia y siempre recibieron su enigmática sonrisa como respuesta.

Antonia Eiriz fue invencible en vida y, por supuesto, después de fallecer en 1995 cuando disfrutaba de su reinvención en Miami, donde volvía a pintar y en La Habana no sabían cómo lidiar con su estancia en «territorio enemigo».

Ahora su influyente obra se expone en la Torre de la Libertad del Miami Dade College en la muestra *Antonia Eiriz: A Painter and Her Audience*, hasta el 17 de noviembre y resulta sobrecogedor acceder a los grandes salones y constatar cómo nos advirtió con su figuración truncada y mortificada, de cuencas vacías y bocas abisales, que la tragedia cubana era grave y sin esperanza y no debía ser tomada a la ligera. Sus cuadros son ventanas a la impiedad ciega.

Hoy, respetables expertos insisten en decir que su pintura refleja estremecimientos mundiales de los revoltosos años sesenta. En este momento excepcional, cuando tenemos el privilegio de disfrutar en Miami su cuerpo estético magnífico, prefiero pensar que Antonia Eiriz universalizó el horror totalitario de uno de los ismos más truculentos que haya conocido la humanidad.

La familia, sus amigos y discípulos, la protegieron de tanta asechanza. A sus espeluznantes imágenes habrá que regresar cuando las futuras generaciones quieran conocer testimonios imperecederos de la penumbra cubana.

DESAPARECIDOS DEL MAPA

La semana pasada el cineasta cubano Pavel Giroud, de 41 años, mereció un premio en el prestigioso Festival de Cine de San Sebastian que le permite invertir $10,000 en su próximo proyecto.

Al recibir el galardón dijo a la prensa que concurría al evento para llamar la atención internacional sobre cineastas de la isla porque «están desaparecidos del mapa cinematográfico desde hace una década y, sin embargo, tenemos una gran cantidad de jóvenes creadores».

Giroud ostenta una carrera con dos largometrajes —*La edad de la peseta* y *Omertá*que han recogido premios diversos en festivales de mediana categoría y un primer corto, que yo prefiero, llamado *Todo por ella*, donde un joven consume algún tipo de droga, no determinada en el film, para envalentonarse en las artes amatorias casuales.

Este cineasta y los otros dos que se dieron a conocer casi al mismo tiempo —Lester Hamlet y Esteban Insaustihan aprendido, espontáneamente, a lidiar con la producción de sus proyectos, en muchos sentidos de manera independiente, dada la crisis sufrida por el legendario y controversial Instituto de Arte e Industria Cinematográficos (ICAIC).

En cuatro o cinco festivales de cine de primer orden lo común es que directores procedentes de México, Argentina, Chile y, en alguna medida, Brasil se alcen con galardones de importancia. Suele ocurrir que la filmografía cubana reciente no es ni tomada en cuenta para concursar. Fenómenos de éxito como *Juan de los muertos*, de Alejandro Brugués, siguen funcionando de manera aislada y eventual. Esta inusual historia de un país socialista zombificado funcionó por la libertad y el desenfado con la que fue realizada.

La adulona burocracia oficial le ha hecho un daño casi irreparable al desarrollo del cine cubano. Tan atenta a complacer los requerimientos del poder con documentales y filmes sobre espías heroicos y guerras en África, han descuidado la producción y distribución de la escasa obra de valor que se logra realizar.

¿Se imaginan al presidente del ICAIC de turno o al propio Ministro de Cultura solicitando recursos para una película como *Melaza*, de Carlos Lechuga, francamente contraria a la agobiante cantaleta revolucionaria, donde no hay esperanza para las nuevas generaciones en un país gobernado por una geriatría falaz?

El ICAIC fue una organización elitista y sus directores se consideraban como una clase elegida en el panorama cultural de la isla. Las escaramuzas de rebeldía eran rápidamente sofocadas. Unos tomaban el camino del exilio, vedado a otros artistas, y los demás se conformaban con hacer un filme cada 15 o 20 años de argumentos viejos y descontextualizados.

Ni los clásicos, Gutiérrez Alea y Humberto Solás, sortearon castigos y regaños por aceptar ser becarios asalariados de una institución que tuvo y tiene como propósito esencial cantar loas a la llamada épica del régimen, rápidamente transformada en decadencia.

Después de Giroud muchos jóvenes cineastas siguen trabajando, incansablemente, en cierta zona de tolerancia. En la academia no los entrenan, sin embargo, en la destreza capitalista de buscar patrocinio para obras mayores. Pierden el tiempo aprendiendo sobre la marcha y lidiando con las suspicacias de la policía política, mientras sus colegas de otras naciones se mueven en el mundo real de las posibilidades.

Agobiada, parte de esta nueva generación decide vivir en otras naciones cuando la oportunidad se presenta, aunque deban abandonar el sueño de hacer cine.

Ya al mapa internacional no le interesa un realizador por el simple hecho de ser cubano, como ocurriera en época de gloria socialista. Hoy hay que venir al ruedo con una película buena debajo del brazo y convencer a los distribuidores que vale la pena ser disfrutada.

CONGA DE LUJO EN NUEVA YORK

De los grandes congueros cubanos establecidos en Nueva York, desde los años cuarenta, me tocó en suerte conocer a Cándido Camero gracias a los desvelos del dramaturgo y promotor cultural Iván Acosta por celebrarle en vida su esencial legado.

Escucharlo conversar sobre La Habana de su distante pasado, como si la hubiera dejado de ver ayer, sin nostalgias plañideras ni rencores, con ostentosa sonrisa, me hace pensar que siempre ha sido un artista satisfecho y feliz de vivir en Nueva York, la meca del jazz norteamericano.

Desde la llegada del adelantado Luciano Chano Pozo, la escena musical de la Capital del Mundo, ha contado con el talento de decenas de congueros cubanos que han hecho historia en sus escenarios. Mongo Santamaría, Carlos «Patato» Valdés y Francisco Aguabella, entre otros, ya figuran en el sitial de los clásicos.

Esta semana otro percusionista cubano de 40 años arribado a la misma ciudad pero en el año 2000, estrena su primer CD, *The Pedrito Martínez Group*, y recibe la bendición, una vez más, de *The New York Times*, donde ya en el año 2010 se podía leer: «El percusionista Pedrito Martínez ha estado por todos lados desde su arribo a los Estados Unidos, poniendo la rumba y el guaguancó en el tejido de todo tipo de grupos. Pero cuando está enfocado en sus tambores, canciones y textos —como es el caso de su nueva banda es un artista incomparable».

Pedrito llegó a Canadá como parte de la gira *Spirits of Havana* de la jazzista Jane Bunnett en 1998, y entonces decidió no regresar a la isla. Nació en el emblemático barrio habanero de Cayo Hueso y desde los 11 años comenzó su carrera como vocalista y conguero con verdaderas leyendas cubanas del género como Tata Güines y *Los Muñequitos de Matanzas*.

No pudo ser parte del sistema nacional de enseñanza, le confiesa al periodista de *The New York Times*, porque necesitaba una conexión que no tenía por entonces, lo cual a la larga considera una ventaja porque la academia no le hubiera enseñado lo que aprendió en la calle. Antes de la música practicó boxeo y judo.

Cuando finalmente pudo tocar en hoteles, le pareció lamentable hacerlo por un dólar al mes. No podía ni comerse un sándwich delante de los turistas porque hubiera sido expulsado del trabajo y cuando concluía a las 2:00 de la madrugada arrastraba sus tambores por la ciudad al no haber transporte público a esa hora. En la casa lo esperaba el consabido apagón.

Para Ned Sublette, autor de *Cuba and Its Music*, Martínez es el florecimiento de un nuevo espíritu creativo de la rumba, que rompe su contexto tradicional para llevarla a mayores audiencias.

Fue el conguero de dos exitosos discos de *Yerba Buena* y estuvo en la alineación del documental *Calle 54*, de Fernando Trueba. Ha tocado igualmente con Paquito de Rivera, Eliane Elías, Gonzalo Rubalcaba, Steve Turre y Sting.

Al club—restaurante Guantanamera, de Manhattan, donde descarga habitualmente, concurren: Eric Clapton, Steve Windwood, Paul Simon, Roger Waters, Billy Cobham y Stanley Clarke, entre otros, porque han escuchado sobre el don de Martínez sobre los cueros.

El gran baterista Steve Gadd, quien le produjo el disco y suele descargar con el músico, afirma que es extraordinario lo que hace el cuarteto integrado por una pianista habanera, un bajo venezolano y un percusionista peruano. «Los ritmos que canta Pedrito son complicados en sí mismos y luego ser capaz de tocar otros ritmos complicados, lo hace especial. Esta es una banda real, cantando y tocando música rítmicamente avanzada de la más alta categoría».

BEATLES COMO CULTO

Y he aquí que Dios, como yo lo entiendo, ha bajado a la tierra otra vez por estos días para hacernos más plenos con un nuevo evangelio. Primero visitó el talk show del humorista Jimmy Fallon y montaron una rutina donde se intercambian acentos. Luego dio un concierto de 13 canciones en la escuela de arte Frank Sinatra en Queens, a donde lo llevó su fundador Tony Bennett, el mismo día que John Lennon hubiera cumplido 73 años.

Esta semana Paul McCartney pone a consideración de sus seguidores un nuevo CD, paradójicamente con el nombre de *New* y me resulta curioso como su presencia activa mis canales de amistad y amor.

Mi esposa llega de la peluquería y me dice que el Beatle había descendido en la entrañable Times Square, donde hemos sido tan felices, para un mini encuentro sorpresivo de apenas tres canciones, anunciado horas antes por Twitter. Cientos de personas se dieron cita. «¿Te imaginas si nos hubiera tocado a nosotros?» apunta cómplice.

Entonces recibo la llamada del fotógrafo Pedro Portal para preguntarme si había escuchado la entrevista que McCartney le concedió a Howard Stern, que pensó en mí al disfrutarla, y raudo la busco *online*. No era la primera vez que lo interrogaba con sus incisivas preguntas pero nunca de manera descortés, más bien nervioso como le hizo saber.

Y vino a colación aquel desplante de Lennon que eran más famosos que Jesucristo y McCartney sale con elegancia de la encerrona hablando que se trataba de un tiempo de poca fe y Stern le dice lo que numerosas personas le han confiado sobre su similitud con lo divino, por todos los buenos momentos que los Beatles han dispensado a la humanidad y de cuanto nos han inspirado.

La entrevista resulta fascinante por la manera indiscreta que se asoma a la magia del tándem Lennon y McCartney. Para Stern la canción *Helter Skelter* es el origen del rock *heavy metal* y Paul concuerda con la teoría. Antes de *Revolver* y *Rubber Soul*, afirma el Beatle, hacían canciones rudimentarias para complacer a los fans, principalmente a las chicas. Así van tejiendo numerosos hechos y anécdotas en la entrevista y Stern, un provocador tan poco dado a la lisonja, le confiesa lo importante que ha sido en su vida, cuánto lo admira y lo quiere.

Y me viene a la mente aquello de *All You Need es Love* porque días antes, otro amigo, el traductor y escritor Jesús Vega, me regala el hermoso CD *All Your Life* del gran guitarrista Al Di Meola, entre los más originales tributos que se le hayan hecho a los Beatles últimamente.

Mientras lo escucho pienso en mi hermano menor, guitarrista el mismo, quien me llamó la atención sobre Di Meola, cuando éramos tan jóvenes, y claro que en mi hermano ausente, tan devoto de los Beatles como yo, seguro escuchando en otra dimensión.

Di Meola realizó su disco en los legendarios estudios de Abbey Road, de Londres y nos cuenta también su anécdota con McCartney. Después de grabar algunas de las pistas se tomó unas vacaciones en los Hamptons. El dueño le dice que no acostumbra alquilar su casa y que al lado vivía cierto músico famoso. Cuál no sería su sorpresa al llegar a la propiedad y descubrir que allí, despidiendo a unos amigos, se encontraba Paul McCartney en persona y conversaron y fue amable y él se sintió como aquel adolescente que mucho le debía.

Después de tantas pruebas, en este mundo atribulado, creo que vale la pena acogerse a un culto donde reine Paul McCartney y los Beatles.

CARNE BARATA

Una funcionaria cubana, vuelve a trivializar la prostitución en Cuba reconociendo que sigue siendo una tarea pendiente su erradicación aunque asegura, como para restarle importancia, que no opera mediante redes sino de un modo espontáneo e independiente, no forma parte del cuentapropismo, diríamos.

Recuerdo haber estado en México a finales de los años noventa cuando Fidel Castro no tuvo el menor reparo para banalizar el mismo asunto y llamó a las prostitutas cubanas las más cultas del mundo.

El año pasado fue Mariela Castro, en visita al Barrio Rojo de Holanda, quien elogió lo que allí se hacía en sentido laboral y, con la idiotez que la caracteriza, declaró que en Cuba una mujer podía hacer sexo con un plomero a cambio de arreglar cierta rotura pero después dejaría de practicarlo porque no le gustaba.

También habló de ese enorme mercado sexual a cielo abierto que es el malecón habanero, como un problema social, sobre todo por la molestia que ocasionaba al turismo y a otros ciudadanos, el asedio constante de las prostitutas.

Como suele ocurrir en los procesos radicales, donde la puesta en escena tiene más valor que la solución a una crisis, poco después de 1959, los barrios de tolerancia y otros sitios donde se practicaba el viejo oficio en la isla, fueron clausurados y las meretrices redimidas mediante el estudio.

Se sabe que desde entonces la prostitución pasó a ser *underground* en los barrios y emergieron, poco después, como atildadas «*call girls*» para satisfacer la buena vida de la nomenclatura e incluso con el fin de «entretener» a los generales que hacían guerras en otros continentes.

Con la apertura al turismo, la dolarización y el país que tocaba fondo en el llamado período especial, durante la caída libre del socialismo europeo, se entronizó la figura de la jinetera devenida, desde entonces, suerte de criolla obsesión.

La prensa investigativa internacional y el cine nacional, tanto el documental como el de ficción, han abordado el tema de la prostitución en Cuba hasta el delirio, porque sus características resultan ser muy específicas y singulares y no son una entidad marginal, como suelen ser en otras sociedades, sino integrante esencial del sostén familiar, circunstancia que ayuda a explicar muchas otras inoperancias económicas y educacionales del sistema.

Si Cuba fue alguna vez el prostíbulo de los Estados Unidos, como gusta enunciar la propaganda oficial, hoy parece ser un burdel cosmopolita, destino del turismo sexual, con todos sus avatares, drogas y muertes incluidas. Desestimarlo mediante la política de avestruz de la funcionaria o con el desdén de la clase gobernante, distante de las miserias humanas que ellos mismos han provocado, no ayudará en ningún sentido a la búsqueda de una solución sensata en un futuro próximo o lejano.

Hace muy pocos días la publicación polaca *Gazeta Wyborcza* se dio una vuelta por La Habana, volvió abordar el tema y regresó con unos testimonios desgarradores. Llama la atención como esposos, novios y otros familiares aceptan que sus mujeres salgan a «luchar», mientras ellos facilitan la operación dentro de lo posible. «Somos la carne barata de la revolución» dice uno de las víctimas del trasiego. «Yo cobro $50 por sexo clásico y $80 por otras modalidades. Pero hay muchachas que aceptan menos de $30».

«Jorge es el único hombre que he amado realmente» —agrega la entrevistada sobre este desconcierto ético y moral. «Actualmente es mi esposo, pero todo lo que siento por él es lo que debe sentir una prostituta por su chulo: desdén. Hay días que me asomo al balcón, miro hacia abajo, y me imagino estrellándome contra la calle».

MIEDO AL 3D

En el comienzo no fue el verbo sino el latrocinio. Se crea el Instituto Cubano del Arte e Industrias Cinematográficos, más conocido por sus siglas ICAIC y el séptimo arte se ideologiza y controla. El nuevo régimen se hace dueño absoluto de los medios de producción y de las cadenas de distribución y exhibición.

Luego pasó el tiempo, se acabaron las prebendas socialistas europeas, y el país que se vanagloriaba de tener la mayor cantidad de salas de cine por kilómetro cuadrado vio el comienzo de una decadencia indetenible y donde ayer, por poner un ejemplo, funcionaban los espléndidos y modernos cines REX y Duplex, de la otrora relevante calle comercial de San Rafael, hoy aparecen dos oquedades de donde emana agua putrefacta.

En medio del período especial y sin dinero para dilapidar, quién iba pensar en salvar las salas de cine en Cuba. Las butacas fueron cediendo, los aires acondicionados se arruinaron y los proyectores se fundieron.

La torpe solución estatal consistió en crear pequeñas salas o cuchitriles donde exhibir filmes en formato DVD y tratar de mantener unas pocas salas emblemáticas como el Chaplin o Cinemateca, que no deja de estar depauperado, el renovado cine Infanta y el otrora Radiocentro, conocido por el combativo nombre de Yara.

Hoy entran en escena los cuentapropistas que un día se entusiasman con las llamadas reformas, dando rienda suelta a su imaginación gerencial y al siguiente los apabullan porque están teniendo éxito.

Primero fueron las antenas clandestinas distribuidas como redes por los barrios para disfrutar canales de televisión del sur de la Florida, luego los video clubs y sus películas de todo género en alquiler y ahora las salas de exhibición, con refrigerios y aclimatación a la manera del llamado «cine bistro».

En casas particulares se abren primorosos espacios y es entonces cuando la nueva clase comerciante criolla decide mejorar la mercancía y llegan las proyecciones en tercera dimensión. El público se deslumbra con la tecnología capitalista y los testaferros y comisarios del régimen se espantan ante tanta popularidad.

El nuevo presidente del ICAIC, quien ha heredado un imperio desvencijado, es el primero en hablar de ilegalidades y pirateo de filmes, porque no se pagan derechos de autor, en el mismo país donde el Ministerio del Interior mantuvo la compañía Omnivision vendiendo videos norteamericanos nuevos, subtitulados al español, en Latinoamérica, durante años y donde *Avatar*, por poner un caso conocido, se exhibe en la televisión nacional mucho antes que James Cameron hubiera negociado esa eventualidad en los propios Estados Unidos.

La prensa cubana ha dedicado un extenso reportaje sobre el tema como si se tratara de un asunto de seguridad nacional. Y se habla de que los precios a las salas que exhiben 3D oscilan entre uno y cuatro CUC «en dependencia de las ofertas gastronómicas». Tanta es la demanda que deben hacerse reservaciones por anticipado.

Uno de los exhibidores explica: «Independicé la sala de la casa y le acondicioné un televisor de 47 pulgadas, un reproductor de sonido y video y 20 asientos».

Ya las alimañas burocráticas, sin embargo, comienzan a encimarse, claro que siguiendo órdenes superiores, y quieren acabar con lo que ellos han sido incapaces de proporcionar. Conspiran contra la felicidad para no ceder el poder.

«El ICAIC —puntualiza el presidente de la institución— defiende el cine como valor y expresión cultural que no puede arruinarse con la política de mercado, modus operandi de estas salas por cuenta propia. Sin ser categórico, diría que no creo que pueda existir un reconocimiento legal a una actividad que viole la política cultural de la revolución».

ENCANALLAR

Escucho a la Dama de Blanco Leticia Ramos en una entrevista radial contar su más reciente ordalía. La golpean apenas salir de misa y la empujan de tal modo dentro de un automóvil policial que termina con una vértebra oprimida.

Frustrada, una de las sicarias le dice a Ramos: «Vez a la negrona sentada delante. Si el domingo que viene vuelves a salir a caminar, ella se va a ocupar de ti».

El comentario encierra todo el odio, la violencia y el racismo que es capaz de engendrar un régimen de tan baja catadura donde se reclama total obediencia de la ciudadanía a golpes de miedo y porrazo, mientras se aguarda la pleitesía internacional a sus desafueros.

El canciller cubano, con algo de sobrepeso y mucho de buena vida, viaja y come explicando los daños causados por el embargo de los Estados Unidos, a quien acusa de toda la inoperancia interna en la isla.

Por supuesto que la prensa de otros países le santigua su perorata saturada de estadísticas sin comprobar y no se interesa por las palizas a un grupo de mujeres pacifistas y a un rapero en huelga de hambre a punto de morir, luego de protagonizar una protesta singular hasta donde algunos genízaros aplaudieron las razones de su ira.

Claro que ya intervinieron las salas de cines y la venta de artículos importados de primera necesidad, ¿cuáles no lo son en medio de la precariedad cubana?

Mientras el desangelado segundo hombre fuerte del castrismo, como indiferente a la debacle que lo rodea, conmina a la prensa nacional a terminar con el «secretismo».

«El debate, el intercambio y la polémica deben estar presentes en la labor cotidiana de cada periodista», afirma sin pestañar, mientras los reporteros no han dejado de obedecer sus límites, los intelectuales se hacen los de la vista gorda en espera del próximo viaje al extranjero, y las agencias de prensa publican estas declaraciones como si tuvieran fundamento y se tratara de otra contribución falaz al anunciado cambio que nunca llega.

Solo hay que ver el operativo que dio al traste con los cuentapropistas, «Operación limpieza», filmado por el propio régimen, para inferir que la inmovilidad es consustancial al totalitarismo, aunque sea estrafalario como el de la isla.

Desde aquella famosa «Operación adoquín», en los años ochenta, que terminó con los artesanos de la Plaza de la Catedral, porque ya contrataban empleados, el procedimiento sigue siendo burdo y solo intenta atemorizar a los que se hagan ilusiones con el éxito empresarial, en las antípodas de la dictadura.

Recientemente la opositora Luz Escobar logró, de modo discreto, entrar a la boca del lobo para grabar en video un acto de repudio desde adentro. Lo que se ve durante cerca de 11 minutos provoca repugnancia. Una plebe de todas las edades y colores rodea la casa de Laura Pollán donde las Damas de Blanco conmemoran el segundo aniversario de su controversial deceso.

Este operativo, por supuesto, pertenece al «secretismo» que Díaz Canel aboga hipócritamente por erradicar y no fue incluido en el pliego de demandas del pantagruélico canciller en su catilinaria ante la ONU para que Estados Unidos suspenda el embargo.

La canalla rumbea ante el hogar de Pollán que hoy es la sede de las Damas de Blanco. Hacen bromas de mal gusto. Gritan improperios y consignas donde el nombre del creador de tanta barbarie figura de manera prominente. Unas mujeres, incluso, hablan de asaltar la casa y dar golpes. Se enjugan el sudor y vociferan desde bocas desdentadas. Es un panorama desolador que habla de un país sin esperanza y encanallado.

MEMORIAS CUBANAS DE LA FERIA

Hoy comienza la Feria Internacional del Libro de Miami. He sido parte del Programa de Autores Iberoamericanos y del que se ocupa de su publicidad, durante 21 de sus 30 años. Conozco las dos caras de la moneda, pues con anterioridad laboré en la Feria del Libro de La Habana y fui testigo del nefasto poder que tiene la policía política sobre los pormenores de los eventos culturales en la isla. Había autores nacionales impedidos de participar en el evento y no pocos de otros países vetados por sus opiniones adversas al régimen.

Estuve cuando le urgieron el Premio Nacional de Literatura a la poeta Dulce María Loynaz porque España había anunciado que le concedería el Cervantes, y supe de muchas otras triquiñuelas de funcionarios y segurosos para que la Feria complaciera a la obtusa jerarquía, solo interesada en promover las «virtudes» culturales del sistema mediante la adhesión de figuras literarias.

La Feria del Libro de Miami, por otra parte, me ha deparado grandes satisfacciones. Me dio la oportunidad, exclusiva, de conocer a Guillermo Cabrera Infante, de quien por estos días se publica lo que parece ser una novela reveladora de su vida personal, *Mapa dibujado por un espía*.

Durante aquella jornada memorable tuve la oportunidad de caminar por el *downtown* de Miami con el admirado narrador buscando una tienda donde vendían CDs de música cubana, que luego resultó estar cerrada.

Fue en el evento de Miami donde un grupo de admiradores de la poeta cubana Serafina Núñez, nos confabulamos para traerla desde La Habana y rendirle el tributo que merecía, luego de estar treinta años sin publicar debido a su alejamiento de las trapisondas políticas.

Nunca olvidaré esa noche cuando la trasladaron directo desde el aeropuerto al auditórium del Campus Wolfson y al llegar cerca del escenario su silla de ruedas fuera levantada en andas bajo la euforia del público asistente Aquí he disfrutado a Jorge Edwards y su precursor testimonio *Persona non grata* sobre su accidentada aventura como diplomático incómodo del gobierno de Allende en La Habana.

No olvido el fervor que causara la primera presentación de Zoé Valdés en Miami. El reencuentro con sus lectores cubanos luego de exiliarse en París. Cerca de mil personas se dieron cita para ver aquella escritora tan vilipendiada por adláteres castristas.

Fue en la Feria del Libro de Miami donde Antonio José Ponte, viviendo aún en La Habana, se atreviera a venir a la demonizada ciudad y protagonizara un encuentro memorable, similar al de Eliseo Alberto Diego, donde aquella muchacha del público le dedicara una canción.

Ni decir que gracias a la fiesta literaria del sur de la Florida he podido disfrutar a dos grandes escritores excomulgados por el régimen de La Habana, hasta de los planes de enseñanza, con la venia de sus educadores. Me refiero a Mario Vargas Llosa y Octavio Paz.

Todavía resuena en mis oídos la observación de Guillermo Rodríguez Rivera profesor de la Escuela de Letras y hoy abierto defensor del régimen, aduciendo que escondiera el libro *Salamandra* del Premio Nobel mexicano, vetado por la Facultad de Humanidades de la añeja universidad habanera.

El hoy Ministro de Cultura de Chile, Roberto Ampuero, se dio conocer en esta parte de los Estados Unidos gracias a su presentación en la Feria. Esmerado narrador de novelas policiales protagonizadas por un investigador cubano, nos trajo en cierta ocasión su libro testimonial *Nuestros años verde olivo*, sobre el tiempo que vivió en la isla y debió lidiar con las intromisiones del totalitarismo caribeño.

Hoy comienza la Feria y parece que fue ayer.

ARQUEOLOGÍA CLÁSICA

Los beatlemaníacos están de plácemes, pues acababa de aparecer otro CD con grabaciones inéditas del icónico grupo: *On Air Live at the BBC Volume 2*, donde se compilan 37 actuaciones inéditas así como 23 fragmentos de conversaciones dadas a conocer por la afamada emisora británica de radio, entre marzo de 1962 y junio de 1965, período en el cual se presentaron en 275 ocasiones ante el público y en cabina.

Este nuevo volumen de la arqueología de los Beatles lo precede uno similar aparecido en 1994, *Live at the BBC*, que ahora vuelve a editarse. Peter Pilbeam, productor de la estación, recuerda que solamente en Liverpool había cerca de 300 grupos de música popular y se pasaban semanas buscando a los mejores. Sucedió entonces que apareció uno de raro nombre en las audiciones que logró impresionarlo mucho al punto de escribir en su reporte: «Un grupo inusual. No tan 'Rocky' como los demás, más *country* y *western* con una tendencia a tocar música».

Es fascinante escuchar a los veinteañeros antes de ser famosos internacionalmente, en el período formativo que precede su consagración definitiva en los Estados Unidos, respondiendo cartas de sus fanáticos locales y lidiando con la algarabía que ya provocaban entre las féminas.

El volumen que se ha puesto en circulación ahora cuenta con una introducción especialmente escrita por Paul McCartney, donde explica que creció escuchando los programas de la BBC y de cómo los Beatles, para no repetir lo que otros grupos hacían, buscaban inspiración en la cara B de los discos donde se escondían joyas y en las listas de éxitos americanos, además de aprovechar que su representante Brian Epstein era dueño de una tienda de grabaciones, donde ellos no cesaban de explorar. Así fue como tropezaron con canciones como *Anna*, de Arthur Alexander y *Twist and Shout* de The Isley Brothers.

Curiosamente cuenta que Ringo tenía amigos marineros en Liverpool que traían discos de los Estados Unidos, lo cual dispara mi nostalgia porque tan temprano como 1964 los padres marinos mercantes de unos amigos llegaron con los primeros LP de los Beatles a La Habana del Este donde vivíamos y nos quedamos atónitos con aquella misma música que ahora escucho en sus orígenes de manera pura, tocada en vivo, como nunca pude disfrutarla.

«Cuando escucho las grabaciones de la BBC —escribe McCartney—, hay mucha energía. Creo que espíritu y energía —esas son las palabras principales que uso para describirlas. Avanzamos, no nos limitamos en ningún sentido, tratando de hacer las mejores interpretaciones de nuestras vidas.

¡Por cierto, claro, éramos brillantes! No olvidemos eso. Siempre le digo a la gente, 'No estaba nada mal aquella pequeña banda».

Ciertamente la recopilación contribuye a desestimar la idea de que los Beatles eran un grupo de grabación en estudios, no muy dados a reproducir en vivo muchos de sus grandes éxitos. Aquí demuestran que el entrenamiento agotador en centros nocturnos de Hamburgo y en la mítica Caverna de su natal Liverpool, les dispensó una destreza total en sus interpretaciones.

Para los programas de la BBC muchas veces ensayaban y componían varias canciones a primera hora que luego salían al aire el mismo día en un proceso de insólita efervescencia creativa.

Las grabaciones recién rescatadas nos permiten constatar la diferencia entre los rocks y blues originales de otros autores que interpretaron y sus primeras canciones (*I Saw her Standing There, She Loves You, From Me to You, I Want to Hold Your Hand, This Boy, And I Love Her, I'll Follow the Sun*, por solo mencionar algunas), donde ya se fraguaba la mítica e inimitable sonoridad.

CHEF LEAL

Cierta vez, camino a mi trabajo en el Palacio del Segundo Cabo de la Habana Vieja, pude ver cómo Eusebio Leal le arrebataba una escoba a una barrendera pública para indicarle que necesitaba hacer su labor con más ahínco. El Historiador de la Ciudad dio unos enérgicos cepillazos contra la calle y le devolvió el apero de limpieza a la señora, abochornada públicamente.

Durante la Feria del Libro de Guadalajara dedicada a Cuba en el 2003 me tropecé con un ex funcionario del Instituto Cubano del Libro, que en ese momento se ocupada de una editorial fundada por Leal, y me quiso convencer de cuanto hacía el personaje por derribar las barreras que dividían a la familia cubana.

Eusebio Leal, siempre de uniforme gris «Mao», se proyecta, austero, como un proletario de culterano humanismo. No lo puedo distanciar, sin embargo, de su apego lisonjero a los dictadores cubanos, quienes, por cierto, de vez en cuando le enseñan los instrumentos de tortura para que no se pase de listo en su agitada vida empresarial.

La pasada semana disertó ante los trabajadores de la Compañía Turística Habaguanex S.A., donde funge como uno de sus ejecutivos, para hablar de las reformas y su perorata en defensa de la comida tradicional cubana queda como un clásico de la procacidad.

A la par de sus jefes máximos habló, por supuesto, de tiempos difíciles. Afirmó, en tono admonitorio y en clave eclesiástica, como suele hacerlo, de las grandes tradiciones culinarias nacionales porque a los visitantes extranjeros les interesa saber «cómo y de qué manera comen los cubanos».

Dijo que unos turistas chilenos se habían sentido gratamente satisfechos con los tostones fritos. Luego lamentó que muchas comidas cubanas auténticas habían desaparecido de la mesa de los hogares y de los restaurantes de la isla, sin mencionar, por supuesto, el nombre de los «magos» que hicieron tan difícil y minucioso acto de prestidigitación.

Eusebio preguntó ante sus impávidos chefs: «¿En qué restaurante está el majarete, dónde el atole, el guiso de maíz, la harina con cangrejo o con cerdo?».

Todo parece indicar que en su más reciente viaje a los Estados Unidos solo estuvo en Washington, donde fuera agasajado como un gran personaje, pero no le alcanzó el tiempo para volar de incógnito a Miami y averiguar a dónde habían ido a parar los elusivos alimentos que menciona.

Como si estuviera pensando en lo que Miami ha resguardado para deleite del futuro paladar cubano, el historiador tuvo un arranque de nostalgia, y refirió una lista de ensueño en medio de la precariedad nacional: las mejores papas rellenas eran de Guanabacoa, la butifarra del pueblo de El Congo, los batidos de plátano de Artemisa, las torticas de Morón, las cremitas de leche de Cascorro y el panqué de Jamaica.

Será que su conocida incontinencia verbal lo hace desvariar como aquella viejecita del chiste que le pedía punta de filete y otros cortes al carnicero de la revolución y este le ripostaba: «No es que no exista hace años lo que usted me pide, sino que me asombra la buena memoria que tiene todavía».

En un país donde cada ciudadano recibe un maltrecho y peor horneado pan diario por la libreta de racionamiento, Leal ha pedido que reformulen su hechura a semejanza del que siempre comieron sus compatriotas. Por otra parte, exigió el rescate de recetarios perdidos de pollos, arroces y dulces criollos, con ese fervor que caracteriza su verbo.

A estas alturas de su disquisición, lo veo como Nitza Villapol, tratando de convencer a su público que la tortilla de yogurt era posible.

TODOS LOS HOMBRES DEL DICTADOR

En un documental sobre la visita del controversial fotógrafo Andrés Serrano a Cuba se ve al defenestrado «Robertico» Robaina, otrora poderoso ministro de relaciones exteriores del régimen, devenido artista, vestido de negro y con unos contrastantes *crocs* blancos (nunca tuvo mucho tino al vestir,) accediendo a tomarse una foto. No se oye lo que dice pero la mujer que fungió como cocinera de la aventura cubana de Serrano, risueña mulata, le dice que en época de Robaina, la juventud tenía emociones, «lo seguía».

Me viene a la mente como forzó a los ancianos del buró político del Partido Comunista a brincar en los eventos con aquello de que «el que no salte es yanqui» y resulta difícil estar de acuerdo con el espontáneo criterio de la buena señora, quien quizás tenga razón, lo cual me entristecería mucho pensando en la juventud cubana.

Si acaso, fue uno de los personajes más kitsch de la comparsa fidelista. Tal vez, sin proponérselo, contribuyó al desgaste definitivo de la altanera imagen del vejete verde olivo, terminada años después por un Castro encorvado y desecho que sus adláteres insisten en presentar como un abuelo virtuoso.

Serrano, quien tiene raíces cubanas por parte de madre, no lo pudo retratar aunque insistiera con Mariela Castro y uno de los hijos del dictador. Hubiera sido revelador conocer su «retrato de Dorian Gray».

Ahora otro de aquellos jóvenes talibanes, adscritos a la que fuera «oficina del comandante», Hassán Pérez, ex segundo secretario de la organización de jóvenes comunistas, también separado abruptamente de sus funciones como Otto Rivero, encargado de la llamada Batalla de Ideas, y Felipe Pérez Roque, otro ministro del exterior, se queja de que no le permiten viajar y de que es rigurosamente vigilado por la seguridad del estado. La misma policía política que para él fuera baluarte de la patria.

Según un reporte del periodista Luis Meneses desde La Habana, recogido por el sitio *Universo Increíble*, Pérez, quien es tristemente recordado como «metralleta» por la velocidad de sus peroratas políticas, ve entristecido como sus congéneres han sido autorizados a viajar, siempre y cuando no hagan declaraciones contra la revolución, mientras él tiene que permanecer en la isla purgando sus pecados políticos que nunca han sido expuestos en la prensa.

Un amigo cercano de Hassán Pérez ha dicho que «se siente muy inseguro de su futuro y reclama que se acabe la persecución de más de 240 cuadros de su época que son vigilados por el ministerio del interior».

La Cuba férrea y ortodoxa del mentor de Pérez se ha ido deslizando a una extraña murumaca de reformas a medias y sálvese quien pueda, y él no encuentra otro nicho oportunista donde desarrollar sus habilidades.

Y tendrá que ver a la distancia una celebración de fin de año en la Plaza de la Catedral a 150 CUC el cubierto, amenizada por la orquesta de Isaac Delgado y no entenderá que la canción «Ese hombre está loco» no era peyorativa sobre su comandante sino que se refiere al divorcio de los padres de Tanya, la rockera que la compuso, quien regresó a La Habana y se siente feliz de que la pongan en la radio nacional.

Pobre «Metralleta», separado de la cumbancha a temprana edad, temeroso en su fuero interno de que alguna vez le monten un acto de repudio en el portal de la casa o le metan un pescozón como ahora mismo hacen los militares en las distantes provincias orientales a quienes insisten en transformaciones de más alto vuelo, las que hagan regresar la dignidad al mancillado pueblo cubano.

AFRICA MÍA

Algunos de los momentos más desagradables de mi vida están vinculados a la insistencia del régimen cubano en reclutarme para sus fuerzas armadas. Ya he contado que la primera vez lo hizo sin que terminara el preuniversitario.

Estaba cerca de los 16, la edad donde nos obligaban a cumplir el servicio militar durante tres años y, como estudiaba, todo hacía presumir que me dispensarían de tal atropello, pero inventaron un instituto preuniversitario militar y allí fuimos a parar muchos alumnos, de manera totalmente abrupta.

Simulé perturbaciones mentales y hasta un intento de suicidio para escapar de aquel infierno verde olivo donde, afortunadamente, no llegué a cumplir el tiempo estipulado por la ley.

Sin embargo la pesadilla castrense no terminó allí porque podíamos ser convocados, otra vez, a cumplir entrenamientos como miembros de la reserva militar. Jugarle cabeza a los reclutadores que llegaban con las citaciones, para ser entregadas de manera personal, se volvió una artimaña cotidiana entre los jóvenes.

Cierta vez lograron atraparme, y fui a parar a una unidad militar en Campo Florida. No podía creer que aquello me estuviera pasando y la depresión que antes simulaba ahora me corroía sin piedad. Al final se dieron cuenta que era mejor desmovilizarme porque nunca llegué a ser un soldado muy cabal que digamos. Regresé rapado y sin barba a la casa y me primer hijo, pequeño por entonces, lloró al no poder reconocerme.

La última vez que me vi en el aprieto de concurrir a una convocatoria de los militares cubanos fue cuando se tramaban, en total secreto, las intervenciones castristas en África. Recuerdo que insistieron en preguntarme si yo hablaba inglés cuando llegué a ese sitio medio escondido, creo que en Cojímar. La idea era enviarme a Etiopía, supe después.

Estando en aquel lugar, pude ver cómo reunían en una habitación a prospectos de neo mercenarios criollos, los arengaban en la filosofía internacionalista, así llamaban a las intromisiones castristas, y al final eran puestos en fila uno al lado del otro. En ese momento impelían a dar un paso al frente a los que estaban dispuestos a pelear contra el colonialismo en otras tierras del mundo. Generalmente el machismo, la incertidumbre y hasta la posibilidad de viajar, aunque fuera a una guerra, hacía que muchos aceptaran.

Los que no daban el paso al frente, por razones diversas, eran humillados sin piedad. Pusilánimes, flojos y afeminados, eran algunos de los términos peyorativos utilizados para quienes preferían quedarse con sus familias.

De algún modo siniestro, la actitud de los «apáticos» era dada a conocer fuera de aquellas paredes y la vida laboral y social se les podía volver un calvario. A mí me enviaron para la casa a esperar noticias que, por suerte, nunca llegaron. El haber vivido en los Estados Unidos durante mi niñez siempre me hizo un ciudadano no confiable.

Muchas de las personas que vi en aquella jornada del miedo regresaron años después perturbados por lo que vieron e hicieron (matanzas de aldeas incluidas) y otros cremados en cajitas que la dictadura tuvo el mal gusto de hacer retornar durante una de las navidades que el pueblo no podía celebrar.

Por estos días he visto un documental de la estadounidense Estela Bravo donde Nelson Mandela le responde, iracundo, a una periodista que quiénes son los cubanos exiliados de Miami para dar lecciones de derechos humanos.

En el mismo documental, Raúl Castro le presenta algunos de sus generales predilectos y, en broma, Mandela se queja de no haber visitado la Sierra Maestra y Bahía de Cochinos, donde nació la revolución, y fueron derrotados los contrarrevolucionarios.

INTEGRADOS Y APOLÍTICOS

Le pregunto a un amigo, que vive en La Habana y conoce muy bien los entresijos de la cultural nacional, sobre el grupo musical Arnaldo y su Talismán. Me responde, sin pensarlo, que es un apapipio del régimen pues lo convocan con frecuencia a la animación de eventos políticos, siendo el más reciente un acto de repudio orquestado frente a la casa de Antonio Rodiles, donde se celebraba el Día Internacional de los Derechos Humanos.

Arnaldo divulgó este año un nuevo himno a los Comités de Defensa de la Revolución a la manera que Sara González lo hiciera con anterioridad. Era para celebrar el octavo congreso de una organización represiva a nivel de cuadra, en total decadencia, y el intérprete fabula una melodía poética, de concordia entre cubanos, donde no deja de advertir, sin embargo, que la vigilancia hay que mantenerla en alto.

Cuando la vivienda de Rodiles era acosada y Arnaldo se desgañitaba junto a su grupo en una tribuna ensordecedora con la asistencia de niños pioneros, dentro de la casa, el cantante y compositor Boris Larramendi, invitado al evento procedente de España donde reside, no salía de su sorpresa ante el deleznable operativo. Larramendi fue miembro de la banda Habana Abierta y, como solista, ha ido radicalizando sus composiciones en contra del castrismo.

Durante una entrevista para el *Canal 41* dejó saber lo impresionado que se sentía por la experiencia vivida y comentó la incongruencia de utilizar la música de sus amigos Kelvis Ochoa y Descemer Bueno por los organizadores del acto de acoso como un tormento de altos decibeles.

Diario de Cuba le preguntó a Ochoa, quien se encuentra de gira por Miami, sobre la singular circunstancia de que su música se reproduce para animar actos de repudio. A lo que el cantante, compositor y también exmiembro de Habana Abierta, respondió: «No sé de qué me estás hablando».

Miami no es solamente la otra Cuba y el lugar donde encontraron refugio las víctimas del castrismo, sino la fuente de ingresos más segura y valiosa con la que cuentan los ahora artistas «apolíticos» que un día le desean vida eterna a Fidel Castro y amor de todo corazón en una tribuna cederista, para luego llegar tan campante y facturar en la estigmatizada ciudad del sur de la Florida.

Dice el cantautor Amaury Gutiérrez, tal vez el artista más talentoso y consecuente de su generación, que se ha perdido la dignidad, porque quienes detentan el poder en Cuba, desde hace más de medio siglo, no tienen el más mínimo aprecio y respeto por la cultura nacional y mucho menos por su música.

En las antípodas de este espectro nebuloso y deprimente de complicidad y silencio en la cultura cubana, se coloca Aldo, uno de los integrantes del dúo de *rap* Los Aldeanos, quien ha dado a conocer durante su actual estancia en los Estados Unidos tal vez la canción más agresiva de su repertorio.

En *La naranja se picó* se le escucha decir que no aguanta más mentiras de un «régimen autócrata, sin salida, que te dice qué tienes que decir y qué hacer con tu vida». Que no controlen más la emigración pues están alimentando tiburones y él no se doblegará a la «Cosa Nostra verde». «No captaste la esencia del cuento —asegura—, sigues siendo el gigante destructor, yo la puntilla mal puesta en tu asiento».

Que no se arrastrará por el piso y ni va a creer en «reflexiones» que sabe Dios quien las escribió. Según la temeraria canción, sus compatriotas «prefieren morir por el sueño americano que vivir la pesadilla cubana».

2014

EL GRINCH

Esta semana concluyen las jornadas festivas de Navidad y fin de año. No obstante la crisis económica que la agobia, España tiró la casa por la ventana para celebrar la llegada de los Tres Reyes Magos. Así mismo aconteció en La Pequeña Habana donde, además, el domingo podrán disfrutar de la tradicional Parada por la Calle 8.

Los días fueron pantagruélicos, como suelen ser. De reencuentros, memorias tristes por los que ya no están, y de armonía familiar. En mi casa me hacen poner el arbolito de Navidad poco antes de Thanksgiving para poder disfrutarlo más. Esta semana lo acabo de reciclar. Anoche me asomé al *Happy Hour*, show de televisión de mi buen amigo Carlucho donde tres actores, enfundados como reyes, hacían las delicias de los niños.

En Cuba, sin embargo, la porra castrista intervino la celebración planeada por las Damas de Blanco y cargó con todos los juguetes que iban a ser distribuidos para los pequeños. En el oriente de la isla, la Unión Patriota Cubana (UNPACU), sí volvió a desafiar al régimen y cerca de cuatrocientos infantes lograron disfrutar de una fiesta espontánea para celebrar la llegada de los míticos reyes.

Hace unos años, diplomáticos españoles salían a desfilar con golosinas por las calles de La Habana cada 6 de enero pero, al final, la dictadura logró coartarlos como provocadores y se vieron obligados a suspender el esperado evento.

Los estrategas de la policía política cubana, ahora son dados a ejecutar actos de repudio con música ensordecedora y pioneros.

Esta semana trataron de desvirtuar, otra vez, la celebración de la fecha con varias congas, a la usanza de los tiempos de la esclavitud, por los predios de Eusebio Leal, La Habana Vieja. No hubo juguetes ni caramelos pero si una procesión del llamado Cabildo de los Reyes Magos con populares comparsas como las Componedores de Batea y los Zanqueros de La Habana.

Dice un despacho proveniente de la isla que la ocasión también sirvió para que los creyentes de la religión afrocubana festejaran los «buenos augurios para el 2014», pues según sus sacerdotes este año viene «iré» o sea propicio.

En Cuba, la Navidad desapareció por resolución gubernamental, pues el país se encontraba enfrascado en la fracasada zafra de los diez millones por los años setenta. Tímidamente regresó luego de la visita del Papa Juan Pablo II en 1998. El Día de los Reyes Magos, sin embargo, se fue para no volver.

No recuerdo a ningún representante de la Iglesia Católica que se haya opuesto a tantas tropelías con una fiesta que le es afín. Tampoco escuché a ninguno de los famosos intelectuales que nos visitaban a comienzos de cada año, para fungir como jurados del premio Casa de las Américas, luego de disfrutar las festividades de diciembre en sus respectivos países, preguntar, por simple curiosidad, por qué en aquella isla «esperanzadora» no se le ponía atención ni a las Navidades ni al Día de los Reyes Magos.

Ahora mismo a la prensa internacional le parece lo más natural que en temporada tan señalada para el resto de la civilización occidental, en Cuba sigan dando empellones a quienes no concuerden con la política talibanesca de los Castros.

Guardo el recuerdo de cuando me harté de tanta prohibición y le traje a mi mamá un gajo para simular un arbolito y lo adornó de manera primorosa.

La columnista Daisy Valera, de *Havana Times*, responde lo que significa, actualmente, la fecha en la isla: «Se festeja con árboles de Navidad sin regalos, carne de cerdo asada y dulce de fruta bomba. Sin villancicos y con reguetón».

OTRA VEZ BILLY JOEL

Treinta y cuatro años después estoy disfrutando un concierto de Billy Joel en el sur de la Florida. Era un sueño largamente añorado.

La primera vez fue en la aciaga Habana de 1979 durante el mítico encuentro musical Havana Jam, organizado por la división de grabaciones de CBS y el Ministerio de Cultura de la isla. A la sazón yo trabajaba en una brigada de construcción de la institución como parte de un disparate urbanístico llamado «Plan de microbrigadas» en la barriada de Alamar, buscando un apartamento para vivir.

Las entradas estaban rigurosamente controladas por la oficina del entonces ministro de del ramo Armando Hart, pero, tal vez, por laborar bajo el implacable sol cubano subiendo paredes, los burócratas mostraron cierta condescendencia y me las facilitaron para las tres presentaciones en el teatro Karl Marx de Miramar.

Poder disfrutar del grupo Weather Report, el Trio of Doom, Rita Coolidge, Stephen Stills; Kris Kristofferson, y el propio Billy Joel, entre otros, junto a notables intérpretes del patio, fue la catarsis que necesitaba para seguir creyendo que había un universo lleno de energía y creatividad más allá del tormento castrista.

Se supo que la delegación americana en Cuba se hospedó en un hotel de la playa Santa María desde donde querían establecer una estación de comunicación por radio con el teatro pero la seguridad del estado lo consideró improcedente.

Las entradas no fueron puestas a la venta y parientes de la nomenclatura terminaron llenando las butacas. Los artistas no fueron informados de la exclusión y pensaron que tenían delante una representación del pueblo cubano.

Yo recuerdo a un joven Amaury Pérez Vidal vanagloriándose, entre el público asistente, con el LP *The Stranger*, de Billy Joel, conseguido, al parecer, bajo la influencia de Consuelito Vidal, a quien le correspondió presentar al cantante neoyorkino.

Alrededor del teatro se montó un operativo de seguridad de varios anillos por donde los asistentes debían pasar con sus entradas y documentos de identificación, como si se tratara de una cumbre presidencial.

Ninguno de los artistas de Estados Unidos, en aquella ocasión, hizo referencia política alguna a la prensa. Al parecer fue una de las condiciones del encuentro. Ni siquiera pudieron tomar la temperatura de un país donde meses después miles de sus ciudadanos escapaban espantados del horror apiñados en el patio de una embajada y luego despachados por el puerto del Mariel en el más diabólico de los éxodos pergeñados por el régimen.

Han pasado treinta y cuatro años desde aquella noche memorable de la Habana donde el cantante—poeta nacido en el Bronx, nos asombró enfundado en impecable traje y zapatos tenis. Ahora sigue de cuello y corbata, ha perdido la frondosa cabellera de antaño y ganó en peso. Pervive la pasión al describir las escenas cotidianas de sus grandes éxitos, ya sea un restaurante italiano, el anochecer en Broadway o Nueva York como un estado de la mente.

El Billy Joel que les dijera a los jóvenes soviéticos en 1987, durante una gira por el imperio del mal, poco antes de que sucumbiera, que no se dejaran mangonear, sigue siendo el músico esmerado de siempre, con un grupo que suena como una orquesta.

Este de ahora hace bromas entre canción y canción y lo mismo imita a Elton John que a Frank Sinatra o arranca con un aria clásica en su mágico teclado.

Durante dos horas y 21 canciones floté en una suerte de nirvana junto a mi esposa y comprendí que haberlo disfrutado en aquel remoto 1979 contribuyó mucho a la búsqueda de la libertad que hoy es parte inalienable de mi vida.

OFFLINE

El régimen cubano tiene una rara debilidad por los golpes de efecto y los titulares de primera plana. Ese calculado operativo de relaciones públicas fue construyendo un mito internacional que al cabo de medio siglo, sin embargo, va perdiendo credibilidad.

A Fidel Castro se le atribuye la frase «al pueblo no le decimos cree, le decimos lee» cuando intervinieron las imprentas del *Diario de la Marina* y de otros medios de prensa para comenzar la industria editorial de la revolución, relacionada con la campaña nacional de alfabetización durante aquellos azarosos inicios.

Con el paso de los años descubrimos, atónitos, que al socialismo se le daba fácil invertir en la cultura, para su provecho propagandístico, mientras comenzaba a descuidar las necesidades básicas de la población como la alimentación, la vivienda, el agua y el transporte.

No pasó mucho tiempo antes de que el «pueblo alfabetizado» quisiera incursionar en lecturas que ya el gobierno consideraba inapropiadas y la lista de libros censurados comenzó a crecer.

La cultura experimentó fogonazos libertarios que siempre fueron oportunamente sofocados. El adoctrinamiento, el control y la represión hicieron mella, durante años, en todas las manifestaciones literarias y artísticas de la isla.

De tal modo las nuevas generaciones, alejadas totalmente de la gerontocracia indiferente y despectiva, se fueron hartando de tan inamovible status quo y comenzaron a echar la batalla en varios frentes, principalmente en el cine, las artes plásticas y el teatro.

Todo hacía presumir, sin embargo, que muy poco se progresaría entre los acostumbrados funcionarios abúlicos de la cultura y la incontenible creatividad de la juventud, cuando aparece el mejor de los aliados para el cultivo puntual de la democracia: el Internet y todos sus meandros de sabiduría y comunicación.

Las cacareadas reformas del raulismo han incluido atisbos empresariales para cubanos emprendedores, viajes al exterior sin la deplorable carta blanca de permiso y otras bondades a medias.

La conexión libre al Internet, no obstante, sigue siendo anatema para la cerrazón habitual del sistema. Ya se sabe cuánto han luchado por entorpecer otras ventanas abiertas a la circulación de información.

Estando de visita en Colombia, la joven realizadora cubana Yaima Pardo entendió cuán atrasado se encontraba el sistema de enseñanza cubano sin el acceso abierto al Internet y se dio a la tarea de recoger en un documental, de poco más de treinta minutos, el reclamo de jóvenes pensantes urgidos de conectarse. Lo tituló *Offline*, para tratar de revertir la extemporánea tendencia y ponerse online, como requerimiento social y económico de los nuevos tiempos, más allá de la connotación política.

La dictadura no ha encontrado una solución mediatizada a la posibilidad de tener al mundo con toda su complejidad y desafíos al alcance de un teclado y una pantalla. La llamada educación universal y el «país más culto del mundo» se van al barranco antes de ceder un ápice a la libre circulación de ideas e información. Este domingo no se pierda a los jóvenes cubanos reclamando, serenamente, uno de los más preciados derechos, cuando en La Mirada Indiscreta (Canal 41, Americateve, 8:00 p.m.) se comente la influencia del documental *Offline* en un debate apasionado.

«Hay tremenda inercia por donde quiera, tremendo miedo al cambio, mucha hipocresía, mucha doble moral y muchas personas en muchos congresos de acuerdo por unanimidad, y no me lo creo. Me gustaría vivir en un país de vanguardia, en una sociedad con perspectivas donde se pueda desde el presente construir el futuro con todos y para el bien de todos», ha declarado Yaima Pardo sobre el contexto de su excelente documental.

SUPERVIVENCIA

Hildita viene desde Pinar del Río a visitar a su familia de Miami aprovechando la liberalización oficial de los viajes y la benevolencia del cónsul americano que le ha estampado la visa.

En casa quedan sus hijos jóvenes que no pierden el tiempo y se preparan profesionalmente porque tienen el sueño de no pasar el resto de sus vidas en aquella inopia sin futuro.

Es primera vez que Hildita pone un pie fuera de Cuba y cualquier detalle es capaz de deslumbrarla. A mí me recuerda una anécdota atribuida al director de cine cubano Oscar Valdés durante un primer viaje que hiciera a México, cuando entró a una de esas enormes tiendas de abarrotes, como le dicen por allá a los mercados, y parado ante cierta estantería repleta de variados productos dijo en voz alta: «No es que haya tantas cosas sino que cómo hemos podido vivir todo este tiempo sin disfrutarlas».

Esta semana se dio a conocer que el anciano dictador Fidel Castro invitó a su amiga Cristina Fernández de Kirchner a almorzar y el menú consistió en tasajo de cordero, pez perro, ensalada y tamales. Ella dijo a la prensa que «la comida estuvo muy rica». A la presidenta argentina le indilgaron un libro de fotos de la familia Castro, tomadas por el hijo que se dedica a esos menesteres. Ella reciprocó el gesto con botellas de vino que el ex hombre fuerte cubano considera como los mejores del mundo, además de una chalina para Dalia, la esposa, hecha por «asociaciones cooperativas argentinas».

Hildita la pinareña nos cuenta el trabajo que ha pasado para mantener alimentados, apropiadamente, a sus hijos. No habla de exquisiteces, ni de platos sofisticados. Como tantos otros cubanos que llegan de visita está explorando el terreno para luego tratar de darle una mejor vida a la familia.

Inquiere sobre la posibilidad de trabajar en algo «por la izquierda» para llevar los añorados dólares que se transformarán en CUC y luego en productos de primera, segunda, tercera y cuarta necesidad, no incluidos en la magra libreta de abastecimiento.

Valga el ejemplo actualizado, aparecido en la prensa cubana, sobre las cuotas del nefasto documento de alimentos y productos racionados:

> Pollo: Una libra por consumidor mayor de 14 años y dietas.
> Picadillo de res: Una libra para niños de 0 a 13 años.
> Mortadela: Media libra por consumidor.
> Huevos: Cinco por consumidor y dietas médicas
> Pollo por pescado: once onzas por consumidor y seis libras de pescado congelado con cabeza y cola para dietas médicas.

Se mantiene la venta de huevos liberada al precio de 1.10 pesos c/u en la red de mercaditos y carnicerías. También la venta liberada de harina de trigo en la red de mercaditos; los productos de aseo, en la red de bodegas y supermercados seleccionados. Además continúa la venta liberada de fósforos y jabas de nailon, al precio de un peso en toda la red.

Esperanza es otra mujer llegada de visita, en este caso de la capital. También tiene bocas que alimentar. No habla de nada positivo dejado atrás. Dice que es una sociedad encanallada. Aquí comienza a saber, con satisfacción, que hay una oposición actuante en Cuba siguiendo las noticias que ve en el televisor.

Unas amistades «de oro» le permiten dormir en una cama inflada que colocan en la sala. Va estar unos meses por acá y ya tiene un trabajo cuidando ancianos. Le pagarán en efectivo que luego llevará a Cuba para alimentar, vestir y calzar a los suyos. La visa se la dieron de entradas múltiples, así que cuando el dinero se acabe, regresa.

DESOLACIÓN

El Cine de Arte del Koubek Center, del Miami Dade College, nos da esta semana la rara oportunidad de concatenar dos filmes donde se manifiestan las vicisitudes a que han sido sometidos los jóvenes cubanos en busca del disparate guevarista del llamado «hombre nuevo», hoy totalmente en bancarrota.

El corto de ficción *Camionero* (2012), del cubano Sebastián Miló, pudiera ser el antecedente ideal de *La partida* (2013), largometraje del director español Antonio Hens. El primero se desarrolla durante los años setenta, en el universo carcelario de las becas cubanas, donde un estudiante es abusado hasta las últimas consecuencias, mientras *La partida* nos coloca en la brusquedad descarnada del siglo XXI donde todo vale para sobrevivir y ya ni siquiera la educación, en la peor de las circunstancias, forma parte de los intereses de la juventud.

Los muchachos de *Camionero*, homofóbicos, anticlericales, represores, oportunistas y hasta salvajes en su acoso, se entretienen torturando al prójimo hasta que surge un héroe defensor que se toma la justicia por su mano ante la indiferencia de una dirección institucional solo interesada en cumplir falsas metas de disciplina y aprovechamiento académico, ante el sagrado altar de la revolución.

La beca es el huevo de la serpiente, donde prima la ley del más fuerte y los crueles hijos de dirigentes son tratados con benevolencia, mientras los profesores fornican con las alumnas y castigan a las víctimas.

Programar las películas juntas permite constatar que aquellos jóvenes disfuncionales recluidos en las becas de los setenta se hicieron adultos y tuvieron hijos que pudieran ser los que aparecen en *La partida*. La violencia social se ha acrecentado y el sombrío paternalismo gubernamental se disolvió en el marasmo de sálvense quien pueda.

Las consecuencias de haber atomizado a la familia cubana en absurdas aventuras de toda laya, quedan bien subrayadas cuando Mirtha Ibarra, en la mejor actuación de su carrera, interpreta una suegra repulsiva que instruye a su yerno en términos eróticos, durante apacible comida familiar, dónde «ponérsela» a un turista español para que desembolse los dólares salvadores. Además de aconsejarle que se case con él, se vaya para España y luego los reclama a todos, incluyendo a su hijo.

De hecho, los adultos de *La partida*, o sea aquellos criados en becas como las de *Camionero,* son los personajes más deleznables. Luis Alberto Ramirez interpreta a un garrotero cuentapropista, sin escrúpulos y abusivo, capaz de matar por recuperar sus «inversiones».

La prohibida historia de amor homosexual entre los protagonistas del filme de Hens es solo un pretexto para presentar una sociedad disfuncional y degradada hasta extremos de postguerra donde la única contienda bélica acontecida es entre la tozudez del régimen y el hartazgo político de la población.

La Habana se presenta empercudida y el malecón es un deplorable mercado lujurioso, de consumo y ansiedad donde los extranjeros reinan a su antojo por tener en sus manos el poder adquisitivo, vedado a los desesperados nativos.

La doble moral campea por su respeto tanto en *Camionero* como en *La partida*. Demasiados años aparentando y simulando para encontrar un sitio en el férreo dogma, terminan por quebrar la esperanza y todo lo que resta es cinismo, incredulidad y frustración. El paraíso socialista nunca se instauró y ahora todos le huyen como a la peste.

La doble tanda que comienza este viernes en el Koubek Center es una incursión azarosa al tinglado infernal de los Castros. Es un «vuelo sobre el nido de la tiñosa» donde la vida no vale nada y «nadie quiere a nadie», pues como dice la canción de marras, en aquella isla «se acabó el querer».

GUSANO

Comenta Ailer González, directora del documental *Gusano*, junto a su esposo Antonio Rodiles, que los genocidas de Ruanda calificaban a sus adversarios como cucarachas. El manuel de nombretes de la dictadura de los Castro resulta ser más copioso aunque no menos chabacano y poco imaginativo. «Mercenario», «pelafustán», «merolico», «mercachifle», «cipayo», además de «traidor», «apátrida», «anexionista», «desertor», «platista» y un largo etc.

Con *Gusano*, el cine documental independiente de la isla ha logrado una obra testimonial emergente, sumamente meritoria. Se trata de la dilucidación minuciosa, casi clínica, de un aborrecible acto de repudio. Como nunca antes quedan expuestos, en imágenes y no en el relato de las víctimas, como ha solido ser por la habilidad del régimen para impedir lo contrario, los factores que hacen posible la aparente «espontaneidad» de tan deleznables convocatorias.

En apenas 48 minutos, *Gusano* cuenta el asedio a la casa de Rodiles y González, en diciembre 10 y 11, del pasado año, cuando se conmemoraba el Día de los Derechos Humanos. Fue un ataque artero, travestido en una celebración cultural y deportiva, a la organización Estado de SATS, en el reparto Miramar.

Resulta muy conveniente que el documental reflexione sobre el antecedente histórico de estas manifestaciones de violencia y vulgaridad durante los acontecimientos del éxodo del Mariel, aderezando la banda sonora con aquella melodía del olvidable y abyecto Carlos Puebla: «Al que asome la cabeza, duro con él, Fidel» y el jingle predilecto de los acosos: «Pin, pon fuera, abajo la gusanera», lema que ha seguido siendo utilizado hasta nuestros días.

Los adláteres de la dictadura, que suelen responder puntualmente cuando el régimen es puesto en solfa, han guardado un silencio suspicaz sobre la divulgación del documental *Gusano*, que también se presenta este próximo domingo en el espacio La Mirada Indiscreta del Canal 41 (AmericaTeVe) a las

8:00 p.m. Para usar su propia terminología, no hay manera que puedan convertir «el revés en victoria».

El estercolero montado frente a la casa de la familia Rodiles resulta obvio en su grosería y espanto. Obesos agentes de la policía política, vestidos de civil, manoseándose los testículos tan pronto detectan una cámara; un escenario con jóvenes de cuellos henchidos que sermonean sobre las virtudes de la revolución; niños conminados a participar, sin la autorización de sus padres, diciendo textos de adultos aprendidos de memoria y el cantante Arnaldo y su Talismán ensordeciendo el ambiente.

Alrededor de cuatro cámaras recorren en diversos planos la geografía del repudio y entonces se nota que los niños están como aburridos y no entienden qué hacen allí hasta que el miedo los sobrecoge cuando se dan cuenta que están agrediendo físicamente a una persona, quien resulta ser Rodiles.

Las maestras los obligan a tomar parte, mientras bailan reguetón, cimbreando las caderas. Durante los recesos de la orquesta del «Talismán» se pasan canciones de otros intérpretes, como el dúo Buena Fe, reconocidos artistas incapaces de decirles a los funcionarios del Ministerio de Cultura que no utilicen su obra para actos semejantes.

Dice el poeta Rafael Alcides, en el documental, que el acto de repudio es como una sombra de la revolución. Durante la entrevista de televisión yo observaba a Rodiles, Ailer, su esposa, y la artista Rebeca Monzó, entusiasta seguidora de Estado de SATS, personas decentes, pacíficas, cansadas de tanta ignominia, llenos de esperanza por una Cuba mejor y no dejaba de pensar cuando a Rodiles lo arrastraron frente a su digna madre y uno que parecía camarógrafo trataba de patearlo por detrás, mientras otros le gritaban improperios. El castrismo quema sus penúltimas naves, sin duda, y en *Gusano* se atestigua lo siniestro de su desesperación.

CONDUCTA

Dicen testigos presenciales que en las concurridas funciones de la nueva película cubana *Conducta*, de Ernesto Daranas, hay varios momentos que el público aplaude espontáneamente. En una de esas secuencias la maestra Carmela, interpretada con tenacidad por Alina Rodríguez, es conminada a retirarse por una burócrata del sistema educacional debido a que lleva mucho tiempo frente a un aula, a lo cual responde la experimentada pedagoga: «No tantos como los que dirigen este país. ¿Te parece demasiado?».

En otro lugar del mundo la frase no tendría mayor relevancia, en Cuba, enunciada por una actriz de renombre, se vuelve una declaración de principios sobre el hastío que siente la población por un régimen inoperante y opresivo.

Conducta es la ordalía de una maestra contra el círculo vicioso de un sistema fracasado a partir de la relación que establece con Chala, un niño marginal que sostiene a su madre drogadicta criando perros de peleas y palomas y apostando a la bolita.

Allí donde el filme *Habanastation* simplificara entre niños pudientes y pobres la actual sociedad cubana, como una suerte de cuento de hadas con todo y su moraleja positiva, *Conducta* refiere diversas historias desesperanzadoras porque aunque Carmela eche su batalla por salvar a Chala y a otros infantes, el régimen y sus representantes, siguen inconmovibles su curso aniquilador y cada vez que se presenta un plano general de La Habana, como contexto, desde la azotea donde vive el niño protagónico, la visión es devastadora, de bombardeo.

Daranas ha dicho que *Conducta* es sobre los cubanos donde las llamadas reformas no han ofrecido los beneficios anunciados y no se limita para presentarlos tal cual. Hay un momento que la maestra enumera los distintos grupos y alumnos con los que ha debido lidiar durante su meritoria carrera y menciona a 7 que han abandonado el país en los últimos 3 años, su nieto incluido. «Uno les habla de Martí y de la patria pero en la casa desentierran a los muertos para hacerse ciudadanos españoles», afirma sentenciosa. Luego menciona a dos estudiantes en particular Yenny, «una gran alumna pero con la cruz de ser *palestina*» o sea proveniente de las provincias orientales, ilegal en la capital de su propio país y Yoan, «con su padre preso por asuntos políticos», escabroso asunto que se menciona, por primera vez, en el cine cubano.

La muerte de un niño enfermo en *Conducta* entreteje uno de los capítulos más emotivos del guion escrito por Daranas y es cuando la noticia se da a conocer en el aula y Yenny, «la palestina», saca una estampilla de la Virgen de la Caridad y la coloca en el mural porque Camilo, el fallecido, le dijo que era la patrona de todos los cubanos y nunca la llamó por el deleznable mote. Por supuesto que luego tratan de quitar la imagen pero Carmela, en su cruzada ética, deja saber que no habrá fuerza capaz de hacerlo mientras ella sea la maestra.

Se sabe que hasta la Ministra de Educación en Cuba aplaudió al final de una función de *Conducta* y los niños fueron escogidos de la calle, luego de un riguroso *casting* donde no tuvieron cabida los integrantes de La Colmenita.

Carmela, graduada de la reconocida Escuela Normal, donde se formaron tantos rigurosos pedagogos cubanos, antes de 1959, es la sobreviviente digna de más de medio siglo de adoctrinamiento, maestros emergentes, becas, escuelas al campo y pioneros que «serán como el Che». Su lucha parecerá un sinsentido pero *Conducta* termina por colocarla como la necesitada heroína de estos tiempos, un memorable tributo a la decencia.

EL OSCAR EN CUBA

Corrían los años ochenta en La Habana y habíamos conseguido una entrevista con Alfredo Guevara para el programa Entre nosotros, que yo conducía bajo la dirección de la poeta Raisa White.
    El comisario del cine cubano estaba de capa caída, luego de su exilio parisino y se le sentía ansioso porque su venerado Fidel Castro lo había ninguneado durante años y ahora lo requería de urgencia para que intercediera en la crisis que produjo la presencia del filme *Alicia en el pueblo de Maravillas* en el Festival de Berlín, sin que fuera revisado por las instancias correspondientes, y de todo el acto de censura que derivó de su limitada exhibición en la capital.
    En aquella ocasión y aprovechando la circunstancia, le formulé una pregunta sobre el premio Oscar y no la rechazó de plano, le encontró ciertas virtudes artísticas más allá de su importancia como piedra angular del mercado, aunque luego terminara con aquella letanía del daño imperial del cine norteamericano.
    Claro que no pudimos hablar del por qué el espectáculo era prohibido en la isla y en este sentido como en tantos otros, los coterráneos debían seguir viviendo de espaldas al mundo por la voluntariedad de su obstinado dictador.
    Fue el programa Contacto, conducido por Hilda Rabilero, el que se atrevió a incluir un fragmento resumen de 15 minutos sobre la ceremonia de los Oscar, que casi le cuesta el puesto. Había sido grabado durante la transmisión vía satélite en la Escuela de Cine de San Antonio de los Baños, donde si era visto cada año por los alumnos, el personal y unos pocos invitados, entre los cuales tuve la suerte de figurar alguna vez.
    Este próximo domingo, gracias a la temida tecnología del «enemigo», hoy el panorama se presenta distinto y serán muchos los cubanos que podrán disfrutar de la más importante fiesta del cine. Antenas y conexiones a sistemas de

cable clandestinos, pagados en CUC estos últimos, y luego el alquiler y venta de la grabación del espectáculo seguirá derribando la absurda barrera de la intolerancia castrista.

También se ha vuelto una suerte de tradición que la Oficina de Intereses de los Estados Unidos en La Habana haga toda una recepción para ver la ceremonia en la residencia del Jefe de la Misión y donde antes muchos se cuidaban de asistir, pues ya se sabe que la policía política lleva un inventario de dichos saraos, hoy las invitaciones son disputadas hasta entre los intelectuales y artistas oficialistas, porque no solo se trata de ver el espectáculo sino que se degustan piscolabis y bebidas en tributo a la cultura popular de Hollywood, antes tan vilipendiada.

De hecho, según me cuentan cinéfilos amigos, ya las películas nominadas circulan en esmeradas copias digitales donde de vez en cuando se puede leer una breve línea indicando que son solamente para el voto de los académicos. Vaya a usted saber cómo han ido a parar desde Los Angeles y Hialeah hasta Marianao o Luyano, estos materiales designados para quienes hacen las decisiones finales sobre los ganadores de la disputada estatuilla.

Ya las cenizas de Guevara fueron anegadas por las lluvias en la escalinata universitaria y su legado resulta insignificante. Afortunadamente, el control sobre ciertas decisiones personales se va disipando, muy a pesar del régimen, y el domingo a las 8:00 p.m. pocos cubanos estarán en sintonía con la «metralla» televisiva nacional para ver si un cineasta latinoamericano se alza, por primera vez, con el Oscar al Mejor Director o poder disfrutar al grupo U2, en vivo, interpretando su canción para Nelson Mandela, entre otros motivos para festejar.

HIPOCRESÍA

Una de las «viudas» de Hugo Chávez, el director de cine Oliver Stone, se lamenta de la agresividad con la que ha sido enjuiciado su apoyo a los desvaríos de Maduro durante las protestas recientes en Venezuela.

Como respuesta, Stone ha dado a conocer en su cuenta de Facebook, lo siguiente: «Por lo menos yo he tenido la valentía de bajar hasta allá (se refiere a Venezuela) y ver la situación con mis propios ojos. Ahora, probablemente no he visto todo, pero tengo la sensación de que muchos de los que me han escrito son una especie de exiliados amargados muy similares a los derechistas cubanos exiliados en Florida que han ayudado a Estados Unidos a mantener la ignorancia en vez de ayudar a que fluya el oxígeno entre dos países con diferentes puntos de vista».

El talentoso y controversial cineasta, tan amigo de recrear el pasado de su país, se parece a su coterráneo, el documentalista Michael Moore, cuando de apoyar dictaduras y gobiernos espurios se trata.

Es similar la fórmula que emplean ambos para descalificar a quienes no concuerdan con sus ideas y ahora los opositores venezolanos se parecen a los «amargados» cubanos de la Florida que no colaboran para que los Castros se eternicen en el poder con los créditos del contribuyente.

Resulta curiosa la ceguera de estos artistas que se empeñan en enredarse en telaraña política ajena. Cosas raras suelen ocurrir, sin embargo, en tan descocados idilios. A finales del año pasado, otro de los defensores del llamado socialismo del siglo XXI en Latinoamérica, el actor Sean Penn, protagonizó un singular capítulo de infidencia a su credo ideológico.

Estando de visita en Bolivia, donde se había ganado la confianza del presidente Evo Morales, resultó ser uno de los artífices de la fuga del empresario judío norteamericano de Brooklyn, Jacob Ostreichter, quien se encontraba en arresto domiciliario en el país a la espera de un juicio, acusado de lavado de dinero.

Como tantos otros que han hecho lo indecible para que el régimen cubano libere al también judío, Alan Gross, cumpliendo condena en La Habana, Penn intervino varias veces a favor de Ostreichter ante Morales pero sin mayores resultados.

Cuando la fuga aconteció, como si fuera una historia contada por Hollywood, la agencia de noticias AP informó que Penn, duro crítico de la política exterior de su país y huésped frecuente del difunto Hugo Chávez, se había aprovechado de la afinidad con Morales.

En un principio, Ostreichter, quien padece de Parkinson, estuvo en la violenta prisión de Palmasola, Bolivia, donde presidiarios de facciones diversas habían muerto en enfrentamientos. En diciembre del 2013 lo excarcelan, durante una vista que contó con la presencia de Penn, pero lo mantuvieron en arresto domiciliario. Frustrado, el actor y activista de izquierda, traicionó la confianza que en él depositaran sus amigos anti yanquis y logró lo que otros esfuerzos gubernamentales no habían podido.

Tanto la diatriba de Stone como la anécdota de Penn, que no ha tenido un seguimiento consecuente, ni en la prensa boliviana ni en la de los Estados Unidos, me hace pensar que estos señores, dados a los placeres de sus fortunas, se montan personajes irreverentes y contestatarios hasta tanto alguna circunstancia los haga regresar a la vida prosaica.

Si Stone perdiera sus excesos, es uno de los promotores de la legalización de la marihuana, y Penn tuviera que ceder la soltería que disfruta con las más deslumbrantes estrellas de cine, no creo que reclamaran para otros el mundo mediatizado y mediocre que ellos no pueden tolerar.

SIN MIAMI NO HAY PAÍS

Para el mes de abril se anuncia el próximo congreso de la Unión de Escritores y Artistas de Cuba, la desacreditada UNEAC, y lo primero que hace el comité organizador del evento es elegir como delegados honorarios a Fidel y Raúl Castro, sin duda, dos de las personas que más daño le han propinando a la fibra creativa de la isla, desde los tempranos años sesenta con su represión y voluntarismo.

Afirma la declaración que ambos dictadores encabezan «por derecho propio a los representantes de la vanguardia artística y literaria».

Por supuesto que ningún miembro de la organización se va a incinerar públicamente para discrepar sobre esta aduladora decisión pues ahora que las esclusas se han abierto, lo más importante es portarse bien o pasar inadvertido para que no se entorpezca el próximo viaje.

Muy por el contrario, el cantante líder del dúo Buena Fe se aparece con aquello de que el Internet puede ser un Caballo de Troya para la revolución, en franca coincidencia con el siniestro ex ministro del Interior, Ramiro Valdés, que la calificara como «potro salvaje» necesitada de domesticación. A todas luces, el mismo personaje encargado, actualmente, de diseñar la violencia callejera en Venezuela contra quienes protestan.

De tal modo, la policía política no reposa y va moviendo sus fichas. Tiene agentes encubiertos y descubiertos, en lo que ellos llaman la guerra ideológica. Es así como el profesor universitario Guillermo Rodríguez Rivera, quien se confiesa simpatizante de Leonardo Padura y Reina María Rodriguez, escribe una de sus monsergas para explicar por qué otros escritores, afines al régimen, merecían antes que ellos el Premio Nacional de Literatura.

Se trata de su más reciente golpe bajo en columnas sin lectores en Cuba donde, además, se suma la que le dedicara a Rubén Blades, para explicarle lo equivocado que está al apoyar a los estudiantes que se desangran en las calles de Venezuela y arengarle sobre su nulo entendimiento de lo que es una revolución verdadera.

Adláteres de afuera y de adentro de la prensa electrónica de la isla y no así la que leen los comunes ciudadanos, ahora nombran de manera festinada como héroes a ciertos artistas que han confrontado «valientemente» en sus respuestas a la «ultraderecha de Miami», calificando como «cubanos lindos» a los espías encarcelados en los Estados Unidos; dilucidando, con masoquismo mal disimulado, que no hay mayor riqueza que la de vivir en la desvencijada Habana y que la revolución tiene grandes valores por los cuales se debe luchar.

Hombres y mujeres «nuevos» adoctrinados en la doble moral que, al segundo trago comienzan a decir la verdad en privado sobre cuán angustiados se sienten en aquel estercolero sin esperanza, para luego, sobrios, arengar públicamente a favor de sus victimarios.

Paradójicamente dependen del dinero contante y sonante de la vilipendiada Miami para adecentarse porque la bohemia de los tugurios mexicanos, italianos y españoles ya no parece pagar las emergencias familiares dejadas atrás en la isla.

La vulgaridad y falta de educación formal que ha lamentado, hipócritamente, Raúl Castro, quien por otra parte alienta la chusmería de los actos de repudio, parece haber contaminado a muchos estratos de la sociedad cubana actual.

Se nota en la sinuosidad y la guapería de barrio de los nuevos «héroes» alistados para combatir en el frente sur de la Florida. Los mismos que, de vez en cuando, cometen el error de olvidar que sin la condescendencia de Miami, sencillamente, no hay país.

HARTO

En este mismo momento insomnes «segurosos» que «atienden» el sector de la cultura en Cuba se devanan los sesos para responder el inesperado exabrupto del director de cine y escritor Eduardo del Llano en su blog. La entrada se titula «Lo que dice la gente en la calle» y a diferencia de otros de sus comentarios que se mueven en la cuerda floja de que los extremos de La Habana y Miami se tocan, este resume en poco más de 500 palabras la realidad tal **cual**, donde las llamadas reformas campean por su respeto y la felicidad definitivamente se ha vuelto una entelequia inalcanzable.

> *El trabajador aquí no tiene salario, ni vacaciones, ni retiro, me dijo hace poco un taxista, un tipo de unos sesenta años con aspecto de haber bregado toda su vida. El salario no alcanza, con lo que pagan por vacaciones no se puede ir a ningún sitio, con el retiro no se vive, añadió, para concluir luego: esta gente no me ha enseñado nada.*

Así comienza este rosario de calamidades que del Llano atribuye a testimonios callejeros. En honor a la verdad, parecen diálogos de su exitoso decálogo cinematográfico protagonizado por el nuevo Liborio, Nicanor O'Donell que iniciara el corto *Monte Rouge* (2004), donde se burlaba cruelmente de la policía política y su burdo empeño en grabar «la vida de los otros».

En aquella oportunidad, tanta fue su osadía que debió ser entrevistado por una publicación oficial electrónica para que hiciera el consabido mea culpa, de que lo habían sacado de contexto y que eran puras conjeturas, sobre todo de los medios de prensa de Miami.

Puesto en perspectiva, lo que ahora leemos en el blog forma parte de la visión del director en una filmografía que se ha ido radicalizando al interpretar la realidad cubana contemporánea. Hasta en su más reciente obra, *Casting*, premiada en el Festival Internacional del Nuevo Cine Latinoamericano de La Habana, del Llano aprovecha la oportunidad para expresar el desencanto de los actores en un universo sin salida que los agobia.

> *Lo que dice la gente en la calle no es tan alarmante como lo que se da por sentado: que esto se jodió hace rato, que es un infierno tibio, que a los dirigentes no les interesa lo que el pueblo piensa, que la única solución es largarse, que hay que luchar el día y olvidar los proyectos de vida en territorio nacional.*
> *Demasiado tarde, demasiada desesperanza. Cada vez son menos los que aceptan acrítica e incondicionalmente el discurso oficial, que sigue empleando los tiempos verbales incorrectos: mucho pasado, mucho futuro y turbias gotas de presente; mirados de cerca, esos creyentes resultan ser gente rara, masoquista, robótica... u octogenaria». «Si el gobierno aún tiene una buena carta bajo la manga para hacernos felices de pronto poniendo Internet barato en todos los hogares, vendiendo Peugeots a precios con tres ceros menos, centuplicando los salarios, eliminando restricciones, dejando en paz a los opositores, inundando los mercados con carne de res a cinco pesos la libra que lo haga ya, que nos sorprenda ahora, y todavía puede ser que se gane un aplauso. Y que empiece a nevar.*

Ahora que están al borde de un nuevo y absurdo congreso cultural, resulta oportuna la franqueza de Eduardo del Llano y aunque muchos de sus colegas se mantendrán distantes por miedo u oportunismo, otros pudieran contagiarse y el encuentro de marras quedaría en la historia como un día de rebeldía nacional, cuando los artistas e intelectuales no aguantaron más paquetes de una casta geriátrica e inoperante, anclada aún en la neblina totalitaria.

UN DÍA SIN MIAMI

Una tía muy querida que tengo en Cuba me habla por teléfono, siempre en clave, y subraya que todos son vicisitudes. No voy a revelar ni dónde vive para evitar la más mínima represalia porque sostiene un negocio gastronómico exitoso, pero a puro pulmón, según me refieren amigos y allegados que han concurrido al mismo.

Como hago el programa de televisión *La Mirada Indiscreta*, donde Cuba queda reflejada tal cual por su imagen, que ya sabemos vale por mil palabras, las personas me saludan por la calle y comentamos el estado de cosas en la isla.

Este matrimonio recién llegado, luego de estar de visita familiar, me habla de la debacle, la ansiedad por conseguir un CUC, la moneda que vale, y de cómo el cuentapropismo ha creado una economía del timbirichismo y de merolicos —como gustaba denostar el Castro depauperado cuando criticaba duramente los rezagos del capitalismo—, donde no se apunta a un futuro de prosperidad sino al «resolver» de la inmediatez más urgente.

Hace dos semanas transmitimos por el espacio televisivo un documental que cumplió veinte años, se titula *Fin de Siglo* y ocurre en las ruinas de la emblemática tienda homónima habanera. Se trata de un verdadero clásico de la disparatada gestión socialista que ha mellado, con tanta saña, lo que fuera una próspera red de negocios minoristas.

He visto muchas veces este documental dirigido por la belga Marilyn Watelet y el polaco Szymon Zaleski, quienes lograron calar a fondo en situaciones absurdas y embarazosas sobre la libreta de racionamiento, la escasez de agua, transporte y comida, así como las asambleas de quejas donde todo queda imperturbable.

Hay un momento, como para no olvidar, donde la administradora de la tienda culpa al embargo y a la desaparición del llamado campo socialista de todas las calamidades e ineficiencias que retrata el documental.

Ni hablar de cuando un dirigente partidista municipal «apaga fuegos» interviene en la reunión para aclarar que no se les debe cobrar lo mismo a los clientes de la peluquería si no hay champú para lavarse la cabeza, en el caso de que hubiera agua, como si estuviera ofreciendo una gran solución.

Esta vez cuando lo volví a ver y comentar para los televidentes, me preguntaba cómo era posible que hubiéramos consentido todos esos desmanes contra la vida civil en aras de una revolución redentora. Yo estuve, sin respuesta, en aquel mismo escenario de supervivencia, que emula con el teatro del absurdo, donde resulta difícil dilucidar entre dignidad y necesidad.

En una columna anterior mencioné que sin Miami no había país, idea que corroboro volviendo a ver *Fin de Siglo* y hablando con el cubano de a pie en esta ciudad, ese sin grandes propiedades que echar de menos en la isla, pero sumamente preocupado por el destino de la familia, imposibilitada de avanzar entre los nuevos vericuetos que traza la pícara dictadura para eternizarse en el poder.

Recuerdo una ocurrente comedia cinematográfica titulada *Un día sin mejicanos*, donde vemos el aquelarre que acontece en Los Angeles cuando faltan allí las personas que hacen muchos de los trabajos más perentorios de la vida cotidiana.

Ahora se me ocurre pensar que sería de Cuba, «Un día sin Miami», sin la ciudad mítica que elogiar o vilipendiar, sin sus contribuciones económicas y sentimentales, sin la esperanza de conocer algún día lo que hubiéramos sido de no haber ocurrido la abrupta interrupción verde olivo.

Para los cubanos, todos los caminos conducen a Miami, un crisol donde la nación cobija sus más entrañables atributos en espera de que un día puedan regresar enriquecidos.

GRECIA

Quizás el instante más emocionante de nuestra reciente visita a Grecia sucedió cuando mi familia accedió, triunfalmente, a legendaria Acrópolis y pudimos atisbar su prodigio arquitectónico, el Partenón, luego de tanto soñar y estudiar en la colina universitaria habanera sobre el tema, sin la más mínima expectativa de que algo así pudiera ocurrir.

Descubrimos temprano que los principales sitios arqueológicos de Atenas no requieren de transporte, circundan la llamada roca sagrada o Acrópolis y numerosas callejuelas peatonales lo mismo nos conducen al arco de entrada que el emperador romano Adriano tributara a la ciudad conquistada, que terminó admirando, o al museo del Agora, donde, entre otros curiosidades, figura un insólito artefacto para elegir, al azar, a ciudadanos comunes que deberán fungir como jurados.

Muy cerca de allí mismo, en un jardín ensoñador, el cartel que señala una plataforma para oradores libres, a semejanza de la tribuna que existe en el Hyde Park británico. Todos son mensajes perdurables llegados de la ancestral democracia que no cesan de asombrarnos.

Como símbolo de la Atenas moderna, en su magnificencia histórica, se erige desde el año 2009, el Museo de la Acrópolis con sus pisos transparentes que nos dejan atisbar ruinas sobre los cuales se construyó, entre otros tesoros como las verdaderas cariátides del templo Erechtheion, allí conservadas para la posteridad. Supimos que ansían recuperar las piezas del Partenón sustraídas por Lord Elgin y que obran en el British Museum, pero las esperanzas no son muy alentadoras.

El monumento de Lysicrates, en medio del viejo y seductor barrio de Plaka, se refiere a los premios que eran entregados a la mejor música coral y artes dramáticas presentadas en el Teatro de Dionisio, el más grande de la época, a un costado de la Acrópolis.

El tocayo Alex, chofer de amena conversación, tuvo la grata encomienda de llevarnos al principal sitio arqueológico fuera de Atenas, el Templo de Apolo, y el legendario Santuario de Delfos donde elucubraba el misterioso Oráculo.

Desde la altura domina las ruinas, minuciosamente trazadas, otra gradería asombrosa en la falda de la montaña, similar al Odeón de Herodes Atticus en la Acrópolis.

Estábamos en el centro religioso más importante del mundo helénico y Alex nos bajó a la tierra con un argumento irreprochable. «Se sabe que era un gran negocio, llegaban dignatarios o ciudadanos comunes de los lugares más remotos para consultarse con la pitonisa. Tomabas un turno y podía durar años antes de ser atendido en dependencia de tus recursos. Si traías oro como ofrenda o unos corderos de más, te pasaban al primer lugar de la fila».

En el museo de Delfos se conserva un artefacto de piedra, como un huevo cortado a la mitad, conocido como ónfalo que, según la mitología griega, es considerado el «ombligo del mundo». El geógrafo Pausanias lo describió como el centro cósmico donde se establece la comunicación entre el mundo de los hombres, el de los muertos y el de los dioses.

Con Alex también visitamos Thermopylae donde los míticos 300 se inmolaron ante los persas en una batalla que cambió el curso del mundo antiguo. Marca el sitio un centro para visitantes, la estatua del Rey Leonidas de Esparta, quien estuviera al frente de las tropas, y un manantial de aguas calientes y sulfurosas que emana de las montañas y lo nomina etimológicamente.

El hospitalario chofer nos habla del amor que siente por su noble país y atribuye las inconsistencias sociales a los desvaríos políticos, como suele ocurrir. Mi esposa y yo nos miramos y agradecemos a la bendita democracia todas sus virtudes, allí donde un día nació.

LUZ DE ESPERANZA

Hay una zona enrarecida o sería mejor decir paradójica del llamado intercambio cultural. No es necesario ser muy suspicaces para especular sobre encuentros previos en La Habana, antes de partir a territorio enemigo —léase Miami— para que a un cantante zocotroco le encargan la tarea de dispensarle «espontánea» tonada a los cinco espías si la oportunidad se presenta, sobre todo en la televisión en vivo. La encerrona resulta torpe, poco gentil, y hasta rechazada públicamente por sus colegas.

La semana pasada, por ejemplo, en el fervor de las celebraciones de un nuevo aniversario de la juventud comunista cubana, el tristemente célebre Elián González, afirmó ser hijo de los apelados espías.

¿Quién animó aquella y otras fiestas de la UJC? Pues, nada más y nada menos que Laritza Bacallao, una cantante elogiada hasta la náusea en esta orilla, estrella exclusiva de Hectico DJ, impresentable personaje de la farándula habanera, director de la productora PMM (Por un Mundo Mejor), educado en los Camilitos (donde crecen los pichones del ejército castrista) y colaborador de los órganos de la policía política cubana, por pura afición o porque tiene un esqueleto en su closet empresarial.

En la página Soy Cuba, diseñada para alentar a las nuevas generaciones en el continuismo revolucionario, se lee: «El concierto forma parte de la gira artística nacional que la popular cantante realiza junto a PMM —también como saludo a estos aniversarios— la cual tuvo su estreno el pasado viernes en Artemisa y se reanudará el día 11 en las provincias orientales».

Tanto fue el éxito de Laritza, por esto lares, que los órganos oficiales del régimen ahora anuncian, a bombo y platillo, que se apresta a una gira por escenarios de los Estados Unidos.

Hectico, por su parte, confesó durante su estancia en el sur de la Florida que tenía planes de abrir una sucursal de su compañía PMM aquí para que los artistas procedentes de Cuba pudieran contar con una plataforma tecnológica como ellos se merecen, superiores a las que se pueden encontrar en los Estados Unidos. Todo lo cual fue dicho sin pestañar por alguien que procede de un país donde la escasez de papa y papel sanitario se ha vuelto una crisis de gobierno.

El DJ de marras no ha contado con que algo así pudiera ser considerado ilegal por disposiciones del Embargo, harto conocidas.

No hay que dejarse embelesar por estos llamados artistas «apolíticos» que carenan en Miami para llenar sus extenuadas arcas, ensayan murumacas deleznables en la isla, y luego llegan repartiendo besos de reconciliación en esta orilla, abogan por la paz, y hacen lo indecible por desconocer que en su propio traspatio, hay artistas de gran valor que no participan de chantajes ni tejemanejes.

Ahora mismo en La Habana el régimen se preocupa por el acoso al ya deteriorado paisaje urbano que acometen los grafiteros quienes, entre imagen y color, deslizan mensajes de rebeldía, en paredes donde antes se abogaba por alabar el decadente sistema.

La pasada semana acaba de terminar la decimotercera Muestra de Cine Joven en La Habana. Hay un sospechoso silencio alrededor del ingenioso documental *Molotov*, que periodiza desde 1959 a la fecha, la pérdida paulatina del espíritu de inconformidad asociado a la juventud.

La secuencia final, sin embargo, presenta a un pionero que deambula por la calle y se quita la pañoleta roja al cuello, como indica el reglamento, y se la coloca en el rostro, cual manifestante venezolano, saca un tubo de pintura a presión, como imitando a El Sexto, y deja su huella sobre la pared, una antorcha que flamea esperanzadora.

A FAVOR

Todos los viernes compro pasteles en Arahi's Bakery para mis colegas en la oficina. Allí tengo una buena amiga que siempre ha trabajado en el giro y uno de sus más entrañables logros es haber propiciado los estudios de su hija en Miami Dade College.

La semana pasada, a propósito de las noticias aparecidas en la prensa, me preguntó cómo podía ayudar al College, a lo cual respondieron positivamente otras personas de pueblo allí desayunando.

Cuando llegué en 1992 a Miami, como muchos otros de mis coterráneos, yo no sabía del sistema educacional conocido como «*community college*» que se caracteriza, principalmente, por mantener las puertas abiertas, sin discriminar ni elegir a quienes concurren a sus clases.

El College, con una matrícula de 176 000 alumnos desmiente, en esencia, la propaganda castrista con la que fuimos adoctrinados donde se repite hasta el cansancio aquello de que las personas de pocos recursos en Estados Unidos no se pueden hacer de una carrera universitaria.

Los tiempos han cambiado, sin embargo, con respecto al conocimiento que los cubanos recién arribados tienen del College. Se cuenta que los balseros, tan pronto colocan sus «pies secos» en territorio floridano, preguntan dónde queda el campus más cercano para estudiar inglés, como es debido.

En 1994, por ejemplo, la Fiscal General de los Estados Unidos aseguraba que los cubanos detenidos en Guantánamo, como parte del éxodo alentado una vez más por el régimen de la isla, nunca entrarían a la nación.

No solo ingresaron e integran nuestra comunidad como todas las otras oleadas que los precedieron, sino que en Miami Dade College fue creado un programa para darles acceso al sistema educacional norteamericano, tan exitoso, que todavía funciona, también, para refugiados procedentes de otros lugares del mundo.

Es sabido que algo similar había llevado a cabo el College durante los días épicos pero no menos aciagos del éxodo del Mariel. Allí estuvieron sus representantes y aulas para darle frente a la crisis de manera exitosa.

Desde el año 1993 no me he perdido una ceremonia de graduación del College. Es parte de mi trabajo, y una de sus jornadas más emotivas. Los parientes que concurren a dichas celebraciones son los más humildes que uno se pueda imaginar, generalmente vienen a tributar, al primero que logra un diploma universitario en la familia.

Yo he visto un guajiro de Buey Arriba, todavía caminando como si pisara camino de tierra, graduarse en MDC y luego ser disputado por universidades Ivy League. Mi hijo mayor se tituló en sus aulas y el menor ya matriculó su prestigioso programa Honors College.

La institución, que es multicultural, como nuestra singular ciudad, yo la siento, sin embargo, muy cubana. Estoy seguro que es la universidad donde más coterráneos estudian fuera de las fronteras de la isla.

Recientemente, casi todos los medios de prensa han dado a conocer que en la legislatura estatal hay un proyecto de ley, BH 113, para que en las próximas elecciones del mes de agosto el contribuyente decida si desea ayudar a la consolidación económica de Miami Dade College necesitado de recursos, siempre elusivos en los presupuestos estatales, luego de más de medio siglo de desempeño triunfal.

Paradójicamente, hay legisladores de nuestro Condado y hasta de origen cubano, que obstaculizan con argumentos no muy convincentes la posibilidad de que ese referéndum se pueda realizar.

De tal modo se impone, entonces, un llamado de atención urgente a todos los interesados: que el elector decida si vale la pena ayudar o no a la llamada Universidad del Pueblo. No me parece mucho pedir. Que sea la democracia quien tome partido.

SIN ABOLENGO

Se ven rollizos y satisfechos en sus poltronas conduciendo los destinos de lo que resta de la cultura cubana, mientras en los barrios habaneros y en pueblos distantes, la precariedad sigue aguijoneando la vida cotidiana.

Una casta intelectual decadente, divorciada totalmente del pueblo y arrimada a las férulas del poder como meretrices sin voz, ni voto, acaba de celebrar su congreso sin ton ni son. Orondos y lisonjeros fueron recibiendo las visitas que esperaban para ser regañados o engañados con plena conciencia de la siniestra operación, pero igualmente remisos.

Diaz Canel volvió a enarbolar el viejo adagio del arte como arma de la revolución y el dictador, enfundado en guayabera para no impresionar con su espanto verde olivo, les espetó aquella falacia, ya desacreditada por inoperante, de: «Soy enemigo absoluto de la unanimidad», como si hubiera llegado ayer de Galicia, luego de un largo exilio.

Los jóvenes, como suele ocurrir en estos saraos, brillaron por su ausencia y es que ya no necesiten pertenecer a la improcedente UNEAC (Unión de Escritores y Artistas de Cuba), para tramitar la próxima salida, sobre todo a eventos de Estados Unidos, donde respiran y se hacen de algunos recursos.

A quién se le ocurre respetar y dar credibilidad a una supuesta organización no gubernamental que padeció las administraciones, llenas de zozobra e incertidumbre para sus miembros, de Nicolás Guillén, Lisandro Otero, Carlos Martí, Abel Prieto y hoy nada menos que de Miguel Barnet, integrantes de un combo relegado y sin ninguna influencia entre la población y mucho menos entre la nomenclatura del régimen que, en el fondo, los desdeña, por aquello de empuñar la pistola cuando mencionan la palabra cultura.

Eusebio Leal, el historiador en retirada, quien de cierta manera ha sustituido al difunto Alfredo Guevara en catilinarias vergonzosas, con su marcada incontinencia verbal, de la cual se burlara más de una vez hasta el propio Fidel Castro, se ocupa ahora de su encomio abyecto, cuando dice que sin el tirano: «no habría sido posible esta reunión, ni estas altas consideraciones, ni este sentido que tuvo siempre de cuidar el pensamiento, porque el mismo es un intelectual».

En su exabrupto, pinta a Barnet como un hombre renacentista y a Armando Hart, ex ministro de cultura de triste legado, y primer ministro de educación del castrismo, o sea el hombre que implantó los programas iniciales de adoctrinamiento en las escuelas cubanas, como un paladín de la justicia.

La semana pasada en Brasil, el asesor de Raúl Castro Abel Prieto afirmó, alarmado, ante el interés de la población en productos de la industria del entretenimiento de los Estados Unidos que: «Resulta imprescindible dotar a nuestros niños y jóvenes de las herramientas intelectuales necesarias para decidir por sí mismos qué consumir y qué desechar en términos de cultura».

En una cruzada inicial, acabaron con los cines privados en tercera dimensión y ahora está por ver de qué modo se las ingenian para prohibir la circulación de los llamados «paquetes» que son DVD o memorias flash, a la venta o en alquiler, con programas de TV, películas, música, revistas y hasta anuncios de negocios locales, que traen alivio y distracción a los embates de la escasez y la rudeza de un sistema naufragando por los cuatro costados.

La llamada vanguardia cultural de la revolución tiene que empezar por propiciar la apertura de las compuertas de la tolerancia y el conocimiento, porque si a estas alturas abogan por arreciar la educación para que las nuevas generaciones no prefieran la «frivolidad» capitalista, han perdido miserablemente el tiempo con sus desvaríos ideológicos.

UBRE EXHAUSTA

La semana pasada un diario cubano se refería al desastre de la ganadería nacional y de no pocas de las murumacas que habría que ensayar para recuperar su otrora gloria. La conclusión, sin embargo, no daba mucho espacio a la acostumbrada politiquería: hacen falta recursos y dinero.

Poco antes, se le había comunicado a la población que la socorrida leche en polvo, sustituta de las exhaustas ubres, subía de precio debido a fluctuaciones del mercado internacional, con explicaciones más afines a la extracción petrolera que al ordeño del líquido alimenticio.

No es necesario recordar que los niños cubanos tienen garantizada la leche (en polvo) hasta los siete años y luego de esa edad que cada cual se las arregle como pueda.

El mencionado artículo, aparecido en *Juventud Rebelde,* viene acompañado de la foto de una vaca famélica, símbolo y recordatorio de la cadena de disparates iniciada durante los años sesenta cuando Fidel Castro, personalmente, tomó cartas en el asunto y rumiaba en sus enardecidos discursos de entonces que Cuba sería una cuenca lechera más importante que Holanda o que la carne de res se exportaría con pingües ganancias por ser el nuevo «oro rojo».

Por entonces, el científico francés André Marcel Voisin, fascinado por su personalidad, como tantos otros extranjeros desvergonzados, lo siguió tan campante en su arrebato y el ganado comenzó a mermar, como era de esperar.

La famosa escena, casi de ciencia ficción, recogida en el documental *Fiel Fidel*, de Ricardo Vega y Zoé Valdés, donde las vacas pastan con las cabezas en aire acondicionado —porque el hipotálamo fresco produce más leche—, sobrepasa las expectativas de lo real maravilloso y hunde, pavorosamente, lo que fuera una industria exitosa en el fracaso anunciado por atribulados expertos y ganaderos cubanos.

Desde el año pasado realiza la ronda de festivales, y en Miami Dade College hacemos ingentes gestiones para mostrarlo en nuestro Teatro Tower, el documental *La vaca de mármol*, dirigido por Enrique Colina.

El tema no podía ser más oportuno y revelador pues cuenta, en minucioso y absurdo esplendor, la historia de la vaca Ubre Blanca, que durante los años ochenta se volvería el «*pet*» predilecto de Fidel Castro, por su singular capacidad de dispensar hasta 100 litros de leche en un día, debido a lo cual llegaría a figurar en el Libro Guinness de los records.

Solo el más sarcástico humor nos permite confrontar en la pantalla a hombres que no han perdido el raciocinio, algunos con carreras universitarias, cuando explican los pormenores de vidas entregadas al cuidado y vigilancia de un animal prodigioso, cumpliendo la voluntariedad competitiva y sin cordura del dictador en plena gloria.

La historia de Ubre Blanca, que luego de su muerte fuera embalsamada, como parte de esa malsana costumbre faraónica usurpada por el comunismo y eternizada, asimismo, en una escultura de mármol, trae a colación razones suficientes para entender por qué hoy Cuba sufre una depauperada ganadería.

Gracias al documental *La vaca de mármol* se sabe que la comida de Ubre Blanca era probada primero en otro animal para evitar algún sabotaje de envenenamiento y que cuando comenzó a romper los records, superando a una norteamericana que ostentaba el primer lugar, Castro advirtió que a la suya no podía darle ni catarro.

Al final de su filme, Colina pone a deambular una vaca por las calles de La Habana y los comentarios humorísticos de los peatones ya no se refieren a la leche, escasez a la cual se han adaptado como a tantas otras, sino a la posibilidad de zampársela en un delicioso asado, que sigue eludiendo la mesa cubana.

LOS MÚSICOS Y EL «VIEJITO FEO»

La escritora mexicana Elena Poniatowska se gana el Premio Cervantes y la prensa oficial cubana comienza su alharaca porque la prestigiosa intelectual prometió un discurso en apoyo a las mujeres humildes de su país. Pensaron que era la oportunidad de ganar su simpatía para traerla a las redes turbias de la Casa de las Américas donde militan los «comprometidos».

La cobertura fue pródiga en los sitios oficiales electrónicos hasta después de la ceremonia de entrega, cuando la Poniatowska concede una entrevista y califica, como se merece, al ex dictador cubano: «El Fidel que ahora veo en los periódicos, en las fotos, me parece un viejito feo. Hubiera hecho muy bien en quedarse solamente unos años y pasar el poder a otro cubano capacitado para dirigir el país, y no eternizarse como lo ha hecho».

Luego de su sincera declaración la comenzaron a borrar del mapa mediático de la isla hasta que terminó por regresar a su distancia natural con la revolución cubana y desapareció, otra vez, por obra y gracia de un cauteloso censor.

Ahora llegan los panegíricos al músico recién fallecido Juan Formell, sin duda, el más influyente entre los numerosos compositores e intérpretes de los ritmos bailables cubanos de las últimas cuatro décadas, lo cual constituye un record insuperable.

Por los años ochenta tuve el placer de entrevistarlo en su casa para el programa de TV Entre Nosotros y me refirió algunos de sus avatares con la policía cultural, siempre impertinente y suspicaz.

Entre otros asuntos, conversó sobre populares y pegajosas líneas de su cancionero que resultaron conflictivas: «La Habana no aguanta más», sufrió numerosos cuestionamientos, así como la famosa «titimanía», fervor del poder que experimentaban no pocos dirigentes de la más alta nomenclatura, cambiando otoñales esposas por muchachas.

Él se consideraba un cronista de la realidad, su inspiración y oído estaban en la calle lo cual podía ser muy inconveniente a la hora de decir la verdad.

Sin la sagacidad y cinismo de Silvio Rodríguez, con los años, Formell fue emergiendo de los sustos, tal vez con muchas advertencias a cuestas, y comenzó a enredarse en las patas de los corceles políticos que no eran su materia.

Entonces le rindió pleitesía a sus victimarios en una de esas extrañas operaciones de la condición humana y no salía de una declaración torpe para entrar en otra, sobre todo cuando le impelían fidelidad al régimen.

Al pasar de los años, el sistema que lo doblegó será estudiado como un siniestro y extenso capítulo de la historia cubana. Con el sello de la muerte, su legado musical se abre a la posteridad y los ripios de declaraciones políticas que se le atribuyen pasarán a la geografía del olvido.

Gracias a un hermoso obituario del escritor Roberto Madrigal nos enteramos que también por estos días falleció en San Francisco otro esmerado músico cubano, Armando Peraza, percusionista de la larga estirpe que tanta gloria diera al jazz y a otras modalidades musicales de los Estados Unidos. Deja su huella en Santana, Grateful Dead, Charlie Parker, Cal Tjader y Sly and the Family Stone, entre otros grandes.

Al «viejito feo» y mugriento, nunca le interesó saber de este músico. De acuerdo a su obtusa política cultural, Peraza fue más bien un apátrida. Tampoco se sabe que haya mencionado a Formell en conversaciones ni discursos pues, en el fondo, siempre le envidió su popularidad. La eternidad en el poder del dictador no hizo otra cosa que quebrar en fragmentos antagónicos los más importantes valores de la cultura nacional.

Formell y Peraza ya han salvado el diferendo.

PARCHES Y REMIENDOS

Tuve un pariente que era operador de audio en Radio Progreso y me permitía asistir a grabaciones de radionovelas, por los años sesenta, cuando todavía se podía disfrutar de estrellas como Carlos Badía, Gina Cabrera, Mario Martínez Casado y Armando Soler. Con cuánto oficio leían sus guiones.

Por entonces, los estudios seguían teniendo el empaque arquitectónico y funcional que los hizo famosos y se sentía en aquel ambiente la gloria de una industria del entretenimiento paradigmática más allá de nuestras fronteras.

En un hermoso documental que Rubén Lavernia dedicara a la figura inmortal de Libertad Lamarque, aparece la diva argentina en una de esas fastuosas revistas musicales de la televisión cubana de los años cincuenta haciendo la salvedad que le perdonaran cualquier tropiezo porque era la primera vez que actuaba en el medio.

Poco antes de aterrizar en la vital capital habanera le habían hecho una entrevista en vivo desde el avión que su público cubano escuchó por radio y ella no salía de su asombro ante tal prodigio tecnológico.

En 1995, coincidiendo con el cuarenta y cinco aniversario de la televisión cubana, el actor Adolfo Llauradó logró reunir, en el documental *Divas*, algunas de sus más distinguidas figuras que permanecieron, estoicas, en la isla luego de la debacle revolucionaria.

Todas hablan de un pasado memorable que les fue arrancado sin piedad. Parte el corazón ver a Margarita Balboa, quien publicitó alguna vez pasta dentífrica, con una dentadura que, a todas luces, no recibió los cuidados requeridos por la «potencia médica».

En ese documental, la más comprometida políticamente con el régimen, si exceptuamos a Raquel Revuelta, quien también confiesa algunas penurias, es Consuelo Vidal. Casi al final, en un giro que se sale de la tónica general, la popular presentadora y actriz, arremete contra los directivos que no han respetado el legado de la televisión y su esencia como parte de la industria del entretenimiento para convertirla en un medio de adoctrinamiento ideológico.

A casi diez años de esas inusuales confesiones ahora se habla en la prensa cubana de la decadencia de la televisión nacional sobre todo a partir de la presencia en el mercado alternativo de los llamados «paquetes», memorias virtuales de diversos formatos que incluyen programas de la satanizada televisión de los Estados Unidos, sobre todo de la que se genera en Miami (un comentarista la llama «basura pirotécnica»), así como de filmes de ficción y documentales de variadas procedencias.

Dicen que el remedio está en atraer a los mejores creadores para que comiencen a producir programas, como si la infraestructura no estuviera devastada. Un actor de renombre que tuve de invitado en La Mirada Indiscreta me contó, fuera de cámara, sobre la lamentable situación de deterioro en que debían grabar las telenovelas en los pocos estudios que todavía calificaban técnicamente como tales.

Solo hay que echarle un vistazo a los noticieros, programas humorísticos y musicales cubanos para tener una idea de la precariedad con que debe salir al aire el talento de la isla cada día.

Ahora aparecen plañideras del régimen simplificando en sus comentarios años de improcedencia administrativa y desidia cuando el daño requiere de mucha inversión y voluntad, sin apuntar el hecho real de que la televisión cubana ha sido dirigida como un campamento militar, con el beneplácito de la más alta nomenclatura partidista y su siniestro departamento de orientación revolucionaria.

De remiendos es la sociedad cubana actual. Zurcen o ponen un parche y enseguida el hueco se abre por otra parte. Están tratando de atajar más de medio siglo de inoperancia y la indigencia no suele ser muy telegénica.

EL CINE CUBANO ESTÁ EN OTRA PARTE

Uno fallecido y otro desahuciado por enfermedad, los directores que tuvieron la responsabilidad de montarle el tinglado cinematográfico a Fidel Castro, como si fuera un operativo artístico, cuando en realidad terminó siendo uno de sus más poderosos aparatos de propaganda fueron, al menos, personas vinculadas al séptimo arte. Nada los exime, por supuesto, del daño que causaron alineados a las directrices de tan obtuso poder para la libre creación artística.

El burócrata que ahora trata de evitar el naufragio del Instituto Cubano del Arte e Industria Cinematográficos (ICAIC), vuelve con la cantaleta habitual. Hay poco cacumen y mucha adulonería en su idea del origen y trascendencia de la institución: «Y es que Fidel vio, con esa luz larga que lo ha caracterizado siempre, la importancia que tenía el cine; de la misma forma que se había percatado Lenin muchos años antes. Y así devino nuestra cinematografía en un arma de la revolución, no como propaganda, sino como arte comprometido con la nueva sociedad».

Con esos obuses ideológicos se quiebra la poca confianza que ya detentaba la anacrónica organización y, en consecuencia, el cine cubano experimenta una estampida interna y externa. Numerosos representantes de las más recientes hornadas del séptimo arte de la isla ahora carenan en Miami y otros lugares de los Estados Unidos y del mundo. Unos siguen soñando con el cine, otros lo dejan pendiente y priorizan sus vidas en libertad.

Sería interesante preguntarles a estos cineastas si ellos quieren seguir siendo parapetos o puntas de lanza de un sistema anacrónico. Qué diría Alejandro Brugués, exitoso director de *Juan de los muertos,* si debiera elegir entre una supuesta lealtad al régimen o su próximo proyecto vinculado a las pródigas arcas del cine hollywoodense.

Dígale a Carlos Lechuga, realizador ninguneado por haber hecho el testimonio más tremebundo sobre una juventud sin esperanza en el filme *Melaza*, que no se ilusione con la idea de hacer una película sobre vampiros.

Ya el ICAIC no dicta, afortunadamente, ninguna pauta y los jóvenes quieren responsabilizarse con sus obras, aunque luego sean malas, regulares o buenas, sin la intervención de un comisario que les coarte sus ideas y les diga que el cine es un arte pero con el fin ensalzar los desvaríos de un anciano decrépito, sin rumbo, que todavía coletea peligrosamente en sus estertores.

Muchas de las obras de la reciente decimotercera Muestra de Jóvenes Realizadores acuñan esa ansiedad por soltarse las amarras, de una vez y por todas, tanto en sus contenidos irreverentes como en la manera que cuentan controversiales argumentos.

Luego de triunfar en ese evento con el premio de producción, el próximo sábado 24 de mayo tendremos la oportunidad, inusual, de disfrutar del largometraje, *Lejos de La Habana*, realizado entre Galicia y la capital cubana por el director y actor Maikel G. Ortiz.

Ricardo Becerra, actor protagónico del filme, así como su editor, fotógrafo y productor, ha decidido establecerse en Miami, luego de vivir por una década en España, y conversará con el público que asista a la función del Teatro Tower del Miami Dade College a las 9:00 p.m., sobre las particularidades de este empeño.

Lejos de La Habana coloca a tres jóvenes cubanos, de una diáspora distinta a la de Miami, en la encrucijada de regresar o reinventarse en parajes ajenos. Sobre la respuesta a ese dilema tratan estas historias que no nos dejarán indiferentes por la emoción y veracidad que transmiten. El cine cubano del siglo XXI también se hace en otra parte y se manifiesta vital, con ganas de decir y dejar la huella de su tiempo.

CAMPAÑAS

Si no fuera porque el decrépito y elusivo dictador cubano dijo algúna vez que los espías convictos por el sistema judicial de los Estados Unidos regresarían a la isla, nadie se acordaría de ellos, pues es tradición en el críptico mundo del espionaje que los requiebros no se ventilan públicamente.

Quién se acuerda hoy de aquel otro tormento al cual fuera sometido el pueblo cubano bajo la coreana consigna de «Batalla de ideas», que parecía no tener fin.

El «campañismo» ha sido uno de los recursos más socorridos de un sistema que existe aplastando, sin piedad, la idea que discrepe. Claro que los operativos de la época del socialismo real eran sustentados con dinero ajeno, otra de las especialidades del castrismo, que siempre ha sido un aparato prostituido.

El pastoreo intensivo, el cordón de La Habana, la flota pesquera más grande de América Latina, el sistema de construcción de viviendas «microbrigada», los preuniversitarios en el campo, «la universidad para los revolucionarios», la zafra de los diez millones, las milicias de tropas territoriales, las libretas de racionamiento, las aventuras militares en África, la Nueva Trova, el trabajo voluntario, «liberen a los cinco», los comités de defensa de la revolución, han sido componentes, durante este pasado medio siglo, de las obsesiones propagandísticas de la dictadura, encaminadas a la instauración de la llamada utopía comunista no sin antes sufrir las tropelías socialistas.

Estas «campañas» nunca fueron consultadas con el pueblo y, con raras excepciones, todas pertenecen a la mente enfebrecida del hombre que detentó el poder durante décadas antes de cedérselo —sin saber si la mayoría estaría de acuerdo con la transacción—, a su hermano menor, un militar sin mayores atributos conocidos que ahora muchos cubanólogos identifican como «reformista».

Huelga decir que todos los recursos invertidos en estas campañas, salidos de las espaldas del cubano común, no se tradujeron en bonanzas sociales de ningún tipo. Muchas derivaron en frustraciones duraderas e irremediables.

Por otra parte, casi todos los desembolsos financieros de la Unión Soviética y sus satélites fueron dilapidados o desviados a las guerras o compromisos «internacionalistas. Cuando ese cordón umbilical se cortó, luego del derrumbe del «campo socialista», entró en escena la Venezuela chavista como tabla de salvación.

Cualquiera hubiera pensado —considerando la reciente inestabilidad de Maduro—, que el próximo mantenedor de la debacle castrista sería Brasil, con sus abundantes riquezas e inversiones en el puerto del Mariel. Todo parece indicar, sin embargo, que será Estados Unidos, el adversario histórico, devenido salvador, finalmente.

Encuestas, carteles en Washington, cartas y visitas acontecen y se suscriben en el poderoso y vilipendiado vecino del norte para distender el rigor, sin esperar nada a cambio, y los personeros de La Habana le informan a la población, parcialmente y a su conveniencia, sobre dichas estrategias foráneas que redundarán en el «perfeccionamiento» de aquel engendro tan inoperante.

Los cubanoamericanos de Miami que colaboran con estos acercamientos siguen sin ser públicamente reconocidos por el régimen. De hecho, a muchos les tienen prohibida la entrada a la «finca».

El pueblo cubano, tan infantil como siempre, a la espera de las decisiones de los «adultos». Hoy se esgrime el embargo como la causa de los fracasos, antes pudo haber sido la prolongada sequía o el huracán. La indigencia sin fin se ha hecho intolerable y cualquier solución a las penurias resulta bienvenida.

Los Castros, por su parte, juegan a la indiferencia y la dejadez, como si no necesitaran del salvavidas y trazan en el estado mayor, —pues la isla se dirige como un campamento militar—, la «respuesta» más contundente a esta nueva intromisión del enemigo.

EL TRIUNFO LE PERTENECE

Aquel día nublado de agosto del año 1992, que pudo ser fatídico, me viene ahora a la mente frente al espléndido panorama de ver a mi hijo de 17 años recibiendo el diploma de sus estudios preuniversitarios, «Magna Cum Laude».
    Los contrastes resultan ostensibles: para que él sonría sobre el escenario del Dade County Auditórium, con el merecido título, entregado en la ciudad donde nació gracias a todos los dioses tutelares, yo por poco pierdo la vida al cruzar el Río Bravo. Se trata de un lugar común en la saga de quien sale a discutir la libertad por tantos años escamoteada.
    Como suelen ser las ceremonias de graduaciones, he asistido a 21 en Miami Dade College, donde trabajo y esta no dejó de ser un verdadero terremoto en el corazón. Comenzó con la entrega de la Beca Christian Aguilar, dedicada a un egresado de la escuela, quien perdiera la vida a manos de un amigo y concluyó con la sorpresiva presencia del cantante Pitbull, portador del primer título honorario concedido por Doral Academy. Su humildad y consejos lo colocaron en otra dimensión.
    Hace 27 años me estaba casando en un llamado Palacio de los Matrimonios del Miramar habanero en la mayor de las incertidumbres. Solo el amor hizo que sobreviviéramos tantos contratiempos, que hubieran dado al traste con una unión menos consecuente. Sacrificamos nueve años de juventud, para que nuestro hijo naciera donde era merecido.
    Verlo de toga y birrete rojo brillante, con un futuro abierto a todos sus esfuerzos y expectativas es la más grande recompensa de la aventura de ser padres en un país que te da la posibilidad real de reinventarte y donde el límite es el cielo. Trece años han transcurrido desde que lo dejamos, por primera vez, en aquel pre kínder del Northwest, de franca vocación cubana, donde le pedía besitos a su madre para que no se fuera, y luego en la primaria de nuestro

entrañable barrio de Westchester, para terminar sus estudios secundarios en el Doral, donde se hizo de esa sofisticada educación bicultural que se da por sentado y suele ser una de las ventajas intrínsecas de esta ciudad sin parangón en los Estados Unidos.

Vale recordar algunos de los avatares que hemos sufrido para que él comience la carrera de su elección este año en el Honors College de Miami Dade College.

Su madre fue repudiada en la escuela preuniversitaria a donde concurría pues se supo que la reclamaban como parte del éxodo del Mariel. Plan que luego se frustró y estigma que hizo difícil sus estudios universitarios vencidos, finalmente, contra viento y marea.

Ya he contado cómo en mi primer intento por ingresar a la Escuela de Letras en La Universidad de La Habana recibiera el rechazo y la reprimenda oficial por desafecto. Años después, con mucha ansiedad y temor, terminé finalmente mi carrera.

En vez de enorgullecerse y llorar de emoción abiertamente como ahora hacemos todos frente a este sagrado acto de graduación, nuestros padres debieron sufrir, en silencio y frustración, las injusticias de un avasallador mecanismo de adoctrinamiento del cual apenas podían protegernos.

Ese joven responsable, apuesto y triunfante que desde el escenario nos busca entre el público, donde estamos junto a su novia, los suegros, sus abuelos por parte de madre y nosotros, siente la sana vanidad y júbilo de haber cumplido. Sabe que ahora comienza el camino ascendente de las grandes responsabilidades.

Los otros abuelos y su tío, que ya no están, lo admiran y guían desde otra dimensión. Su madre y amiga es la verdadera artífice del éxito. El triunfo le pertenece.

HONESTY

Acaba de salir al mercado la grabación minuciosa de una visita y concierto que el compositor y cantante Billy Joel realizara a la otrora Unión Soviética en 1987, poco antes de que el socialismo se desmoronara, minado por la perestroika y la *glásnost*.

A Matter of Trust, The Bridge to Rusia, se titula la caja donde se incluyen dos CD con una selección de tres conciertos realizados en Moscú, Tiflis y Leningrado, así como un Blu Ray con el documental homónimo donde se narran las incidencias del primer concierto de rock de una estrella estadounidense en el traspatio del «imperio del mal».

Vale la pena recordar que en menor escala, pues era parte de un proyecto más ambicioso, el mismo Billy Joel había podido confrontar los sinsabores del totalitarismo en marzo del año 1979 como parte del festival Havana Jam que se celebró en el Teatro Carlos Marx, de la capital cubana, otro de los consabidos y a la larga inoperantes «puentes» y «distensiones» entre el gobierno de Carter y la dictadura de Castro.

La incursión a la Unión Soviética debió haberle parecido a Joel un deja vu en mayor escala. Gracias a la cercanía y a las emisoras de radio del sur de la Florida, en La Habana, su música era sumamente conocida, no así en la patria de Lenin donde debió educar, sobre la marcha, a un pueblo al borde del colapso luego de tantos años de morralla comunista.

Resulta curioso constatar algunas atribuladas coincidencias entre ambas jornadas. En los dos países, los asientos de los conciertos eran ocupados por personas afines al régimen, sobre todo las primeras filas, aunque luego Joel podía identificar entre el público presente a sus fanes verdaderos que se habían agenciado entradas por diversas vías.

La vigilancia de la policía política también fue uno de los tantos agobios que debieron afrontar. Demasiados agentes suspicaces, como si fuera un operativo militar, siempre acechando en las sombras cualquier exceso de afinidad del público con los otrora satanizados rockeros.

En el documental, espléndidamente restaurado, Billy Joel y su comitiva insisten en una verdad de Perogrullo, que los rusos eran personas buenas y no tan diabólicas como los pintaban políticos de la llamada Guerra Fría, obviando los cohetes que seguían apuntando a objetivos norteamericanos.

Simplifican en su idealismo y no deslindan entre la canalla gobernante y aquel pueblo moscovita de gente cabizbaja, agobiada por la desesperanza.

Hay un momento memorable del documental cuando Billy Joel visita en la calle a un grupo de jóvenes simpatizantes del rock y del modo de vida occidental, y de la nada aparece una señora que los recrimina por dar una visión distorsionada de la juventud soviética.

Joel apuntó entonces que «los muchachos querían que algo sucediera. El sentimiento que tengo es que existe un increíble deseo para el cambio». Un ruso que disfrutó de su concierto confesó, sin embargo, que nada hacía presumir la libertad que sobrevendría poco después.

El famoso pianista considera el viaje a Rusia «probablemente como el momento más importante de su carrera como intérprete» y ha dicho que le complace poder responder a la pregunta de sus descendientes: «¿Qué hiciste durante la Guerra Fría?».

Contribuir con la caída de un sistema nefasto y darles esperanza a sus víctimas es algo de lo cual se puede sentir orgulloso para siempre.

GOODBYE CASTRO

En la deliciosa comedia *Goodbye Lenin* un diligente vástago debe impedir, a toda costa, que su madre se entere de que el comunismo se fue a bolina, en lo que la señora se mantuvo inconsciente, porque su débil corazón no podría tolerar una realidad contraria a su ideología.

En el apartamento donde convalece su progenitora, el muchacho se las arregla para montarle la continuidad del totalitarismo alemán, mediante ingeniosos trucos visuales y conceptuales.

En Cuba, ahora mismo, pareciera que algún adlátere de Fidel Castro, se la ha ingeniado para erigir un tinglado de ficción similar alrededor de «punto cero», residencia del esquivo dictador, donde por una ventana disfruta el cultivo de la moringa y hasta del café caturla, mientras por otra se vislumbran una ganadería rozagante y productiva, así como marchas y desfiles del pueblo combatiente.

Supongamos que le facilitan una prensa impresa para su consumo con los mismos titulares triunfalistas que pusiera en boga durante su régimen y cuando enciende el televisor hay noticieros, mesas redondas y hasta una nueva versión de *En silencio ha tenido que ser,* sobre los cinco espías en cárceles norteamericanas, de donde finalmente escapan siguiendo un plan de fuga ideado por Ricardo Alarcón.

Todas las llamadas y consultas por Internet del dictador son transferidas a un servidor donde diligentes especialistas se encargan de darle acceso solamente al absurdo universo que el mismo conjeturara hace algunas décadas donde el capitalismo resulta inoperante y agresivo, mientras el comunismo se instala como la única certidumbre de un futuro de paz y progreso.

¿Si así no fuera, cómo es posible que el calamitoso causante de tanto desvarío, apenas sepa de lo que acontece en los predios de su fracasado experimento, donde ahora prolifera todo lo que él consideraba anatema social?

En cortometrajes de ficción realizados por jóvenes directores, recientemente, como son *Ida y vuelta* y *Lavadora*, se da fe de la existencia de prostíbulos en La Habana, regentados por violentos proxenetas.

En el largometraje *Melaza* y en el documental *DeMoler*, por otra parte, la industria azucarera se va al traste y con ella, las poblaciones a las cuales dio vida y amparo durante siglos.

Ahora en vez de las absurdas 10 instituciones básicas culturales alentadas para cada comunidad, sin analizar necesidades y circunstancias específicas, por su ex ministro del ramo, el leal Armando Hart, se abre una red de puticlubs, tanto para el disfrute de preferencias heterosexuales como homosexuales. Uno de los mismos aparece, incluso, suscrito por la sobrina Mariela Castro y el controversial Cenesex que dirige a su antojo y beneficio.

A la legendaria dirección habanera «Humbolt 7», donde fueron ultimados por sicarios de Batista jóvenes revolucionarios, debe agregarse hoy día «Humboldt 52», donde noveles strippers cubanas ondulan sus cuerpos en busca del elusivo billete.

En un suburbio de Santiago de Cuba, Altamira, la población sale a protestar porque las autoridades pretendían incautarle la mercancía a un vendedor de granizado. Para enfrentar una manifestación de más de un centenar de personas llegan policías motorizados, pero en pocos minutos se retiran despavoridos por donde mismo arribaron ante la ira popular de imprecaciones y tomatazos.

El consumo de crack se entroniza en una red establecida al efecto. 5 CUC por cada dosis es el precio que dicta el mercado alternativo, donde además campean por su respeto otros derivados como el llamado «yayuyo» que es una combinación de piedra de crack con marihuana.

Este bochinche de país afligido acontece en lo que el dictador espera quedo y ajeno la visita de la Parca. Sería saludable que alguien lo despertara de su embelesamiento.

EL HORROR

Todavía recuerdo como si fuera hoy, en La Habana de 1968, a un estudiante checo llorando desconsolado porque Fidel Castro sancionaba como necesaria la invasión soviética que diera al traste con la llamada Primavera de Praga, donde sus paisanos trataron, inútilmente, de ponerle un cariz humano al socialismo.

Sentado en la penumbra del Teatro Tower del Miami Dade College, sobrecogido por el filme de Agnieszka Holland, *Burning Bush,* me vino a la mente aquel muchacho afligido y pensé, lo que cuenta esta obra maestra cinematográfica sería suficiente para disuadir a conocidas personalidades que hoy abogan, empecinadamente, por suavizar las sanciones a la dictadura cubana, sin nada a cambio.

¿Por qué?, siempre me pregunto en estos casos, personas prominentes y libres en sus cómodas y desenfadadas existencias, desean para los cubanos la funesta «vida de los otros» que relata minuciosamente durante cuatro intensas horas el filme *Burning Bush*.

En 1969, cuando el estudiante checo Jan Palach se inmoló prendiéndose fuego en la Plaza Wenceslao como protesta por la ocupación rusa, Agnieszka Holland estudiaba cine en esa ciudad.

Veterana en las lides del séptimo arte, donde ha sido hasta nominada para varios premios Oscars, Holland cuenta que recibió la propuesta de hacer la historia de las consecuencias de aquel sacrificio, de parte de un grupo de jóvenes checos para la cadena HBO Europa, porque consideraban que era la artista más apropiada para tal empeño.

El resultado fue tan exitoso, que la serie inicial terminó presentándose como filme íntegro en dos partes en varios festivales y ahora hace la ronda comercial, con una parada, afortunadamente, en nuestro entrañable cine de arte de la Pequeña Habana, programado con tanta sensatez por el cineasta Orlando Rojas.

Para los que todavía dudan que Paya muriera en un accidente y Laura Pollán de una repentina e inexplicable enfermedad, los convido a conocer cómo funciona el siniestro mecanismo represor del totalitarismo, ese mismo que aún rige los destinos de mis coterráneos y hoy, en su desfachatez, pudiera ser capaz de programar este filme en Cuba como si fuera una circunstancia ajena.

Tan kafkiana es la historia que relata *Burning Bush* que el crítico de *The New York Times*, en su elogio de la cinta, escribe que resulta difícil imaginar todos estos absurdos cotidianos sin haberlos vivido.

La muerte de Jan Palach se complica cuando un dirigente del Partido Comunista lo descredita públicamente y la madre y el hermano del estudiante deciden demandarlo por difamación y echan una batalla judicial que está perdida de antemano pero permite revelar la intríngulis de un sistema diabólico.

La abogada defensora, quien luego sería la primera Ministra de Justicia de Checoslovaquia libre, y la madre, son mujeres que ponen en alto la dignidad de un pueblo valiente que nunca aceptó el despotismo ruso y que recuerdan a las Damas de Blanco.

Holland ha elegido una fotografía empercudida para asomarse al horror donde además de vivir con miedo y sigilo, todo escasea y casi nada funciona, a no ser que pertenezcas a la nomenclatura corrupta, especializada en dilapidar lo ajeno.

A un televisor hay que darle puñetazos para que enderece su imagen, mientras un camarero obstinado por tener que repetir lo que no hay, le pasa raya en el menú a los numerosos platos que ya no existen en la cocina. A tales detalles ominosos llega este filme extraordinario, superior en su alcance devastador al ya clásico *La vida de los otros*.

Burning Bush merece un peregrinaje al Tower de los exiliados cubanos y sus descendientes así como de otras personas que todavía cifran sus esperanzas de progreso en el atroz espejismo comunista.

DEPORTE, DERECHO DEL PUEBLO

Es sabido que las dictaduras suelen ostentar pasiones deportivas como parte de su empoderamiento internacional. Hitler llegó a tener a una de las mejores documentalistas de todos los tiempos registrando sus glorias olímpicas. Lo mismo siguió ocurriendo en el otrora campo socialista antes de desaparecer.

Los éxitos en el deporte estuvieron entre las más eficaces operaciones de relaciones públicas de estos regímenes espurios, sobre todo porque eran considerados triunfos de un sistema político sobre otro.

Oprobiosas resultaron ser las «fabricas» de atletas creadas en la Alemania Oriental y, hasta el día de hoy, en la República Popular China, no obstante las denuncias recibidas debido a los abusos que se cometen con los niños.

Por supuesto que durante el esplendor del comunismo cubano, cuando los recursos eran dilapidados porque provenían de ultramar, la isla caribeña también devino potencia deportiva del hemisferio. Sobre todo de aquellas competencias que permitían subliminar contiendas casi castrenses contra el enemigo imperialista.

El boxeo y el beisbol, así como algunas especialidades en campo y pista, le permitieron a Fidel Castro ser el «triunfador en jefe» en numerosos certámenes. De cierto modo también, aunque esa no fuera la principal intención, los eventos deportivos nacionales usurparon, en muchos sentidos, la función de «circo» —porque el «pan» estuvo siempre elusivo—, que requerían las masas en sus requiebros insolubles.

A propósito del Mundial, que ahora todos disfrutan, valga aclarar que el futbol nunca sirvió a las batallas deportivas de Castro, además de que antes del socialismo chavista Cuba se mantuvo ajena a Latinoamérica a no ser para asuntos de subversión.

La indigencia social galopante, sin embargo, ha hecho dar un giro inesperado a la tradición histórica y ahora el popular deporte del balón amenaza con sustituir el juego nacional, la pelota, de glorioso legado.

A finales de los años ochenta mi hijo mayor, quien se crió en el barrio obrero de Alamar, rodeado de hijos de guerrilleros suramericanos venidos a menos, terminó por abrazar temprano la pasión del futbol, mucho antes del fenómeno que hoy se vive en Cuba.

Por aquella época parecía una excentricidad y hoy es una de las pocas formas que los muchachos pueden practicar colectivamente un deporte, pues solo necesitan un balón, susceptible de ser pateado descalzo, y un pedazo de terreno.

Al régimen no le interesa seguir produciendo una cantera de peloteros, luego de sonadas derrotas internacionales y una ostensible decadencia que hace desertar continuamente a los más talentosos prospectos.

En el documental *Tiempo extra*, realizado en el pueblo de Bauta, un jugador y fanático extremado del futbol brasileño, llegó a establecer la costumbre de que cada seguidor de equipos en la localidad izara en sus casas respectivas las banderas del país que suscribían, lo cual dio como resultado que la policía local le llamara la atención pues no estaba permitido enarbolar otro blasón que no fuera el cubano.

Afortunadamente esta persona se encuentra actualmente disfrutando del Mundial en Brasil gracias a las gestiones de los productores del documental.

Por estos días el régimen cubano se siente cómodo de poder proporcionar a la población, agobiada por el verano y otras carencias, la ventana de libertad que significa un encuentro internacional de estas proporciones. Durante numerosas jornadas televisivas el pueblo podrá prescindir de mesas redondas, «reflexiones» enloquecidas y regaños de los jerarcas partidistas por las llamadas indisciplinas sociales.

Los ahora numerosos fanáticos afiliados a los más diversos y ajenos equipos, podrán expresar su opinión sin ser coartados y, de refilón, asomarse a un mundo que les es vedado el resto del año.

EL TERROR

Termino de leer, de un tirón, la novela *Mapa dibujado por un espía* y no puedo dejar de pensar en el causante de todos los atropellos y sinsabores que se refieren en la misma, ese hombre que envejece, retorcido, como un jefe mafioso en su residencia de Punto Cero, mientras recibe la visita de dignatarios y personajes de toda ralea que vienen como a besarle el anillo para suscribir sus macabros quehaceres históricos.

Este libro es la más reciente entrega de la obra inédita del gran narrador cubano, Guillermo Cabrera Infante, publicada por Galaxia Guttenberg, gracias a la perseverancia de su viuda, la infatigable Miriam Gómez, asistida por un editor y cómplice estrella Antoni Munné.

Narra, mediante un ímpetu casi cinematográfica de serie negra, cuatro meses del año 1965 cuando Cabrera Infante vuelve eventualmente a La Habana, procedente de sus tareas diplomáticas en Bélgica, para asistir al entierro de su madre, y de cómo al pretender regresar a Europa, en compañía de sus hijas y con la idea secreta de exiliarse junto a Miriam Gómez, quien esperaba en Bruselas, una misteriosa disposición ministerial le impide abordar el avión.

La novela demuestra, entre otras evidencias, que el llamado quinquenio o decenio gris —depende del pudor del estudiosode los años setenta, siempre traído estratégicamente a colación como único período represivo a lamentar, era parte de un modus operandi que no ha cesado en más de medio siglo de «revolución».

Según el editor, *Mapa dibujado por un espía*, fue una suerte de «*work in progress*» de la literatura de Cabrera Infante, pieza clave y dolorosa, a la cual regresaba periódicamente, que bien pudiera figurar en la singular categoría que abriera *Mea Cuba*, volumen donde reúne parte esencial de su espléndido periodismo autobiográfico y antitotalitario.

Es una crónica sin eufemismos ni metáforas sobre el pavor revolucionario y el desmantelamiento de una ciudad paradigmática, como una suerte de castigo por no atenerse a la mediocridad ideológica que le imponían contra natura.

Resulta revelador constatar que la tristeza y amargura de vivir sin salida en aquella insularidad diabólica, no fue exclusiva de mi generación, que vio a cubanos hacerse a la mar de modo masivo en dos oportunidades, sino que ha sido un estado de ánimo consustancial a personas que se resisten a ser oprimidas en aras de un proyecto social abocado al fracaso.

Personajes siniestros de la política cubana como Ramiro Valdés, Raúl Roa y Carlos Rafael Rodríguez, desde entonces, pudieron determinar el destino de personas notables en diversos ámbitos de la sociedad cubana.

Abrían y cerraban a su antojo las rejas de la prisión grande en que se convirtió la isla. Caer en desgracia, simular, ningunear, delatar, chantajear, homofobia, doble moral, crear un expediente contrarrevolucionario, fueron circunstancias del día a día de escritores y artistas que cifraron su esperanza en una nueva Cuba para encontrarse en medio de una encerrona tenebrosa donde comulgas de manera oportunista, o quedas fuera del juego.

Hay un momento que Cabrera Infante se refiere a los transeúntes como zombis, adelantándose muchos años a la tesis del filme *Juan de los Muertos*. En otros se toma el tiempo de contarnos, en detalle, sobre la inoperancia del sistema, su consustancial indigencia y la conformidad, sin chistar, del cubano con todo lo que se le encimaba.

Si *Mapa dibujado por un espía*, fuera otro fruto de su prodigiosa creatividad, perduraría como pieza clave de la bibliografía internacional sobre el absurdo dictatorial. El hecho de que sea un testimonio novelado, lo coloca como un capítulo de obligada referencia para quienes se encarguen de dilucidar las consecuencias perdurables del terror.

MI HERMANA Y LA FELICIDAD

El fin de semana pasado me fui con la familia a una casa que mi hermana alquila, con su esposo, cada verano, en la paradisíaca Marco Island. Se trata de una residencia enorme, con todas las comodidades, piscina y patio que termina en espigón. Está a unos pasos de cierta playa del Golfo de México, de aguas tibias, arena blanca como talco y numerosos caracoles que le dan un viso de virginidad.

Mi hermana es la única hembra de una prole de cuatro varones. Por años mis padres la estuvieron buscando hasta que llegó, inesperadamente, luego de una larga y obligatoria movilización de mi progenitor en los cañaverales cubanos.

Creció naturalmente rebelde, escuchando cuentos de cuando fuimos muy felices en Chicago y Hialeah, antes de regresar a Cuba en 1962, cuando ella aún no había nacido.

Acabada de arribar al mundo, le sugerí a mi madre que le pusiera el nombre de una cantante española que en 1967 recién encandilaba a mis coterráneos con sus *Rosas en el mar*, y otras modernas baladas, durante el Festival de la Canción de Varadero.

Me imagino que llevar ese apelativo extranjero, nada en boga por entonces, el haber sido niña y adolescente junto al mar, en la Habana del Este —con toda la libertad que la circunstancia conlleva—, así como ser vástago de una familia «repatriada», marcaron para siempre su espíritu de inconformidad en contraposición al adoctrinamiento que el régimen quiso endilgarle, desde temprano.

Rodeada de varones y por tanto consentida, en un hogar liberal, dado al elogio de los Estados Unidos, a sotto voce, por supuesto, donde entraban y salían los más singulares animales, —gatos, aves, iguanas, crustáceos, serpientes, etc.—, cortesía del hermano número cuatro, fue desarrollando un afecto muy particular por la fauna y es por lo cual hoy nadie le puede discutir que sus dos pequeñas perras interactúan con ella como si fueran personas.

Mi hermana no continúo sus estudios universitarios porque nunca se doblegó a las coyundas políticas que tal paso reclamaba. Nada de escuela al campo, miembro del comité de defensa revolucionario, militancia de la juventud comunista, trabajo voluntario, federación de mujeres cubanas y ninguna otra monserga socialista toleró en la forma temeraria de vida que eligió, donde siempre contó con la complicidad de mi madre, aliada incondicional.

Cuando comenzamos a escapar de aquel infierno a como diera lugar, porque no es privilegio de los cubanos elegir cómo y a donde partir, se fue quedando atrás y, en segundas nupcias, tuvo a su hija, el verdadero caudal de su felicidad. De aquel alumbramiento supimos, espantados, que la habían suturado con hilos de henequén.

Mi madre falleció antes de verla reunirse con nosotros en el exilio, finalmente, pero mi padre fue su fiel escudero hasta que partió al encuentro de su novia y esposa por medio siglo.

Su hija, quien llegó pequeña y acoquinada, hoy termina dos carreras en FIU con el más alto aprovechamiento académico, mientras ella ha ido escalando posiciones en una fábrica donde es respetada por la ética de trabajo irreprochable que heredamos directamente de nuestros padres.

A mi hermana le gusta decir que su vida comenzó cuando aterrizó en el aeropuerto de Miami y prefiere borrar un pasado de inopia y oprobio, ajenos a su personalidad.

No me la imagino mal viviendo en aquel apartamento 304 del edificio 29 de la Habana del Este, sin esperanza ni futuro.

Yo sé que a mi hermana la protege una coraza curtida por los golpes, pero henchida de corazón. En Marco Island la vi triunfal, en la plenitud de su felicidad.

INTERCAMBIO CULTURAL ENTRE NOSOTROS

Después de tantos años de éxito continuo, el centro nocturno Hoy como ayer sigue siendo un sitio obligado a la hora de valorar la presencia y desarrollo de la música popular cubana contemporánea en Miami. No creo que ni en la isla, por carencias harto conocidas, exista un lugar tan intenso y progresista.

La semana pasada tuve el honor de presentar un video clip musical del polifacético artista y profesor Alfredo Triff, perteneciente a su más reciente álbum *Miami Untitled*. La canción, interpretada por Roberto Poveda, y llevada al formato sucinto del video clip musical por Luis Soler, se titula *Abusé* y cuenta con la actuación estelar de la musa sentimental y artística del compositor, la actriz y poeta Rosie Inguanzo.

Valga la pena apuntar que Alfredo no anda por los rincones llorando porque la enrarecida política radial comercial local no incluya su música esmerada en los programas al uso.

No compone, ciertamente, para complacer un parámetro cansón y repetitivo, portador de frivolidades, que suele ofender la inteligencia del público con sus fórmulas. Lo suyo tiene garantizado audiencia en las posibilidades numerosas de lo alterno. De tal modo, cerca de doscientas personas se dieron cita en el acogedor espacio de Hoy como ayer.

Sobre el video clip musical apunté durante la presentación: «A Triff y sus partidarios les gusta hacer estallar patrones y estereotipos y en esta oportunidad tienden ante nuestros ojos un verdadero campo minado, donde nos damos de bruces con este singular manual, en vivo, de cómo se transmuta un 'tarro cubano' —en su acepción de adulterio— en un 'tarro surrealista', suerte de brindis a la memoria de Buñuel y su sempiterno Martini Seco, donde el ojo y la navaja han sido trocados en la cabeza de un puerco y el filo de un cuchillo matavaca».

Todos los personajes que figuran en *Abusé* son cuenteros trashumantes. Se esfuerzan en «tupirnos» y alucinarnos, con sus historias. Es consustancial a los buenos músicos la seducción argumental, hacernos el «cuento de la buena pipa», ese que nos enreda con mucho «ton y son».

Conviene saber, por otra parte, que Luis Soler es diseñador de sellos de correos, así que le sobra destreza para constreñir tantos amorosos y peliagudos sucesos descritos, con humor y delirio, por *Abusé*, en 3 minutos y 27 segundos, un delicioso alarde de síntesis.

Al grupo de ejecutantes exquisitos interpretando la música de Alfredo Triff, los mismos que contribuyeron a la magia de su anterior álbum, *Boleros perdidos*, se unieron dos voces paradigmáticas del cancionero cubano de hoy mismo, Aymee Nuviola y Xiomara Laugart, sentando cátedra de cómo se domina el espacio de la nocturnidad y la interpretación, con desenfado, mucho sabor, y unas cuerdas vocales de ensueño que alguna deidad les regaló para satisfacer nuestros sentidos.

Alfredo Triff es el epítome del artista e intelectual cubano libre, elegantemente ataviado, haciendo malabares con un violín tarambana que se sumerge en nuestra historia musical, tributada al dedillo, para emerger con disonancias, que hablan de una isla «otra», donde todo es posible.

Y que bueno dejarse llevar por la corriente en este intercambio cultural entre nosotros mismos, sin que Marta Valdés se disguste en Miami porque se anatemiza el castrismo y un mequetrefe mal agradecido le cante loas a los espías.

Es mejor así, «noche azul», sin una tal Bacallao y el arrastre oscuro de sus conciertos para la juventud comunista, y de cierto trovador desconocido que las Damas de Blanco acusan de opresor.

Vale la pena una noche miamense, cálida, de decencia, sonrisas y reverencias, donde la cultura cubana se muestra presumida y exitosa.

MUSEOS

Recuerdo haber ido una vez al Museo de la Revolución por la curiosidad de asomarme al otrora Palacio Presidencial que habían usurpado los nuevos dueños de Cuba para montar toda aquella parafernalia de la rebelión antibatistiana y lo que aconteció años después.

No se me olvida el trato peyorativo dispensado a la Brigada 2506: «mercenarios derrotados en 72 horas» y el capítulo de la rebeldía anticastrista en el Escambray como: «lucha contra bandidos». Me parece haber visto ropas usadas por Camilo Cienfuegos y un burro disecado perteneciente a Ernesto Guevara, durante sus campañas guerrilleras en la Sierra Maestra.

Tanto ese museo, como otros que visité durante mi vida en la isla, reescribían y torcían la historia de Cuba al antojo del voluntarioso dictador y su camarilla. De cierta manera, fueron llamados a sustituir los templos religiosos en aras de un nuevo dogma.

La muestra del Palacio Presidencial termina en el patio trasero del inmueble, justo a la entrada del Museo de Bellas Artes, donde se exhibe, en una urna de cristal climatizada, el yate Granma así como el camión baleado que trasladó a parte de los jóvenes heroicos que intentaron, mediante las armas, cambiar el rumbo de la nación un 13 de marzo de 1957, sin esperar órdenes del Movimiento 26 de Julio.

El comunismo tiene predilección por los museos y los mausoleos funerarios. En Cuba alguien tuvo la macabra idea de exhibir las manos cortadas al «Che» Guevara en la base del monumento a Martí en la Plaza de la Revolución antes de que recuperaran finalmente sus despojos. La idea, afortunadamente, no prosperó.

Generalmente estos sitios repiten la misma cantaleta iconográfica ya se expongan en Pinar del Río u Oriente porque la historia oficial no permite ninguna revisión y, realmente, hay muy poco que exhibir. No es una historia de éxitos, más bien de fracasos, de promesas incumplidas y frustraciones infinitas.

Hay un museo, sin embargo, que bien pudiera tener varios pisos de exhibición en Cuba y es el del castrismo. Más de medio siglo de inoperancia y tribulaciones lo haría un futuro lugar de peregrinación para que la historia nunca se vuelva a repetir. Creo que es una idea que podemos tomar prestada de otras comunidades que muestran sus sinsabores.

En el salón de la «Magia» de este museo quedarían asentados todos los productos, lugares, cosas y circunstancias que fueron desapareciendo con el devenir del socialismo, por cierto muchos de los cuales han sobrevivido en el enclave que los cubanos fundaron a solo 90 millas.

En el de los «Sustitutos» pudieran exhibirse el café de chícharo, el picadillo de gofio, la «masa cárnica», la wachipupa y el líquido de freno —ambos menjurjes para beber—, el cerelac, croquetas explosivas

La sala de los absurdos contendría el espectáculo de un acuario con amenazadoras y apetentes clarias; pollitos y tilapias criados domésticamente para la canasta familiar y un obelisco dedicado a la libreta de abastecimiento, la más siniestra obra editorial de la revolución.

IRRESPETO DE BUENA FE

Cantinflas se hubiera dado banquete haciendo la defensa festinada de la dictadura castrista, sobre todo, para convencernos de que es una forma legítima y aceptada de gobierno. No pocos humoristas cubanos han caminado esa frágil y peligrosa línea de explicar las consecuencias cotidianas del totalitarismo. Han jugado con la cadena pero nunca con el mono que, en este caso, suele ser letal.

Tal vez los modos artísticos más legítimos de rebeldía siguen perteneciendo a cultivadores del hip hop como Los Aldeanos.

Sin embargo, cada vez son más los músicos procedentes de la isla que se ufanan de incursionar en territorio otrora satanizado, utilizando los más disímiles recursos disuasorios: sosegar nostalgias de compatriotas llegados recientemente, intercambio cultural, sanación de heridas, libertad de expresión, «somos un solo pueblo», en fin, argumentos que brillan por su oportunismo. Muy pocos, se sinceran y reconocen, abiertamente, que sin Miami ya no hubiera país y llegan, como ajenos, en busca del billete verde, tan elusivo en la isla.

Ahora el dúo Buena Fe anuncia que se vuelve a presentar en el Dade County Auditórium el 18 de septiembre. Ya estuvieron con anterioridad en Miami donde —según apunta Israel Rojas, cantante líder del dúo—, ostentan exitosos recitales como el del «Manuel Artime», nombre problemático que el confiesa desconocer, aunque presume de ser persona culta, porque en Cuba pudo estudiar.

De aquella aciaga estancia no ha olvidado como Kary Bernal le preguntó, intempestivamente, sobre Las Damas de Blanco a lo cual él respondió con un improperio poco galante y luego, para agudizar las contradicciones, se filtró online un concierto donde volvió a mencionarlas como «la jodedera de las puñeteras estas de Blanco...»

En una entrevista aparecida recientemente en medios electrónicos, Rojas volvió a la carga y dijo no esperar nada de la prensa de Miami pues el manejaba su propia promoción por Facebook, porque no quería ser manipulado en ninguna orilla. Con respecto a su experiencia en sur de la Florida aún se aflige al recordar los epítetos de oficialista y castrista que le endilgaron, a su entender, sin justificación.

El dúo Buena Fe pertenece a la categoría de los llamados cantautores, que tanto abundan en la isla, con letras de vocación trascendental, siendo Silvio Rodríguez el epítome de tal tendencia que encandilara a generaciones anteriores con canciones incómodas sobre el régimen, para luego transmutarse en su juglar oficial.

Israel Rojas no parece haber experimentado esa metamorfosis, al paso del tiempo, y parte de una premisa revolucionaria. Afirma —en la mencionada entrevistaque la influencia cubanoamericana será eventualmente «engullida» por la población de origen mexicano, «más fuerte y numerosa» y que «el estribillo de que hemos vivido durante tantos años en una dictadura férrea, horrible, desgraciada, maldita, es como decir que los cubanos somos unos carneros por haberla tolerado. Siempre siento como una ofensa ese tipo de frases, porque yo no soy un cobarde, soy un hombre feliz».

El dúo Buena Fe recomienda que los jóvenes cubanos viviendo en los Estados Unidos se hagan ciudadanos y voten para variar «la tendencia» hostil hacia la isla como una manera de ser «patriota».

El nuevo concierto en Miami comenzará con el himno «Cuba va», que hace loas a la revolución, del Grupo de Experimentación Sonora.

Israel Rojas explica su manera de ser feliz y militante: «…tengo una participación política activa; voy a los primero de mayo no porque me obliguen sino porque lo siento, porque me encanta, porque es una fiesta. O sea cada vez que alguien me tira a la cara ese pastel, yo sencillamente le respondo que me está irrespetando».

ELOGIO DE LA MADRE AL AMANECER

Años sesenta, setenta, ochenta y levantarse temprano para ir a la escuela en nuestro apartamento 304 del edificio 29 en la Habana del Este, donde viví con mis padres y mis hermanos, era toda una ordalía.

Llegar a cualquiera de los dos baños —pues dos existían en cada morada de este último barrio obrero diseñado por el gobierno de Batista—, abrir el grifo, y que no saliera agua era lo más común.

Entonces había que ir al patio donde en un tanque de 55 galones se almacenaba el preciado líquido para afrontar lo imponderable.

Por disposiciones de mi madre, sabia dueña de la logística doméstica, los inodoros se descargaban cuando todos habíamos evacuado para ahorrar el agua que solía no llegar cuando era esperada. Podía ser un día sí y tres no.

El tubo de pasta Perla, de metal gris repugnante, sin etiqueta, uno al mes para toda la familia, era minuciosamente comprimido, nadie se dispensaba más de una migaja. Al final, cuando era imposible seguir exprimiendo, se cortaba el envase con una tijera y abierto de modo tubular, los cepillos de dientes terminaban lustrando su interior.

Mi madre luego hacía malabares, como una verdadera alquimista, para lograr los cafés con leche mañaneros combinando un menjurje prieto, derivado del chícharo, con leche en polvo y otra natural y aguada, en litro, que mi padre había logrado agenciarse como parte del ya sinuoso mercado negro.

Nuestros calcetines debían ponerse con cierta delicadeza. Primorosamente zurcidos, a veces eran solamente la parte visible, el resto del pie iba casi descalzo dentro del zapato «escolar» desagradable, de punta roma.

Ni hablar de la ropa interior para cuatro varones, pulcra pero de elásticos desbembados y tejido deshecho por el uso.

Mi padre, como siempre, partía de madrugada al taller de impresión, cita a la que nunca faltó, imbuido de una ética laboral desesperante para tan escasa retribución.

Del despertar, ciertamente, lo único valioso era la férrea voluntad de mi madre, su amor y entrega para hacernos creer que la «vida era bella», en medio de aquel naufragio.

En la escuela nos esperaba el adoctrinamiento puntual y el miedo temprano. La directora de la Secundaria Básica Otto Barroso me ultraja frente a mis compañeros de clase como ejemplo negativo de un alumno «apático» cuando dije, con sinceridad, que no quería ir al lamentable programa «La Escuela al Campo», que por entonces comenzaba, durante 45 días cada curso.

Con el tiempo, he meditado sobre mi madre, cuando todos partíamos a la incertidumbre de ser pioneros «como el Che» y se quedaba sola en aquel ventilado apartamento, con la escasez mordiéndole el costado, tratando de imaginar una comida probable para nuestro regreso. Casi seguro triste, aunque nunca lo hiciera obvio, pensando en los días prósperos de Hialeah dejados atrás en busca de una utopía fracasada.

De buena fe, no puedo comulgar con Israel, el cantante, quien procede de uno de los pueblos más menesterosos de Cuba y celebra el onomástico del causante de tantos desatinos, ni con la profesora de periodismo Milena, que quiere que yo nombre un sitio electrónico dirigido por alguien que menoscaba al exilio, y mucho menos con Elina, alumna de la Universidad de Ciencias Informáticas en la isla, analfabeta funcional, con tantas faltas de ortografía que dan vergüenza ajena, todos en su respuesta a mi anterior columna, defendiendo una existencia mezquina e innoble. Pobre país.

Confieso que hoy me es imposible ser condescendiente, cuando pienso en los amaneceres grises y atribulados de mi madre en aquella ciudad maltrecha junto al mar.

OTRO INTERCAMBIO CULTURAL

Me encontré dos veces con Isaac Delgado en los pasillos del Canal 41 (AmericaTeVe). Recibí un saludo cordial sin haber sido presentados. Además de su talentosa huella en una franja que fuera muy popular en la música bailable cubana, me pareció una persona decente y comedida.

Durante su estancia entre nosotros, en lo que parecía ser un exilio por los tormentos que suelen sufrirse en Cuba, logró hasta llamar la atención de un productor estrella como Nat Chediak, quien le agenció el CD *Love*, con las canciones que Nat King Cole hiciera popular en español cuando Tropicana estaba en su apogeo.

Luego de otros éxitos, sin embargo, por el año 2011, Delgado regresó a Cuba, sorpresivamente, para hacer una canción y video con Gente de Zona en La Habana.

Era un recorrido en bicicleta por barrios miserables pero con transeúntes contentos y bailadores, como los prefiere la dictadura, aderezado por una suerte de himno chovinista titulado *Somos Cuba*, que no tuvo mayores consecuencias.

Hace algunos meses, tanto Delgado como Manolín, el Médico de la Salsa, decidieron hacer el acrobático viaje a la semilla. Al segundo le dio por mandar a retiro en Facebook a la gerontocracia que detenta el poder en la isla y la prensa oficial le fue arriba con encono. Le dijeron, incluso, que estaba pasado de moda y nadie se acordaba de él.

Delgado, por su parte, está tratando de abrirse paso de modo diferente pues sabe que la «timba», el ritmo donde reinó alguna vez, ya no está en los primeros lugares de preferencia.

La semana pasada concedió otra entrevista a un medio digital del régimen donde aprovechó para quejarse, discretamente de su paradójica situación:

«Aún no he salido en la televisión ni estoy programado en la radio, pero tampoco estoy reclamando nada. Ya eso vendrá y por ahora estoy trabajando para la gente del pueblo que me quiere ver».

Coincidiendo con estas declaraciones, no exentas de tristeza, Gente de Zona anuncia el concierto de Miami que daría inicio a una gira por los Estados Unidos. De la noche a la mañana se han vuelto un «commodity» para el mercado de la música latina que tiene peculiares exigencias.

En Cuba los observan, sin embargo, con cierta cautela porque tener a Miami como plataforma de sus empeños musicales contradice todo el veneno que destila el régimen —que no es muy dado al reguetón, por cierto—, contra la ciudad y su comunidad de exiliados.

Cuando anunciaron el concierto por la radio, el cantante líder de Gente de Zona, Alexander, se mostró eufórico por sus éxitos en los Estados Unidos, que ya incluyen colaboraciones con Pitbull y el dúo venezolano Chino & Nacho.

Aunque ha manejado con mucha prudencia el tema político en sus entrevistas, ante la pregunta de si colaboraría con Gloria Estefan, dijo, sin miramiento, que sería un honor contar con la presencia de la diva en alguna de sus producciones.

Actualmente Bailando, la pieza de Descemer Bueno donde comparten con Enrique Iglesias, es un fenómeno de popularidad y mercadeo inusual, pues su primera versión en español se abrió paso en la lista de 100 éxitos que compila cada semana la biblia del universo musical, *Billboard*, algo que no se veía desde la *Macarena* de Los del Río en 1996.

Especialistas de la publicación han confirmado, por otra parte, que los DJ de la radio latina de Miami han contribuido con el éxito de *Bailando*, que ahora contagia a otras zonas relevantes de la nación.

Este otro intercambio cultural es como de sueños, llega sin controversia y con las arcas llenas.

ABERCROMBIE VS. CHE

Sin el menor recato, como si se tratara de un país común y corriente, la más importante publicación cultural online del régimen cubano ha dedicado un dossier al modo de vestir de la población de la isla, algo parecido a la moda, para lo cual convocó a una serie de conocedores, quienes terminan por enredarse en un laberinto de eufemismos que apenas rozan los fundamentos de la debacle.

Quién no padeció, alguna vez, un espanto de imitación de jean, llamado Jiquí; la insufrible camisa Yumurí, de aburridos estampados; el abrigo «veinticuatro por segundo» (porque eran todos iguales y con esa frecuencia aparecían en la calle), o los zapatos «Kiko plásticos», que las víctimas de su uso conocían como «ollitas de presión» por el efecto nauseabundo del calor y la humedad sobre los pies.

Por qué los especialistas no se refieren a engendros de la moda cubana como el «baja y chupa» o la consabida licra en sus más funestas variantes, como única opción para las féminas desandando las calles de La Habana. Se olvidan de mencionar la incapacidad del régimen a la hora de producir ropa interior femenina y masculina como si fuera un lujo burgués.

Recuerdo a mi madre ingeniando unos ajustadores de telas y rellenos diversos que más bien parecían armaduras medievales. Ni decir que los pocos pantalones de mi padre eran reducidos en talla para que nosotros, sus hijos, pudiéramos salir a pasear con cierta decencia.

Algún día se erigirá el monumento a la progenitora cubana que debió cubrir la retaguardia de una sociedad tan inoperante. Fueron ellas las que inventaban y cosían, cuando Miami aún no era la fuente de la felicidad, los caprichos de sus jóvenes descendiente atentos a la moda universal.

Los pantalones «tubitos» y las «campanas» se confeccionaron por tan diestras y amorosas manos, para que luego personas deleznables como la actriz

Ana Lasalle, persiguieran y descosieran en plena calle a quienes se atrevían a vestirse como el enemigo.

La socorrida Graziella Pogolotti explica hoy, con hipocresía, la represión: «Una lectura ideológica equivocada convirtió en problema actitudes que no expresaban conflicto alguno con los principios fundamentales de la Revolución».

Quiere que olvidemos a su dictador desbarrando desde la tribuna contra comportamientos extranjerizantes y feminoides.

Resulta incongruente teorizar sobre el vestir del cubano cuando la criolla guayabera fue usurpada por agentes de la seguridad en su perenne cruzada de miedo y de Africa llegó y se impuso, entre la clase dirigente, el colonialista safari.

La moda, el vestir es consustancial al mercado y sus marcas, las cadenas de tiendas por departamentos y la libertad de elegir. He contado como Aida Santamaría me dijo que utilizaba los Levis porque eran fuertes para el trabajo voluntario y consumiéndolos se le hacía daño al imperialismo yanqui, empeñado en imponer su voluntad.

Hemos sido espectadores inertes del desmontaje de la industria textil cubana y de sus famosos y eficaces talleres de confección.

Ultra, La Epoca, Flogar y Fin de Siglo, entre otras tiendas, son mudos testigos de una época de gloria, hoy totalmente devastada.

Ahora, el mismo gobierno que sigue obstruccionando la iniciativa empresarial ha impuesto leyes para que los cuentapropistas no importen la ropa que es incapaz de producir y los parientes salvadores de Miami disminuyan sus ansias perennes de hacer feliz a la familia de la isla.

Al régimen y sus escribanos les preocupa la parafernalia textil capitalista y su simbología, muy reclamada por la juventud cubana, como la de cualquier otro país. Se han dado cuenta, algo tarde, que la decadente imagen del Che no compite con Abercrombie.

VISA Y DINERO

El debate cultural en Miami se ha vuelto denso, neblinoso, lo cual se revierte en ganancia neta para el régimen que prefiere la discusión, abierta y sincera, fuera de su redil.

Un médico, especializado en «salsa» —la bailable—, le da un rapto de incontinencia verbal para convencernos de que se puede vivir en Cuba y ser libre, sin estar en la oposición, axioma bastante improbable.

Otro compositor e intérprete, pero con pegada exitosa en la industria del entretenimiento de los Estados Unidos, se yergue en la isla e impreca hacia esta orilla —cual Proust caribeño—, sobre un jugo perdido que le sirve para invocar las maldades del enemigo, debido a las cuales el país no ha podido avanzar.

En un flanco sesgado de esta labor de zapa, se anuncia un concierto, a lo grande, de cierto dúo guantanamero en el emblemático Dade County Auditórium. Pertenecen a la estirpe de los que creen, todavía, que «el proyecto revolucionario es perfectible», —extraña jerigonzamientras el país real y sus pobladores, sin metáforas ni corcheas, agonizan en la desesperanza.

Llega presto un trovador contestatario, de canciones prohibidas o poco divulgadas por los medios cubanos, y canta ante las cámaras locales, pero esquiva presuroso a entrevistadores de foros televisivos porque no quiere hablar de política.

Está el esmerado bolerista que acepta como dádiva el derecho de cantar en su país.

En Miami florecen clubes, de breve existencia, donde un nuevo jet set se solaza, con la banda sonora dejada atrás pero que ahora pueden traer de la isla con las visas de cinco años que concede inmigración a tutiplén sin averiguar antecedentes y si alguna vez jodiste al prójimo.

Es una versión más escenográfica que la Casablanca de Michael Curtiz, donde brilla el Rolex y se ruedan Audis y BMW. Segurosos, actores, ex espías y espías activos, chivatos, gente de televisión y de zona, hijos de papá, humoristas productores de espectáculos, contratistas, pintores, escultores, periodistas, arquitectos, escritores, reguetoneros, trovadores, cineastas, timberos, soneros, un estrato variopinto del apoliticismo castrista disfrutando las bondades de la otrora demonizada Miami, donde el obstinado exilio histórico sigue siendo una suerte de obstáculo.

A esta altura del juego, han logrado hasta marginar a las agencias de viaje, que ya no ocupan un lugar prominente en la ecuación. Antes había que rendirles pleitesía a amanuenses impresentables del régimen en Miami, con sus chillonas tribunas en los medios, por sus conexiones en La Habana. Ahora esos vínculos resultan hasta inconvenientes, quitan puntos por burdos. Visa y dinero, nada más se requiere para vivir lo mejor de este mundo y el morbo de volver para dejarlo saber en el otro.

La llamada «Farándula», de La Habana, una casta vive bien, retratada hace unos años —para asombro de todos considerando la indigencia cubana por Michael Dweck en su libro *Habana Libre,* se está posicionando en el sur de la Florida.

Ahora el glamour no pasa por conseguir una invitación para Nueva York, Londres o París. «Voy a Miami a un concierto de Barry Manilow» suena más chic entre los nativos atormentados por las reformas raulistas y es una posibilidad que todos envidian.

Hay algunos exacerbados como la mediocre sonera que felicita públicamente al dictador en su cumpleaños y luego quiere volver al paraíso sin mayores consecuencias. Pero en general las fichas se van acomodando, actúan y no dan entrevistas para que no vaya a salir otra Dama de Blanco a señalarlos como represores.

Como dice el protagonista de Memorias del subdesarrollo: «Esta gran humanidad ha dicho basta y no parará hasta llegar a Miami».

ÉRASE UNA VEZ UNA ISLA

Al cabo de más de medio siglo de dictadura totalitaria sin pausa ni piedad, tienen razón los cubanos que, desde el exilio, han tratado, desesperadamente, de albergar y proteger para el presente y la posteridad todos aquellos valores que los denotan en la más amplia expresión cultural del término.

Aquí se han amurallado para crear una suerte de reserva, un país otro, considerado el éxito más grande, muy a su pesar, de la violencia castrista. De hecho, hoy por hoy, la isla sigue sobreviviendo la hecatombe a la cual ha sido sometida, con saña, porque la abundante cornucopia del destierro no ha hecho otra cosa que seguirse abriendo, sin remedio. Huelga repetir que «sin Miami no hay país».

En este camino hermoso de salvaguardar, donde un niño le pide una Materva a la abuela, como si tal cosa; las fiestas patrias se pueden celebra en impecable guayabera de lino y la familia suele disfrutar unida, abrió en la Centre Gallery del Campus Wolfson del Miami Dade College, una exposición que parece una suerte de estación encantada de tan estimulante aventura.

Once Upon an Island es como entrar a través del espejo de Alicia a un universo de intensa magia, cortesía del talento, sensibilidad y decencia de Margarita Cano, figura cenital de la cultura cubana en Miami, arribada a esta ciudad en 1962, a la edad de treinta años.

La muestra nos lleva en andas a transfiguraciones bíblicas, así como a otros mitos y leyendas, secuencias domésticas, paisajes, vírgenes, ángeles, diablos y hasta una serie de Meninas paseando por el Malecón habanero.

Los personajes y su narrativa se muestran imbuidos de una placidez paradigmática aunque estén siendo expulsados del paraíso o los tiburones ronden las balsas para dar cuenta del desafortunado que caiga fatalmente al agua.

Un etéreo angelito arrastra el Caballo de Troya por la entrada de la bahía habanera como en un intento de hacer justicia mientras otra joven alada «cultiva una rosa blanca» en similar paisaje.

Margarita Cano se ha hecho de un estilo, una poética, que contrapone la sonrisa a los avatares que ha debido sufrir su estirpe al perder el edén. La muestra aparece periodizada con textos a manera de capítulos o secuencias que hablan de supervivencia, éxodo, persecución, confusión, sueño, como una banda sonora textual en contraste con sus sortilegios representativos.

No hay en sus cuadros y objetos artísticos, que mucho deben a una ingenuidad cómplice y traviesa, ni rencor, ni nostalgia amelcochada del país que se desvaneció para siempre.

Aquí vemos, mayormente, las consecuencias de haberlo extraviado, la sintaxis no deja lugar a dudas: ángeles que soplan el viento para ayudar a los balseros en busca de libertad; criollos Adán y Eva, debajo de una mata de mango, despedidos de su entorno ideal; una versión del «rapto de Cuba»; Santa Bárbara, la Caridad del Cobre y la Virgen de Regla, en diversas expresiones formales, protegiendo a los desposeídos y velando por la feligresía en crisis.

En su declaración artística, Margarita Cano ha dejado saber que los recuerdos de sus tiempos felices la embrujan porque no duraron mucho y está obsesionada con recuperar cada uno de sus detalles. No deja de pensar en lo que pudo haber sido.

Esta transmutación no la realiza, sin embargo, por la vía de la obviedad y nos coloca ante el desafío de descifrar sus símbolos, lo cual constituye la más agradable de las encomiendas.

Un hálito de esperanza trasunta su obra que es la prueba del éxito de la esperanza y la belleza sobre el desencanto y la ruina.

TU CINE POR SIEMPRE

En el segundo ejemplar que me regaló de sus memorias, *La mirada viva* —pues le confesé, apenado, que extravié el primero—, me escribió: «Para el nunca bien ponderado Dr. Alejandro de los Ríos, haciendo votos para que esta vez no solo te dignes leer el libro sino para que (además) no lo pierdas. Con estimación Alberto Roldán».

Me tocó en suerte tenerlo como productor durante cerca de una década en la realización del programa *La Pantalla de Azogue*, de TV Martí, sobre las tribulaciones de Cuba, reflejadas en el cine

De cierta manera este espacio fue el origen del que hoy presento en el Canal 41, AmericaTeVe, bajo el nombre de *La Mirada Indiscreta*. Así que tuve la doble fortuna de su inspiración en ambos proyectos

Creo haber recompensado, sin embargo, tantos esmeros, trayéndole a su atención una Cuba brusca y desesperanzada que el hacía por olvidar. Cuando preparábamos los materiales para *La Pantalla de Azogue* me decía, con el elegante sarcasmo que esgrimía a la perfección: «Dios mío que deprimente es todo. No me castigues más» y luego se sonreía y me hacía alguna anécdota de sus días aciagos antes de abandonar por siempre la isla, donde lo mantuvieron castigado durante doce años por la voluntariedad del comisario Alfredo Guevara.

Pero en el fondo, y aunque lo confesara alguna vez, le complacía constatar que las nuevas generaciones de cineastas cubanos lo tuvieran como antecesor y no pocos mostraban el mismo esmero estético en sus materiales que él le dispensó a su filmografía, donde consta un largometraje raro en la cinematografía cubana como *La ausencia*(1968) y muchos otros notables documentales entre los cuales figuran *Primer carnaval socialista* (1962) y *Una vez en el puerto*(1963), apuntes adelantados sobre lo que ya se iba quebrando y perdiendo en el devenir desastroso de la revolución.

Entre las descripciones que se han hecho del dañino Guevara, siempre disfruté la que Alberto apunta en sus memorias: «...un personaje pálido de caderas anchas, carnes blandes y calvicie incipiente en su treintena y media de años, que se expresaba con un dejo *blasé,* ese hastío típico de las sensibilidades gastadas, afectación que incluía un manejo constante de la ironía sugiriendo el notorio desdén de las clases altas, de cuyo seno el Director del ICAIC ciertamente no provenía».

El aire de Alberto Roldán era aristocrático, de una ética profesional irreprochable. No se podía contar con él para eventos públicos y se burlaba de la frivolidad de la vida social. Eso sí, fue cumplidor, a la antigua, ante cualquier novedad. Lo recuerdo entre los pocos amigos presentes en el velorio de mi hermano.

Luego de mucha insistencia, logré tenerlo de invitado en *La Mirada Indiscreta* para un programa sobre su cine que resultó ser inolvidable.

Veneraba al realizador francés Alain Resnais, pero a mí siempre me pedía copias de *thrillers* norteamericanos, para entretenerse.

Hijo de músico y sobrino del gran Amadeo Roldán, Alberto se sabía al dedillo todo el repertorio clásico que solía escuchar con deleite. Beethoven era su compositor predilecto, creo haberle escuchado decir.

«Rememoraría asimismo cada una de las épocas en las que creía avanzar hacia un futuro que, en el fondo, no parecía llegar, un mañana que no podría alcanzar por haberse opuesto a los planteamientos abismales de ese régimen que se proponía terminar con la individualidad, alienando a todo el que no respirara el espíritu viciado de sus imposiciones», escribe sobre su alter ego en La mirada viva, antes de partir al exilio.

Me lo imagino sonriendo al leer esta columna desde algún lugar.Descansa en paz, querido amigo, pues los verdugos serán borrados del mapa, y tus imágenes cubanas sobrevivirán por siempre.

SIMPLE CURIOSIDAD MORBOSA

La ingenuidad americana en su máximo esplendor. El respetable diario *The New York Times* organiza un safari a las entrañas del castrismo amparado por lo que disponen los encuentros «de pueblo a pueblo».

El viaje, pendiente de aprobación gubernamental por la Oficina del Tesoro, tiene un programa enrevesado donde la visita al diario *Granma*, órgano oficial del Partido Comunista de Cuba y tribuna del antiamericanismo internacional por excelencia, compendia su momento culminante.

El «pueblo» en sí no figura en el recorrido que incluye, asimismo, visitas a un periódico municipal y a un centro médico rural; una reunión con urbanistas que rescatan la Habana Colonial, mientras los alrededores se desploman sin «remiendo»; una parada en el centro de reforestación nacional, cuando el río Almendares se muere de contaminación y las clarias liquidan los últimos vestigios de la fauna endémica —entre otros daños irreversibles a la ecología—, así como encuentros con estudiantes de medicina y con la dirigencia de la Unión de Escritores y Artistas de Cuba (UNEAC), la misma que ahora mira hacia otro lado cuando le censuran al prestigioso pintor Pedro Pablo Oliva su más reciente exposición.

Es de imaginarse la delegación con sus miembros primorosamente acicalados, recorriendo los muladares de la isla como si fueran exploradores de un universo perturbador donde los nativos jefes hablan de logros como loros, mientras los pocos tropiezos tangenciales con la realidad, fuera de la zona de confort que les proporciona el régimen a tan distinguidos invitados, expresan la tensión y la indigencia de la desesperanza.

Los extranjeros no sabrán de libretas de abastecimiento, ni de falta de agua, ni apagones, mucho menos de las tropelías del transporte público y pensarán que los ancianos saltimbanquis que sobreviven en La Habana

Vieja cantando y bailando, desdentados y sin ropa interior, lo hacen a gusto para completar su retiro de 100 pesos.

Cuando les corresponda departir con los artistas y escritores de la isla, se sorprenderán al encontrar una banda de cordiales burócratas, que aseguran ser parte de esta organización no gubernamental, de tantos desmanes a la cultura nacional, mientras informan, en secreto, al partido y a los órganos de la seguridad del estado, sobre el comportamiento de los visitantes con sus indagaciones impertinentes.

El presidente de la UNEAC, feroz defensor de la dictadura, después de haber sido una de sus víctimas —hace tanto tiempo que lo ha olvidado—, recomendará que liberen a tres espías cubanos en prisiones norteamericanas y recabará la ayuda de los presentes para desarticular el embargo, y hasta la ley de ajuste cubano —que él llama «asesina» siguiendo las pautas de su ídolo. Luego hilará fino su próxima invitación a Nueva York porque aunque ahora puede costear su propio viaje, resulta conveniente ahorrarse los dólares del ticket de avión y hospedaje, para comprar el jabón, el aceite y otros artículos de primera necesidad que a los simples mortales de su país les cuesta Dios y ayuda conseguir con los pesos martianos.

Oirán, como ahora recitan casi todos los artistas y funcionarios de la cultura, que aquel «sueño» terminó cuando desapareció el «campo socialista» y supieron por primera vez del embargo. Repiten, como apuntó alguna vez el ladino dictador: «Ahora si vamos a construir el socialismo...»

Los atribulados americanos regresarán a sus vidas cotidianas cuando concluya el recorrido, dirán dos o tres barrabasadas en pago al propio diario que les agenció la aventura, y la experiencia terminará por quedar hundida en un recuerdo folclórico y etnológico, cuando no en la historia del olvido, sobre un país que no tiene remedio para sus dolencias. Simple curiosidad morbosa.

UNA PLAGA RECORRE EL MUNDO

En la estremecedora película polaca *Ida* —disponible ahora en DVD—, dirigida por Pawel Pawlikowski, una joven huérfana bajo el cuidado de monjas debe decidir si tomar los hábitos o incorporarse a la vida civil. Antes de elegir, a sugerencia de la madre superiora, tendrá que conocer a una tía, quien es su único familiar vivo.

Se trata de otra de las películas —no muy abundantes por cierto cuando abordan las atrocidades del comunismo sobre el daño malsano de los «ismos» incubados y desarrollados en la vieja Europa y luego expandidos, cual plaga, al resto del mundo.

Cuando Anna confronta la vida real más allá de las paredes del convento se entera de que se llama Ida y que no es católica, sino miembro de una familia judía desaparecida en secretas circunstancias.

La tía es una mujer otoñal de armas tomar, dada al trago y a los hombres. Después sabremos que durante los años cincuenta fue una nefasta jueza conocida como Wanda «La Roja», con numerosas penas de muerte a su haber entre los opositores al comunismo.

Dice el director que le resultó difícil reproducir la destartalada Polonia socialista de los años sesenta, que es cuando ocurre el argumento, porque su país ha experimentado un desarrollo notable luego de ser libre.

Queda claro que Polonia devino campo de experimentación de cuanta aberración ideológica produjo el siglo veinte. La familia de Ida fue muerta a hachazos por un buen vecino que no quería problemas con los nazis y enterrada en un bosque mientras la tía, única sobreviviente junto a Ida, se alista como soldado en la Segunda Guerra Mundial, luego deviene furibunda estalinista y elimina a los contrarios con saña mientras vive de las bonanzas del corrupto sistema burocrático socialista.

Cuando Anna—Ida deambula por esos pueblos grises de miedo y silencio en su atuendo religioso, junto a la tía arrogante y frustrada, hay personas que miran para los lados y lo piensan dos veces para pedirle la bendición.

Es curioso cómo se manifiesta con frecuencia en el arte y la cultura en general, una lógica piedad por las víctimas del holocausto, que es parte consustancial también a este filme, y se suele aceptar la otra macabra inmolación, la dictadura del proletariado, como un destino sin remedio para los pueblos que no han podido sacudírselo de encima.

El director ha dicho que el personaje de Wanda se lo inspiró una encantadora señora polaca que en Londres lo invitaba a tomar el té para conversar amenamente, sin sospechar siquiera que luego leería en la prensa que la habían extraditado a Polonia para responder por crímenes de lesa humanidad.

Por estos días *The New York Times* trae a colación unas excavaciones que se vienen realizando en Polonia de donde emergen restos de personas dadas por desaparecidas, primero por los nazis, luego por las tropas de ocupación soviéticas y finalmente por la policía política nacional. No son cementerios apuntó uno de los investigadores sino «campos de muerte», de polacos matando a polacos, algunos cerca de una antigua prisión y otros en patios de modernos edificios de apartamentos.

«La gente no quiere hablar sobre el tema —ha dicho el sociólogo Maciej Bialous—, no es parte de la conversación común entre polacos. Simplemente prefieren olvidar».

Otro especialista relacionado con las exhumaciones ha dicho que las personas temen a lo que se pueda inferir sobre sus propios familiares o vecinos con respecto a los crímenes.

«Tienes a los perpetradores que alguna vez mataron y luego fueron muertos, una ideología enferma detrás de otra», señala el procurador encargado del caso.

MATRIMONIO PERFECTO

En vez de haber contraído matrimonio con Haydée Santamaría, mujer dislocada si las hubiera, capaz de atemorizar a otros empleados de la Casa de las Américas, con su pedigrí de contendiente moncadista, Armando Hart debió haberse casado con Fidel Castro.

No existe un texto de este ex ministro de cultura —sector que terminó fulminando cual «Bomba H»—, que no incluya una lisonja amorosa a la persona que él considera la personalidad más importante nacida en la isla luego de José Martí, figura a la cual suele estropear también con sus llamados apuntes teóricos.

Pude observar a Hart de cerca en algunas ocasiones cuando asumió la cartera de cultura. Era y sigue siendo un hombre intolerante y ciego a la realidad ruinosa que lo rodea. Cuando discurseaba disparates fidelistas aplicados a las artes y la literatura, tenía el defecto de espetar saliva, como si la providencia quisiera empeorar sus extensas y absurdas monsergas.

Hart coincide, con el amor de su vida, en que la humanidad está al borde del colapso y ellos son los llamados a impedirlo. Estos vejetes no resisten la idea de que cuando la parca haga su limpieza, el mundo seguirá el decurso sereno sin el daño que ellos le han propinado. Son incapaces de imaginar que Cuba podrá llegar a ser un mejor lugar para vivir.

Desde la altura de su silla de ruedas, Hart sigue pensando que el socialismo internacional es la solución para que no acontezca el apocalipsis capitalista. Recientemente se le escaparon, sin embargo, algunos temores sobre el futuro de la isla, pues parece que ha bajado la ventanilla del auto y el panorama no resulta muy halagüeño: «...quien intente gobernar en Cuba sin fundamentos jurídicos o con artimañas legales le abriría el camino a la contrarrevolución y al imperialismo». Asegura, por otra parte, que «en la conciencia cubana actual están grabadas dos categorías esenciales que andan divorciadas en el mundo de hoy: ética y derecho».

Uno se pregunta, al ver en el estercolero que han convertido a la nación el agitador político Armando Hart; su adorado tormento y la voluntariosa Santamaría, entre otros ideólogos, ¿Cómo es posible hablar de fundamentos jurídicos, en una dictadura que sistemáticamente los ha violado a sangre y fuego? ¿Cuál es la conciencia cubana actual en un país de supervivencia donde no se puede ni disfrutar un juego de pelota que suelen terminar en puñetazos y palabras soeces? ¿Ética?, donde el sobrino de su dictador predilecto lo mismo encabeza una empresa de perfumes que un acto de repudio a los opositores.

¿Con qué derecho este plañidero socialista habla en nombre de la nación desde su estrato exclusivo y descalifica el universo por falta de ética y de derechos?

Por eso es preferible que se casen e intercambien sus enrevesadas filosofías. El causante principal de tantos desmanes acaba de emborronar otras cuartillas con sus delirios y vuelve sobre el tema de «un futuro incierto».

Dalia Soto del Valle los pudiera acomodar en el lecho y Armando leería embelesado cuando Fidel confiesa que se ocupará de los libros de Stephen Hawking luego de que su «actual tarea relacionada con la producción de alimentos en cantidad y calidad suficientes es prioritaria, y en la que todavía el esfuerzo se puede traducir en un importante beneficio».

Díganme si esta historia no es parte de l'amour fou de Breton en su variante socialista. Dos ancianos destructivos y convulsivos culpando al mundo de sus desvaríos. Uno haciendo un llamado a la jurisdicción totalitaria, porque así lo decidió el pueblo de Cuba, y el otro confiando en la moringa para alimentarlo.

CONDUCTA: TOMA DOS

Infructuosamente he buscado en la prensa oficial cubana online alguna mínima referencia a lo ocurrido el pasado jueves en el Teatro Tower de la Pequeña Habana.

Tal vez porque no se trataba del regreso a Miami del «apolítico» dúo Buena Fe, que si tuvo tiempo —y visa por cinco años—, para visitar la Sección de Intereses de Cuba en Washington y celebrar el Día de la Cultura Nacional, como artistas de entera confianza.

Sigo explorando los sitios webs del castrismo y aparece una entrevista de otro dúo, más discreto en sus manifestaciones políticas, son los reguetoneros de moda, Gente de Zona, gracias al éxito de *Bailando*. Para ellos es una cuerda floja porque están facturando en mercado adverso, vaya a usted saber bajo qué cláusula del embargo, y es preferible no levantar polvareda para que el sueño no termine.

Pero la periodista de la publicación oficialista no les da sosiego y les pregunta, sin piedad, qué creen de los artistas cubanos que regresan luego de largas ausencias. «No he tenido la necesidad de abandonar mi país por ninguna causa, pero soy partidario de que son artistas de nosotros, de Cuba, y si están aquí, bienvenidos sean», tejen su respuesta con cautela.

Pero la reportera vuelve a la carga y a boca de jarro les espeta: «¿Ustedes han pensado en irse de Cuba?», y los muchachos de Gente de Zona, ni cortos ni perezosos, tratan de estar bien con Dios y con el diablo: «No, no se nos ha perdido nada en otro lugar. Tenemos mucha gente en Cuba a quien responderle y que quieren oír nuestra música para ponerla afuera. No nos ha pasado eso por la cabeza».

Y sigo buscando la noticia sobre el filme que abrió con éxito de público y prensa el Festival MiFFecito, al lado del Parque del Dominó, en el corazón del «intolerante exilio cubano», que incluso contó con la presencia del director, uno de los actores y el director de arte. Película candidata de Cuba para los premios Oscar y Goya pero lo que encuentro, por ejemplo, es una celebración del Día de la Cocina Cubana, donde así, sin mucho pudor, apunta el cronista: «La cocina cotidiana y humilde, en la cual mujeres y hombres hacen maravillas con los productos más sencillos». Cuánto eufemismo para hablar de un arte culinario devastado por la escasez y la inoperancia consustanciales al socialismo.

No, la prensa castrista, ni sus adláteres de Miami, dieron cuenta del estreno de *Conducta* en el emblemático Teatro Tower con la presencia de un Ernesto Daranas, circunspecto y emocionado por los aplausos y la buena acogida de sus congéneres. En este periódico, que es considerado órgano de la llamada «mafia cubana de Miami», le dispensaron una espléndida primera plana y un video online con la entrevista íntegra.

Cuando Carmela, la maestra de *Conducta*, lanza su frase memorable sobre el largo tiempo del castrismo en el poder, ante el señalamiento de la burócrata gubernamental que quiere forzar su retiro, en el teatro hubo tantos aplausos como en La Habana.

Al final de la conmovedora función, de lágrimas y risas, Daranas contó que los niños fueron la fuerza de inspiración que condujo los destinos de su filme y dijo que su cine era para 14 millones de compatriotas dispersos por el mundo.

Daranas elogió al cineasta exiliado Orlando Rojas, llegó con su abrazo y la sinceridad de una obra irreprochable. Cuba fue una por un rato. No habló de embargos ni de espías y el castrismo prefirió ignorar su convincente franqueza y entrega en casa del «enemigo».

LOS CLÁSICOS CONTRAATACAN

El comediante y animador del Tonight Show, Jimmy Falon recibe a Barbra Streisand, quien hacía unas cuantas décadas que no se ocupaba de una ronda de promoción por los programas televisivos de la noche, y se deshace en elogios. Le llama la atención sobre el rigor en su puntualidad, la disciplina en los ensayos, porque terminaron cantando humorísticamente juntos, en fin le llega a preguntar qué dónde había escondido a Barbra Streisand la diva, la que comentan que es insufrible. Ella le aclara que es una percepción errónea.

La anécdota me recuerda lo que me contó el director de cine Ernesto Fundora cuando tuvo la dicha de dirigir a Celia Cruz en su vanguardista video musical *La negra tiene tumbao*. La señora era la primera en llegar a las locaciones de filmación y conocía el guion al pie de la letra.

Las anécdotas vienen a colación porque ocurre un fenómeno sumamente atractivo en el mundo del espectáculo musical. Los clásicos han decidido dejar atrás la edad, y algún que otro achaque, para deleitarnos con la excelencia que los hace merecedores de tal categoría.

El contraataque no viene dictado por necesidades financieras que ya han sido cubiertas con creces a partir de obras que siguen produciendo pingües ingresos. Sentados en sus casas, ganan más que otros que se ven obligados a figurar en comerciales y en programas de concursos.

Por otra parte, no es menos cierto que las grandes giras de conciertos constituyen la forma más segura de incrementar las arcas con algunos milloncitos extras, dado que la industria se ha visto seriamente perturbada por la piratería internacional, tanto de CD como de música online.

Hay algunos que lo hacen porque no pueden parar como es el caso único de Paul McCartney, otros por la tentación de averiguar si siguen siendo aceptados por las nuevas generaciones, como ha ocurrido con el regreso triunfal de The Rolling Stone, luego de una pausa desesperante para sus fieles seguidores; están los que quieren ganar dinero con su arte en vivo, como es el caso de The Eagles o Fleetwood Mac y fenómenos como Robert Plant, el otrora dios dorado de Led Zeppelin, quien se resiste a volver a unir al grupo, no obstante los ruegos de Jimmy Page, porque a su entender tiene mucho que experimentar creativamente, algo demostrado en su fascinante nuevo álbum *Lullaby and... the Ceaseless Roar* donde fusiona el rock duro con las más melodiosas tradiciones orientales y europeas.

También en el campo de las grabaciones es donde el regreso de los mitos está marcando pautas, una vez más, para no variar. Con su álbum de dúos *Partners*, la Streisand le pasa por encima a nuevas estrellitas rutilantes para ser la única cantante que ha ocupado el primer lugar de las listas de preferencias durante varias décadas seguidas.

En *Corazón*, el imbatible Santana se ha aliado con brillantes congéneres hispanos para dejar claro quién fue el precursor y master de la llamada fusión.

U2 reapareció con el lanzamiento más grande de la historia de las grabaciones pues su nuevo álbum, *Songs of Innocence*, considerado ya un clásico por la revista *Rolling Stone*, se distribuyó gratis en itunes.

Dos de las más grandes solistas de todos los tiempos han grabado álbumes de estándares e hits, respectivamente, Annie Lennox con Nostalgia, donde figura un Summertime insuperable, a estas alturas, y Aretha Franklin, quien en Sings the Great Diva Classics hace versiones de canciones memorables como para poner en solfa a las originales.

Al borde de la banalidad de estos tiempos, los grandes han vuelto a salvar el día.

EL PAQUETE

Cuando Armando (Bomba «H») Hart fue defenestrado como ministro de cultura porque ya había excedido el margen de menoscabo deparado a los asuntos de su cartera —según el dogma castrista—, le inventaron una oficina martiana donde muy poco ha podido agregar a los estudios sobre el Apóstol.

Uno se pregunta, cuál es el contubernio de quien fuera otro ministro de cultura, el escritor Abel Prieto para haber caído del mismo pedestal y agenciarse la más maliciosa de las profesiones, «asesor» del dictador Raúl Castro.

Prieto mantiene una suerte de presencia rebelde con una melena decadente, fuera de moda, que se divide en moña y greñas, más cercana al *look* «*white trash*» que a la hippie, y anda con una bolsa de nylon donde almacena pequeños potes de pomada china que se unta sobre la cien como para mitigar una permanente migraña.

La juntera con la nomenclatura lo ha transfigurado en un «apaga fuegos» del ámbito cultural. Es el aguafiestas de las posibilidades de apertura que ofrecen las nuevas tecnologías y el afán transformador de la juventud, aunque disfrazado de alma conciliadora y liberal.

Pero no se llamen a engaño, nunca se le escuchará decir que los cineastas Ernesto Daranas y Arturo Sotto, recientemente, protagonizaron en el Teatro Tower del Miami Dade College, en plena Pequeña Habana, al lado de los exiliados veteranos que juegan en el Parque del Dominó, presentaciones de sus respectivos nuevos filmes a salas llenas y con públicos respetuosos, mayormente cubanos, haciendo preguntas de toda índole.

En la nación donde la chusmería y la vulgaridad de un acto de repudio dan al traste, con la idea peregrina del «país más culto del mundo», Abel Prieto le tiene sin cuidado que el notable pintor Pedro Pablo Oliva haya tenido que inaugurar la muestra de su obra más reciente en su propia casa, mientras que a otro artista, Arles del Río, quien exhibiera sus instalaciones recientemente en Times Square, se le reconstruye, como estudio, una edificación de El Vedado, que ya había sido solicitada y rechazada como vivienda para personas necesitadas. Gracias a reportes de la vilipendiada prensa independiente, se ha sabido que la suerte del joven talento se debe, en buena medida, al noviazgo que sostiene con una nieta de Raúl Castro.

En reciente intervención pública, Prieto, también miembro del buró político del comité central del partido comunista de Cuba, expresó, sin mucho miramiento, que «ojalá se pusieran de moda el conocimiento y la información cultural», a propósito del temor que provoca entre los jerarcas los materiales audiovisuales, de diversos géneros, conjugados en los llamados «paquetes» que cada semana circulan en redes alternativas entre la desesperada población cubana, harta del propio asesor, su política cultural y catilinarias militantes.

A diferencia de otras maneras de la piratería conocidas, esta solo existe en la isla porque se trata de memorias o discos digitales, primorosamente curados, alquilados o vendidos, que contienen famosas series de televisión, filmes norteamericanos y de muchos otros lugares del mundo, reality shows, programas de competencia, revistas y libros, entre otros atractivos, que desmantelan, en buena medida, la prohibición que el régimen de Abel Prieto mantiene sobre sus nacionales para acceder individualmente a cualquiera de esos productos.

Y en ese afán represor que los caracteriza, al personaje de marras no se la ocurrido otra cosa que proponer la creación de «paquetes» controlados por el estado, una vez más.

Causa pavor la «Asociación de Paquetes Revolucionarios», con discursos de los Castros, los noticieros y la mesa redonda en serie, añejas películas del ICAIC y algún que otro reguetón para amortiguar el golpe.

MARTÍ COMO NOÉ

Mi hijo menor me llama desde la casa de su novia para decirme que sintonice ESPN donde van a estrenar el documental *Brothers in Exile* sobre dos paladines del beisbol cubano, los hermanos Liván y Orlando, el Duque Hernández.

Mientras que el diario *The New York Times* abusa de la paciencia del pueblo cubano mediante una cantaleta de editoriales de donde no obtendrá ningún beneficio, los televidentes de este país, una vez más, pudieron escuchar a dos víctimas del sistema contando sus respectivas ordalías.

¿En qué país un pelotero de alto rendimiento debe esperar viajar al extranjero para recopilar en el hotel donde se hospeda el jabón y el champú que podrá llevar de retorno a su familia, mientras el «seguroso» que vigila a la delegación le advierte que quienes transporten en sus maletas mercancía no autorizada serán castigados a no volver a participar en otros juegos fuera de la isla? La anécdota, punto de giro en su vida, hizo que Liván Hernández considerara finalmente la deserción.

¿Ignora el venerable diario que tan decente padre de familia y estelar pitcher, el Duque Hernández, no pensaba seguir a su hermano pero la claque policial deleznable de su barrio no dejaba de acosarlo, al mismo tiempo que lo suspendían de por vida como jugador, ante lo cual no tuvo otro remedio que fugarse de aquel infierno?

El documental refleja estas y otras anécdotas de zozobras y triunfos en medio de un régimen que ahora pide el agua por señas pero que no dudó, ni un instante, en arrinconar a uno de los más importantes compositores nacionales, Frank Domínguez, quien acaba de morir en su exilio mexicano, satisfecho por haber dejado atrás tanta desventura.

Esa dictadura decadente no merece ni una ínfima dádiva que inmediatamente revertirá en su provecho el clan Castro, que ya se alista para su continuismo de pesadillas.

Disculpen la digresión porque lo que quiero realmente, es invitarlos este sábado a la presentación de otra persona que añade valor a la cultura nacional, aunque las instituciones oficiales lo ignoren allá en la isla con su habitual desfachatez.

Este poeta minucioso hizo que mi padre un día se me apareciera en la casa con un haiku, al escucharlo por radio celebrando forma tan especial de la lírica japonesa.

Se percibe a su alrededor un hálito de auténtica cubanidad, nada impostada —como una suerte de protección amable ante los embates del país devastado que dejó atrás—, en cada gesto de su conversación y en la forma plácida que hilvana su literatura.

La morralla castrista se da el lujo de prescindir de peloteros gloriosos, eternos compositores y escritores como el que tendré el privilegio de presentar este sábado con un libro, exquisitamente publicado en España, que me reconcilia felizmente con nuestro atribulado José Martí.

Orlando González Esteva, autor exiliado y soberano, en estos tiempos de premuras, omisiones y frivolidad, se ha sumergido en la vasta obra martiana en busca de un bestiario disperso y casi mágico.

Nos ahorra una aventura insondable y en *Animal que escribe. El arca de José Martí*, regala un Apóstol sin pedestal, andando sobre sus suelas extenuadas, en pos de una fauna solo visible a los ojos del poeta.

Y no es petulancia cuando hablo de reconciliación con una figura que el castrismo ha secuestrado y vaciado con una tergiversación política que sortea su brío humanista. Yo lo recuerdo ubicuo y de yeso en mi educación y Orlando me lo devuelve persona.

Les ruego nos acompañen el sábado 15 de noviembre a las 4:00 p.m. en el Koubek Center del MDC.

EL ARTE DE PAUL

Desde mediados de este año se anunció la salida de un álbum titulado *The Art of McCartney* donde más de treinta estrellas de la música, de todas las edades y géneros, le rendirían justo homenaje a uno de los compositores más distinguidos del pasado siglo XX, Paul McCartney.

Esta semana acaba de salir al mercado la compilación que le tomó 10 años al productor Ralph Sall concluir. Tan largo tiempo es debido a que todos los artistas convocados aceptaron la invitación, nadie quería faltar al tributo, y fue difícil acomodar agendas tan dispares.

Entre los más elusivos y distantes aparece Bob Dylan, quien alguna vez tuvo la idea de hacer un disco con los Beatles y los Rolling Stones pero Mick Jagger y, paradójicamente, Paul McCartney no lo consideraron prudente. Aquí hace suya *Things We Said Today*, del año 1964 perteneciente a la banda sonora del filme *A Hard Day's Night*.

Tanto Dylan, como otro de los que aparecen en este homenaje, Dion, quien versiona la energética *Drive My Car*, son los dos únicos cantantes y compositores estadounidenses cuyos rostros figuran en el famoso collage que ilustra la portada del álbum *Sargent Pepper's Lonely Hearts Club Band*.

El productor Ralph Sall conocía personalmente a McCartney con quien realizó algunos proyectos y ya había grabado homenajes similares a este con la música de los grupos Grateful Dead y The Eagles, respectivamente.

Por supuesto que en el caso de McCartney —puntualizó—, se pudieran seguir haciendo otras recopilaciones debido a su impresionante catálogo de éxitos y de canciones no tan conocidas pero igualmente excepcionales como la que le encargó, en tiempo de blues, al clásico viviente B.B. King, *On the Way*, aparecida en 1980 en el álbum *McCartney II*.

En la mayoría de los casos Sall le envío a los convocados sugerencias de canciones. Algunos como Billy Joel y Alice Cooper escogieron las suyas. El juglar de Nueva York, se apropió de dos: *Maybe I'm Amazed*, de 1970 y *Live and Let Die*, tema de un filme de James Bond de 1973. Cooper se decidió por *Eleanor Rigby*, aparecida en el álbum *Revolver* de 1966 —según él—, buscando un tono tenebroso, afín a su estética.

The Art of McCartney, además de los dos CD, incluye un documental que se asoma a la hechura de algunas de las versiones en entrevistas reveladoras, donde figuran los artistas, el productor, y el historiador de los Beatles Mark Lewisohn, quien ofrece apuntes históricos referentes al compositor como aquel donde habla sobre las semejanzas entre Paul y John Lennon, cuando todos insisten en resaltar las divergencias.

Barry Gibb, único sobreviviente de los Bee Gees, escogió *When I'm 64*, del año 1967, porque acababa de cumplir esa edad cuando le tocó participar. En la entrevista habla de cómo el famoso conjunto que integró con sus hermanos no hubiera sido posible sin los Beatles. Dijo que todos los artistas de su época querían ser como los chicos de Liverpool.

Los Beatles le cantaron temprano a Smokey Robinson su You've Really Got a Hold on Me por lo cual el autor e intérprete se siente eternamente complacido. Aquí hace una versión deslumbrante de So Bad (1983) y agradece que Paul haya sido uno de los primeros famosos blancos que haya dedicado elogios a la música de Motown.

Como apunte curioso, James McCartney, uno de los hijos de Paul, acompaña al grupo The Cure en Hello Goodbye del año 1967.

Durante su intervención en el documental, Alice Cooper afirma, divertido, que si Paul llega a morirse algún día lo hará sin dejar de tocar su bajo legendario.

REGULADO

Tendría me edad cuando comenzó su cruzada contra el estercolero verde olivo que lo quería castigar a permanecer en Cuba porque —según los testaferrossu hijo mayor había desertado en Nicaragua durante un vuelo de la línea Aerocaribeen.

Glorioso mi padre enfrentándose a la ignominia. Reclamando sus más elementales derechos de movimiento con visa y pasaje en el bolsillo para largarse a los Estados Unidos.

Memorable aquel pequeño gran hombre cada semana concurriendo a la oficina de inmigración, de su localidad en la Víbora para que el oficial le dijera, sin escrúpulos, que no le autorizaban su salida por cierta resolución no escrita ni publicada en ningún lugar donde los padres eran castigados a permanecer en Cuba durante cinco años si alguno de sus hijos desertaba.

Y este periódico famoso nos quiere convencer que la dictadura merece todos los perdones porque hay reforma económica, que es como llaman al timbirichismo de Raúl Castro y la talanquera de la finca ha sido levantada para que los cubanos entren y salgan a su antojo y traigan el dinero necesario que sustente lo que queda de la debacle.

Sin embargo la organización Somos + ha subido a Youtube la grabación hecha por un activista político en la distante y machucada tierra oriental el día que concurre a tramitar un viaje al exterior de la encerrona castrista y le dicen que su salida está «regulada», el nuevo eufemismo utilizado para seguir mancillando la libertad ajena.

Y se lo hacen saber —condescendientespara que no pierda dinero viajando a La Habana porque cuando llegue al aeropuerto —le explica desfachatado el mayor del Ministerio del Interior—, no podrá abordar el avión aunque tenga pasaje y pasaporte.

El joven Hanner Hechavarría, persona decente, sin causa delictiva, como mi padre, aparece en una foto con sus dos hijos pequeños y hermosos pero le recuerdan —taimadosen algún momento que la juntera con Eliecer Avila lo ha perjudicado. El mismo Eliecer que pusiera en solfa, públicamente, al abyecto Ricardo Alarcón, cuando lo hizo decir la sandez de que si todos los cubanos viajaban, los cielos estarían congestionados.

«Es un derecho que nos reservamos» le advierte el policía impune y Hanner le responde que él no ha hecho otra cosa en su vida que estudiar y trabajar.

Y al periódico de Nueva York no le preocupan los detalles nimios, las suspicacias de los «charlatanes» exiliados, ni los agobiantes disidentes con su obsesión por ser libres. Estas son unas minorías azarosas que no merecen tanta atención. Ellos son la gran prensa y van al «big picture», es necesario levantar el embargo... y luego todo se arregla como por arte de birlibirloque.

Hanner se queja con la oficial Vilma, quien llega de pronto a la oficina, y le dice que otras personas como las jineteras (prostitutas) pueden viajar y ella le aclara que es porque no se meten en política.

De tal modo se teje el encanallamiento de la nación y también le recuerdan que no recurra a abogados porque estos no tienen representatividad en los asuntos de inmigración.

La contienda de mi padre con similares testaferros fue a principios de los años noventa cuando ya nosotros, sus hijos, habíamos escapado en masa y lo esperábamos de este lado. En cada oportunidad, nos contaba, orgulloso, de su perseverancia y sus hazañas y como le preguntaba a los adláteres del régimen: «¿Dónde está la resolución, por qué no me la dan por escrito?» Y los ladinos discípulos de los Castros contestaban con evasivas como estos que ahora siguen abusando y le dicen a Hanner que es un «regulado».

NO SOMOS NADA

En el cortometraje *No somos nada*, el director y guionista Eduardo del Llano regresa a la burla sarcástica del Ministerio del Interior, la policía política del régimen castrista, una entidad cruel y despótica que, sin embargo, no deja de ser propensa al ridículo.

Con *Monte Rouge* hace diez años, donde presentó por primera vez a un personaje que encarna al cubano sufrido —Nicanor O' Donnell—, Del Llano fue el primer realizador cubano en mostrar a un equipo de «segurosos» tratando de buscar la complicidad del propio Nicanor para instalar micrófonos de escucha en su apartamento y poder grabar a quienes hicieran observaciones contrarias al régimen.

No somos nada, ocurre durante el velorio de un hombre que se ha suicidado, al parecer, por haber sostenido una intolerable doble vida en cuanto a su preferencia sexual. Filmada en blanco y negro, convoca a clásicos de la actuación cubana como Cristina Obín, Aurora Basnueva y Mario Limonta junto al actor Carlos Gonzalvo, conocido por su personaje televisivo Mentepollo, también de ostentosa mordacidad en comentarios sobre la realidad cubana.

Gonzalvo interpreta a un miembro del «Ministerio», que no se identifica como tal pero todos en la isla conocen la tenebrosa referencia, y está en el funeral impelido por su esposa. Le preocupa, desde el comienzo, que no tiene cobertura en su teléfono celular pues en cualquier momento debe recibir la llamada de sus superiores para un operativo en marcha.

Momento de gran comicidad se produce cuando el atorrante represor encuentra la cobertura ideal sobre el féretro y allí mismo deja apoyado su teléfono esperando la importante llamada hasta que entra una, equivocada, pero ocurre que el timbre del celular es un procaz reguetón que altera el luto de los dolientes.

Así, en apenas 18 minutos, van ocurriendo diversas situaciones que mucho tienen que ver con la actualidad cubana y que hunde sus raíces estéticas en el humor negro de Tomás Gutiérrez Alea. Cristina Obín, encarna a una persona sorda y medio tonta de la cual se sirve Del Llano cuando quiere revelar circunstancias prohibitivas.

Por ejemplo alguien habla de la situación del país, ella pregunta a qué se refieren y se lo dicen al oído, pero la cámara permanece en su rostro donde se muestra el asombro y la mueca de quien no ha estado al tanto de la debacle nacional.

Hay una muchacha encargada de traer las coronas muy desfendada que espera no haya más difuntos ese día pues se siente cansada y luego le da el número telefónico de un tío albañil a un amigo de la viuda para que le arregle la meseta de la cocina de su casa.

Con anterioridad esa misma persona, interpretada por Mario Limonta, trató de sobornar, sin mucho éxito, al «seguroso» para lograr algunas prebendas con respecto al arreglo del mencionado inmueble.

Ni decir que en otro momento de alboroto durante el funeral, el agente amenaza con incautar el cadáver si le siguen entorpeciendo su necesidad de comunicación con el «mando superior», haciendo alarde de la impunidad con que siempre han actuado en la isla.

En algunos despachos de prensa, Eduardo del Llano anunció el estreno de este corto el pasado mes de septiembre, coincidiendo con la presentación de su segundo largometraje Omega 3. Ni los medios electrónicos cubanos oficiales ni los alternativos hacen constar que así haya sido. Los críticos tampoco se han pronunciado al respecto.

Vapulear al aparato represor del régimen mediante los artilugios del humor negro no es algo que hace muy feliz a los instigadores de tanta congoja.

PERDONA LA INDIFERENCIA

Los disfruté durante la pasada Feria Internacional del Libro de Miami, escritores hispanoamericanos leídos y premiados discurseando sobre los más diversos temas, en total libertad. Ninguno mirando para los lados, ni preocupados de cómo sus respectivos gobiernos reaccionen ante profundas críticas a políticas erradas que convulsionan a sus respectivos pueblos.

Ninguno de esos comentarios tendrá mayores consecuencias en sus vidas. Al contrario, los más humildes agradecerán esas tribunas de celebridades que amplifican sus pesares.

Cuba agobia y aburre. Gonzalo Celorio dice en la Feria del Libro de Guadalajara que para exorcizar la parte cubana de su familia, escribió *Tres lindas cubanas* y si alguien le pregunta sobre la isla, les recomienda esa bibliografía.

Elena Poniatowska atiende una lectora y escritora cubana durante la Feria de Miami quien le pregunta si conoce de tantos fallecidos tratando de cruzar en balsa el estrecho de la Florida y si le motivaría escribir algo sobre el tema y la mexicana le responde presto: «Creo que usted debería ocuparse del asunto», sin agregar nada más.

Durante estos días, la cita es cinematográfica y se produce en La Habana a propósito del Festival del Nuevo Cine Latinoamericano. Benicio del Toro añade el glamour hollywoodense que tanto descoca a la dirigencia cubana y luego están los directores del continente que van a pasarla bien en el legendario Hotel Nacional.

Antes se hacían promesas de solidaridad entre sí. Ahora andan con el cuchillo en la boca buscando el productor de su próxima cinta o el trampolín que los haga caer en Los Angeles.

Por primera vez en mucho tiempo compiten por el premio Coral varios largometrajes cubanos y esos directores compartirán con sus colegas de ultramar en terrazas y cafeterías del hotel y esperarán, estratégicamente, que ellos inviten y enarbolen sus tarjetas de créditos al final de un café, una cerveza o una cena. Lamentable estado de cosas.

Artistas argentinos, chilenos, mexicanos y de otras «naciones hermanas» seguirán «apostando» por la revolución cubana de sus sueños («resistan con dignidad que nosotros los apoyamos») y culparán al embargo de los «pinches» yanquis de la aparatosa disfuncionalidad social que ocurre al doblar de la esquina de sus cómodos refugios turísticos.

Ninguno preguntará por qué desde hace cinco años los cineastas cubanos agrupados bajo la denominación de grupo G—20 —parodia sutil de la deleznable policía política G—2imploran, mediante todos los escasos medios a su alcance, por una nueva ley de cine, para sustituir la histórica de 1959, totalmente obsoleta y politizada, nula para los tiempos del «cuentapropismo».

Poco caso harán de las quejas de Fernando Pérez, Senel Paz y hasta de Enrique Colina, quien luego de recibir tanto desprecio oficial, todavía afirma que, a su juicio, «el éxito del socialismo es generar un ciudadano activo». Para luego confesar que los cineastas figuran entre esos entes «activos» y deben ser respetados y recibir rápidas respuestas. Algo que no ha ocurrido y parece no estar en los planes de la indiferencia castrista.

Recientemente el grupo abrió una página en Facebook donde colgaron el documento «Cineastas cubanos: décima Asamblea», consultado por centenares de interesados aunque volvió a ser ignorado por los medios de prensa oficiales.

Durante el reciente estreno de su más reciente película, Contigo pan y cebolla, Juan Carlos Cremata se apareció con un insólito cartel donde se podía leer «Viva el cine libre», delante de funcionarios de toda calaña y volvió a arremeter sobre la necesidad de la postergada ley de cine. Hasta ahora, solo silencio en la comarca y el recuerdo que la Ley de Patrimonio demoró 11 años en implementarse.

CANTET NO REGRESÓ

Hace unos pocos años el notable director cubano Fernando Pérez dejó de dirigir la Muestra anual de Jóvenes Realizadores por actos de intromisión y censura que ya no estaba dispuesto a tolerar. Durante la edición del 2012, excluyeron el documental *Despertar*, que él había recomendado, sobre la voluntad contestataria del hip hop del cantante y compositor Raudel Collazo.

Un año antes, la página del catálogo del evento con la ficha del documental *Revolución*, sobre el dúo Los Aldeanos, había sido primero suprimida y luego reinsertada de modo manual ante la protesta de Pérez.

En la recién concluida edición del Festival Internacional de Cine de La Habana se repitió algo parecido, con la diferencia de que las víctimas no eran cineastas principiantes susceptibles de ser aplastados e ignorados, sino uno de los más galardonados y talentosos realizadores del cine galo que, como otros artistas, fue seducido por el berenjenal cubano y terminó hasta dando algunas clases en la Escuela Internacional de Cine de San Antonio de los Baños y dirigiendo el último cuento del largometraje *Siete días en La Habana*, con guion del novelista y Premio Nacional de Literatura Leonardo Padura.

La idea de volver a Cuba para filmar *Regreso a Ítaca* basada en un pasaje de *La novela de mi vida*, también de Padura, se forjó durante aquellos días. Nada le hacía suponer a Laurent Cantet, director de *La clase*, premiada en Cannes, que sería invitado y luego «des invitado» por el director del Festival de Cine de La Habana, Iván Giroud, con los más absurdos argumentos, uno de los cuales rezaba que ya el evento no tenía un aparte apropiado para acomodarla y luego se supo que la película sobre Pablo Escobar, protagonizada por Benicio del Toro, había sido mostrada en una sección similar.

Del Toro, también fue director de uno de los cuentos de *Siete días...* y recibió la pasada semana un premio especial del Festival, lo cual repite la habitual adulonería de los directivos del evento con celebridades de Hollywood. Su elogio de Ernesto Guevara y de una Cuba ilusoria, contrasta con su silencio cómplice ante el atropello sufrido por un colega.

Como dato curioso, la ficha de Regreso a *Regreso a* Ítaca aparece en el catálogo impreso del Festival de La Habana, pues no hubo modo de suprimirla.

Noticias llegadas de la capital cubana, confirman que la orden dictada a la prensa nacional fue «de esa película no se habla ni se escribe». Lo más curioso no es que los amanuenses del castrismo hayan acatado el mandato al pie de la letra sino que los medios de otros países cubriendo el Festival, más allá de aislados despachos de prensa, no se les haya ocurrido seguir averiguando quién le dio la orden a Giroud para hacerlo quedar en ridículo ante sus congéneres, luego de que el mismo le dispensara la más cordial bienvenida al filme de Laurent que había disfrutado en el Festival de Toronto.

Según la sinopsis, Regreso a Ítaca ocurre durante una noche en una azotea habanera donde un grupo de amigos de la época de otras prohibiciones y maltratos se reúnen para darle la bienvenida a uno que regresa de España luego de dieciséis años de ausencia. En el breve tráiler online se habla de tristezas y frustraciones, sentimientos consustanciales al castrismo.

La productora del filme no se explica el ninguneo en el Festival y dice que no es una historia política como para tapar el sol con un dedo. Por lo pronto, el director y sus colegas mantienen un silencio inexplicable sobre el agravio.

ISLA PARADÓJICA

Entre los representantes de la cultura cubana en la isla, solo han podido comentar y celebrar la noticia del restablecimiento de relaciones entre Cuba y los Estados Unidos, artistas y escritores de confianza como uno de los cantantes del dúo Buena Fé y el poeta Alex Pausides. El resto, está como esperando la señal de Miguel Barnet, al frente de la Unión de Escritores y Artistas de Cuba (UNEAC), o la del Ministro de Cultura, alguien con poca influencia que no viene al caso mencionar.

Buena parte de este estamento de la sociedad visible de la isla ya se arriesgaba los días 4 de julio y asistía a la fiesta de la Independencia de los Estados Unidos en la mansión del representante de la Oficina de Intereses en La Habana, aunque corrieran el albur de ser fotografiados o de encontrarse con disidentes de alto perfil internacional.

De hecho, la lista de estos invitados, que obra en poder del hacendoso Ministerio del Interior, pudiera ser el modelo para el intercambio cultural «con todos los hierros» que se avecina.

Ahora no habrá que esperar los días atribulados del Festival de Cine de La Habana, para ver las estrellas americanas y sus filmes de estreno. Ya se debe estar cocinando la Semana del Cine de los Estados Unidos en la Cinemateca, con la asistencia de una delegación con todas las de la ley y tratarán de borrar y sustituir al Martí de «viví en el monstruo y la conozco las entrañas» por aquel otro sibarita que disfrutaba, como pocos, los bares y restaurantes de la gran ciudad de Nueva York.

El mundo real se irá entronizando en la isla diezmada por tantos experimentos ideológicos y sociales azarosos. Se repite, con algunas variantes, la circunstancia que contara Fernando Pérez en el primer filme de su carrera, *Hello Hemingway* cuando, durante los años cincuenta, estudiantes cubanos vivieron la disyuntiva de ocuparse de los pormenores agobiantes de transformar la dictadura de Batista en una democracia o aspirar a una beca universitaria en los Estados Unidos.

El país regresa al regazo de su mentor predilecto, los Estados Unidos, del cual lo alejaron tantos avatares. Miami seguirá siendo la «Meca» de donde emana el bienestar de la isla pero el diapasón se amplia y la ansiada posibilidad de consumir procederá de varias esquinas productivas y empresariales del norte.

Ha sido una suerte de «road movie» circular abundante en giros dramáticos, para decirlo en términos cinematográficos. La nomenclatura protagónica siempre viviendo a sus anchas, conducida por un Mesías obsesivamente antimperialista, de lo cual hiciera gala su carrera sin sentido.

Un día exportando revolución a tutiplén como satélite del comunismo internacional, otro interviniendo en Africa, cual superpotencia, mientras el pueblo naufragaba en la miseria, para luego sobrevivir la caída del Muro de Berlín en fase de período especial, encontrar aliados ideológicos en el traspatio y ahora regresar el punto de origen, de donde depende su salvación final.

En unos días se disolverán las últimas trazas del tinglado épico que han sostenido durante los últimos años el apresamiento de los espías en cárceles norteamericanas. Esos que han regresado con música de En silencio ha tenido que ser de la ridícula banda sonora televisiva. Sobrevendrá un aburrimiento en el compás de espera, mientras los políticos pulen las divergencias históricas.

El círculo se ha cerrado, un Día de San Lázaro, gracias a un judío tramitado. Hechos de la isla paradójica. Hoy cobra más valor que nunca la carta que aquel niño del Colegio de Dolores, de Santiago de Cuba, enviara al presidente Franklin Roosevelt en 1940 en un deficiente inglés: «Si usted quisiera, deme un billete de diez dólares del verde americano, en la carta, porque nunca he visto un billete de diez dólares del verde americano y quisiera tener uno».

2015

EN UN RINCÓN DEL ALMA

Recientemente un grupo de amigos nos dimos cita en casa de nuestro anfitrión por excelencia para disfrutar un documental, a punto de concluirse, -solo espera mínimos toques de postproducción-, dedicado a la figura del escritor cubano Eliseo Alberto Diego, Lichi, lamentablemente fallecido en la Ciudad de México el 31 de julio del año 2011.

Por indiferencia, adulonería, ninguneo o censura, el cine del ICAIC (Instituto Cubano del Arte e Industria Cinematográficos) adolece ausencias devastadoras a la hora de testimoniar la vida de figuras distinguidas de la cultura nacional en todas sus manifestaciones.

Lezama Lima, Virgilio Piñera, Dulce María Loynaz, Gastón Baquero y Lydia Cabrera, entre otros del campo literario, apenas cuentan con unas pocas pulgadas de metraje visual. Si algo se ha conservado de sus vidas transferidas a la eternidad del cine, se debe a los buenos oficios de curiosos y solidarios realizadores de otros países.

Las generaciones más recientes también han padecido de penas y olvidos. El castrismo, como un decadente dios Saturno, ha devorado todo lo que no entre por su aro malsano.

Ahora, gracias a la ingente labor de un salvadoreño más cubano que las palmas, Jorge Dalton, podremos conversar por siempre con Lichi en el hermoso documental *En un rincón del alma*.

El director, hijo del poeta Roque Dalton, asesinado en controversiales circunstancias, se crió en Cuba y aunque hoy vive en su tierra natal donde ha seguido desarrollando una carrera prominente, nunca ha dejado de rendir pleitesía al arte y la literatura de la isla. Vale la pena recordar su documental *Herido de sombras*, dedicado al grupo Los Zafiros.

En un rincón del alma, resulta más ambicioso y complejo sobre todo por el componente emocional para Dalton pues Lichi, amigo entrañable, accede a ser entrevistado en su apartamento de la capital mexicana, con la conciencia de que la enfermedad que lo aqueja se complica y el desenlace podía ser fatal.

Se hace obvia la empatía entre el realizador y su protagonista lo cual consiente una franqueza de conversación sin intermediario, directa, punzante.

Con su notable arte para encandilar la imagen, Dalton no cesa en complementar el diálogo con elaboraciones visuales y testimonios históricos provocadores, hirientes.

Lichi refiere la saga de su familia atormentada por el transcurrir del aquelarre revolucionario con una mezcla aguda de nostalgia y sarcasmo. Va de anécdotas personales como aquella del pasaporte y los pasajes de la familia Diego lista para partir temprano al exilio, aunque luego se frustra el empeño, hasta los truenos épicos del Che Guevara humillando a la clase intelectual cubana por no haber luchado en las montañas de Oriente.

Cuando se refiere a la claque gobernante y a los tarados burócratas de la cultura oficial encargados de implementar la intolerancia disfrazada, precisamente, de «política cultural», los llama «compañeros». Se burla de cómo no entendían a Lezama y del daño que le propinaron y de la sovietización del proyecto nacionalista, entre otras circunstancias de la barrida castrista.

En unas tomas finales, estremecedoras, pues resulta obvio que la salud se le resquebrajaba, el escritor propone para el futuro entendimiento de la isla rota una supercarretera de ocho vías entre La Habana y Miami donde todos puedan reconstruir la memoria nacional y vivir finalmente en paz.

En un rincón del alma, presenta un testigo de excepción, esperanzado con el futuro mejoramiento de la nación. La congoja, sin embargo, es el saldo que devora su brillante reflexión mientras la terquedad de los autócratas no cede un ápice a la civilidad y la libertad que han menospreciado durante 56 años de implacable tiranía.

DICOTOMÍA

Mi hijo de dieciocho años acaba de terminar su primer período en el Honors College del Miami Dade College con máximo aprovechamiento académico. Las aspiraciones de progreso resultan ostensibles en su proceder.

Ahora mismo sigue, con pasión, el desarrollo de eventos deportivos nacionales que disfruta. Los domingos no falta a la cita que tiene con sus amigos de High School para echar un partido de *flag futbol*.

La exigente sociedad de consumo no ha hecho mella en su forma de vestir sencilla y cómoda y mucho menos en su proyección familiar y social. Saber que está conectado a su universo de intereses personales, mediante el teléfono inteligente, le resulta suficiente. Casi nunca, sin embargo, lo he visto posponer una conversación por atender una llamada o un texto. La comunicación con su novia es extensa, más verbal que virtual, afortunadamente.

Eso sí, le gusta mantener su automóvil impecablemente limpio, tanto por dentro como por fuera. Esas cuatro ruedas son sus alas para moverse libremente.

Al ser parte de un programa especial del College, se mantiene expuesto a intercambios de ideas con respecto a su sociedad y a lo que acontece en otros países. Esta inmersión en las humanidades, para alguien que estudia negocios, complementa una globalización y sensibilidad imprescindibles en nuestros tiempos.

En el College, profesores de acentos diversos lo impelen a pensar con su propio criterio, ninguno trata de adoctrinarlo ni constreñirle su visión de la realidad circundante. La libertad es algo que da por sentado, desde la cuna.

Ahora mismo, muchachos de su edad en Cuba, confundidos y atormentados por un régimen que solamente piensa en ellos para regañarlos -porque en el fondo les teme-, evalúan sus pocas opciones para escapar del suplicio.

Escuchan que la Ley de Ajuste Cubano, calificada por el castrismo como «La Ley Asesina», pudiera terminar y se ven empantanados en el limbo nocivo de un país con pocos cambios en su peliaguda estructura política y económica, no obstante las transformaciones que simulan.

Hace unas pocas horas, alumnos universitarios de la isla, tan jóvenes e ilusionados como mi hijo, han recibido la visita de cuatro jinetes del apocalipsis totalitario, el hosco Díaz—Canel Bermúdez o segundo hombre del partido comunista; el anodino ministro de cultura; la secretaria de la unión de jóvenes comunistas, quien responde al nombre de Yuniasky y el asesor de Raúl Castro, Abel Prieto.

En un contexto social enrarecido, donde la esperanza es, finalmente, la invasión del «imperio», no con misiles sino mediante sus peligrosas seducciones, estos individuos, dados a la haraganería militante, concuerdan en recomendar enfáticamente que los estudiantes «cuestionen» patrones de «contenidos banales» y promociones de «falsas necesidades de consumo», en un país donde el consumo per se, desde hace poco más de medio siglo, forma parte de las entelequias dictatoriales.

Se refirieron a «brechas culturales que se abren entre las nuevas generaciones, las cuales los enajenan de la realidad y fomentan valores negativos».

Los burócratas del partido único gobernante se sienten inquietos y tratan de apuntalar los diques ideológicos con las mismas monsergas de siempre, sin alternativas reales. Durante años, la natural rebeldía universitaria, tan cara a la historia de Cuba, ha sido tramitada o reprimida. Esas eufemísticas «brechas culturales» son el contacto que reclaman con el resto del mundo. Los «valores negativos», aquellos que no se atengan al decadente dogma castrista.

No piden mucho los estudiantes cubanos. Una vida normal y esperanzada como la de mi hijo. Van a tener que exigirla, sin embargo, porque los vejestorios y sus adláteres no están dispuestos a poner en jaque la tenaza que los mantiene en el poder.

PIRATAS DEL CARIBE

Un amigo que regresa de Cuba, luego de una visita familiar, me pregunta si quiero ver *Vestido de novia*, uno de los más recientes filmes estrenados en Cuba, de hecho, el premio de la popularidad durante el Festival Internacional del Nuevo Cine Latinoamericano, el pasado mes de diciembre.

Le pregunté cómo se había hecho de la copia, si no era muy comprometedor revelarlo, y me dijo que no había intriga alguna. Estaba con su hermano desandando La Habana y al entrar en la otrora famosa tienda por departamentos Fin de Siglo, hoy una suerte de zoco caluroso con decenas de vendedores de chucherías, cierto cuentapropista se le acercó, para venderle la película por dos CUC.

La idea original de *Vestido de novia*, dirigida por Marilyn Solaya, parte de su documental *En el cuerpo equivocado (2010)*, sobre el primer hombre sometido a una operación de reasignación de sexo durante el castrismo.

Últimamente, la abúlica burocracia cultural del régimen le ha dado por ningunear los reclamos de los cineastas, que antes integraron una suerte de elite resguardada de incitaciones represivas.

La solicitud de una Ley de Cine ha permanecido a la sombra, sin repercusión en la prensa, ni respuesta convincente y circunscrita al grupo de gente vinculada al séptimo arte que recibe la denominación de G—20.

Ahora Marilyn Solaya ha dado a conocer una contundente carta abierta a las mismas instancias oficiales porque su filme ha sido subido a Youtube, con todos los inconvenientes que eso acarrea, luego de que ella protegiera las copias con ahínco durante las proyecciones, antes de que fueran del domino del Instituto de Cine (ICAIC) para postproducción, donde se presume que terminaron siendo pirateadas.

El blog del crítico de cine e investigador, Juan Antonio García Borrero —*La Pupila Insomne*—, abrió un foro con la misiva de Solaya y las de otros cineastas cubanos quejándose de lo desprotegidos que se sienten ante estas y otras eventualidades de la vida moderna con la cual no pueden lidiar por no estar conectados al mundo real.

El comienzo del pirateo oficial en Cuba se remonta, sin embargo, a los años ochenta cuando el Ministerio del Interior tramitó, en secreto, un centro en la barriada de Miramar, llamado Omnivideo, que cada semana producía cientos de copias de cintas en VHS, con filmes norteamericanos de reciente estreno subtitulados al español, para ser vendidos en Latinoamérica. Muchas de las películas originales llegaban a la isla en valija diplomática o eran bajadas vía satélite.

Gracias al diligente servicio de la policía política algunas de esas copias caían en manos de indiscretos intermediarios y nosotros, cinéfilos empedernidos, podíamos estar al tanto de lo que ocurría en Hollywood.

Los tiempos han cambiado, pero el castrismo sigue por sus fueros y ha incubado en su turbio seno males de la contemporaneidad difíciles de erradicar. Entre los llamados «paquetes» con producciones norteamericanas, europeas y hasta cubanas de cine y televisión, libres de retribución por derechos de autor, y vendedores callejeros de DVD con filmes recientes, como los hay en ciertas esquinas de Miami, es difícil que una Ley de Cine proteja a los artistas de un régimen más preocupado por su supervivencia.

Actualmente, si la propia televisión cubana y los circuitos de distribución cinematográfica dejaran de incluir obras pirateadas en sus programaciones, los cubanos humildes, sin alternativas, se hundirían en el más profundo aburrimiento.

Esta semana el ICAIC ha decidido estrenar Vestido de novia nacionalmente. Aparecen comentarios elogiosos y entrevistas con los participantes en casi todos los medios electrónicos. En ninguno se hace referencia a la carta de protesta de Marilyn Solaya.

OTRA MIRADA INDISCRETA

Ha sido una oportuna y justa noticia saber que el Festival de Cine de Miami decidió dedicar su tributo anual que honra usualmente a una figura importante de la cinematografía mundial—, al conjunto de realizadores independientes que hoy por hoy zarandean los cimientos de la cultura oficial cubana con sus filmes inquisitivos y controversiales sobre la compleja realidad de la isla.

No es la primera vez, sin embargo, que Miami Dade College explora esa avenida. Dos festivales de cine alternativo celebrados hace algunos años en el Teatro Tower, cuando esa filmografía era apenas conocida, y otros eventos afines, colocan a la institución a la vanguardia de una promoción e investigación legítimas sobre un fenómeno artístico que marca pautas.

En Cuba, la Muestra Joven anual —la décimo cuarta edición se celebra en el 2015—, patrocinada por el Instituto Cubano del Arte e Industria Cinematográficos (ICAIC), a regañadientes, atestigua, de alguna manera, la perseverancia y creatividad tanto de los realizadores como la de otros especialistas que han hecho posible el cónclave de donde emana una corriente creativa irrefrenable cada año en La Habana.

El evento no ha estado exento de notorios conflictos. Un reconocido artista como Fernando Pérez debió abandonar su dirección por no tolerar censuras, y enfrentamientos con miembros de la policía política abrogándose el derecho de no dejar entrar a ciertas funciones a reconocidas figuras de la disidencia. Ni decir que tan valioso material no ha encontrado el espacio que merece en la televisión nacional.

Antes de la Muestra, existieron otros intentos similares de convocatorias cinematográficas de nuevos cineastas, en el teatro del Palacio de Bellas Artes, donde descollaron figuras como Jorge Luis Sánchez, Juan Carlos Cremata, Marco Antonio Abad, Juan Sí, Jorge Crespo y Ricardo Vega, por solo mencionar algunos de los más conocidos.

Vuelo a traer a colación la ira de oficiales del partido comunista cuando premiamos el irreverente corto de Cremata: *Oscuros rinocerontes enjaulados (muy a la moda)*, o la amenaza recibida, de la misma instancia gubernamental, por haber comentado favorablemente un corto titulado *El informe*, donde Vega, Juan Sí y Crespo se mofaban de las prohibiciones implantadas, desde entonces, por la facción de la policía política encargada de reprimir la vocación democrática de los jóvenes artistas.

La ulterior creación de la Facultad de Arte de los Medios de Comunicación Audiovisual (FAMCA), donde se comenzaron a estudiar especialidades cinematográficas hasta entonces circunscritas a la Escuela de Cine Y TV de San Antonio de los Baños, permitió la graduación paulatina de realizadores y realizadoras, como nunca antes en el panorama cultural de la isla.

Al mismo tiempo, la decadencia del ICAIC, en su condición de centro controlador de la producción cinematográfica, así como las puertas abiertas por las nuevas tecnologías, dio el impulso definitivo a la instauración de una nueva mirada más deudora de Nicolás Guillén Landrián que de Santiago Álvarez.

El tributo del Festival de Miami es el primero que reconoce internacionalmente, de tal modo, este movimiento y lo hará con el estreno del más reciente largometraje de Carlos M. Quintela, La obra del siglo, y con una muestra representativa de cortos y filmes en proceso de producción en el Teatro Tower, a la cual han sido invitados otros dos cineastas, Jéssica Rodríguez y Marcel Beltrán, así como la productora Claudia Calviño, gracias al patrocinio de Related Group, del urbanista Jorge Pérez.

En una Cuba abocada al cambio, estos creadores han reflejado la rémora que impide las transformaciones, añoradas por todos —mediante la ficción y el documental—, así como las esperanzas para que el futuro finalmente ocurra.

¡VIVA MIAMI!

Prestos transitamos las calles sosegadas de Westchester, rumbo al *downtown*, donde he trabajado en Miami Dade College durante los últimos 22 años. Pero no voy a la oficina, es sábado, y para celebrar nuestro aniversario de bodas número 28, mi esposa y yo decidimos regalarnos un concierto de Billy Joel en el American Airlines Arena.

«¿Te imaginas que no nos hubiéramos escapado?», me dice ella, recordando que esta felicidad pudo no haber acontecido, si hubiéramos sopesado todos los riesgos de afrontar una nueva vida, con la ropa que traíamos puesta, el día que cruzamos el río Bravo.

Ir a disfrutar a Billy Joel, con sus 50 años de vida artística, me retrotrae a la noche que lo vi durante el Havana Jam, celebrado en la capital cubana —años ochenta—, en un tiempo de total incertidumbre.

En Miami brindé al son de melodías clásicas, a la salud de nuestro amor y de mi hermano que se asoma al concierto desde algún lugar del éter y de los amigos que siguen apabullados en aquella isla de miedo, penurias y desaliento.

Brilló el Piano Man, incitado tal vez por un lleno total de miles de personas de todas las edades que cantaban a coro sus 24 canciones irreprochables, más perfectas que una grabación. El piano dando vueltas lentamente en una plataforma para todo el público a la redonda y su chiste de: «Este es el único efecto especial del concierto».

A lo lejos, y suelo traerla a colación en momentos divergentes como estos, la isla balsa en el Caribe siempre pendiente de un ruso o un americano, pero nunca con la sana y libre capacidad de decisión. Todo impuesto, distorsionado, incompleto.

Que mala suerte, nada le sale bien, poco se concreta. El *New York Times* la sigue acoquinando con su agenda. Que la Ley de Ajuste está en solfa —comenta un artículo extensopero no se asusten porque parece ser un rumor echado a rodar por los contrabandistas para enrolar a más personas en el peligroso cruce del Estrecho de la Florida.

Quién hubiera pensado que el 17 de diciembre sería algo más que el Día de San Lázaro. La gente desconfía y le sobran razones. Políticos de toda laya opinan sobre lo que se debe hacer en este tiempo de «normalización de relaciones», mientras un dirigente universitario, en Cuba, llora a moco tendido ante la resucitación del espectro que causó todo el mal.

En el mismo periódico, Ann Louise Bardach pregunta: «¿Por qué son tan especiales los cubanos?» y arremete con la fuerza de su verbo obsesivo sobre las prerrogativas a mis coterráneos, porque —según ellasomos blancos, sin trazas de etnias indígenas y de clase media. ¿Clase media —pregunto yo—, en 56 años de tierra arrasada? La insto a que visite el gimnasio donde hago ejercicios para que vea cubanos de todas las extracciones sociales, blancos, negros, mulatos y chinos.

Apunta Bardach que es justo acabar con las excepciones a los cubanos porque ¿acaso los refugiados que huyen de las carteles de la droga o los escuadrones de la muerte no debieran tener las mismas oportunidades? Tal vez sí, pero ocurre que el nuestro es todo un pueblo sometido a un sistema implacable: una dictadura totalitaria, por si se le ha olvidado a la «cubanóloga».

¡Viva Miami!, digo para mis adentros, en casos como estos. La ciudad donde descansan mis muertos mayores y vive mi familia, la razón de mi existencia. Donde los cubanos dan prueba del éxito posible. ¡Viva Miami!

MI SUEGRO

Al principio, la miseria castrista nos puso en el camino de algunas desavenencias. Hoy, a la distancia, no lo culpo. La niña de sus ojos —mi esposa—, contraía matrimonio con este hombre divorciado, padre de un hijo —yo algo melenudo para su gusto, quien además debía vivir «agregado» en su casa, por la falta crónica de vivienda.

La semana pasada, mi suegro, a los ochenta años, terminó su fascinante aventura sobre la tierra, plácidamente, sobre el lecho que compartió con su esposa durante 53 años.

Se vanagloriaba de haber nacido en el mismo pueblo de Willy Chirino, Consolación del Sur, y recordaba los años que debió vivir en Cuba con una mezcla de humor y amargura.

Si algún nostálgico intentaba convencerlo de supuestas bondades del régimen, su respuesta perspicaz era capaz de deshacer la quimera revolucionaria con la facilidad del hombre de a pie que debió sufrirla.

La desilusión no tardó en perturbarlo y en 1980 avisó a los parientes de Miami para que vinieran a su rescate, pero luego de estar fondeado el bote en el puerto de Mariel por días, se lo llenaron de delincuentes excarcelados y perturbados mentales.

Desde entonces tuvo que simular y armarse de una nueva vida, inmerso en la doble moral, para proteger a sus descendientes de la ira gubernamental. No obstante, debió sufrir el escarnio de ver a su hija —mi esposa expulsada de su escuela por la delación de una compañera de clase que la acusó de «escoria».

Recuerdo cómo comentábamos la espeluznante visión de recientes actos de repudio en Cuba en reportajes de televisión, donde ancianos desdentados y casi seguro con la ropa interior raída, se prestaban para las trapisondas represivas del régimen.

Antes de partir a México —a instancias de su hermano—, ya retirado, desempeñó los más pintorescos oficios en El Vedado para sobrevivir. Andaba con jabas de un vecino a otro de su edificio trapichando con pan, cigarros, ron y cualquier otro producto que sirviera para ganarse unos pesos de más. Era, por otra parte, dueño de un viejo automóvil norteamericano que alquilaba para eventos turísticos.

Fue una suerte de cuentapropista sin dejar que el régimen lo esquilmara con impuestos. Nunca lo pudieron confinar a su casa y liquidarlo como un «viejito» en desuso.

De México cruzó la frontera, estuvo unos pocos días con nosotros, trabajó por algún tiempo en el negocio de un amigo, y luego descubrió, por sí solo, todos los beneficios de haber arribado donde siempre quiso estar. Supo de sus derechos y deberes, se hizo ciudadano estadounidense y disfrutó, como nadie, los días de votación.

Al volverse a retirar, le dio por ser figurante de programas de participación en la televisión, anuncios y telenovelas, a donde arrastraba a mi suegra. Todavía nos reímos al recordar la anécdota de verlo metido en el agua de un pantano en los Everglades, durante la noche, perseguido por José Luis Rodríguez, el Puma, encarnando un maléfico vampiro.

Hace cinco años estrenó apartamento en un precioso edificio para personas de bajos recursos que parece un hotel. El día de su fallecimiento, no pocos vecinos lloraban con nosotros cuando conocieron la inesperada noticia.

Cada domingo almorzaba en mi casa, como lo hiciera mi padre. Le dábamos un repaso a la semana política, enviaba mensajes a sus amigos de Cuba mediante nuestra computadora y luego al despedirse, invariablemente, me dejaba saber que luego me vería, otra vez, en mi programa de televisión La Mirada Indiscreta.

Sentía un orgullo especial por lo que yo hacía y por la familia. Ahora que no está, me doy cuenta que lo quise mucho.

OTRA REALIDAD LLEGA AL OSCAR

He visto tres de las cinco películas extranjeras que se disputan el Premio Oscar este próximo domingo. Me faltan *Tangerines*, de Estonia, que no ha sido presentada, hasta ahora, en el sur de la Florida y *Relatos salvajes* que dará inicio al Festival Internacional de Cine de Miami, del MDC, el 6 de marzo.

De estas tres obras maestras precoces, dos tienen que ver con los horrores de ismos que anidaron en Europa y la tercera, sobre la perturbación provocada por esa aberración que se ha dado en llamar estado islámico.

Al principio pensé que *Ida* merecía la distinción. El director Pawel Pawlikowski, ha imaginado esta verdadera joya retratada en blanco y negro donde revela, durante los corruptos y represivos días de la ordalía comunista en Polonia, una secreta historia criminal del antisemitismo ocurrida en la Segunda Guerra Mundial. Se trata de un filme conciso sobre cómo la condición humana se desmorona, cuando regímenes espurios poseen el don de la impunidad y el terror.

Millones de víctimas de crímenes del comunismo aparecen asentadas en una bibliografía sociológica considerable, pero el desastre del día a día, sufrido por el ciudadano común y corriente, debe emerger de la gran literatura que ya se ha ocupado del tema, para revelarse en la gran pantalla, donde pudiera llamar la atención de la indiferencia moderna, confiada en que los holocaustos no volverán a ocurrir, no obstante las numerosas pruebas que demuestran lo contrario.

Durante las más de dos horas que dura *Leviathan*, del afamado director Andrey Zvyagintsev, me perturbó la idea de que esa Rusia postcomunista, viciada hasta el tuétano, es lo que se está tramitando para la pobre isla de Cuba, donde acabo de ver en las noticias a una ignorante congresista estadounidense decir que estaba allí en La Habana para vender pollo y maíz, mientras en la otra esquina del hotel, donde se hospedaba, le rompían la cabeza a un opositor.

En *Leviathan* un ciudadano común, dueño de una destartalada estancia a la orilla del mar, recibe la visita de un amigo abogado de Moscú para que lo ayude a lidiar con el alcalde de la localidad quien quiere apropiarse de su propiedad para venderla a un inescrupuloso urbanizador.

La tragedia que se desencadena tiene tintes shakesperianos y la visualidad de naturaleza quebrada tan cara al filme *Stalker* de Tarkovski.

Ahora se sabe que hasta el gobierno de Putin quiere limitar la promoción del filme, luego de haber contribuido a su producción.

Al final, en medio de un agobiante ambiente etílico —todas las facciones enfrentadas son alcohólicas— el pequeño ciudadano ruso será humillado y aplastado por el nuevo «dirigente» del capitalismo salvaje, no muy diferente al del otrora partido comunista.

Timbuktú, por otra parte, del director mauritano Abderrahame Sissako refiere, con inusuales acentos poéticos, uno de los alegatos más valientes y hermosos que se hayan filmado contra los desmanes del estado islámico. A ese legendario y desértico sitio de Mali arriban los sicarios para imponer los desatinos de su llamada ley sharia, donde la música, fumar y hasta jugar futbol quedan terminantemente prohibidos, entre otros absurdos, además de los desmanes que deberán sufrir las mujeres.

El humilde y digno pueblo resiste a su manera la salvaje represión y ya queda para cualquier antología mundial del cine el momento en que los muchachos juegan futbol sin pelota para evitar ser castigados.

Este domingo, como suele ocurrir con los filmes extranjeros, otro mundo perturba por unos minutos el oropel de Hollywood. Es de agradecerle a la Academia tan necesario reconocimiento mediático.

LA OBRA DEL SIGLO Y OTRAS LIBERTADES

Dos de los más reveladores directores cubanos de la última hornada han elegido rotundos fracasos económicos y sociales del régimen como escenarios de controversiales filmes.

En *Melaza*, Carlos Lechuga coloca al espectador en un central azucarero inactivo, clausurado, y la miseria material y espiritual que tal eventualidad genera en el poblado que vivía, históricamente, de su funcionamiento.

La obra del siglo, de Carlos M. Quintela, se traslada a la fantasmagórica ciudad nuclear de Cienfuegos, construida para acoger la empleomanía de la central electronuclear de Juraguá, iniciada en 1982 y detenida, afortunadamente, diez años después cuando la Unión Soviética se desplomó.

En un apartamento prefabricado «realista socialista» del insólito lugar, mal viven tres generaciones de cubanos: un abuelo contestatario y procaz; su hijo, malogrado ingeniero graduado en Rusia, y el hijo/nieto, joven sin rumbo y despechado por un amor, que no lo piensa dos veces para poncharle un ojo al padre de un puñetazo.

Estos son como los zombis con los cuales se divirtió la película *Juan de los Muertos* solo que subsistiendo realmente en un vendaval sin rumbo. Los ríspidos diálogos que intercambian vienen dictados por la frustración de proyectos fallidos y vidas incompletas, como cuando el abuelo, interpretado memorablemente por un envejecido Mario Balmaseda, le dice al nieto, en referencia a cómo el sistema cambió paulatinamente la mentalidad de los cubanos: «Así creció tu padre, con toda esa mierda en la cabeza... el pobre, le dieron más piñazos de los que se merecía».

A diferencia de su anterior largometraje *La piscina*, preciosista y esquiva, *La obra del siglo* se expresa con una limpidez apabullante: la utopía se desarticuló y lo que resta es la rémora de un país en blanco y negro, antiestético e indigente, que Quintela contrasta con el absurdo material de archivo colorido, grabado por la televisión de la época, donde una clase obrera llamada a construir el paraíso comunista, ya daba cuenta, sin embargo, de que importantes piezas de la central electronuclear llegaban peligrosamente dañadas o incompletas.

La obra del siglo se estrenó internacionalmente en El Festival de Rotterdam, donde fue galardonada y ahora llega al sur de la Florida antes que a La Habana, como pieza central del tributo que el Festival Internacional de Cine de Miami, del MDC, rinde al cineasta independiente cubano, el 8 de marzo a las 7:00 p.m. en el legendario Teatro Gusman del downtown de la ciudad.

Hay un preámbulo a este homenaje, único en su clase, cuando el Teatro Tower de la Pequeña Habana presente a otros dos cineastas —Marcel Beltrán y Jéssica Rodríguez, además de Quintela, así como la productora Claudia Calviño, en una serie que comienza el 28 de febrero y se extiende hasta el miércoles 4 del propio mes, en jornadas que comienzan a las 7:00 p.m.

Entre otros, estos realizadores están sacando al cine cubano del atolladero donde —con raras excepcioneslo hundió la indolencia y arrogancia oficiales durante los últimos años. Se han apropiado de las nuevas tecnologías y de las complejas destrezas requeridas para buscar fondos de producción y van fabulando una filmografía respetable más allá del aburrido triunfalismo militante.

Carlos M. Quintela ha declarado que su nueva película requería de cierta urgencia porque aunque tuviera el beneplácito del régimen para filmar en un lugar de acceso limitado, generalmente prohibido, sabía que en cualquier momento esa autorización podía ser revocada.

El talento y la astucia de esta generación han ido ganándole terreno al inmovilismo del sistema. En lo que se tramitan los cambios necesarios, el país cuenta ya con un imaginario valiente y honesto.

GAY CUBA

La última vez que lidié con la literatura de Miguel Barnet, hoy presidente de la oficialista Unión de Escritores y Artistas de Cuba, así como miembro del parlamento castrista, fue por los años ochenta cuando publicó sus memorias tempranas.

En aquella ocasión, no pocos pensamos que aprovecharía la oportunidad para franquearse sobre la agonía de profesar una preferencia sexual en las antípodas con el represivo régimen que lo había marginado durante los primeros años de su carrera literaria debido, principalmente, a esa circunstancia.

Años después, sin embargo, cuando la intolerancia dura había amainado, sobre todo para personalidades de la nomenclatura como él, decidió escribir el cuento *Fátima o el Parque de la Fraternidad* donde, a manera de monólogo, refiere las aventuras y desventuras de un travesti que implantó su reino en ese sitio público que los homosexuales cubanos han hecho suyo.

Aunque la cultura de la isla en general tuvo manifestaciones artísticas y literarias de tendencia homosexual, generalmente solapadas, luego de 1959, algo parecido a una apertura aconteció en 1990 con la aparición del relato de Senel Paz *El lobo, el bosque y el hombre nuevo* que luego diera lugar al filme *Fresa y chocolate* (1993).

Eran otros tiempos, el socialismo europeo se desmoronaba y las compuertas de tantos años de perversidad contra la población LGBT se abrieron, inesperadamente, para dar lugar a un verdadero tsunami alrededor del tópico y de la exhibición pública de la población gay.

Vale la pena anotar que tan temprano como en 1984 Néstor Almendros y Orlando Jiménez Leal se habían adelantado a revelar la realidad, sin edulcorar, del drama de ser homosexual en una dictadura totalitaria con el documental *Conducta impropia*.

En ningún sentido la parte más reciente del deshielo encabezado por toda la murumaca mediática de Mariela Castro y su CENESEX (Centro Nacional de Educación Sexual), ha significado que la homofobia y la represión han cesado.

Dos estrenos cinematográficos recientes atestiguan que la ordalía continúa. *Vestido de novia* es la versión dramatizada que Marilyn Solaya ha fabulado sobre su documental *En el cuerpo equivocado*, donde argumenta los sueños y, sobre todo, las frustraciones de Mavi Susel, la primera persona sometida a una operación de reasignación de sexo en Cuba.

Y aunque utiliza el recurso del pasado —como lo hiciera en su momento *Fresa y chocolate*-, durante las tribulaciones del llamado período especial, nada hace presumir que las vicisitudes sufridas por el personaje interpretado por Laura de la Uz —violencia, escarnio, incomprensión— han sido superadas.

Jorge Perugorría, por su parte, se ha ocupado de adaptar el mencionado cuento de Barnet en un largometraje homónimo *Fátima o el Parque de la Fraternidad*. Es una historia de telenovela, el guajirito que se harta de los abusos de su padre y parte para La Habana en pos de alguna mejoría. Manolito o Fátima, que es su nombre de «batalla» porque cuenta que se le apareció la virgen de igual nombre, es interpretado por Carlos Enrique Almirante. En la capital se enamora de un delincuente que lo conmina a prostituirse y luego lo abandona y parte en una balsa hacia Miami.

Más allá de subtramas y situaciones melodramáticas y artificiosas que desdicen de la comunidad LGBT cubana —tratando de legitimarla—, el panorama que revela el filme sobre Cuba como destino nacional y foráneo de sexo alternativo, causa pavor por su desesperación y miseria.

El estereotipo de los prostíbulos habaneros concurridos por marines norteamericanos, tantas veces esgrimido por el régimen como un pasado de vicios borrado por la revolución, ha pasado a la historia como un leve inconveniente.

CAMPO MINADO

Al régimen cubano le resulta más cómodo lidiar con «aperturas» que vengan ataviadas de frivolidad y pacotilla capitalista. Aunque la prensa no dio a conocer la «bacanal» del primogénito de la familia Castro con celebridades controversiales y mediáticas como París Hilton y la iracunda Naomi Campbell, de alguna manera se supo que ambas andaban La Habana haciendo de las suyas.

Para la prensa oficial, sin embargo, siguió sin ser noticia que el Festival Internacional de Cine de Miami haya concluido el Tributo al Cineasta Independiente Cubano, con el estreno de *La obra del siglo*, de Carlos M. Quintela, en el más hermoso de los teatros del sur de la Florida, con alfombra roja incluida y un público numeroso.

A todas luces, estos medios desconfían de tanta concurrencia cultural exiliada y de la isla bajo un mismo techo. En representación de los cineastas independientes, el galardón fue recibido por el actor Mario Guerra, quien ha colaborado desinteresadamente con muchos de estos proyectos además de ser, en la presente ocasión, uno de los protagonistas del filme de Quintela.

Correspondió al cineasta exiliado Orlando Rojas dialogar por unos minutos con Guerra y Quintela —antes de la proyección del filme—, como suele suceder en la habitual sección Tributo del Festival que solo en esta ocasión, de las treinta y dos ediciones anteriores del evento, ha sido dedicado a un grupo de creadores.

El filme de Quintela no deja de tener una franja absurda y sarcástica que hizo reír nerviosamente al público presente, anonadado ante hechos desconocidos de la historia o al constatar el daño ocasionado a la fibra familiar por tanta arbitrariedad.

El fracaso y la inoperancia de un sistema implantado a sangre y fuego, así como sus devastadoras repercusiones en tres generaciones de cubanos, viviendo hoy mismo en un feo y maltrecho apartamento de la llamada Ciudad Nuclear, cerca de Cienfuegos, erigida para dar albergue a los trabajadores de la Central Electronuclear de Juraguá, construida por los rusos en los años ochenta y detenida en el noventa, con el desplome de la Unión Soviética, es el contexto general de *La obra del siglo*, que ya levanta expectativas y suspicacias en Cuba, donde abrirá la decimocuarta Muestra Joven ICAIC, organizada cada año por el Instituto del Arte e Industrias Cinematográficos, el 31 de marzo, fuera de competencia, como una cortesía de Quintela.

Los otros dos cineastas, Marcel Beltrán y Jessica Rodríguez, así como la productora Claudia Calviño, junto a Quintela, permanecerán como invitados del Festival Internacional de Cine de Miami hasta el final del evento el domingo 15 de marzo.

Los creadores han sostenido encuentros con la Escuela de Cine y Televisión del Miami Dade College, institución a la cual pertenece el Festival, donde intercambiaron opiniones con alumnos y profesores sobre la manera de hacer cine independiente en el complejo contexto cubano.

Otras visitas y encuentros que redundan en beneficios para sus futuras producciones tendrán lugar durante los próximos días.

Todas estas eventualidades también han sido silenciadas por la prensa castrista que tampoco ha informado sobre El Sexto, artista que igualmente estuviera durante una temporada en las aulas del Miami Dade College, y hoy guarda prisión por haber tratado de soltar, de modo «independiente», dos puercos por el Parque Central de La Habana con los nombres de Fidel y Raúl.

La cultura sigue mostrando ser un campo minado para los afanes de domesticación que reclama el régimen a sus artistas asalariados, grupo visiblemente reducido. Lo que ocurra fuera de los moldes institucionales siempre resultará sospechoso. Sin aspavientos, los creadores alternativos están tratando de variar las reglas del juego.

ETERNOS BEATLES

Me complace verificar que fue el gran documentalista cubano Nicolás Guillén Landrián al que se le ocurrió, por primera vez, el uso de la canción *The Fool On the Hill* para para escarnecer a un dictador.

En su paradigmático filme *Coffea Arábiga* (1968) vemos a Fidel Castro dirigirse a la atormentadora tribuna en la colina de la Plaza de la Revolución mientras se escucha el tema de los Beatles de fondo.

Ahora acaba de reeditarse un CD doble donde figura una idea similar. Se trata de la banda sonora de un excepcional documental titulado *All This and World War II*, dado a conocer en 1976, donde los más insospechados intérpretes se apropian de reconocidas canciones de los Beatles, en versiones exclusivas, sobre un patrón tan difícil de enriquecer.

El documental terminó siendo dirigido por Susan Winslow — inicialmente investigadora del empeño y utiliza material de archivo de la Segunda Guerra Mundial, además de breves fragmentos de algunas películas bélicas de ficción de los años cuarenta, donde aparecen reconocidos actores. El contraste entre las viejas imágenes y el siempre moderno cancionero de los Beatles, termina siendo una experiencia estética meritoria, sobre todo por la manera que tiene de acoplar los textos de las canciones con situaciones específicas de la mencionada contienda.

Por ejemplo, a *Sun King* lo ilustra la intervención japonesa en la guerra; *Lucy in the Sky With Diamonds*, los feroces ataques aéreos y *Hey Jude*, la avanzada definitiva de los rusos sobre los nazis.

En el momento que se escucha *The Fool On the Hill*, cantada memorablemente por Helen Ready, acontece la burla directa a Hitler con diversas escenas personales del deleznable personaje, entre ellas, un ridículo pasillo de baile que no tiene desperdicio.

All This and World War II resultó ser un fracaso de taquilla y se habló de que la productora había hecho desaparecer las copias, luego de presentaciones limitadas en festivales y televisión, algo que resultó ser incierto cuando algún buen samaritano cinéfilo logró subir una copia a Youtube -no en óptimas condiciones-, aunque nos permite curiosear un hecho artístico arrinconado por imponderables comerciales.

Lo que si quedará ahora en la historia, gracias a una impecable reedición remasterizada, es su banda sonora con 28 melodías de los inagotables Beatles. Todas las estrellas convocadas interpretan sus canciones acompañadas por la Orquesta Sinfónica de Londres y la Orquesta Filarmónica Real.

En estas grabaciones se encuentran sorprendentes gemas como la versión que hace Tina Turner de *Come Together*, que luego el grupo Aerosmith tomara prestada para la suya, así como una *The Long and Winding Road*, de Leo Sayer, que pone a McCartney contra las cuerdas.

El único Beatle que figura en la grabación —con seudónimo—, es John Lennon cantando y tocando guitarra en Lucy in the Sky With Diamonds, de Elton John, una de las pocas piezas que trascendió el documental. Como dato curioso el propio Lennon celebró la versión de Help, cantada por Henry Gross, porque era menos rápida que la original, como él la hubiera preferido.

Al final, la banda sonora recaudó más dinero que el documental y no pocas de las canciones terminaron clasificando en listas de éxitos de los Estados Unidos y de Inglaterra.

Sublimes resultan ser las interpretaciones de los Bee Gees, los Four Seasons y hasta del propio Frankie Valli con un A Day in The Life insospechado. Peter Gabriel se apropia de Strawberry Fields Forever y Rod Stewart de Get Back. El desfile de estrellas es pródigo.

Existen otras antologías tributarias de los Beatles. Esta, sin duda, ocupa un lugar cimero en su fijeza estética y cultural.

LOS RÍOS DE MARZO

He vuelto a reparar en la significación de marzo para mi familia. Fue un día primero del mes —domingo para más señas—, cuando a punto de acomodarme en un teatro de Miami Beach para disfrutar cierto ballet clásico, respondo la llamada inusual de mi hijo mayor para escuchar, atónito, que mi hermano Francisco, algunos años menor, había muerto, fulminado por un ataque cardíaco.

El 29 de marzo, mi padre hubiera cumplido años y llegaría a mi casa acicalado y perfumado para recibir los parabienes de la familia.

Mi sobrino ruso—cubano—americano, Dimas —hijo de Francisco también estará celebrando su cumpleaños pero ahora en la distante China donde labora para la embajada americana por dos años.

Hace poco, durante un evento en Miami Dade College, la Chef Lidia Bastianich, subrayó que todo su éxito lo debía a la fuerza del legado familiar y al haber podido escapar del comunismo, primero a Italia y luego a los Estados Unidos, a la edad de 12 años. Me satisfizo que llamara el mal por su nombre.

Se refirió a la importancia de la comida en su felicidad y sus éxitos y pensé, he ahí otra de las razones para denigrar al castrismo: la indigencia alimentaria.

Entre las magias de marzo para los Ríos figura la coincidencia feliz de celebrar cumpleaños encadenados, como bendición numerológica, de mis dos nietos, mi hijo mayor y quien suscribe. Es una andanada de Piscis. Uno de los agasajos ocurrió en el restaurante Canton Palace, tan auténtico que resulta complejo comunicarse con el camarero, lo cual nos coloca literalmente en China.

Esa noche se esperaba la llegada de una sobrina, quien termina dos carreras en FIU. Hizo un viaje de estudios a Londres, con escapadita a París. Cuando mi hermana la dio a luz en Cuba, sin embargo, la cosieron con hilo de henequén.

Durante otra celebración, a mi nieto mayor, —mitad cubano, mitad brasileñoquien comienza la fascinante aventura del «*teenager*», los padres le dieron la opción entre varios restaurantes para celebrar su fiesta y optó por una buena frita cubana.

Mi Esther y yo estamos cerrando marzo por todo lo alto. Saldé otra de mis deudas musicales y la hice fan, definitivamente, de una agrupación extraordinaria que ofreció un concierto deslumbrante con la recreación de sus clásicas piezas.

Fleetwood Mac levantó el techo del American Airlines Arena, donde no cabía un alma. Por primera vez, en muchos años, el grupo se presentaba íntegro —sus cinco miembros—, con el regreso de Christine McVie, distante desde 1998. Todos le rindieron pleitesía a la cantante y tecladista, agradecidos sin dudas, por poder interpretar lo principal del repertorio de la banda, con numerosos premios Grammys a su haber, así como la membresía al Hall de la Fama del Rock and Roll.

Solamente su mítico álbum *Rumours* (1977) sobrepasó los 45 millones de unidades vendidas, cifra que lo coloca en el sexto lugar de los más vendidos de todos los tiempos.

Fue una jornada de ensueño, donde Christine celebró nuestros rayos de sol y la musa y poeta Stevie Nicks, una de las mejores voces y compositoras de su generación, nos regaló un Landslide, acompañada solo con la extraordinaria guitarra de Lindsey Buckingham, que resonará en mi corazón por siempre.

No me avergüenza haber llorado varias veces durante el concierto ante aquel grupo controversial, tierno y furioso, que encarna la libertad de los años setenta que yo no disfruté. Tengo que cantar con ellos «Yesterday's gone, yesterday's gone…» para estar seguro que el mañana ya es nuestro, y sobrevivirá con los míos, plenos de felicidad.

ANIVERSARIO INCOMPLETO DE LA CINEMATECA DE CUBA

La Cinemateca de Cuba, fundada por el Instituto Cubano de Arte e Industria Cinematográficos (ICAIC), cumple 55 años y una serie de textos publicados en el sitio oficial de la cultura del régimen, celebran la ocasión y vuelven a ignorar los antecedentes irrefutables de la institución, porque acontecieron antes de 1959, gracias a la perseverancia de dos cinéfilos empedernidos que han sido borrados, con saña, de la historia de la cultura nacional: Ricardo Vigón y Herman Puig.

    La historia de los avatares de estos dos pioneros en el campo de la exhibición y conservación de clásicos cinematográficos en la isla, mediante un primer cine club, creado al efecto durante los años cuarenta que luego derivaría en el primer proyecto de Cinemateca en la década siguiente, está minuciosamente referido por el historiador francés Emmanuel Vincenot en un artículo que puede ser consultado en el website de Puig, quien sobrevivió a Vigón —fallecido en el año 1960y, hoy por hoy, está considerado como uno de los más importantes fotógrafos de desnudos en el mundo.

    En los textos que alaban la devastada Cinemateca, que ahora traslada sus operaciones de la legendaria Sala Charles Chaplin (antiguo Atlantic), al Cine 23 y 12, se vuelven a trivializar los precedentes. Es realmente lamentable que el actual director de la institución, el investigador Luciano Castillo, quien ha hecho tanto por revalidar el ninguneado cine cubano anterior a 1959, no aproveche la ocasión para arriesgar, valientemente, un apunte y ponga el legado en orden, como ha hecho en tantas otras ocasiones.

    Curiosamente los obstáculos más difíciles que debieron salvar Puig y Vigón en su cruzada siempre fueron de filiación comunista. El profesor Manuel Valdés Rodríguez, quien acaparó dictatorialmente la enseñanza y divulgación del cine desde su tribuna universitaria en La Habana, les hizo la vida imposible con su arrogancia y el grupo Nuestro Tiempo, que reuniera a personajes tan impresentables como el propio Guevara, enemigo acérrimo de ambos, y otros más camaleónicos como los cineastas Tomás Gutiérrez Alea y Julio García Espinosa, en su temprana juventud aliados de Puig y Vigón, luego comprometidos con el régimen que dio al traste con cualquier otro proyecto fuera de los predios exclusivistas del ICAIC.

Ahora, el primer director vitalicio de la Cinemateca revolucionaria, Héctor García Mesa, comisario cultural afrancesado en un sistema machista, vulgar y despótico, es encomiado hasta el delirio por su eficacia al frente de la institución.

No se habla, sin embargo, que fue parte de la componenda que difamó, por escrito, sobre los antecedentes de la Cinemateca y propició cuantas prohibiciones y censuras le fueran orientadas durante su mandato, con la indiferencia de organizaciones internacionales que debieron velar por la libertad de expresión en un centro de tal categoría.

Ocultó, como material subversivo, los archivos de todo el cine cubano anterior al año 1959, hasta que le permitieron mostrar algunas obras, y se prestó para impedir —por solo mencionar un ejemplo—, que la obra del cineasta italiano Pier Paolo Pasolini, se conociera en Cuba, habiendo sido comunista y homosexual como él.

Murió en unas condiciones deplorables, delirando y olvidado por quienes hoy lo elogian.

En el 55 aniversario, el nuevo director de la institución se lamenta de la cantidad de obras perdidas por la indolencia oficial durante el llamado período especial y aboga por la inclusividad, de toda obra audiovisual nacional porque reconoce que se trata de la Cinemateca de Cuba, no del ICAIC. Pudiera, también, sugerir un reconocimiento especial a Herman Puig y Ricardo Vigón por haber sobrevivido tanto desatino e injusticia.

A 35 AÑOS DEL MARIEL

Esta semana coincide la celebración de la Cumbre de las Américas, que el ex Secretario de Comercio, Carlos Gutiérrez, ha calificado como un encuentro fotogénico y anecdótico, cuando debiera ser sobre la necesidad de infraestructura en Latinoamérica, y treinta y cinco años del inicio del incidente que desencadenó la epopeya del éxodo de 125,000 personas por el puerto cubano del Mariel en 1980.

Desde entonces, la dictadura que mancilla la isla ha experimentado cambios cosméticos pero su esencia represiva sigue inalterable. Danilo Maldonado, El Sexto, un artista que pinta grafitis y planeaba el performance de soltar dos puercos en el Parque Central de la Habana, con los nombres de Raúl y Fidel —sin apellidos como ha indicado el propio creador—, está preso y la indiferencia internacional, con escasas excepciones, ante tal atropello da vergüenza.

Este domingo a las 8:00 p.m., los que hacemos posible el programa La Mirada Indiscreta en el Canal 41, AmericaTeVe, hemos decidido rendir tributo a quienes se aventuraron a la incertidumbre de atravesar el estrecho de la Florida en aquellos días aciagos cuando el castrismo retomó —porque ya los había practicado con anterioridad y generalizó, los llamados «actos de repudio» que se han mantenido como práctica habitual contra las personas que disienten públicamente del sistema.

La figura central del espacio será la periodista Mirta Ojito, quien escribiera uno de los testimonios más fascinantes sobre aquellos hechos en el libro *Finding Mañana*. Mañana fue el nombre del barco que la trajo de niña a esta orilla y ella se da a la tarea, de encontrarlo veinte años después y contarnos la odisea de su familia en aquel capítulo oscuro de la historia cubana contemporánea.

Ojito ha ejercido el periodismo en *The Miami Herald*, *El Nuevo Herald* y en *The New York Times*. También ha sido profesora en la prestigiosa Columbia University Graduate School of Journalism. Simboliza una de las tantas pruebas del éxito de sus coterráneos en libertad y del triunfo de la democracia sobre la penumbra totalitaria que hizo uso de todas sus estratagemas abyectas para que los refugiados fracasaran en tan perseverante cruzada.

A treinta y cinco años de distancia, el Mariel sigue siendo un tema tabú en la sociedad cubana. La prensa no lo recuerda o debate ni de manera peyorativa y el intrépido cine de los nuevos realizadores tampoco le ha dado por explorarlo, no obstante sus numerosas y dramáticas aristas.

Solo en 1990 el filme *Mujer transparente*, integrado por varios cuentos, lo incluye en la historia Laura, de la directora Ana Rodríguez. Allí la protagonista espera en el lobby de un hotel habanero por su amiga que ha retornado como «comunitaria» luego de haber abandonado el país cual «escoria» y reflexiona sobre tanto desatino mientras se ven en pantalla actos de repudios y marchas del pueblo combatiente.

Curiosamente, una adlátere del régimen como la realizadora estadounidense Estela Bravo, es la única que ha tenido licencia oficial para tratar el Mariel desde ángulos pesimistas y de fracaso, sin contar que el famoso director Santiago Álvarez y su equipo, fueron parte de la conspiración que ofreció al mundo una visión apocalíptica y deleznable de las personas que ocuparon desesperadas la Embajada del Perú en La Habana.

Los huevos que se lanzaron, entonces, contra vecinos en fuga del paraíso proletario, son los mismos que en la actualidad —escasamente siguen alimentando a la necesitada población que, ahora mismo, cifra su esperanza en la nación a donde hace treinta y cinco años huyeron sus congéneres en busca de una vida decente y meritoria.

JELENGUE

En el año 2003, cuando la Feria del Libro de Guadalajara estuvo dedicada a Cuba, quien fuera un director del Instituto Cubano del Libro, a la sazón trabajando para la editorial del Historiador de La Habana, me confió, casi en secreto, que Eusebio Leal era un demócrata cabal al cual había que agradecerle no solo la recuperación urbanística de la zona turística de la capital, sino la mediación que practicaba para que el castrismo se abriera al entendimiento con el exilio de Miami.

Confieso que nunca le tuve fe a la argumentación del editor. Me resultaba sospechosa su defensa del docto comisario, con una incontinencia verbal agobiante, sobre un pedestal de abundantes prebendas, totalmente a espaldas del cubano común de la ciudad que decía historiar, además de practicar una adulonería con los Castros que me causaba cierta repugnancia.

Recientemente en Panamá, el Historiador de la Ciudad ha mostrado su verdadera naturaleza, en consonancia con la intolerancia del régimen que representa, mediante el gastado subterfugio de la descalificación.

Para Leal los opositores «carecen de capacidad intelectual» y los cubanos auténticos, no deben enlodar sus vestiduras con los llamados «mercenarios», al servicio del imperio, paradójicamente el mismo que ahora quieren seducir en la más enrevesada de las operaciones. Ajeno al circo diabólico que allí acontecía, afirmó que ellos, los revolucionarios, nunca darían el primer golpe.

Más allá de importar, sin vergüenza, los llamados actos de repudio a suelo panameño, en franca descortesía con los anfitriones, el castrismo no logró o no lo tuvo estratégicamente entre sus planes, convocar a otros artistas del patio que no fueran adláteres garantizados como el vetusto y aburrido Silvio Rodríguez, así como funcionarios carcamanes de la cultura: Miguel Barnet, presidente de la desprestigiada UNEAC (Unión de Escritores y Artistas de Cuba), un tal Morlote, vicepresidente de la misma organización, y Abel Prieto, asesor del general Raúl Castro, sin duda el más siniestro de los intelectuales oficialistas con una apariencia desenfada y humorista detrás de su melena mal cortada y demodé.

Los tres estuvieron alentando el desorden y la confrontación violenta, sin mucho miramiento, como tarea de choque en la base, mientras la jerarquía cuadraba la caja con el otrora enemigo para el cacareado «momento histórico», sin repercusión inmediata dentro de la Cuba profunda, que ha desarrollado el arte de la espera con un estoicismo insufrible.

Resulta curioso que no hayan alistado a Laritza Bacallao, el trovador Tony Avila o los siempre dispuestos Buena Fe, para apoyar el berrinche de las turbas redentoras del peor rostro del castrismo.

Afortunadamente el vacío dejado por estos representantes oficiales del arte y la música de la isla, lo ocuparon reconocidas figuras del hip hop como Los Aldeanos, Silvito, el Libre, Raudel Collazo, Soandry, David D'Omni, así como el rockero Gorki Águila, quienes lamentaron el comportamiento de los genízaros de la dictadura.

Uno de los Aldeanos declaró: «Lo que han hecho repartiéndole golpes a personas que simplemente manifiestan públicamente lo que piensan ha sido una vergüenza que ha salpicado a todo el que se sienta realmente cubano».

Hay un manifiesto ángulo racista y de superioridad fatua entre los cuatro mequetrefes de la cultura oficial —Leal, Morlote, Prieto, Barnet—, cuando se expresan sobre miembros de la oposición. Se sienten muy intelectuales estos señores que desatan jaurías y ofenden a Guillermo Fariñas por ser un opositor negro.

Las nuevas generaciones de artistas cubanos se ven distantes de todas estas deprimentes componendas y siguen haciendo sus obras a pesar de los amanuenses del régimen.

De hecho, prefiguran la Cuba posible, esa misma que se les escurre a los políticos sin cesar.

BERENJENAL

El acercamiento entre Cuba y los Estados Unidos arriba ilustrado de cuadros arrobadores —impensables hace solo unos meses—, como aquel donde figura el Gobernador de Nueva York y la señora que el castrismo designó para atender a los yanquis, tomados de la mano e intercambiando besitos furtivos «cheek to cheek» bajo el embeleso de tracatanes de ambas partes en un día de sol radiante frente al histórico Hotel Nacional. Luego de los arrullos de bienvenida se ven departiendo en una mesa de espléndida vajilla coronada de rosas rojas.

En otra cándida imagen, el político americano visita un salón histórico del mismo inmueble donde figuran fotos de sus antecesores, celebridades de toda índole —de actores a gánsteres—, que solían hospedarse allí antes de 1959. Durante el recorrido lo acompaña el «gerente del hotel», quien no puede eludir su pinta de «seguroso» enfundado en la guayabera que lo denota.

En otro acto del sainete aparece el elusivo Cardenal Jaime Ortega, saludando al funcionario, para quien el prelado es una suerte de libertador de presos políticos, deportados sin piedad a España y luego abandonados a su suerte en turísticas y crueles plazas madrileñas.

Entonces pienso en la amena conversación, esta semana, del cineasta Juan Carlos Cremata con el público del Teatro Tower, del Miami Dade College, a propósito de la presentación de su más reciente largometraje *Contigo pan y cebolla* y del primer corto de la serie *Crematorio, En fin el mal*, donde se revelan distintas épocas del agobiado pueblo cubano, siempre a la espera de un maná que caiga del cielo para mitigar tantas penas, carencias y olvidos.

La vigencia del teatro clásico de Héctor Quintero, donde una familia habanera de los años cincuenta debe lidiar con la pobreza y las apariencias sociales, a partir del hecho de tener o no tener un refrigerador, resulta obvia aunque, como aclaró Cremata, por entonces todavía existía la capacidad de soñar por muy difícil que fuera el entorno, algo que perdió la Cuba de ajenas dependencias foráneas, abrumada por fracasados e improductivos experimentos.

En *Contigo pan y cebolla* pervive una humildad chaplinesca, de supervivencia solidaria, sostenida sobre la base fundacional de la dignidad y la decencia de la familia cubana tradicional.

Mientras que *En fin el mal*, plasma lo que viene aconteciendo cincuenta y tantos años después cuando «el hombre nuevo» y sus epígonos violentan sistemáticamente la estabilidad social en aras de consignas, imposiciones e intromisiones que hacen insostenibles el curso de valores individuales y privados.

El velorio del intolerante miliciano, quien murió con el brazo y el sexo enhiestos, excitado por una presentación del programa de TV La mesa redonda, convoca el escenario abigarrado y lamentable de la Cuba actual donde se sobreponen los peores sentimientos.

Por cierto, ahora que se habla tanto del fin de la Guerra Fría a propósito del acercamiento de Estados Unidos y la isla, nadie menciona La mesa redonda, como un rezago de la desatinada «batalla de ideas» desatada por el dictador Fidel Castro durante los días de la saga del niño Elián González, que bien pudiera terminar para sosiego del ahíto pueblo cubano.

Cremata dijo en su conversación que En fin el mal presenta una familia disfuncional en franca correspondencia con una sociedad en similares circunstancias. Toda la parentela desfila ante el muerto mayor e intolerante, —metáfora de un poder voluntarioso—, para recriminarlo por los males padecidos.

Habló el director sobre la necesidad imperiosa de respetar al otro y de zanjar las diferencias de la Cuba quebrada mediante los valores de la cultura. Se refirió a la risa como un bálsamo, aunque pintara el infierno.

LA VOZ DE SU GENERACIÓN

Recuerdo al director de cine Daniel Díaz Torres, nervioso y asustado, en una conferencia de prensa donde trataba de justificar las inauditas infidencias de su filme *Alicia en el pueblo de Maravillas*, al comienzo de la década del noventa.

En aquel momento de incertidumbre, las preguntas más insidiosas no provenían de los periódicos partidistas sino de corresponsales extranjeras —casualmente mujeres— que reportaban para Radio Habana Cuba y la revista *Cuba Internacional*. Unas estadounidenses y la otra argentina, no tuvieron piedad con el realizador, fallecido en el año 2013.

En la película —contestataria en esencia—, figuran textiles tanto en ropas como en decoración que reproducen un huevo frito, el alimento por antonomasia de la revolución. No olvido a una de las periodistas subrayándolo como algo peyorativo para el régimen, mientras el aterrorizado Díaz Torres, le aseguraba que no eran huevos sino margaritas.

A una de ellas, la argentina, paradójicamente, le agradezco que me dejara cubrir asuntos culturales para la revista *Cuba Internacional*, donde fungía como jefa de redacción.

Fue así como le propuse y terminó por aceptar, a duras penas, una entrevista al cantautor Carlos Varela que salió publicada en mayo del año 1991. Traigo esta historia a colación, porque el próximo jueves, 7 de mayo a las 7:00 p.m., en el Teatro Tower del Miami Dade College, se proyectará, en evento especial, el documental *The Poet of Havana*, dirigido por el canadiense Ron Chapman, sobre la vida de Varela, a propósito de dos conciertos que en La Habana celebraron el treinta aniversario de su carrera artística con figuras de la canción internacional que admiran su arte.

A diferencia de representantes de la primera hornada de la llamada Nueva Trova, como Silvio Rodríguez y Amaury Pérez, que alguna vez compusieron de manera expresa o solapada textos contrarios a los desvaríos del régimen, para luego transmutarse en juglares del mismo, Carlos Varela ha sostenido, desde el principio de su obra, una poética de la inconformidad y la rebeldía sencillamente admirables, a partir de melancolías personales y de su generación.

Durante aquella entrevista, acontecida en su casa, así me respondió cuando le dije que en su crítica de la realidad no aparecía la rabia sino la nostalgia y la ternura: «Ese análisis es interesante, nunca lo había escuchado. La ternura es porque de alguna manera, cuando me pregunto ¿esto por qué sucede?, siento un gran deseo de que no sea así. Quisiera que cambiara. Muchas personas han hecho canciones con rabia queriendo transformar las cosas y otras no; lo que desean realmente es que se joda. Mis canciones están hechas con amor, por encima de cualquier tergiversación».

En *The Poet of Havana*, desfilan voces tan notables como Ivan Lins y Jackson Browne para hablar maravillas de Varela. Casi todos eluden, sin embargo, abundar sobre el hecho de que durante mucho tiempo resultara ser un artista marginado, aunque inclaudicable, en su propio país donde tiene miles de seguidores.

Browne es quien más se adentra y dice que los cubanos de izquierda o de derecha manifiestan un deseo ardiente por la libertad y que los de la isla quieren viajar y tener sueños como otras personas del resto del mundo.

El documental es un hermoso tributo hecho por un extranjero que presagia el actual acercamiento entre Cuba y los Estados Unidos, pero donde Varela se mantiene en sus trece, reflexionando sobre el mejoramiento impostergable de sus compatriotas cuando afirma: «Esa enorme confusión de valores que, definitivamente, sufrimos en este país yo creo que en la medida que los dinosaurios van desapareciendo, estos valores van cambiando».

MI MADRE-PATRIA

Era la semana del domingo que se celebra el Día de las Madres durante la aciaga década del setenta y yo bajaba por la calle G de El Vedado en la noche, luego de asistir a clases en la universidad, camino a la casa, y se me ocurre sustraer unas hermosas flores que recién habían sembrado como ornato público para luego colocarlas en una maceta y regalárselas a mi madre que tanto le gustaban las plantas.

Lo hice sin remordimientos, porque ejercía una de las tantas formas de agredir al aborrecido estado que todo lo fiscalizaba y porque para esa ocasión tan especial a los burócratas del régimen solo se les ocurría vender un cake por núcleo familiar anotado en la libreta de racionamiento. Ese dulce, horneado con días de anticipación, se dispensaba ya marchito en las bodegas de barrio.

Mi madre fue muy feliz con su regalo insospechado en un país donde habían desparecido, también, las flores y las plantas ornamentales. De hecho, no la recuerdo triste y no había escenario que más me regocijara durante mi infancia y juventud que aquel donde canturreaba melodías de su época mientras lidiaba prolijamente con las tareas domésticas.

Era dueña y señora de aquel moderno apartamento 304 del edificio 29 de la Habana del Este, hoy Ciudad Camilo Cienfuegos — en la última urbanización del gobierno de Batista—, reinventando su vida luego de ser extraordinariamente dichosa en Hialeah, de donde regresamos en calidad de «repatriados».

Tanto ella como mi padre, nos enseñaron que la patria existía donde estuviera la familia. Solo con esa premisa pudimos sobrevivir tanto miedo y desasosiego en una sociedad estructurada para el adoctrinamiento y la sumisión a una ideología malsana.

Solamente su perseverancia nos mantuvo en el bando de la decencia que se iba esquilmando con el paso de los años. Cuando cruzábamos el umbral de aquel sitio mágico, dejábamos la máscara colgada junto a la puerta y éramos nosotros.

Ella hacía ingentes esfuerzos para impedir que entraran a su hogar sagrado los «seremos como el Che», el comité de vigilancia revolucionaria, la militancia comunista, los delatores, las movilizaciones a la plaza o al absurdo trabajo voluntario en la cuadra y cuanto disparate se le ocurría al castrismo para pulverizar a la familia.

Nunca tuvo que decirnos que lo conversado en la casa se quedaba entre aquellas cuatro paredes como única protección contra lo impredecible —lo intuíamos—, aunque en ocasiones no cumplimos su prédica y tuvo que lidiar con directores y funcionarios de escuelas iracundos y amenazantes por nuestra insolencia para con los absurdos del régimen y comportamiento «extranjerizante».

Mi madre fue una niña humilde, de grandes ojos soñadores, que mi abuela entregó en crianza a una tía de rigurosa disciplina, quien muchos años después —paradójicamente— falleciera a su cuidado.

La noche antes de irse, sin cumplir 68 años, dormimos en la misma cama de un hotel en Kissimmee. Habíamos visitado Disney World durante el día junto a mi hijo menor y mi esposa. De niño recuerdo haberme embelesado en su regazo, en la más satisfactoria de las sensaciones, que siempre he añorado repetir. Ese perfume celestial de su piel, tanta calidez y refugio.

Ahora me mira desde las fotos y desde los ojos de mi hermana y de mi sobrina, que se le asemejan. Y quiero este domingo montarme en la máquina del tiempo para poder reposar, otra vez, sobre su regazo y decirle, mira tú espléndido legado en el país que ustedes escogieron para nosotros cuando el nuestro no se había hecho trizas. Valieron la pena tus desvelos. Hemos triunfado, gracias a ti.

REGRESO A ÍTACA

Luego de su reciente viaje a La Habana, después de treinta años de ausencia, mi hermano Willy me habló de la otredad del país y de su convicción para asimilar la estremecedora experiencia solo como visita eventual, porque imaginarse una estadía más extensa que la semana de reconocimiento tradicional, hubiera desembocado en pesadilla.

Cuando terminé de ver el controversial filme *Regreso a Ítaca*, del director francés Laurent Cantet, con guion de Leonardo Padura, basado libremente en su libro *La novela de mi vida*, llegué a la misma conclusión de mi hermano: qué suerte haber escapado de esa debacle, cuánta lástima me dan los compatriotas que me hablan desde la pantalla como personajes desamparados, tratando de razonar, entre frustraciones y suspicacias, el absurdo de un sistema que los trituró.

Hay una zona de la crítica especializada que trata de descalificar el filme por lo que pudiera ser un tratamiento epidérmico y anecdótico de la tragedia nacional, circunscrito a la generación de Padura, tan desilusionada como la precedente, por cierto.

Otros de los comentarios publicados en sitios electrónicos de la isla, lo han vapuleado por no abordar «Cubas» menos sombrías, más optimistas, además de no mencionar el llamado «bloqueo», como causa principal de tanta desventura.

Un crítico cubano escribe «espionaje» cuando debió decir «agente de la policía política» que compele a uno de los personajes a la delación de su amigo pintor para poder viajar al extranjero, en una suerte de «vida de los otros» a la criolla.

Historias tan deprimentes y esa agente de la seguridad del estado —Gladys—, haciendo de las suyas para destruir al prójimo y luego escapar a España, explican por qué el filme fuera censurado durante el pasado Festival de Cine de La Habana, donde llegó a figurar en el catálogo del evento, y ahora se haya presentado en el Festival de Cine Francés en dos funciones a las 5:00 p.m., como para evitar aglomeraciones indeseadas.

Regreso a Ítaca tampoco se ha distribuido en el llamado «paquete de la semana», donde los programadores suelen ser cautos con materiales complicados ideológicamente que puedan darle al régimen argumentos para prohibirlos como hicieron con las salas de proyección en tercera dimensión.

Maestros del lenguaje coloquial, Cantet y Padura se las arreglan, con suma sutileza, para involucrarnos en esta conversación —apenas sin pausa—, de cinco amigos en una azotea habanera donde festejan el regreso de quien ha estado dieciséis años en España.

La intensidad del diálogo coral crece de la memoria trivial y cotidiana (amores, canciones, sueños, esperanzas, credos), al testimonio estremecedor de la aniquilación paulatina de un sistema de valores que fuera impuesto a sangre y fuego como una utopía posible.

La doctora, el ingeniero, el pintor, el dirigente y el escritor llegado de España, solo les queda el miedo devorándoles el alma y el desasosiego que provoca constatar que una parte importante de la vida se escapó, irremediablemente, sin resultados positivos.

La historia de *Regreso a Ítaca* no requiere llamar al mal por su nombre. Estamos viendo, en carne viva, las consecuencias de la puesta en práctica de sus fracasados experimentos en seres humanos educados para propagarlos y hacerlos verosímiles.

Filmes como *Melaza*, *La obra del siglo* y ahora *Regreso a Ítaca*, no guardan compromiso con el optimismo porque interpretan las versiones de una sinfonía del fracaso en distintos movimientos históricos.

Los críticos de cine en Cuba comentan el filme de Cantet como si ya un agente de la seguridad del estado no los «atendiera». Eluden, con cautela, el naufragio de sus predecesores, porque siguen en el mismo buque fantasma.

CIUDAD SIN ALMA

Me cuenta un amigo que en cierta ocasión concurrió a una casa en Miami donde agasajaban pantagruélicamente, como saben hacerlo los cubanos de esta ciudad, al actor Vladimir Cruz.

Aquel grupo bullicioso de lechón y bebida en abundancia, sin cuotas ni miramientos, no guardaba una relación consanguínea con el artista. Eran compatriotas desprendidos que, sobre todo, lo recordaban por el personaje de David en el filme *Fresa y chocolate* dirigido por Tomás Guitérrez Alea (Titón) y Juan Carlos Tabío en 1993, donde Cruz interpreta a un guajirito militante, quien un buen día se cruza con Diego, homosexual que lo inicia en el conocimiento de la tolerancia y en valores de la cultura cubana e internacional prohibidos por el régimen.

Aprovechando la fama que derivó de aquella película, tanto Titón, como Cruz, Jorge Perugorría —quien interpretó a Diego—, y el guionista Senel Paz, pudieron reclamar la ciudadanía española cuando todavía no era posible hacerlo resucitando ancestros ibéricos.

Cruz participó luego en las filmografías de Tabío, Daniel Díaz Torres y Eduardo del Llano. Recientemente co dirigió *Afinidades* con Perugorría y participó en la biografía del Che, del cineasta Steven Soderbergh y en *Siete días en La Habana*, como parte de la historia El Yuma, de Benicio del Toro. También ha incursionado en el teatro y la televisión.

En el diario *El País*, de España, hay una sección conocida como En Corto, donde aparecen breves entrevistas que tratan de revelar los intereses personales de figuras con reconocimiento mediático.

En el texto introductorio del cuestionario respondido por Vladimir Cruz, hace unas pocas semanas, lo describen de tal modo: «Contento consigo mismo y su trabajo, a veces le gustaría ser más simpático y tolerante, y menos impaciente».

Dice que la música que le gusta es la de Silvio Rodríguez, no tiene un libro en su mesa de noche, pues está al tanto de la literatura cubana contemporánea, y prefiere la comida italiana. Refiere la forma alegre que tiene para comenzar el día con música y tiene miedo de no contar con el tiempo necesario para hacer todas las cosas que quisiera.

Cuando la periodista le pregunta dónde no querría vivir, dice Bruselas por ser gris y fría; Torrevieja, Alicante, porque le parece un lugar horrible y «ni en Miami, porque es un lugar sin alma».

Hechos ambientales y arquitectónicos lo hacen rechazar las ciudades europeas mencionadas. A Miami, donde vive cerca de millón y medio de sus coterráneos, la rechaza, sin embargo, de manera espiritual, más profunda, como para que no quede duda de su singular aversión. Es como una declaración de principios.

Curiosamente, la prensa electrónica cubana, tan pródiga en reproducir consideraciones peyorativas sobre la ciudad maldita para el castrismo, lo ha ignorado —tal vez no como él hubiera preferido—, porque en la cumbancha con los Estados Unidos cualquier error de cálculo puede arriesgar la llegada de los verdaderos y salvadores «yumas».

Si se exceptúa aquel día glorioso cuando se llenaba el estómago en un cordial patio miamense, algo traumático y desconocido para el público debió ocurrirle a Vladimir Cruz para afirmar que ese escenario pertenecía a una ciudad desalmada.

La Cuba que él prefiere, siempre que pueda escaparse de ella por temporadas, sobrevivió a duras penas el fin del mantenimiento ruso gracias a la intervención oportuna venezolana y ahora mismo trata de buscar una solución con los americanos ante la eventual decadencia del chavismo.

Hubiera sucumbido, sin remedio, con solo veinticuatro horas de ausencia de la «desalmada» Miami, la única prueba fehaciente de que los compatriotas de Vladimir Cruz son capaces de prosperar y ser felices en libertad.

CUERPOS CUBANOS EN BANDEJA

Dos amigos fotógrafos que trabajaban para el Ministerio de Cultura en Cuba durante los años ochenta me enseñaban, a escondidas, sus espléndidos portafolios de desnudos que debían poner a buen recaudo para evitar ser acusados de pornógrafos.

Resulta paradójica la coincidencia entre el dogma religioso haciendo lo indecible por cubrir las espléndidas desnudeces de grandes artistas renacentistas y la cifra totalitaria en una isla de tanta sensualidad, impidiendo que el cuerpo al natural se manifestara artísticamente.

Un supuesto país revolucionario que, por otra parte, ideó las llamadas «fiestas de perchero», donde se prescindía de la ropa en una suerte de dominio del cuerpo y que, hoy por hoy, tiene sitios en arboledas o costas de La Habana conocidos como «potajeras», donde adanes se entienden con otros adanes, como Dios los trajo al mundo.

Desestimar el disfrute de la desnudez en Cuba fue siempre una filosofía «contra natura». Recuerdo las visitas a casa de mi tío Jesús, en la humilde barriada de Poey, y me veo hurgando debajo de su colchón —sin que él lo supiera— para acceder a una primorosa colección de revistas *Show* donde, mamboletas cubanas de los años cincuenta, mostraban sus excesos carnales, sin botox ni cirugía, apenas cubiertas con exiguos bikinis.

Pintores como Raúl Martínez y Servando Cabrera, por solo mencionar a dos de los más afligidos, debieron esconder sus obras con cuerpos desnudos, en espera de mejores tiempos.

Me viene a la mente cuando el dramaturgo Víctor Varela encueró a sus actores en la puesta en escena de *La cuarta pared* y causó una conmoción nacional.

Creo haberle escuchado decir al cineasta Enrique Pineda Barnet que él daba fe de las fotos que Tina Modotti le había hecho a Julio Antonio Mella en pelotas, las cuales no fue autorizado a incluir en el documental que le dedicara al activista comunista.

Con todo este anecdotario algo aleatorio, a lo cual pudieran sumarse otros tantos componentes, como los performances de Manuel Mendive, quiero subrayar la importancia del cuerpo desnudo —en cualquier manifestación artística y sus connotaciones eróticas y conceptuales en el imaginario cubano, por encima de todo tipo de obstáculos.

Esta semana llega a Miami para dar fe de tal voluntad y como un nuevo y definitivo muestrario de nuestra idiosincrasia, el libro La seducción de la mirada. Fotografía del cuerpo en Cuba (1840—2013), del escritor Rafael Acosta de Arriba, quien lo presentará personalmente en el Koubek Center, del Miami Dade College, hoy jueves 28 a las 7:00 p.m.

Precedido de un enjundioso ensayo, valga la pena aclarar que no se trata —tal y como apunta su autor— de un libro sobre el desnudo per se, sino de cómo 93 artistas del lente han transmutado, de modos diversos, el cuerpo cubano en alrededor de 400 imágenes, en cuanto código estético se pueda concebir.

El volumen, primorosamente editado en España, es otro de los tantos ejercicios de rescate y libertad que la cultura de la isla viene reclamando durante los últimos años, más cuando son obras que nos denotan.

En su erudita introducción, el autor dedica —incluso—, un capítulo a Herman Puig, uno de los más famosos fotógrafos de desnudos masculinos y personalidad de la cultura cubana exiliada, borrada de los anales de la nación.

Este es un libro que nos vuelve a todos un poco voyeristas y donde más de «tres lindas cubanas y cubanos» nos recuerdan que el culto a la belleza, en sus momentos más sofisticados, como esa foto de Korda titulada Norka Nude, de 1957, hace de la cubanidad, el reino espléndido y sin ataduras que siempre debió ser.

EL VUELO DE GALA

Cruzo con premura las pocas cuadras que separan el Campus Wolfson de la galería de arte en New World School of the Arts. Antes esquivo a dos desamparados que «duermen la mona» en esquinas del downtown y a una muchacha que conversa con sus demonios, mirando al cielo. Esta parte de Miami se ha vuelto una urbe dura, que no cree en lágrimas, como cualquier otra gran ciudad del mundo.

Por un momento, me parece ver a Nicolás Guillén Landrián, el cineasta, pintor y poeta cubano maldito, cámara en mano, filmando su último documental en la misma geografía que tanto desandó, poco antes de morir.

Estoy llegando al viejo edificio que albergó cierta compañía de teléfonos, y hoy bulle de juventud e imaginación, como una de las más importantes academias de arte de los Estados Unidos.

A la entrada está la decana de artes plásticas Maggy Cuesta con la sonrisa del éxito, pues hoy vuelve a inaugurar la exposición de los graduados de enseñanza preuniversitaria (Senior Showcase). La clase del 2015 atestigua su talento.

Recibo un catálogo cuidadosamente editado. En la cubierta, la foto de grupo de los jóvenes creadores en actitudes desafiantes, como corresponde. Gente bella, esperanzada, con la vista en el futuro donde, desde hoy, tramitan su huella en el competitivo universo del arte.

Voy directo a la instalación del cubículo número 13, al final de la galería, en un área más bien privada. La multimedia es de Galina Rios y se titula Consejos/Triunfos, en español.

Al fondo del espacio que es angosto y largo, hay una pantalla donde se ve un video de Galina lavándose las manos con unos jabones de glicerina transparentes que, sin embargo, contienen figuraciones.

Al costado izquierdo, una repisa exhibe similares pastillas y me acerco para descubrir, con emocionante sorpresa, que los delicados jabones contienen fotos con gran significación en la vida de Gala, como la llamamos en familia.

Me hago el conocedor de arte, pero en realidad estoy disimulando las lágrimas. Las pequeñas imágenes se suspenden en el aire de estos marcos transparentes y son como nubes que exudan cristal donde se asoman, entre otros, su progenitor, el hermano Dimas, la mamá Lidia, así como algunos predecesores rusos, mis padres y otros parientes, en diversas épocas.

Varios espectadores de la exposición se acercan a los jabones y no se explican cómo aquellas imágenes fueron a parar allí. Dice Galina que es un secreto. Entra una mujer con su cámara y no cesa de tomar fotos.

En la pantalla, la novel artista sigue haciendo espuma con la familia sobre un lavamanos de granito. La operación es una verdadera incógnita que no admite la indiferencia. ¿Quiere exorcizar los malos recuerdos relativos a la pérdida de su papá? ¿O se trata de una «limpieza» con los mismísimos orígenes para proteger su integridad? Estas y otras poderosas reflexiones se agolpan en mi corazón.

Salgo de la galería para respirar y llega Galina, con un vestido largo, vaporoso, y parece una princesa rusa. Recibe el abrazo de amigas que la felicitan y le preguntan cómo ideó el asunto de los jabones ilustrados.

Vuelvo a entrar y Maggy me presenta a la profesora de fotografía de Galina, la misma que tomaba instantáneas de su instalación hace unos minutos. Se trata de la reconocida artista cubano americana María Martínez Cañas, quien me confía, «tu sobrina es una creadora muy original e independiente».

Le han crecido alas a la rusa. Estoy seguro que mi hermano la verá pasar cuando vuele a Detroit donde continuará sus estudios de fotografía.

EL ROCK Y LA LIBERTAD

Durante la más reciente ceremonia de ingreso de nuevos miembros al Hall de la Fama del Rock and Roll, la legendaria cantante Joan Jett, líder del grupo Blackhearts, volvió a recordar que el rock es una manifestación musical de la libertad.

El viernes de la semana pasada, mi esposa y yo estuvimos frente al esplendor de la libertad, en vivo, cuando la voz del presentador de un estupendo espectáculo anunció: «¡Damas y caballeros, los Rolling Stones!», que dio entrada al épico Mick Jagger seduciendo al público con su singular lenguaje gestual, al compás de las notas de *Jumping Jack Flash*.

El memorable concierto de 19 canciones encadenadas durante poco más de dos horas, en un estadio de Orlando, fue para mí como montar una de esas montañas rusas de los cercanos parques de diversión.

Antes de acometer la segunda canción, *Its Only Rock and Roll (But I Like it)*, el malicioso Jagger se permitió un chiste con Disney y nos confío que había amanecido con Cenicienta en la habitación del hotel

La presentación forma parte de la gira *Zip Code* (Código Postal) que The Rolling Stones emprenden por 15 ciudades de los Estados Unidos y Canadá hasta el 15 de julio. A diferencia de la anterior, «*50 & Counting*», de los años 2012—2013, realizada en anfiteatros bajo techo, esta los trae a estadiós a cielo abierto, un formato que dominan a la perfección.

Jagger ha dicho en una entrevista reciente que no piensa en el retiro, mientras Keith Richards, la otra mitad del corazón de la agrupación, sustenta la misma idea de modo distinto: «Quiero ver cuán lejos pueden llegar los Stones».

El testimonio soberano de este empecinamiento ocurre sobre el escenario, aunque Jagger es el único de los dos septuagenarios que puede mantenerse corriendo como saltimbanqui por los 150 metros de tablado y otros tantos de pasarela, mientras canta.

Ni Lisa Fischer, voz femenina del coro que apoya a los Stones —nacida en el año 1958—, con la cual hace el siempre estremecedor dúo *Gimme Shelter*, ni el propio Ronnie Wood, quien acaba de cumplir 68, pueden competir, en energía, con quien es aún hoy, luego de medio siglo de carrera, una de las mejores voces del género.

Este mes el grupo acaba de reeditar uno de sus álbumes clásicos, *Sticky Fingers*, con novedades como la versión de *Brown Sugar* donde figura Eric Clapton. La cubierta, diseñada por Andy Warhol, está entre las más provocativas porque incluye el primer plano de un jean con un zipper funcional en la portañuela. En cada uno de los conciertos de esta nueva gira, los Stones incluyen, al menos, dos canciones del álbum no muy frecuentes en las listas de otras presentaciones de los últimos años. En Orlando, interpretaron la melancólica *Moonlight Mile* y la enervante Bitch, con más brío que en la grabación original, de 1971.

47,000 personas, entre nostálgicos de décadas pasadas, que ya tienen esta música en su ADN, y nuevas generaciones incitadas por sus ancestros, se dieron cita en el recientemente renovado Citrus Bowl de Orlando para disfrutar esta experiencia, única en su clase. Los argentinos, rockeros latinoamericanos por antonomasia, lograron posar dos banderas nacionales sobre el escenario, que en algún momento los Stones enarbolaron.

Debe haber habido otros cubanos tan libres como nosotros en el estadio, siempre felices de que la pesadilla represiva haya quedado atrás. Por eso cuando Mick Jagger preguntó cuántos miamenses se encontraban en el público, nosotros nos identificamos con fuerza y orgullo para luego seguir bailando con el ritmo contagioso de Honky Tonk Women.

A LAS PUERTAS DE TROYA

Hay una deleznable canción popular del comienzo de la revolución cubana de 1959 que afirma en uno de sus frases: «Si Fidel es comunista, que me pongan en la lista...» Se sabe que fue compuesta por un extranjero latinoamericano solidario con la dictadura «de izquierda», que ya mostraba sus colmillos, y terminó siendo popularizada por Carlos Puebla, afortunadamente olvidado en los anales del requiebro oficial.

No hemos tenido suerte los cubanos en el pasado siglo XX ni en los 15 años que han transcurrido del nuevo milenio. Siempre hay un «amigo» que nos quiere tender la mano para ayudarnos, de modo paternalista, a la solución de nuestros desvaríos políticos.

Ahora el prestigioso diario *The New York Time* vuelve con un insospechado y sorpresivo editorial exigiendo la libre circulación de ciudadanos estadounidenses en la isla.

No se sabe si el nuevo texto fue redactado por aquel otro forastero latinoamericano «amigo», autor de la serie de editoriales anteriores que sirvieron de plataforma mediática a los acontecimientos del pasado 17 de diciembre, donde comenzó el deshielo entre las administraciones de Estados Unidos y Cuba.

El presidente de esta gran nación, que ha brindado generoso refugio y oportunidades al exilio cubano, como aliado de causas comunes, se ha empeñado en dejar un legado algo truculento, ser el primero en visitar La Habana.

Otros «legados» más apremiantes para su mandato como los de cauterizar la supervivencia del racismo, la violencia policial y la de las armas en manos civiles, son atendidos con retórica tribunicia y oraciones religiosas.

No hay un día que la prensa castrista deje de cubrir, con malicia, cualquier hecho que dañe la imagen pública de los Estados Unidos. Los adjetivos peyorativos no han cambiado luego del día de San Lázaro, es la misma retórica envalentonada de antaño.

De hecho, las campañas para demostrar al mundo su gran victoria sobre la política fracasada de aislamiento del llamado imperio, sorprende al régimen enviando a cinco espías, liberados de cárceles norteamericanas, como embajadores de buena voluntad a la distante pero fraterna Sudáfrica, donde han sido recibidos con todos los honores.

Otros también viajan, porque en Cuba viajar sigue siendo un placer exclusivo, como el asesor de Raúl Castro y ex ministro de cultura, Abel Prieto, advirtiendo en cuanto micrófono le pongan delante, que no se van a dejar doblegar por el «potro salvaje» —así lo llamo alguna vez el siniestro Ramiro Valdés, ex ministro del interiorde la Internet y otras seducciones de las nuevas tecnologías de la sociedad de consumo estadounidense. Curiosamente, Prieto ha borrado de su añejo vocabulario la palabra «plattista» que siempre utilizara para denostar al exilio.

Mientras tanto, la cúpula del régimen sigue haciendo de las suyas. Si un alto funcionario del gobierno norteamericano conversa animadamente
—según consta en la fotocon Diosdado Cabello, presidente del parlamento venezolano acusado de narcotráfico por el propio gobierno de los Estados Unidos, entonces a nadie puede perturbar que este mismo personaje vuele de manera imprevista a La Habana y se entreviste con Raúl y el mentor principal de la debacle venezolana, su hermano Fidel Castro. Nada bueno se traen entre manos los viejos conspiradores antimperialistas.

No es menos cierto que el Caballo de Troya de los Estados Unidos tiene una pata en la puerta y el pueblo disfruta cierto hálito de esperanza. Hasta ahora, sin embargo, según apunta esta semana un artículo del propio The New York Times, pudiera estar ocurriendo que el proceso de acercamiento se ha enredado en las patas de otros caballos, menos francos, más taimados, propios de la suspicacia castrista.

APERTURA

La sociedad estadounidense siempre vital, dinámica, se levanta cada día con cambios y nuevas tareas de toda índole. En una jornada se legaliza el matrimonio entre personas del mismo sexo y en la otra se estudia la eventualidad de arriar, para siempre, la bandera confederada. Es el ritmo de la democracia y las posibilidades infinitivas del ejercicio de la libertad.

Desafortunadamente las pocas dictaduras totalitarias entronizadas en el mundo tienen muy escasas oportunidades de contagiarse con ese espíritu. Al contrario, se sienten en la posición de criticarlo como desatinos del capitalismo. Insisten que ellos practican otro modo de la democracia.

Los hermanos Castro, primero intentaron la dictadura del proletariado —siguiendo los lineamientos de remotos manuales comunistas— para arrasar con los componentes productivos de la república, y hoy no se sabe cuál es el rumbo del errático experimento.

Por lo pronto, las publicaciones electrónicas del régimen le tienen abierto un acápite a las relaciones con los Estados Unidos, como se enciende una vela al santo. Mientras los americanos hablan de los cambios paulatinos hacia una sociedad justa que provocará su presencia en la isla con una embajada, adalides del régimen vociferan a los cuatro vientos que no se hagan ilusiones porque no están dispuestos a perder los logros de la revolución.

La familia Castro parece figurar entre esos logros. Uno de los vástagos del anciano dictador veraneaba recientemente, lejos de la patria que detentan como propiedad privada, en un costoso balneario de Turquía, y no quería que impertinentes paparazis tomaran constancia de su presencia.

La manera despectiva, grosera y hasta violenta con que el guardaespaldas cubano trata al periodista turco —según atestigua video subido a YouTube—, resume la impunidad y arrogancia de una casta represiva y distante del atormentado entorno nacional.

¿Serán esas las transformaciones a las cuales se refieren con frecuencia los viajeros que regresan optimistas de La Habana? Antes Antonio Castro vacacionaba en paraísos costeros del archipiélago cubano habilitados para su familia y hoy lo hace en la antigua y fascinante Europa. Sin duda, son pasos de avance, sobre todo para la cúpula que no solía revelar su opulencia mal habida.

En la realidad dura y cruel, un vecindario amenaza con protestar pacíficamente —han aclarado—, si el inoperante poder popular no soluciona un escape incontrolable de aguas albañales. Los domingos siguen acosando, como siempre, a las Damas de Blanco y unos intérpretes de rap son apresados por el gaznate cuando tratan de expresar su inconformidad en medio de la calle, mientras Danilo Maldonado, El Sexto, cumple seis meses preso.

Recientemente el discreto y talentoso pianista cubano Gonzalito Rubalcaba, quien reside en el sur de la Florida, regresó de una visita a la isla. El músico se mantiene, dentro de lo posible, alejado de los avatares políticos, su opinión, sin embargo, retrata un país sin perspectiva de futuro:

«Salí de Cuba con 26 años y ahora tengo 52. Por un lado, no puedo dejar de sentir que esa es mi tierra pero, a un tiempo, siento que ya no formo parte de esa realidad. Lo que está pasando en Cuba tiene más que ver con la verdad oficial que con ninguna otra cosa. La realidad cubana es la misma desde hace años, las carencias materiales y no materiales siguen ahí…. hay todavía un temor a llamar a las cosas por su nombre. Ahora todo el mundo habla de los americanos y de todo lo que van a traer sin entender que la apertura tiene que darse desde dentro. No se puede seguir esperando a que los problemas internos nos los resuelvan desde el exterior».

EL REGRESO DE MARQUITOS

Cuando el cineasta cubano Ricardo Vega abandonó la isla, a principios de los años noventa, lo hizo pertrechado con valiosos materiales de archivo de los Noticieros ICAIC que luego dieron lugar al documental *Cuba la bella*, producido por la escritora Zoé Valdés, en Francia.

Hay una versión ampliada del mismo —*Fiel Castro*—, incluido en la edición de *La ficción Fidel* (2008), libro de Valdés. El divulgado documental encadena la oratoria delirante del dictador cubano y la locución ditirámbica de los éxitos de la revolución que luego terminaron en sonados fracasos.

Entre los momentos históricos, tristemente célebres, que figuran en el video se encuentra la comparecencia iracunda de Castro en un juicio televisado donde se acusa al supuesto delator de los mártires de Humboldt 7, Marcos Rodríguez (Marquitos).

Ver a un gobernante, totalmente descompuesto, con facha de poca higiene y pocos amigos, tronar contra un sospechoso desconcertado, fue otra de las pruebas tempranas y rotundas de que la llamada justicia revolucionaria nunca estaría separada de las trapisondas del poder.

Marquitos fue encontrado culpable en 1964 y pasado por las armas. Con uno de sus performances maestros, Fidel Castro había sacado del juego a los viejos comunistas del Partido Socialista Popular (PSP) y a los jóvenes del Directorio Revolucionario. El Movimiento 26 de Julio seguiría despejándole el camino en pos de su poder omnímodo.

En la pasada Muestra ICAIC de Jóvenes Realizadores, la sorpresa lo constituyó, sin duda, el documental *Los amagos de Saturno*, el caso del delator de Humboldt 7, de la directora Rosario Alfonso Parodi, quien resucita el fantasma de Marquitos en una rigurosa investigación histórica que el cine cubano gubernamental ha soslayado consuetudinariamente.

Otra vez se pone sobre el tapete la culpabilidad o inocencia de Marcos Rodríguez como chivato de los jóvenes que en 1957 se refugiaron en el apartamento de la citada dirección, luego de participar en el asalto al Palacio Presidencial, el 13 de marzo de ese mismo año.

Alfonso Parodi no se conforma con las «cabezas parlantes» que suelen agobiar este tipo de cine. Emplea, con dinamismo gráfico y de edición, fotografías, documentos, cartas, en su mayoría inéditos, y, sobre todo, las confesiones grabadas de Marquitos y de otros de los encartados en la infausta saga, entre los cuales figura, de manera prominente, Joaquín Ordoqui, viceministro del ejército castrista y dirigente del PSP, defenestrado después del juicio junto a su esposa Edith García Buchaca, dirigente cultural del régimen. Ambos amigos y protectores del inculpado.

La intriga de este verdadero rompecabezas avanza con notable suspense como una novela policial. Personas que hubieran dado fe de la identidad de Marquitos, como los testaferros de Esteban Ventura, son fusilados de manera sumaria. Osmany Cienfuegos no quiso contar lo que sabía y la familia de García Buchaca, se negó a que la entrevistaran. Agentes represivos del socialismo europeo colaborando con la policía política cubana a la hora de inculpar y apresar.

Aparecen, por primera vez en pantalla, interrogadores profesionales de las mazmorras castristas explicando cómo hicieron confesar al acusado y luego debieron asistir a su fusilamiento, por órdenes superiores, para garantizar que había fallecido.

Del horror chabacano de la dictadura de Batista, se pasa al sofisticado andamiaje del terror totalitario, sobre todo a la imbricación del miedo que ha garantizado la supervivencia de sus muchas tropelías.

Este domingo 12 de julio a las 8:00 p.m. el programa del Canal 41 (AmericaTeVe), *La Mirada Indiscreta*, repasa algunos fragmentos del excelente y revelador documental *Los amagos de Saturno*, junto a Fructuoso Rodríguez, hijo de uno de los mártires asesinados en Humboldt 7.

EL REY HA MUERTO, VIVA EL ARTE

Le dan un premio a Johnny Ventura por cantar en Cuba; publican numerosas fotos de Olga Tañón celebrando su regreso a la isla y establecen una ruta turística con el tema Alicia Alonso, quien sigue dirigiendo los destinos del Ballet Nacional de Cuba a la provecta edad de 95 años.

Según el funcionario que dirige las empresas musicales del régimen, ahora hay muchos artistas interesados en presentarse en la isla, pero se hace impostergable el levantamiento del «bloqueo» para poder comprar la parafernalia que necesitan los espectáculos modernos.

Bienvenido es el Caballero de la Salsa, Isaac Delgado, quien luego de dar pruebas fehacientes de su «desexilio» miamense se la ha permitido dar un concierto público en el llamado «protestódromo», a la orilla del calenturiento malecón.

La obsesión por lo foráneo se ha hecho presa de la sociedad cubana, pero al prestigioso cineasta y dramaturgo Juan Carlos Cremata —quien ha hecho buen parte de su obra a contracorriente en el país—, sufre la humillación de ver una de sus puestas en escena desmontada abruptamente por la censura que no cesa.

La última vez que Juan Carlos Cremata visitó Miami y amablemente compartió con el público asistente al Teatro Tower, del Miami Dade College, su largometraje *Contigo pan y cebolla*, lo sentí algo triste, abrumado, características que no le son consustanciales a este creador siempre optimista y esperanzado en poder seguir su obra saltando complejos obstáculos materiales y políticos.

Ese día —inclusotuvo tiempo de escaparse a La Casa de los Trucos en la Calle Ocho, para comprar pelucas y otros menesteres que utilizaría en *El rey se muere*, una obra de Eugene Ionesco, que ya fabulaba a la distancia.

La pieza subió al complejo teatral Bertold Brecht y fue clausurada luego de dos funciones porque los burócratas de la cultura, siempre cautelosos, han visto en el monarca destructivo y añejo, una velada alusión al dictador que se desmorona en Punto Cero.

Cremata lo supo mediante una nota inesperada, con alusiones patrioteras de cuarta categoría, publicada en el sitio oficialista online Cubarte, a donde pocos tienen acceso.

Luego salió a la palestra un comentarista del Consejo de las Artes Escénicas, a quien le encargaron una crítica precipitada de la controversial puesta. Abyecta estrategia utilizada en otras ocasiones.

Pero Cremata está habituado a las tormentas. *La hijastra*, de Rogelio Orizondo, su anterior incursión en los escenarios nacionales, solo tuvo 14 funciones, mientras sus dos más recientes cortometrajes, parte de la serie *Crematorios*, están circunscritos a los circuitos alternativos. Si su largometraje *Chamaco* no se hubiera estrenado con éxito durante el Festival de Cine de Miami, poca historia internacional tendría para contar.

La suspensión de *El rey se muere* ha desatado una avalancha de emails de apoyo por parte de la comunidad artística criolla, quienes se resisten a la supervivencia del envilecimiento de antaño, ahora que todos se vanaglorian por la llegada inminente de los demócratas americanos quienes, por cierto, tampoco les preocupa cómo son maltratados los artistas de la isla, siempre que puedan disfrutar de sus cálidas playas.

Los medios oficiales hacen esfuerzos denodados para evitar que el incidente se conozca en el coto de los Castros. Ya bastante tienen con un grafitero preso y la performista que ahora no quiere irse de la isla mientras no le garanticen el regreso a su país natal.

En su respuesta pública sobre el incidente, Cremata hizo catársis: «En nombre de un 'nacional socialismo' se nos coarta, reprime, sanciona, amordaza y oculta. Eso es fascismo omnímodo. Puro. Absoluto e integral.»

Y PASARON ÁGUILAS POR MIAMI

Esta vez queríamos saldar otra deuda de temprana juventud, algo impensable en las circunstancias que debimos vivir en aquellos años de incertidumbre y limitaciones hasta 1992, cuando pudimos escapar para siempre de la ignominia de ser ciudadanos de segunda clase en tu propio país.

Resulta estimulante prepararse para un concierto de rock, aquella música que el castrismo consideró peligrosa y enemiga en el principio de la debacle. De nuevo íbamos al encuentro de los clásicos. Seríamos parte de una gira que lleva dos años dando vueltas por diversos países bajo el hombre de *History of the Eagles*.

Para mi esposa, se trataba de un acontecimiento de gran significación nostálgica porque en la Escuela Lenin —de su época—, la mítica pieza *Hotel California* abría y cerraba el baile del viernes al cual los alumnos podían concurrir sin el rigor del uniforme, circunstancia social de doble filo, porque los hijos de la dirigencia que estudiaban en la beca aprovechaban la ocasión para estrenar atuendos traídos de «afuera», mientras que ella y otras amigas tenían que «inventar» para lucir bonitas con vestuario transfigurado de la libreta de racionamiento o alguna que otra ropa llegada de la socorrida Miami.

Eso me lo contaba con cierto pesar, aunque minutos después se le iluminaba el rostro al dejar atrás aquel innoble pasado de carencias y humillaciones para escoger, entre su ajuar actual, el que más le acomodara al encuentro con una agrupación entrañable, que diera sus primeros pasos en 1971, y nosotros disfrutaríamos ya en la consagración.

Es toda una experiencia caminar, como siempre, por el bello *downtown* de Miami, rumbo al American Airlines Arena, integrando una suerte de cofradía multitudinaria. Escucho un matrimonio americano recordar que comenzaron a romancear hace cuarenta años al son del cancionero de éxitos de los Eagles.

Hay jóvenes entre las más de 40 mil personas asistentes, junto a los consabidos «otoñales» que están en mayoría porque vienen al encuentro de su banda sonora sentimental.

El concierto resulta ser distinto a todos los otros que hemos disfrutado porque tiene una narrativa muy acendrada al considerarse una «Historia» de la agrupación. En vez de arrancar con un hit sonoro, comienzan con guitarra acústica para referir la prehistoria, cuando eran apenas conocidos.

Entonces te corresponde pellizcarte para saber que la experiencia es real y aquellos señores de la realeza del rock americano, vestidos como hijos de vecino, sin fuegos artificiales ni bailarinas, con una pantalla enorme, en prístina alta definición, donde van apareciendo paisajes de la mente y otros de la gran naturaleza de este país, nos seducen a su antojo con canciones que interpretan mejor que en las grabaciones conocidas.

La dramaturgia estudiada y precisa va in crescendo. De Tequila Sunrise a One of this Nights y Take It to the Limit, en esa genial fusión de balada, country y puro rock por donde transcurre el repertorio de los Eagles.

Hay pausas para hacer humor y referir anécdotas, entre las cuales figura aquella de los dos álbumes que grabaron en Miami en un estudio legendario, a golpe de café cubano, según Don Henley.

Para la última andanada del concierto reservaron New Kid in town, Love Will Keep Us Alive, Heartache Tonight, The Long Run, Take it Easy y Hotel California, una canción que sigue siendo de misteriosa resonancia y emoción.

Cuando terminó el espectáculo y le agradecieron a nuestra ciudad el entusiasmo, salimos como flotando a la hermosa y cálida Miami donde dos turistas se tomaban selfies con la espléndida Torre de la Libertad, del MDC, de fondo, engalanada de luces rojas.

LEGADO

Ya lo anunció el diario *The New York Times* —que fue al extremo de sus facultades para que el llamado deshielo entre Estados Unidos y Cuba comenzara—, ahora el régimen dinástico policial apretará las tuercas de la represión ante el temor que les infunden los cambios que se avecinan.

La misma publicación ha reportado recientemente que el gobierno chino ha detenido a más de 200 abogados bajo la acusación de atacar al gobernante Partido Comunista y enriquecimiento ilícito cuando —a todas luces—, lo que sucede es que esos profesionales de la ley, en su mayoría abogados corporativos, se han dedicado a defender los derechos humanos, luego de sufrir injusticias oficiales en sus operaciones profesionales.

Muchos de los acusados han desfilado por la televisión estatal en humillantes mea culpas. Para los medios del partido se trata de delincuentes y acosadores sexuales.

Estos métodos de descrédito son bien conocidos por los intelectuales y disidentes cubanos. Valga la pena aclarar, que el gobierno de los Estados Unidos no ha interpuesto —que se sepa en este caso—, ni una queja sobre las detenciones en China, aun teniendo una embajada en Beijing.

Lo cual nos lleva a pensar que el diferendo de las personas que desean ser libres y viven en sociedades dictatoriales, requiere de estrategias y presiones internas. Los abogados chinos mencionados pertenecen a la clase media e, incluso, envían a sus hijos a estudiar a otros países, pero se hartaron de tantos atropellos.

El régimen cubano ha comenzado a solucionar sus desavenencias históricas con los americanos, como socorrida tabla de salvación económica. Le queda ahora reestablecer relaciones con su propio pueblo, devastado por tantas carencias e imposiciones absurdas.

Los cubanos, por supuesto, no son chinos, ni vietnamitas, su idiosincrasia y códigos históricos dictan otro comportamiento social. Han aguantado como pocos pueblos pero también han resistido de modos muy imaginativos, además de que la cercanía del vecino poderoso ha creado una seductora imantación mucho más eficaz que el odio sistemático profesado por el castrismo. Los distantes asiáticos, por otra parte, no cuentan con la meca que significa Miami, prueba poderosa y productiva de que los nacionales de la isla tienen porvenir.

En el nuevo escenario, cuando el otrora enemigo vaya instalando paulatinamente sus atractivos, irresistibles para todo el universo, como es sabido, el deseo de consumir —por tantas décadas coartado contra natura— y la corrupción, que es y será difícil de controlar, irá horadando el blindaje ideológico de los ripios de revolución que puedan sobrevivir tamaña andanada, en todo su esplendor.

Los carcamanes verde olivo ya lo intuyen, han vivido esquivando esa eventualidad y se sienten inquietos, debido a lo cual convocaron un encuentro de combatientes de la revolución para inspirar a las nuevas generaciones. «Hay que intensificar el trabajo contra la subversión ideológica en las comunidades, los centros educacionales y en la familia», es una declaración que expresa miedo e inseguridad.

Ya dan por sentado que aumentará «la subversión» ahora difícil de atajar con jineteras orgullosamente enfundadas en licras de bandera estadounidense y escolares sencillos, martianos, queriendo hacer la ruta del apóstol en el «monstruo» norteño.

¿Cuál es ahora la aspiración de libertad del cubano? ¿Libre albedrío, movilidad, una vida común, fuera de los rigores del socialismo «reformado», que sigue siendo el mismo perro con distinto collar? ¿O continuar mirando hacia los lados al discrepar y andar con la incómoda máscara de la doble moral, pero con cierta solvencia económica?

Estos dilemas hay que discernirlos en casa, pues la válvula para liberar presión que es los Estados Unidos se irá cerrando, como parte del legado que ya se vislumbra.

OTRO EXPERIMENTO

Los viejos zorros verde olivo de la Plaza de la Revolución en La Habana apenas se manifiestan sobre la debacle venezolana o lo hacen de manera subrepticia. Tienen sus esperanzas cifradas al norte, no al sur, y es conveniente mantenerse fuera del berenjenal de Maduro.

Ya una vez los «hermanos países socialistas» dejaron de serlo abruptamente y ahora pudiera ocurrir lo mismo, con el llamado socialismo del siglo XXI, tan eficiente como otros disparates, impuestos a sangre y fuego, para hacer desaparecer los artículos de primera, segunda y hasta de tercera necesidad.

El clan de ancianos del castrismo ya pasó por similares avatares, con cierto éxito. Lograron que los cubanos no salieran a la calle para discutir públicamente la ausencia de leche, carne, pollo, huevos y papel sanitario. La única vez que los de la isla se rebelaron abiertamente fue durante el «maleconazo», en 1994, con la idea peregrina de huir para siempre del maldito país.

El presidente venezolano culpa al imperialismo americano de sus cuitas, pero sucede que en Cuba el otrora enemigo va dejando de ser imperialista para transmutarse, simplemente, en un buen vecino, con quien las ventajas de entenderse son tentadoras.

El escenario para la supervivencia del socialismo cubano, de la centuria pasada, el llamado real, pero reformado, resulta ideal. Basta con ver los anuncios de televisión de Western Union para enviar dinero a familiares de la isla. No alientan la libre empresa en grande, sino el «meroliquismo» que tanto criticaba el propio Fidel Castro, por considerarlo ideológicamente contraproducente.

Usted se esfuerza en el exilio, si acaso con dos trabajos, y separa parte de sus ganancias para enviar al pariente, fascinado con lo que le cuentan del capitalismo. Y entonces el comercial machaca con la bondad del que se quedó atrapado en la isla y cuanto merece la ayuda, no para invertir y montar un negocio en condición, como debiera ser, pues está prohibido, sino para componer sombrillas rotas o arreglar colchones desvencijados en plena calle, porque La Habana es un lugar promiscuo y ruidoso. Las imágenes del anuncio son de colores empercudidos, con personas felices de ser pobres.

Es la idea que los numerosos americanos de visita ahora mismo en Cuba tienen del tercer mundo. Un lugar inevitablemente mediatizado por la inoperancia a gran escala pero pícaro y exótico en la interacción personal y hasta soportable, sabiendo que es «la vida de los otros» la que se dirime. Nada que un mojito no pueda cauterizar.

Lo que necesita este proceso, iniciado el pasado mes de diciembre, es un pueblo dócil, por eso uno de los zorros verde olivo de la Plaza de la Revolución, el más recalcitrante, lo mismo regaña a los jóvenes, por presuntas desviaciones ideológicas, que a los agricultores por no producir como es debido. Igual letanía de antaño. Los vejetes de la nomenclatura no aflojan las clavijas.

En la ecuación siguen ausentes los opositores y los cubanoamericanos, a no ser algunos muy ricos que han manifestado su interés en invertir cuando las leyes se lo permitan. Estos mercaderes también desean un lugar seguro, sin alborotos sociales, algo afín a las dictaduras.

En 1986 Fidel Castro dijo, sin un ápice de vergüenza: «Ahora si vamos a construir el socialismo». Como siempre, lo que estaba dilucidando era cómo permanecer en el poder. El éxodo sostenido y en aumento por aire, mar y tierra habla de la frustración y desesperanza de un pueblo que no está dispuesto a que sigan experimentando con su destino, sean rusos, venezolanos o americanos.

DESMONTAJE

Mañana, cuando ondee la bandera de los Estados Unidos otra vez en el malecón, comienza el desmontaje de la pesadilla de 56 años de dictadura totalitaria en Cuba. Ya las partes han explicado que el proceso de entendimiento entre ambos países será largo y pausado. Ni siquiera los más diestros agoreros políticos arriesgan una cifra de años previsible.

Entre las acepciones que el *Diccionar*io de la Real Academia Española incluye de la palabra «desmontaje» hay dos que le vienen como anillo al dedo a lo que está ocurriendo en la isla:

«Separa los elementos de una estructura o sistema intelectual sometiéndolos a análisis». «Deshacer un edificio o parte de él.»

En un panorama donde prima el fervor triunfalista del régimen, envalentonado por el apoyo americano, pocos analistas se refieren, sin embargo, a la evolución y duración del desmontaje que acontecerá, irremediablemente, no por el aumento del turismo poderoso del norte, ni por el «timbirichismo» con que la dictadura trata de coartar las ansias empresariales del cubano, sino porque la estructura anquilosada de antaño, léase: comités de defensa de la revolución (CDR), chantajes ideológicos, informes de descrédito, amenazas, prohibición de viajar, división familiar, la doble moral y hasta la escasez, que mantiene embotado el cerebro, entre otros agravios, irán dejando de funcionar.

No es que los Castros pierdan su coartada histórica, echándole la culpa al vecino de su inoperancia, sino que el edificio, donde esa excusa ha funcionado, comienza a venirse abajo, a nivel de barrio, que es donde el futuro de Cuba se dirime y no en la Plaza de la Revolución ni en la Casa Blanca.

La reiterada cantaleta de ciertos artistas cubanos cuando se presentan en Miami de que son «apolíticos», siendo algunos miembros de Los Van Van los que más recientemente han reincidido en el tema, ha devenido, paradójicamente, contagio y profecía en la isla.

A las nuevas generaciones no les interesa la política y a «Cuca» la del CDR tampoco, porque su influencia se ha nulificado y la bandera del archienemigo, que ahora promete pingües beneficios, hasta se ve hermosa en el horizonte.

Hubo un tiempo cercano en que la prensa oficial cubana llamaba la atención sobre el uso de símbolos del enemigo en el atuendo de los jóvenes y del peligro que eso acarreaba para la educación del llamado hombre nuevo.

Antes de que bandera de las barras y las estrellas se luzca en El Vedado habanero mañana, los criollos se han excedido en su uso y ostentación, como en una suerte de redención silenciosa por los años que fue satanizada. El adlátere Eusebio Leal ha debido salir a la palestra con un viejo truco retórico, donde aclara que los cubanos son antimperialistas aunque siempre han simpatizado con los americanos.

Por supuesto que sobrevive una zona de encanallamiento político, sobre todo entre pobres diablos que aún se prestan para reprimir manifestaciones pacíficas de la oposición. Sin embargo, el hecho reciente de que una organizadora de «actos de repudio», identificada por disidentes exiliados en Miami, haya venido a residir a los Estados Unidos, denota que hasta la facción más oscura del castrismo cede ante la fuerza de los nuevos tiempos.

El humorista Alejandro García, Virulo, quien reside en México, ha grabado un CD donde se burla de lo que acontece en su país y especula que la cosa puede ir de «Guatemala a Guatepeor». Confiesa que parte de la inspiración se la dio un taxista mexicano, quien al enterarse de lo que estaba aconteciendo entre Cuba y los Estados Unidos, le dijo, con todo respeto, «se los van a ensartar».

LA MÚSICA COMO LIBERTAD

A finales de julio, luego de 14 meses de incansable labor, el guitarrista y compositor de Led Zeppelin, Jimmy Page, terminó la remasterización de los nueve álbumes del legendario grupo británico, iconos del esplendor de la música rock durante los años setenta.

Así como recuerdo mi encuentro inicial, totalmente fortuito, con la obra de los Beatles, en la escuela secundaria de La Habana del Este, el encontronazo con esta novedad artística, de nombre tan peculiar ocurrió, sin embargo, mediante una llamada «placa» grabada clandestinamente donde figuraban, entre otras piezas clásicas, *Whole Lotta Love*, que nos dejó turulatos.

Vale la pena subrayar que si los adorables Beatles eran considerados enemigos de la revolución cubana, la facha y el comportamiento de Led Zeppelin, revelación fascinante para nosotros atormentados por el adoctrinamiento socialista, encarnaban los males satánicos de la juventud capitalista: sexo, drogas y rock and roll, investigados por delirantes teóricos y especialistas de izquierda, tratando de descifrar la decadencia del imperio americano y sus aliados a partir de sus manifestaciones culturales más ostentosas.

Cada título de la nueva edición viene acompañado de un álbum alternativo, excepto el último Coda, que incluye dos, todos con valores independientes, de acuerdo a las premisas de Page como productor, donde figuran grabaciones que revelan una verdadera fábrica de ensueño y energía, capaz de fusionar el viejo folklore musical inglés, con el blues profundo del sur de los Estados Unidos, entre otras modalidades sonoras.

En ocasiones, los nuevos descubrimientos discográficos son muy sutiles y solo el oído entrenado de los fans más pertinaces podrá notar la diferencia.

Jimmy Page, el miembro más tenaz del grupo, pues los otros dos sobrevivientes, Robert Plant y John Paul Jones se han disipado en proyectos musicales diversos desde que el grupo se disolviera, luego de la muerte del baterista John Bonham en 1980, ha declarado que el catálogo central es lo que los ha tenido funcionando todo el tiempo. «Es la calidad, lo que nos ha mantenido boyantes».

«Cada integrante de la banda era toda una fuerza musical», continúa diciendo quien está considerado uno de los mejores guitarristas del rock. «Yo los elegí precisamente por esa razón y de manera instantánea se produjo la química extraordinaria y un sonido ciertamente único, por lo cual no me sorprende que la música siga arriba».

En aquellos años militantes, Cuba se abocaba a uno de sus más grandes fracasos económicos, la cacareada zafra de los diez millones en 1970, y entre los jóvenes ansiosos por ser parte del universo, el impacto de Led Zeppelin no se hizo esperar. Los grupos de rock que ya emergían de la sombra clandestina, empezaron a considerar sus míticas canciones, interpretadas en un inglés simulado («forro» se decía) pero eficaz.

En aquel tiempo de atrincheramiento, dependíamos mucho de las emisoras de radio de Miami y una de Arkansas especializada en rock duro, que entraban con bastante nitidez en La Habana. Disfrutar, al anochecer, en un destartalado radio de baterías, *Dazed and Confused*, era como el nirvana para nosotros.

Hoy recorro las calles congestionadas pero impolutas de Miami y voy escuchando, en orden numérico, estos álbumes que han vendido 135 millones de unidades en todo el orbe. De hecho, cuando salieron *Led Zeppelin IV* y *Houses of the Holy*, el año pasado, le ganaron al famoso *1989* de Taylor Swift, al menos, durante la primera semana de ventas.

Black Dog, *Heartbreaker*, *Kashmir*, *Stairway to Heaven*, hitos de libertad en nuestra banda sonora generacional, escamoteada con alevosía por un régimen innoble, regresan triunfales para emocionarnos y hacernos felices como el primer día.

ENTRAR POR EL ARO

Olga Tañón acaba de anunciar su apoliticismo en Cuba, donde filmó el video de una canción y prometió presentarse gratis para el necesitado público de la isla. Dijo que las carencias resultaban obvias, atribuibles al embargo, y aprovechó la ocasión para retratarse con un policía en la calle quien, probablemente, el pasado domingo reprimiera a las Damas de Blanco durante su caminata semanal en apoyo a los presos políticos.

Mientras tanto, los artistas de un circuito superior al de la boricua se mantienen expectantes y escépticos con el inexplorado escenario cubano que, sin duda, pudiera resultar atractivo por haber sido vedado durante tantos años.

Vale la pena recordar el éxito de Oscar de León en los años ochenta, luego criticado por representantes de las dos orillas discrepantes. Para Silvio Rodríguez, el sonero venezolano resultaba intolerable porque se excedía en sus atributos histriónicos.

La semana pasada, sin haber sido interpelado al respecto, el reguetonero Osmani García la emprendió contra el exilio histórico de modo furibundo, acusándolo de todos sus pesares y privaciones. Entre palabras soeces, celebró al presidente Obama y al dictador Raúl Castro por darles una esperanza de mejoría a sus coterráneos.

Con la bandera del buen vecino ondeando cercana al llamado protestódromo, plaza erigida para organizar espectáculos en contra del imperialismo, la cantante Haila puede seguir invitando al presidente norteamericano a gozar en La Habana y los intérpretes que suelen participar en los actos de repudio, matizar su militancia en busca de prebendas, porque ahora lo que importa es el *cash*, para lo cual hay que esforzarse y abrir espacio en un mercado exigente como es el de los Estados Unidos, donde todos quieren figurar.

El paradigma a seguir es el grupo de reguetón Gente de Zona, quienes pulieron la acostumbrada rudeza textual y coreográfica del género para unir sus destinos a celebridades del universo pop que los han lanzado, en grande, al ruedo empresarial de la poderosa industria del entretenimiento.

Afortunadamente para el dúo, la operación aconteció al borde de los cambios radicales experimentados entre Cuba y los Estados Unidos, circunstancia que les permitió mantenerse en una zona de cómoda desideologización, donde no se han visto obligados a rendir cuentas de lealtad a ninguna de las facciones en disputa. Más legítimos, en este sentido, que la Tañón, preocupada por su carrera en declive.

Ahora el abundante y educado talento musical de la isla, a veces puesto en solfa ante exabruptos como los de Osmani García, ya no formará parte ni de las rarezas ni de las excepciones. Deben entrar por el aro de las contrataciones y el pugilato de los *rankings*, con todos los pormenores que esos procesos conllevan. Las jornadas, días o semanas de solidaridad con la revolución han sido trastocadas. Los desvelos tendrán que ver con patrocinios, gastos publicitarios y ventas de localidades.

La otrora tensión política da paso a la incertidumbre comercial. Concierto o presentación que no cumpla las expectativas del productor, se cancela o pospone. Ser músico cubano ayuda, pero dejó de ser un cheque al portador. Por otra parte, Miami sigue siendo la meca porque es donde vive el público natural con poder adquisitivo y resulta conveniente mantener algunas consideraciones de respeto.

El resto del competitivo mercado de los Estados Unidos, fuera de ciertos ámbitos educacionales o sociales, es implacablemente controlado por compañías que no entienden de solidaridad y altruismo «internacionalista». El artista que no produce dividendos queda fuera hasta nuevo aviso.

Llegó el momento de la verdad, hay que aprender a fabricar «hits», alentar el apoliticismo y buscarse un buen padrino en el seno del imperio.

VIAJAR EN CUBANO

La persona que contribuye con materiales puntuales a la existencia del programa de televisión que conduzco y produzco, La Mirada Indiscreta, en el Canal 41, AmericaTeVe, sin contar las contribuciones de directores de cine que también envían discretamente sus obras, deseosos de ser divulgados—, regresó a La Habana luego de visitar los Estados Unidos, invitado por sus más cercanos amigos.

Por supuesto que no identificaré a esa persona, para evitar las tropelías de la policía política cubana siempre insomne para el daño. Se trata de alguien que adora el cine, persona pacífica, decente, quien sabe de lo bello y del valor social que ostenta el arte, humanista puntual.

Aquí estuvo feliz, fuera del agobio nacional, y acopiando, dentro de sus posibilidades, bienes que no encuentra allá, necesarios para solventar apremiantes carencias de su familia.

Al visitante de la isla todo le viene bien porque sus alternativas en el mercado nacional son casi nulas. Aquello sigue siendo el reino de la inoperancia y la escasez, con todo y bandera americana ondeando en el horizonte.

Cuando los latinoamericanos regresan cargados con bienes comprados en Miami a mejores precios, para una boda, bautizo o para premiar al hijo que comenzará su carrera universitaria paga, en todo caso, el exceso de equipaje previsto por la línea área y generalmente muy poco en las aduanas nacionales cuando arriba a su destino, porque queda claro que no están importando productos para comerciar, gravados lógicamente con impuestos.

La persona que regresó a Cuba, hizo el viaje de ida y vuelta pagando el pasaje más caro del mundo si se toma en cuenta la distancia que recorre el avión. Hasta el momento, ningún arreglo diplomático con los Estados Unidos ha sido capaz de componer ese entuerto porque hay muchos intermediarios que se benefician del enrevesado proceso donde todas son injusticias para el individuo común y corriente.

El régimen sabe que se apropia de una entrada segura de dinero porque, como siempre, especula con la separación familiar y va estirar todos sus cobros leoninos: pasaportes y permisos de extensiones de visitas, amparado en los diferendos que faltan por solucionarse con el nuevo «buen vecino».

Ahora mismo, la prensa oficial refiere quejas de la ciudadanía como si el «amigo del norte» fuera culpable de que las colas en el llamado «parque de los suspiros» al pie de la Embajada americana, hayan crecido mientras la cantidad de visas que se expiden siguen siendo las acordadas. Una señora que ha sido rechazada en tres ocasiones argumenta: «La misma cola, los mismos trámites, el mismo trabajo para llegar aquí y que te traten con tan poca consideración. Yo me he sentido muy humillada en estas oficinas. Ojalá que Obama se dé cuenta y cambie las cosas de verdad».

El presidente de los Estados Unidos es una suerte de mago llamado a solucionar los desatinos de la extensa dictadura, de los cuales nunca se quejó la señora de marras, quien habla de «humillaciones» en un país donde hay dos monedas y los niños quieren ser extranjeros cuando crezcan.

Lo que no sabe, la ansiosa cubana, es que si logra viajar y regresa cargada de mercancías apremiantes para los suyos, será esquilmada en su propia aduana, tal como le ocurriera a la decente persona que encabeza esta columna, con un absurdo «exceso de equipaje», como si la isla se preparara para despegar en pleno.

Allí debió abrir todo su equipaje, revisado maliciosamente, además de entregar a los cuatreros del gobierno las 60 libras de sus compras que excedían no se sabe qué peso permitido para acceder al infierno.

CUBA COREANA

La Cuba coreana está en plena efervescencia por estos días. Se trata de un proceso cíclico del régimen y suele acontecer cuando presumen que algunas tuercas de la recia dictadura se van de control. El modelo político de Corea del Norte es, en cualquier caso, la quimera añorada por los Castros.

La inquietud actual se justifica por la cercanía reciente con los Estados Unidos. Resulta impostergable dejarle saber al nuevo amigo que no sueñen con cambios que pongan en solfa el llamado proyecto socialista reformado, aunque la iglesia busca «una transición suave», según afirma un representante en Miami.

Lo cual, a estas alturas, es un mensaje críptico, difícil de descifrar, místico quizás. ¿Transición, hacia dónde? ¿Suave? Ya el Cardenal Alamino argumentó en una entrevista tramitada que la iglesia no está para cambiar gobiernos. Siempre un embrollo todo lo que tenga que ver con progreso en la isla, coartado a niveles exasperantes. Esperemos que el Papa Francisco, quien «hablará sin pelos en la lengua», al decir de la misma fuente religiosa floridana, ayude a dilucidar de qué trata esta otra esperanza de cambio para el extenuado pueblo cubano.

En el ínterin, arrecia lo coreano. En vez de celebrar que el grupo de reguetón Gente de Zona haya logrado lo que parecía imposible hace solo algunos meses: insertarse en el vasto y lucrativo mercado del entretenimiento americano, con varios hits —sumamente cubanos por cierto—, junto a celebridades consagradas, el diario de la juventud comunista, se acompleja, y los llama comparsa bullanguera, segundones, papeles secundarios. Es el síndrome del cubo con cangrejos, donde nadie llega a escapar de la trampa porque los que están en el fondo halan a los que llegan al borde del éxito.

En el pasado, un responso mediático de esta índole hubiera puesto en dificultades a la divertida agrupación que traduce, como ninguna otra, «la gozadera» que reclama un pueblo harto de las carencias y la doble moral, más interesado en bailar sus penas que seguir empachado hasta la indiferencia de Martí, Dulce María Loynaz, Lam, Lezama Lima y Cecilia Valdés, paradigmas de la cultura, mencionados por el diario oficial como valladar del incontrolable destape hedonista en la grisura de la revolución.

La alternativa de lanzarse al malecón para bailar durante tres horas con Gente de Zona es una coreografía lírica y combatiente del Ballet Nacional de Cuba, dirigido por una nonagenaria invidente, en tributo a Vilma Espín, quien fuera la segunda dama del régimen y presidenta de la Federación de Mujeres Cubanas, una organización feminista que se disipa en su inutilidad. La prensa ha recogido puntual el saludo de Raúl Castro a Alicia Alonso a propósito del homenaje.

Los estudiantes universitarios de la Cuba coreana consagran los actos más estrafalarios del régimen y viran la cara ante las injusticias. Por estos días celebraron, con fervor, el setenta aniversario del ingreso de Fidel Castro al alto centro de estudios, mediante desfiles, discursos enardecidos y paneles de conferencias. Lo llamaron un estudiante intachable cuando otras fuentes históricas refieren sus lances gansteriles y ambiciones políticas.

Como colofón del culto a la personalidad —a la manera asiática—, el hijo grueso del propio Castro, mediocre fotógrafo, ha publicado un libro que documenta el deterioro de su padre en reclusión.

Tanto este como otros integrantes de la descendencia despótica no son muy duchos a la hora de expresarse. Uno de los periódicos oficialistas insiste en sacarle frases inteligentes al supuesto «artista de la imagen» pero el resultado deja mucho que desear, apenas un balbuceo tarado de sus planes sin sentido.

En la Cuba coreana, el futuro sigue cautivo y pendiente.

INSOLIDARIDAD

Érase una vez un movimiento teatral encandilado por la promesa de cierta revolución nacionalista y democrática. Con la excepción de algunos actores y dramaturgos desconfiados de tales augurios, y que temprano tomaron el camino del exilio como «apátridas», el resto inició un período de creativa modernidad.

Clásicos en intrépidas versiones y nuevas obras desinhibidas —hasta con desnudos—, se montaron y escribieron para aquellos supuestos tiempos de gloria. Recuerdo a mi vecino Pepe Santos, en la Habana del Este, tomar el ómnibus con prestancia y hasta alegría, al encuentro de su controversial puesta en escena *Los huevos santos*.

Fue así como un buen día, sin previo aviso, la burocracia cultural —brazo de la dictaduradio el zarpazo, creó una serie de «parámetros» llamados a controlar los excesos estéticos y conceptuales de la gente de teatro, y casi todos terminaron «parametrados», sospechosos de infidencia, por una razón u otra.

Al mismo Pepe Santos lo vi otra vez en el vecindario pero parecía un zombi, deprimido y asustado como tantos otros. Muchos eran castigados por su preferencia sexual, otros por comportamientos considerados liberales, diversionistas.

La parametración fue la debacle, provocó otra oleada de exiliados y el refugio de unos pocos en medios culturales nacionales gracias al amparo y la intervención de personalidades artísticas del régimen con sentido común.

Tanto fue el miedo distribuido a domicilio por el régimen, que el resto de las otras esferas creativas dentro de la cultura se mantuvo distante e indiferente ante la ordalía de sus congéneres teatrales.

El cine, amparado por el comisario Alfredo Guevara, quien incluso se conoce que intrigó oficialmente contra el desvalido Piñera, continuó su curso arrollador a favor de la revolución sin creer en lágrimas ajenas.

Desde aquellos aciagos primeros tiempos, el recelo y la insolidaridad, se fijaron como comportamiento y psicología en el gremio de la cultura. Con el paso de los años, todos los grupos y géneros recibieron su ramalazo, pero la represión ejercida contra el teatro como movimiento sigue siendo paradigmática.

Por estos días ocurre el caso Juan Carlos Cremata, prestigioso cineasta y director de teatro, quien ha sido violentamente despojado de sus derechos creativos en la escena cubana contemporánea debido al montaje de una pieza de Eugene Ionesco, *El rey se muere*, donde los censores han querido ver una referencia no muy velada, sobre el dictador Fidel Castro, quien también se resiste a morir, no obstante su longevidad y numerosos achaques de salud.

Cremata se ha fajado por los palos —sin embargo—, haciendo uso de los medios de prensa foráneos pues a los nacionales, que debieran escribir sobre el incidente, les ha sido prohibido, ni siquiera para menoscabarlo, como suele ocurrir.

Las asociaciones de teatro cubanas, inscritas como Ongs, y las internacionales, han hecho caso omiso de los agravios que sufre Cremata como artista. Algunos de sus colegas lo apoyaron, mediante correos electrónicos internos, cuando la obra fue abruptamente sacada de cartelera. Ahora que acabaron de castigarlo como un «no persona», oficialmente, no le llegan muchos gestos de respaldo.

El cineasta y escritor Eduardo del Llano, sin embargo, le dedicó un texto en su blog que vale la pena mencionar:

«¿Cremata es sarcástico y provocador? Bueno, pero así se supone que sea el arte, ¿no? Condenarlo a no tener grupo ni contrato recuerda dolorosos precedentes y crea uno nuevo, y es tan desmedido como ultimar a hachazos a alguien porque te dio un pisotón en la guagua. Ya puestos, ¿por qué no levantan una picota en la Plaza para escarnecer a Cremata? ¿O reabren la UMAP y...? Mejor me callo y dejo de dar ideas.»

DIVINO GUION

La ilusión cubana sigue siendo importada. Llegan figurones de la historia a estrictos escenarios protocolarios y ocurren los hechos más inverosímiles. El Papa Francisco confiesa que no se encontró con la disidencia cubana porque no sostuvo reuniones privadas de ninguna índole. Tal vez piensa que Fidel Castro sigue siendo el Comandante en Jefe, como lo llama el vocero del Vaticano, y no el vejete impertinente que socavó a la iglesia católica con alevosía en sus años de gloria.

Los Papas tradicionalmente se expresan en circunloquios. Suelen ostentar una tropología discursiva ambigua, capaz de hacer creer a los victimarios que hacen lo correcto con sus víctimas. Casi todas las frases del Papa Francisco han sido utilizadas por la prensa castrista sin necesidad de cambiar ni una coma. De hecho, han elogiado su oportuno uso del término «bloqueo», en vez de embargo.

El Pontífice ha deslizado consignas en sus misas que los cubanos suelen confundir con aquellas que llevan más de medio siglo atormentándolos. «Si no eres esto, no puedes ser aquello». «De ti esperamos entrega, humildad y resistencia». Todo condicionado a parámetros inamovibles, como si fuera otro mandamás que arriba para coartar el añorado libre albedrío.

Durante una de sus paradas en la isla ciertos pioneros camuflados le dispensan cánticos religiosos, aprendidos con premura, donde no hay escuelas católicas, y el Papa les dice que recen por él. Olvida que el único rezo que les ha estado permitido desde que vinieron al mundo —probablemente sin bautizar—, es: «Pioneros por el comunismo, seremos como el Che».

Un valiente opositor esquiva los añillos de seguridad y confronta al Prelado en su papamóvil. Como se trata de una conversación improvisada, los segurosos grandes y rudos no saben cómo reaccionar y lo dejan expresarse. El

Papa pierde una hermosa oportunidad de defender a un desvalido y lo bendice, arrobado, tocándole la cabeza y el rostro para terminar la encendida perorata y continuar su caravana. Cuando el vehículo se aleja, toman al disidente por el gaznate y el Papa no mira hacia atrás, como para no volverse sal.

El portavoz del Vaticano se incomoda cuando la prensa le pregunta sobre ese siniestro mundo paralelo de empellones y amenazas que ellos han preferido ignorar y el propio Papa reconoce desconocer hechos represivos cuando habla a la prensa que lo acompaña en el avión.

Durante su visita a Bolivia, el presidente Evo Morales le hace una mala jugada —muy publicitada por cierto—, al obsequiarle un adefesio de cruz imbricada al símbolo comunista de la hoz y el martillo como para recordarle que «la religión es el opio de los pueblos», al decir de Carlos Marx.

El dictador Raúl Castro no se queda atrás y le encarga un enorme Cristo crucificado a Kcho, el artista de la corte partidista y atea, con similar guiño malévolo, porque la cruz la componen remos amarrados.

Claro que en sus profundas meditaciones y metáforas el Papa entenderá el símbolo como el de los refugiados que cruzan el Mediterráneo, minimizando la gran tragedia del Estrecho de la Florida. Poca prensa ha recibido el Cristo balsero. Nadie pudo decirle al oído que otro artista, menos afortunado, lleva nueve meses en las mazmorras del régimen sin juicio ni expectativa de libertad.

El Arzobispo de Santiago de Cuba Dionisio García Ibáñez le habla al Papa del desmoronamiento de la familia cubana, envejecida por la escasa procreación y las jóvenes generaciones en fuga, pero su intrepidez no encuentra eco en un Pontífice imperturbable pensando, tal vez, en las incertidumbres democráticas que le aguardan en los Estados Unidos, luego de la comodidad totalitaria.

MIENTRAS SU GUITARRA LLORA GENTILMENTE

Tan pronto Armando Hart asumió la cartera de Ministro de Cultura en 1976, institución con sede en dos mansiones de El Vedado habanero, abandonadas luego de la estampida de 1959, la grisura revolucionaria se hizo presente para desvirtuar tan espléndido universo arquitectónico.

Tenía una secretaria de temer, suerte de «*hit woman*» conocida como Chela, y hasta un chef que le cocinaba exquisiteces —le gustaba el pato a la naranja según hacían constar el aroma y chismes de sus adláteres—, mientras el resto de los trabajadores del organismo concurrían al comedor obrero para deglutir la bazofia de cada día.

Hart, una suerte de «Bomba H» para la cultura cubana, debido a su abyecta lealtad al dictador Fidel Castro —sin una idea original fuera del dogma—, hizo que reconocidas figuras de las artes y la literatura entraran por el aro del trabajo voluntario, y las guardias milicianas en el propio ministerio.

Cuando algunas de estas personalidades no podían concurrir a los convites militantes del absurdo, sus nombres eran cruelmente exhibidos en murales como castigo.

Cierta mañana, en uno de los mencionados dazibaos de propaganda y escarnio, se subrayaba, con tipografía llamativa, la ausencia del genial músico Leo Brouwer a su puesto de guardia la noche anterior.

Considerado uno de los mejores guitarristas del mundo, el compositor no ha dejado de comulgar, sin embargo, con aquel engendro de sistema que tolera —espéculo—, porque un considerable por ciento de su obra la ejecuta en otros países.

Logra escapar periódicamente de su asfixiante entorno y luego regresa para que mequetrefes del régimen parecidos a Hart le sigan atormentando. Muchos intelectuales de su generación llegaron a pensar que las desviaciones del socialismo se podían corregir.

Desde hace seis años Brouwer convoca un festival de música y otras disciplinas artísticas que primero llevó su nombre y ahora se llama Las voces humanas, donde asisten figuras de gran prestigio internacional gracias a su reconocido legado.

Ahora que comenzó el evento, Brouwer, habló con el sitio *Cuba Contemporánea* y sus respuestas tienen un dejo de amargura y pesimismo, de sociedad en decadencia: «El entorno nuestro se ha ido deteriorando sonoramente y, manipulado por los medios, ha llegado a ser un (en criollo) batiburrillo, es decir, una repetición exhaustiva de lugares comunes y, en gran porcentaje, de lo que yo llamo banalidad».

Habla de corrupción, suerte de «payola» a la cubana entre los programadores de la música popular que se dejan sobornar por los supuestos fabricantes de éxitos.

Dice que la creatividad está coartada porque «tienes que buscar el pan que llegó, no hay transporte, o vas a llegar tarde y te van a descontar, o tus hijos o nietos van a parir y en vez de cinco en una casa seremos siete y no cabemos, etc.».

Como tantos otros intelectuales de su generación, confiesa que pensaba que la música debía tener cierta militancia política pero que ahora en pleno siglo XXI resulta innecesario porque ya el arte no está al servicio de la iglesia y del poder político (léase socialismo).

Fustiga a la televisión y a los conservatorios donde «no se enseña música cubana de calidad» y que puede mencionar 30 entre 100 autores geniales del presente siglo desconocidos en la isla.

Asegura Brouwer que «hay problemas por la incultura, la falta de educación y la carencia de medios económicos».

Claro que nunca nombra la causa de tantos desvaríos. Muy por el contrario, su esposa, la musicóloga Isabelle Hernández, quien preside el festival, afirma, con cautela en una publicación oficial, que «no tenemos todos los apoyos deseables, necesarios».

LA SEGUNDA PIEDRA RODANTE

Keith Richards habla del placer de estar sobre el escenario, donde relega lo prosaico de la vida diaria, en aras de la realización total. Es allí donde mejor se expresa a punto de cumplir 72 años en diciembre y más de medio siglo como miembro de la banda de *rock* más importante del mundo.

Luego de veintitrés años, acaba de sacar un nuevo álbum en solitario *Crosseyed Heart*, sin dejar de lidiar con sus incomparables colegas de los Rolling Stones a los cuales impele a giras, —logradas en los últimos años para placer de sus millones de seguidoresy grabación de un nuevo disco, algo que espera ocurra al final del tour por América Latina, pautado para concluir en el estadio habanero de El Cerro en el 2016, según se especula.

Al mismo tiempo, Netflix ha estrenado *Keith Richards: Under the Influence*, un documental revelador sobre su vida magnífica y atribulada, dirigido por Morgan Neville.

Richards habla como si masticara las palabras y no deja de reírse cada vez que apunta una frase lapidaria. El entrevistador lo compara con aquellos monarcas americanos del blues, que fueron la fuente de su creatividad en la distante Londres y, sin pestañar, acepta la categoría de rey heredero.

Dice que no quiere ser considerado como parte del universo pop, lo suyo es el rock and roll y de la mítica terminología prefiere el «roll» porque al «rock» le han adjudicado una categoría de himno que no le satisface.

Con su mínima pero entonada voz —nada comparable a la del amigo entrañable Mick Jagger—, el genio termina por imponerse, con galantería, en una ecuación que estremece los géneros. El *country* y el *blues*, así como el reggae, formulados al dedillo, en textos de amor y despecho, sin palabras soeces pero de gran carga erótica, toda una lección para las nuevas generaciones.

Richards ya no tiene que impresionar, es un clásico vivo. El álbum entró en varias listas de preferencia. Es del músico que compuso (*I Can't Get no*) *Satisfaction*, minutos antes de entrar en el sueño de una resaca.

En el documental explica la hechura de *Sympathy for the Devil*. Recuerda estar junto al baterista Charlie Watts en el estudio, machacando una balada folklórica ideada por Jagger, más lenta y melodiosa, como la semilla de un *hit* que no germina.

Luego llega el resto de los Stones a la grabación y le van agregando «*juice*», inspirados, incluso, en la samba brasileña, y acontece el momento mágico añorado por todos, una canción emblemática que se sigue escuchando hasta hoy en cada concierto, cuando Jagger aparece ataviado con una capa estrafalaria como el propio Lucifer, casi siempre después del par de composiciones que Richards suele interpretar para que el *frontman* de la banda tome un respiro.

El origen de los Rolling Stones se cuenta en el documental como un azar de leyenda. Keith conoce a Mick desde su temprana infancia, pero cierto día de adolescencia coinciden en un tren, camino a la escuela. Ambos llevan, sin saberlo, los álbumes *The Best of Muddy Waters* y *Rockin' at the Hops*, de Chuck Berry, que manifiestan su pasión por el blues. «Yo pensé que era el único tipo al sureste de Inglaterra que sabía algo de este asunto», recuerda Richards.

De hecho, el contagioso nombre de la banda se inspiró en un LP de Waters llamado *Rollin Stone*. El resto, como sabemos, es historia.

El concierto en La Habana le vendría muy bien a los cubanos. Un poco de «diablo» y diversión, luego de tanta «santidad», sería una buena manera de sentirse libres.

REINO DE LA MISERIA

El año pasado, el Festival del Nuevo Cine Latinoamericano, que se celebra en La Habana durante el mes de diciembre, prohibió la exhibición del filme *Regreso a Ítaca* del director francés Laurent Cantet, basado en *La novela de mi vida*, del escritor Leonardo Padura.

La película aparecía en el catálogo del evento y algún jerarca del régimen determinó que esta historia sobre los desmanes de una agente de la seguridad y un delator a su servicio, era algo que cruzaba la frágil frontera de la permisibilidad.

En Cuba, nadie pudo sacar la cara por Cantet y el propio realizador mantuvo cauteloso silencio para ver si por fin estrenaban su filme lo cual ocurrió, de manera sigilosa, durante la semana de cine galo celebrada en La Habana, meses después.

Este año, todo parece indicar que otro filme sufrirá similar destino, *El Rey de La Habana*, adaptación que el prestigioso director español Agusti Villaronga hiciera de la novela homónima de Pedro Juan Gutiérrez.

En principio, tuvo que filmarla en Santo Domingo por no recibir el permiso de las autoridades cubanas, a quienes no les gustó el guion que se desarrolla —al igual que el libro— en el último círculo del infierno marginal habanero.

El Rey de La Habana fue estrenada en el pasado Festival de Cine de San Sebastián, que figura entre los más importantes del mundo. Allí se celebró la conferencia de prensa con el realizador y el reparto de actores cubanos, donde la envalentonada productora de la película advirtió que sería llevada al festival de La Habana bajo cualquier circunstancia, con o sin invitación.

Durante la conferencia, un periodista llamó la atención de la vigencia del argumento que, supuestamente, transcurre durante el llamado período especial de los años noventa cuando el país tocara fondo luego de perder el patrocinio soviético.

Ni el director, ni los actores, ni la mencionada productora, comentaron tal afirmación y se fueron por la tangente humorística de que el único efecto especial de la película era el tamaño del miembro viril del protagonista.

Cuando el Festival de San Sebastián repartió sus premios, la prensa castrista informó puntual de los galardones a la actuación masculina, concedidos a Ricardo Darín y Javier Cámara, pero, paradójicamente, demoró en dar la noticia de que una cubana había obtenido el premio de actuación femenina, Yordanka Ariosa, la protagonista de *El Rey de La Habana*.

Ariosa, reconocida actriz del grupo Teatro de La Luna que dirige Raúl Martín, hasta ahora solamente ha sido entrevistada por el periódico digital *14yMedio* editado por Yoani Sánchez, que el régimen considera «prensa mercenaria».

«Me gustaría que los medios de mi país se hicieran eco de la noticia o que por lo menos dijeran algo o que me preguntaran al menos qué sentí y que se plasmara en la prensa plana o en la televisión.», expresó con franqueza la actriz en la entrevista.

«No dejaron filmar la película en Cuba y tampoco veo que quieran que se ponga aquí», apuntó Ariosa, no sin cierto pesar.

El panorama que ilustra el llamado realismo sucio de Pedro Juan Gutiérrez está como a destiempo con el glamour que al régimen le interesa alentar para la llegada consuetudinaria de celebridades a La Habana. Hambre, olores nauseabundos, desesperanza, violencia, sexo animal, ruinas patéticas, están en las antípodas del lugar que quiere visitar Katy Perry y compañía.

Recientemente Agusti Villaronga fue más arriesgado que Cantet y declaró que Cuba era el burdel de Europa. «Lo importante en la película —afirmó—, es cómo la miseria material acaba afectando a las personas y a sus principios».

BURDEL TRAVESTIDO

El actual ministro de cultura cubano, un anodino burócrata, se ha ofendido con el prestigioso cineasta español Agustí Villaronga por afirmar que Cuba era el burdel de Europa, a propósito de haber realizado la película *El Rey de La Habana,* basada en la novela homónima de Pedro Juan Gutiérrez, cultivador del llamado realismo sucio.

Según el funcionario, fue el oficialista Instituto Cubano de Arte e Industria Cinematográficos, quien decidió abortar la realización del filme en sus escenarios naturales de centro Habana y no el gobierno, como ha comentado el director Villaronga.

Este diferendo, por supuesto, no ha sido parte de la prensa oficial cubana, incapaz de cubrir tema tan espinoso, con un realizador notable de otro país de por medio, mientras no reciba autorización.

Hace algunos años, el dictador Fidel Castro afirmó, públicamente, que en su país laboraban las prostitutas más cultas y preparadas del mundo. Su sobrina Mariela Castro, durante una visita a la llamada zona roja en Holanda, refirió que en Cuba, cualquier mujer sin recursos que necesitara arreglar la plomería de su casa, lo podía hacer a cambio de un servicio sexual. Anécdota que daba por sentado que la prostitución era otra manera de «resolver».

Ahora quieren crucificar al director Villaronga por afirmar que Cuba se ha convertido en el prostíbulo de Europa, circunstancia que queda más que expuesta en otros tres filmes realizados por extranjeros y uno de producción nacional (*Fátima*), en años recientes, como son *Una noche, La partida* y *Viva,* del director irlandés Paddy Breathnach, quien guarda la esperanza de competir por el Oscar al mejor filme extranjero durante la próxima entrega de premios de la Academia.

Viva coincide, de cierta manera, con *Fátima,* de Jorge Perugorría, porque ambos tratan de la educación sentimental de jóvenes deseosos de ser artistas travestís pero que han debido incursionar, por irremediable necesidad, en el disputado mercado de la prostitución con personas que llegan de otros países para esos menesteres y no solo turistas porque uno de los clientes habituales de Fátima es un piloto comercial español. Ambos muchachos afrontan la incomprensión y violencia de sus figuras paternas.

Tanto en *Viva* como *Fátima* hay una voluntad de ascenso, dentro de grandes limitaciones y obstáculos, así como cierto candor en el retrato de sus protagonistas, no así en *El Rey de La Habana*, donde las penurias insolubles terminan por corroer los rasgos humanos, para abrir la caja de pandora de los instintos animales, con la consabida violencia como forma de vida.

Agustí Villaronga ha cometido el error de irle de frente a la marañera burocracia castrista que lo hará pagar caro su atrevimiento con numerosas trampas, que ya le están tendiendo.

Tanto la directora inglesa de *Una noche*, Lucy Molloy, como el español de *La partida*, Antonio Hens, quien tenía parentela en Cuba e insistía en que la historia que contaba podía ocurrir en cualquier país, como para mitigar las impertinencias del régimen, encontraron caminos discretos y se autocensuraron en sus declaraciones públicas —como lo han hecho tantos otros directores extranjeros cuando han lidiado con la intolerancia castrista—, para que sus filmes respectivos fueran exhibidos en la isla.

Villaronga ha elegido expresarse libremente en la prensa española, así como lo hace Pedro Juan Gutiérrez a propósito de su nueva novela, mientras los miembros cubanos del reparto de *El Rey de la Habana*, entre los cuales figuran Yordanka Ariosa, premio de actuación femenina en el Festival de San Sebastián, y Héctor Medina, protagonista asimismo de *Viva*, se mantienen callados, humillados y temerosos en Cuba, sin voz ni voto, en una historia que les pertenece.

ÁFRICA SOMBRÍA

Netflix, acaba de estrenar, por primera vez, simultáneamente en salas cinematográficas selectas y en su propio sitio, el conmovedor filme *Beasts of No Nation*, del joven director estadounidense Cary Joji Fukunaga, quien también se ha ocupado del guion y la fotografía.

El realizador es reconocido por su exitosa serie de televisión *True Detective* y por la adaptación, nada ortodoxa, que hiciera del clásico literario *Jane Eyre* en el año 2011.

Beasts of No Nation, relata en una historia de ficción que desafía la realidad documental, cómo niños inocentes, involucrados en disparatadas guerras africanas, pasan por un pormenorizado y diabólico proceso de lavado de cerebro para ser convertidos en máquinas de matar.

El único actor profesional de este drama es Idris Elba, recordado por la interpretación que hiciera de Mandela. Su personaje aquí es la sublimación del mal, del líder carismático y voluntarioso, figura paterna de sus atribulados soldados mal nutridos, sin nombre propio pero con un apelativo que encierra mucho del absurdo ideológico que ha llevado a pueblos enteros al fracaso o la aniquilación: «Comandante».

El crítico de *The New York Times* elogia el filme pero le recrimina a Fukunaga que no haya identificado el país de África donde acontece la salvaje contienda. A mí me parece uno de sus grandes valores. Cada facción, viene nominada solo por siglas impersonales y reclama tierras y bienes incautados por presuntos enemigos, mediante el método de tierra arrasada. De nada vale decir que es Angola o Ruanda. Se trata del ser humano respondiendo a sus instintos más primitivos, alentado por el adoctrinamiento, la envidia y el odio.

Es un universo enrarecido de represión e impunidad que ha llevado al poder a regímenes corruptos donde malviven los pueblos y sus gobernantes se enriquecen. La ecuación simboliza lo que ocurre cuando se imponen los totalitarismos a sangre y fuego y de nada vale que sean identificados, pues repiten la misma fórmula histórica y tenebrosa de conspirar taimadamente contra sus compatriotas en aras de la libertad y el patriotismo.

Agu —interpretado por el niño Abraham Attah—, se roba la película como protagonista cuando transita de la infancia, con sus risas, juegos y bromas, al trauma de atestiguar el asesinato de parte de su familia y la pérdida de su mamá, quien escapa de la guerra de modo precipitado y no lo puede auxiliar.

En la selva, a donde huye el pequeño para salvar la vida, lo captura la estrafalaria guerrilla del Comandante, donde abundan las consignas huecas y una cruel disciplina militar que se cruza con la idea de estar bendecidos por santos protectores para el combate.

Agu, comienza a separarse del Dios de la iglesia de su pueblo natal y de vez en cuando lo increpa porque no entiende de tal abandono y de su descenso a la violencia y las mañas pederastas del Comandante, para sobrevivir. Se trata de una educación sentimental injuriosa que Fukunaga reproduce en detalles escalofriantes.

Si Europa inventó y padeció los funestos «ismos» del siglo xx, África fue el traspatio de muchos de sus ensayos y de la puesta en práctica de crueles epígonos, hasta nuestros días.

Al terminar de ver *Beasts of No Nation*, recuerdo irremediablemente otro Comandante, pero del Caribe, que llevó su furia —hace ahora 40 años—, al estremecido continente y regó la sangre ajena y de sus congéneres para implantar la libertad, como se marca el ganado con fuego.

En aquel país de África, donde hay tumbas anónimas de cubanos, hoy impera una di*nastía inamovible de cínicos adinerados que ni siquiera recuerdan quiénes los colocaron en sus tronos de injusticia.*

BEATLES COMO NUEVOS

Traje un *t-shirt* de Liverpool con el rostro de los Beatles que es todo un éxito cada vez que lo uso, sobre todo entre la juventud que no había ni nacido cuando el grupo se disolvió en 1970.

Cuando fui a degustar las nuevas hamburguesas llegadas al vecindario, cortesía de The Habit, la americana que me tomó la orden me dijo en perfecto español que le gustaba el *t-shirt*. «¿Cómo, siendo tan joven?», le dije yo para reciprocar el cumplido, a lo cual respondió: «Mi novio de 27 años tiene a los Beatles tatuados en un muslo».

La agrupación, crece con el paso de los años y numerosos compositores y especialistas no cejan en tratar de dilucidar la magia o la fórmula de tanto éxito de insólita vigencia.

En el año 2000 pusieron a la consideración de sus fieles y de potenciales seguidores, el álbum «1», con 27 de sus canciones (*singles*) que alcanzaron el número uno en las listas de éxitos, presentadas cronológicamente. La inesperada experiencia terminó siendo el CD más vendido de la década, más de 30 millones. Y, según la revista *Billboard*, desde entonces, cada semana, son adquiridos 1 000 ejemplares.

Quince años después vuele a salir «1» con algunos atractivos especiales y los medios de prensa no han cesado de escribir sobre el acontecimiento. Desde Cuba, un buen amigo me ha preguntado si sabía algo de lo que estaba ocurriendo, con cierta ansiedad.

La nueva edición se ha remasterizado impecablemente por el ingeniero Sam Okell y Giles Martin, hijo de George, a quien muchos consideran el quinto Beatle por su notable influencia en los sofisticados detalles de producción de la famosa discografía.

Ahora cada canción incluye una versión visual proveniente de los archivos y de algunas otras fuentes conocidas, restaurados hasta el detalle por 18 especialistas, cuadro por cuadro, que nos permite ver las gotas de sudor correr por los rostros de John y Paul, en sus dúos de ensueño, o el diente quebrado de McCartney en las imágenes correspondientes a *Rain* y *Paperback Writer*, debido a un accidente de bicicleta que luego en otro de los videos aparece totalmente restaurado.

La versión en *Blu-ray*, que resulta ser la más atractiva, la han titulado «1+» porque además de las 27 canciones con sus respectivos videos, incluye otras 23 alternativas visuales de algunas de las composiciones que figuran en la lista original, y otras que se agregan tan famosas como *Strawberry Fields Forever* y *A Day in the Life*.

Esta nueva antología confirma la sospecha de que Los Beatles son los precursores del video clip promocional. Durante una jornada de intenso trabajo —pues siempre fueron muy laboriosos—, podían entrar en un estudio y, con muy pocos recursos y mucha imaginación, doblaban una cantidad de sus principales éxitos para enviarlos a estaciones de televisión en el mundo por no contar con tiempo suficiente para satisfacer en persona tanta demanda.

La entrega de *1+* llega en un espléndido volumen de textos y fotos con emotiva introducción de Mark Ellen, así como una explicación detallada de la historia de cada canción incluida, así como una mínima e iluminadora anécdota. Ringo introduce personalmente algunas canciones frente a una computadora donde pasa fragmentos visuales y Paul hace otro tanto pero con su voz en *off*.

Lo que dice John Lennon a propósito de *From Me to You*, en 1963, se cumplió al pie de la letra: «Uno de esos días, revisaremos nuestras viejas composiciones. ¡Tal vez estemos sentados sobre una mina de oro! Me imagino que algunas sobrevivan. Mientras tanto nosotros seguimos escribiendo principalmente para nuestro próximo *LP*».

LA LIBERTAD Y EL MIEDO

Peter Brook es un distinguido dramaturgo británico, quien también ha incursionado en el séptimo arte con mucha fortuna. La adaptación que hiciera en 1963 de la extraordinaria novela de William Golding, *El señor de las moscas*, es un ejemplo notable de su sabiduría cinematográfica.

Recientemente el intelectual, de noventa años, envió un mensaje visual para ser transmitido durante la inauguración del festival de teatro de La Habana, donde se le rindió tributo. Allí dijo que la libertad la había conocido durante una visita a Cuba cuando vio a Fidel Castro interactuar con el pueblo en la calle.

Ocupado en hacer su magnífica obra, sin la cercanía perjudicial de la figura del dictador que hoy casi lo emula en edad, Peter Brook se perdió, por descuido o ignorancia, algunos capítulos de la infame historia cultural de su nostálgica revolución.

A Brook le vendría leer, la estremecedora novela *Mapa dibujado por un espía*, escrita por su vecino londinense Guillermo Cabrera Infante, para que supiera cuan temprano aquel amado paladín de la libertad instauró el miedo, como forma de obediencia, entre la intelectualidad cubana.

Por estos días la prensa oficial del régimen informa que la Feria Internacional del Libro de Quito cuenta con presencia cubana y menciona a dos escritores casi desconocidos como invitados. Esa misma prensa no ha comentado que el nuevo éxodo nacional se genera, precisamente, en Ecuador y hace caso omiso a la fuga masiva de hombres y mujeres «nuevos», cruzando las peligrosas selvas centroamericanas —cual estampida de refugiados sirios—, para llegar a un lugar donde, hasta ahora, tienen la protección de leyes que los privilegian como personas.

Ignoran esos medios que Chucho Valdés haya decidido celebrar los cuarenta años de Irakere con un sonado concierto en el sur de la Florida, así como la paradigmática presencia de escritores cubanos residentes en los Estados Unidos y en muchos otros países, durante los treinta dos años de la Feria Internacional del Libro de Miami.

Pasan por alto que en el más notable evento literario de los Estados Unidos, se presentan, esta semana, dos escritores que viven en La Habana y han recibido los más importantes premios literarios que se conceden en Cuba —Reina María Rodríguez y Leonardo Padura—, además de haber sido distinguidos, recientemente, con el Premio Neruda de Poesía y el Princesa de Asturias de Literatura, respectivamente.

A todas luces, el régimen no tiene planes de reconciliación con la otra mitad de la cultura nacional que se mueve libre y productiva por el mundo a no ser que regresen de visita, arrobados de añoranzas y recuerdos pero que, en principio, olviden por qué partieron un día al exilio.

Tampoco es que quiera lidiar con los creadores «majaderos» de la isla cuando contravienen el único sistema político vigente en el predio de los Castros. Ahora mismo acaban de inventar un siniestro comentarista, Cristian Alejandro quien, según el crítico de cine Gustavo Arcos, no es nadie conocido y recuerda al Leopoldo Avila de la revista *Verde Olivo* que atormentara con sus acusaciones públicas, cual Torquemada, a intelectuales durante el llamado quinquenio gris, cuando nadie escuchaba.

Este nuevo escritor fantasma castrista ya la emprendió contra los cineastas por insistir en reclamar una nueva ley de cine, para cambiar la de 1959, y acusó a Pablo Milanés de «desafinado» e «impresentable», por sus recientes declaraciones en Santo Domingo.

Sus textos aparecen en *La Jiribilla*, la publicación electrónica cultural del régimen que dirige, de manera furtiva, el asesor del General Raúl Castro, Abel Prieto, quien tiene el hábito de emplear la palabra «impresentable», cuando intenta desacreditar a un antagonista.

SIN MAGO NI OZ

Dorotea, versión cubana de la icónica Dorothy de *El mago de Oz*, suerte de «pionera por el comunismo, seremos como el Che», la emprende, tiesa y ensimismada, sobre el escenario en su bata de guinga azul y paradera, con una retahíla de palabras y términos inventados y abusados durante los 57 años de tormento revolucionario que a los cubanos nos aguijonean el cerebro sin piedad.

 El actor Roberto San Martín, uno de los tantos presentes en el estreno de la pieza teatral *Yellow Dream Rd.*, aquí en Miami, escrita por joven Rogelio Orizondo y llevada a la escena por Carlos Díaz, aclamado director del grupo habanero El Público, me confesó que se le saltaron las lágrimas cuando escuchó esa monserga, como imaginativo tótem verbal del horror.

 Osvaldo Diomeadiós, es el único intérprete del reparto procedente de la isla, el resto reside en el sur de la Florida. Hay dos veteranas de las tablas de altos quilates, Mabel Roch y Lily Rentería, así como un par de jóvenes, también formados en las academias cubanas, Javier Fano y Alegenis Castillo, pero ya establecidos en esta orilla.

 Luego de la exitosa presentación en Miami, a la obra le depara una prueba incierta, confrontar la otra mitad del público cubano en La Habana como parte del Festival Internacional del Nuevo Cine Latinoamericano, que comienza en los primeros días de diciembre.

 Aquí los exiliados se pueden distanciar del drama nacional, aunque sea en un pedazo de malecón inventado a la orilla de la Ermita, pero en Cuba lo siguen integrando y así figura en la pieza teatral, quebrado en lacerantes vericuetos.

 Yellow Dream Rd., fue escrita durante unos meses en Miami a partir de la experiencia personal de los actores participantes. El resultado es sintomático, una nacionalidad que naufraga en un país hecho ripios, donde hasta la Virgen de la Caridad duda en asumir su enorme responsabilidad redentora ante tanta incertidumbre.

El sueño y la realidad se superponen en viñetas que flotan sin marcos, como en las pesadillas surrealistas, donde el siniestro Ministerio del Interior es la entidad con capacidad de hurgar, incluso, debajo de la piel y en los músculos, hasta el corazón y otros órganos vitales.

Rogelio Orizondo nació en 1983 y es el autor, entre otras, de las controversiales obras *Antigonón: un contingente épico*, del repertorio de El Público, y de *La hijastra*, llevada a la escena por Juan Carlos Cremata y censurada a los pocos días de estar en cartelera.

La Caridad del Cobre aparece tramitada entre varios de los actores. A veces trascendente, críptica, distante, en otras ocasiones terrenal, doliente, dicharachera, protectora, indicando las fugas posibles y procurando el alivio que no encuentra para sus «hijos».

Orizondo echa mano de toda la procacidad y chabacanería revolucionaria, como aquella de «el que no salta es yanqui» y otros desvaríos, así como de las llamadas «malas palabras» que en la Cuba actual son lenguaje popular y común.

Es como un proceso de desacralización de la hipocresía y la doble moral. El desinterés de las nuevas generaciones por la parafernalia objetual y factual de un universo decadente que solo existe, mediante imposición y mandato, en las mentes enfebrecidas de los dictadores y sus adláteres.

Carlos Díaz no se transa por la mediatización y sus actores se proyectan como una tribu cómplice de excesos corporales y visuales en un espacio constreñido de velas, cual santuario de barrio, donde lo «cheo», categoría que denota el kitsch criollo, termina por desbancar la belleza estética.

Yellow Dream Rd. es una de las carreteras azarosas al manicomio cubano.

DE BODEGAS Y CIMARRONES

En la Ciudad de Sweetwater hay un pequeño mercado que se llama La Bodega y se precia de hacer los mejores chicharrones de puerco de la ciudad. De hecho así lo hacen saber en los *polo shirts* que los empleados utilizan como uniforme.

Para la cena de Thanksgiving allí encargué mi pavo a lo cubano relleno con carnes y, por supuesto, compraría los deliciosos chicharrones, ciertamente únicos en su consistencia y sabor.

Dos días antes recibo la llamada de la dueña del lugar para decirme que tuvieron un percance en el establecimiento: la cocina se había incendiado, pero que no me preocupara porque ya tenían acordado con el *bakery* de al lado para cumplimentar los encargos.

La noticia del fuego en La Bodega figuró en este diario y en los noticieros de televisión. Lo lamenté por ellos y, aunque nos habían dado su palabra, estaba un poco inquieto por la posibilidad de quedarnos sin pavo en la misma fecha de la importante celebración.

El jueves al mediodía fui a la dulcería indicada pero allí me dijeron que La Bodega estaba abierta y despachando sus propias órdenes. Parecían trabajar como en emergencia, con algunos lugares del inmueble iluminados mediante faroles pero todos los empleados, que son como una gran familia, felices de cumplir su cometido.

El dueño salió a mi encuentro para disculparse pues el pavo no estaba tibio, que es como usualmente lo despachan, pero me dio las indicaciones para recalentarlo. Los chicharrones, mágicamente presentes, así como el puerco asado y dulces criollos. Nada pudo impedir que estos laboriosos compatriotas satisficieran a su fiel clientela.

Uno de los empleados aprovechó para contarme su reciente viaje a Cuba, luego de 25 años de ausencia. Fue con sus dos hijos nacidos aquí. El menor, que me presentó, le dijo al visitar la casa donde había vivido: «Cómo no te fuiste antes de este lugar».

Así parecen pensar los cerca de 5 000 cubanos, en su mayoría jóvenes, varados en Costa Rica ante la curiosa maniobra de las autoridades de Nicaragua de no dejarlos pasar en su peregrinación a la frontera de los Estados Unidos, donde —se ha dicho serán bien recibidos.

Todo el operativo se presenta sumamente sospechoso. Otra vez el cuadro deprimente de cubanos que huyen en masa del agobiante paraíso proletario, a casi 57 años de haberse instaurado. Distinto a otros éxodos, estos comenzaron su camino en Ecuador a donde llegaron sin visas, luego de vender las pocas propiedades que poseían, por lo cual no está entre sus planes volver y así lo hacen saber con vehemencia.

Emprenden un recorrido insólito, inédito para los isleños, de cientos de millas por las selvas centroamericanas, cual cimarrones, huyendo de los mayorales de la finca que no parecen deponer el látigo, ni el cepo, aunque se especulen reformas que nunca benefician a quienes malviven en la isla—barracón.

Un pariente de visita por estos lares me cuenta del surrealismo nacional. La libreta de abastecimiento sirve para dispensar cuatro o cinco productos (frijoles, grasa, arroz) pues el resto ha sido «liberado» a mayor precio. Pero ese engendro del racionamiento también le permite pagar una dieta para personas con cáncer (algo más de pollo, leche y viandas), así como para «comprar» un hijo pequeño (más leche, en polvo, por supuesto y otros pocos alimentos).

A los efectos de la llamada OFICODA, oficina que controla estas componendas de la supervivencia y la miseria, mi familiar, aunque esta sano, tiene cáncer, y un hijo fantasma, sobre el cual su anciana madre preguntó estupefacta: «¿Pero de dónde salió este nieto, que no conozco?»

CINEASTAS ENARDECIDOS

La semana pasada, a unos pocas horas de comenzar el Festival Internacional del Nuevo Cine Latinoamericano en La Habana, la más reciente reunión de los cineastas cubanos agrupados bajo el nombre de G—20, con el propósito de lograr una nueva ley para el séptimo arte en la isla, terminó como la fiesta del guatao.

Cuando los cineastas intentaban formular una declaración de apoyo al director Juan Carlos Cremata, censurado recientemente como dramaturgo y difamado por anónimos escribanos del régimen, al llevar a escena la obra de Ionesco sobre un rey que se resiste a morir, uno de los «segurosos» que suelen merodear estos cónclaves controversiales, descubrió entre el público asistente al opositor Eliecer Avila.

Mientras el diminuto personaje pidió airadamente la expulsión del «contrarrevolucionario», empeño al cual se le sumó el presidente del ICAIC (Instituto Cubano del Arte e Industria Cinematográficos), un anodino burócrata llamado Roberto Smith, los cineastas arremetieron valientemente contra el denigrante chivato e impidieron que se consumara el acto represivo en una reunión que, paradójicamente, trataba sobre la persistencia de notables actos de censura en la cultura nacional.

Durante el encuentro, tal vez donde con más vehemencia los cineastas cubanos han demostrado su oposición a seguir siendo mangoneados por el régimen, indiferente ante sus elementales reclamos, Cremata se paseó con la boca cruzada por tapes y entre las intervenciones estuvo la del crítico Gustavo Arcos exigiendo la presencia de los funcionarios que entorpecen el curso de estas reuniones. «Que las autoridades expliquen —apuntó—, por qué consideran que el cine que censuran esta contra la Revolución».

Jorge Luis Sánchez, quien tiene compitiendo su filme *Cuba Libre*, en el Festival de La Habana, pidió «no escandalizarse más por la obra artística sino por el diseño disparatado de la realidad, en un país donde para vivir hay que acudir a la ilegalidad».

Por su parte el crítico de cine Dean Luis Reyes se refirió al rodaje del documental *El tren de la línea norte*, de Marcelo Martín, que revela la crisis del pequeño pueblo de Falla, en la provincia de Ciego de Avila, y de como fuera entorpecido su rodaje por la intervención policial y de la Seguridad del Estado, según le confesó el propio director: «Nos detuvieron como delincuentes comunes y pretendieron abrir un expediente por nuestra causa. Había molestado mucho que nuestro lente estuviera captando testimonios y realidades muy contradictorias a los intereses de la oficialidad. Pueblos como este sufren el abandono del estado, máxime cuando la institucionalidad ha sido la única encargada de resolver problemas de la gente durante tantos años de revolución. El presente se anuncia despiadado y son las personas (los de a pie) quienes no encuentran alternativas. El estado no responde a las necesidades de la población, esto ya es un hecho; pero contradictoriamente, castiga severamente cuando algo se hace en contra de lo establecido («contra lo establecido» es cualquier acción de supervivencia ante la inexistencia de opciones e vida concretas)».

Demás decir que la prensa oficial mantiene un silencio sepulcral sobre estos desencuentros y que la Presidencia del ICAIC lo trató de zanjar con una declaración a la vieja usanza, donde rechazan la presencia de los «mercenarios» y expresan su lealtad al discurso del dictador Fidel Castro donde establece aquellos estrictos y vigentes parámetros: dentro de la revolución todo, fuera del régimen, nada.

También han contado con la notable indiferencia e insolidaridad de sus congéneres artísticos latinoamericanos y hasta de democráticas celebridades estadounidenses, junto al director francés Laurent Cantet, como jurado, el mismo que fuera censurado el año pasado por su filme *Regreso a Itaca*.

BUEN ANIVERSARIO

Hoy se celebra el día de San Lázaro y se conmemora el primer año de aquella sorpresiva noticia donde el gobierno de los Estados Unidos y el régimen de La Habana avisaban al mundo del restablecimiento de relaciones luego de medio siglo de antagonismo.

Ahora recuerdo a los amigos latinoamericanos que me tocó conocer en Cuba y de cómo nos alentaban a continuar el proceso revolucionario, paradigma social y político para el resto del continente, punta de lanza contra los afanes imperiales del vecino del norte —responsabilidad titánica—, en lo que ellos continuaban sus vidas comunes de cualquier pueblo entre afanes y esperanzas, junto a la familia.

En la construcción de apartamentos en Alamar, al este de La Habana, tuve como colega a un guerrillero tupamaro, asilado en Cuba. Cierta vez almorzábamos la bazofia que servían en desagradables bandejas de aluminio con cubiertos de calamina y él recordaba cuando reprochaba a la madre por servirle «bife», casi todos los días y ella le respondía: «Algún día lo echarás de menos».

Menuda tarea nos dieron los amigos del mundo a costa de quebrar la nación, hacernos partícipes de una doctrina ajena y obstinada, descuartizar las instituciones y el urbanismo, suprimir tantas libertades, hundirnos en la indigencia y la necesidad. Hacer del verbo «resolver», la guía de la supervivencia.

Al año de soñados cambios improbables, es la isla que se repite: compatriotas a la fuga de aquel lugar maldito. Están los que siguen mecidos sobre la incertidumbre macabra de las olas, escapando en todo lo que flota, y ahora, la triste y enervante visión de miles de «hombres y mujeres nuevos» que increpan a las morbosas cámaras desde el «*rainforest*» costarricense.

Para el resto del universo seguimos siendo noticia de cuarta categoría, Hay mucha matanza, terrorismo e incertidumbre en el primer mundo para que los noticieros que no sean de Miami, revelen la crisis. Estamos fuera de la ecuación presidencial de los Estados Unidos hasta tanto no ocurran las elecciones y solo entonces interesarán nuestros votos.

En el Canal 41, AmericaTeVe, se hace un teletón de dos días a beneficio de los cubanos varados en Costa Rica. Se recaudan más de 100,000 dólares. Una familia llegada de la isla, que estuviera desamparada hace unas semanas como tantas otras que siguen arribando, y recibiera en su momento el apoyo de coterráneos impelidos por el programa Happy Hour del mismo canal, llegan con su sentido donativo.

Compañías locales aportan lo suyo y ancianos cubanos jubilados, luego de trabajar duramente por años para hacer prosperar sus familias en esta nación generosa que les dio la segunda oportunidad, hacen fila para contribuir con los distantes compatriotas que ven en las noticias tratando de vivir en campamentos improvisados y se acuerdan de los vuelos de la libertad hacia la incertidumbre, la desgarradora Operación Pedro Pan, el legendario éxodo del Mariel y la crisis de los balseros como colofón de una historia cíclica sin salida, a no ser aquella que contemple la posibilidad de prescindir de los Castro para que los cubanos puedan lidiar con su destino.

Washington y La Habana hacen silencio, pues parecen cantar «buen aniversario» del gran Aznavour, y ni una palabra, ni una declaración de protesta de la flamante embajada americana en el malecón, sobre personas apabulladas por turbas despreciables en el Día Internacional de los Derechos Humanos frente al público que hace cola, para entrar al cine Yara en pleno Festival de Cine.

Esa libertad que los opositores se arriesgan a reclamar públicamente parece ser una entelequia inalcanzable. Un año después, no se acaba de hacer la luz al final del túnel.

MARGARITA DE «AFUERA»

Por puro azar de cinéfilo conocí en los años sesenta al notable director de cine brasileño Glauber Rocha. Fue en el cine La Rampa de la Calle 23 de El Vedado habanero. Allí le manifesté mi admiración y tuvo la gentileza de invitarme a las proyecciones que se hacían para los miembros de la crítica en el excepcional bastión del ICAIC (Instituto Cubano de Arte e Industria Cinematográficos).

En aquel salón se servía café en tazas de porcelana. La exclusividad del ICAIC dentro de la cultura cubana, sobre todo en aquellos primeros tiempos «épicos» de la revolución, resultaba evidente. Su intrigante director era un cortesano con acceso al rey y el cine se hacía para cantarle loas y complacerlo.

Alfredo Guevara practicó malabares políticos de toda índole para sostener la obediencia que necesitaba, porque no pocos de los nuevos directores de cine mostraron enseguida su inquietud por reflejar la complejidad de la realidad cubana que tomaba visos totalitarios a todo tren.

Su influencia hizo que no pocos artistas e intelectuales de izquierda se sintieran fascinados por el experimento socialista en las narices de los Estados Unidos y se pusieran a disposición del ICAIC, apenas fundado en marzo del año 1959.

En *Crónica cubana*, del año 1963, se dan cita tres creadores de este linaje, el director uruguayo Ugo Ulive, el guionista argentino Osvaldo Dragún y la productora española Margarita Alexandre. Según el historiador Eduardo G. Noguer, el filme desapareció rápido de las pantallas de estreno. Los extranjeros se tomaron la libertad de plasmar las desavenencias que ya comenzaba a padecer la familia criolla, fulminada de muerte por los cismas políticos.

Hace poco más de una semana que la legendaria productora del filme, la actriz y directora de cine Margarita Alexandre, falleció a la edad de 92 años en Madrid. Estaba escribiendo las memorias sobre su aventura cubana, que duró prácticamente toda la convulsa década de los sesenta.

Aquella floreciente estancia comenzó a declinar, sin embargo, en 1966, según ha confesado en varias entrevistas: «Raúl Taladrid me llamó y me dijo que yo no podía hablar en las asambleas. Me echaron del ICAIC porque hablaba en las asambleas. Yo sabía que estaba detrás Alfredo Guevara, pero nunca me lo confirmaron».

El escritor Humberto Arenal, recuerda las circunstancias en que la productora comenzó a perder el favor oficial: «Una persona tan liberal como Margarita, siendo amiga mía y de Titón, que siempre estábamos rompiendo con normas en el cine, en el teatro, en la literatura... yo presumo que empezaron a verla como demasiado liberal. Era extranjera y quizás llegaron a pensar que era nociva. Titón y yo nos preocupábamos y comentábamos: Margarita no se aguanta la lengua.»

Fue maestra de productores y se ocupó personalmente de tres filmes de Tomás Guitiérrez Alea, *Las doce sillas*, *Cumbite* y *La muerte de un burócrata*, entre otros producidos por el ICAIC.

De tal modo ha resumido el final de su residencia en la isla: «No fui extranjera en Cuba. Lo mismo que todos, resolvía con la cartilla de racionamiento y con la generosidad propia del cubano. Trabajé en la agonía de la agricultura: caña, papas, tabaco, café. Y el día que me rendí a la evidencia y decidí abandonar los sueños empapados en el sudor de los esfuerzos inútiles, los burócratas probaron largamente mi paciencia antes de concederme una salida como a cualquier otro: ligera de equipaje y cargando todo el dolor que es capaz de soportar el alma. Mi hija, mis compañeros del cine y del Teatro Musical, el pueblo que amé. Lágrimas y mucha, muchísima rabia. Como todos».

2016

CONVERGENCIA

Un amigo me escribe desde Cuba para dejarme saber que el «Paquete» (artilugios con grabaciones digitales) de la pasada semana ya contenía todos los filmes potencialmente «oscarizados» para este año.

Mientras tanto la prensa internacional da a conocer que importantes estudios de Hollywood se sienten consternados porque dos de estos largometrajes, *The Hateful Eight*, de Quentin Tarantino, y *The Revenant*, de Alejandro González Iñárritu, fueron pirateados y subidos a la red, algo que tarde o temprano suele ocurrir, sobre todo durante esta temporada cuando la Academia de Artes y Ciencias Cinematográficas distribuye entre sus miles de miembros copias en DVD de la filmografía que resultará nominada y luego premiada con las famosas estatuillas.

En varias ocasiones el gobierno de los Estados Unidos ha sentado en el banquillo de los acusados a su aliado chino por hacer de la piratería toda una lucrativa industria paralela.

Durante años, el régimen cubano mantuvo una compañía fantasma del Ministerio del Interior —Omnivideo—, que copiaba y distribuía filmes americanos recién estrenados con subtítulos en español para el mercado latinoamericano.

Dicen que los diplomáticos de la otrora oficina de intereses cubana en Washington y la legación en las Naciones Unidas, de Nueva York, se ocupaban de conseguir las copias para hacerlas llegar a la isla en valija diplomática.

Haciendo un resumen del año una periodista oficial, elogia la buena suerte del cine cubano en cuanto a producción, escribe sobre la debacle de las salas de proyección y confirma el «pirateo» como uno de los modos más populares de ver películas:

«El séptimo arte ha sido siempre un medio más para saber qué pasa con nosotros y el mundo. La falta de espacios adecuados en toda Cuba para la proyección de cintas de estreno ha provocado de cierta forma la falta de motivación en la población para ir al cine.

«Funcionarios de la industria en más de una reunión han manifestado la necesidad de recuperar estas salas de cine, pero definitivamente los recursos deben venir de las instituciones autorizadas y a cargo del mantenimiento de las mismas.

«No podemos sentenciar que ver las películas pirateadas en nuestras computadoras y copiadas de mano en mano en memorias flash sea el fin del mundo, pero tampoco podemos conformarnos con ello».

En la selección de los «Rostros del Año 2015» que publica el periódico 14Ymedio, dirigido por Yoani Sánchez, aparece Elio Héctor López, uno de los fundadores del «Paquete», conocido como El Transportador.

Este emprendedor cubano de la reproducción y tramitación digital dice no haber tenido problema legal hasta el momento y que «funcionarios del Ministerio de Cultura y la TV Cubana se le han acercado para conocer su trabajo». Según la revista Forbes, se trata de uno de los «revolucionarios» en el escenario tecnológico cubano, algo con lo cual no coincidirán los dueños de estudios hollywoodenses agraviados por la distribución ilegal de sus filmes.

El «Paquete» es un negocio lucrativo doméstico a diferencia de la operación internacional acometida por la inescrupulosidad del mercado chino. Como justificación, suple la ausencia de Internet de alta velocidad y de libertad.

Antes los cubanos dependían de la policía política para tratar de ver el cine, la televisión y otros medios audiovisuales del enemigo y no siempre tenían éxito. Hoy la avalancha de la imagen prohibida es indetenible, y más que ningún otro eufemismo de la alta política, esta maniobra tecnológica comienza a horadar el muro anquilosado de la censura y el adoctrinamiento.

Ahora puedo intercambiar opiniones con mi amigo de Cuba sobre las películas que debemos disfrutar antes de que los premios Oscar sean concedidos en marzo.

INSALVABLE

El escritor Miguel Barnet es diputado de la asamblea castrista y presidente de la Unión de Escritores y Artistas de Cuba (UNEAC) —supuesta organización no gubernamental—, dilema ético que ha solucionado mediante la más abyecta alianza con el poder.

Ha dicho, sin mucho miramiento, considerando el silencio cómplice de la UNEAC con respecto a la defenestración oficial de Juan Carlos Cremata, reconocido cineasta y dramaturgo:

«Debemos aprender a dialogar con personas que no piensan exactamente como nosotros. Creo que es sano. Si no dialogamos no podremos convencerlas de los principios que sentimos que son los que son, y los que valen».

A Cremata le han ido apretando las clavijas cada día a propósito de su censurada puesta en escena de El rey se muere, obra de Ionesco sobre un tozudo monarca que se resiste a desaparecer luego de 200 años en el poder.

Recientemente ha compartido este mensaje: «La censura se consolida y refuerza. Por disposición inalterable y sin previo aviso, desde este 6 de enero del 2016, la presidencia del ICAIC ha decidido inhabilitar nuestra cuenta de correo en esa institución. Sin ninguna comunicación oficial mediante y por supuesto, sin que nadie de la cara. Pero en evidente respuesta lógica «revolucionaria», a nuestra manera de pensar diferente. Y al hecho de hacerlo público. ¿Alguien puede negar la verdad de que lo que hemos dicho hasta ahora? Se acentúa con ello la condena a convertirnos en no persona. No existimos. Ni tenemos derecho de decirlo. Por lo tanto nos conminan al silencio».

En la citada entrevista, Barnet afirma que durante el llamado período especial —léase hambruna«nos volvimos un pueblo delgado, esbelto» y que su reverenciado Fidel Castro abogó por salvar la cultura en medio de aquella inesperada debacle mundial, cuando la isla no pudo seguir dilapidando los recursos provenientes de la Unión Soviética que se extinguía. «La cultura es la salvaguarda de la memoria, y sin memoria no hay país», subraya el funcionario.

Barnet tiene el síndrome de la mala memoria, olvida su propio calvario y el de congéneres cercanos martirizados hasta el suicidio o el exilio. Por supuesto que sus propios compatriotas ya tampoco lo recuerdan. Ni los miles que esperan pacientemente en una frontera centroamericana y no han considerado el regreso, en medio de su ordalía e incertidumbre. Ni los niños que fueron reclutados hace muy pocos días en sus aulas respectivas para ejecutar un acto de repudio en las afueras de una casa habitada por «mercenarias» Damas de Blanco.

La isla de los Castro es un páramo encanallado. Dice el poeta Rafael Alcides —en exquisita viñeta grabada en video por Miguel Coyula—, que suelen mencionarse a conocidos censores con rostro como Pavón, Quesada o Serguera, cuando se habla de los comienzos de la represión contra los intelectuales en Cuba, pero que nunca se denota a quién les encargó tarea tan deleznable y entonces hace un gesto, señala hacia arriba, con dedo acusador, y el cineasta Coyula intercala una foto del dictador Fidel Castro fumándose un habano.

Como «platistas» o «anexionistas» habitualmente califica el escritor Abel Prieto, actual asesor de Raúl Castro y ex presidente de la UNEAC, a los intelectuales anticastristas que residen en los Estados Unidos.

El escenario ha cambiado, sin embargo, y Carlos Lechuga, director del controversial filme Melaza, comenta algo que pudiera parecer una manera del neo platismo oficial: «Por estos días algunos sitios de prensa cubanos están babeados porque Hollywood llega a La Habana. Qué lástima que no compartan el mismo entusiasmo con producciones cubanas como las independientes, que por mostrar la realidad ya para ellos es un horror».

VIVE EN MIAMI

En la emotiva película *Woman in Gold*, la actriz Helen Mirren encarna a María Altmann, la sobrina de la dama austríaca que sirviera de modelo a la famosa pintura de Gustav Klimt *Portrait of Adele Bloch-Bauer I*, robada por los nazis y luego incautada por el gobierno de Austria, que la mostrara durante décadas como tesoro nacional en el Museo Belvedere.

Cuando su hermana fallece, Altmann encuentra una serie de documentos que la hacen pensar que puede rescatar el cuadro como una propiedad familiar y decide echar la batalla judicial, junto a un abogado estadounidense principiante, hijo de una amiga entrañable.

Tanto Altmann como su hermana vivieron en Los Angeles en calidad de refugiadas de la Segunda Guerra Mundial. La historia ocurre a finales de los años noventa con flashbacks a la terrible ocupación de los nazis de la ciudad de Viena, que la protagonista recuerda como un trauma doloroso.

Altmann compartió con sus padres y el matrimonio de su tía Adele un bello apartamento donde el mencionado cuadro reinaba en la sala de estar. Cuando los fascistas llegaron, lo primero que hicieron fue despojar a la familia de sus bienes, humillarlos por haber sido exitosos y prohibirles salir del país.

Sin distinción, los ismos diabólicos europeos —fascismo, comunismotienen muchos puntos de coincidencia, no importa a donde se extiendan. Lo que le ocurrió a Altmann y a su familia, se repitió en La Habana y en muchos otros sitios de Cuba luego de 1959.

El joven abogado que la acompañó en su cruzada de justicia, también descendiente de refugiados del nazismo, le cuesta trabajo comprender por qué la agraviada no quiere regresar a Austria —donde perdió a sus padres y los judíos fueron vejados con la anuencia de sus congéneres en actos de repudio públicos-, luego de tantos años de vivir exitosamente en los Estados Unidos donde es dueña de una boutique de ropa.

Incluso en la democracia austríaca contemporánea la señora encuentra resistencia para que le sea devuelta su propiedad pero al final impera la justicia y hoy la obra se exhibe, de por vida, en un museo de Nueva York, luego de ser adquirida por el hijo de Estee Lauder.

En *Bridge of Spies*, Tom Hanks interpreta un abogado especializado en seguros que, inesperadamente, debe hacer la defensa de un espía soviético capturado en Nueva York. Su esmerado trabajo hace que no lo condenen a muerte, lo cual le permitirá luego —debido a otro hecho fortuitocambiarlo por un piloto estadounidense de avión espía U—2, derribado sobre la URSS. En la compleja operación con los servicios secretos rusos y de la Stassi alemana, el abogado solicitará, igualmente, la devolución de un estudiante americano de Harvard, injustamente apresado cuando se erigía el infame muro de Berlín.

En su intenso y melodramático recuento histórico Spielberg nos recuerda que el universo comunista es siniestro, inoperante e impune. Su retrato de la Alemania del Este causa pavor. Vale la pena recordar que durante una visita a Cuba, en el año 2002, sostuvo cierta conversación con el dictador Fidel Castro que consideró «las 8 horas más importantes de mi vida».

Esta semana arribaron a Miami los primeros cubanos del nuevo éxodo, ordalía ampliamente cubierta por el Canal 41, AmericaTeVe. Escapan de un universo similar al descrito en los mencionados filmes. Hemos llorado con los reencuentros y los abrazos profundos. No son noticia en la prensa oficial de su país porque ya van triunfando y la crisis añorada por el castrismo se disipa. La única libertad cubana posible sigue viviendo en Miami y este nuevo capítulo lo atestigua.

MADONNA, AL FIN

La policía cubana se hubiera dado banquete apresando a personajes pintorescos durante la presentación de la nueva gira de conciertos de Madonna, el pasado domingo en el American Airlines Arena de Miami.

La cantante cubana Annia Linares me confió que en uno de sus concurridos recitales de La Habana tuvo que amenazar con dejar de cantar, para que representantes de los órganos represivos del régimen no cargaran con un muchacho que la imitaba durante sus interpretaciones.

En la apabullante presentación de Madonna en Miami, iniciada casi tres horas después de lo previsto —ella argumentó que suele llegar tarde a sus citas pero que la grandeza requiere grandeza—, sus fanáticos incondicionales desfilaron por los predios de la arena con los más desafiantes atuendos para rendirle pleitesía a la «Reina del Pop», la artista controversial por excelencia de la escena americana, desde su surgimiento hace más de tres décadas.

Un hombre corpulento de smoking y chistera, de piernas tatuadas, solo cubiertas por medias de malla; monjas ataviadas de rojo o negro con grandes cruces sobre los pechos y cabezas con enormes cuernos taurinos, entre otros disfraces. Cuando la cantante disertó sobre los llamados «*six packs*» de los músculos abdominales, entre sus acrobáticos bailarines, conminó al público a descamisarse y muchos obedecieron su orden.

Se trata de la continuación de la oncena gira de la cantante y compositora, de insólitos 57 años, apoyando la salida de su álbum número 13, *Rebel Heart*, que se extenderá hasta Australia y Nueva Zelanda en el año 2017.

Mi esposa iba arrobada por el recuerdo de cuando primero pudimos ver a Madonna en el trasiego de videos mal copiados en la casa de mis padres en La Habana del Este y de mi hermana, que recibía ropas como las de «la chica material», de nuestra socorrida prima de Miami.

Pero lo cierto es que la estrella no da mucho espacio a la nostalgia, al menos en esta nueva presentación. De hecho, ha dicho que no le preocupa la obra anterior, paradigmática tanto en su musicalidad como en los valores visuales de los videos que generó, y la prueba está en cómo es capaz de arriesgar versiones con novedosas sonoridades de sus canciones ya clásicas.

Nada pareció perturbar, sin embargo, la empatía y devoción entre la reina —lo recordó varias veces para aclarar dudas entre otras divas nacientes y sus entusiastas súbditos. En medio de la insólita parafernalia de un espectáculo que incluyó los más vanguardistas videos en pantallas gigantes y cuerpo de baile capaz de emular a los acróbatas del Cirque du Soleil, reservó varios espacios para la conversación cercana con la audiencia.

En uno de los diálogos recordó sus tres matrimonios fallidos y simuló estar buscando otra pareja, cuando pregunta a un posible prospecto por su nombre, el cual le responde «Rebel Sean» y ella le espeta rápido: «Yo estuve casada con un Sean y no lo repetiría. Salí de eso», subrayó aliviada.

Hizo un mínimo discurso sobre los derechos de la mujer, todavía puestos en solfa por un mundo masculino, pero el show nunca dejó de ser deslumbrante. Hubo cruces como barras para bailarinas exóticas y una «ultima cena» a lo Da Vinci pero de fuerte carga erótica.

Camas donde se intercambiaban parejas y la aparición sorpresiva de Ariana Grande a la cual regaló un plátano, previa disertación sobre sus ventajas nutricionales y sensuales.

Varias veces agradeció a los miamenses por su nombre y hasta impartió una breve clase de español. Fue un primer encuentro inolvidable con la diva que reafirma su exclusividad en un trono, hasta hoy, indisputable.

ENCERRONA

Uno de los más feroces carcamanes de la nomenclatura castrista dice que la zafra va mal y que las tierras en usufructo no producen. Ese señor regañón de edad provecta, almuerza y come como un rey todos los días de su vida inútil en lo que una multitud de cubanos rodea cierta bodega, en Villa Clara, como si fuera un linchamiento, porque las socorridas posturas de gallina siguen racionadas y acaban de llegar al barrio.

Antes de los acuerdos entre Estados Unidos y Cuba, con la oportuna intervención del Vaticano, ningún presidente de categoría democrática, como el de Francia, por ejemplo, se hubiera atrevido a extenderle la alfombra roja a un fantasma del pasado, el general Raúl Castro, artífice de mediatizadas reformas capaces de borrar del escenario «cuentapropista» a los llamados carretoneros, mediante la «operación escoba», porque estos vendedores populares de frutas y viandas son los culpables del alza de precios que experimentan los mencionados productos en el mercado local.

Hay un video online donde personas que protestan, con rara vehemencia para los parámetros cubanos, por la prohibición de un carretonero, son los que luego lo asaltan y roban su mercancía, cuando la policía mira hacia otro lado.

En el KingBar Restaurant de El Vedado han puesto en práctica el «derecho de admisión», como entidad privada que es, y se ha dado el caso de que excluyan a homosexuales manifiestos y negros. Quienes llegan en autos de marcas y atuendos de «afuera» reciben la más cordial bienvenida. Un *bouncer* «metemiedo» en la puerta, dilucida la lucha de clases a su manera, con fuerza bruta e impunidad.

Mientras la claque dirigente no ha dejado de consumir, como es debido, durante estos 57 años de rigor espartano para el pueblo, el teólogo Frei Betto, de lo peor que le ha ocurrido al cubano común en franca mayoría y desventaja, advierte: «Cuando termine el bloqueo, este país asistirá a un choque entre consumismo y austeridad». Lo dijo durante un evento teórico sobre José Martí, antes de disfrutar —como buen sacerdotesu opíparo almuerzo —pagado por la gente de la isla—, rociado por un exquisito tinto español.

Una escritora oficialista, quien fuera directora de *El Caimán Barbudo*, de franca orientación estalinista, vapuleada por lo que le ocurre cotidianamente en la calle, apunta en un sitio electrónico: «Hace muchos años, ante un hecho público de corrupción, un transparente pensador me dijo: 'El grave problema del socialismo es la ausencia o mala interpretación de la ética'. En los tiempos convulsos que vivimos, realmente creo que ese hombre de pensamiento superior tuvo y tiene razón. Así que rectifico el título de estas líneas escritas de un tirón: Falta de ética: El más serio problema de la sociedad cubana actual».

Coincidentemente en Miami, Carlos Díaz y su grupo El Público, regresaron ahora con la obra *Antigonón, un contingente épico*, traducción dramática de la encerrona en que se ha convertido la realidad cubana actual, de donde la gente escapa como de un naufragio.

Esmerados y jóvenes actores van de la desnudez primigenia fetal o mortuoria, al desbarajuste retórico y altisonante de los discursos políticos, casi sin transición, en un texto tóxico de Rogelio Orizondo, artífice minucioso de la estética empercudida donde se recicla el maltrato y la indolencia.

Una tragedia a lo cubano, marginal, reguetonera, aunque simule la improbable poesía, en retazos épicos. El lleva y trae de una suerte de conspiración cultural contra la funesta y desgastante tiranía oculta, contradictoriamente, tras la máscara benefactora de antaño.

La obra y los acontecimientos recientes trasuntan una Cuba sin remedio, de caña lisa y enhiesta y bagazo molido.

A SANTO DE QUÉ

La sagrada ceiba del Templete que indica el lugar donde supuestamente se fundó La Habana fue removida de su sitio por la devastación del comején. Era tradición que en cada aniversario de la ciudad, las personas hacían cola para darle vuelta al simbólico árbol con el fin de atraer la buena suerte.

De cómo el historiador de La Habana Eusebio Leal no reparó en la terrible plaga pudieran hacerse muchas conjeturas. Últimamente no figura en los cenáculos habituales del régimen. Al parecer se disipa su imperio de solares y palacetes renovados para el turismo.

Lo de la ceiba parece ser una señal de que Cuba ha perdido el favor del todopoderoso. La otra indicación viene cifrada en una de esas misteriosas frases papales. Dice el Sumo Pontífice Francisco que la capital cubana se encamina a ser «la ciudad de la unidad», a propósito de un nuevo espaldarazo diplomático a la dictadura de los Castros, su encuentro con el máximo representante de la Iglesia Ortodoxa —en la misma ciudad que ha perdido su brújula histórica—, luego de un cisma entre ambas denominaciones religiosas que suma la friolera de mil años.

¿A santo de qué, el Papa habla de unidad en un país tan carcomido como la ceiba del Templete, en su estampida? Allí donde nunca hubo mucha emigración, ahora viven dispersos por el mundo más de dos millones de cubanos.

La cercana y no resuelta crisis migratoria que se extiende de Ecuador a la frontera mexicana conspira contra ese idealizado aliento unitario y armónico que el Pontífice prodigó en sus palabras de despedida en Cuba, camino precisamente a México donde no ha parado de regañar a diestra y siniestra, como un abuelo majadero con sentencias obvias e irresolutas: sean menos pobres, no crucen fronteras, no trafiquen drogas, las culturas indígenas no deben ser maltratadas. «Coraje profético» es lo que pidió a sus obispos ensimismados para enfrentar la violencia, que el gobierno es incapaz de controlar.

En la «ciudad de la unidad», por otra parte, un anciano siniestro —Fidel Castroque sembró muerte y destrucción con su exportación de revoluciones e «internacionalismo proletario» en América del Sur y África, le dice al patriarca de la iglesia ortodoxa rusa que luchar por la paz es el deber sagrado de todos los seres humanos.

Al final, la única unidad y paz posibles es la que existe entre Cuba y la ciudad a la cual el pueblo le debe su bienestar, por lazos familiares indelebles, aunque sean dos orillas divergentes en lo político, circunstancia que el Papa curiosamente ignora. Los jóvenes invisibles para la gerontocracia gobernante, que recién arriban del tormento centroamericano, atestiguan que sin Miami no habría esperanzas ni a corto ni a largo plazo para el futuro con el que sueñan.

El acuerdo histórico entre la iglesia católica y la ortodoxa en tierra cubana no se revierte en ningún beneficio palpable para el pueblo cansado de esperar. Resulta más ajeno que el llamada deshielo entre Cuba y los Estados Unidos o a las cacareadas reformas del otro Castro.

Ahora los americanos anuncian el montaje de una fábrica de tractores, como cuando los rusos construyeron aquellos talleres de combinadas cañeras, y lo que la gente añora es una fábrica de carne de res, de pan sin racionalizar, de café verdadero, de ropa y zapatos. Una fábrica que transforme la doble moneda en una y haga desaparecer para siempre de la faz de aquella tierra pródiga la ominosa libreta de abastecimiento y sus creadores.

¿A santo de qué más frases altisonantes, ajenas a la ordalía cubana?

EL ARTE DE MORIR

Sobrecogido todavía por el fallecimiento del extraordinario artista David Bowie, el pasado mes de enero, a causa de una enfermedad terminal, me enfrento con el filme *Truman*, dirigido por el catalán Cesc Gay, estrenado durante el Festival Internacional de Cine de Miami, del Miami Dade College.

Dicen que el vanguardista Bowie murió tranquilo rodeado de sus seres queridos. Mantuvo en total privacidad su padecimiento y al saber que el final era inminente nos regaló tal vez el mejor CD de rock fusión aparecido este año, *Blackstar*, todo un concepto musical difícil de igualar en un universo de éxitos leves, alérgicos a la experimentación.

En los últimos años de su vida, Bowie fue un neoyorquino como cualquier otro. Practicaba la rutina de caminar cerca de su apartamento en Manhattan, visitaba el mismo café y una librería. Eso sí, andaba con un periódico griego para confundir el acecho de sus numerosos fans.

Cuando grabó *Blackstar*, sin cejas y pelo ralo, debido a la quimioterapia, le pidió a los músicos que guardaran el secreto y así lo hicieron. Fue por esos días también que estrenó una obra musical en Off—Broadway, *Lazarus*, con parte de su extraordinario catálogo musical donde figuran 25 álbumes en una carrera que se extiende por medio siglo.

Me he imaginado mucho los últimos días de un creador tan pródigo en su lucha contra la finitud del cuerpo humano. De cómo se había desprendido de todo lo mundano para dedicarse a su familia —nada le complacía más y dar los toques finales a su obra.

Y ahora llega el filme *Truman* que me permite, mediante la más esmerada ficción, retomar la historia de otra despedida, la de un artista argentino, enfermo de cáncer terminal, que vive en Madrid y recibe la visita durante cuatro días de su amigo entrañable, un español que ejerce, con éxito, la docencia en Canadá.

La película arrasó este año con los principales premios Goya y hasta en el prestigioso Festival de San Sebastián la distinción al mejor actor masculino fue compartida entre Ricardo Darín y Javier Cámara, quienes interpretan, respectivamente, el actor desahuciado y su amigo el profesor.

Este es el tipo de película que te atenaza el corazón desde la primera secuencia hasta su conclusión, sin asomo de melodrama sensiblero, todo un desafío. El personaje de Darín quiere dejar sus cosas en orden antes de irse para siempre, sobre todo busca un hogar para su perro Truman, viejo y agobiado, y las alternativas no son muy halagüeñas, hasta el mismo final del filme.

El profesor que encarna Javier Cámara, con más solvencia económica, va a complacer todas sus gestiones y caprichos, incluso la visita al funeral para hacer «los arreglos», en una secuencia del mejor humor negro ibérico, así como el emotivo viaje inesperado a Amsterdan donde estudia el hijo.

Ricardo Darín es uno de los más brillantes actores (sin adjetivos étnicos al uso) contemporáneos y aquí se vuelve a consagrar cuando logra borrar toda intromisión técnica, propia del cine, entre sus diversos estados de ánimo, que quieren ser optimistas frente a la adversidad, y nosotros, absortos espectadores ante una situación límite, que coloca un espejo frente la vanidad terrenal.

Viéndolo apabullado pero invencible en la pantalla, lo recuerdo alegre y sencillo bailando ritmos cubanos en la Torre de la Libertad cuando el Festival de Miami estrenó *El secreto de sus ojos*.

En *Truman* nos regala otro de sus grandes momentos, de esos que hacen meditar sobre la fragilidad del ser humano, los percances insospechados y la estela de bienaventuranza en nuestro paso por la vida.

LA REINA QUE FUE JUEVES

Se puede escribir la historia de la cultura cubana contemporánea como el relato de algunas de sus figuras emblemáticas transfiguradas en víctimas del despotismo. Muchos de esos ángeles artísticos o literarios caídos en desgracia nunca fueron rehabilitados en vida.

Desde hace trece años, el cineasta Orlando Rojas viene cincelando con perseverancia y delicadeza uno de estos capítulos de nuestra «historia universal de la infamia». Es el retrato estremecedor del último mito viviente de la cultura cubana, la bailarina Rosario Suarez, Charín, en un documental titulado *La reina de los jueves,* que tiene su premier el 10 de marzo a las 7:00 p.m. en el Teatro Olympia, durante el Festival Internacional de Cine de Miami, del MDC.

Desde el comienzo, la narración serena del filme —no exenta de ironía—, con textos de Abilio Estévez y el propio Rojas, nos deja saber, como oscuro presagio que, a veces, es «una desgracia haber nacido en La Habana», aunque seas admirado en París o Nueva York.

El documental logra conmocionarnos durante poco más de una hora con esa argumentación y explica cómo una bailarina nada convencional, formada en la legendaria Escuela Cubana de Ballet, con categoría de genio en su esmerada expresión, es coartada por cierta ave negra del infortunio, una directora egocéntrica y dictatorial que al sentir amenazado su sitial, la recluye en las funciones de los jueves y le tiende otras trampas a su brillante carrera.

No creo que exista en el cine cubano otro filme que dilucide ante nuestros ojos, los procesos de defenestración tan caros al castrismo. Charín, sin embargo, se planta valiente ante el infortunio y uno pensaría que con su físico poderoso y sonrisa desarmante, pudiera revertir el mal que asola su rebeldía pero, como un personaje de la imaginería que tanto engrandece sobre los escenarios, su destino parece sellado por la tragedia.

Rojas, un cultor de la belleza como lo atestigua su elogiada filmografía, también interrumpida por la insidia ideológica, se las arregla, en su regreso al cine, para deslumbrarnos cada minuto con el arte único de Charín, lleno de proezas estéticas y desafíos corporales, al mismo tiempo que trata de humanizar al mito en sus propias palabras. *La reina de los jueves* queda, de tal modo, como tributo a la grandeza de la bailarina y canto a la necesidad de libertad.

La vemos en Miami, impelida por garantizar el futuro de su hija, luego de que España no le concediera asilo político y Charín no tramita sus principios como otras de sus congéneres que logran posiciones en importantes ballets de Estados Unidos y luego regresan campantes al país de donde desertaron.

Idealista raigal, la estrella intenta lidiar, infructuosamente, con los pormenores de la sociedad para la cual no fue entrenada. Es de una generación menos cínica.

La vida apremia y no es ducha mercadeando su arte. El ballet clásico nunca ha sido muy rentable en los estamentos empresariales y tantos méritos no encuentran patrocinios. Hasta el American Ballet Theater, donde Alicia Alonso es venerada, declina contratarla por no tener una plaza de su nivel. Es la contradicción de la grandeza cubana en tierra de nadie.

La diva no se anda con nimiedades ni arrepentimientos en la historia que le cuenta al cineasta. Hay una suerte de complicidad fecunda entre ambos artistas y Rojas aprovecha para inaugurar una vertiente justiciera en el género documental cubano, sin cortapisas, ni compromisos.

Al final Charín confiesa, abatida, que conmover ha sido suficiente con su arte, porque «lo demás queda para los héroes y yo no soy un héroe».

«Yo voy a seguir», termina diciendo entre lágrimas.

«SEÑORAS Y SEÑORES...»

El órgano oficial del partido comunista de Cuba, el diario *Granma* tiene, un anuncio permanente en su página electrónica sobre el divulgado concierto de los Rolling Stones en La Habana el próximo 25 de marzo. Allí se puede leer: «Será uno de los eventos musicales más trascendentes que ha tenido lugar en el país a lo largo de 50 años».

Muchas son las ilusiones que ahora se depositan en el soberbio concierto. Los jóvenes, al menos, apuestan más al evento que a la propia visita del presidente de los Estados Unidos, pautada tres días antes. Saben que en el ámbito político se avanza poco y los beneficios demoran mucho en manifestarse. Tener la oportunidad de ver al grupo británico es, al menos, una certeza.

Al dilapidado estadio del Cerro ahora le pasan una mano de pintura porque el mandatario americano asistirá a un juego de pelota con los Tampa Bays. De tal modo se estarán acicalando otros escenarios por donde deambulará como curioso visitante.

El historiador de la Ciudad de La Habana ya debe tener lista su conocida perorata donde no tendrá que traer por los pelos, como ha ocurrido en otros casos, los vínculos que existen entre la historia de la capital cubana y los Estados Unidos.

Borrará de su léxico, eventualmente, palabras como imperialismo, intervención, prepotencia, yanquis y el resto de la retórica que, por estos días, sin embargo, sigue siendo utilizada para celebrar un nuevo aniversario de la muerte de Hugo Chávez o incriminar las componendas de la llamada ultra derecha con respecto a las medidas judiciales tomadas en Brasil contra su ex presidente Lula da Silva, acusado de corrupción.

Con respecto al concierto de los Rolling Stones, no se trata del más grande ni el único que han celebrado de manera gratuita como se informa en la prensa oficial cubana. Ese privilegio le corresponde a la playa Copacabana, Rio de Janeiro, en el año 2006, donde reunieron 1.2 millones de personas.

Un periódico español ha recordado que, como tantos otros roqueros, los Stones trataron de presentarse en el otrora campo socialista para hacer ostentación de la libertad y de su insolencia contra las dictaduras.

Lo hicieron en 1967 en Polonia donde los asientos fueron ocupados por la nomenclatura partidista y los obreros vanguardia. Sus verdaderos fanes quedaron relegados en las afueras, tratando de acceder por la fuerza, enfrentados a la policía.

Billy Joel y Elton John experimentaron algo similar en la Unión Soviética, donde Mick Jagger y sus muchachos no fueron admitidos, finalmente.

A excepción del *Havana Jam* en 1979, con Billy Joel, Stephen Stills y Kris Kristofferson, entre otros, en una serie de conciertos con acceso rigurosamente vigilado e inaccesible para el público general y, en 1999, el proyecto *Bridge to Havana*, que contó con la presencia de Peter Frampton, Mick Fleetwood, Andy Summers y Bonnie Raitt, a Cuba han llegado, durante los últimos años, figuras y grupos de rock que no alcanzan la importancia musical e histórica de Los Rolling Stones, como Manic Street Preachers, Audioslave, Simply Red, ZZ Top y Rick Wakeman.

Digna Guerra, la directora del coro nacional, de fuerte filiación castrista, pudiera ir identificando algunas de sus mejores voces para acompañar a los Stones en: *You Can't Always Get What You Want*, que siempre interpretan con ayuda local.

Hay que ir pensando, también, en la voz privilegiada que anunciará: «Ladies and Gentlemen» o «Señoras y señores», en ningún caso «Compañeras y compañeros»: «Los Rolling Stones», antes de que estremezcan al público con *Jumpin Jack Flash* o *Start Me Up*, canciones con las que suelen comenzar sus presentaciones.

CUMPLEAÑOS

Qué noticia dolorosa el fallecimiento del productor y músico George Martin, quien se disputa la categoría de «quinto Beatle» con el gerente inicial del grupo Brian Epstein. Fue, de hecho, Epstein el que convenció al apacible y correcto Martin de que les hiciera una prueba. El resto, por supuesto, es historia.

Rigurosamente educado en un conservatorio de música y teatro, el productor más famoso de la música popular del siglo XX falleció a los noventa años. Muchos de los momentos extraordinarios del catálogo de los Beatles se deben a la pericia y talento con que logro imbuirlo de música clásica y de cómo superó las limitaciones tecnológicas de su época para lograr álbumes tan vanguardistas e influyentes como el *Sgt. Pepper's Lonely Hearts Club Band* y el *Abbey Road*.

Hay un documental extraordinario donde este británico comedido que nunca dejó de atender sus responsabilidades con los desenfadados Beatles, de cuello y corbata, nos cuenta, entre otras anécdotas reveladoras, de cómo se le ocurrió iniciar la pieza *Eleonor Rigby* con un conjunto de cuerdas, inspirado en la electrizante música de Bernard Herrmann para la escena de la ducha en el filme *Psicosis* de Alfred Hitchcock.

Similares y sustanciales aportes de su maestría y talento se repiten, indistintamente, en *Strawberry Fields Forever*, *A Day in the Life*, *Yesterday* y la impecable *In My Life*, donde se le ocurrió introducir un solo de piano, a la manera de Bach, que luego acelera durante la grabación para salvar su falta de destreza al piano. El resultado final simula el sonido de un clavicordio, en un efecto deslumbrante y novedoso.

Hoy día de San Patricio, que con tanto fervor se aclama en los Estados Unidos por la herencia irlandesa, celebro mi cumpleaños y reflexiono sobre estas ausencias irremediables de los cimientos culturales de mi generación.

George Martin y los Beatles son la eternidad y cada una de sus canciones me hacen recordar momentos felices y otros que no lo fueron en un país turbio que ahora quiere refrendar sus tropelías como logros.

Amigos intelectuales de visita por estos lares me preguntan, insistentemente, que cuándo viajo a La Habana como si la varita mágica de los americanos enderezara tantos entuertos y allí fuera recibido con un «bienvenido a casa» por el oficial de inmigración, como suele ocurrir en mi patria adoptiva.

¿Visa o permiso a precios exorbitantes, para entrar al lugar donde nací, secuestrado por una gentuza letal que no cree ni en sus propios artistas? Me cuenta uno de ellos la pesadilla que significa regresar a Cuba desde que te pones en manos de agencias de viaje en Miami que son como una extensión de los atropellos que luego te aguardan en el aeropuerto José Martí, donde abundan los impuestos, la corrupción, los timadores y todos los otros traspiés de un régimen que nunca ha tenido piedad con sus conciudadanos.

Le digo a estos amables interlocutores que para mí no existe mejor ciudad en el mundo que Miami y ya conozco algunas, gracias a vivir en libertad.

Aquí descansan mis muertos entrañables y progresan los nuevos Ríos caudalosos. Cada día es la bendición de haber dejado atrás aquel engendro de experimento que no tiene solución mientras los causantes de tantos desatinos sigan aferrados al poder.

Hoy es mi cumpleaños y recuerdo intensamente a mis progenitores que me inculcaron la decencia como principio cardinal para solventar los imponderables de la vida. Les debo cualquiera de mis virtudes y ninguno de los defectos. Me enseñaron que la patria está con la familia y que la vida es una suerte de road movie hacia la felicidad.

VISITACIONES

No soy amigo de los saraos políticos. Me aburren. En Estados Unidos los he podido evitar, sin mayores consecuencias sociales. Tratar de esquivarlos en Cuba, sin embargo, podía conducir a serias dificultades si aspirabas a seguir tus estudios en una carrera universitaria diseñada solo «para revolucionarios», según la retórica oficial.

Además de los llamados trabajos voluntarios «obligatorios»; los 45 días como parte del adoctrinamiento académico conocido como La escuela al campo; las becas, que también fueron mandatorias en algún momento, y los tres años de Servicio Militar Obligatorio, la verdadera matraquilla de la congregación política castrista eran los recibimientos a mandatarios solidarios con la revolución.

Algunos líderes y no pocos dictadores deleznables llegaban de África, Europa socialista y Asia. La fatigante mecánica de bienvenida se repetía con muy pocas variantes. Por supuesto que no había respeto por horarios, pues el régimen era el gran administrador y decidía nuestros destinos.

Podía suceder que centros laborales completos y escuelas eran cerrados desde mucho antes del evento para que miles de personas fueran enviadas en ómnibus a la Plaza de la Revolución o a las orillas de las carreteras donde eran conminados a mostrar entusiasmo ante la llegada de los extraños convidados, tan ajenos a nuestra idiosincrasia.

El escritor cubano Antón Arrufat, «parametrado» durante muchos años por el castrismo y confinado a una biblioteca de Marianao donde debía amarrar paquetes de libros y revistas, ha contado como lo liberaban de sus obligaciones laborales por ser considerado una persona no confiable, cada vez que alguna caravana presidencial tomaba la ruta cercana a la biblioteca.

Aquellos «trenes» de visitaciones luego se transfiguraban en interminables discursos transmitidos y reproducidos minuciosamente por los medios de prensa y hasta en el Noticiero ICAIC, durante las funciones cinematográficas de barrios, que tampoco podía eludirlos.

Cuando los líderes eran importantes para el régimen, como los provenientes de la Unión Soviética antes de la llegada de Gorbachov, al final de sus estancias en la isla, se editaba un libro de fotos, peroratas y opiniones que luego se llenaban de polvo en las estanterías de las librerías.

«El futuro pertenece por entero al socialismo», fue uno de los lemas que encabezó la llegada de algún secretario general del partido comunista. Con ese y otros desdichados vaticinios ha debido sobrevivir hasta el día de hoy el pobre pueblo cubano, siempre en la encrucijada de intereses internacionales diversos, alentados por la dinastía de los Castro, de acuerdo a sus planes de permanencia en el poder.

En poco más de medio siglo de llegadas y despedidas de personas entonces poderosas, llenas de promesas, siempre enfocadas en el futuro; después de que el propio Fidel Castro dijera «ahora si vamos a construir el socialismo», cuando todos pensaban erróneamente que el engendro se entronizaba en la isla, el saldo es de fracaso y desolación. Los jóvenes escapan a como dé lugar y los ancianos vagan en la incertidumbre como zombies de la guerra fría.

Es entonces que aparece, cual mesías, un presidente de los Estados Unidos a pocos meses de cumplir su último término en el poder. Las esperanzas de mejoría reverdecen con razones más plausibles, aunque el joven salvador advierte que los cubanos deben solucionar sus propias cuitas. Se acabaron las intervenciones e invasiones imaginarias del imperialismo.

«Lo que queda ya de esta ceremonia legendaria es circo», apunta frustrado el cineasta Juan Carlos Cremata. «O la manera de La Lupe: *puro teatro*». Mutis por el foro. Seguido de aplausos, o abucheos, por ambas partes. Partidarios y contendientes se proclamarán triunfantes. Y de nuevo el tiempo; léase, la historia, nos lapidará sus resultantes».

GIMNASIO

Oteo el horizonte desde la estera del gimnasio donde hago ejercicios y veo a los cubanos de generaciones diversas. A mi lado un entusiasta anciano me pregunta si no he participado en una de las sesiones de zumba. Le digo que no. «¿No bailas?», inquiere, y le digo que sí. «Te aconsejo que al menos pruebes con una sesión, se pasa bien, sudas, bailas y ves cada muchachita».

Se refiere a las compatriotas, unas con lo que la naturaleza les prodigó, otras con el extra de la silicona y el bisturí. Se ven espléndidas en atuendos combinados de licras y calzado deportivo, de última moda.

Un empleado se me acerca para saber por qué no he dedicado uno de mis programas de televisión La Mirada Indiscreta a los gimnasios que funcionan ahora mismo en la isla. Me dice que son el resultado de nuestra eterna inventiva, los aparatos parecen *frankensteins* siderales donde se combinan los más alucinantes objetos. Le respondo que cuando tenga imágenes lo hacemos y que se dé por invitado.

Los muchachones —por su parte—, entre los cuales presumo algunos que semanas atrás padecían la incertidumbre en Centroamérica, por la manera en que se expresan, tampoco escatiman en atuendos último modelo. Los pelados son todos *clean cut*, coronados por una suerte de moña bien ataviada. Ni decir que se sacan y perfilan las cejas como dicta la metro sexualidad y abundan en tatuajes de imaginativa grafía.

Lo cierto es que la dinastía que los acoquinó ha quedado a una sana distancia en la isla «pavorosa» al decir del escritor Juan Abreu. Ahora concurren a un gimnasio, con todas las de la ley, donde pagan la membresía y llegan en carros flamantes. El progreso tiene una orilla segura. La otra está siendo tramitada por los americanos que en ocasiones se ven más perdidos como Martín en el bosque, aunque manifiesten abiertamente la intención de democratizar aquel berenjenal totalitario.

Ya los cubanos no quieren practicar el arte de la espera tan caro a los Castro. Las oportunidades que anidan en Miami no son referidas por exiliados que regresan excepcionalmente como aquellos de la llamada «comunidad» durante los años setenta —al régimen le encantan los eufemismos para trucar la verdad. Ahora tienen más oportunidades reales de hacer el viaje a la añorada Meca. Ya no hay que ser artista, prisionero político u opositor para agenciarse una visa americana.

Tengo un pariente de veintitantos años, parecido a los que veo en el gimnasio cada día, que luchó su visa con el cónsul en franco y fructífero debate y terminó con una de cinco años. Ahora busca por las tiendas un tipo de calzado Nike que ni yo sabía que existía. Maneja por la ciudad, disfruta la vida nocturna, con otros compatriotas de su generación, y sabe que en una cadena local de mercados (cubana), se puede gestionar un teléfono inteligente durante su estancia.

Eso sí, no piensa quedarse aunque ya no le queda ni un amigo en Cuba, pues decidieron lo contrario. Saben que en un año obtienen la residencia y ya después pueden volver, triunfadores, a la isla para lidiar con amores y familiares dejados eventualmente atrás.

En el gimnasio también he conversado con personal de la salud escapados de sus misiones en Sudamérica y deportistas de equipos olímpicos que desertaron en competencias.

No queda de otra «... corred bayameses», como recomienda el himno nacional. Aquello le resta mucha triquiñuela entre los sonrientes funcionarios americanos y los zorros segurosos del régimen vestidos de civil. Y señores... «no hay derecho a esperar», como decía una consigna comunista de antaño.

TODO BAJO CONTROL

La última vez que coincidí con el poeta Rafael Alcides, fue poco antes de escapar de la isla vía México hacia los Estados Unidos. Estábamos en una de esas enormes colas, bajo el sol, para degustar la, por entonces, novedad gastronómica del régimen, suerte de hamburguesa, que la sabiduría popular inmediatamente bautizó como McCastro.

El rostro del escritor era de pocos amigos y aquel nuevo invento «comestible» del país que no necesita de la ayuda imperialista, según ha reiterado el anciano dictador, era una suerte de inmundicia grisácea, apresurada, en un pan desangelado de sabor indescifrable.

Luego, durante los años duros del llamado período especial, para adquirir una McCastro se entregaban en los Comités de Defensa de la Revolución unos cupones a los cederistas destacados.

He visto otra vez al poeta Alcides en una serie de cinco cortos de pocos minutos de duración, que son el resultado de una entrevista de cuatro horas que le realizara el distinguido cineasta Miguel Coyula en La Habana.

También ha sido noticia local cuando recibió el Premio de Literatura Gastón Baquero que concede la organización Neo Club Press y, eventualmente, el gobierno de los Estados Unidos no le concedió la visa para que fuera agasajado en Miami.

Alcides es un intelectual digno que se esperanzó con el proceso acontecido en Cuba después de 1959, pero que luego se fue desilusionando como tantos otros. En vez de tomar el camino del exilio, en el año 2014 devolvió una medalla conmemorativa que le había entregado la Unión de Escritores y Artistas de Cuba (UNEAC) y renunció a la organización en carta abierta dirigida a Miguel Barnet, su presidente. Los libros que ha escrito ya no se publican en la isla, ni dejan entrar los que se imprimen en otros países.

Ahora es un «no persona», tanto para las instituciones culturales del régimen, como para sus antiguos congéneres, escritores que alguna vez estuvieron en desgracia por razones políticas o de preferencia sexual y religiosa y hoy, como explica Alcides en uno de los documentales de Coyula, le tiran besitos arrobados a los causantes de tantos desagravios.

Con la reciente visita del presidente de los Estados Unidos a Cuba se ha hecho obvio cuan desmantelada y diezmada se encuentra la intelectualidad cubana cuando ni siquiera sus representantes oficiales fueron considerados para los eventos que rodearon al mandatario, si se exceptúa al Historiador de la Ciudad, quien lo guío por su escenografía turística de la Habana Vieja, y la anciana Alicia Alonso, supuesta anfitriona de su memorable discurso en el teatro que hoy lleva el nombre de la bailarina invidente.

Ciertamente los escritores y artistas están sumamente ocupados tramitando invitaciones con universidades y organizaciones culturales americanas para poder viajar gratis y tomar una necesaria bocanada de aire fresco.

Aterrizan aquí y antes de leer poemas o colgar cuadros se asombran de la limpieza y el orden de las ciudades, en contraste con la desvencijada finca de los Castros —como la llama Alcides—, donde los Rolling Stones todavía no habían tomado su avión de regreso y ya el pueblo vagaba por los puestos de vianda esperanzado con la llegada de las papas, según me cuenta un amigo.

Recientemente se reunió la presidencia de la sección literaria de la UNEAC. Imploraron por más conexiones con la Internet, al mismo tiempo que se alistaban para celebrar el 55 aniversario de las palabras de Fidel Castro a los intelectuales donde quedó asentado el yugo como política cultural («dentro de la revolución todo, fuera de la revolución nada»), además del 90 cumpleaños del siniestro creador del cepo.

HASTA QUE SE SEQUE EL MALECÓN

Hay concursos de poesía infantil en las escuelas, coros polifónicos, ballets combatientes, documentales, sinfonías gloriosas, exposiciones de pinturas y fotografías, como cuando se tira del tanque en Playa Girón antes de hundir un barco de certero cañonazo.

Habrá hasta bailoteos con charanga y reguetón en el malecón, «hasta que se seque», y toda una retahíla de eventos «culturales» para celebrar desde ahora hasta agosto los noventa años del dictador Fidel Castro.

Antes lo llamaron «armando guerra» y hoy clama por la paz enfundado en ajuar deportivo desde su trono que ahora es una silla de ruedas. Con la barba rala y el pelo largo, descuidado, como si no hubiera barbero en «punto cero».

Habla de la importancia de una alimentación esmerada, el hombre que devastó la buena mesa cubana con una deleznable libreta de racionamiento.

Dice su hermano, con desfachatez, que si en Cuba hubiera dos partidos, ellos serían sus respectivos primeros secretarios. Durante la celebración del séptimo cónclave comunista se dilucidaron los niveles geriátricos para la militancia. Raúl Castro amenazó con jubilar a los viejos pero no dio ninguna señal que hiciera rejuvenecer la nomenclatura. Otro quinquenio «sin prisa pero sin pausa» donde ya se vislumbra la sucesión dinástica.

Una espiral sin fin y el pueblo continúa huyendo despavorido por aire y mar, mientras los americanos sigan condescendientes. La ecuación es simple, ya estos vejestorios se dieron la gran vida y ahora, si acaso, llega un plácido retiro.

Los nuevos castros y espines no han esperado por el poder total para disfrutar de sus prebendas. Viajan y gozan el turismo político que les procura la cómplice izquierda internacional, ya sea en Roma, Atenas o Ámsterdam, a lo cual irán sumando, paulatinamente, las límpidas ciudades americanas.

A los qué preguntan cuánto puede durar esta ordalía les respondo con una insólita información dada a conocer recientemente y es aquella que se refiere al regreso de la figura de Stalin como benefactor de la otrora Unión Soviética donde, para empezar, carga con la siniestra estadística de 15 millones de compatriotas muertos bajo su mandato y el de su antecesor, Vladimir Lenin.

Una encuesta realizada en marzo de este año por el Levada Center, organización de investigación con sede en Moscú, arroja que el 40 por ciento de los rusos están convencidos que Stalin «trajo más bien que mal» a su sociedad. Ya en enero, otra pesquisa del mismo centro había revelado que el 52 por ciento de la población pensaba que Stalin «probablemente» o «definitivamente» desempeñó un papel positivo en el país.

En el 2015, el Partido Comunista ocupaba 92 de 420 asientos parlamentarios. Carteles con las efigies de Lenin y Stalin engalanaron sus sesiones plenarias. La librería más famosa de Moscú presentó recientemente el libro *Cómo Stalin derrotó la corrupción*. Los libros de texto y programas de la televisión estatal mencionan brevemente sus abusos de derechos humanos, para poder celebrarlo como un gran líder. El Ministerio de Cultura auspició una exposición del pintor Aleksandr Gerasimov, predilecto de Stalin, donde figuran algunos de sus retratos.

De acuerdo al presidente Vladimir Putin la Segunda Guerra Mundial no hubiera sido ganada sin los excesos del estalinismo y sus generales.

Según la información aparecida en *The New York Times*, la popularidad de Stalin tiene mucho que ver con que Rusia no se ha reconciliado del todo con la parte oscura de su herencia histórica.

El novelista Victor Erofeyev, hijo de un traductor del dictador ruso, ha dicho: «Cuando Stalin muera en el alma del último ruso, entonces se puede decir que nuestra país tiene un futuro».

MEMORIAS DE LA DECENCIA

En un conmovedor video familiar están sobre el piso alfombrado de la casa de mi hermano Franky, mi madre deleitándose con sus nuevos nietos. Gala, nuestra rusa, de apenas unos meses, sobre un pañal, levantando la cabeza curiosa con sus ojazos azules y mi hijo Alejandro, arrollador en sus primeros pasos, haciendo maldades para provocar la risa. En otro momento cabalga espléndido sobre su tío. Este cuadro es mi idea de la sagrada familia.

Desde aquel día aciago que casi pierdo la vida, tratando de cruzar el río Bravo hacia los Estados Unidos, he pensado que me salvé para ser testigo de muchas de estas satisfacciones y de imponderables congojas familiares.

Despedirme de mis padres, quienes fallecieron en estas tierras; ver a mis nietos nacer y a mi primer hijo progresar con su familia en tan generosa nación, a donde pude traerlo poco tiempo después de haber llegado en calidad de refugiado político, circunstancia que siempre me honra.

No desaparecí ese día —estoy seguro—, para procrear un segundo hijo, que demoramos su mamá y yo hasta tanto naciera en libertad, y poder asistir a su graduación, con honores, diecinueve años después en Miami Dade College, dentro de casi 48 horas.

La historia tiene una resonancia especial, porque en la misma institución recibió también su diploma universitario, Sandor, mi primer hijo, y desde hace poco más de veinte años mi esposa y yo integramos las filas de su hacendosa empleomanía.

Precisamente un año después de haber ingresado en MDC, en 1993, comencé a trabajar y disfrutar las ceremonias anuales de graduación, ciertamente una experiencia singular para alguien proveniente de un país donde, actos similares, adolecen de un insoportable tufo político y doctrinario.

En las fiestas de diplomados del College he visto desde presidentes americanos dirigirse a miles de estudiantes, provenientes de cerca de 200 naciones, hasta la más humilde abuela, que le dio por reverdecer en los estudios, para graduarse junto a sus nietos.

Ni la costumbre de conocer al dedillo tal ceremonial, ha impedido que me emocione hasta las lágrimas cada vez que afronto en vivo las historias de tantos esfuerzos en pos del triunfo académico.

Sitios henchidos de rostros felices, familiares emocionados porque uno de los suyos toca, casi siempre por primera vez, un aspecto sustancial del sueño americano.

Aquel niño que tiene a todos en vilo en el entrañable video de hace casi veinte años, es hoy un joven apuesto, de cultura totalmente bilingüe, con lo mejor de ambas orillas, —la cubanoamericana—, en su ADN, de una integridad intachable, a punto de salvar otra etapa importante de su vida.

Con apenas 19 años, Alejandro ha recorrido muchos de los principales escenarios culturales del mundo. Intuye, aunque nunca lo ostenta, que sus padres escapamos de la incertidumbre totalitaria para concederle el regalo grande de la libertad. Yo diría que es un componente esencial de la decencia cubana.

Detrás de todos sus apremios, del magnífico aprovechamiento académico en MDC, y de la nobleza que lo caracteriza, está la sombra protectora de su mamá quien no ha titubeado ni un minuto de su vida para que este día glorioso de la toga y el birrete ocurra, y ver a nuestro hijo diploma en mano, camino a continuar su carrera en la Universidad Internacional de la Florida (FIU) al son de la emotiva pieza musical Pompa y circunstancia.

Ella estará en primera fila, escoltada por nuestros ángeles tutelares, los abuelos y mi hermano, desde algún lugar encantado, quienes por nada del mundo se perderán la fiesta.

VIDAS EQUIDISTANTES

Javier Palomarez, presidente y director ejecutivo de la Cámara de Comercio Hispana de los Estados Unidos fue el orador invitado de la graduación de mi hijo Alejandro en el Kendall Campus del Miami Dade College, el pasado fin de semana.

Cuando uno lo ve, tan distinguido, no puede presumir que proviene de una familia sumamente pobre de origen mexicano, con 10 hijos criados por la madre. Hoy, representa a 4.1 millones de hispanos dueños de negocios en los Estados Unidos, que colectivamente contribuyen $661 billones de dólares a la economía de la nación.

En la clase del 2016 el College graduó, durante cinco jornadas, cerca de 14,000 estudiantes, quienes representan 190 naciones y se expresan en más de 90 lenguas. En Kendall solamente, marcharon banderas de 55 países, vitoreadas por alumnos y familiares, según su procedencia, en sana y original competencia.

La insignia de las barras y las estrellas se manifiesta, tradicionalmente, durante el final del desfile y es la que más algarabía provoca entre la concurrencia. Se le agradece su enorme generosidad y el hecho de que el diploma universitario termina por ser el gran igualador de la democracia en su más óptima expresión.

El mismo sábado glorioso, veo rostros tan límpidos como los de mi hijo pero enfrascados en las distintas vías de fuga del tormento cubano. Ese de la foto, que mira a la cámara en la incertidumbre de un remoto pueblo panameño, también quiere ser libre y tener oportunidades, no mediatizadas como las de los llamados cuentapropistas, quienes si no entran por el aro aberrante de economías salvajes y yuxtapuestas son excomulgados del dominio estatal, quien sigue siendo el implacable gerente.

Veo otro muchacho de su edad, en un reportaje televisivo, apresurado por dejar las huellas de sus «pies secos» sobre la arena de la playa miamense que acaba de tocar, luego de una atribulada aventura cruzando el estrecho de la Florida.

En el estrado del College, Palomarez les dice a los graduandos que tienen el poder de desafiar expectativas y probarle al mundo que los «Milenios» son la grandiosa generación de mañana.

Mientras en la tribuna habanera del 1 de mayo, el secretario del movimiento sindical oficialista cubano se refiere a las nuevas hornadas como a «los jóvenes trabajadores, continuadores de la obra de la revolución». Ni decir que vuelve a repasar los numerosos requerimientos, poco menos que irrealizables, de la dictadura para que las relaciones con los americanos progrese.

Donde el futuro sigue siendo un espejismo ideológico, una de las soluciones más socorridas es poner pies en polvorosas. Nadie les promete —ni de coña—, que serán líderes de hoy ni del futuro. Tribunos de marras, insisten en destacar el significado del cumpleaños noventa del hombre que los ha mantenido en la encerrona totalitaria, contra todos los pronósticos, por más de medio siglo.

Hay una imagen en el periódico del partido comunista cubano donde manifestantes del 1 de mayo portan fotos del dictador: «Fidel también desfila», se puede leer para acrecentar el absurdo.

Amigos de la isla me cuentan que sus hijos se gradúan como el mío y no encuentran sitio en un mercado laboral tergiversado y prácticamente nulo o se inclinan a realizar otras labores ajenas a sus estudios. Muy a su pesar, no tienen otro remedio que buscar cómo sacarlos de aquel berenjenal.

«Un día cercano —termina diciendo Palomarez—, estaremos maravillados de las extraordinarias contribuciones que han hecho a las comunidades que les ha tocado servir, de las carreras que han desarrollado y de las numerosas vidas sobre las cuales han influido. De hecho, ya estamos asombrados de sus logros».

PASARELA

Mi hermano mayor fue parte de la Flota Cubana de Pesca, compuesta por numerosos buques que surcaban los océanos no con el fin de abastecer al desprovisto mercado local, sino para entregar su valiosa captura a otros países, como España, donde se negociaban intercambios comerciales disparatados que tampoco reportaban mucho a la economía nacional. A cambio, en vez de atunes y otros pescados frescos, cercanos al paladar criollo, recibíamos merluzas y jureles patisecos, por la prolongada congelación.

Traigo a colación el duro oficio de mi hermano, —muchos meses en alta mar en condiciones no muy placenteras—, porque fue el primero de la familia en poner un pie fuera de la isla, luego de nuestro regreso de los Estados Unidos, como «repatriados», categoría que ahora, curiosamente, el régimen vuelve a poner en práctica.

Aunque no era mucho lo que podía comprar durante sus estadías en puertos foráneos donde entregaban la carga, pues recibía unos pocos dólares de manutención, recuerdo que los miembros masculinos de la casa le pedimos, sin pensarlo, calcetines, para sustituir los que habíamos traído del norte ya agujereados y zurcidos por mi progenitora hasta lo indecible.

Mi madre fue el faro salvador del naufragio socialista por sus numerosas habilidades en medio de la penuria causada por la inoperatividad de la dictadura. Su dominio del arte de coser en una máquina eléctrica traída de los Estados Unidos, permitía convertir cualquier pedazo de tela que se agenciaba en camisas y pantalones largos o cortos, abrigos y hasta trusas, según se presentara la necesidad.

Otro de mis hermanos hizo su carrera de ingeniero en la Unión Soviética y cuando regresaba de vacaciones traía unas prendas de vestir fabricadas con las telas más agobiantes para el bochorno tropical. Ni decir que tampoco eran modelos de vidriera.

Habría que investigar algún día por qué al comunismo no se le dan los valores estéticos de la moda, de los cuales se mofaba por considerarlos debilidades pequeño burguesas o ideológicas.

Vale recordar los *jeans* Jiqui y las camisas Yumurí, producidos por la industria nacional, para tener una idea de la desesperanza que aguardaba a los jóvenes cubanos a la hora de vestirse y presumir.

Recientemente, Karl Lagerfeld, arrastrando sus lustrosas botas por el Prado habanero, me recordó un par de zapatos maltrechos que me hacían patinar por los desniveles de la aceras del Vedado habanero, camino a la oficina. Muchas veces evité la caída de puro milagro.

A finales de los años setenta llegaron los parientes salvadores de la llamada «comunidad», otrora «gusanos», con los más modernos atuendos y la vida ya nunca fue igual.

En los ochenta hice mi primer viaje al mundo real, en este caso México D.F., y regresé pertrechado con toda la ropa y zapatos que pude comprar gracias al dinero que me envió una prima querida, por supuesto de Miami.

Desde entonces hasta hoy, ha sido una carrera desenfrenada para estar a la moda entre los cubanos de la isla, aunque algunos imponderables han hecho de la licra y los pantalones a media pierna para los hombres, curiosos patrones de un supuesto «look» moderno entre mis coterráneos.

Detrás de las payasadas de Chanel y de la nomenclatura política y cultural restregándole al pueblo distante sus privilegios mal habidos, aguardan para el asalto definitivo las marcas capitalistas, ya sean americanas, suecas o de cualquier otro país, que visten a la juventud del mundo sin distinción de clase ni filiación ideológica. Es la pasarela que todos aguardan, por donde sacarán al cadáver de un sistema muerto en vida y que ya no sabe cómo congraciarse para sobrevivir.

HOMBRES DE CONFIANZA

El presidente de los Estados Unidos rinde tributo a los mexicanos y celebra la patriótica fecha del 5 de mayo con un concierto del grupo Maná en la Casa Blanca.

Mañana es 20 de mayo, históricamente considerada la fecha que marca el nacimiento de la República de Cuba en 1902, pero que el castrismo, con una serie de subterfugios, se tomó la libertad de desestimar y cambiar para el primero de enero, cuando las tropas rebeldes de la Sierra Maestra derrotaron el gobierno de Fulgencio Batista en 1959.

Menuda tarea se ha echado sobre sus espaldas el mandatario norteamericano si intenta tratar de complacer las dos «Cubas», aquella acoquinada con una férrea dictadura de más de medio siglo, y la otra en una diáspora que crece exponencialmente por los caminos del mundo.

Queda por ver si Willy Chirino, Gloria Estefan o Paquito D' Rivera, a quien suspicazmente por poco dejan fuera de un concierto de jazzistas famosos en la Casa Blanca, donde sí fue incluido, sin mayores tropiezos, Chucho Valdés, son convocados a una presentación presidencial, como corresponde, o habrá que esperar hasta el primero de enero próximo —con una nueva administración—, para que Silvio Rodríguez o la Orquesta los Van Van, hagan las delicias de los invitados en Washington.

El dilema de las dos «Cubas», la crisis migratoria que acontece por las Américas, la llegada de más balseros y hasta nuevas maneras de fuga, como la de los tres cubanos que llegaron como polizones en el barco que traía carga de la filmación de la película *Rápido y furioso 8* en La Habana, son circunstancias truculentas para la administración de los Estados Unidos, tratando de estabilizar relaciones diplomáticas, a partir de un concepto democrático, con una pícara e inescrupulosa dictadura que saca partido oportuno de cada crisis.

Hubo un tiempo que el próximo éxodo masivo sería interpretado como un acto hostil, casi de guerra. El castrismo y sus víctimas, sin embargo, han encontrado una manera de continuar la huida hacia el norte, por vías distintas, pero con la misma intensidad de una expatriación indetenible. Hasta ahora, el vecino del norte no lo ha calificado como agresión.

Este domingo el programa que conduzco en Canal 41, La Mirada Indiscreta (8:00 p.m.), se refiere a la manipulación histórica de la figura de José Martí, a quien le pasan la cuenta de todos los desmanes de la dictadura y ahora lo distribuyen nacionalmente en deleznables bustos plásticos, y al nuevo cortometraje del notable realizador Eduardo del Llano que se titula *La leyenda de los abominables hombres de confianza*.

Del Llano, coincide con (Mikhail) Bulgakov, en cuanto a la capacidad que tiene el humor para dilucidar las tropelías e incongruencias del socialismo (tropical) y nos presenta un falso documental, donde investigadores y ciudadanos comunes tratan de esclarecer la desaparición abrupta —tronados—, del panorama político nacional, de dirigentes que fueron llamados «hombres de confianza» y de cómo han sido avistados en los lugares más insólitos, cual yetis del intrincado monte revolucionario.

Aunque con nombres cambiados, los personajes del corto recuerdan la caterva de incapaces y arrogantes funcionarios que el propio Fidel Castro nombró en puestos claves del régimen, como Robaina, Pérez Roque, Lage y Hassan Pérez, para luego defenestrarlos por corruptos y hacerlos desaparecer, sin mayores explicaciones, en un ciclo que se ha repetido hasta la saciedad, donde manda una sola voluntad inalienable, la del «máximo líder».

Eduardo del Llano vuelve por sus fueros y nos hace reír a carcajadas con el destino merecido que el propio régimen deparó a algunos de sus más abyectos servidores.

MI PRIMA LIBRE

Un titular aparecido recientemente en el periódico cubano *Trabajadores*, reza: «Resaltan en Birán obra del constructor mayor».

Para los no entendidos, en Birán nació Fidel Castro, quien está cerca de celebrar su noventa cumpleaños en agosto, y los más disparatados tributos avanzan incontenibles. Resulta oportuno apuntar que uno de los grandes fracasos de la Cuba contemporánea es la falta de viviendas —varias generaciones hacinadas bajo el techo de un mismo cuchitril—, otra de las tareas inconclusas del susodicho «constructor mayor».

Los mandatarios del llamado socialismo del siglo XXI, variante del sistema cubano instaurado por el fallecido Hugo Chávez y diseminado por América Latina, pasan por La Habana porque la nave populista hace aguas, según lo anunció el *New York Times*.

Los dos dictadores cubanos instruyen y maquinan, sin descuidar la puerta de escape segura que han abierto los americanos. Al proceso que sacó de la presidencia a Dilma Rousseff le llaman «golpe de estado»; a la incapacidad de Maduro, una gran conspiración de las transnacionales y el imperialismo; al Secretario General de la OEA, mucamo de los Estados Unidos; a Macri, otro enemigo neoliberal.

Los Castros saben que, exceptuando a sus propios paisanos, casi todos controlados por el miedo, los pueblos se hartan de tantas promesas incumplidas, descubren las trampas retóricas de la ideología, y salen a la calle, masivamente, a reclamar sus derechos.

Para ambos ancianos, el socialismo no debe tomar el riesgo de jugar a la democracia y a la oposición hay que mantenerla minúscula, aplastada, incomunicada. Conocen de la importancia de la emigración para «despresurizar» la sociedad harta de carencias y desventajas.

La semana pasada celebré un *barbecue* familiar para el reencuentro emotivo —luego de veintitantos años—, con una prima de mi distante geografía de nacimiento, el suburbio habanero de Mantilla. Había emprendido la fuga que comienza en Ecuador hasta la frontera mexicana con los Estados Unidos.

Mi pariente, es una distinguida doctora que terminó vendiendo dulces en su barriada. Tuvo un hijo y una nieta y pronto supo que las oportunidades de progreso eran muy escasas para ella y su familia. Partió para Ecuador, donde trabajó como médico durante dos años, antes de convencerse que el mejor destino para sus aspiraciones serían los Estados Unidos.

Me contó que el calvario del cruce por varios países de sur y Centroamérica duró alrededor de cuatro meses y su familia estuvo de acuerdo en hacerlo juntos aunque en la aventura les fuera la vida, porque una vez comenzada la ruta, no había marcha atrás.

La escucho hablar, simple, delicada, femenina, y me cuesta trabajo imaginarla por la falda empinada de una montaña, en junglas inhóspitas, rodeada de peligrosas eventualidades. La siento, sin embargo, orgullosa y feliz de haber logrado lo mejor para los suyos, sobre todo para la nieta pequeña, con todo un futuro por delante.

Dice que exceptuando a los contrabandistas, durante el camino fueron recibiendo el apoyo desinteresado de los pueblos y de la organización Caritas, sin los cuales el viaje hubiera sido más ominoso.

Durante parte de la trayectoria, por mar y de noche, una madre perdió por fatiga a su hijo que cayó al agua y los lancheros no paran su ruta bajo ninguna circunstancia. Supo que luego esa persona se había ahorcado cuando llegó a tierra firme.

Mi prima camina por el patio de la casa, medita y mira las flores y las otras plantas ornamentales. A la distancia se parece a mi abuela Sara, la marca genética de Mantilla. Manifiesta, serena, la paz y firmeza de los que han logrado algo muy grande.

SANTANA IV

Éramos cinco o seis los amigos que nos reuníamos en la terraza de la casa de Angel Carlos, en la entrañable Habana del Este, por los años sesenta, para escuchar todo el rock prohibido que arribara de los Estados Unidos.
    La radio americana que entraba límpida en aquella ciudad junto al mar y los primeros discos que aparecían de modos insospechados, colaboraban a mitigar nuestras ansias de juventud.
    A finales de aquella década tropezamos, para nuestro asombro, con un compositor e interprete que nos reconcilió, inesperadamente, con la música cubana tradicional que llegamos a rechazar por ser impuesta como doctrina.
    Los primeros tres álbumes de Carlos Santana, *Santana*, *Abraxas* y *Santana III*, contenían, además de aquel fraseo único de su guitarra poderosa, la apabullante presencia de la percusión afrocubana y el tumbao sonero de sus teclados. Ni hablar de la verdadera fiesta de timbales que emergían como ríos de aquellas canciones.
    Evil Ways, *Jingo*, *Oye como va*, de un compositor para nosotros desconocido llamado Tito Puente; *Black Magic Woman*, *Se acabó*, *Samba pa ti*, *Everbody's Everthing*, *No One to Depend On* e incluso una pieza llamada *Guajira*, nos llenaron de curiosidad, admiración y orgullo
    Aquel guitarrista y compositor, de origen mexicano, capaz de elucubrar cadenciosos bloques del más heavy y refinado rock, estaba ideando lo que ahora se conoce como fusión. Su música era contagiosa e irresistible tanto en inglés como en un español de barrio.
    En Cuba —la isla más sonora del Caribe—, no ocurría nada semejante. Quienes intentaban acercarse al jazz o al rock mediante nuestros ritmos eran tildados de diversionistas ideológicos.
    No solo los tempranos rockeros criollos sufrieron las prohibiciones que Jorge Soliño ha testimoniado para la posteridad en su documental *A contratiem-*

po, sino los jazzistas clásicos que provenían de los años cincuenta, así como los que luego se interesaron en el gran repertorio americano, padecieron los atropellos de obtusos funcionarios e instituciones que hasta vedaron el estudio del jazz en las escuelas.

Para colmo de males, en 1971, luego de memorable presentación en el Festival de Woodstock, Santana debió ofrecer un concierto en el militarizado Perú del General Velasco Alvarado, afín a la dictadura castrista.

Tan pronto llegaron a Lima fueron conminados al Ministerio del Interior, mientras grupos de ultraizquierda antinorteamericanos, protestaban por la presencia de los músicos. El grupo estuvo detenido y luego llevado al aeropuerto de regreso a Los Angeles.

Sin pensarlo dos veces, otro atorrante militar, pero de la isla de Cuba, decidió también prohibir la música de Santana en solidaridad con su amigo el General peruano.

Luego de ese año, el grupo se dispersó, dos de ellos incluso fundaron Journey en 1974. Carlos Santana siguió su exitosa y experimental discografía hasta que urgido por uno de sus guitarristas fundadores, Neal Schon («Oye tenemos que hacer algo juntos» le repetía), se reunió la alineación original del conjunto para grabar *Santana IV*, como franca continuación de una exitosa saga artística interrumpida en *Santana III*.

Los especialistas hablan de uno de los regresos más esperados del mundo del rock, ahora que estos cenáculos se han puesto de moda entre los clásicos.

Las 14 piezas del álbum son puro Santana, con aquel sonido original que movió las fronteras del rock a otros espacios y la rítmica afrocubana que ahora prevalece, intensa, sin prejuicios.

«Hemos traído un querer hacer —ha escrito Santana—, una buena disposición y humildad para tocar como lo hacíamos la primera vez, con luz, energía y amor. Esta música todavía tiene la vitalidad y la erupción volcánica, el fuego que demandamos de cada cual.»

MARACAS Y BONGÓ

Cuando el crucero Adonia fue recibido en el Puerto de La Habana por un conjunto de rumberas, disfrazadas con la bandera cubana, cierta parte de la intelectualidad oficial, que al principio no había caído en cuenta de aquella puesta en escena, se rasgó las vestiduras públicamente por tamaña afrenta. Algo que casi nunca hacen ante mayores decepciones sociales.

Así reaccionó la Unión de Escritores y Artistas de Cuba (UNEAC): «Hay necesidad de saber articular la cultura de la resistencia y lograr una batalla de ideas más fuerte de la que se hizo a finales de los 90».

Este disparate no se le ocurriría ni a un supuesto parque de atracciones de Corea del Norte. Consiguen el desprecio de un régimen que no los respeta y solo los utiliza para montar extemporáneas campañas ideológicas de reafirmación revolucionaria.

En esta nueva etapa de coqueteo con los americanos, cada vez les dan menos vela en su propio entierro, mientras la impudicia turística gubernamental no tiene límites. Según el asesor de Raúl Castro, Abel Prieto, existen: «fuerzas desintegradoras, expresiones de barbarie y de vulgaridad» así como un «auto—exotismo que pretende que nos disfracemos y que nos vean como una caricatura de nosotros mismos».

¿Se estará refiriendo el escritor a las deprimentes y vulgares congas callejeras con las que acosan a los opositores, en una suerte de nuevo género artístico, «el linchamiento musical», como antes lo fuera el acto de repudio; o a la caricatura con que Mariela Castro desdibuja públicamente cada año a la población LGBT, para falsear la represión que todavía sufren fuera de las candilejas, por parte de su propia familia?

El escritor Desiderio Navarro, fue el primero en impugnar el espectáculo de bienvenida en el puerto. Se atrevió a lanzar una diatriba virtual en los limitados medios sociales de la isla, que no ha tenido respuesta oficial porque su punto de vista está en los antípodas de los colmados bolsillos turísticos del norte —ya no tan revuelto ni brutal—, llamados a salvar el socialismo reformado.

«A todos los que amamos este país y su cultura nos toca ser los aguafiestas impugnadores del mercantilismo turístico inescrupulosamente pragmático, de la apropiación real y simbólica de espacios públicos por el lujo aristocrático o la banalidad pedestre corporativos foráneos, de la entrega de nuestras calles y nuestra cultura y hasta nuestra bandera como espectáculo o paisaje de fondo a la medida de los caprichos, fantasías y expectativas del Otro—con—Money».

Recientemente un turista canadiense, de origen indio —según confiesa—, se quejó del mal gusto de un espectáculo que le montaron en un centro turístico criollo, donde cuatro muchachas con los senos al descubierto y dos jóvenes con taparrabos y dibujos en sus cuerpos, interpretaban una estrafalaria escena aborigen de resurrección y danza.

Nuestros siboneyes y taínos fueron prácticamente barridos por el exterminio colonial, y cuentan con escasos sobrevivientes en el oriente isleño que, curiosamente, han sido ignorados por el castrismo que no halló en ellos razones políticas para ser alentados como patriotas revolucionarios.

En la Habana Vieja pululan músicos callejeros de poca monta y mujeres negras disfrazadas, suerte de parodias decimonónicas arrancadas de las obras de Landaluce, fumando habanos y cambiando besos y poses fotográficas por dólares. ¿Acaso estos esfuerzos de supervivencia son ignorados por el culto y poderoso historiador de la ciudad?

La picaresca se abre paso y viene arroyando como la comparsa del Alacrán. Los intelectuales tampoco constan en las prioridades populares. El Yonki anula a Nicolás Guillén y la falacia del país más culto del mundo se rinde ante las maracas y el bongó.

PURO MCCARTNEY

Hace poco la BBC incluyó a Paul McCartney en una de sus más notables series de entrevistas a músicos distinguidos, Radio 4's Mastertape. Durante la deliciosa conversación con John Wilson, el autor de *Yesterday* confesó que luego de la separación de los Beatles cayó en un estado depresivo. Durante toda su breve y luminosa carrera había pertenecido al cuarteto. No conocía lo que era ser artista sin el apoyo de sus colegas.

Para salir del bache, consideró hacer un supergrupo. Mencionó a Jimmy Page y Eric Clapton, como potenciales integrantes. Llegó hasta considerar el retiro de la música y se fue a vivir a un lugar recóndito de Escocia para evitar las reuniones de negocio con sus ex compañeros, que se habían vuelto intolerables, luego del rompimiento. En aquel momento de incertidumbre, le dio por la bebida.

Fue su esposa de entonces, Linda, quien le dijo que no podía dejarse vencer y entonces pensó que debía empezar de cero con un nuevo grupo. El mismo confiesa que no eran muy buenos. Linda no sabía tocar los teclados aunque Paul aclaró que «John tampoco tocaba la guitarra cuando empezaron».

En la entrevista de la BBC, el Beatle confesó que, afortunadamente, pocos meses antes de que Lennon fuera asesinado, las asperezas entre ellos habían sido limadas. «Ocasionalmente lo llamaba y hablábamos de los niños y de hornear el pan».

Grabar su primer álbum en solitario en 1970, contra no pocos obstáculos, reinició una gloriosa carrera que ha llegado, sin parar, a nuestros días. El álbum *McCartney* fue una suerte de catarsis para lo cual asumió toda la responsabilidad, grabando cada instrumento, así como la voz adicional de Linda.

La última vez que Paul McCartney puso a disposición de los fanáticos una recopilación de su carrera en solitario fue con *Wingspan: Hits and History*, del

2001. Ahora, 15 años después, aparece *Pure McCartney*, un álbum primorosamente editado que incluye una colección de hermosas fotos, desde sus años mozos hasta las más recientes, donde se ve un artista a punto de cumplir 74 años, activo en sus giras, donde cada espectáculo dura cerca de 3 horas.

Por estos días acaba de maravillar a Madrid, luego de más de una década de ausencia, con su nuevo tour One on One, mientras otras capitales de Europa lo aguardan, para luego regresar a los Estados Unidos en diversas ciudades, hasta el mes de octubre, donde termina en un festival de California que incluye a otros grupos clásicos de su época.

En la revista Rolling Stone, McCartney declaró que la idea de la nueva compilación le vino de una de sus empleadas cuando le dijo que planeaba hacer un largo viaje en automóvil y no encontraba una antología exhaustiva de su obra para ir escuchando. *Pure McCartney*, es la cuarta compilación post Beatle y se oferta en dos versiones, una de 67 canciones, con cuatro CD y la otra de 39 en 2 CD.

En la introducción de *Pure McCartney* el músico escribe: «A mí y a mi equipo se nos ocurrió la idea de juntar una colección de mis grabaciones sin ninguna otra cosa en mente que tener algo divertido para escuchar».

Todos los expertos en el tema coinciden en decir que la compilación resulta singular por dejar fuera grandes hits y redescubrir joyas relegadas de su obra. Desde *Maybe I'm Amazed* en adelante, la inmersión en este cancionero estelar confirma por qué es considerado el compositor más importante del pasado siglo, a quien, por cierto ya se le debe ir abriendo un nicho en el presente.

FULASTRE

Ya se ha vuelto una suerte de juego de azar, las apariciones esporádicas del dictador Fidel Castro cada vez que se especula sobre su desaparición o invalidez intelectual. El régimen lo esgrime como un espantapájaros cuando acontecen cuadros de debilidad o diversionismo ideológicos, a lo cual tanto temen.

Los americanos invadieron pacíficamente a Cuba, recientemente, y han dejado una estela de esperanza entre la población que quiere vivir como cualquier otro país y no en la exclusividad de una revolución elogiada a la distancia por todos los mequetrefes del mundo «unidos» de la izquierda, que no la padecen.

Por supuesto que transformar aquel berenjenal es un propósito de las relaciones propuestas por los Estados Unidos y la gente común se llevó la seña. Alarmado, el régimen ha reclutado a plumíferos de toda laya —ningún intelectual reconocido afortunadamente —, para tratar de desacreditar la significación de la presencia luminosa del presidente americano, con sus buenas maneras, refinado humor, familia candorosa y discursos transparentes.

No era otro Papa proponiendo bisagras místicas para una apertura improbable de la isla, ni un político vergonzoso apremiado por terminar su estancia con la visita a «punto cero», para luego hablar sobre la buena salud del esperpento en silla de ruedas.

Enquistados en su reino medieval, los Castros y su camarilla, son incapaces de asimilar que la visita histórica ocurrió, les hizo una gran mella, y ya ningún medio de prensa rememora el asunto, así de dinámica es la vida moderna.

No han aprendido que ese machacar continuo de doctrinas y asuntos que solo a ellos compete, para sostenerse en el poder, acrecienta el cinismo y la distancia entre las nuevas generaciones totalmente excluidas de la ecuación de progreso a no ser que sean miembros de su impúdico clan genético.

Ambrosio Fornet, ensayista de escasa obra y mucha labia cuando de los Estados Unidos se trata, ha formulado una serie de ideas y preguntas a propósito del Caballo de Troya yanqui:

«Nos hallamos ante un nuevo desafío —que nosotros mismos, muy sensatamente, contribuimos a lanzar— y ahora no podemos negarnos a enfrentarlo. ¿Estamos en condiciones de hacerlo con éxito? ¿Seremos capaces de afirmar nuestra identidad cultural con la misma firmeza con que afirmamos nuestra soberanía durante todos estos años? Si se abren las apuestas, habrá quien diga que sí y habrá quien diga que no. Yo apuesto por el *sí*. Pero lo hago confiando en que los demás factores en juego no vayan a fallarnos y que por tanto todos contribuyan a desarrollar nuestra autoestima, nuestra convicción de que vale la pena seguir siendo quienes somos. ¿Qué nuestra precaria economía se va a ver alterada por fuertes dosis de capitalismo, las que aporten los inversionistas privados, tanto extranjeros como nacionales? ¿Qué cada vez se harán más visibles las diferencias sociales entre los que tienen más y los que tienen menos? ¿Qué todo eso agudizará la discriminación y los prejuicios? ¿Qué en consecuencia el nivel de cohesión social de la mayoría, alcanzado hasta aquí, entrará en crisis?».

El panorama que desdibuja, temeroso, Fornet del futuro cubano confía mucho en el civismo que escasea por tantos años de maltrato y olvido.

Durante la más reciente salida pública del dictador, en una escuela modelo que simula el diseño de los albergues del plan la «Escuela al Campo», un grupo de madres y maestras hacen que los niños se le aproximen.

El cuadro es patético. Con deseos de merendar, muchos de los infantes se preguntarán quién es ese anciano impertinente e ininteligible que insiste en evocar historias de horror y misterio.

ZAPATICOS QUE APRIETAN

En 1999 el joven director cubano Humberto Padrón, realizó un breve documental de apenas 6 minutos de duración, *Los zapaticos me aprietan*, donde narra una suerte de historia de la revolución con breves planos, de personas caminando, enfocados en los zapatos.

Le sirve de fondo musical, el Himno del 26 de Julio y de leitmotiv las enormes zancadas de unas piernas enfundadas en uniforme verde olivo y botas militares.

Durante una primera etapa se observa buen calzado, de personas que corretean presurosas. Luego se van incorporando marchas, desfiles y congas, al son del mencionado cántico político.

Hay un momento que se muestra la creatividad criolla, cuando los zapatos comenzaron a desaparecer de las tiendas, y cruzan la pantalla muchos de aquellos «inventos» que nos permitieron no andar descalzos.

Luego se manifiesta el deterioro, los huecos, las roturas y los zurcidos, así como otros artilugios de la indigencia. Por último hay numerosos pies desnudos y una secuencia final donde se observa una vista de La Habana, a la distancia, y aparecen, en primer plano, las botas militares del principio y un sonido de sirenas, como aviso de guerra.

Cuando le propuse a un amigo de visita en Miami comprarle algún calzado, me advirtió que no podían ser nada ostentosos pues corría el riesgo de ser atracado como ya le había ocurrido en plena calle de centro Habana, cuando le aplicaron una llave al cuello para desmayarlo y poderle robar los zapatos deportivos que entonces portaba.

Afortunadamente, por tenerlos bien abrochados, los delincuentes no pudieron salirse con la suya y tuvieron que huir mientras él se recuperaba de la asfixia, sobre la acera.

Conozco una madre cubana de Miami que le envió a su hijo unos tenis de marca a la isla y un delincuente le dio muerte para robárselos.

En 1982, los órganos represivos liquidaron a exitosos artesanos de la Plaza de la Catedral durante la llamada Operación Adoquín, acusados de enriquecimiento ilícito. Estos antecedentes de los actuales cuentapropistas vestían y calzaban a los cubanos con elegancia y originalidad, algo que las ineficientes industrias del régimen no han podido lograr hasta el día de hoy.

Lo cierto es que al ejército nunca le faltaron las botas y los miles de estudiantes y becados tuvieron que lidiar con los «Kiko plásticos», zapatos sintéticos conocidos también como «ollitas de presión», elaborados por una fábrica socialista traída de ultramar.

Recientemente la revista *Bohemia* ha publicado un extenso artículo sobre la persistencia de la precariedad del calzado en Cuba. Una dirigente del sector abunda sobre las pieles disponibles: «Hoy recibimos la materia prima con desgarros causados por las cercas de púas y con perforaciones producidas por garrapatas. Gran daño ocasiona además el marcaje con hierro caliente, en cualquier parte. Y en adición, la talla y peso de los animales no siempre son óptimos».

Los tenis que oferta comercio interior (MINCIN) son caros y duran unos pocos meses de ajetreo, según padres de infantes consultados al efecto, y otros zapatos se descascaran y no aguantan un aguacero.

De acuerdo al artículo la producción estatal se ocupa, mayormente, de las botas castrenses, el calzado ortopédico y los escolares. El resto es un embrollo indescifrable de inversiones a mediano y largo plazo, zapateros que emigran a otras industrias más lucrativas, instalaciones antediluvianas, y culpar al embargo por la inoperancia histórica del régimen.

Una nota interesante es como se reconoce que antes de 1959 el calzado cubano producido por compañías como Bulnes o Ingelmo, abastecían el mercado nacional y se exportaban. Aunque el periodista se apresura a afirmar que no todo el mundo podía adquirirlos.

RAZONES PARA ESCAPAR

En la película china *Coming Home*, que transcurre durante el nefasto período de la llamada Revolución Cultural, un opositor intelectual lleva diez años en una remota prisión, separado de su esposa y su hija. La mujer es maestra y la muchacha bailarina.

Cierto día el padre se fuga y durante un dramático y momentáneo reencuentro con su esposa en un andén de trenes, observado a distancia por la hija, espantada ante las consecuencias que la rebeldía de sus padres pueda ocasionarle, la madre cae al suelo y se hace una herida en la cabeza.

Pasan los años, el padre es redimido, la joven dejó de bailar por ser hija de un contrarrevolucionario y trabaja en una fábrica, donde además pernocta porque la madre la echó de la casa por haber delatado a su progenitor cuando intentó encontrarse con ellas.

Toda esta historia de horror se relata en un contexto de indigencia material, moral y ética donde los secretarios del partido y otros mequetrefes ideológicos toman las decisiones vitales de los pobladores, a quienes solo les queda obedecer. Comunismo en su máxima expresión.

El giro dramático más importante de este filme memorable del director Zhang Yimou acontece cuando el hombre descubre que su esposa no lo reconoce y lo confunde con un comisario que la había violado durante su ausencia.

La madre, sin embargo, si tiene memoria para rechazar las acciones deleznables de su hija, quien incluso se dedicó a cortar de los álbumes de fotos familiares la imagen de su padre defenestrado.

El filme después se vuelve una poética historia en las tinieblas porque el hombre hará lo indecible para que el amor de su vida lo vuelva a identificar.

Las democracias se creen aquella historia «de la buena pipa» de que las dictaduras se reforman, lo cual se parece al llamado cuento más corto del mundo, escrito por Augusto Monterroso, donde un hombre duerme y cuando despierta todavía el dinosaurio está allí.

El *New York Times* acaba de reportar el apresamiento violento de cinco libreros de Hong Kong, llevados a prisiones chinas, sin recursos legales, por publicar obras inconvenientes para la nomenclatura del partido comunista gobernante.

Fueron conminados a autoinculparse de los más ilógicos delitos, delatarse entre sí y confesar que habían entrado voluntariamente a China para poder, eventualmente, ser liberados.

En La Habana, un halcón disfrazado de paloma se ha erigido como el patrocinador del fin de la guerrilla colombiana que su propio gobierno alentó durante años. El dictador que fue torpe y hosco frente a la transparencia desenfada del presidente de los Estados Unidos, en esta oportunidad se movió como pez en el agua apretando manos, y dando por sentado que la paz era para siempre, mientras daba abrazos a sus correligionarios de aventuras y guerrillas.

Mientras esta feria de vanidades ocurría en La Habana, la propia Colombia, Centroamérica, Guyana, Brasil y Ecuador, entre otros países, marcaban la ruta de fuga constante de cubanos rumbo a la frontera entre México y Estados Unidos, creando crisis migratorias incesantes a su paso trastabillado.

Los que huyen despavoridos, no ven en un futuro cercano, pactos de reconciliación, a la colombiana, entre las partes quebradas de la nación, sino la obcecación por un proyecto fracasado que ahora apunta a una nueva y demorada transformación.

Hay razones para fugarse cuando el nuevo arzobispo de La Habana desea que el socialismo progrese, y a los balseros los reciban con disparos de taser y balas de goma en las costas de la Florida.

MUJERES CUBANAS EN LA ENCRUCIJADA

No hay nada como sumergirse en la Cuba profunda —esa que se resiste a ser tramitada por mercaderes inescrupulosos—, que de la mano del buen cine. Desde mañana viernes, en el Teatro Tower del Miami Dade College, el público tiene la oportunidad de asomarse a esa verosímil claraboya con la Serie de Cine Cubano Contemporáneo que trae el estreno comercial en los Estados Unidos de tres recientes largometrajes de la legendaria cinematografía.

Dos de las películas están dirigidas por mujeres *Vestido de novia*, de Marilyn Solaya, y *Espejuelos oscuros* de Jessica Rodríguez. Ambas, curiosamente, protagonizadas por los más perseverantes y talentosos actores del séptimo arte de la isla, Luis Alberto García y Laura de la Uz.

El otro filme, *Venecia*, de Kiki Álvarez aborda la vida de tres muchachas contemporáneas, lo cual hace del programa un acercamiento, crudo y desprovisto de edulcoraciones, al universo femenino en toda su complejidad.

Vestido de novia, se inspira libremente en un documental de la propia Solaya, *En el cuerpo equivocado*, sobre Mari Sussel, la primera persona legalmente sometida a una cirugía de reasignación de sexo en Cuba en 1988.

La Sussel de la vida real nunca alcanzó la realización personal a la que aspiraba. La que interpreta Laura de la Uz, sin embargo, se presenta felizmente casada con un profesional de la construcción, a quien ella le ha escondido el secreto del hombre que fue en otra vida.

La historia se desarrolla durante los duros años noventa del llamado «período especial», donde el matrimonio termina por despeñarse en un estercolero de intrigas y chivaterías políticas entre burócratas corruptos, miembros cómplices del partido comunista y de los sindicatos oficialistas. Rosa Elena trata de luchar contra numerosos imponderables pero tiene el sistema en contra.

El padre desvalido y homofóbico, que cuida con ahínco, la maltrató sin clemencia durante su juventud, y el corrupto funcionario con quien tuviera una relación sentimental antes de cambiarse de sexo, la viola y delata cuando descubre que ya no es parte del morbo que antes lo motivara en la penumbra de la sociedad revolucionaria.

En *Venecia,* tres jóvenes amigas trabajan en un «salón de belleza» destartalado donde la administradora es una suerte de tirana insufrible. El día del cobro, deciden pasarla bien y recorrerán la noche habanera, hasta el amanecer, con sus luces y sombras.

Una de ellas está embarazada de un hombre casado, otra padece de bulimia y la que ostenta un feliz matrimonio, termina fornicando desesperadamente con un desconocido en el baño sórdido de la discoteca.

Hordas de jóvenes deambulan buscando entretenimientos escapistas que incluyen la bebida y la droga. Caen las agotadas y falsas máscaras ideológicas para mostrar la desesperanza de una generación sin rumbo.

Las «mujeres nuevas» en Cuba quieren consumir, comprarse ropas, lucir bien, aspirar a retribuciones elementales por su trabajo, pero hay muchos obstáculos de un gobierno disfuncional y arrogante que lo impide sin piedad.

En la escena final de *Venecia,* la luz de esperanza se avizora en la aventura cuentapropista. Una de las pocas salidas que restan a la incertidumbre.

Espejuelos oscuros, por su parte, es deudora del filme *Lucía,* de Humberto Solas, con mujeres en distintas etapas de la atribulada historia cubana, y de la Sherezada de *Las mil y una noches,* impelida a contar cuentos para sobrevivir.

El hogar de la invidente Esperanza es invadido por un delincuente prófugo. Para disuadir sus avances sexuales, le hace las historias que ella misma protagoniza, sobre féminas cubanas, llamadas a lidiar, como destino inevitable, con la intromisión de las sacudidas políticas y sociales en sus decisiones personales y sentimentales.

En el Tower, la visión abismal de varias verdades cubanas.

SOBRE HÉROES Y DICTADURAS

Las dictaduras no rinden cuentas reales antes sus súbditos. Se ingenian unas parafernalias burocráticas verticales de ordena y mando en asambleas populares donde legislan sobre la inoperancia para anunciar tiempos peores.

La historia parece detenerse durante las dictaduras y es en el pasado donde montan una suerte de almacén de tergiversaciones y culpas, sobre todo cuando se entronizan con fines de eternidad, mediante el miedo, y nadie quiere poner el héroe o el mártir.

Por estos días, un ex ministro del interior castrista, hombre siniestro a la hora de reprimir atendía, interesado —de acuerdo a la foto—, una discusión sin rumbo ni fundamento sobre el drama, no resuelto, de la vivienda en la isla.

Este «big brother», se ocupó en sus años mozos de meter cruelmente en cintura a los desafectos y, recientemente, de desacelerar la conexión de Internet a Cuba, la cual llamó «un *caballo salvaje* al que hay que domar». Ahora es una suerte de urbanizador sin sentido ni planes, en un país apuntalado.

Las dictaduras son como invernaderos donde los pueblos se inmovilizan para ser «protegidos» del exterior y, de tal modo, se amansan y suelen perder el ímpetu del decursar de la historia.

Joseph Broz Tito, Sadam Hussein, Muammar Gaddafi, por solo mencionar algunos tiranos contemporáneos, mantuvieron funcionando países imaginarios, unidos a trompadas y sesiones de tortura que luego, al desaparecer el garrote, derivaron a una inestabilidad social en ocasiones letal.

Recientemente la prensa dio cuenta de la muerte del general rumano Victor Stanculescu, curioso personaje que lidió con la fuga fracasada del dictador Nicolae Ceausescu en Rumanía.

Stanculescu había sido despachado a una protesta popular en Timisoara, donde murieron cerca de 100 manifestantes. Pero luego de ordenar disparar sobre los disidentes se dio cuenta que el clamor de libertad era irreversible, regresó a la capital, Bucarest, y se inventó una pierna herida para no volver a lidiar con la rebeldía.

En 1989 a los Ceausescu los montó en un helicóptero, desde la azotea de la jefatura del partido comunista, que luego el piloto aterrizó por miedo a ser derribado. Eventualmente trataron de secuestrar un automóvil para seguir escapando pero fueron descubiertos y detenidos.

Entonces fue cuando el general Stanculescu no solo organizó el juicio sino que reclutó a los tiradores del paredón de fusilamiento de Ceausescu y su esposa Elena. Luego del imponderable, terminó siendo ministro de defensa y de industria hasta el año 1991.

En el 2008 le fueron impuestos cargos criminales por haber dado la orden de disparar contra los manifestantes y resultó sentenciado a 15 años de prisión, pero en el 2014 obtuvo la libertad condicional.

El profesor de Georgetown University, Dennis J. Deletant, ha comentado sobre el caso: «Lo que la revolución rumana ha demostrado es que los héroes mueren, los combatientes regresan a casa y los oportunistas se las arreglan para llegar a posiciones delanteras».

El propio general Stanculescu comprendió la paradoja a su manera: «Solo los muertos son héroes. Yo nunca quise morir y es por eso que no soy un héroe».

Los cubanos estancados en Ecuador protestan a gritos de libertad y muerte a los hermanos Castro. Afrontan con bravura los empellones policiales, mientras en la isla se desentendían de los opositores.

Ahora el general Raúl Castro ha congelado las esperanzas del cuentapropismo y del acercamiento con los americanos. Anuncia tiempos difíciles, otra vez, y dice que no hay espacio para las improvisaciones ni el derrotismo. El anciano de 85 años, quien no padece escaseces, ni privaciones, sigue cifrando sus esperanzas en un fracaso:

«Proseguiremos la actualización de nuestro modelo económico al ritmo que definamos soberanamente.»

MENDIGOS DE LA MODERNIDAD

Así como se anuncia un insufrible nuevo período especial en Cuba, debido a una serie de circunstancias económicas y financieras que al pueblo le cuesta trabajo comprender, dado los cacareados éxitos de la industria turística, el régimen en esta situación extrema no puede darse el lujo de descuidar el componente ideológico de su incansable adoctrinamiento y ha decidido mover fichas en el panorama cultural.

En principio desactivó al ministro de cultura —dicen noticias llegadas de La Habana—, debido a su acercamiento con las manifestaciones culturales americanas. Algo así como que el concierto de Los Rolling Stones —aunque ingleses, son el epítome del libertino género rock—, no debió ocurrir.

Basta saber que la burocracia cultural con su instituto de la música tuvo que lidiar con la autorización de la presencia de los chicos malos, quienes, sin embargo, terminaron portándose con corrección y no como en otros conciertos legendarios ocurridos en otrora países socialistas donde los intérpretes se atrevieron a recomendarle a los jóvenes que no aguantaran más paquetes de sus por entonces ancianos dictadores.

Supuestamente algún que otro roquero famoso estaba considerando aterrizar en La Habana pero el entusiasmo, sin duda, ha mermado. Hay que hacer muchas dejaciones y saltar numerosos obstáculos y la elite de este tipo de música no es muy dada a los sacrificios.

Buscando que la cultura vuelva a entrar en parámetros estrictos, controlables, el régimen trajo de vuelta a Abel Prieto, asesor del general Raúl Castro, quien se encargará de la operación limpieza. Tras el disfraz de su melena rebelde no se esconde un desenfadado demócrata de vanguardia, sino un hombre inteligente, calculador y hasta retrógrado siempre dispuesto a llamar «platistas» a intelectuales exiliados y poner obstáculos a las ansias del pueblo de consumir, en términos de entretenimiento, todo lo que le prohíben consuetudinariamente.

El otro flanco ya lo viene cubriendo, con suma eficacia, Miguel Barnet, al frente de la Unión de Escritores y Artistas de Cuba (UNEAC), quien recientemente celebró, con bombo y platillo, el cincuentenario de las palabras de Fidel Castro a los intelectuales en la Biblioteca Nacional, con uno de los más deleznables discursos en defensa de la censura y la represión que recuerde la cultura nacional, liberando de toda responsabilidad al dictador que las ingeniara.

Resulta sintomático que aquella arenga de dos días, excluyente y manipuladora: «contra la revolución nada», haya sido resucitada con tal despliegue mediático, en un país harto de la austeridad socialista, propenso al despelote y la liviandad que promulga el reguetón como banda sonora insufrible.

En los márgenes de una campaña de visos coreanos que celebra el cercano 90 cumpleaños de Fidel Castro, donde precisamente los diversos géneros de la cultura deben comulgar con la efemérides, el pueblo sigue disfrutando del «paquete», donde no figura la destartalada televisión nacional y sus pujos humorísticos autorizados sino muchas de las series más distinguidas de la producción «enemiga» y no pocos de los filmes que ahora mismo acaparan la atención del público norteamericano y europeo.

Barnet clama como un mandamás sin seguidores que sus coterráneos no deserten de los eventos culturales nacionales y en la más reciente reunión de la llamada asamblea nacional se revela que de poco valió la alfabetización y las ulteriores campañas por la lectura porque solo el 20% del sistema de bibliotecas públicas posee locales en buenas condiciones y el 60% de los cubanos prefiere los audiovisuales que contiene el «paquete» a la lectura.

Durante el debate que propició esta y otras realidades vinculadas a la decadencia de las bibliotecas y la lectura, ningún parlamentario se atrevió a recordarle al régimen que las conexiones al Internet deberían comenzar por las bibliotecas y no en las escaleras y parques donde el ciudadano común separa parte de su peculio vital para asomarse al mundo a la intemperie como mendigos de la modernidad.

ESPEJISMOS

En *El tren de la línea norte*, un documental del cineasta cubano Marcelo Martín, una mujer devastada por la miseria, quien dice tener cincuenta años y aparenta mucho más, declara ante la cámara que no solo en Haití hay una miseria grave y, para atestiguarlo, guía al director por la debacle de su vecindario en un barrio marginal del pueblo de Falla, donde los techos son una falacia y las crecidas de aguas albañales depositan en la cuartería todo tipo de detritus contaminantes.

Forman parte de las comunidades abandonados a su suerte en la isla, azoladas por tormentas y huracanes de la madre naturaleza, y por un régimen implantado a la cañona que lleva mucho tiempo coartando la capacidad evolutiva de una población conminada a otras alternativas para subsistir.

Lo dice un testimonio anónimo que figura en el documental: «Aquí todos tienen que robar para vivir» y habla del conocido que le echaron 17 años de prisión por sacrificio ilegal de ganado.

En el mismo filme se recuerda lo que fuera un pueblo próspero con producción azucarera y pecuaria, entre otros renglones económicos, donde incluso hubo un estadio de pelota que, según uno de los entrevistados, desapareció ante las narices de la indiferencia gubernamental local. También perdieron la sala de cine, y el alcoholismo hace estragos entre jóvenes y adultos.

En *La última frontera*, documental de Carlos Y. Rodríguez, de la legendaria Televisión Serrana, una cuadrilla de obreros trabaja atendiendo el bosque de una zona montañosa del oriente cubano que pudiera ser la región ideal del turismo ecológico para el desembarco de los ansiados visitantes americanos.

Hacen escaleras, trazan caminos, ingenian miradores y balcones en medio de una belleza natural deslumbrante y la remuneración nunca llega a tiempo, no tienen albergues y apenas estímulos para continuar tan hermosa labor. De tal modo, la zona se va quedando despoblada.

En un Noticiero ICAIC de 1989, que su director Francisco Puñal tituló «Reportaje a la vinagreta», se hace mofa de la desaparición del vinagre de la siempre magra estantería minorista habanera. Una sola procesadora, donde antes se fabricaba la soda Royal Crown Cola, es la encargada de producir el que requiere la parte occidental del país.

La cámara recorre el deterioro de la instalación y un jefe de planta aclara que están «confrontando» problemas con una máquina de lavar botellas, lo cual ha disminuido muchísimo la producción. Luego encuentran una de origen español en la región de Holguín, la trasladan a La Habana, y aunque tiene piezas defectuosas logran echarla andar «con trabajo voluntario».

Después se ve el patio de la fábrica, cual basurero de botellas vacías, y entrevistan a un dirigente que achaca las dificultades, en general, a la maquinaria obsoleta empleada que «ya no se utiliza en ningún lugar del mundo». El plan de desarrollo del país tenía previsto, según este «compañero», la adquisición de nuevos aparatos, lo cual, por supuesto, no ocurrió.

Pasan los años y estamos en el 2016 y la ministra de la industria alimenticia truena inútilmente en el parlamento castrista. Las quejas del sector son numerosas. Los robos a tutiplén: «Este es un problema que no está resuelto en la industria alimentaria y de la pesca en Cuba, pero no conviviremos con bandidos, delincuentes, hipócritas e irresponsables que tratan de vivir del sudor del pueblo». O sea hay que borrar a los añejos dictadores.

Palabras sin resonancia donde regresan los apagones y el transporte público es una pesadilla, ahora que los llamados boteros son hostigados otra vez.

Un editorial de *The New York Times* comenta, sin embargo, que se vislumbra la esperanza.

MI CONVENCIÓN

Recuerdo haber leído en algún medio de prensa notable que importantes personalidades de los principales partidos políticos americanos habían declinado ser considerados para entrar en la carrera presidencial porque estaban negados a sufrir el escrutinio público y las discordias familiares que tal encomienda conlleva.

No los culpo, muy por el contrario, pues en Estados Unidos he practicado el respeto a la privacidad y el libre albedrío como máximas sociales, circunstancia que en Cuba se encuentra constantemente expuesta a los caprichos de agitación e intromisión, propugnados por el adoctrinamiento de la dictadura.

Durante las pasadas semanas de espectáculos políticos televisivos, he confirmado mi alergia a los saraos partidistas. Es la deformación de treinta años de exposición obligatoria a las mañas de una sola organización de ordena y mando, con muy pocas alternativas. Aunque apagaras la transmisión de la pequeña pantalla, cambiaras el canal o no leyeras el periódico, el fidelismo era parte puntual de la pesadilla.

En *Intermezzo*, uno de los sarcásticos cortometrajes de Eduardo del Llano, su protagonista por antonomasia, Nicanor O'Donnell, no logra orinar en un baño público porque es constantemente interrumpido por otros coterráneos que sienten la curiosidad por conocer a una persona que votó en contra durante uno de esos encuentros asamblearios en la isla. Deseaban saber cómo se sentía alguien fuera del rebaño. «Los hombres mueren, el partido es inmortal», cacareaba el régimen en su lúgubre militancia.

Aprendí temprano que los funcionarios electos en Estados Unidos, desde la presidencia de la nación al comisionado o alcalde de mi circunscripción o ciudad, son empleados que yo pago con mis impuestos, se desempeñan en horarios de trabajo y, generalmente, disfrutan también sus respectivas vidas privadas. Pueden hasta ser revocados de sus cargos.

No hay varas de heroísmo histórico para medir la eficiencia con la cual se desempeñan en sus labores. Me preocupan los servicios que son capaces de ofrecer y sé —porque lo he constatado en más de una ocasión—, que el sistema judicial está ahí para atajar la corrupción.

Me hace sentir en paz con mi conciencia estar afiliado como independiente, con respecto a los procesos eleccionarios, posición que asumí tan pronto me hice ciudadano. Me gusta ejercer el voto porque constato las consecuencias inmediatas o a mediano plazo —no como los futuros inalcanzables del comunismo—, de mi determinación, sin ninguna ideología que me conmine.

Mi «convención», sin embargo, se mueve en otro universo. No soy tan ingenuo ni ajeno a la realidad, para pensar que «la política es sucia» o que no tendrá, a la larga, cierta influencia en mi vida y la de mi familia. La democracia, sin embargo, me da el instrumental para mantener a raya las manifestaciones que no me convenzan.

Cuando los demócratas y los republicanos se desgañitan en tribunas públicas, hacen promesas incumplibles, manipulan al electorado con los cuentos de la «buena pipa», yo tengo la alternativa de mantenerme a distancia, no darle explicaciones a nadie, y decidir si voto o no por alguno de los contendientes.

Me resulta imposible obedecer los lineamientos de un partido político y, afortunadamente, ninguna organización de ese género cuenta con la facultad para coartar mi libertad, luego de sufrir la intolerante tiranía castrista.

Mi «convención» se celebra en la felicidad de los míos y en el orgullo de sus éxitos. Acontece cada día en la vasta cultura de la humanidad, que nunca deja de asombrarme. Una cena en el esmerado restaurante El Floridita de mi barrio de Westchester, o la visión deslumbrante de Caravaggio, en una pequeña iglesia romana, son suficientes para poner en solfa la política y su parafernalia.

GERIATRÍA TOTALITARIA

En la foto de despedida de la delegación cubana a los Juegos Olímpicos de Río de Janeiro hay un anciano que parece un espectro y contrasta notablemente con la juventud y lozanía de los deportistas. Se trata del llamado «Gallego Fernández», a cargo del Comité Olímpico Cubano, quien se resiste a entregar el batón a las nuevas generaciones, como tantos otros dirigentes históricos del régimen, los cuales siguen mangonean el país a sangre y fuego.

Estos ancianos se han vuelto gruñones y voluntariosos. Andan recorriendo planes y proyectos de la fallida economía y son capaces de emitir opiniones que parecen generadas en otro planeta.

Uno de los más execrables, por sus turbios antecedentes como ministro del interior, es Ramiro Valdés, quien todavía se presenta disfrazado de general aunque esté desempeñando una función civil, como para atemorizar a sus desprotegidos contertulios.

Recientemente el sitio Café Fuerte resumió una reunión que sostuviera el «comandante de la revolución» con funcionarios provinciales donde salieron a relucir las fallas del improcedente comercio oficial, en las antípodas de los esfuerzos que hacen los cuentapropistas por hacer realidad un mercado de oferta y demanda, como lo dicta la naturaleza humana, y no los experimentos fallidos del cada día más enclenque socialismo criollo.

Aquellos pobres diablos, sin recursos, ni poder, sufrieron, impertérritos, la andanada de regaños del octogenario represor: «Ustedes abusan de la población... Ustedes sirven a la población, no se sirven de ella, tú ves por ahí la gente al sol esperando a que el de adentro diga entren dos, o entren tres... No, así no es».

Sin ápice de vergüenza, Valdés se disocia del desbarajuste, sin remedio, provocado por la camarilla a la cual pertenece, y se atreve hasta emprenderla contra uno de los pocos «logros» de la revolución, las colas interminables para suplir cualquier necesidad: «Estudien el tema de las colas y quiten las colas y que la gente entre [a los lugares de compra]».

Un país de jóvenes sin oportunidades, desesperados por fugarse a como dé lugar, y de personas mayores malviviendo de míseros retiros, gobernados por una cofradía anquilosada que tiene planes muy remotos de jubilación, deviene verdadera encerrona para quienes quieran progresar o vivir los últimos años de su vida en un ambiente de humilde decencia.

La geriatría represora que se hace de la vista gorda con las crisis migratorias provocadas en zonas diversas de América Latina alienta, de alguna manera, estas escapatorias desesperadas para probar su tesis de que son las leyes de Estados Unidos las causantes de tal desmadre internacional al darle acogida a los viajeros, que anhelan llegar a la frontera de las posibilidades reales.

Es el mismo círculo siniestro de vetustos personajes que ordenan palizas y detenciones a quienes disienten públicamente, y organizan actos de repudio de «pueblo enardecido» con pioneritos de rostros taciturnos rasgando, de manera airada, copias de la Declaración Universal de Derechos Humanos, repartidas por los opositores.

Son vejestorios que no lo piensan dos veces para hacer trastabillar a otros congéneres de similar edad, cuando ya han perdido su valor de uso, como parece haberle ocurrido al historiador de la ciudad Eusebio Leal, destronado de sus lucrativos negocios por órdenes de los mismos amos que antes aduló hasta la repugnancia.

Al igual que en la canción de Pedro Luis Ferrer —Abuelo Paco—, estos longevos majaderos de la nomenclatura castrista construyeron la casa embrujada de la revolución y «para mover un alpiste hay que pedirles permiso». Pero, sobre todo, vale la pena repetir con el texto de la trova que mientras tengan, como Paco, un fusil y un cuchillo «ofrecen peligro».

¡SAIKO MCCARTNEY!

Paul McCartney afirma, entre risas, que los carteles en sus conciertos lo distraen y puede ocurrir que se equivoque durante una de sus propias canciones si se fija en lo que dicen. Sin embargo, comienza a buscar en la multitud y da con aquel que expresa la fidelidad de sus seguidores: «109 asistencias». Era uno de los 18,000 concurrentes en el Verizon Center de Washington DC, para verlo en vivo otra vez, y el músico comenta en broma: «Me parece que es un poco obsesivo».

Después ocurre algo excepcional en sus presentaciones, suben a una persona del público, quien resulta ser japonés. Tiene colgado al cuello un CD azul con la imagen del afamado compositor y un cartel donde se lee

¡Saiko McCartney! El Beatle le pregunta qué significa aquella palabra y el fanático le dice: «Lo máximo». Luego le firma el CD y los asistentes rugen de entusiasmo.

«Siempre me ha fascinado pararme frente al público para interpretar mis canciones», asegura en una entrevista a fondo publicada recientemente por la revista *Rolling Stone* a propósito de su nueva gira *One on One*.

Acaba de cumplir 74 años y recuerda, ante una de las tantas fotos proyectadas sobre su vida, durante el concierto en la capital de los Estados Unidos, que su hija Mary, la bebé que aparece dentro de su abrigo en la contraportada del disco *McCartney,* ya tiene cuatro descendientes.

Hace cincuenta años que se presentó por última vez en público con los Beatles, fecha que se conmemora este año con el esperado documental de Ron Howard *The Beatles: Eight Days a Week The Touring Years* y el álbum *The Beatles: Live at the Hollywood Bowl*, con nuevas mezclas de canciones en vivo de los años 1964 y 1965, previstos para salir durante el mes de septiembre.

El grupo de ahora lo acompaña desde hace 15 años, más de lo que duraron los Beatles o Wings. Este nuevo tour comienza con el célebre acorde de *A Hard*

Day's Night y se extiende durante 38 canciones con un breve intermezzo en *Hey Jude*, a la altura de la 32, para luego acometer un bis de otras seis interpretaciones.

A los siempre emocionantes tributos que dispensa a John Lennon y George Harrison, ha debido sumar al productor George Martin, recientemente fallecido, sin el cual, asegura, no hubieran existido los Beatles. Entre las «novedades» de la gira está el primer éxito de aquellos insospechados veinteañeros de Liverpool, *Love Me Do*.

El concierto traza la carrera del genio desde la prehistoria de Los Quarrymen, con *In Spite of All the Danger,* hasta la canción que compuso para Rihanna con Kane West, *Four Five Seconds*. Por supuesto que figuran clásicos de Wings como *Jet* y *Let Me Roll It*, así como piezas de su reciente álbum *New*. De los Beatles agregó delicias como *Can't Buy Me Love*; *Here, There and Everywhere*, *We Can Work it Out* y *You Won't See Me*, entre otras.

Sobre su entrega y energía McCartney le confesó a *Rolling Stone*: «En los Beatles, yo era el tipo que empujaba. Fue un trabajo muy bueno el que hice».

Durante el concierto de Washington cierto asistente enarbola con insistencia un cartel de críptico texto alemán. Casualmente, en la mencionada entrevista, McCartney revela la incógnita: «Muchas de las cosas que hicimos en Hamburgo fueron instigadas por mí. Trabajamos en este pequeño tugurio cervecero donde no venía nadie y el administrador del lugar decía «*Mach schau*» (Hagan *show*)».

Afortunadamente para todos sus entusiastas, desde aquella premonición, el show no parece tener fecha de caducidad.

COMPLICIDAD

Algunos de los momentos más felices de mi vida entre los años sesenta y 1992, cuando logré escapar de la debacle castrista, transcurrieron en la sala oscura de la Cinemateca en El Vedado habanero, y en las de cines de arte que luego fueron a la ruina o desaparecieron en medio de la desidia y el abandono. Recuerdo el Rialto y La Rampa, por solo mencionar dos de las más notables.

Cada vez que concurro al Teatro Tower, del Miami Dade College, irremediablemente viene a mi mente aquella filmografía de los clásicos que, paradójicamente e imbuido de un frenesí educacional más bien doctrinario, el régimen cubano consideraba apropiado para la exhibición popular.

Parte del buen cine, aunque en ocasiones llegara con cierto retraso a nuestras pantallas, era la única ventana abierta al mundo en la maldita circunstancia del agua por todas partes.

Otros filmes distinguidos, sin embargo, no corrían igual suerte en medio del absurdo socialista: *Persona* de Bergman solo estaba disponible para alumnos selectos de la Escuela de Psicología de la universidad habanera; *Rosemary's Baby* la prometieron y luego la sacaron de cartelera, sin explicación, como hacían habitualmente; a *The Shining*, querían reeditarla para restarle espanto; todo el *Pasolini* renacentista contenía demasiados desnudos, y hasta *El puente sobre el Río Kwai*, llegó a levantar las suspicacias de los comisarios políticos de la cultura.

Por eso en Miami entro al Tower, feliz de haber dejado atrás esa desazón represiva y comprendo, sin embargo, que soy el mismo espectador cómplice, cuando llego a la sala apacible de la Pequeña Habana, cual templo de un culto pagano, y practico con el equipo del cineasta Orlando Rojas, esa suerte de artística conjura que nos impele a entrar en la sala oscura donde aguarda lo imprevisible para estimular nuestras emociones.

El lobby es una suerte de nirvana rodeado de los carteles de filmes de Federico Fellini, que integran mi educación sentimental.

Orlando, por su parte, agregó un afiche de *Metropolis*, de Fritz Lang y en una esquina, que simula el altar de nuestra generación, la imagen de Antoine Doinel nos mira candoroso, apabullado por *Los 400 golpes* de Francois Truffaut.

Tal vez todo esta memoria la revive una experiencia reciente, el documental *Hitchcock/ Truffaut*, que el director de programación del Festival de Cine de Nueva York, Kent Jones, hiciera basado en un libro de cabecera para los devotos del séptimo arte: *El cine según Hitchcock*, resultado de una larga conversación de cincuenta horas conducida por el realizador francés para demostrar, de una vez y por todas, lo genial de uno de los cineastas más importantes de todos los tiempos y no solamente «rey del suspense» y del entretenimiento a donde lo tenía circunscrito la industria de Hollywood.

El documental utiliza parte del sonido de la memorable entrevista, algunas escenas clásicas del cine de Hitchcock y diálogos con cineastas que son sus admiradores incondicionales como: Martin Scorsese, Wes Andersen, Richard Linklater, David Fincher, Peter Bogdanovich y Paul Schrader, entre otros. Algunos se refieren a las ediciones ya deterioradas por el uso que aún conservan del libro mencionado y de cómo les sirvió en sus respectivas carreras.

Al terminar de ver el documental fui a mi librero, extraje la edición de Alianza Editorial, de hace 42 años, que debo haberme agenciado durante una exposición de libros españoles en La Habana, y luego salvé del naufragio cubano. Recordé cuanto lo disfruté al leerlo por entonces y las veces que lo he abierto en cualquier página para sellar mi devoción por estos dos cineastas, dioses del olimpo de una complicidad que se acrecienta con los años.

PONER PIES EN POLVOROSA

Un muchacho me interpela en el gimnasio para preguntarme si soy la misma persona que conduce el programa La Mirada Indiscreta, sobre cine cubano, en el Canal 41 (AmericaTeVe).Me cuenta que es de Cárdenas, inquiero si veía el espacio en el llamado «Paquete» y me responde que no, en su casa montaron una antena, de esas prohibidas, colocada dentro de un tanque de agua vacío en la azotea para que la policía no sospechara.

Esa misma semana, mi esposa y yo fuimos, como es habitual, al restaurante Floridita, una verdadera joya de la legendaria barriada de Westchester. Siempre hay tiempo para conversar con el manager, una persona amable de impecable guayabera beige, quien nos cuenta como los dueños, también cubanos, no escatiman en la calidad de lo que allí se sirve, elaborado por chefs de otros sitios latinoamericanos.

Ya en muchos de los platos se utilizan productos orgánicos. Tanto la atención, como la limpieza resultan irreprochables. Miguel es un hombre de éxito, llegó en los años noventa, tiene descendencia estudiando en universidades americanas y una familia feliz de haber dejado atrás la debacle castrista.

Dice un periodista oficial en Cuba que el transporte es una odisea en el verano. Cuenta cómo salió de las playas de Marianao con su familia, operación que llegó a comparar con la batalla de Trafalgar. Este es el cuadro patético que refleja en su comentario: «La cola, cuestión inherente al cubano en sus más disímiles variantes, no estaba debidamente organizada. En ella, varios ciudadanos manifestaban conductas negativas o indolentes: su atuendo no era el indicado, algunos de hecho, estaban sin camisa, venían mojados tras una larga y placentera jornada de playa, evidenciaban estar bajo el efecto de bebidas alcohólicas y continuaban consumiéndolas...».

El bloguero Yusnavy Pérez sube a su sitio un breve video sobre los cuentapropistas que van por las cuadras arreglando colchones. Este oficio debe ser un «logro» exclusivo de la revolución cubana.

Los reparadores, desnudan los desvencijados y mugrientos colchones en plena calle, le levantan lo que queda de guata, enderezan los muelles, vuelven a colocar el mismo relleno de espanto que enfundan con diestras puntadas en una tela de flamantes flores.

Luego en breve entrevista, le dejan saber al periodista cuánto los acoquinan los llamados inspectores, que hacen más difícil la importante labor que ellos desempeñan, en un país donde hace décadas que no se vende un colchón.

El domingo de ese fin de semana, mi esposa y yo vamos a caminar al Dolphin Mall, en un estado de desenfado que mucho nos complace.

En el probador de al lado, de cierta tienda de ropa, oigo a unas cubanas disertando sobre si «estos jeans» les hacían buena figura o no. Se ríen felices.

Cerca del Canal 41, a un costado de la transitada Okeechobee, justo frente a un Home Depot, Pedro vende viandas y frutas. Tiene un sombrero negro de vaquero y le gusta el buen perfume. Se le da fácil el piropo respetuoso a las clientas y una conversación llena de humor y sabiduría. Ha sufrido tropiezos en el camino, como el que más, pero no hay ni asomo de resentimiento. Le gusta estar el aire libre, saber del entorno y prodigar su felicidad. Me enseña un aguacate y me dice: «Son los mejores del mundo, se cultivan en Homestead».

Allá en la isla es el cuento de la buena pipa, una crisis perpetua. Los cubanos ponen pies en polvorosa y escapen de la trampa siniestra a como dé lugar. Buscan la vida que merecen, porque nadie sabe cuánto tiempo más le queda a los dictadores.

MENSAJERO DE LA VERDAD

El documental *Jerzy Popieluszko, Messenger of Truth* (*Jerzy Popieluszko, mensajero de la verdad*), del director Tony Haines, narrado por el actor Martin Sheen, recoge uno de los capítulos más fascinantes y estremecedores de la gloriosa rebeldía polaca contra el totalitarismo.

Se trata de la historia de un joven sacerdote que la jerarquía eclesiástica de su país envía a oficiar misa en la protesta obrera de una fundición de acero en Varsovia, durante el año 1980. De esa experiencia derivó un fervor por los humildes y la libertad en su oprimida nación que terminó convirtiéndolo en el capellán del sindicato independiente Solidaridad.

En muy poco tiempo, el cura que había nacido en el pueblo rural de Okopy, el 14 de septiembre de 1947, se convirtió en una de las voces más influyentes de la oposición mediante sus famosas «Misas para la patria», oficiadas ante miles de personas que desbordaban los predios de una iglesia en la capital polaca, rigurosamente vigilados por las fuerzas de la policía política.

El documental abunda en imágenes de archivo, incluso de aquellas filmadas por las fuerzas de la seguridad estatal, como suelen operar estos aparatos represivos para mantener bien identificados y chantajeados a los opositores, así como entrevistas a protagonistas de aquella epopeya, donde figuran sicarios y dirigentes del partido comunista, ahora viviendo plácidamente en Polonia luego de purgar leves condenas por sus crímenes, gracias a una amnistía.

A un llamado de atención de la Unión Soviética para frenar la fama del popular sacerdote, el ministerio del interior polaco, que tampoco comulgaba con la labor del religioso, ya comenzaba a tejer un siniestro plan que lo pusiera fuera del juego.

Temprano, apenas siendo un seminarista, a Popieluszko trataron de coartarlo. Fue reclutado durante dos años en una unidad especial del servicio militar obligatorio llamada a quebrar la fe de los creyentes, pero lo único que lograron fue deteriorar su salud.

Conocido popularmente como el Padre Jerzy, se ocupó fervientemente de los pobres y de los presos políticos y de sus familiares, para los cuales conseguía comida y medicinas, en muchas ocasiones donadas por organizaciones foráneas, esfuerzo siempre sospechoso de colaboración con el enemigo extranjero.

Aunque el Prelado polaco le llamara la atención al cura Jerzy y lo sacara de la cárcel en 1983, cuando le fue presentado un cargo delictivo por causar «daños a la nación» con su prédica, nunca declararon públicamente que los presos políticos no existían y mucho menos que la solución para el desarrollo social estaba en el mejoramiento del socialismo, como ha dejado saber el purpurado cubano.

El operativo de la policía política fue cerrando el anillo: cartas ofensivas llegaron al arzobispado, su casa fue saqueada en dos ocasiones y hasta le estallaron una bomba. Lo acosaron sin piedad como se testimonia en el documental.

En un primer intento por liquidarlo, le chocaron el carro, al estilo Osvaldo Payá y Laura Pollán en Cuba, pero escapó ileso. Cuando le recomendaron abandonar el país, antepuso al peligro su cruzada por la libertad y la verdad.

En octubre 19 de 1984 regresaba de una misión pastoral y su automóvil fue interceptado por tres agentes del Ministerio del Interior quienes lo golpearon y torturaron salvajemente y luego lo echaron a un río con una piedra amarrada a las piernas. Tenía 37 años.

El cadáver fue encontrado el 30 de octubre y el 3 de noviembre, a pesar de las amenazas del régimen, más de un millón de personas asistieron pacíficamente a sus exequias, como él lo hubiera querido, conscientes de que se vislumbraba el final de la ordalía comunista.

BAILAR EN LIBERTAD

Una de las galas del vigésimo primer Festival Internacional de Ballet de Miami comenzó de modo sumamente emotivo. El reconocido bailarín cubano, Isanusi García Rodríguez, quien batalló contra un aneurisma cerebral que casi le quita la vida y terminó paralizándole parte del cuerpo, se presentaba, luego de una larga y tortuosa recuperación, en una coreografía de su propia inspiración titulada simplemente «Gracias».

Con música de Chopin, tocada al piano en vivo por el maestro Daniel Daroca, Isanusi, quien fuera parte del Ballet Nacional de Cuba y luego del Miami City Ballet, tuvo de acompañante a su progenitora, la notable primera bailarina Perla Rodríguez, de la compañía Danza Contemporánea de Cuba.

Como parte de su redención física, el bailarín cultivó el arte de la pintura y el cartel conmemorativo del Festival de este año le fue encomendado por su director Pedro Pablo Peña. Durante la noche en que fue develado, tuve la oportunidad de conversar con Perla, quien lleva meses asistiendo a su hijo en tan difíciles momentos.

Es una mujer encantadora, ya retirada de la danza, pero capaz de impresionar todavía con su maternal sensualidad, secundando la magia del milagroso renacer de su hijo sobre el escenario.

Me habló de entendimiento y de heridas que debían ser restañadas para enmendar la nación dispersa. Recordó cómo su hijo, muy pequeño, fue presentado en la televisión cubana en un programa conducido por Carlos Otero —actual animador de TN3 en Miami—, y de la impresión que causaban desde entonces sus excepcionales dotes físicas.

Claro que la singular presencia de Perla en un Festival de Miami, no es noticia para la prensa oficial de la isla. Un bailarín «desertor» que regresa a la danza de la mano de su madre, quien lo visita procedente de Cuba, sin interferencia política, no es materia que el castrismo se ocupe de explotar, más allá de la hermosura del desenlace.

Es nula, una vez más, la voluntad de enmendar la separación y los agravios por parte de funcionarios que se desviven hablando del intercambio cultural, circunstancia que solo acontece cuando resulta conveniente a la cansona prédica ideológica que todo lo empercude.

No existe, por supuesto, para esos comisarios y su prensa cautiva, este Festival de Ballet y su fundador, primera parada y refugio de tantos talentosos bailarines cubanos que abandonan el agobio de una institución tiránica y decadente, dirigida con mano de hierro por una leyenda nonagenaria e invidente.

Los que no escapan, han debido dedicar, desde temprano en sus vidas, danzas y otras loas al causante de tantos desvaríos para poder garantizar la continuidad de sus respectivas carreras.

Con cuanta dignidad y entereza el cubano Carlos Gacio, «Ballet Master Internacional», quien recibió el Premio de Una vida por la danza, otorgado cada año por el Festival a una figura relevante, explicó las razones de aquella distinción.

Habló de la magia del ballet y utilizó la metáfora de una suerte de burbuja encantada, donde ocurre tanta belleza, cada vez que se descorre el telón. Luego describió una carrera danzaría y pedagógica de ensueño, en prestigiosas compañías europeas y de otros países.

No se refirió a cuando le pidió permiso al Ballet Nacional de Cuba para viajar a Europa y lo castigaron a trabajo forzado en la agricultura donde debió «ganarse la salida», pero sí dejó bien claro que, al final, abandonó su patria en busca de libertad, como tantos de sus congéneres.

La presencia de muchos otros bailarines cubanos durante las jornadas del Festival viene a corroborar que la cultura nacional se muestra espléndida cuando ocurre sin ataduras ni condiciones extra artísticas.

OCHO DÍAS A LA SEMANA

En el documental *The Beatles: Eight Days A Week The Touring Years* (Los Beatles: Ocho días a la semana, los años de gira), de Ron Howard, Woopi Goldberg confiesa que el comportamiento de aquellos jóvenes influyó notablemente en su libertad personal.

También refiere como le rogó a su madre para ir al concierto del Shea Stadium en los años sesenta, pero ella le dijo que el dinero no alcanzaba. El día de la presentación, sin embargo, le dio la gran sorpresa. Se montaron en el subway como si fueran a pasear y terminaron en el legendario terreno de pelota.

Durante los numerosos ocasiones que he disfrutado a Paul McCartney en vivo, cada vez que canta *Blackbird*, aclara que la compuso conmovido por el sufrimiento de la población negra sometida a una denigrante discriminación racial, que observó con asombro.

Durante aquellos convulsos años sesenta, los Beatles tenían programado una presentación en Jacksonville, Florida, y los organizadores pretendieron hacerlo para la población blanca solamente, a lo cual se opusieron de modo rotundo.

En el documental, la Dra. Kitty Oliver, reconocida profesora universitaria, fue una de las asistentes al mencionado concierto y lo recuerda con mucha emoción por ser el primer evento público de envergadura al cual le permitieron asistir. Era también la primera vez que podía compartir un lunetario, en igualdad de condiciones, con personas blancas.

Esta nueva aproximación a los Beatles expande algunos capítulos de la leyenda y los acerca a las nuevas generaciones, como ha ocurrido cíclicamente porque hay que recordar que tanta excelencia artística corre paralela a un poderoso y permanente aparato publicitario.

La noche que vi el documental, la sala de Coral Gables Art Cinema estaba vendida en su totalidad. Me pareció constatar la presencia de varias generaciones. Las pintorescas expresiones de histeria en la pantalla, sin parangón en ninguna otra manifestación musical, provocaban risa y felicidad. Memorable la madre que reparte frenéticamente servilletas para que sus hijas se vayan secando las lágrimas y sigan desgañitándose.

Los Beatles inventaron los conciertos en estadiós, aunque ni ellos mismos se escuchaban por la desenfrenada gritería femenina. Ringo apunta que sentado detrás del grupo, podía adivinar por dónde iban las canciones observando el movimiento de los traseros de Paul, John y George, tanto era su entrenamiento en medio de la baraúnda.

También ingeniaron las conferencias de prensa modernas que hoy llevan a cabo celebridades de la farándula, con mucho desenfado y bromas sarcásticas, como las de Lennon, quien no tenía piedad a la hora de responder una interrogante tonta.

En cierto momento le preguntan a un veinteañero McCartney sobre la trascendencia cultural de la banda: «¿Cultura?», responde, «Debes estar bromeando».

La presentación de *The Beatles: Eight Days a Week The Touring Years*, se extiende por esta semana y también se incluye en una plataforma de *streaming*. En noviembre sale a la venta en formatos Blu Ray y DVD. Al final de cada proyección, en los cines solamente, se presenta media hora del concierto que ofrecieron en el Shea Stadium en 1965, donde demuestran cuan fogueados venían de Hamburgo y de la emblemática Caverna en Liverpool.

Sin músicos de refuerzo, como hacen otros conjuntos, las canciones remasterizadas por Giles Martin, hijo del legendario productor George Martin, se escuchan como si fueran las grabaciones que conocemos.

En 1966 se hartaron de hacer giras porque estaban literalmente delante de su época, sin la tecnología necesaria para reproducir una obra que se fue sofisticando paulatinamente. *Rubber Soul* (1965) y *Revolver* (1966), anuncian una revolución musical que en el propio documental es comparada a la impronta creativa de Mozart y Schubert.

NUESTRO NÚMERO 16

Yo vi a mi padre sufrir y sobreponerse a la muerte de su hijo. Es la peor pesadilla. De estar vivo, ahora mismo, hubiera padecido mucho la desaparición del pitcher José Fernández, a quien admiró como familia desde su primer lanzamiento, porque la pelota era su deporte predilecto.

Por supuesto que aquella devoción por el equipo local se hacía extensiva a los jugadores cubanos que se iban incorporando paulatinamente a las Grandes Ligas, una suerte de orgullo que todos ostentamos.

El deporte de la isla, que mal recuerdo, era tan politizado que causaba grima. Los boxeadores y los peloteros, principalmente, integraban pelotones de combates antimperialistas en las arenas internacionales.

Con el paso del tiempo, hemos podido constatar que casi todas aquellas glorias nacionales, prestas a entregar sus medallas al comandante, se fueron apagando en el olvido y la miseria.

Cada pelotero cubano llegado a las Grandes Ligas, lleva como estandarte el relato de su fuga hacia la libertad y la realización personal. Estos gladiadores modernos han debido lidiar con la furia del dictador, quien todavía piensa que las deserciones son una afrenta personal, aunque uno de sus hijos las considere otra posibilidad de lucrar con lo ajeno.

Las historias de éxito en el deporte nos legitiman como exilio. La de Orlando Hernández, el legendario Duque Hernández, es el epítomo de ese triunfo sobre las adversidades. Castigado en el estercolero de la isla, logró escapar para merecer glorias insospechadas nada menos que con los Yankees de Nueva York, un argumento de cine. Antes, su hermano Liván Hernández nos regaló la Serie Mundial e inscribió para siempre en nuestro imaginario su «I love you Miami».

Inolvidables son los reencuentros de estos titanes con sus familiares dejados atrás en la incertidumbre. Son esperanzadores y estimulantes porque coartan el daño que la dictadura quiere propinar, no solo a los protagonistas de estos actos de valor, sino a los parientes cautivos, que es donde más duele.

La historia de ensueño de José Fernández no tiene un final feliz y esa circunstancia resulta desconcertante por inesperada. Nos acostumbramos a tenerlo ahí lanzando sus curvas maquiavélicas, haciendo sufrir a experimentados bateadores desde sus veintitantos años y una sonrisa llena de luz.

Escuchar a Yiqui Quintana y a Felo Ramirez narrar la pelota por radio, a la antigua, y oírles decir Joseito Fernández como si hablaran de un hijo o un nieto, era algo íntimo y reconfortante. Nos hacía pensar que la razón estaba de nuestra parte.

Había un extra subliminal en la descripción de los sabios narradores donde la experiencia parecía dictarles que el muchacho ya era un fenómeno en la gran carpa, con notable potencial en el futuro inmediato.

La pérdida de Fernández ha sido descrita por los más importantes medios de prensa de los Estados Unidos sin escatimar elogios y acentuando el hecho de que se jugó el todo por el todo en busca de libertad y prosperidad por lo cual, incluso, estuvo detenido en las mazmorras del régimen.

Un solo medio electrónico oficialista hizo mención del hecho sin acotar, por supuesto, que había intentado fugarse varias veces. Las opiniones de los lectores, sin embargo, son sumamente encomiables de sus logros.

De acuerdo a un comentarista de *Sports Ilustrated*, Joseito Fernández, el número 16 de los Marlins, «no solo jugó buen beisbol sino que lo jugó con elan. Devastó a bateadores con una combinación magnética de ferocidad fundida y encanto aniñado».

Desde tiempos inmemoriales los pueblos lloran a sus ídolos caídos porque es difícil lidiar con el dolor de la tragedia. Gracias Joseito Fernández por *la gloria que nos regalaste desde tu eterno montículo.*

EL MIEDO LES DEVORA EL ALMA

El universo enrarecido que crearon a intimidación y porrazo se deshace y el miedo se trasunta en pataletas mediáticas que reparten indistintamente en la prensa electrónica e impresa del régimen. Un manojo de talibanes fidelistas tienen bajo su responsabilidad salirle el paso a los excesos que provoca la seductora proximidad americana.

Por un flanco de la contracandela, los funcionarios del régimen tratan de conversar civilizadamente con los enviados del legado del presidente de los Estados Unidos, mientras los comisarios siembran cizaña contra esa parte del mismo legado que trastabillea por unilateral e incompleto.

Ni los burócratas, ni los juglares de la revolución apuestan a la buena fe del primer mandatario negro de los Estados Unidos, cuando las calles del «imperio» se inflaman por los aplazamientos, no resueltos, de la histórica segregación racial.

El castrismo solucionó el dilema racial por decreto en 1959 y, sin tener que rendirle cuentas a ninguna organización de ciudadanos negros, los siguió excluyendo de posiciones gubernamentales y hasta de las carpetas de los hoteles. No es algo que les quite el sueño.

Cuando en Cuba los negros —y los blancos— se quejan públicamente, los arrastran, les caen a pescozones o los obstruyen con una ridícula y malsana conga. Cuando no, los «accidentan» en la carretera o envenenan con un pinchazo y desaparecen. La prensa no los puede cubrir, no existen, son no—personas. Si acaso, algunos medios «de afuera» los reportan parcialmente.

A estos cubanos valientes, denostadas como mercenarios, se suman ahora quienes escriben en la prensa alternativa —ni siquiera opositora— sino una más farandulera y con temas de sociedad, donde se retrata una Cuba futurista, de cierto glamour, al doblar de la esquina, que se abre paso en la insoportable grisura oficialista donde todo es miedo y cautela.

Algunos de estos periodistas se desenvuelven como anguilas en el oficialismo pero cobran donde pagan, que es en la otra orilla. Así los enjuician desde el órgano oficial del partido comunista: «La densa red de medios y redes sociales tejida en torno a Cuba con aliados internos y colaboradores, gente que un día es capaz de escribir en la prensa popular revolucionaria, en Granma, Juventud Rebelde, u otros y al siguiente en la prensa enemiga; gente capaz de negar lo que afirmaron con fuerza horas antes, por conveniencia; gente que piensa y escribe según el dictado de quien le pague más; gente que escribe para medios privados al servicio del capital, tiene un único fin, desacreditar al Estado revolucionario, debilitar los pilares que sostienen la institucionalidad de la revolución».

El castrismo solo existe en la cabeza de sus últimos delirantes panegiristas. Mientras los jefes supremos se dan la gran vida, en una suerte de corte comunista, de viajes y placeres, estos escribanos rastreros de mal gusto, tratan de evitar el naufragio tergiversando y faltando a la verdad.

El nuevo mundo les causa pavor y no es que pierdan prebendas porque siempre han estado en la tea. Celebran un evento para salvar los símbolos patrios ante la avalancha de la insignia americana con sus barras y estrellas y advierten que «el blanco es la Revolución y su futuro inmediato, por eso no quieren dejar piedra sobre piedra; por eso intentan sembrar la confusión, el desaliento, la desmovilización; por eso promueven el egoísmo, la falta de fe, la baja autoestima nacional».

Palabrería cada día más hueca, distanciada de la realidad que les regresa, como un boomerang enardecido, y los retrata desnudos, desamparados, sin argumentos frente al desprecio y la indiferencia.

WAJDA EN EL OLIMPO

Esta semana, todos aquellos asiduos a la Cinemateca habanera, hemos despertado con la triste noticia del fallecimiento del más importante cineasta contemporáneo de Polonia, Andrzej Wajda.

Temprano descubrimos que realizadores de Checoslovaquia, Hungría, la Unión Soviética y de la propia Polonia, principalmente, ya estaban lidiando con la ignominia en sus respectivos países mediante filmes donde la metáfora, los símbolos y la doble lectura debieron sustituir el relato directo del horror totalitario.

Con más de 40 largometrajes, en una carrera gloriosa de 60 años, no tuvimos en Cuba un cineasta de envergadura estética y moral como Wajda. El castrismo y su cumbancha solidaria tercermundista, malograron esas probabilidades.

Quiso ser militar como su padre, quien perdió la vida en la masacre de Katyn, atribuida originalmente a los nazis, y que luego se revelara como otro crimen estalinista. Estudió pintura, pero terminó como cineasta en la afamada Escuela de Lodz. Su trilogía sobre la resistencia polaca al fascismo (*Generación, Kanal, Cenizas y diamantes*) se aleja del realismo socialista al uso y ya le provoca la intromisión gubernamental por alterar la historia oficial.

Visitó a Cuba a principio de los años sesenta y reparó enseguida en el rumbo nefasto que perfilaba aquel proceso social.

No pudieron engatusarlo con los falsos atributos del fidelismo, como a otros tantos intelectuales europeos, por eso no volvió y solo lo hizo mediante su cine, que nos deslumbraba con puestas en escena espléndidas y complejas de conflictos humanos sobre el lienzo de una historia devastada por guerras y revoluciones.

Hicieron bien los jerarcas del ICAIC en sospechar del cineasta. «Nunca pensé que viviría para ver el momento de Polonia como una nación libre», dijo en el año 2007. «Pensé que moriría en el sistema. Fue tan sorprendente y extraordinario haber vivido para ver la libertad».

Nos pellizcábamos en el cine cuando vimos *Sin anestesia* sobre un periodista que cae en desgracia o *El director de orquesta*, con el gran John Gielgud, como notable conductor musical emigrado que regresa a Polonia para dirigir una orquesta de provincias.

Sentíamos que alguien hablaba por nosotros desde la pantalla, a partir de un padecimiento semejante, y lo hacía con valor y desde presupuestos formales impecables.

Luego vendría la prohibición de su arte en Cuba con *El hombre de mármol* y *El hombre de hierro* y su compromiso con el Sindicato Solidaridad que acrecentó nuestra admiración y esperanza.

Vi la estremecedora *Katyn* como parte del Festival de Cine de Miami y, en medio de un argumento tan desolador, fui feliz al disfrutarla en libertad y saber que aquel inmenso director seguía filmando, ahora en otra circunstancia, incluso lidiando con el apabullamiento del entretenimiento hollywoodense en su propio país.

Mereció los principales premios que se conceden en las lides cinematográficas internacionales y fue reverenciado en su país como un patriarca de la dignidad y la cultura.

Al fallecer a los noventa años había terminado un nuevo largometraje, *Afterimage*, sobre un importante pintor polaco de vanguardia defenestrado por el comunismo. Cuando le preguntaron sobre el tema, fue directo al grano: «Una advertencia contra la intervención del estado en el arte».

Así explicó en una entrevista su habilidad para seguir dirigiendo: «No podía hacer todo lo que quisiera, pero todo el mundo en el cine polaco estaba unido y éramos buenos negociando con las autoridades políticas. También necesitaban nuestros filmes para ganar premios en Occidente y enseñar que había libertad política en Polonia. Era un juego en ambos bandos. Y este juego nos permitió hacer películas que fortalecieron nuestra identidad nacional. La gente que apoyó Solidaridad era la misma que veía nuestros filmes.»

FELLINI Y LA POLÍTICA

La pasada semana, el director de cine argentino Marcos Carnevale, a quien se deben filmes hermosas y emotivos como *Elsa y Fred*, *Corazón de León* y ahora el remake de la cinta francesa *The Intouchables*, que ha titulado *Inseparables*, le contaba a una audiencia ensimismada del Teatro Tower —del Miami Dade College—, sobre su fascinación por el séptimo arte.

Cuando fue a nacer en un hospital de su pueblo natal, ocurrió que el doctor no se encontraba porque estaba disfrutando, paradójicamente, una película en el cine local.

Luego refirió otra anécdota sobre el estreno de *La dulce vida*, de Federico Fellini en aquel «Cinema Paradiso» de su adolescencia, lo cual hizo que quisiera dedicarse para siempre a la realización cinematográfica

«Hay personas devotas de Dios, yo tengo el mío que es Fellini y por eso le rendí tributo con *Elsa y Fred*».

Nos hizo saber cómo aprendió italiano en Roma para encontrarse un día con su director venerado, a quien le escribió en cierta ocasión y del cual recibiera una foto con dedicatoria de puño y letra.

Después le envió otra carta y, en tono de broma, le hizo saber que no era coleccionista de imágenes de celebridades y que insistía en verlo personalmente. Fellini le respondió que le devolviera la foto y que se tomarían un café cuando la oportunidad se presentara.

El día que Carnevale tocó a la puerta del «Maestro», este se encontraba en un festival fuera de Italia. El encuentro nunca se produjo, Fellini falleció y el director argentino atesora la foto y la correspondencia.

Comparto y suscribo este tipo de admiración, y recuerdo cómo tuve que falsear mi carnet de estudiante en La Habana para tener los 13 años que se requerían cuando traté de ver *La dulce vida*.

Estos días ríspidos de batallas electorales es cuando más me refugio en las manifestaciones artísticas. Me sorprende ver amigos cultos defendiendo a capa y espada a este u otro candidato con sus peroratas estudiadas o espontáneas. Estoy vacunado contra los políticos y la militancia partidista me causa pavor, por lo cual estoy inscrito como independiente y ejerceré el privilegio del voto, cuando corresponda, luego de cavilar junto a mi esposa.

Me tranquiliza saber que, no obstante los excesos que padecemos, el día después no habrá «siquitrillados», ni serán incautadas nuestras humildes propiedades y, al margen de la tendencia ideológica que logre el poder, durante los próximos cuatro años, el curso de la vida seguirá de acuerdo a nuestros propios esfuerzos sin que un comisario político medie en decisiones estrictamente personales.

Los impuestos subirán o bajarán y echaremos la bronca como corresponde. La nueva administración tendrá su filosofía que, en general, no podrá estar en las antípodas de los intereses populares, ni ignorarlos.

El péndulo retumbará a la izquierda o a la derecha, con más o menos intensidad, pero la institucionalidad de la nación no podrá ser vulnerada por líderes mesiánicos, henchidos de ambiciones siniestras y promesas quiméricas.

Una señora me preguntaba, respetuosa, el otro día, si me iría para España de asumir la presidencia uno de los candidatos. Le respondí que, en cualquier caso, seguíamos en el mejor de los mundos posibles. Yo fui un «no persona» en mi país, menos importante que cualquier extranjero, por lo cual no podría considerar mover mi campamento familiar hacia otra campiña. Miami, a donde arriban mis compatriotas en tropel, es parte consustancial de mi felicidad.

Aquí están mis vivos queridos y mis muertos adorados. Raíces profundas y pinos nuevos y las eternas manifestaciones del arte y la literatura para disfrutar la calma después de la tormenta.

BOWIE: FIJEZA DEL GENIO

Corrían los oscuros años sesenta y setenta en Cuba y a duras penas estábamos asimilando aquellas novedades llamadas Beatles o Rolling Stones, en la isla amurallada de los Castro, sin la información gráfica requerida, a golpe de radio subrepticio, porque este género de música estaba prohibido.

Durante los ochenta, en el trasiego clandestino de casetes VHS aparece cierto cantante inglés llamado David Bowie, con un insólito video filmado en Australia, haciendo bailar a los aborígenes sobre un promontorio, la joven protagónica de la historia con unos zapatos rojos, cual Dorothy postmoderna.

Con su hit *Let's Dance* hacía su entrada triunfal en nuestras vidas azarosas, donde estos golpes de suerte no ocurrían con frecuencia, un genio absoluto de la música rock y de todas sus derivaciones culturales.

Al hojear el catálogo de la exposición que le dedicara el famoso Victoria and Albert Museum en Londres, bajo el título *David Bowie is,* se infiere cuanto le deben los llamados performistas, —los cubanos de los años ochenta, entre otros—, a su desbordante imaginería.

Bowie luego llegó a Cuba también de otras maneras, una en alas del video musical *Dancing in the Street* donde se ve, delirante, bailando y cantando en distintos escenarios callejeros con su amigo Mick Jagger, y con otras dos de sus piezas emblemáticas, *Fame*, que tiene a John Lennon como co autor y parte del coro, y *Under presure,* canción memorable junto al grupo Queen.

Luego descubrimos sus dotes histriónicas, como un vampiro insaciable en *The Hunger*, Poncio Pilatos en *The Last Temptation of Christ* y un oficial preso en un campamento japonés durante la Segunda Guerra Mundial, en la inquietante *Merry Christmas Mr. Lawrence.*

Nos perdimos el resto de su influyente carrera, con una narrativa y personajes solo comparables a la fabulación desbordada de Lennon y McCartney.

Hubiera cambiado, con gusto, algunas escuelas al campo, y otros tormentos políticos de mi juventud por disfrutar un concierto de David Bowie y seguir su estela de éxitos.

Desde el 10 de enero del 2016, cuando falleció, luego de una larga batalla contra el cáncer, dos días después de haber cumplido 69 años y dado a conocer su vanguardista despedida, el álbum *Blackstar*, los tributos no han cesado. Personalidades de toda índole, hasta un representante del Vaticano, han coincidido en señalar la enorme pérdida, así como su legado imperecedero durante el pasado medio siglo en 25 álbumes originales.

Hace unos días el jazzista Donny McCaslin, quien lo acompañó en la aventura de *Blackstar*, publicó un álbum en homenaje a Bowie, *Beyond Now*, donde recrea dos de sus piezas en un estilo enfático y sincopado, de mucho poder expresivo.

También ha salido el álbum *Lazarus*, que recoge la música de Bowie, con guion de Enda Walsh, para el musical homónimo que subió a un escenario off—Broadway en diciembre del año 2015. El reparto supo de la muerte de Bowie el mismo día que entraron al estudio de grabación. La cantante de 15 años Sophia Anne Caruso no dejó de llorar durante la jornada.

El extra de este álbum son tres canciones inéditas de Bowie, sumamente fuertes, no incluidas durante las grabaciones de *Blackstar*. McCaslin ha dejado saber que hay otras cinco de igual entereza lírica y musical.

Los meses finales de Bowie fueron frenéticos. Algunos días grababa las piezas de *Blackstar* por la mañana y luego en la tarde se sentaba con el pianista Henry Hey para la música de Lazarus, quien ha dicho: «Tenía el entusiasmo de seguir creando arte y música hasta el final. Nunca he visto a otra persona tan energizada y vigorizada mediante la creación artística».

¿Y LA DICTADURA? BIEN, GRACIAS

Durante una comparecencia pública, me llamó la atención un detalle singular de la expresión corporal de Ben Rhodes. Mientras discurseaba, tratando de convencer a los cubanoamericanos sobre lo conveniente de la apertura del gobierno americano con la dictadura de los Castros, se ponía un pie sobre el empeine del otro, inconscientemente.

Cuando un cineasta joven cubano lo conminó a salirse de su bien estudiado guion, preguntándole en español, porque decía haberlo visto entender ese idioma en otra de sus intervenciones, el asesor de seguridad trastabilló, se puso osco y evitó al interlocutor.

Después desapareció prácticamente del escenario público hasta ahora que ha vuelto a salir a la palestra para apoyar la abstención de Estados Unidos sobre la votación en la ONU del embargo a Cuba.

Un día después de justificar la nueva e inédita política, se dejó entrevistar por CNN para repetir la vieja fórmula de hacer concesiones a la dictadura y luego dejarle saber amenazante, a sus personeros, que esperan reciprocidad al respecto.

Por supuesto que la casta militar que detenta el poder en Cuba, se rasca la barriga con las advertencias del joven majadero «imperialista» y monta una campaña nacional, e incluso internacional, sobre el éxito rotundo de la perseverancia de la revolución en la arena internacional.

Así predica el sagaz Rhodes: «Incluso si levantáramos el embargo, necesitaríamos ver que el gobierno cubano sigue avanzando en sus reformas económicas».

El «avance» al cual hace mención, se circunscribe a timbiriches de mala muerte y restaurantes para celebridades, lo cual es una extraña manera de sacudirse el totalitarismo, sobre todo cuando de pronto, sin previo aviso, el régimen le pone un freno a licencias para nuevos tugurios gastronómicos, además de que pelotones de inspectores le hacen la vida imposible a los cuentapropistas con multas y amenazas.

El joven funcionario de los inquietos pies cruzados, hizo las menciones acostumbradas y casi protocolares de la violación de los derechos humanos y de la poca conectividad de la población con la Internet, los cuales «no están en la escala» que Washington desearía para la nueva Cuba de relaciones y negociaciones.

La prensa oficial cubana ignora las declaraciones de Rhodes y de la embajadora americana en la ONU, quien también la emprendió contra la represión en la isla.

Ha movilizado todos sus medios, que son eficaces a la hora de adoctrinar, para contarle al pueblo sobre la gran batalla librada, sin entrar en los pormenores de que el embargo es una ley codificada que necesita del Congreso de los Estados Unidos para ser rescindida.

Ese menesteroso pueblo apabullado, acepta la nueva andanada propagandística con estoicismo, como otra de las formas acostumbradas de su arte de esperar lo que nunca llega, la posibilidad real del libre albedrío sin cortapisas ideológicas.

Coincidentemente en Venezuela, otro pueblo, se resiste a ser pisoteado y aniquilado por una inopia semejante y discute sus derechos en la calle masivamente, a expensas de la violencia disparatada de un gobernante obtuso y prepotente.

Mientras el famoso cantante venezolano Franco de Vita llora, impotente, ante las cámaras de televisión durante una entrevista, por el sufrimiento de sus compatriotas, los artistas e intelectuales cubanos son conminados a expresarse sobre el triunfo en la ONU y entran en un estado de incontinencia verbal que causa vergüenza ajena.

Una de las opiniones más sorpresivas proviene de la reclusiva actriz Mirta Ibarra cuando afirma que ahora la mayoría de las comunidades de países reunidos en la ONU, podrán reconocer con claridad el cambio en la postura del imperio vecino y la victoria del resistente pueblo cubano.

¿Y la dictadura? Bien, gracias.

PATRIA O MUERTE

No deja de ser un riesgo para los realizadores de un documental titularlo con el lema que ha taladrado el cerebro a los fatigados cubanos de la isla durante más de medio siglo.

A los pocos minutos de haber comenzado, sin embargo, el espectador entiende que aquel desastre ostenta cierto tufo deleznable, un dilema sin solución, con el cual la nomenclatura gobernante no ha tenido que lidiar en su vida de esplendores: o asumes la patria que yo te propongo, sin alternativa, frustrante, indigente, politizada hasta los dientes, o te cierro el camino con la muerte.

No hay tercera posición, ni esperanza de cambio, ni disidencia reconocida, y así lo relata, en detalle, con voces de cubanos de a pie y sus contrapartes artísticas e intelectuales, en una suerte de singular confluencia de opiniones, el revelador documental de la actriz española Olatz López Garmendia, *Patria o muerte*.

Hoy por hoy, la isla ostenta una filmografía curiosa, de productores foráneos, que han intentado, en diversas épocas, dilucidar la cacofonía de una dictadura ejemplarmente totalitaria.

Algunos de los documentales fueron dirigidos por cubanos exiliados como es el caso de *Nadie escuchaba, La otra Cuba, Conducta impropia, Fiel Fidel* y otros, por extranjeros desprejuiciados y distantes de la izquierda cómplice, que muestran el fracaso del proyecto nacionalista tergiversado por las ambiciones políticas desmedidas de una familia: *Fin de siglo, Cuba 111* y *Patria o muerte*, dirigido por el ruso Vitaly Mansky en el año 2012.

Sin embargo, el antecedente cinematográfico más cercano de este nuevo *Patria o muerte* es *Havana*, realizado por la checoslovaca Jana Bokova en 1990, apabullante crónica del desastre con notables similitudes, no obstante los años transcurridos.

En *Havana*, resulta memorable la persona que cuenta como se acostó en el segundo piso de una cuartería y amaneció estrepitosamente en el primero, luego de un derrumbe, mientras en el documental de Lopez Garmendia un niño afirma que le debe la vida a su padre cuando lo sostuvo por la camiseta, al desprenderse el balcón donde se encontraba parado.

Bokova todavía logra reflejar la contraposición de voces afines a la revolución, como la del poeta Pablo Armando Fernández, y la de Reinaldo Arenas, en las antípodas. Garmendia, por su parte, ha preferido dar tribuna a intelectuales y artistas vetados en su propio país como son: Aldo Rodríguez («Cuba es un lugar de frustración»), del dúo de raperos Los Aldeanos; Antonio José Ponte («Escapar es la salvación, te tienes que ir»), Reinaldo Escobar («La gente ha perdido la noción de que tiene derechos»), además de Yoani Sánchez, Wendy Guerra, Rafael Fornés, Gorki, Danilo Maldonado, El Sexto; Ismael de Diego, Carlos Quintana y Osdalgia.

La realizadora estuvo haciendo incursiones subrepticias en Cuba durante cuatro años y terminó por contratar al fotógrafo Claudio Fuentes cuando se dio cuenta que estaba en peligroso clandestinaje. *Patria o muerte*, producido por Julian Schnabel, tiene un montaje enervante de Ismael de Diego que va intercalando la ruinosa realidad circundante con sus «zombies», tratando de sobrevivir el absurdo cotidiano.

Hay un momento donde figura el sonido del secuestro policial sufrido por Yoani Sanchez, donde se escucha la verdadera naturaleza de la represión, mientras en otro fragmento, cerca del final, llega a La Habana el Presidente Barack Obama y su esposa, y el documental muestra como Claudio Fuentes, el fotógrafo, es subido a un carro policial a empellones y groserías, como colofón de este repaso recurrente de los males del castrismo.

BENDITA DEMOCRACIA

Un amigo aislado en la penumbra de la incomunicación castrista me pide que le dé detalles sobre las elecciones recién celebradas en los Estados Unidos, que el régimen ha manipulado hasta el delirio.

Usamos una de las plataformas de comunicación tan comunes para cualquier ciudadano del mundo, si exceptuamos a los coreanos y a mis compatriotas. El diálogo se extiende por largas jornadas, algunos días, debido a la demora en recibir y responder los emails, pero vale la pena.

Curiosamente, en otras ocasiones mi amigo ha recibido información de periodistas independientes, invitados por la otrora Oficina de Intereses de Estados Unidos en La Habana, hoy devenida Embajada, para disfrutar las elecciones, pero me dice que ahora, lamentablemente, no fueron convocados.

«¿Cuéntame cómo es eso del mapa de colores en la televisión?», inquiere. Todas las grandes cadenas lo tienen y mientras avanza la noche los estados se van ganando a golpe de votos electorales. Los demócratas son azules y los republicanos rojos. «¿Rojos?», «¿Cómo el comunismo?» y lo atajo, nada que ver, son asuntos históricos.

«Aquí en Cuba es tan obvio, todo es escarlata, quiero decir del partido gobernante, y solo elegimos a los pobres delegados de circunscripción que luego pueden hacer muy poco por nosotros. Lo grande se decide a dedo. Fidel dijo que el hermano lo sustituía y ese afirma que se va en el 2018, pero nadie le cree».

«¿Cómo es que daban por segura a Clinton y sale Trump?». Sí, fue una sorpresa para muchos especialistas y para la gran prensa, tan influyente. El mapa empezó a ponerse punzó hasta donde debió ser azul, tradicionalmente. La democracia en acción daba al traste con la especulación científica y la tramitación adelantada.

«Tremendo, —me apunta—, aquí los medios ni influyen ni pueden cambiar el rumbo de nada. Siempre están de acuerdo con el poder. Los periodistas que han estado en contra, se la ven difícil, cuando no, están presos».

Pues mira, el único comunicador que auguró el triunfo del urbanizador fue el controversial Michael Moore, el mismo que hablara de la excelencia del sistema de salud cubano y de otros logros de la dictadura. Yo lo vi en la televisión diciendo que Trump era como un boomerang.

Fascinante todo el proceso, un verdadero combate cuerpo a cuerpo. A veces escabroso, en ocasiones estresante, pero siempre con aristas reveladoras.

«Por acá, el periódico *Granma* dijo que las minorías, hispanos y afroamericanos, saldrían a votar en masa y aplastarían al republicano».

Los primeros todavía no somos suficientes para inclinar una balanza tan importante y todo parece indicar que los segundos no fueron igual de solidarios como cuando el candidato Obama los convocó.

Por cierto, el Presidente presumió un desenlace inconveniente para su legado y, obedeciendo a su olfato político, dejó la oficina oval eventualmente, junto a la primera dama, para hacer campaña por la candidata demócrata. Deben haber tomado algunos de sus días de vacaciones.

Ahora hay protestas anti Trump en algunas ciudades azules, no tan violentas como el movimiento Occupy Wall Street del 2011, pero alentadas por las cámaras de televisión y por el silencio cómplice de funcionarios que debieran salirles al paso con alguna componenda de tipo comunitaria, muy a la usanza en Estados Unidos. Vi en la televisión a un joven hispano decir que «Trump es un animal».

¡Alabao!, escribe mi amigo. «Los que han increpado a Fidel o Raúl durante estos años tienen un cementerio aparte».

Estados Unidos es un país generoso —le escribí—, fíjate que hasta un mariachi como Vicente Fernández está pidiendo que salgan a la calle a protestar.

SANTA Y ANDRÉS CENSURADA EN LA HABANA

El programa del Festival Internacional del Nuevo Cine Latinoamericano, que se celebra en La Habana entre los días 8 y 18 de diciembre, ha excluido el nuevo largometraje de Carlos Lechuga, *Santa y Andrés*, que viene precedido de no pocos elogios internacionales.

En conferencia de prensa, el presidente del cónclave cinematográfico, Iván Giroud, mencionó cinco películas cubanas dirigidas por: Fernando Pérez, Lester Hamlet, Enrique Álvarez, Jonal Cosculluela y Patricia Ramos.

También se llenó la boca para afirmar que el Festival «defiende el criterio de ser espacio para filmes que no logran visibilidad en otros circuitos». A lo cual agregó —sabiendo que excluía lo que parece ser una importante película cubana—, «Nos llegan materiales que ofrecen acercamientos a temáticas bien complejas de nuestros tiempos como la diversidad, la religión y otros...»

Santa y Andrés afronta, precisamente, esos puntos de vista complejos y diversos, sobre un escritor marginado y homosexual y de la persona reclutada por la policía política para vigilarlo, que recuerda la ordalía sufrida por Reinaldo Arenas, Delfín Prats o René Ariza, por solo mencionar tres modelos que le sirvieron a Lechuga, luego de rigurosa investigación, para escribir el guion.

Utilizando un viejo recurso estalinista, que pienso no tenga los mismos efectos de antaño, ya apareció el primer ataque contra el director en la Internet, suscrito por un tal Arthur González en el sitio *El Heraldo Cubano*, que luego rebotara en el website noticioso español *Tercera Información*.

En el agobiante libelo se hace una historia disparatada de los intentos de Estados Unidos por desestabilizar a Cuba mediante manifestaciones artísticas y de cómo este nuevo filme sirve a esos propósitos. Es muy curioso que ponga en solfa el término «independiente» para producir cine entre los jóvenes, como uno de los tantos empeños anticastristas. «Desmontar la historia y entregarla deformada a las nuevas generaciones», es como califica el argumento de *Santa y Andrés*, «largometraje que pretende enturbiar la obra revolucionaria», agrega con acritud.

Lechuga ha debido salir a la palestra en los magros medios sociales de Cuba, donde más de la mitad de su público potencial no tiene acceso, para defender su posición de cineasta comprometido con los avatares nacionales. Algunos colegas lo han defendido en esas mismas plataformas pero ninguno ha aprovechado la circunstancia especial de ser invitado del Festival para protestar y negarse a participar si a Lechuga no se le restituyen los mismos derechos.

Consta que los productores de *Santa y Andrés* entregaron temprano su solicitud de participar en el evento de La Habana, luego de recibir elogios en otros festivales relevantes como los de Toronto y San Sebastián.

El actual director del Festival, Iván Giroud, por su parte, se ha vuelto especialista en quitarle el cuerpo a los problemas. Ya se sabe de sus malabares cuando la película de Laurent Cantet, *Regreso a* Ítaca, también fue prohibida. Todo parece indicar que muy poco ha hecho por un cineasta de la generación de su sobrino Pavel Giroud, quien si ha protestado, desde España, por la injusticia.

Desde que concediera entrevistas sobre *Santa y Andrés*, Lechuga fue transparente sobre el propósito de su obra, un tributo a los intelectuales y artistas defenestrados que no han recibido una satisfacción pública. También fue crítico sobre la preferencia recibida por productores de los Estados Unidos utilizando a Cuba como escenario pintoresco de sus superproducciones.

El Festival ahora se vanagloria de contar con la presencia de Oliver Stone y Brian de Palma, entre los invitados, quienes pudieran aprovechar su fama para defender a un colega en desgracia, como han hecho en otros sitios del mundo.

ESCENAS COSTUMBRISTAS

En la larga fila de personas que han sido transportadas desde sus centros laborales para despedir al tirano, se manifiesta una subrepticia indiferencia cuando cruzan de modo apresurado delante de anodinos arreglos de rosas blancas medio mustias, pegadas al suelo, y tres muebles de mal gusto con sus agobiantes medallas.

Al fondo del altar revolucionario, custodiado por guardias vestidos de gala, la foto de Castro en la Sierra Maestra con mochila y fusil en ristre. A los lados, burócratas de caras compungidas se van turnando en la escolta de honor.

No se nota mucho llantén entre los jóvenes, sino paseantes entretenidos con sus teléfonos celulares, unos tomando constancia de su paso por la ceremonia y otros respondiendo llamadas. Es curioso, como una encargada del funeral detiene el paso a cuatro de los concurrentes para que aminoren la velocidad delante del grotesco santuario y presenten sus respetos.

Un «loquito» militarista, vestido de civil, pasa frente al retablo, hace un giro inesperado sobre sus talones y saluda como si estuviera delante del propio comandante.

Las cenizas del occiso, que viajarán hasta Santiago de Cuba, en una suerte de recorrido—despedida, contrario al presentado en el filme *Guantanamera*, de Gutierrez Alea, y que tanto molestara a Castro, están reservadas para la nomenclatura en el Ministerio de los Fuerzas Armadas.

Qué raro, cuando alguna vez quisieron exhibir las manos cercenadas del Che Guevara en el mismo escenario del monumento a Martí, donde hoy se le rinde un tributo tan kitsch a su mentor.

Cenizas eligió volverse el propio déspota conocedor de la historia, para evitar las tribulaciones de otros congéneres que han sido arrastrados, colgados y vejados por el hartazgo de sus propios pueblos.

El reguetón ha enmudecido su sonsonete insoportable en la isla y ninguno de sus reconocidos cultivadores le dedica siquiera un piropo al exterminador. Ni Baby Lores, tan locuaz, que lo tiene tatuado sobre la piel. Ni los que ahora hacen dinero en la orilla de Miami y se mantienen tan silenciosos como los de La Habana, alejados de las celebraciones callejeras a donde no pueden concurrir para mantener la neutralidad que impone el billete.

Lo de ellos no es la política sino «cultura de la buena», como dice un personaje socarrón en la película *Alicia en el pueblo de Maravillas*, otra parte de la filmografía odiada por el difunto.

Estos días de luto obligatorio recuerdan las horas del discursear castrista que antecedían el inicio de los carnavales habaneros cada 26 de julio. Todos esperando que el tribuno terminara su catilinaria con el consabido «Patria o muerte», para meterle al ron y la cerveza de «pipas».

Las viudas de la cultura, cual plañideras, han comenzado el elogio del hombre voluntarioso e iracundo, quien requería fidelidad total a cambio de magras prebendas.

Miguel Barnet ha dicho que Fidel era un «iluminado» y que la isla no se puede concebirse sin su impronta. El dúo Buena Fé, que pasa el cepillo en Miami cada vez que se les presenta la oportunidad, escribe con desparpajo para que no quede duda de su militancia: «¡Gloria eterna a Fidel! ¡Historia, abre los portones! No pudieron detenerlo cuando era de carne y hueso. Ahora es invencible. Renacerá una y otra vez».

Dice la poeta Nancy Morejón que Fidel era un «príncipe de lo cotidiano», que le enseñó el mejor de los caminos. La cineasta Rebeca Chávez lo recuerda tierno y cercano, mientras el trovador Vicente Feliú tiene deseos de llorar a ratos porque no se cree la noticia de su muerte. Para el actor Jorge Perugorría se trata de «una pérdida que nos conmueve a todos».

EL MISMO MARTIRIO

Ya las cenizas del dictador descansan diminutas en la enorme piedra, que algunos dicen traída de la Sierra Maestro y otros que fue fundida in situ, durante un operativo secreto. En cualquier caso, parece la escenografía de una mala película bíblica. Todos los estrafalarios titulares de prensa anuncian su supervivencia o resucitación.

Ahora los cubanos han sido obligados a dejar de ser cubanos y «son Fidel» según la cantaleta del régimen que va a estirar sin piedad la permanencia doctrinal del personaje hasta que, irremediablemente, se vaya disipando.

Su propio discurso, abundante en promesas incumplidas, habituó al isleño a esperar poco del futuro. Quién no recuerda el «ahora si vamos a construir el socialismo» y lo que vino después fue más de lo mismo.

Un país detenido en seco por nueve días vuelve a sus quehaceres sin mayores cambios ni consecuencias. Jabita en mano, salen mujeres y hombres a montear el esquivo condumio de cada día. Las colas agobiantes no han disminuido y el «pollo sigue viniendo por pescado» a las bodegas famélicas.

Las autorizadas celebraciones festivas religiosas y de fin de año tendrán un tinte luctuoso porque nadie se atreve a ser más fiestero que el vecino. Los reguetoneros con fama y poder adquisitivo prefieren animar las fiestas de Miami y salir de aquel pueblo embrujado donde habrá poca gozadera.

El caudillo nunca fue amigo de la música popular, ni del baile, ni del buen humor de sus congéneres. Hubo un tiempo que cerró la vida nocturna a cal y canto, así que diciembre será un mes de plomizo silencio en honor a su densidad y pesadez.

Habrá que hacer un aparte a los turistas extranjeros que no entienden de esos lutos y ya se quejaban de verse atrapados en las raras exequias extendidas.

Hoy comienza el Festival de Cine de La Habana, sin la película *Santa y Andrés*, de Carlos Lechuga, censurada por los organizadores, y ahora calificada por comisarios políticos como un ataque a principios sagrados de la revolución, como la propia figura de Fidel Castro. La arbitraria decisión es para defender «a un pueblo y a una gran causa».

La comunidad artística e intelectual cubana sabe que ahora viene una racha de miedo. Los que hicieron declaraciones, canciones, ballets y otras obras creativas sobre los encantos del dictador, se sienten eventualmente seguros, porque nunca se sabe si debieron estar más comprometidos con sus designios mesiánicos, pero los que se mantuvieron distantes, ajenos a la firma del documento de reafirmación revolucionaria, en las distintas paradas de la caravana fúnebre, tienen razones para temer.

El castrismo no ha terminado pero su fijeza fidelista ya comienza a ser historia y no perdurará en una realidad tan dura de vivir donde cada vez hay menos tiempo para la bobería iconográfica y retórica donde las personas buscan desesperadamente el resquicio de esperanza, sin la posibilidad de escapar.

La revista *National Geographic* acaba de celebrar un intenso campamento de fotografía en La Habana. Al final conversaron con 21 jóvenes participantes y esto fue lo que dijo Jonathan López Avila sobre el particular: «Como hombre joven, considero que los cambios serán positivos aunque muy lentos. Para mi es importante que mis expectativas y sueños no se traben mucho más en el tiempo. He visto a numerosos jóvenes adultos, talentosos y brillantes, que han buscado nuevas oportunidades en otros países, lo cual hace más difícil la prosperidad de nuestro propio futuro».

Entre los arrebatos públicos provocados por la procesión de las cenizas ninguno tan preclaro como la señora que vociferó anegada en llanto: «Un hombre tan grande en una caja tan chiquita».

ARCOÍRIS TURBIO

El canal por cable HBO hizo coincidir el estreno del documental *Patria o Muerte: Cuba, Fatherland or Death*, de la realizadora española Olatz López Garmendia, panorama devastador de la disfuncionalidad de la sociedad cubana sometida a casi sesenta años de dictadura, con *Mariela Castro's March: Cuba LGBT Revolution*, suerte de retrato en vivo de quien dirige el centro de educación sexual CENESEX en Cuba, hija de Raúl, actual dictador en funciones, y sobrina del déspota que acaban de inhumar.

Mariela devino «sexóloga en jefe», luego de desactivar la labor de su antecesora, la alemana Monika Krause, quien debió afrontar con bravura e incomprensión el machismo y la homofobia de la casta gobernante en la isla, durante los primeros años de la ordalía socialista, amparada por la «heroína de la Sierra Maestra», de origen burgués, Vilma Espín, progenitora de Mariela.

Casi siempre rodeada por una corte bulliciosa de miembros de la comunidad LGBT, en tanto acepten ser explícitamente revolucionarios, Mariela higieniza la saga oscura del castrismo en materia de represión sexual.

El documental la presenta como una cubana con atributos excepcionales y privilegios. Ostenta una bella sonrisa, algo de lo que no se pueden vanagloriar muchos de sus coterráneos por la crisis estomatológica que asola las dentaduras criollas.

Sabe que nada le ocurrirá cuando va por los pueblos en sus campañas contra la homofobia rodeada de pintorescos travestis para hacerle preguntas provocadoras a los campesinos sobre orientación sexual y parejas del mismo sexo.

A esos saraos incorpora su esposo, un fotógrafo de origen italiano, quien recientemente hiciera en París una exposición con imágenes de la comunidad LGBT cubana y quien también se refiere a los mismos con lastimosa condescendencia: «Se ven obligados a ponerse senos y a hacerse el cambio de sexo, buscando ser aceptados. Pero es cierto que también otros conviven con su pene, aunque no les guste, ya que eso les permite prostituirse para subsistir. Es una vida que está llena de contradicciones».

No obstante su felicidad manifiesta en congas callejeras y espectáculos teatrales con seguidores agradecidos, pues se trata del único reconocimiento oficial que han disfrutado, algunos testimonios del documental arañan la puesta en escena de una narrativa leve y tergiversada, para revelar aspectos tenebrosos a los cuales han estado sometidos los gay en Cuba.

Uno de los entrevistados recuerda como durante el nefasto campo de concentración de la UMAP (Unidades Militares de Ayuda a la Producción), un joven conocido es castigado en el descampado a mirar el sol por horas y se vuelve invidente. Durante la entrevista muestra su carné de identidad donde se asienta que fuera confinado a la UMAP, lo cual le impidió durante años progresar laboral o académicamente.

En conversación directa con Mariela, quien se presenta paternalista y desprejuiciada, le dice que el régimen nunca les ha extendido una disculpa a lo cual ella responde, presurosa, que por lo pronto le ofrecía la suya, con generosa espontaneidad.

El realizador del documental Jon Alpert quien es dueño de una filmografía investigativa prestigiosa, aquí evita profundizar en el tema y mucho menos aprovechar que está en familia para preguntarle a la Castro sobre el artífice de la UMAP, la llamada parametración de artistas e intelectuales gays y la homofobia del Congreso de Educación y Cultura, así como por la detención obligatoria de los enfermos de SIDA en Los Cocos, entre otras medidas que contribuyeron al estado de opinión peyorativo que aún pervive en buena parte de la población cubana y que ahora intentan enmascarar mediante la sexóloga y parlamentaria, que no admite ni grupos ni opiniones alternativas a su prédica castrista.

2017

PENUMBRA EN LA HABANA

Suelo aprovechar las vacaciones de fin de año para darme un baño de cine. Lo mismo voy a la cita habitual del Teatro Tower, del Miami Dade College, que me prendo en algunas de las plataformas de streaming donde sigo prefiriendo a Netflix por su excelente catálogo, calidad y servicio en general, así como por el subtitulaje en numerosos idiomas que ya figura en casi todas sus ofertas. ¿Qué más se puede pedir para un cinéfilo empedernido? Es como un sueño hecho realidad.

No puedo dejar de recordar, sin embargo, las jornadas en el apartamento 304 del edificio 29 de La Habana del Este, donde tuvimos disponible el primer VCR, tratando de repasar la filmografía que nos prohibían, en copias que dejaban mucho que desear pero satisfacían el ansia de conocer.

Pues no solo vedaron a Los Beatles o Los Rolling Stones, como insisten en machacar numerosos relatos nostálgicos de la isla, cual camuflaje de otros desmanes más profundos. Fueron libros, clásicos y modernos; otras músicas, fotos, teatro, bailes, artes, comidas, deportes, en fin, cuantiosas de las manifestaciones de la cultura que hacen la vida tolerable.

Durante esta avalancha cinematográfica he visto, en Netflix, la serie Cuatro estaciones en La Habana, dirigida por el español Félix Viscarret, basada en novelas de Leonardo Padura, protagonizadas por su policía con vocación literaria Mario Conde, que interpreta —sin ímpetu Jorge Perugorría.

Más allá de la truculencia patibularia y erótica de cada historia, así como del hastío que provoca el leitmotiv de la porno miseria, consustancial al modo que los directores extranjeros suelen observar la realidad cubana, sentí la tranquilidad del que ve una película de catástrofe desde la comodidad del hogar.

Haber podido salvar a mis hijos y nietos de esa barahúnda de frustraciones, desesperanza y adicciones al alcohol y otras drogas —para escapar de la ignominia que, sin embargo, sigue contando con el beneplácito de sus víctimas, me hace creer, con orgullo, que pude enrumbarles el destino por una vida de provecho.

El piloto o primer capítulo de la serie se estrenó con bombos y platillos durante el pasado mes de diciembre en el Festival del Nuevo Cine Latinoamericano de La Habana.

Caprichos insospechados de la censura en las dictaduras si pensamos que en el 2015, otro director ibérico trató, en vano, de presentar su adaptación literaria de la novela *El rey de La Habana* de Pedro Juan Guitérrez en el mismo escenario. Por entonces, Agustí Villaronga ni recibió el permiso para filmar en la capital de la isla.

Ambos contextos parten del llamado período especial de los años noventa, cuando, supuestamente, la economía cubana tocó fondo. El realismo sucio que cultiva Pedro Juan Gutiérrez tiene que ver con el marginalismo más atroz de la sociedad cubana contemporánea. Sus personajes no encuentran salida en una espiral de indigencia y violencia, de tal modo quedan registrados en el filme de marras.

Los argumentos de Padura, llevados al cine en esta oportunidad, tampoco son una postal para alentar el turismo, sino todo lo contrario. Capítulos de una existencia denigrante constan en la pantalla como no figuran casi nunca en la prensa oficial, a lo cual habría que agregar la más rampante corrupción en casi todos los estamentos sociales, de donde no se salvan, por supuesto, ni las fuerzas represivas de la policía, a las cuales pertenece Conde.

No creo que la serie encuentre cabida en la televisión castrista. El público tendrá que esperar por la oportunidad que brinda el llamado «paquete», ese pequeño cuadrante de libertad audiovisual donde el cubano encuentra alivio a la absurda cerrazón y control enfermizos del régimen.

NO TIENEN SUERTE

Imagínense por un momento a la diva Sonia Braga, quien mereció el premio de mejor actuación femenina en el pasado Festival de Cine de La Habana, por su desempeño en el filme *Aquarius*, subir al estrado para recoger su Coral y durante el discurso de agradecimiento emprenderla contra el régimen por haber impedido que el cineasta cubano Carlos Lechuga presentara su nuevo filme *Santa y Andrés* en el evento, como era de esperar, después de recorrer, con elogios de la crítica, algunos de los principales encuentros cinematográficos del mundo.

Imagínense al director del Festival de La Habana quien, por cierto, figura entre las personas que Lechuga agradece en los créditos finales de su filme, encogerse en la butaca del cine donde se oficia la ceremonia, ante la inesperada intervención de la brasileña.

En este supuesto escenario el burócrata teme lo que le espera en la oficina de un iracundo seguroso, quien preguntará el porqué de aquel escándalo, sobre todo cuando ya se había logrado neutralizar al director venezolano Jonathan Jakubowicz, quien no fuera bienvenido a La Habana con su popular filme *Mano de piedra*, luego de protestar en la prensa internacional sobre la censura a su colega Lechuga.

En el mundo real, sin embargo, Braga apuntó que el filme hablaba de la resistencia en su país y se fue contenta de Cuba con el premio.

En ese mismo festival mantuvieron silencio cómplice afamados e influyentes directores como Brian de Palma y Oliver Stone. Pero ya se sabe que nunca hemos tenido mucha suerte con los embajadores de Hollywood cuando llegan a la isla para relajar.

Pienso en esa circunstancia viendo a mi admirada Meryl Streep aprovechando la entrega que se le hiciera del premio Cecil B. DeMille, por su exitosa carrera, durante la ceremonia de los Golden Globe Awards, para dirimir sus cuitas con la próxima administración americana.

Bendita democracia me digo, aunque arguyo que la perorata de la gran actriz haya abusado de la paciencia del televidente y de sus congéneres faranduleros que la pasaban tan bien en pantagruélico banquete.

Es peculiar como en ceremonias auspiciadas por dictaduras de izquierda la llamada progresía se olvida de sus preceptos y calla para no ofender a represivos anfitriones. A nadie se le ocurre pensar que el gobierno italiano aprese al director Paolo Sorrentino por criticar el *establishment* y que luego en el Festival de Venecia los invitados se hagan los indiferentes.

Pero, como dije antes, los artistas cubanos no disfrutan de esa solidaridad internacional, sobre todo entre celebridades de la influyente claque cinematográfica americana que pasan por La Habana.

Este año, por ejemplo, la industria de cine de los Estados Unidos ha propiciado filmes con historias que ocurren en la comunidad negra, porque en el 2016 fueron fulminados por el «blanqueo» de las obras que concursaron para los premios Oscar. Ha sido una respuesta natural, armónica, y ahora hay películas independientes como *Moonlight* y otras producidas por la propia industria como *Fences*.

En Cuba, sin embargo, donde cineastas de todos los colores claman por una ley de cine que el gobierno sigue desdeñando, llega el actor negro americano Danny Glover, se queda días haciendo labor proselitista a favor de una dictadura que encarcela y golpea a sus congéneres de raza con más saña, y termina temblando de emoción ante las cenizas de Ernesto Guevara (el Che).

Ya se sabe cómo hace unos años Steven Spielberg declaró a la prensa que las horas con Fidel Castro formaban parte de los momentos más importantes de su vida, algo que no hubiera manifestado en un encuentro con Hitler.

EL CASTRISMO NO ES UN LEGADO

En el 2017 mi esposa y yo cumplimos 25 años de haber cruzado la frontera mexicana por el río Bravo en Matamoros.

Poco antes lo habíamos intentado en la Ciudad de Tijuana pero fuimos interceptados por la policía de inmigración. En aquella primera oportunidad, una suerte de lugarteniente, como salido de la película *Traffic*, por su crueldad y alevosía, se dio a la ingrata tarea de torturarnos verbalmente sobre nuestra eventual deportación a La Habana. Nos montó en un avión de vuelta al Distrito Federal y le entregó al piloto nuestros pasaportes.

Por suerte para nosotros, llegamos a la capital mexicana durante una jornada feriada y gracias a la intervención de una buena amiga nos liberaron, no sin antes advertirnos que no podríamos acercarnos otra vez a la frontera.

En México escribí algunas notas críticas sobre la cultura cubana en diarios prominentes. Enseguida «funcionarios» de la embajada hicieron lo posible por ponerse en contacto conmigo para hacerme desistir de tal empeño.

Claro que no le hicimos caso a la advertencia del funcionario de emigración y la segunda incursión a la frontera resultó exitosa. Aunque a veces ni reparen en esa particular circunstancia, porque los que corren del espanto no se detienen en las causas de sus agravios, los cubanos desde 1959 huyen de una dictadura, nadie se llame a engaño.

Ya en Miami, la periodista Ana Santiago de *El Nuevo Herald*, —hoy amiga y funcionaria de inmigración y ciudadanía—, nos dedicó un artículo de primera plana donde habló de cierta «Familia de desertores», porque otros dos de mis hermanos habían escapado de la isla utilizando distintas estratagemas.

En aquel glorioso año 1992, con la ayuda de una organización de abogados pro bono, presenté mi caso de asilo político que resultó concedido.

Mi esposa y yo nos ganamos duramente la entrada a la libertad, —lo cual agradezco de todo corazón—, pero hemos retribuido el gesto con hijos y descendientes americanos ejemplares, toda una familia de aportes económicos, espirituales y sociales impecables, que prestigian a nuestra comunidad.

Me honra haber descubierto hace mucho tiempo, por otra parte, que somos la norma y no la excepción entre las distintas oleadas del destierro cubano.

Ya lo dijeron los obispos católicos americanos, quienes no son muy pródigos en elogios, se trata del exilio más exitoso que recuerde la sociedad americana y como tal debemos ser respetados.

¿Dónde quedó, entonces, el compromiso histórico con la defensa de la libertad en Cuba por parte de las distintas administraciones americanas que han debido lidiar con 58 años de castrismo?

Los aliados de la democracia viven en Miami y en otras comunidades de los Estados Unidos donde se han asentado los cubanos. En la finca de los Castros, el miedo y la violencia han impedido que allí se respeten los derechos humanos.

La dictadura militar de la isla no puede ser confundida con un legado presidencial civil y democrático. Es una operación condenada al fracaso que solo sirve para dar relevancia internacional a un sistema espurio.

El régimen responde a una caterva de agentes y espías laborando a tiempo completo contra la decencia y la honradez. Muere un ministro del interior y surge otro más taimado, impelido en sus ansias de represión por la carta blanca que le concede el otrora enemigo imperialista.

Las dos partes del diferendo apuestan a que la noticia se disipe y las familias cubanas varadas en tierras ajenas, por un dictamen nada humanitario, retornen a la ignominia o revienten de pesar.

El castrismo no es un legado, sino una aberración por la cual nadie, en su sano juicio, quisiera ser recordado.

MI SUEGRA

El pasado 7 de diciembre cumplió 81 años y nos hacía mucha gracia que su nacimiento en San Cristóbal, Pinar del Río, coincidiera con la efemérides histórica que marca la muerte de Antonio Maceo.

Ese día en Cuba la radio pasa música luctuosa —léase de la Nueva Trova— y se instala el luto en memoria de todos los mártires. Aquí en Miami, junto a la familia, desde hace 16 años, nunca le dejamos de celebrar su cumpleaños.

La semana pasada, sin embargo, el corazón de mi suegra Esther Ramona Llanes, dejó de latir. Había terminado de almorzar y departir con su cuñado, el conocido actor José Coro, en el apartamento de la Torre Camacol, de la Calle Flagler y la avenida 14, que ocupó con su esposo desde el 2010.

Fue una de las últimas personas en despedirse de mi cuando escapé a México. Había vivido «agregado» en aquel pequeño apartamento del edificio Lens en El Vedado, cuando me casé con su hija.

En aquella experiencia algo aciaga por su estrechez y desesperanza, siempre fue un rayo de luz. Allí reinaba como la ama de casa perfecta, repartiendo equitativamente la escasez, velando por la decencia y el orden.

Años después, cuando mis suegros también cruzaron la frontera mexicana en una aventura de disfraces e identidades transfiguradas, los recibí en mi casa de Westchester en un acto de reciprocidad y cariño.

No demoraron mucho en encontrar hogar propio. Fue admirable como esa pareja, de personas ya mayores, que nunca había salido de Cuba, supo insertarse en la compleja pero siempre hospitalaria sociedad americana, de modo ejemplar.

Era hija única y perdió a su padre temprano, quien se quitó la vida en un acto de vergüenza. Estuvo cierta temporada en un convento de monjas de donde emergió con una notable fe, de la cual nunca hizo ostentación.

No era una persona de muchas palabras pero se volvía locuaz cuando regresaba a la niñez de la finca de los abuelos —suerte de paraíso en su imaginario—, y al referir su aventura como maestra en una escuela de la campiña pinareña donde llegaba a caballo.

A pesar de ser muy discreta y hasta tímida, me parece que disfrutaba, a su manera, participar, junto a mi suegro, en las grabaciones del show de Don Francisco y de Caso Cerrado de la Dra. Polo, junto a otras personas de la tercera edad.

Durante estos años en los Estados Unidos había borrado las desdichas de la maldita revolución. Jamás se le escuchó decir que quería regresar, ni de visita.

Era tan presumida y elegante que durante una amenaza de terremoto en México le dijo a su cuñado que no podía bajar a la calle en piyama y sin peinarse y así lo hizo en medio del nerviosismo general. Ya en Miami, a veces figuraba en anuncios de centros médicos en televisión, que todos disfrutábamos.

El fallecimiento de su esposo, hace dos años, fue un golpe demoledor. Por primera vez sola, lidiando con sus asuntos diarios sin el guía de toda una vida. No se explicaba cómo algo así podía haber ocurrido y la memoria comenzó a traicionarla.

Ni mi esposa ni yo estuvimos entre sus olvidos. Le confesó a su hija que todas las noches le pedía a Dios, no padecer en un hospital, enferma o accidentada. Cuando le hice el desayuno en mi casa, recientemente, donde convalecía de una visita al dentista, no podía imaginarme que era el último adiós, pero se fue como quiso. Ahora recuerdo que en momentos difíciles, le gustaba repetirme: «La vida, Alejandro, la vida…».

CLARO DE LUNA

Durante la pasada ceremonia de los premios Globos de Oro, cuando el equipo de producción del filme *Moonlight* subió al escenario para recibir el galardón al mejor filme dramático, no dejaban de subrayar, que corrieran la voz.
    Recientemente volvieron a sorprender con varias de las principales nominaciones al premio Oscar de la Academia, sobre todo en las categorías de mejor filme y mejor director.
    Si la noticia hubiera sido que alguno de nuestros equipos de deportes estuviera cerca de ganar un campeonato nacional, la noticia correría como pólvora en los medios de prensa, porque vale la pena mencionar que *Moonlight* es un producto artístico «*made in Miami*».
    Hice una somera investigación online para constatar si líderes de la comunidad afroamericana se hubieran mostrado felices de este éxito, considerando que el año pasado, los miembros de la Academia fueran duramente reprendidos por «blanquear» premios y nominaciones al Oscar, pero no los encontré.
    Teniendo en cuenta las tensiones raciales que han desencadenado desencuentros fatales entre personas de la raza negra y la policía en distintos puntos de la nación, hubiera sido un gesto hermoso, que el Presidente saliente considerara elogiar públicamente a los realizadores de un filme tan estremecedor.
    Dirigido por Barry Jenkins a partir de la pieza teatral *In Moonlight Black Boys Look Blue*, del también dramaturgo negro Tarell Alvin McCraney. Ambos crecieron en la barriada de Liberty City.
    Narra la historia en tres tiempos de Chiron (niñez, adolescencia y adultez), un pequeño y desolado chiquillo, con la madre sobreprotectora adicta al crac y sin padre conocido, a lo cual se suma el hecho, conmovedor en su circunstancia, de que es gay.

Moonlight es una oda a las consecuencias perturbadoras del desamor. Chiron irá buscando asideros entre las personas más insospechadas para salvarse de un eventual naufragio personal, que irá asumiendo paulatinamente.

De niño tropieza con una figura paterna —Juan—, quien resulta ser de origen cubano. Luego de sentirse cómodo con su presencia y la de su novia en una casa acicalada que él nunca ha disfrutado, cae en cuenta de que ese hombre solidario con su infancia solitaria, trafica en el barrio la droga que ha desequilibrado a su madre.

Esta no es la Miami de las postales turísticas, sino de lugares donde la certeza del progreso se ha demorado en ingresar. El director Jenkins y el dramaturgo McCraney, personalmente, lograron eludir la espiral de desesperanza. No se trata de un camino sin salida para la comunidad afroamericana, pero requiere un esfuerzo extra.

Por su parte, los grupos LGBTQ celebran que, finalmente, una película afín a la controversial temática, sobre todo entre la masculinidad de origen negro, pueda alzarse con la estatuilla luego de la desilusión sufrida por el filme *Carol* —la historia de un amor lésbico el año pasado.

Otros análisis se preguntan si esa propia comunidad está apoyando la película, como debiera esperarse, asistiendo a salas llamadas de arte, que es donde se ha estado proyectando mayormente. Sitios que, por otra parte, no abundan en sus vecindarios.

Moonlight cuenta, además, con la competencia desigual del musical *La, La Land* para poder alzarse con el Oscar. Ambas experiencias cinematográficas están en las antípodas conceptuales, aunque coinciden en el esfuerzo de sus personajes por encontrarse y llegar a la realización individual, ser aceptados, en odiseas bien distintas.

Jenkins abre un camino de desgarradora sinceridad, es un antes y después referido al tópico, a diferencia del musical que, si acaso, refresca el género. Dispensa a sus personajes marginales y desvalidos una luz poética y transcendente. En medio de la desdicha, el amor se sigue abriendo paso como el sentimiento que nos humaniza.

LISBOA, PRIMERAS IMPRESIONES

Estábamos saliendo de una visita encantadora al legendario Museo del Azulejo en Lisboa, Portugal. En la calle, algo lluviosa, nos esperada un chofer de Uber pero de pronto se forma el tropelaje porque coincidíamos con una visita oficial en caravana de Mercedes negros, abandonando también el lugar. Cuando finalmente montamos al auto, le digo al chofer: «Gente importante» y me responde sin meditar: «Los importantes somos nosotros que trabajamos, esos son políticos, unos ladrones».

Así son los lisboetas, a semejanza de su propia ciudad, sincera, hospitalaria, servicial y laboriosa. Esta es una metrópolis funcional donde reina la gastronomía rica y variada, la voluntad hospitalaria de su población y un sistema de transporte público de numerosas alternativas modernas, donde figura, también, esa pintoresca curiosidad de otros siglos llamada tranvía, chirriando sus metales sobre los rieles.

Nos hospedamos en el barrio más antiguo de la urbe —Alfama—, sobre la cuesta del Castillo de San Jorge, que desciende hasta el río Tajo, el más largo de la península ibérica, en el Hotel Olissippo Castelo. Con la palabra griega Olisipo llamó el omnipresente imperio romano al lugar que es hoy Lisboa.

El barrio en sí es un espectáculo de laberintos, escaleras, calles adoquinadas y aceras ínfimas de mosaicos y azulejos empotrados. La fortificación, construida por los musulmanes, a mediados del siglo XI, reina en la cima.

A diferencia de otras comunidades en el mundo, concebidas escenográficamente para el turismo, en Alfama las ropas recién lavadas cuelgan de los balcones y las viejecitas emperifolladas suben y bajan los promontorios empinados con sus jabas de mandados, adquiridos en pequeñas bodegas locales.

Desde el Castillo de San Jorge la vista es imponente y descubrimos, temprano, que Lisboa es una ciudad paisajística. Abunda en balcones naturales y la combinación de los techos de tejas, con el río en la distancia y las nubes espesas de invierno, causan una impresión inolvidable.

Belén es otro distrito fundacional y allí nos fuimos a disfrutar los famosos «Pasteles de Belén» que se hornean desde 1837, suerte de tartaletas de hojaldre rellenas de natilla, una combinación que se deshace en el paladar.

La cafetería tiene un fervor contagioso, hordas de visitantes de otros países y parroquianos locales ocupan las numerosas mesas y los mostradores, para quienes están apremiados. El servicio es impecable y se cuenta que producen 19, 000 pasteles cada día. La ceremonia de comerlos lleva azúcar y canela espolvoreados sobre los dulces.

Muy cerca de este oasis culinario se encuentran otros dos sitios distintivos de la ciudad, el Monasterio de los Jerónimos y la Torre de Belén. El primero es del siglo XIV y contiene las tumbas del navegante Vasco de Gama, quien conectó vía marítima a Europa con la India, y la del poeta Luiz Vaz de Camões, el más importante bardo de la literatura portuguesa. A unos pasos de estos íconos de la antigüedad se erige el austero monumento que contiene los restos de otro gran poeta, Fernando Pessoa, trasladados al mencionado Monasterio en 1985, a los 50 años de haber fallecido.

La Torre de Belén, es una joya del estilo arquitectónico manuelino, original de Portugal, que combina patrones renacentistas, moros y góticos. Fue construida entre 1514—20 para defender la ciudad. Antes estuvo en una isla del río Tajo pero ahora está fija a la tierra firme.

A diferencia de otras capitales europeas, Lisboa ha mantenido su dimensión humana, de cordialidad pueblerina. Justo en el malecón de la Plaza Comercial, junto al río que simula al Atlántico cercano, la ciudad nos regaló una deslumbrante puesta de sol que se parece mucho a la idea que tenemos de un momento poético.

VIAJAR ES SINÓNIMO DE LIBERTAD

Viajar es una de las manifestaciones esenciales y perdurables de la libertad. Por lo cual, entre las primeras medidas represivas de las dictaduras, se encuentra coartar la posibilidad de movimiento.

Verte privado de ese derecho te anula como ser humano, por eso en Cuba la insularidad constituye todo un trauma. El sueño recurrente de cualquier exiliado es volverse a ver en aquel lugar sin posibilidades de escapar.

Los que estuvimos tantos años enclaustrados en tal marasmo a expensas de un viaje oficial para tomar aire y regresar con la familia dejada atrás, la idea de conocer otros mundos se vuelve una sana obsesión.

Durante estos 25 años de exilio he tenido la posibilidad de disfrutar más lugares de la humanidad que todo el resto de mi vida en aquella encerrona.

Ya en libertad, uno planifica su presupuesto, abre un mapa, y tiene el placer de marcar la próxima travesía. Con el tiempo, he aprendido que prefiero organizar excursiones en el orden personal y no depender de compañías especializadas. Hay plataformas online que permiten explorar posibilidades infinitas para buscar la mejor alternativa.

La independencia, sin embargo, tiene sus pequeños riesgos y a veces se cometen errores, no obstante la experiencia que se adquiere con cada viaje. En reciente visita a Portugal opté por la línea área oficial del país —TAP Airlinesy debí haberme dado cuenta, desde el principio, que la falta de oficina en Miami, un *website* algo primitivo, y la comunicación con personas casi nula, eran señales que impelían a la desconfianza.

Una vez comprado los pasajes, traté de identificar asientos y me dijeron que esta operación solamente era posible 24 horas antes del vuelo, y si la quería hacer en ese momento, sería a expensas de un pago adicional. Preferí esperar para ahorrarme el dinero extra y traté de estar entre los primeros en chequear, el día antes de la partida. Me fijé entonces que los asientos asignados no eran buenos y decidí pagar por algunos mejores, los que se encuentran en las salidas de emergencia, que no tienen pasajeros delante.

Al llegar al aeropuerto, ya esas localidades no existían. Me asignaron asientos ordinarios, incluso el de delante estaba como roto y se extendía hacia atrás más de la cuenta. Pregunté si mi dinero sería devuelto y todos los funcionarios me aseguraron que podía contar con el reembolso, luego de hacer una reclamación formal.

No obstante y confiando en la buena voluntad de la compañía, porque cualquiera comete un desliz, al regresar a Miami hice el mismo procedimiento y en el aeropuerto de Lisboa, un representante me aclaró que online la configuración de asientos puede no coincidir con el tipo de avión asignado para el vuelo y otra vez terminé en plazas ordinarias.

Al regreso, formulé mi reclamación online, porque no existe la posibilidad de argumentar de persona a persona, y me han respondido con eufemismos y vericuetos que ellos me habían asignado asientos mejorados, cuando no fue así.

Por suerte, y es algo muy recomendable en casos como estos, se puede interponer una reclamación a la tarjeta de crédito utilizada en las transacciones y, en mi caso, el banco se mostró dispuesto, inmediatamente, a intervenir en el diferendo.

Estos, entre otros, son gajes del oficio para el viajero, porque lo cierto es que ningún contratiempo menor puede empañar la dicha y la experiencia que proporciona el conocimiento de otros universos, según dicte nuestro libre albedrío. Ahora que comienza la temporada de expandir la geografía física y mental, no se amilanen y acometan la aventura con denuedo, porque viajar es sinónimo de libertad.

INAMOVIBLE

La recientemente celebrada Feria del Libro de La Habana se circunscribió a subrayar la presencia de libros sobre Raúl y Fidel Castro en calidad de *bestsellers* y en elogiar, como figura cimera de la intelectualidad nacional, a una de las personas que más daño ha propinado al arte y la literatura de la isla, primero como ministro de cultura y, en su ocaso, como centinela de la vasta obra martiana. Armando Hart está entre los más fieros ideólogos y comisarios del fidelismo y todo hace presumir, dado el ostentoso e inesperado tributo, que su vida ahora se desvanece sobre una silla de ruedas.

A la Feria del Libro concurrieron editores de los Estados Unidos que optaron por el silencio y la indiferencia cuando a uno de sus colegas, el editor de la revista *People en Español*, Armando Correa, le retuvieron en la aduana su novela *La niña alemana*, que formaba parte de la exhibición americana del evento. La obra, estuvo entre los éxitos de la pasada Feria del Libro de Miami en el mes de noviembre.

La revista más importante de los editores americanos *Publishers Weekly* se vanaglorió de que, no obstante el embargo, se pudieron mostrar alrededor de 400 títulos de distinguidas editoriales norteamericanas en La Habana.

Correa lamentó que el incidente sobre su ninguneada novela no figurara en la publicación. «¿Por qué no mencionan nada de eso en *Publishers Weekly?*», apuntó. «Por el miedo a que el año próximo no los inviten de nuevo».

El director actual del oficialista Instituto Cubano del Libro agradeció a los estadounidenses el esfuerzo por llamar la atención sobre la necesidad de levantar el embargo. Los visitantes realizaron una serie de visitas a lugares de interés cultural, siempre con las «orejeras» que les impiden conocer larealidad sobre el universo editorial de la isla, devastado por una burocracia inoperante y atenta, hasta el delirio, a la literatura que pueda resultar problemática.

No obstante, Correa se las ingenió para donar al Centro Hebreo Sefardí de La Habana documentos que adquirió durante la investigación para su novela sobre el buque St. Louis, donde judíos en busca de refugio en Cuba, Estados Unidos y Canadá, durante el año 1939, debieron retornar a Europa, ante la negativa de los respectivos gobiernos de recibirlos, muchos de los cuales luego encontraron la muerte en los campos de concentración.

La Feria del Libro de la Habana terminó siendo un tenderete de baratijas y fantasías, en las faldas de la Cabaña. Los asistentes comentaban sobre los pocos libros y las muchas bisuterías.

Frey Betto y Chávez fueron otro de los temas y autores empujados en esta mediocre batahola política. El castrismo se sigue mirando al ombligo y los visitantes americanos de toda laya, incluidos prestigiosos senadores, entre los cuales figura aquel que propició la fecundación —con nuestros impuestos—, de la esposa de un espía cubano, recorren la finca de los Castro, junto a los mayorales, y regresan a sus vidas impolutas con recados de bienaventuranza para el mancillado pueblo de Cuba, con el cual no han intercambiado ni una palabra.

Por esos días al Secretario General de la OEA y a un ex mandatario mexicano, le prohibieron la entrada para recibir el Premio Osvaldo Payá Libertad y Vida, mientras un opositor muere en la cárcel, sin apoyo ni repercusión, y el activista Henry Constantín, vicepresidente de la Sociedad Interamericana de Prensa en Cuba y quien honrara las aulas del Miami Dade College como alumno durante una memorable temporada, lo amenazan con fianzas y encarcelamiento por «propaganda enemiga».

Ahora la prensa internacional aguarda por el retiro del general Raúl Castro en el 2018. Otro conteo regresivo y la dictadura sigue, inamovible.

ARTISTAS EN LA PENUMBRA

Si alguna persona interesada en conocer los desmanes históricos del comunismo quiere saber dónde se origina la historia que valientemente el director cubano Carlos Lechuga ha narrado, en su filme *Santa y Andrés*, no dejé de ver la gloriosa despedida del patriarca del cine polaco Andrzej Wajda titulada *Afterimage*.

Si no pudo ver ninguno de los dos filmes mencionados durante el Festival de Cine de Miami, que termina el domingo, esté atento a la cartelera del Teatro Tower, del Miami Dade College, donde serán proyectados en las próximas semanas.

El filme de Wajda, fallecido en octubre del año pasado a los 90 años, narra las vicisitudes sufridas por el famoso pintor constructivista Wladyslaw Strzeminski, durante 1952, quien se codeara con Kandinsky, Malevich y Chagall, entre otros grandes del arte, y no considerara escapar cuando el estalinismo comenzó a diezmar la vanguardia cultural de Polonia, algo que tampoco hizo el cineasta, por cierto.

Veterano de la Primera Guerra Mundial, el pintor y teórico además de ser fundador de la Academia de Arte de Lodz, donde ejerciera la docencia con mucho éxito, había perdido una pierna y un brazo durante la conflagración y desde entonces estuvo comprometido con el destino social y artístico de su país.

En una escena memorable que habla por sí sola, lo vemos pintando en el suelo de su apartamento, como solía hacerlo, y tanto el lienzo como la habitación se tiñen de rojo porque en la fachada de su edificio la luz exterior ha sido interrumpida por una gran tela con la efigie de Stalin. Al asomarse a la ventana y romper con su muleta parte de la propaganda socialista, pensando que podía ejercer algo de libertad personal, sellaba su destino con las nuevas autoridades.

Wajda desembaraza su película de todo sentimentalismo y melodrama. La caída en desgracia de Strzeminski avanza en viñetas estremecedoras por su malevolencia y frialdad. La policía política trata de hacerlo entrar en razones mediante una persuasión burda. Su forma de pintar e interpretar el arte es decadente y no cabe en el reino recién inaugurado del llamado realismo socialista. Tiene que escoger de qué lado colocarse.

Durante una reunión se atreve a contradecir al ministro de cultura y es luego ese funcionario el que le desea que un tren le pase por arriba. A partir de ahí lo expulsan de su trabajo, le desmontan sus obras en el museo que ayudó a fundar, y hasta pierde la libreta de racionamiento para que muera de hambre.

En *Santa y Andrés,* el escritor protagonista ha sido despojado de sus derechos y vive en la indigencia. Pudiera pensarse que alguna vez cifró sus esperanzas en la utopía que rápidamente devino feroz dictadura, como le ocurrió al pintor polaco, pero Lechuga lo muestra ya acorralado como René Ariza, Delfín Prats, Guillermo Rosales o Reinaldo Arenas, sin ninguna otra alternativa que escapar si la oportunidad se presenta.

Tanto Wajda como Lechuga abundan en el enfrentamiento desigual del aparato represivo gubernamental contra el individuo y sus funestas consecuencias cuando no media la justicia.

El admirado director polaco se abrió paso con una filmografía que ya es referencia para futuras generaciones y se erige en el pedestal de su cultura por no haber cedido a la represión y a las indignas tentaciones de acomodamiento o chantaje, con las que suelen operar estos regímenes en busca de adeptos.

Afterimage, es pase de cuenta y pasado porque se relata desde la libertad, mientras *Santa y Andrés* regresa al pasado para hablar de la persistencia devastadora de la falta de libertad en Cuba.

EL SILENCIO OFICIAL

Patricia Ramos, directora de *El Techo* habla de la emoción que sintió cuando su filme fue presentado la semana pasada durante el Festival de Cine de Miami, en el Teatro Tower. «Tanto en La Habana como aquí, el público se ríe en los mismos momentos. La conexión es tremenda».

Como suele suceder, las historias cubanas tuvieron una notable presencia durante el evento que presenta Miami Dade College. En la prensa electrónica oficial del régimen, sin embargo, la información sobre los cineastas y artistas cubanos en Miami no es noticia.

Los críticos de cine de la isla están viviendo su peor momento. Entre los ninguneados por la dictadura en el área cultural llevan las de perder. No solo no pueden referirse en buenos términos a un evento que ocurra en la demonizada Miami, sino que han debido ignorar el tributo que recientemente la Academia de Artes y Ciencias Cinematográficas —la misma que concede el premio Oscar en Los Angeles—, rindiera a Daisy Granados, de alguna manera la actriz que simboliza el cine revolucionario, y al editor de buena parte de esa filmografía, Nelson Rodríguez, quien parece haberse establecido en los Estados Unidos.

El homenaje consiste en dejar grabadas entrevistas para el Programa de Historia Visual de la importante institución que sirvan de consulta para futuros interesados e investigadores. Los diálogos fueron conducidos por el actual director de la Cinemateca de Cuba, Luciano Castillo.

Además de Patricia Ramos, con su hermoso y desesperanzador testimonio de jóvenes cubanos que sobreviven en techos del barrio de Cayo Hueso, en Centro Habana, donde aquel que parte a Italia es el único que encuentra una alternativa satisfactoria, el Festival de Cine de Miami volvió a contar con la obra de Fernando Pérez, quien envió un mensaje leído por una miembro del equipo de realización del devastador *Últimos días en La Habana*. Allí se expresó satisfecho por compartir con la otra parte del público natural de su filmografía y se excusó, otra vez, al no poder estar presente.

Cuando se estrenó en Cuba, el crítico oficial del periódico *Granma* consideró que *Ultimos días en La Habana padece* de un «balance unidireccional». No se pregunta por qué un cineasta tan comedido y compasivo, dado a la metáfora y la doble lectura, ha sustituido la «suite» por la procacidad de un reguetón, algo de lo cual ya se anunciaba en *La pared de las palabras.*

La noche de las premiaciones del Festival de Cine de Miami fue anunciado, para alegría de sus admiradores, que el matrimonio integrado por Lola Amores y Eduardo Martínez, quienes dan vida a los protagonistas de *Santa y Andrés,* de Carlos Lechuga, se alzaban con el premio de mejor actuación.

Los intérpretes han confesado estar muy felices por tal honor, porque en La Habana oficial ni ellos ni la película existen, de acuerdo a los parámetros estrictos y atorrantes de la censura.

Al cierre de esta columna, Carlos Lechuga ha dado a conocer otra maniobra contra la divulgación de su filme: «En una nebulosa extraña me he enterado que autoridades cubanas han tratado de sacar mi filme del Havana Film Festival New York. En este momento ha sido retirado de la competencia oficial, volviendo a ser excluido por su carga política. Mañana no sé qué tramarán para silenciar la obra que es mucho, mucho más que una idea política.

¿Qué es esto? ¿Cuál es el mensaje? Yo no estoy en guerra con nadie, yo solo he hecho una película y me costó mucho trabajo hacerla, ahora nada ni nadie la va a borrar».

BONDAD Y DRAMA EN NUEVA YORK

Estoy en Chelsea y le pregunto a un negro anciano, enfrascado en la limpieza de las calles con su enorme escobillón, arrastrando un contenedor de plástico, que dónde queda el nuevo Museo Whitney. Se detiene para atenderme con gentileza y me indica en detalle cómo llegar. No escatima palabras y me acompaña por un trecho hasta dar con la calle correcta. La acción parece conferirle una suerte de orgullo al saber el lugar exacto de la nueva sede del ícono del arte moderno americano.

Justo en uno de los inicios del High Lane Park, se erige el nuevo edificio diseñado por el arquitecto de origen italiano Renzo Piano.

De la exposición *Fast Forward:Painting from the 1980s* me llevo en mi hemeroteca sentimental el *Told*, de Carlos Alfonzo, enorme y dramático, de 1990, un año antes de morir a causa del Sida. Artista llegado por el Mariel, en el museo de los grandes creadores de Estados Unidos.

De Edward Hopper, entre mis pintores predilectos, disfruto *A Woman in the Sun*, donde aparece su esposa y musa desnuda en un austero apartamento, alumbrada misteriosamente por el sol que se filtra a través de la ventana, así como uno de sus pocos autorretratos de madurez.

En la famosa Calle 42, entre las avenidas 7 y 8, se hace justicia pública a las víctimas del comunismo.

Me detengo frente a las vallas, que pensé eran de anuncios comerciales como tantas otras que engalanan Times Square, y la foto de la opositora cubana Sirley Avila, quien fuera atacada a machetazos durante un deleznable capítulo represivo, nos mira desde lo alto y manifiesta: «No sé mucho sobre política pero la dictadura totalitaria de los Castro es una de las más corruptas y criminales del mundo».

Al lado de la frase «El comunismo mata» se puede leer: «Más de 6 000 cubanos fueron encarcelados en el año 2015 por criticar al régimen de Castro».

El Museo Memorial del 9/11 en Nueva York encierra una experiencia contemporánea insospechada sobre el mal y cómo superarlo. Desde que te aproximas a la zona junto al nuevo edificio piramidal de cristales, One World Trade Center, el más alto del hemisferio occidental, se produce un estado de reverencia espontáneo alrededor de las fuentes cuadradas del mismo tamaño que ocuparon las torres originales, con sistemas de cascada donde el agua se escurre a la profundidad de la tierra.

En los paneles de bronce que las rodean, los nombres de las víctimas identificadas, que ostentan una flor cuando están de cumpleaños.

Luego se serpentea a la profundidad del museo, propiamente, donde la muerte, el martirologio y la heroicidad se dan la mano. Un camión de bomberos golpeado como por un meteorito, la nota de la víctima que avisa a los rescatistas en que piso están atrapados.

Cualquier otra ciudad menos afanosa se hubiera quebrado, pero Nueva York es otra Ave Fénix, literalmente. La muestra es apabullante porque va del minimalismo de un zapato de tacón abandonado por su dueña en la estampida, a la mística cruz de vigas de acero enhiesta en el sitio fatal.

Las personas caminan sobrecogidas, apenas se escuchan voces a no ser aquellas de los dolientes en pantallas, contando anécdotas de sus seres amados desaparecidos.

Unas esculturas de Rodin, mutiladas, sobrevivieron el impacto como si el arte y la belleza se abrieran paso en el horror.

Detrás de una pared enorme con pequeños cuadrados azules, el repositorio de cerca de 8,000 restos humanos no identificados.

Sobre el muro, un verso de Virgilio: «Ningún día te borrará de la memoria del tiempo».

ISLA A LA DERIVA

Leo en la prensa oficial cubana sobre la odisea de una ama de casa, quien concurre varias veces al llamado «consolidado», del gobierno, donde arreglan las socorridas ollas eléctricas de presión «Reina» y termina por encontrar la solución en un taller de cuentapropistas electrónicos, donde el precio de la operación resulta elevado para sus ingresos, pero preferible.

Las pequeñas cosas se vuelven ordalías en la vida cotidiana de la isla y el alivio no termina por hacerse realidad. Me recuerda a mi padre con aquel televisor alemán Rafena, comprado por sus méritos de trabajador vanguardia durante los tempranos años sesenta, y de cómo cada vez que lo conectaba en la casa se fundía y debía regresar al dichoso consolidado donde apenas lo enmendaban hasta la próxima rotura.

Por supuesto que la única diferencia entre aquella época realista socialista y esta de maltrecho capitalismo salvaje, es la presencia del cuentapropista, a nivel de barrio, como atenuante.

La cubanidad es incierta y siempre dependiendo de la dádiva ajena, antes fueron los «hermanos países socialistas», luego el socialismo del siglo XXI, y hoy las esperanzas se cifran en la política que seguirá la nueva administración estadounidense, aún sin determinar, más allá de unos escarceos retóricos sin mayores consecuencias.

El golpe bajo de la eliminación del decreto «pies secos, pies mojados», no solo ha significado la incertidumbre y desesperación de miles de cubanos varados en territorio de nadie mientras hacían la peregrinación hacia la frontera sur de los Estados Unidos, sino la creación de una economía alternativa, «por la izquierda», principalmente en vecindarios de Miami, para los que logran acceder por otros puntos y deben permanecer, generalmente, meses ilegales en tanto se pueden acoger a la ley de ajuste cubano (el año y un día) que sigue vigente.

Ya hay cientos de compatriotas indocumentados cobrando en efectivo, sin ingresar impuestos, y conduciendo por las calles sin licencia, en espera, discreta, de los beneficios de la vieja ley de 1966.

Hay un breve documental de la organización Estado de SATS donde unas niñas negras, hijas de opositores, cuentan desdichas que sufren en sus respectivas escuelas donde son acosadas y maltratadas hasta por compañeros de aula, impelidos a golpearlas.

Hechos, ciertamente penosos, ignorados por celebridades y líderes de opinión norteamericanos, de origen negro, que tienden a desdeñar lo obvio en sus frecuentes visitas o cantos de alabanza extemporáneos a la dictadura castrista.

Un país a la deriva, desarticulado, intoxicado de patriotismo, como el que presentó el dramaturgo Carlos Celdrán, la pasada semana con el grupo Argos Teatro, cortesía de la organización miamense FUNDarte, bajo el título cómplice de «10 millones».

Cuatro personajes hacen el largo y tortuoso camino del socialismo, al cual se han visto obligados sin alternativa, para terminar, paradójicamente, cerrando el círculo en la estampida, la fuga, la búsqueda de la vida en otra parte.

Un infante que se deshace entre la crueldad dictatorial de su madre revolucionaria, ciega de poder, y el progenitor que solo quiere ser una persona común, sin aspavientos ideológicos, y termina por contravenir el dogma y colocarse en la oposición, a su pesar.

El niño—adolescente transcurre por todas las desavenencias de la construcción del hombre nuevo, el adoctrinamiento, la doble moral.

En Miami, la obra predica entre conversos. Para el público habanero fue, tal vez, la primera confrontación reflexiva, artística, con los crímenes acontecidos durante el silenciado éxodo del Mariel.

Aplausos extendidos al final de la función expresan un entendimiento común. Somos espectadores y parte del mismo drama y existe cada día más la convicción de que sin libertad, definitivamente no habrá país.

CINE SIN COLETILLAS

El enfebrecimiento político de la sociedad americana ha convocado ahora a los cines de arte de la nación a mostrar filmes que se hayan producido en algunas de las naciones de origen musulmán, incluidas en el decreto presidencial referido a la prohibición eventual de sus inmigrantes, frenado por jueces federales.

Afortunadamente algunas de esas filmografías incluyen cineastas de primera que han sido más honrados en los Estados Unidos que en sus propios países, donde en ocasiones han terminado presos. Esto de programar por cuotas étnicas, suele ser sospechoso y casi siempre abocado al panfleto.

Por cierto, algunas de las organizaciones vinculadas a estos cines de arte ahora han decidido proyectar, treinta años después de haberse realizado, la versión de la novela *1984*, de George Orwell porque arguyen que nuestro emporio de democracia pudiera estar en peligro de repetir lo que allí se cuenta en términos dictatoriales.

Hasta hace poco, tener un ejemplar de *1984* en Cuba, por poner un caso paradigmático, podía significar que estabas en contra de los mandatos de la revolución castrista. Esa novela formó parte de las obras que debían ser leídas y distribuidas de manera clandestina y casi siempre forradas con la portada de la revista *Bohemia* o *Verde Olivo*, para estar más seguro. Ahora resulta que han publicado una edición cubana, presentada durante la Feria del Libro de La Habana con bombos y platillos.

Recuerdo que en el año 1984, cuando el mundo celebraba el ingenio de Orwell para retratar la esencia del totalitarismo comunista en su novela homónima, en el Instituto Cubano del Libro a nadie se le ocurrió rendirle el merecido tributo, porque Fidel Castro estaba vivo y activo y no entendía ni de suspicacias ni de metáforas en su llamada política cultural.

Me parece una campaña irrespetuosa con las víctimas del tormento totalitario —que suman millones en ambos bandos, izquierda o de derecha—, comparar las peculiaridades de una presidencia en los Estados Unidos, con la represión y el control del individuo que expone la novela de Orwell.

Los que así se manifiestan, pecan de ingenuos o de ignorantes y nunca han visto todos sus derechos coartados en nombre de un dogma político de partido único, implacable con los que disienten o con lo que no desean participar, sencillamente.

La izquierda de caviar, con todas las prebendas a su favor, como corresponde a la nación más desarrollada del mundo, desconoce lo que es un «ministerio de la verdad» y cómo la historia se altera y viola para servir los designios del máximo líder o Gran Hermano, como se cuenta en el libro. Da por sentado que hay congresistas y senadores en la oposición dando la batalla milimétrica por sus preceptos y no parlamentarios papagayos comulgando con los caprichos del todo poderoso, sin chistar.

La novela de Orwell se publicó en 1949 y, con la excepción del estalinismo, alma mater del mal, tiene el valor de haber antecedido y anunciado experimentos sociales de izquierda más graves que los que describe como la revolución cultural china, los crímenes de Pol Pot, el castrismo y la dictadura de Ceusescu, por solo mencionar algunos de los más aberrados.

Programar cine de arte como protesta política es una operación artísticamente improcedente que no se adecua a las características sociales de Miami. Cuando nadie conocía a Abbas Kiarostami, Nat Chediak trajo a Cabrera Infante para que lo presentara en el Festival de Cine de Miami.

El teatro Tower del Miami Dade College, por otra parte, sigue elaborando una programación de vanguardia y sofisticada donde impera la diversidad y calidad del cine mundial, sin coletillas políticas.

EL CUARTICO ESTÁ IGUALITO

Los cubanos han encontrado un aliado en el lugar menos sospechado. El refugiado sirio que agradeció al presidente norteamericano el castigo militar propinado al régimen de Bashar al—Assad, explicó en una de sus intervenciones televisivas que con los dictadores no se puede negociar y mucho menos tratar de asentar legado para la posteridad.

Dijo que en el afán de firmar un acuerdo con Irán, la anterior administración americana no tomó en cuenta sus apremios como población tiranizada. Cuando enumeró las dictaduras con las cuales de nada ha valido negociar en los últimos tiempos, mencionó a la cubana.

El castrismo suele escurrirse de esos juicios y perturbadoras enumeraciones como si tuviera una licencia especial para reprimir con impunidad internacional, sino cómo se explica que la famosa actriz y activista LGBTI, Jodie Foster y su esposa, hayan sostenido una «linda velada familiar» con Mariela Castro y sus secuaces.

Empeñadas en cumplir su agenda política y movidas por la moda de otras celebridades que han descendido en La Habana para curiosear en aquella rareza social, la delegación de Foster prefirió no ser perturbada con la idea de que Cuba no es el paraíso proletario descrito por la hija del dictador, quien ahora, por cierto, se apresta a combatir la ingente prostitución en la isla, atacando a los clientes.

Una somera búsqueda online, las hubiera puesto en contacto con la serie dada a conocer recientemente por la organización Estado de SATS, «Vamos por ti y por tu familia», donde opositores y sus descendientes dan vividos testimonios de cómo son acosados y maltratados físicamente por diversos aparatos represores del régimen.

Ciertamente no se trata de una «linda velada familiar», lo que emana de esta terrible experiencia, sino de niñas negras maltratadas física y verbalmente por profesores, directores de escuelas y sus propios compañeros de clase a instancias de segurosos, sin piedad, que coordinan tal deleznable operativo con las instancias educacionales.

Foster y su esposa Alexandra Hedison no se imaginan a sus hijos Charles y Kit, sin protección en sus propias aulas, halados por los pelos, ofendidos por el color de su piel, o porque sus madres profesan una manera de pensar distinta a la del linaje político que ha provocado ese odio entre los cubanos.

Estos visitantes del mundo ancho y ajeno no saben o prefieren no conocer, cómo los represores se ensañan con las mujeres y el disfrute que parecen sentir cuando les pegan, incluso delante de sus propios hijos. Del modo que fabrican causas y dispensan multas absurdas en una atmósfera de repudios donde no hay defensa ni abogados que puedan practicarla.

Sin duda, la gran intérprete no hizo su tarea antes de visitar el barracón de los Castro, donde el activista Rolando Rodríguez Lobaina, director de la agencia de prensa independiente Palenque Visión, también ha realizado un documental sobre el hostigamiento que sufren familiares de los opositores de oriente —donde el reside—, a occidente.

Su propio hijo de 9 años ha recibido amenazas en el aula de la escuela y las cámaras y laptops de sus colaboradores son constantemente confiscados por la policía política que no conoce límites para intervenir por la fuerza en la vida privada del ciudadano común, circunstancia inimaginable en la vida de la familia Foster o Castro.

La inolvidable actriz de *Taxi Driver* dijo que Cuba era un país al que anhelaba regresar con sus hijos. «Este es un lugar de personas muy educadas, hermosa arquitectura y grandes artistas y me siento feliz de ver que las cosas no han cambiado desde mi primer viaje».

SOLDADOS ARTISTAS

Lo que ahora le acontece a la película cubana *Santa y Andrés,* de Carlos Lechuga, que se ha exhibido en medio mundo menos en la isla, es algo consustancial al tratamiento que los regímenes totalitarios, del llamado socialismo real en Europa o Asia, solían dispensar a las obras culturales que no le eran afines. Las exportaban, en el mejor de los casos.

En los peores, las engavetaban hasta nuevo aviso. Durante su nefasto reinado, Alfredo Guevara mantuvo en el closet numerosas películas de directores que partían al exilio o de otros que arriesgaban un comentario contrario a los designios del romance fidelista que sostuvo hasta la muerte.

Por suerte, la posibilidad actual de hacer desaparecer un filme es poco menos que imposible, pues las tecnologías modernas lo imposibilitan. Siempre existe la eventualidad de que una copia se escurra a circuitos democráticos no solo fuera de las fronteras de la isla, sino en formas alternativas de distribución como el llamado «paquete».

Los comisarios castristas actúan como sus predecesores ya olvidados e impiden la exhibición de la obra en sus predios para evitar las reprimendas dictatoriales pero ni se avergüenzan de tal atropello a la libertad ante organizaciones cinematográficas internacionales con las cuales mantienen las mejores relaciones, quienes, por otra parte, aceptan resignados lo que ocurra en la surrealista isla de los Castro.

Paradójicamente, *Santa y Andrés* tendrá su estreno comercial internacional en el Teatro Tower del Miami Dade College el viernes 28 de este mes de abril. La presentación contará con la presencia de los intérpretes protagónicos del filme Lola Amores y Eduardo Martínez, quienes merecieron el premio a la mejor actuación durante el pasado Festival de Cine de Miami.

Por estos días, otro cineasta reconocido, sobre todo por su largometraje *Memorias del desarrollo,* Miguel Coyula, ha sufrido la intervención de la pertinaz policía política al tratar de mostrar en una galería independiente de La Habana, su más reciente documental, *Nadie*, dedicado al defenestrado poeta Rafael Alcides.

Se trata de una ingeniosa entrevista al escritor —quien renunciara a sus membresías y medallas oficialistas como protesta—, donde manifiesta desilusiones puntuales con el llamado proceso revolucionario y se atreve, incluso, a señalar al culpable de tantos desmanes con nombre y apellido.

Por supuesto que el resto del gremio cinematográfico de la isla mira para otro lado en lo que a Coyula le coartan su posibilidad de expresarse libremente y termina por proyectar el documental en su propia casa.

Mientras la policía política reparte sus pescozones de fin de semana a las Damas de Blanco y debe lidiar, a su pesar, con los contados artistas rebeldes de la isla, el ejército garantiza, en un operativo siniestro, la mansedumbre del resto entregando réplicas de machetes mambises a personalidades de la cultura «por su auténtico patriotismo y apego a la revolución».

En el Foso de los Laureles de la Fortaleza San Carlos de La Cabaña, donde murieron fusilados tantos opositores, fueron merecedores del mencionado machete, entre otras figuras «apolíticas» los músicos Paulito FG, Manuel Simonet y Orlando Silverio Hernández, así como la artista plástica Flora Fong, la cantante Ela Calvo, el cineasta Jorge Luis Sánchez, el escritor Omar González y la primera bailarina Viengsay Valdés, quien, en nombre de todos, resaltó la disposición de defender la obra de la Revolución y mantener vivo el legado del Comandante en Jefe Fidel Castro Ruz. «Si la patria se encontrara amenazada —enfatizó—, responderemos sin temor y nos convertiremos en soldados artistas». Luego terminó su intervención con una frase militante y disparatada de la Prima Ballerina Assoluta Alicia Alonso: «El arte no tiene patria, pero el artista sí».

CITA CON LA REDENCIÓN

Primero llamó la atención por un cortometraje de ficción francamente subversivo, *Cuca y el pollo*, donde el primer premio de cierta carrera deportiva por las calles de La Habana era, apenas, un trozo de carne magra de la mencionada ave de corral.

Después subió la parada del absurdo y el sarcasmo con otro corto, *Los bañistas*, donde un profesor de natación trata de aleccionar a sus párvulos en una piscina sin agua. Los mismos niños serán sus colaboradores en la venta de carne de res a contrabando por los barrios donde intentan encontrar otra piscina, pero con agua, que nunca estará disponible.

En su primer largometraje de ficción, *Melaza*, Carlos Lechuga incluye buena parte de ese mundo alucinante, pero suprime el humor. El drama cubano ha dejado de tener el chiste vernáculo, como puerta de salida, que tan caro le costara a *Alicia en el pueblo de Maravillas*.

El matrimonio joven del pueblo de Melaza, donde han clausurado el central azucarero, vive en un *container* convertido en casa.

Melaza es un filme contestatario y frontal de principio a fin, sin doble lecturas, ni metáforas. Por eso demoraron y tramitaron su estreno en la isla, mientras se mostraba por festivales internacionales.

La protagonista es la empleada del Central donde todos los días marca su entrada por la mañana y revisa la maquinaria paralizada, pone el mural laboral al día con noticias de periódicos viejos, al mismo tiempo que rinde cuentas por teléfono a la capital sobre la inmovilidad.

Su pareja es profesor en la escuela primaria del pueblo. Ambos hacen murumacas para sobrevivir la miseria impuesta por la inoperancia económica del castrismo. Lo mismo alquilan el *container*-casa para que la jinetera local se acueste con un dirigente de la construcción, que toman el riesgo de vender carne de res a contrabando, como se anticipa en *Los bañistas*.

Carlos Lechuga es la oveja negra de una familia de larga estirpe fidelista. Otros hijos y nietos de su clase tienen negocios —incluso en Miami—, y mantienen un vínculo productivo con la dictadura. El cineasta, sin embargo, ha decidido ser un aguafiestas interno comentando, impecablemente, los desatinos operativos del régimen y sus consecuencias nefastas en la sociedad.

Lechuga no se va por la tangente fenomenológica como tantos otros de sus colegas al explicar la debacle que ya dura 58 años. Sus dos largometrajes, revelan la esencia de una ideología fallida y sus mandarines que insisten en gobernar a contracorriente.

Si no cómo se explica que filmes recientes, supuestamente críticos sobre la sociedad cubana actual, de conocidos directores, reciban el beneplácito del régimen, mientras *Santa y Andrés*, la nueva película de Lechuga, sufra la rudeza de la censura y sus comisarios que la han prohibido ferozmente en todos los circuitos oficiales.

Tanto Santa, la novel e inexperta represora, como Andrés, el escritor homosexual que solo quiere expresar su punto de vista literario, aunque sea contrario a los designios revolucionarios, son víctimas de una maquinaria diabólica que no entiende de contrarios y los estigmatiza, como la estudiante de periodismo que acaba de ser expulsada de una universidad cubana o las opositoras negras ofendidas por su raza y arrastradas por las turbas castristas.

Ni Hollywood, ni otras comunidades internacionales de cineastas han protestado por la infame coacción a uno de sus congéneres. El público de Miami sin embargo, tan cercano al drama de *Santa y Andrés*, desde este viernes tendrá el privilegio de asistir a su estreno comercial mundial en el Teatro Tower del Miami Dade College. Es una cita ineludible con la redención y el valor expresivo y social del arte.

FLORES ROBADAS

Era la aciaga década del setenta en La Habana y yo estudiaba en la Escuela de Letras de la Universidad, durante la noche, luego de 10 horas en la llamada «microbrigada», construyendo un apartamento en Alamar.

Bajaba por la Avenida de los Presidentes a tomar el ómnibus, el domingo sería el Día de las Madres, y quería flores para la mía, cuando las vi recién sembradas en el monumento al Mayor General José Miguel Gómez, segundo presidente de la República.

Como no había forma de comprarlas en algún otro sitio, decidí desenterrar una de aquellas plantas, que luego sembré en un tiesto y mi mamá las recibió feliz. Nunca le conté la aventura. A ella se le daba fácil la jardinería y la mantuvo viva y saludable durante años.

Lo que el castrismo le ha deparado a las madres ha sido mucha zozobra y sacrificio. Hubo un tiempo que se les ocurrió entregar un cake a cada progenitora en su día. Para que esa meta populista se cumpliera, aquellos dulces debían ser horneados con mucha anticipación y entonces ya llegaban a las bodegas de cada cuadra envejecidos, con la masa seca, y algo estropeados por medios de transporte inadecuados.

Creo que entre las mayores incertidumbres estaba aquella de mantener la apariencia de ser simpatizante del régimen y lograr que —nosotros sus hijos, lo simuláramos de la mejor manera posible aunque dentro de las cuatro paredes del apartamento de la Habana del Este, recrimináramos todos los padecimientos, imposiciones y carencias.

No queríamos ir al llamado plan «la escuela al campo», ni que nos movilizaran para el servicio militar obligatorio, ni nos becaran, y mucho menos hacer la guardia del comité de defensa de la revolución o el idiota trabajo voluntario de fin de semana, que era convocado por la organización de control y vigilancia.

En aquel caos porfiado, mi madre trataba de mantener la cordura y el sentido común para que no recibiéramos un ramalazo de «revolución» que nos impidiera seguir estudios universitarios o desempeñarnos en un trabajo adecuado.

Junto a la crianza materna natural debió salvar una cantidad insospechada de sinsabores para que la decencia de sus ancestros perdurara y no cayera en el abismo de la tropelía verde olivo.

Nos quería convencer de que le gustaban el pellejo y los huesos de la carne de res —antes de hacer mutis de la mesa cubana— y el trasero y las alas del pollo para que nosotros disfrutáramos aquel bistec que se iba reduciendo misteriosamente durante la cocción, o la pechuga y los muslos de aves indescifrables en su raquitismo.

Todos los días de sus escasos 67 años nos dio una lección de entereza y amor, donde la patria era la familia, ya fuera en Mantilla, Chicago, Hialeah o Miami. Gracias a su sentido natural de la libertad, en el seno íntimo y secreto del hogar, fuimos criados sin imposiciones de ningún tipo. Trazaba algunas pautas, que solían ser las más adecuadas, y esperaba por nuestras decisiones. Poseía los dones de la persuasión y la paciencia.

El castrismo no la pudo vencer, solo hay que atestiguar las buenas personas que dejó sobre este mundo, mejores para la sociedad que cualquiera de las aberraciones que le trató de endilgar el régimen, sin éxito.

Mi madre no fue víctima, ni mártir, sino heroína en las más duras de la circunstancias. Es el origen de nuestro éxito y felicidad y es recordada siempre con una sonrisa de optimismo.

Hay una foto donde tendrá quince años y parece una princesa. En su tímida serenidad, nada hacía sospechar que sería la reina de nuestro destino.

VEINTE AÑOS DESPUÉS

Es el año 1992 y estoy estancado en México esperando cruzar hacia los Estados Unidos. Tengo que traer a mi esposa, quien espera en La Habana, pero no cuento con el dinero para pagar el pasaje de avión a Mérida de donde viajaría en ómnibus al Distrito Federal.

Recuerdo entonces que poseo dos carteles de la estancia de Robert Rauchenberg en la isla en 1988. Le hablo a un buen amigo sobre la eventualidad de vender una de las obras y me pone en contacto con la escritora cubano mexicana Julieta Campos.

Me voy al lujoso y colonial barrio de San Angel donde la señora me recibe amable en su palacete. Le explico mi circunstancia y para qué necesito el dinero. Me paga lo que le pido y luego de ver el cartel me dice «no creo que lo pueda exhibir en casa con esa imagen del Che Guevara». Aun siendo una interpretación nada complaciente, más bien perturbadora, del paso de aquel personaje siniestro por la historia cubana.

Ya le había conseguido la carta de invitación a Esther para que le dieran el permiso de salida en Cuba. Le compré el pasaje y en Mérida estaba viviendo, eventualmente, nuestro amigo el diseñador Santos Toledo, quien la ayudó hasta que montara en el ómnibus. Le hizo unos sándwiches y le compró una bolsa de M&M'S. El viaje por carretera le pareció interminable.

Meses después tratamos de cruzar por primero vez la frontera rumbo a Miami, fuimos detenidos y por poco deportados a Cuba. Luego lo intentamos de nuevo, con éxito, atravesando el río Bravo, y llegamos finalmente a nuestro destino para empezar de cero con la ropa que traíamos puesta y muchos deseos de progresar y ser felices.

Este viernes al mediodía Esther figura entre los empleados del Miami Dade College que son reconocidos por su tiempo de desempeño exitoso en la institución. Cumple 20 años ofreciendo sus conocimientos en las redes y programas de computación que garantizan el funcionamiento de aulas, oficinas y otras dependencias.

Por su dominio del oficio ha participado de la puesta en marcha de dos campus nuevos, el InterAmerican, en la Pequeña Habana cuando dejó de ser Centro, y el West, que está en El Doral.

Desde muy joven ostenta una ética laboral irreprochable. Su familia casi parte por el éxodo del Mariel, pero se lo impidieron, y ella se quedó en el limbo, no sin antes recibir un acto de repudio —en ausencia de sus compañeros de aula en la Escuela Lenin.

Se sobrepuso a tantos avatares, pudo sortear ese pasado inconveniente, nada revolucionario, y terminó su carrera de cibernética matemática en la Universidad de La Habana.

Siempre supimos que la libertad estaba en otra parte y no en aquel ministerio de cultura donde nos conocimos, presidido por el pernicioso Armando Hart y su corte de burócratas adulones, dispuestos a entorpecer la vida del prójimo y de la creación artística y literaria de la isla, con sus mañas de prohibiciones.

Nada hacía presumir su destino en la frontera mexicana, aquella tarde incierta. Yo sé que cuando reciba el diploma y los elogios de sus congéneres, su mente hará un flashback presuroso para resumir la aventura de la vida, que tanto aprecia y disfruta.

No conozco otra persona más justiciera, tolerante y honesta, tanto en el ambiente enrarecido de una dictadura, como en el liberal de la academia americana. Nuestro hijo es su consagración.

Hace unos meses perdió a su mamá y hace algo más de dos años a su padre. El viernes seguirán estando orgullosos de ella, desde la eternidad.

ÍNDICE

Palabras previas	9
2007	11
Cámaras indiscretas	13
2008	17
Como una piedra rodante	19
Ausencia quiere decir olvido	21
Dos Guevaras para ti	23
Breve visita de Solzhenitsen a Cuba	26
El general en su laberinto	28
Paraiso	30
Batallas del infante	32
Actuar el Che	34
Cosecha roja	36
2009	39
La bomba H	41
Cueca por Chile	44
Pequeñas represiones	46
Camaras diligentes	48
Torres de marfil	50
Requiem por benedetti	52
Peregrinar a miami	55
La comparsa	57
Preparativos del concierto por la paz	60
Contracultura	62
Higiene personal	64
Carlos y la danza del fuego	66
Los Beatles y la libertad	69
La conversion de Cintio Vitier	73
Insolidaridad	75
Aquí y allá	77
Vals para un millón	80
Adela y el repudio	82
Extranjero	84
2010	87
Primera dama	89
Van, bang en Miami	91
Educacion sexual	93
Medio siglo de cinemateca	95
La ola	98

Sin piedad	100
Willy, el comediante	102
Italia	104
Silvio, el cautivo	106
Cubano universal	109
Los sobrevivientes	111
Medio ambiente	113
Impresentables	115
Juglar de la devastación	117
Adiós a Carlos Monsiváis	119
100 Sones cubanos	121
Resaca socialista	123
La eternidad posible	125
Elogio del pirata	127
Retazos	129
Intercambio	131
Dilema	133
Asidero	135
Grammys cubanos	137
Rey del cine independiente	139
Merolico	141
El escribidor prohibido	143
Alta cultura	145
Mal humor	147
El último magnate	149
Contrastes	152
Feria del libro	154
Los retratos de Dorian Gray	156
Medio siglo y un sueño	158
El ojo del canario	160
Avispero	162
Empujones	164
2011	167
Deja vu	169
Casa vieja	172
Sequía	174
Cumbancha	176
De hombres y perros	178
Astucia	180

Londres o Miriam	182
París	184
Swinger a la cubana	186
Desdén	188
El precio de la libertad	190
Conga sorda	192
Ojo, pinta	194
Quintana, civilización y barbarie	196
Loa	198
Coffea arábiga	200
En negro y blanco	202
Del mal comer	204
Otra vez paul	206
Los golpecitos de rosa	208
Sin lichi	210
Habanastation	212
Nigromantes	214
Una cierta mirada	216
Destino manifiesto	218
Subversión culinaria	220
El otro beatle	222
Niños y espías	224
Cambios	226
Elena y la feria del libro	228
El balluqui	230
Se aceptan donaciones	232
Fraternidad	234
Navidad verde olivo	236
2012	**239**
Fin de año	241
País disfuncional	243
Escuela fantasma	245
Arte zombie de hacer ruinas	247
El desacreditador	249
Oscar, el enemigo	251
Inferno	253
Hijos de papá	255
El nuevo cubano	257
Una Biblia del séptimo arte	259

Salvados	261
G2	263
El arte de la fuga	265
Cataclismo	267
Cuba paradójica	269
«Bullying» socialista	271
Poesía en el supermercado	273
Submarinos amarillos	275
Rapsodia en rojo	277
Oquedad	279
Tábula rasa	281
Vergüenza ajena	283
Agua pa' Mayeya	285
Olímpicas	287
El mejor cine	289
Amor crónico	291
Música libre	293
Ciudad desvencijada	295
Lengua rota	297
Vitroplantas	299
Estercolero	301
Colaboracionistas	303
Burundanga en la Habana	305
Atrapados con salida	307
Patéticas	309
Ensayo general	311
Pesadilla del historiador	313
«Contra el regueton, nada»	315
De Camajuaní al cielo	317
Piedras rodantes	319
90 años de un gran actor	323
País de segunda	325
Escaramuza	327
Arte con subtítulos	329
Oscuro laberinto	331
Miami, cruce de caminos	333
Segundo «caso Padilla»	335
Entuerto cultural	337
Apuntes sobre un clásico	339

Morbo revolucionario	341
Repudio	343
Lechuga y melaza	345
Adios, René	347
En negro y blanco	349
La isla más «fermosa»	351
Muere un comisario	353
Ciudad del cine	355
Debacle cultural	357
Elena	359
Cinco veces Paul	361
Parcelas de miedo	363
Memorias de la escasez apremiante	365
Mi cinéfilo predilecto	367
Vigencia	369
Vulgar rebatiña	371
Melaza regresa a Miami	373
Washington D.C.	375
Sigue pendiente	377
Mala suerte	379
¡Ño!, como decíamos ayer	381
A golpe de cubatón	383
Paraísos devastados	385
Una pesadilla	387
Pez picha	389
Agobio amarillo	391
Cómplice	393
Antonia	395
Desaparecidos del mapa	397
Conga de lujo en Nueva York	399
Beatles como culto	401
Carne barata	403
Miedo al 3D	405
Encanallar	407
Memorias cubanas de la feria	409
Arqueología clásica	411
Chef leal	413
Todos los hombres del dictador	415
Africa mía	417

Integrados y apolíticos	419
2014	421
El grinch	423
Otra vez Billy Joel	425
Offline	427
Supervivencia	429
Desolación	431
Gusano	433
Conducta	435
El Oscar en cuba	437
Hipocresía	439
Sin Miami no hay país	441
Harto	443
Un día sin Miami	445
Grecia	447
Luz de esperanza	449
A favor	451
Sin abolengo	453
Ubre exhausta	455
Los músicos y el «viejito feo»	457
Parches y remiendos	459
El cine cubano está en otra parte	461
Campañas	463
El triunfo le pertenece	465
Honesty	467
Goodbye Castro	469
El horror	471
Deporte, derecho del pueblo	473
El terror	475
Mi hermana y la felicidad	477
Intercambio cultural entre nosotros	479
Museos	481
Irrespeto de Buena Fe	483
Elogio de la madre al amanecer	485
Otro intercambio cultural	487
Abercrombie vs. Che	489
Visa y dinero	491
Érase una vez una isla	493
Tu cine por siempre	495

Simple curiosidad morbosa	497
Una plaga recorre el mundo	499
Matrimonio perfecto	501
Conducta: toma dos	503
El paquete	507
Martí como Noé	509
El arte de Paul	511
Regulado	513
No somos nada	515
Perdona la indiferencia	517
Cantet no regresó	519
Isla paradójica	521
2015	523
En un rincón del alma	525
Dicotomía	527
Piratas del caribe	529
Otra mirada indiscreta	531
¡Viva Miami!	533
Mi suegro	535
Otra realidad llega al Oscar	537
La obra del siglo y otras libertades	539
Gay cuba	541
Campo minado	543
Eternos Beatles	545
Los ríos de marzo	547
Aniversario incompleto de la cinemateca de Cuba	549
Jelengue	553
Berenjenal	555
La voz de su generación	557
Mi madre-patria	559
Regreso a Ítaca	561
Ciudad sin alma	563
Cuerpos cubanos en bandeja	565
El vuelo de gala	567
El rock y la libertad	569
A las puertas de Troya	571
Apertura	573
El regreso de Marquitos	575
El rey ha muerto, viva el arte	577

Y pasaron águilas por Miami	579
Legado	581
Otro experimento	583
Desmontaje	585
La música como libertad	587
Entrar por el aro	589
Viajar en cubano	591
Cuba coreana	593
Insolidaridad	595
Divino guion	597
Mientras su guitarra llora gentilmente	599
La segunda piedra rodante	601
Reino de la miseria	603
Burdel travestido	605
África sombría	607
Beatles como nuevos	609
La libertad y el miedo	611
Sin mago ni Oz	613
De bodegas y cimarrones	615
Cineastas enardecidos	617
Buen aniversario	619
Margarita de «afuera»	621
2016	623
Convergencia	625
Insalvable	627
Vive en Miami	629
Madonna, al fin	631
Encerrona	633
A santo de qué	635
El arte de morir	637
La reina que fue jueves	639
«Señoras y señores…»	641
Cumpleaños	643
Visitaciones	645
Gimnasio	647
Todo bajo control	649
Hasta que se seque el malecón	651
Vidas equidistantes	655
Pasarela	657

Hombres de confianza	659
Mi prima libre	661
Santana IV	663
Maracas y bongó	665
Puro Mccartney	667
Fulastre	669
Zapaticos que aprietan	671
Razones para escapar	673
Mujeres cubanas en la encrucijada	675
Mendigos de la modernidad	679
Espejismos	681
Mi convención	683
Geriatría totalitaria	685
¡Saiko mccartney!	687
Complicidad	689
Poner pies en polvorosa	691
Mensajero de la verdad	693
Bailar en libertad	695
Ocho días a la semana	697
Nuestro número 16	699
El miedo les devora el alma	701
Wajda en el olimpo	703
Fellini y la política	705
Bowie: fijeza del genio	707
¿Y la dictadura? Bien, gracias	709
Patria o muerte	711
Bendita democracia	713
Santa y Andrés censurada en la habana	715
Escenas costumbristas	717
El mismo martirio	719
Arcoíris turbio	721
2017	**723**
Penumbra en la habana	725
No tienen suerte	727
El castrismo no es un legado	729
Mi suegra	731
Claro de luna	733
Lisboa, primeras impresiones	735
Viajar es sinónimo de libertad	737

Inamovible	739
Artistas en la penumbra	741
El silencio oficial	743
Bondad y drama en Nueva York	745
Isla a la deriva	747
Cine sin coletillas	749
El cuartico está igualito	751
Soldados artistas	753
Cita con la redención	755
Flores robadas	757
Veinte años después	759

www.ingramcontent.com/pod-product-compliance
Lightning Source LLC
Chambersburg PA
CBHW060356230426
43663CB00008B/1292